当代齐鲁文库·20世纪"乡村建设运动"文库
The Library of Contemporary Shandong
Selected Works of Rural Construction Campaign of the 20th Century
山东社会科学院 编纂

/20

邹平实验县户口调查报告（上）

吴顾毓 编

中国社会科学出版社

图书在版编目(CIP)数据

邹平实验县户口调查报告:全3册/吴顾毓编.—北京:中国社会科学出版社,2021.1

(当代齐鲁文库.20世纪"乡村建设运动"文库)

ISBN 978-7-5203-5542-1

Ⅰ.①邹⋯ Ⅱ.①吴⋯ Ⅲ.①户籍—调查报告—邹平县—1930 Ⅳ.①D693.65

中国版本图书馆CIP数据核字(2019)第247921号

出 版 人	赵剑英
责任编辑	冯春凤
责任校对	张爱华
责任印制	张雪娇

出　　版	中国社会科学出版社
社　　址	北京鼓楼西大街甲158号
邮　　编	100720
网　　址	http://www.csspw.cn
发 行 部	010-84083685
门 市 部	010-84029450
经　　销	新华书店及其他书店
印刷装订	北京君升印刷有限公司
版　　次	2021年1月第1版
印　　次	2021年1月第1次印刷
开　　本	710×1000 1/16
印　　张	76
插　　页	2
字　　数	1051千字
定　　价	418.00元(全3册)

凡购买中国社会科学出版社图书,如有质量问题请与本社营销中心联系调换
电话:010-84083683
版权所有　侵权必究

《当代齐鲁文库》编纂说明

不忘初心、打造学术精品，是推进中国特色社会科学研究和新型智库建设的基础性工程。近年来，山东社会科学院以实施哲学社会科学创新工程为抓手，努力探索智库创新发展之路，不断凝练特色、铸就学术品牌、推出重大精品成果，大型丛书《当代齐鲁文库》就是其中之一。

《当代齐鲁文库》是山东社会科学院立足山东、面向全国、放眼世界倾力打造的齐鲁特色学术品牌。《当代齐鲁文库》由《山东社会科学院文库》《20世纪"乡村建设运动"文库》《中美学者邹平联合调查文库》《山东海外文库》《海外山东文库》等特色文库组成。其中，作为《当代齐鲁文库》之一的《山东社会科学院文库》，历时2年的编纂，已于2016年12月由中国社会科学出版社正式出版发行。《山东社会科学院文库》由34部44本著作组成，约2000万字，收录的内容为山东省社会科学优秀成果奖评选工作开展以来，山东社会科学院获得一等奖及以上奖项的精品成果，涉猎经济学、政治学、法学、哲学、社会学、文学、历史学等领域。该文库的成功出版，是山东社会科学院历代方家的才思凝结，是山东社会科学院智库建设水平、整体科研实力和学术成就的集中展示，一经推出，引起强烈的社会反响，并成为山东社会科学院推进学术创新的重要阵地、引导学风建设的重要航标和参与学术交流的重要桥梁。

以此为契机，作为《当代齐鲁文库》之二的山东社会科学院

"创新工程"重大项目《20世纪"乡村建设运动"文库》首批10卷12本著作约400万字,由中国社会科学出版社出版发行,并计划陆续完成约100本著作的编纂出版。

党的十九大报告提出:"实施乡村振兴战略,农业农村农民问题是关系国计民生的根本性问题,必须始终把解决好'三农'问题作为全党工作重中之重。"以史为鉴,置身于中国现代化的百年发展史,通过深入挖掘和研究历史上的乡村建设理论及社会实验,从中汲取仍具时代价值的经验教训,才能更好地理解和把握乡村振兴战略的战略意义、总体布局和实现路径。

20世纪前期,由知识分子主导的乡村建设实验曾影响到山东省的70余县和全国的不少地区。《20世纪"乡村建设运动"文库》旨在通过对从山东到全国的乡村建设珍贵历史文献资料大规模、系统化地挖掘、收集、整理和出版,为乡村振兴战略的实施提供历史借鉴,为"乡村建设运动"的学术研究提供资料支撑。当年一大批知识分子深入民间,投身于乡村建设实践,并通过长期的社会调查,对"百年大变局"中的乡村社会进行全面和系统地研究,留下的宝贵学术遗产,是我们认识传统中国社会的重要基础。虽然那个时代有许多的历史局限性,但是这种注重理论与实践相结合、俯下身子埋头苦干的精神,仍然值得今天的每一位哲学社会科学工作者传承和弘扬。

《20世纪"乡村建设运动"文库》在出版过程中,得到了社会各界尤其是乡村建设运动实践者后人的大力支持。中国社会科学院和中国社会科学出版社的领导对《20世纪"乡村建设运动"文库》给予了高度重视、热情帮助和大力支持,责任编辑冯春凤主任付出了辛勤努力,在此一并表示感谢。

在出版《20世纪"乡村建设运动"文库》的同时,山东社会科学院已经启动《当代齐鲁文库》之三《中美学者邹平联合调查文库》、之四《山东海外文库》、之五《海外山东文库》等特色文库的编纂工作。《当代齐鲁文库》的日臻完善,是山东社会科学院坚持问题导向、成果导向、精品导向，实施创新工程、激发科研活力结出的丰硕成果，是山东社会科学院国内一流新型智库建设不断实现突破的重要标志，也是党的领导下经济社会全面发展、哲学社会科学欣欣向荣繁荣昌盛的体现。由于规模宏大，《当代齐鲁文库》的完成需要一个过程，山东社会科学院会笃定恒心，继续大力推动文库的编纂出版，为进一步繁荣发展哲学社会科学贡献力量。

山东社会科学院

2018 年 11 月 17 日

编纂委员会

顾　　　问　徐经泽　梁培宽
主　　　任　李培林
编辑委员会　郝宪印　袁红英　王兴国　韩建文
　　　　　　杨金卫　张少红
学术委员会　（按姓氏笔画排列）
　　　　　　王学典　叶　涛　刘显世　孙聚友
　　　　　　杜　福　李培林　李善峰　吴重庆
　　　　　　张　翼　张士闪　张凤莲　林聚任
　　　　　　杨善民　宣朝庆　徐秀丽　韩　锋
　　　　　　葛忠明　温铁军　潘家恩
总　主　编　郝宪印　袁红英
主　　　编　李善峰

总 序

从传统乡村社会向现代社会的转型，是世界各国现代化必然经历的历史发展过程。现代化的完成，通常是以实现工业化、城镇化为标志。英国是世界上第一个实现工业化的国家，这个过程从17世纪资产阶级革命算起经历了200多年时间，若从18世纪60年代工业革命算起则经历了100多年的时间。中国自近代以来肇始的工业化、城镇化转型和社会变革，屡遭挫折，步履维艰。乡村建设问题在过去一百多年中，也成为中国最为重要的、反复出现的发展议题。各种思想潮流、各种社会力量、各种政党社团群体，都围绕这个议题展开争论、碰撞、交锋，并在实践中形成不同取向的路径。

把农业、农村和农民问题置于近代以来的"大历史"中审视不难发现，今天的乡村振兴战略，是对一个多世纪以来中国最本质、最重要的发展议题的当代回应，是对解决"三农"问题历史经验的总结和升华，也是对农村发展历史困境的全面超越。它既是一个现实问题，也是一个历史问题。

2017年12月，习近平总书记在中央农村工作会议上的讲话指出，"新中国成立前，一些有识之士开展了乡村建设运动，比较有代表性的是梁漱溟先生搞的山东邹平试验，晏阳初先生搞的河北定县试验"。

"乡村建设运动"是20世纪上半期（1901到1949年间）在中国农村许多地方开展的一场声势浩大的、由知识精英倡导的乡村改良实践探索活动。它希望在维护现存社会制度和秩序的前提下，通过兴办教育、改良农业、流通金融、提倡合作、办理地方自治与自卫、建立公共卫生保健制度和移风易俗等措施，复兴日趋衰弱的农村经济，刷新中国政治，复兴中国文化，实现所谓的"民族再造"或"民族自救"。在政治倾向上，参与"乡村建设运动"的学者，多数是处于共产党与国民党之间的'中间派'，代表着一部分爱国知识分子对中国现代化建设道路的选择与探索。关于"乡村建设运动"的意义，梁漱溟、晏阳初等乡建派学者曾提的很高，认为这是近代以来，继太平天国运动、戊戌变法运动、辛亥革命运动、五四运动、北伐运动之后的第六次民族自救运动，甚至是"中国民族自救运动之最后觉悟"。[①] 实践证明，这个运动最终以失败告终，但也留下很多弥足珍贵的经验和教训。其留存的大量史料文献，也成为学术研究的宝库。

"乡村建设运动"最早可追溯到米迪刚等人在河北省定县翟城村进行"村治"实验示范，通过开展识字运动、公民教育和地方自治，实施一系列改造地方的举措，直接孕育了随后受到海内外广泛关注、由晏阳初及中华平民教育促进会所主持的"定县试验"。如果说这个起于传统良绅的地方自治与乡村"自救"实践是在村一级展开的，那么清末状元实业家张謇在其家乡南通则进行了引人注目的县一级的探索。

20世纪20年代，余庆棠、陶行知、黄炎培等提倡办学，南北各地闻风而动，纷纷从事"乡村教育""乡村改造""乡村建设"，以图实现改造中国的目的。20年代末30年代初，"乡村建设运动"蔚为社会思潮并聚合为社会运动，建构了多种理论与实践的乡村建设实验模式。据南京国民政府实业部的调查，当时全国从事乡村建设工作的团体和机构有600多个，先后设立的各种实验区达1000多处。其中比较著名的有梁漱溟的邹平实验区、陶行知的晓庄实验区、晏阳初的定县实验区、鼓禹廷的宛平实验区、黄炎培的昆山实

[①] 《梁漱溟全集》第五卷，山东人民出版社2005年版，第44页。

验区、卢作孚的北碚实验区、江苏省立教育学院的无锡实验区、齐鲁大学的龙山实验区、燕京大学的清河实验区等。梁漱溟、晏阳初、卢作孚、陶行知、黄炎培等一批名家及各自领导的社会团体，使"乡村建设运动"产生了广泛的国内外影响。费正清主编的《剑桥中华民国史》，曾专辟"乡村建设运动"一节，讨论民国时期这一波澜壮阔的社会运动，把当时的乡村建设实践分为西方影响型、本土型、平民型和军事型等六个类型。

1937年7月抗日战争全面爆发后，全国的"乡村建设运动"被迫中止，只有中华平民教育促进会的晏阳初坚持不懈，撤退到抗战的大后方，以重庆璧山为中心，建立了华西实验区，开展了长达10年的平民教育和乡村建设实验，直接影响了后来台湾地区的土地改革，以及菲律宾、加纳、哥伦比亚等国家的乡村改造运动。

"乡村建设运动"不仅在当事者看来"无疑地已经形成了今日社会运动的主潮"，[①] 在今天的研究者眼中，它也是中国农村社会发展史上一次十分重要的社会改造活动。尽管"乡村建设运动"的团体和机构，性质不一，情况复杂，诚如梁漱溟所言，"南北各地乡村运动者，各有各的来历，各有各的背景。有的是社会团体，有的是政府机关，有的是教育机关；其思想有的左倾，有的右倾，其主张有的如此，有的如彼"[②]。他们或注重农业技术传播，或致力于地方自治和政权建设，或着力于农民文化教育，或强调经济、政治、道德三者并举。但殊途同归，这些团体和机构都关心乡村，立志救济乡村，以转化传统乡村为现代乡村为目标进行社会"改造"，旨在为破败的中国农村寻一条出路。在实践层面，"乡村建设运动"的思想和理论通常与国家建设的战略、政策、措施密切

[①] 许莹涟、李竟西、段继李编述：《全国乡村建设运动概况》第一辑上册，山东乡村建设研究院1935年出版，编者"自叙"。

[②] 《梁漱溟全集》第二卷，山东人民出版社2005年版，第582页。

相关。

在知识分子领导的"乡村建设运动"中,影响最大的当属梁漱溟主持的邹平乡村建设实验区和晏阳初主持的定县乡村建设实验区。梁漱溟和晏阳初在从事实际的乡村建设实验前,以及实验过程中,对当时中国社会所存在的问题及其出路都进行了理论探索,形成了比较系统的看法,成为乡村建设实验的理论根据。

梁漱溟曾是民国时期宪政运动的积极参加者和实践者。由于中国宪政运动的失败等原因,致使他对从前的政治主张逐渐产生怀疑,抱着"能替中华民族在政治上经济上开出一条路来"的志向,他开始研究和从事乡村建设的救国运动。在梁漱溟看来,中国原为乡村国家,以乡村为根基与主体,而发育成高度的乡村文明。中国这种乡村文明近代以来受到来自西洋都市文明的挑战。西洋文明逼迫中国往资本主义工商业路上走,然而除了乡村破坏外并未见都市的兴起,只见固有农业衰残而未见新工商业的发达。他的乡村建设运动思想和主张,源于他的哲学思想和对中国的特殊认识。在他看来,与西方"科学技术、团体组织"的社会结构不同,中国的社会结构是"伦理本位、职业分立",不同于"从对方下手,改造客观境地以解决问题而得满足于外者"的西洋文化,也不同于"取消问题为问题之解决,以根本不生要求为最上之满足"的印度文化,中国文化是"反求诸己,调和融洽于我与对方之间,自适于这种境地为问题之解决而满足于内者"的"中庸"文化。中国问题的根源不在他处,而在"文化失调",解决之道不是向西方学习,而是"认取自家精神,寻求自家的路走"。乡村建设的最高理想是社会和政治的伦理化,基本工作是建立和维持社会秩序,主要途径是乡村合作化和工业化,推进的手段是"软功夫"的教育工作。在梁漱溟看来,中国建设既不能走发展工商业之路,也不能走苏联的路,只能走乡村建设之路,即在中国传统文化基础上,吸收西方文化的长处,使中西文化得以融通,开创民族复兴的道路。他特别强调,"乡村建设,实非建设乡村,而意在整个中国社会之建设。"① 他将乡村建设提到建国的高度来认识，旨在为中国"重建一新社会组织构造"。他认为，救济乡村只是乡村建设的"第一层意义"，乡村建设的"真意义"在于创造一个新的社会结构，"今日中国问题在其千年相沿袭之社会组织构造既已崩溃，而新者未立；乡村建设运动，实为吾民族社会重建一新组织构造之运动。"② 只有理解和把握了这一点，才能理解和把握"乡村建设运动"的精神和意义。

晏阳初是中国著名的平民教育和乡村建设专家，1926年在河北定县开始乡村平民教育实验，1940—1949年在重庆歇马镇创办中国乡村建设育才院，后改名中国乡村建设学院并任院长，组织开展华西乡村建设实验，传播乡村建设理念。他认为，中国的乡村建设之所以重要，是因为乡村既是中国的经济基础，也是中国的政治基础，同时还是中国人的基础。"我们不愿安居太师椅上，空做误民的计划，才到农民生活里去找问题，去解决问题，抛下东洋眼镜、西洋眼镜、都市眼镜，换上一副农夫眼镜。"③ 乡村建设就是要通过长期的努力，去培养新的生命，振拔新的人格，促成新的团结，从根本上再造一个新的民族。为了实现民族再造和固本宁邦的长远目的，他在做了认真系统的调查研究后，认定中国农村最普遍的问题是农民中存在的"愚贫弱私"四大疾病；根治这四大疾病的良方，就是在乡村普遍进行"四大教育"，即文艺教育以治愚、生计教育以治贫、卫生教育以治弱、公民教育以治私，最终实现政治、教育、经济、自卫、卫生、礼俗"六大建设"。为了实现既定的目标，他坚持四大教育连锁并进，学校教育、社会教育、家庭教育统筹协调。他把定县当作一个"社会实验室"，通过开办平民学校、创建实验农场、建立各种合作组织、推行医疗卫生保健、传授

---

① 《梁漱溟全集》第二卷，山东人民出版社2005年版，第161页。
② 同上。
③ 《晏阳初全集》第一卷，天津教育出版社2013年版，第221页。

农业基本知识、改良动植物品种、倡办手工业和其他副业、建立和开展农民戏剧、演唱诗歌民谣等积极的活动，从整体上改变乡村面貌，从根本上重建民族精神。

可以说，"乡村建设运动"的出现，不仅是农村落后破败的现实促成的，也是知识界对农村重要性自觉体认的产物，两者的结合，导致了领域广阔、面貌多样、时间持久、影响深远的"乡村建设运动"。而在"乡村建设运动"的高峰时期，各地所开展的乡村建设事业历史有长有短，范围有大有小，工作有繁有易，动机不尽相同，都或多或少地受到了邹平实验区、定县实验区的影响。

20世纪前期中国的乡村建设，除了知识分子领导的"乡村建设运动"，还有1927—1945年南京国民政府推行的农村复兴运动，以及1927—1949年中国共产党领导的革命根据地的乡村建设。

"农村复兴"思潮源起于20世纪二三十年代，大体上与国民政府推动的国民经济建设运动和由社会力量推动的"乡村建设运动"同时并起。南京国民政府为巩固政权，复兴农村，采取了一系列措施：一是先后颁行保甲制度、新县制等一系列地方行政制度，力图将国家政权延伸至乡村社会；二是在经济方面，先后颁布了多部涉农法律，新设多处涉农机构，以拯救处于崩溃边缘的农村经济；三是修建多项大型水利工程等，以改善农业生产环境。1933年5月，国民政府建立隶属于行政院的农村复兴委员会，发动"农村复兴运动"。随着"乡村建设运动"的开展，赞扬、支持、鼓励铺天而来，到几个中心实验区参观学习的人群应接不暇，平教会甚至需要刊登广告限定接待参观的时间，南京国民政府对乡建实验也给予了相当程度的肯定。1932年第二次全国内政工作会议后，建立县政实验县取得了合法性，官方还直接出面建立了江宁、兰溪两个实验县，并把邹平实验区、定县实验区纳入县政实验县。

1925年，成立已经四年的中国共产党，认识到农村对于中国革命的重要性，努力把农民动员成一股新的革命力量，遂发布《告农民书》，开始组织农会，发起农民运动。中国共产党认为中国农村问题的核心是土地问题，乡村的衰败是旧的反动统治剥削和压迫的结果，只有打碎旧的反动统治，农民才能获得真正的解放；必须发动农民进行土地革命，实现"耕者有其田"，才能解放农村生产力。在地方乡绅和知识分子开展"乡村建设运动"的同时，中国共产党在中央苏区的江西、福建等农村革命根据地，开展了一系列政治、经济、文化等方面的乡村改造和建设运动。它以土地革命为核心，依靠占农村人口绝大多数的贫雇农，以组织合作社、恢复农业生产和发展经济为重要任务，以开办农民学校扫盲识字、开展群众性卫生运动、强健民众身体、改善公共卫生状况、提高妇女地位、改革陋俗文化和社会建设为保障。期间的尝试和举措满足了农民的根本需求，无论是在政治、经济上，还是社会地位上，贫苦农民都获得了翻身解放，因而得到了他们最坚决的支持、拥护和参与，为推进新中国农村建设积累了宝贵经验。与乡建派的乡村建设实践不同的是，中国共产党通过领导广大农民围绕土地所有制的革命性探索，走出了一条彻底改变乡村社会结构的乡村建设之路。中国共产党在农村进行的土地革命，也促使知识分子从不同方面反思中国乡村改良的不同道路。

"乡村建设运动"的理论和实践，说明在当时的现实条件下，改良主义在中国是根本行不通的。在当时国内外学界围绕乡村建设运动的理论和实践，既有高歌赞赏，也有尖锐批评。著名社会学家孙本文的评价，一般认为还算中肯：尽管有诸多不足，至少有两点"值得称述"，"第一，他们认定农村为我国社会的基本，欲从改进农村下手，以改进整个社会。此种立场，虽未必完全正确；但就我国目前状况言，农村人民占全国人口百分之七十五以上，农业为国民的主要职业；而农产不振，农村生活困苦，潜在表现足为整个社会进步的障碍。故改进农村，至少可为整个社会进步的张本。第二，他们确实在农村中不畏艰苦为农民谋福利。各地农村工作计划虽有优有劣，有完有缺，其效果虽有大有小；而工作人员确脚踏实地在改进农村的总目标下努力工作，其艰苦耐劳的精神，殊足令人起敬。"① 乡村建设学派的工作曾引起国际社会的重视，不少国家于二次世界大战后的乡村建设与社区重建中，注重借鉴中国乡村建设学派的一些具体做法。晏阳初1950年代以后应邀赴菲律宾、非洲及拉美国家介绍中国的乡村建设工作经验，并从事具体的指导工作。

总起来看，"乡村建设运动"在中国百年的乡村建设历史上具有承上启下、融汇中西的作用，它不仅继承自清末地方自治的政治逻辑，同时通过村治、乡治、乡村建设等诸多实践，为乡村振兴发展做了可贵的探索。同时，"乡村建设运动"是与当时的社会调查运动紧密联系在一起的，大批学贯中西的知识分子走出书斋、走出象牙塔，投身于对中国社会的认识和改造，对乡村建设进行认真而艰苦地研究，并从丰富的调查资料中提出了属于中国的"中国问题"，而不仅是解释由西方学者提出的"中国问题"或把西方的"问题"中国化，一些研究成果达到了那个时期所能达到的巅峰，甚至迄今难以超越。"乡村建设运动"有其独特的学术内涵与时代特征，是我们认识传统中国社会的一个窗口，也是我们今天在新的现实基础上发展中国社会科学不能忽视的学术遗产。

历史文献资料的收集、整理和利用是学术研究的基础，资料的突破往往能带来研究的创新和突破。20世纪前期的图书、期刊和报纸都有大量关于"乡村建设运动"的著作、介绍和研究，但目前还没有"乡村建设运动"的系统史料整理，目前已经出版的文献多为乡建人物、乡村教育、乡村合作等方面的"专题"，大量文献仍然散见于各种民国"老期刊"，尘封在各大图书馆的"特藏部"。本项目通过对"乡村建设运动"历史资料和研究资料的系统收集、整理和出版，力图再现那段久远的、但仍没有中断学术生命的历史。一方面为我国民国史、乡村建设史的研究提供第一手资料，推进对"乡村建设运动"的理论和实践的整体认识，催生出

---

① 孙本文：《现代中国社会问题》第三册，商务印书馆1944年版，第93－94页。

高水平的学术成果;另一方面,为当前我国各级政府在城乡一体化、新型城镇化、乡村教育的发展等提供参考和借鉴,为乡村振兴战略的实施做出应有的贡献。

由于大规模收集、挖掘、整理大型文献的经验不足,同时又受某些实际条件的限制,《20世纪"乡村建设运动"文库》会存在着各种问题和不足,我们期待着各界朋友们的批评指正。

是为序。

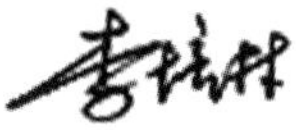

2018年11月30日于北京

编辑体例

一、《20世纪"乡村建设运动"文库》收录20世纪前期"乡村建设运动"的著作、论文、实验方案、研究报告等，以及迄今为止的相关研究成果。

二、收录文献以原刊或作者修订、校阅本为底本，参照其他刊本，以正其讹误。

三、收录文献有其不同的文字风格、语言习惯和时代特色，不按现行用法、写法和表现手法改动原文；原文专名如人名、地名、译名、术语等，尽量保持原貌，个别地方按通行的现代汉语和习惯稍作改动；作者笔误、排版错误等，则尽量予以订正。

四、收录文献，原文多为竖排繁体，均改为横排简体，以便阅读；原文无标点或断句处，视情况改为新式标点符号；原文因年代久远而字迹模糊或纸页残缺者，所缺文字用"□"表示，字数难以确定者，用（下缺）表示。

五、收录文献作为历史资料，基本保留了作品的原貌，个别文字做了技术处理。

编者说明

邹平乡村建设实验作为整体性的社会改良活动，重视运用先进的技术手段进行社会治理。1935年1月，山东乡村建设研究院和邹平实验县政府组织了全县范围的户口调查，在此基础上重新编订了全县户籍管理体系。以县为单位的户口调查，在1930年代并不多见。户口调查的原始资料由吴顾毓整理编辑为《邹平实验县户口调查报告》，由中华书局出版。本次编辑，以中华书局1937年版本，编为上、中、下三卷，收入《20世纪"乡村建设运动"文库》。

前言代序

民国二十三年夏，山东乡村建设研究院梁漱溟院长兼理邹平县事，当时县府为求集思广益，推进县政建设工作起见，尝就院县同人中遴聘多士，组成邹平实验县县政设计委员会，委员会下又分四组：即行政，教育，经济，建设。

时行政组设计委员田镐富介寿两君，为谋实施户籍行政起见，教育组设计委员杨效春张云川两君，为谋实施设计教育起见，乃先后建议假研究院训练部同学冬日下乡实习之机会，以训练部全体同学为主干，以各乡理事，村长，村学，村小学教员，联庄会会员为辅助，举行全县户口清查统计，俾为户籍行政求一线索，亦俾为设计教育得一根据。

前项建议既达梁先生，梁先生当即约请研究院训练部张叔知主任细加审思，张主任则因训练部课程本有社会调查一科，今正可乘此机缘，为学生等安排一大好实习之环境，故尤乐为报可。

迄夏末，柄程王前县长返任，对于户口调查之计划采纳尤力，旋即核定预算，拟妥章则，并于十月十日敦聘委员，组织邹平实验县全县户口调查委员会，至是而户口调查之主脑机关，得以确定；而诸般工作之设计，筹划，策动，亦得有一重心。

至二十四年一月七日，训练部同学实习农间教育期满，次日为一月八日（亦即此次户口调查之公定户籍日）遂即各就各乡，全体出动，分区调查，先后亦皆能于预定之期限内，得以蒇事。本报告即编者依就此次调查统计之经过及结果，分别指陈，期能供留心人口问题或有志于户口调查者之一参考耳。

民国二十四年八月六日吴顾毓

目　次

前言代序 …………………………………………………………（ 1 ）

上　册

第一部　调查统计之经过 …………………………………（ 1 ）
　一　调查前之筹备 ……………………………………………（ 1 ）
　　（一）导言 ………………………………………………（ 1 ）
　　（二）组织户口调查委员会 ……………………………（ 1 ）
　　（三）拟定工作计划大纲 ………………………………（ 5 ）
　　（四）制定调查表格 ……………………………………（ 8 ）
　　（五）划分调查区域及分配调查员额 …………………（ 33 ）
　　（六）聘定及委定各项工作人员 ………………………（ 39 ）
　　（七）训练调查人员 ……………………………………（ 42 ）
　　（八）宣传调查意义 ……………………………………（ 46 ）
　　（九）编贴门牌 …………………………………………（ 46 ）
　二　调查之实施 ………………………………………………（ 49 ）
　　（一）巡查员指导员调查员应备物品 …………………（ 49 ）
　　（二）调查程序 …………………………………………（ 51 ）
　　（三）调查表的处置 ……………………………………（ 54 ）
　三　调查员日记选录 …………………………………………（ 57 ）
　四　统计经过 …………………………………………………（ 86 ）
　　（一）各村调查事项之分项划记 ………………………（ 86 ）

（二）依据划记表制成统计图表 …………………… （88）
五　调查统计经费之预决算 …………………… （173）
第二部　统计结果 …………………… （177）
一　引言 …………………… （177）
二　户口总表 …………………… （178）
三　普通户田亩分配表 …………………… （244）
四　普通户口数分配表 …………………… （284）
五　全县法定人口年龄分配表 …………………… （326）

中　册

六　全县法定人口婚姻状况表 …………………… （449）
七　全县法定人口教育状况表 …………………… （720）

下　册

八　全县法定人口宗教分配表 …………………… （983）
九　全县法定人口发疾分类表 …………………… （998）
十　厂铺户口统计表 …………………… （1062）
十一　寺庙户口统计表 …………………… （1089）
十二　寄居人年龄分配表 …………………… （1099）
十三　统计图 …………………… （1109）
附　邹平人口问题之分析 …………………… （1128）

表　次

第一表　　各乡户数总表 …………………………………（180）
第二表　　全县各村庄户数总表 …………………………（181）
第三表　　各乡法定普通户口总表 ………………………（206）
第四表　　全县各村庄法定普通户口总表 ………………（208）
第五表　　清查日寄居人数总表 …………………………（241）
第六表　　清查日实际人口数总表 ………………………（242）
第七表　　各乡本籍户每户所有田亩数之分配统计表 …（244）
第八表　　全县各村庄本籍户每户所有田亩数之分配
　　　　　统计表 …………………………………………（245）
第九表　　各乡寄籍户每户所有田亩数之分配统计表 …（273）
第十表　　全县各村庄寄籍户每户所有田亩数之分配
　　　　　统计表 …………………………………………（275）
第十一表　各乡本籍户每户口数分配统计表 ……………（284）
第十二表　全县各村庄本籍户每户口数分配统计表 ……（286）
第十三表　各乡寄籍户每户口数分配统计表 ……………（315）
第十四表　全县各村庄寄籍户每户口数分配统计表 ……（317）
第十五表　全县法定人口年龄分配表 ……………………（326）
第十六表　各乡本籍人现住男子年龄分配表 ……………（327）
第十七表　全县各村庄本籍人现住男子年龄分配表 ……（329）
第十八表　各乡本籍人现住女子年龄分配表 ……………（356）
第十九表　全县各村庄本籍人现住女子年龄分配表 ……（358）

第二十表　各乡本籍人他往男子年龄分配表 ………………（385）
第二十一表　全县各村庄本籍人他往男子年龄分配表 ……（387）
第二十二表　各乡本籍人他往女子年龄分配表 ……………（412）
第二十三表　全县各村庄本籍人他往女子年龄分配表 ……（414）
第二十四表　各乡寄籍人现住男子年龄分配表 ……………（425）
第二十五表　全县各村庄寄籍人现住男子年龄分配表 ……（426）
第二十六表　各乡寄籍人现住女子年龄分配表 ……………（435）
第二十七表　全县各村庄寄籍人现住女子年龄分配表 ……（437）
第二十八表　全县各村庄寄籍人他往男子年龄分配表 ……（446）
第二十九表　全县各村庄寄籍人他往女子年龄分配表 ……（448）
第三十表　全县法定人口婚姻状况表 ………………………（449）
第三十一表　各乡本籍人现住男女婚姻状况表 ……………（450）
第三十二表　全县各村庄本籍人现住男女婚姻状况表 ……（452）
第三十三表　各乡本籍人他往男女婚姻状况表 ……………（481）
第三十四表　全县各村庄本籍人他往男女婚姻状况表 ……（483）
第三十五表　各乡寄籍人现住男女婚姻状况表 ……………（510）
第三十六表　全县各村庄寄籍人现住男女婚姻状况表 ……（512）
第三十七表　全县各村庄寄籍人他往男女婚姻状况表 ……（522）
第三十八表　全县法定人口初婚年龄表 ……………………（524）
第三十九表　各乡本籍人现住男子初婚年龄表 ……………（525）
第四十表　全县各村庄本籍人现住男子初婚年龄表 ………（526）
第四十一表　各乡本籍人现住女子初婚年龄表 ……………（549）
第四十二表　全县各村庄本籍人现住女子初婚年龄表 ……（551）
第四十三表　各乡本籍人他往男子初婚年龄表 ……………（580）
第四十四表　全县各村庄本籍人他往男子初婚年龄表 ……（582）
第四十五表　各乡本籍人他往女子初婚年龄表 ……………（608）
第四十六表　全县各村庄本籍人他往女子初婚年龄表 ……（609）
第四十七表　各乡寄籍人现住男子初婚年龄表 ……………（620）
第四十八表　全县各村庄寄籍人现住男子初婚年龄表 ……（622）

第四十九表	各乡寄籍人现住女子初婚年龄表	（631）
第五十表	全县各村庄寄籍人现住女子初婚年龄表	（632）
第五十一表	各乡寄籍人他往男子初婚年龄表	（642）
第五十二表	全县各村庄寄籍人他往男子初婚年龄表	（643）
第五十三表	全县各村庄寄籍人他往女子初婚年龄表	（644）
第五十四表	全县法定人口未婚男女年龄分配表	（644）
第五十五表	各乡本籍人现住未婚男女年龄分配表	（646）
第五十六表	全县各村庄本籍人现住未婚男女年龄分配表	（647）
第五十七表	各乡本籍人他往未婚男女年龄分配表	（680）
第五十八表	全县各村庄本籍人他往未婚男女年龄分配表	（681）
第五十九表	各乡寄籍人现住未婚男女年龄分配表	（706）
第六十表	全县各村庄寄籍人现住未婚男女年龄分配表	（708）
第六十一表	全县各村庄寄籍人他往未婚男女年龄分配表	（717）
第六十二表	全县法定人口教育程度统计表	（720）
第六十三表	各乡本籍人现住男子教育程度统计表	（722）
第六十四表	全县各村庄本籍人现住男子教育程度统计表	（723）
第六十五表	各乡本籍人现住女子教育程度统计表	（756）
第六十六表	全县各村庄本籍人现住女子教育程度统计表	（757）
第六十七表	各乡本籍人他往男子教育程度统计表	（787）
第六十八表	全县各村庄本籍人他往男子教育程度统计表	（789）
第六十九表	各乡本籍人他往女子教育程度统计表	（816）
第七十表	全县各村庄本籍人他往女子教育程度统计表	（818）

第七十一表　各乡寄籍人现住男子教育程度统计表 ………（829）
第七十二表　全县各村庄寄籍人现住男子教育程度
　　　　　　统计表 …………………………………（831）
第七十三表　各乡寄籍人现住女子教育程统计表 ………（841）
第七十四表　全县各村庄寄籍人现住女子教育程度
　　　　　　统计表 …………………………………（842）
第七十五表　全县各村庄寄籍人他往男女教育程度
　　　　　　统计表 …………………………………（852）
第七十六表　全县法定人口中之识字人年龄分配统
　　　　　　计表 ……………………………………（855）
第七十七表　各乡本籍人现住识字人年龄分配统计表 ……（856）
第七十八表　全县各村庄本籍人现住识字人年龄分
　　　　　　配统计表 ………………………………（858）
第七十九表　各乡本籍人他往识字人年龄分配统计表 ……（890）
第八十表　　全县各村庄本籍人他往识字人年龄分配
　　　　　　统计表 …………………………………（892）
第八十一表　全县各村庄寄籍人现住识字人年龄分
　　　　　　配统计表 ………………………………（918）
第八十二表　全县各村庄寄籍人他往识字人年龄分
　　　　　　配统计表 ………………………………（921）
第八十三表　全县法定人口中之男女学龄儿童教育
　　　　　　状况统计表 ……………………………（922）
第八十四表　各乡本籍人现住男女学龄儿童教育状
　　　　　　况统计表 ………………………………（923）
第八十五表　全县各村庄本籍人现住男女学龄儿童
　　　　　　教育状况统计表 ………………………（925）
第八十六表　各乡本籍人他往男女学龄儿童教育状
　　　　　　况统计表 ………………………………（960）
第八十七表　全县各村庄本籍人他往男女学龄儿童

　　　　　　教育状况统计表 …………………………（962）
第八十八表　各乡寄籍人现住男女学龄儿童教育状
　　　　　　况统计表 ………………………………（972）
第八十九表　全县各村庄寄籍人现住男女学龄儿童
　　　　　　教育状况统计表 ………………………（974）
第九十表　　全县各村庄寄籍人他往男学龄儿童教育
　　　　　　状况统计表 ……………………………（982）
第九十一表　全县法定人口中之信教人数表 ………（983）
第九十二表　全县各村庄本籍人现住男女之宗教分
　　　　　　配表 ………………………………………（984）
第九十三表　全县各村庄本籍人他往男女之宗教分
　　　　　　配表 ………………………………………（993）
第九十四表　全县各村庄寄籍人之宗教分配表 ………（996）
第九十五表　全县法定人口中之发疾分类统计表 …（998）
第九十六表　各乡本籍人现住发疾分类统计表 ……（1000）
第九十七表　全县各村庄本籍人现住发疾分类统计表 …（1001）
第九十八表　全县各村庄本籍人他往男子发疾分类
　　　　　　统计表 ……………………………………（1025）
第九十九表　全县各村庄寄籍人现住发疾分类统计表 …（1026）
第一百表　　全县法定人口中之发疾人年龄分配统计表 ……（1028）
第一百零一表　各乡本籍人现住发疾人年龄分配统
　　　　　　　计表 ……………………………………（1029）
第一百零二表　全县各村庄本籍人现住发疾人年龄
　　　　　　　分配统计表 ……………………………（1031）
第一百零三表　全县各村庄本籍人他往男子发疾人
　　　　　　　年龄分配统计表 ………………………（1060）
第一百零四表　全县各村庄寄籍人现住发疾人年龄
　　　　　　　分配统计表 ……………………………（1061）
第一百零五表　全县各村庄本籍厂铺户每户口数分

配统计表 …………………………………………（1064）
第一百零六表　全县各村庄寄籍厂铺户每户口数分
配统计表 …………………………………………（1066）
第一百零七表　全县各村庄法定厂铺户口统计表 …………（1067）
第一百零八表　全县厂铺户法定人口年龄分配统计表 ……（1069）
第一百零九表　全县各村庄厂铺户本籍人现住男子
年龄分配统计表 …………………………………（1070）
第一百一十表　全县各村庄厂铺户本籍人现住女子
年龄统计表 ………………………………………（1072）
第一百一十一表　全县各村庄厂铺户本籍人他往女
子年龄分配统计表 ………………………………（1074）
第一百一十二表　全县各村庄厂铺户寄籍人现住男
子年龄分配统计表 ………………………………（1074）
第一百一十三表　全县各村庄厂铺户寄籍人现住女
子年龄分配统计表 ………………………………（1075）
第一百一十四表　全县各村庄厂铺户寄籍人他往男
子年龄分配统计表 ………………………………（1076）
第一百一十五表　全县各种厂铺户管理人分配统计表 ……（1077）
第一百一十六表　各类厂铺管理人分配及其分类表 ………（1087）
第一百一十七表　各乡每一寺庙所有田亩数之分配
统计表 ……………………………………………（1089）
第一百一十八表　各乡寺庙户每户口数分配统计表 ………（1090）
第一百一十九表　各乡法定寺庙户口总表 …………………（1092）
第一百二十表　各乡徒众寺庙户分类统计表 ………………（1093）
第一百二十一表　各乡徒众分类统计表 ……………………（1094）
第一百二十二表　各乡徒众年龄分配统计总表 ……………（1096）
第一百二十三表　各乡非徒众住庙中者之年龄分配
统计总表 …………………………………………（1098）
第一百二十四表　全县寄居人年龄分配统计表 ……………（1099）

第一百二十五表	各乡普通户男寄居人年龄分配统计表 ……………………………………	（1101）
第一百二十六表	各乡普通户女寄居人年龄分配统计表 ……………………………………	（1102）
第一百二十七表	各乡厂铺户男寄居人年龄分配统计表 ……………………………………	（1103）
第一百二十八表	各乡厂铺户女寄居人年龄分配统计表 ……………………………………	（1105）
第一百二十九表	各乡寺庙户男寄居人年龄分配统计表 ……………………………………	（1105）
第一百三十表	各乡寺庙户女寄居人年龄分配统计表 ……	（1106）
第一百三十一表	各乡公共机关男寄居人年龄分配统计表 ……………………………………	（1106）
第一百三十二表	各乡公共机关女寄居人年龄分配统计表 ……………………………………	（1108）

邹平实验县
户口调查报告
（上册）

吴顾毓　编

第一部　调查统计之经过

一　调查前之筹备

（一）导言

举办一县之户口调查，事极繁难，事前若未有周密之计虑，则临事鲜有不张皇失措者，遑言其他？本县此次调查前之各项准备程序，大体可分以下八步：

（A）组织一健全之中枢机关，——即全县户口调查委员会——统一指挥。

（B）拟定工作大纲，依次分目推进各项工作。

（C）制定调查表格。

（D）划分调查区域及分配调查人员。

（E）聘定及委定各项工作人员。

（F）训练调查人员。

（G）宣传户口调查意义。

（H）编贴全县各村门牌。

兹更将上列八步程序，分述如后：

（二）组织户口调查委员会

邹平实验县全县户口调查委员会（以下简称调委会）为主持此次全县户口调查之最高机关，举凡事前之设计，临事之指挥，事后之整理，莫不听由此最高机关之发纵号令，支配节制。该会于民国廿三年十月十日成立，委员额定十四人，除县长为当然委员外，余额悉由县府就院县同人中分别延聘。委员会又互推主任委员一人，常务委员二人，处理会中日常事务；设计委员五人，组成设计处，掌理调查前以及调查中之指导工作；统计主任一人，组成统计科，专司调查后之整理统计分析诸事项。又经由主任委员之遴选提请，聘任事务主任一人，管理会中之一切庶务事项。委员会下，再就全县十四乡划为十四巡查区，每区各设巡查员一人，指导员二人至八人，监督指导各该区内调查员之工作。又巡查区各置固定之向导联络员各若干人，听受巡查员指导员调查员之调遣使用，担负领路介绍，递送文件，传达信息之任务。自是而本县户口调查之系统得以树立。

兹并将委员会之组织规程，组织系统，列下以供参考：

山东邹平实验县全县户口调查委员会组织规程

第一条　邹平实验县县政府为办理全县户口调查事宜，设全县户口调查委员会。（以下简称调委会）委员额定十四人；除县长为当然委员外，余由县政府就乡村建设研究院（以下简称研究院）及本府人员分别聘定之。

第二条　调委会为指挥全县户口调查之最高机关。

第三条　调委会设主任委员一人，常务委员二人，主持日常会务；主任委员及常务委员由委员互推之。

第四条　调委会设统计科，掌理调查后之统计事务，置主任一人，由委员互推一人兼任之，置统计员若干人，由研究院训练部同学调充之。

第五条　统计科办事细则由统计主任另订之。

第六条　调委会设事务科，办理庶务事项，置主任一人，得由主任委员遴选妥人，提请全体委员同意聘任之；置事务员一人至二人，由县政府事务人员临时调充之。

第七条　调委会设计处，掌理调查前及实施调查中之设计指导工作，置设计委员五人，由委员互推兼任之。

第八条　设计处置书记一人至二人，抄录文件，由院县现有书记临时调充之。

第九条　设计处为便于指导调查工作起见，就本县现有乡界划为十四巡查区；区置巡查员一人，监督各该区内调查工作。巡查员除第十四巡查区（首善乡）应由简易乡村师范校长充任外，余由研究院训练部下乡指导实习教员充任之。

第十条　各巡查区内分划为若干调查区，每一调查区置指导员一人，调查员三人至七人，担任实施调查工作。指导员除首善乡一区应由简易乡村师范教员充任外，余就研究院训练部同学中遴选派充。

调查员在第十四巡查区（首善乡）为简易乡村师范全体同学，其他十三巡查区概由研究院训练部同学分任之。

第十一条　巡查员，指导员，调查员服务章则，得由设计处随时分别制定，呈请调委会随时颁发之。

第十二条　各巡查区置联络员若干人，以联庄会会员充任，分受巡查员，指导员，调查员之使用调遣。

第十三条　各巡查区置向导若干人，分由各该区内之村长，村理事，闾隣长，村学村小学教员充任之；于调查工作进行中，应忠实履行其所任之职务，并受调查员指导员之指挥。

第十四条　调委会聘调指派各级人员，除在各该原机关支领原薪外，不另给薪。

第十五条　本规程自县政会议通过，呈研究院转呈省政府备案施行。

第十六条　本规程如有未尽事宜，得由调委会随时呈请县政府修正之。（完）

附　委员会名单

（一）全体委员　王怡柯　徐树人　窦瑞生（后因调去职由公懋淇补）　茹春浦　张梦华　李星三　田镐　富介寿　张俶知　刘濯之　郝宝书　曹晋平　李守文　李玉仁

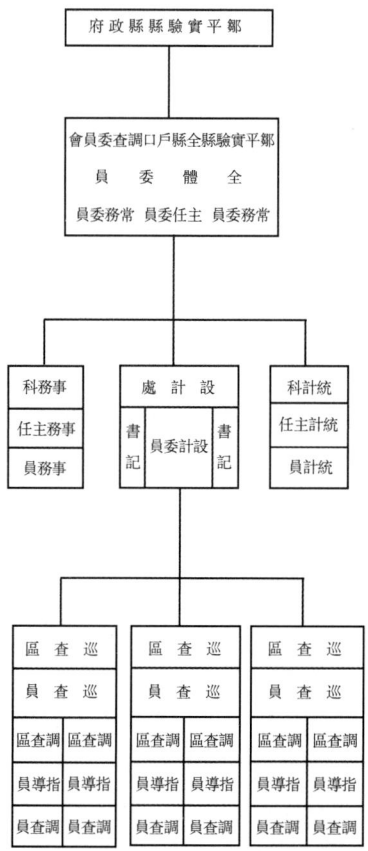

邹平实验县户口调查委员会组织系统图

（二）主任委员　王怡柯　常务委员　徐树人窦瑞生（后因调去职由公懋淇补）

（三）设计处设计委员　茹春浦　张梦华　李星三　田镐富介寿　书记　高宪文

（四）统计科主任　刘濯之（后因事去职，由设计委员田镐富介寿代。）

（五）事务科主任　郎钟禄

（三）拟定工作计划大纲

调查委员会成立后，设计处即依照该会规程条文，拟定工作计划大纲，以为进行程序之纲领。兹录全文如下，以备参考：设计处工作计划大纲

甲、预备调查工作时期

（一）确定本处办公地点，调用书记，勤务，装置电话，购备办公用品。

（二）规定本会办公时间及委员集会时间。

（三）请院县两方通令所属，凡有关此次户口调查事项，悉于调委会及本处系统之下接受指挥调度。

（四）拟就此次调查应用之各种表格式样，同其他调查上应用之物品，开具清单，提出调委会通过后，交事务科置办齐全，点交本处收存。

（五）依各乡地势及区域大小划分巡查区。

（六）依各巡查区之户口地势及其区域之大小，分配指导员，调查员，联络员。

（七）各巡查员召集其所辖区域内之指导员，依户口地势等划分调查区，分配各调查区之调查员联络员，并将划分及分配情形报告本处作最后之决定。

必要时调查区之区域由本处自行划定之。

（八）本处将其系统下之各级人员，开具名单，提交调委会通过后，由本处发给符号，随身佩带，以资识别，而昭慎重。

（九）前项人员经调委会通过后，由本处特定日期，与以调查技术上之训练及考试，并择定数村先期试查。

（十）本处于联庄会会员打靶时期内，派人赴联庄会会员集合各地点，说明此次户口调查之意义。（此为第一期宣传工作）

（十一）训练部同学下乡后，调查工作开始前，各同学应将此次户口调查之意义，向乡民普遍宣传；其宣传资料，由本处于实施

调查技述训练时供给之。（此为第二期宣传工作）

（十二）将有关此次户口调查之各种重要文件，讲演稿及其他足供宣传用之文稿汇登县政府公报，成一专号，于调查工作开始一星期前，分发各村学或村庄长及其他负责人员，嘱其根据此项公报所载，向乡民详为解释。（此为第三期宣传工作）

（十三）调查工作开始一星期前由本处召集各巡查员，依各巡查区户口之多寡及指导调查员之人数，分发应用表格及其他用品。

（十四）各巡查员召集其所辖各指导员，依各调查区户口之多寡及调查员之人数，分发格表及其他用品。

（十五）各指导员召集其所辖各调查员分发表格及其他用品。

乙、实施调查工作时期

（一）调查员随带应用表格及其他用品，偕联络员依照指导员所定路线，至各自然村庄，由充任向导之村庄长或其他负责人员，领赴各户调查。调查时如事实上发生疑问，应着向导觅该闾联庄会员询问明白；如技术上发生疑问而急待解决者，应派联络员至指导员处询问，其不急待解决者，可俟巡查员到达调查地点时，向其询问，或于是日调查工作结束后返至住宿处所，再向指导员询问。

（二）每日查调工作结束后，调查员应将调查完毕之表格，交指导员审查，将一日间对于调查工作所发生之感想及困难记明日记，交指导员批阅，其即待解决之问题，并应口头提出询问。

（三）表格填写错误经指导员发还复查者，调查员应于次日开始调查时，先将此项表格复查完毕，再作新的调查。复查时如原表错误过多，应另填一张，与原表别在一处，经复查之表无论是否另填均应在表之左上端注明‘复查’字样。

（四）指导员就其所辖调查区，审度情势，规定调查路线。用本处所发之绘图纸绘就简易路线图若干张，一份自存，一份送巡查员收存，一份由巡查员转送本处，其余分发各调查员。路线规定后，不得轻易更动，如不得已而有更动时，亦应将更动之新路线，立时报告巡查员转报本处。

规定路线分配调查员时，对于较大之村庄，应以集中调查为原则，（即数调查员同时调查一村）对于较小之村庄，则以个别调查为原则（即一调查员调查一村）。

（五）指导员夜间应与调查员住在一处，最低限度亦须住在同一村庄内；日间应驻在便于指导各调查员之固定地点，如不得已而有移动时，应派联络员立时通知各调查员。

（六）各调查员将调查完毕之表格交来后，指导员应于即晚详加审阅，遇有错误不明之处，可改正者即以红笔代为改正；不可改正者，应将错误不明之事项，该表号数等记明'退回复查登记表'。并将该表之一张，连同有瑕疵之调查表退回原调查员复查，复查后如错误均已更正，即在指导员自存之'退回复查登记表'上作记注销。

（七）指导员对于调查员每夜所作之日记，应于次日日间详为批阅。

（八）指导员对于调查员口头提出或派联络员询问之调查技术上一切困难问题，能解决者应立时代为解决，不能解决者，应为转达巡查员，对于巡查员所指示之事项，应为转达各调查员。

（九）指导员对于无错误之表格，十户以下之村庄，每村庄应抽查一户；十户以上之村庄，每十五户应抽查一户。抽查时原表有错误者，以红笔代为改正，错误过多者，用红笔另填一表，与原表别在一处。凡经抽查之表格，不论原表有无错误或是否另填，应以红笔在表之右上端注明'抽查'字样。

（十）一自然村庄之户口调查完毕已经复查抽查者，即派联络员将全村表格送达该管巡查员。送达此项表格时应用特制之封套。

（十一）巡查员收到各指导员送来表格后，应即填给特印之收表证，并于原封套上署名后，立即派联络员或交公报处送报员送达本处。

（十二）巡查员每日应巡行其所辖各调查区域，向指导员调查员转达本处所指示之事项。对于指导员调查员提出之技术上问题，并应根据本处规定之办法，代为解决。本处尚未规定解决办法者，应以电话报告本处。

（十三）各调查区调查路线之变更，以及其他重大事项，巡查员于接到指导员报告后亦应立时以电话报告本处。

（十四）各巡查员于每日上午六时至八时间，下午七时至九时间，均不得离开其驻在地点（乡学）。

（十五）调查工作开始后，本处各委员每日至少应有一人常川驻会办公，接受各巡查员报告之问题，能解决者立时代为解决，不能解决者留待开会时提出讨论。

（十六）本处每晚六时半举行会议，解决各巡查员提出之问题，并将解决方法于第十四项所定时间内，以电话通知各巡查员，或以书面交公报处送报员代为送达。

（十七）本处收到各巡查员送来表格后，应填给收表证。

（十八）本处对于收到之表格，必要时得于每区抽出一份，派员再为复查；复查完毕后，原封送达统计主任，统计主任应填给收表证。

（四）制定调查表格

调查表格制定之前，有三事须先确定，然后表格类别，表格内容，方可有所遵循。所谓三事：一即确定调查范围，二即确定调查单位，三即确定调查方法。

关于本县此次调查范围，其地域及于全县，其问题之内容，就被调查之个人言，则所括性别，年龄，婚姻，教育，职业，信仰，残疾等七大项，就一户一村而言，则略及于财产（田亩）井口。本节末所附之表格四种，（甲乙丙丁）即经调委会设计处参酌句容，定县及内政部三方面用过表格所制成者。

关于调查单位，本县则采取'户单位制'，——即以一住户，或机关，商店，工厂，寺院为一单位。与'户单位制'相对立者，则为'个人单位'，制即以每一个人作为一个单位，不问其家族间之联立关系。——此缘吾国向是家族聚居，一家人在伦理经济上，实是一个单元。再者本县此次举办户口调查之目的，学术上之意味固有，而为续办户籍行政，为户籍行政开一线路之意味尤多，若言户籍行政，则自亦以户为登记之单位，较适当也。

关于户口调查之方法，为避免重复遗漏计，普通分为两种。一是法定人口调查法，即凡在法律上保有本地户籍之户，不论其户内之口，居家出外，都为调查之对象。反言之，其凡临时之浮动人口，则不调查。（因从理论上说，此处之浮动人口，亦即彼处之居家出外人口；此处即不调查，彼处则已调查过了）。二是实际人口调查法，即依调查时在调查地之实际人口为准，此所谓实际人口者，系指调查当时居于此，行于此之一切人口而言，其凡居家于此而临时他往之人口，则又不过问。（因从理论上说，此地出外之人口，亦即他处之行动人口也）。二法相较，自以后法为尤周密，（此缘世间终有少许之流动份子，根本无家，彼在此地为流动份子，彼在彼地亦为流动份子。此种份子，如但用法定人口调查法，即不容易查得）。惟其实施上亦较前法为特不易。本县此次调查，系采用法定人口调查法为主，间亦采取实际人口调查法之精神，以求其尤周密。

兹并将各种表格样式，填表说明（即户口调查须知），填表补充说明（即设计处第二次通告），一并刊下以供参考：

附（一）调查表样式四种

山东省邹平实验县

户口调查表（甲种）

（公定户籍日民国二十四年一月八日）

第　　号

第　　页

向　导　　　　　　　　　　　　　　　指导员

调查员　　　　　　　　　　　　　　　统计员

第　乡　村第　间第　邻　　街门牌　号　调查日期民国二十四年一月　日

事别＼类别			户主	家属							非家属无家可归同居者			非家属有家可归暂居者		
			1	2	3	4	5	6	7	8	9	10	11	12	13	14
A	姓名															
B	性别	男														
		女														
C	与户主关系		×													
D	年龄		岁	岁	岁	岁	岁	岁	岁	岁	岁	岁	岁	岁	岁	岁
E	属象															
F	生日		月	月	月	月	月	月	月	月	月	月	月	月	月	月
			日	日	日	日	日	日	日	日	日	日	日	日	日	日
G	推得真实年龄		岁	岁	岁	岁	岁	岁	岁	岁	岁	岁	岁	岁	岁	岁
			月	月	月	月	月	月	月	月	月	月	月	月	月	月
			日	日	日	日	日	日	日	日	日	日	日	日	日	日
H	居住年数		年	年	年	年	年	年	年	年	年	年	年	年	年	年
I	籍贯		省	省	省	省	省	省	省	省	省	省	省	省	省	省
			县	县	县	县	县	县	县	县	县	县	县	县	县	县
			市	市	市	市	市	市	市	市	市	市	市	市	市	市
J	已结婚否	已														
		未														

续表

类别 / 事别			户主	家属							非家属无家可归同居者			非家属有家可归暂居者		
			1	2	3	4	5	6	7	8	9	10	11	12	13	14
K	初婚年龄		岁	岁	岁	岁	岁	岁	岁	岁	岁	岁	岁	×	×	×
L	婚姻状况	鳏												×	×	×
		寡												×	×	×
		再婚												×	×	×
		两婚												×	×	×
M	子女	子几人												×	×	×
		女几人												×	×	×
N	职业	正业														
		副业														
O	教育	能读														
		能写														
		学校教育														
P	宗教	佛														
		道														
		耶														
		回														
		其他														
Q	曾否入国民党															
R	有无何种废疾															
S	其他事项															
T	本户居住年数		年		U	本户有田亩数				亩	V	院田内有井数数			口 口	
W	备考															

山东省邹平实验县

户口调查表（乙种）

（公定户籍日民国二十四年一月八日）

第　　号

第　　页

向　导　　　　　　　　　　指导员

调查员　　　　　　　　　　统计员

第　乡　村第　间第　邻　街门牌　号　　调查日期民国二十四年一月　日

机关名称				机关性质					主管人性名		
办事人总数	男		本籍人	男		寄籍人	男		寄居人	男	
	女			女			女			女	
佣工人总数	男		本籍人	男		寄籍人	男		寄居人	男	
	女			女			女			女	
其他人总数	男		本籍人	男		寄籍人	男		寄居人	男	
	女			女			女			女	

类别 / 事别			本籍人无家可归寄居者			寄居人										
			1	2	3	4	5	6	7	8	9	10	11	12	13	14
A	姓名															
B	性别	男														
		女														
C	职务															
D	年龄		岁	岁	岁	岁	岁	岁	岁	岁	岁	岁	岁	岁	岁	岁
E	属象															
F	生日		月	月	月	月	月	月	月	月	月	月	月	月	月	月
			日	日	日	日	日	日	日	日	日	日	日	日	日	日
G	推得真实年龄		岁	岁	岁	岁	岁	岁	岁	岁	岁	岁	岁	岁	岁	岁
			月	月	月	月	月	月	月	月	月	月	月	月	月	月
			日	日	日	日	日	日	日	日	日	日	日	日	日	日
H	居住年数		年	年	年	年	年	年	年	年	年	年	年	年	年	年

续表

事别 \ 类别			本籍人无家可归寄居者			寄居人										
			1	2	3	4	5	6	7	8	9	10	11	12	13	14
I	籍贯		省	省	省	省	省	省	省	省	省	省	省	省	省	省
			县 市	县 市	县 市	县 市	县 市	县 市	县 市	县 市	县 市	县 市	县 市	县 市	县 市	县 市
J	教育	能读														
		能写														
		学校教育														
K	教宗	佛														
		道														
		耶														
		回														
		其他														
L	曾否入国民党															
M	有无何种废疾															
N	其他事项															
O	备考															

填表时应注意事项

1. 请填写清楚

2. 请用毛笔或钢笔填

3. 请据实填

4. 本籍人是指邹平人而言

5. 寄籍人是指外籍人在邹平有住所者

6. 寄居人是指外籍人在邹平无住所通常寄居机关之内者

7. 填写群表时若某人于公定户籍日因事离县应在‘其他事项’栏内注明‘离县’字样

8. 其他人一项系指除办事人佣工人外与机关有关系之人而言如在学校为学生在党部为党员在各会所为会员等是至于毫无关系而暂时居住该机关者则于其他人一项内不必计入惟在填写详表时则仍须填明且在‘其他事项’栏内注详

9. 填表人如有不明之处请向调查员询问

山东省邹平实验县

户口调查表（丙种）

（公定户籍日民国二十四年一月八日）

第　　号

第　　页

向　导　　　　　　　　　　　　　　指导员

调查员　　　　　　　　　　　　　　统计员

第　乡　村第　闾第　邻　街门牌　号　　调查日期民国二十四年一月　日

<table>
<tr><td colspan="3">铺店工厂　字号</td><td colspan="3">营业种类</td><td colspan="3">铺东厂主　姓名</td><td colspan="3">主要经理姓名</td></tr>
<tr><td rowspan="2">铺厂
内人口总数</td><td>男</td><td></td><td rowspan="2">本籍人</td><td>男</td><td></td><td rowspan="2">寄籍人</td><td>男</td><td></td><td rowspan="2">寄居人</td><td>男</td><td></td></tr>
<tr><td>女</td><td></td><td>女</td><td></td><td>女</td><td></td><td>女</td><td></td></tr>
</table>

<table>
<tr><td colspan="3" rowspan="2">类别
事别</td><td colspan="3">本籍人无家可归寄居者</td><td colspan="11">寄　居　人</td></tr>
<tr><td>1</td><td>2</td><td>3</td><td>4</td><td>5</td><td>6</td><td>7</td><td>8</td><td>9</td><td>10</td><td>11</td><td>12</td><td>13</td><td>14</td></tr>
<tr><td>A</td><td colspan="2">姓名</td><td></td><td></td><td></td><td></td><td></td><td></td><td></td><td></td><td></td><td></td><td></td><td></td><td></td><td></td></tr>
<tr><td rowspan="2">B</td><td rowspan="2">性别</td><td>男</td><td></td><td></td><td></td><td></td><td></td><td></td><td></td><td></td><td></td><td></td><td></td><td></td><td></td><td></td></tr>
<tr><td>女</td><td></td><td></td><td></td><td></td><td></td><td></td><td></td><td></td><td></td><td></td><td></td><td></td><td></td><td></td></tr>
<tr><td>C</td><td colspan="2">职务</td><td></td><td></td><td></td><td></td><td></td><td></td><td></td><td></td><td></td><td></td><td></td><td></td><td></td><td></td></tr>
<tr><td>D</td><td colspan="2">年龄</td><td>岁</td><td>岁</td><td>岁</td><td>岁</td><td>岁</td><td>岁</td><td>岁</td><td>岁</td><td>岁</td><td>岁</td><td>岁</td><td>岁</td><td>岁</td><td>岁</td></tr>
<tr><td>E</td><td colspan="2">属象</td><td></td><td></td><td></td><td></td><td></td><td></td><td></td><td></td><td></td><td></td><td></td><td></td><td></td><td></td></tr>
<tr><td rowspan="2">F</td><td colspan="2" rowspan="2">生日</td><td>月</td><td>月</td><td>月</td><td>月</td><td>月</td><td>月</td><td>月</td><td>月</td><td>月</td><td>月</td><td>月</td><td>月</td><td>月</td><td>月</td></tr>
<tr><td>日</td><td>日</td><td>日</td><td>日</td><td>日</td><td>日</td><td>日</td><td>日</td><td>日</td><td>日</td><td>日</td><td>日</td><td>日</td><td>日</td></tr>
<tr><td rowspan="3">G</td><td colspan="2" rowspan="3">推得真实
年龄</td><td>岁</td><td>岁</td><td>岁</td><td>岁</td><td>岁</td><td>岁</td><td>岁</td><td>岁</td><td>岁</td><td>岁</td><td>岁</td><td>岁</td><td>岁</td><td>岁</td></tr>
<tr><td>月</td><td>月</td><td>月</td><td>月</td><td>月</td><td>月</td><td>月</td><td>月</td><td>月</td><td>月</td><td>月</td><td>月</td><td>月</td><td>月</td></tr>
<tr><td>日</td><td>日</td><td>日</td><td>日</td><td>日</td><td>日</td><td>日</td><td>日</td><td>日</td><td>日</td><td>日</td><td>日</td><td>日</td><td>日</td></tr>
<tr><td>H</td><td colspan="2">居住年数</td><td>年</td><td>年</td><td>年</td><td>年</td><td>年</td><td>年</td><td>年</td><td>年</td><td>年</td><td>年</td><td>年</td><td>年</td><td>年</td><td>年</td></tr>
<tr><td rowspan="3">I</td><td colspan="2" rowspan="3">籍贯</td><td>省</td><td>省</td><td>省</td><td>省</td><td>省</td><td>省</td><td>省</td><td>省</td><td>省</td><td>省</td><td>省</td><td>省</td><td>省</td><td>省</td></tr>
<tr><td>县</td><td>县</td><td>县</td><td>县</td><td>县</td><td>县</td><td>县</td><td>县</td><td>县</td><td>县</td><td>县</td><td>县</td><td>县</td><td>县</td></tr>
<tr><td>市</td><td>市</td><td>市</td><td>市</td><td>市</td><td>市</td><td>市</td><td>市</td><td>市</td><td>市</td><td>市</td><td>市</td><td>市</td><td>市</td></tr>
</table>

续表

事别 \ 类别			本籍人无家可归寄居者			寄居人										
			1	2	3	4	5	6	7	8	9	10	11	12	13	14
J	教育	能读														
		能写														
		学校教育														
K	宗教	佛														
		道														
		耶														
		回														
		其他														
L	曾否入国民党															
M	有无何种废疾															
N	其他事项															
O	备考															

山东省邹平实验县

户口调查表（丁种）

（公定户籍日民国二十四年一月八日）

第　　号

第　　页

向　导　　　　　　　　　　指导员

调查员　　　　　　　　　　统计员

第　乡　村第　间第　邻　街门牌　号　　调查日期民国二十四年一月　日

寺院名称			寺院性质					本寺院所有田产亩数						亩
事别 \ 类别			主管人	徒众							非徒众无家可归同居者			非徒众有家或有庙可归暂居者		
			1	2	3	4	5	6	7	8	9	10	11	12	13	14
A	姓名															
B	性别	男														
		女														

续表

寺院名称		寺院性质					本寺院所有田产亩数								亩
事别 \ 类别		主管人	徒众							非徒众无家可归同居者			非徒众有家或有庙可归暂居者		
		1	2	3	4	5	6	7	8	9	10	11	12	13	14
C	职务	×	×	×	×	×	×	×	×						
D	年龄	岁	岁	岁	岁	岁	岁	岁	岁	岁	岁	岁	岁	岁	岁
E	属象														
F	生日	月	月	月	月	月	月	月	月	月	月	月	月	月	月
		日	日	日	日	日	日	日	日	日	日	日	日	日	日
G	推得真实年龄	岁	岁	岁	岁	岁	岁	岁	岁	岁	岁	岁	岁	岁	岁
		月	月	月	月	月	月	月	月	月	月	月	月	月	月
		日	日	日	日	日	日	日	日	日	日	日	日	日	日
H	居住年数	年	年	年	年	年	年	年	年	年	年	年	年	年	年
I	籍贯	省	省	省	省	省	省	省	省	省	省	省	省	省	省
		县	县	县	县	县	县	县	县	县	县	县	县	县	县
		市	市	市	市	市	市	市	市	市	市	市	市	市	市
J	教育 能读														
	教育 能写														
	教育 学校教育														
K	曾否入国民党														
L	有无何种废疾														
M	剃度年月日														
N	其他事项														
O	备考														

附（二）调查户口须知

一、表格说明

（甲）户口调查表甲种说明

甲种表格是专为调查普通住户而用。但所谓住户者，并不限于正式住宅，也不限于一户的人口多少；住大瓦房的是住户，住小草棚的也是住户，一家有一百人的是住户，一家只有一个人的也是住户。

'户'者——指同居共食，共同生活者而言。若兄弟已经分家，每家单算一户，虽然他们还住在一所院宇之内。若兄弟各自携眷分居，也各算一户，虽然他们还未分家。若一户中之一男丁或一妇女，因求学或因职业住在外省外县或本县之其他各乡，则应算为本户出外之一口，仍计入本户的户口之内。惟在外县或外省者，须在备考栏内注明'某人离县'字样。

公定户籍日——又名'清查日'，即我们设定的调查时间。按户口调查的目的，本在求得：'社会静态的状况'，所以调查的事实，必须是最短期间以内的事实，且必须是各个地方同一最短期间以内的事实。为达到这个目的起见，我们以二十四年一月八日为我们的公定户籍日，即以这一天早晨零时本县所有的人口，为我们作调查的对象；先此一天而死的人，我们不调查；后此一天而生的人，原则上我们也不调查。但为以后办理人事登记方便的缘故，我们得问清这个初生的孩子是谁的儿女（某户某人的），什么时候出世（月，日，时）记在本调查表的备考栏内。（再：死在户籍日以后，调查期限以内的人，须都调查清楚并注明'某人已故'于备考栏内）

调查日期——是指实际去作调查那一天的日期而言，请填在表的右上角年月日内。就理而论，调查日期应该就是：'公定户籍日'，然后调查出来的结果，才能一致，才能精确。无如我们这一次调查包括的范围太广，调查员的额数不敷分配，事实上不能不把调查期限延长，以资补救。因此有一点须要留心，即无论是那一天去调查的，都请追溯问他户籍日那一天的情形，作你填表的标准。

户主——指一户中辈数最尊长之男子而言。如辈数最尊长之男子因精神障碍，因判刑在狱，因未达成年（满二十岁）年龄，则以次辈最尊长之男子为户主。如一户已无男丁，或仅有之男丁有以上所举之情形之一（即指精神障碍等情形而言），则以辈数最尊长之妇女为户主。

家属——凡户主以外的人，如户主的配偶和妾，户主的宗亲，户主宗亲的配偶和妾，以至养子、养女、赘婿、童养媳等，都称户主的家属。若一户中已嫁的女儿，出嗣、出养、出赘的子女，则为其夫家、嗣父、养父、岳父家的家属，自不计入本户之内了。

非家属无家可归同居者——是指前条解释以外的人，如亲戚、朋友、婢女、佣工、佣妇等，长期住在户主户内，而自己并已无家可归者而言，请都填入本栏项内。

非家属有家可归暂居者——是指亲戚，朋友，佣工，佣妇等，如自有家可归而暂时因拜访或职务关系，寄居在户主户内者。再此项客居的人，若是属于本籍（即本县人）或寄籍（即外籍而在邹平有家之人），则可不必详查，仅在备考栏内注明人数；因为他们都在邹平有家，我们调查至其家时，已可得其详情了。又此项客居人若是属于外籍（家住邹平以外的人），亦只填明表中未划×者各项；此缘他们在本县仅属流动份子，我们可以无须详查他。

表中的：

A 姓名——记载一户成年男子的姓名时，宜用其正式的名，例如：'刘厚德''王国贵'，而不可记为：'刘七''王大'。记载一户中成年妇人或未成年女子的名字，如果他们实不肯说，亦可以：'某某氏'或'某人之长女、次女'以代。如初生小孩还未起名，请填：'未名'二字；如年幼儿童还无大名，则请记其小名，如：'张虎''王牛'是。

B 性别一项，是指男女而言。

C 与户主关系——是指户内各个人与户主的关系，例如户主之妻，之妾，之父母，之子女，之伯叔，之兄弟姊妹，之表兄，等是。

D 年龄——各人的岁数由他自己报告，以后另由统计员根据他们的生月和生日，推为实数（见 G 项）。但初生小孩如尚未逾一年，则请填明他是几个月。年龄在人口统计方面极为重要，诸君调查，须求精确。

E 属象——属象是述明他们生日那一年所属的地支，如属'龙'属'马'属'虎'等（若被调查人不知自己属何属象，此项请不填）。

F 生日——是每个人生的月份和日期（例如张虎六月十七日生阴历）。请注意此项与折合年龄时有关，问时慎重。

G 推得真实年龄——此项归统计员折合，调查员勿填。

H 居住年数——是指被调查人在邹平住过好久，此与以后办理选举有关。

I □□□□□□名或市名，外国人填其国名。

J 已结婚否——凡男女曾经结婚者，请在本项内勾√为号（未结婚者不勾）；结婚而又离婚，或丧夫丧妻者，都为已婚。

K 初婚年龄——同 D 项。

L 婚姻状况——是指结婚后之情况而言，如男子丧妻为：'鳏'（妻死有妾亦为鳏），妇人丧夫为：'寡'，结婚而又离者为离婚，男子再婚与妇人再嫁者，都为：'再婚'。有此情形之一，请在本项各该分项中勾√为号。

M 子女——无子女者，本项可以不填；有子女者应问子女各若干人，在本项分项中分别填清。

N 职业——职业的定义是：'借工作而得相当之收入'，工作不问其是劳心劳力，收入不问是钱是物。已婚的妇女管家不算职业，年幼的儿女帮助父母不算职业，随便作何工而无长久之职务者不算职业，专靠产业生活的也不算职业，在记载职业时不可只用一拢统名词，如：'工''农''商''学'，若是工须分明其为：'木工''铁工'……若是农须分明其为：'自耕农''田农''雇农'，若是商须分明其为：'煤铺掌柜''文具店伙计''布庄徒弟'……若是政须分明其是：'邹平县政府科长''山东建设厅秘书''河南河务局录事'……若是学须分明其是：'第一乡乡学教员''第二高小校长''师范部会计'是。若年满二十岁而无常业者，即请注明失业。若除正业外尚有副业者，亦请填明其副业。

O 教育——教育程度之调查大致可以分为两种：（一）若是受的私塾教育，请问他能读家信否？能写家信否？若仅能读而不能写，便在能读上勾√，若连读都不能即算失学。（二）若是受的学校教育，便以学校制度为依准，例如：'某级学校毕业''某级学校某年级修业'，或现在'某某学校读书'，请问明情形，在本项'学校教育'项内填明。

P 宗教——此指各人的信仰而言。如'佛''道''回''耶'及其他。

Q 曾否入国民党——本项调查员可以不必调查，以后另请县党部开清，由本会补填。

R 有无何种废疾——废疾可以分为以下各项：一、瞎，二、聋，三、哑，四、跛，五、疯，六、呆，七、无手（一手或两手），八、无足（一足或两足），九、驼背。请各按被调查人的缺欠，一一注明。

男子若尚蓄辫，女子若还缠足，请在各该项内勾√为号。（后此二项删去）

S 其他事项——本项是预备填写调查事项中所未包括的事项而设。

T 本户居住年数——指被调查之户在某乡某村住过多久而言，此与其户籍有关。

U 本户有田亩数——本项调查（一）在研究邹平土地分配。（二）在作为整理土地之参证。至其调查方法，另请县长讲明。

V 院田内有井口数——是调查被调查者住宅内和田亩内有井几口，此与本县推广凿井计划及卫生行政计划之设计上有关。若一所住宅住了三户人家，一共有井一口，则请问明这所房子属谁，此井便填入户主人一户的调查表内，若一所住宅住了两个分过家的兄弟。一共有井一口，则请问明此井分给了谁，便填入谁的调查表内。若分家时说明此井不分，则请填入其兄的调查表中；但在备考栏内注明户内之井与其弟某某公用。若赁户杂居而住的院内有井，请填入二户东或其中任何一户之调查表内；惟问明户主为谁，住什么地方，亦在备考栏中注明。

（乙）户口调查表乙种说明

乙种表格是专为调查公共机关而用，如研究院，县政府，县党部，县农商会，公安局，各级公私学校，各种合作社，农场，以及其他政府附属之机关，和人民所组之团体，会所，均适用之。

机关性质——指其为：'自治机关''教育机关''金融机关''农业机关''党务机关''合作会社'等而言。

主管人姓名——指主持此机关者之姓名，在研究院为院长，在县政府为县长，在某委员会为委员长，或主席委员常务委员等是。

办事人——指在职工作之职员。

本籍人——指邹平本地人。

寄籍人——指外籍而在邹平有住所之人。

寄居人——指外籍而在邹平无住所居所，通常寄居机关以内的人。

寄居人和本籍人之在邹平无家者，须填以下应填之十四项，其中：

C 职务——指在该机关所担任之职务而言。

余则均见甲种表格之说明。

公共机关调查以交由各该机关自填为原则，故表上亦附简单之说明。但该机关不能自填者，调查员应为代填。

公共机关如有职员携眷寄居该机关之内者，应另用甲种调查表代为填明。并将此项表格与该机关之调查表附在一起。

公共机关填表人如有不明白之处，调查员应为详细说明。

（丙）户口调查表丙种说明

丙种表格是专为调查商店工厂而用，其中：

铺店工厂字号——指其招牌上所写明之字号而言。

营业种类——以其主要之营业为准。例如文具店代派报纸，还填文具店；茶叶铺代卖纸张，还填茶叶铺；织布厂附设售布摊，仍然算他织布厂。

铺东厂主姓名——即出资营业人之姓名。若铺东及厂主为多数人，则请填其出资最多之人。若二人合伙生意出资相等者，则请将二人全都填清。

主要经理姓名——指主持该铺店工厂之业务者而言。如一人出资之铺东自为经理，则请填以'铺东'二字，若系出资较少之铺东或厂主，或合伙经商出资相等者中之一人兼为经理，则请仍填其姓名。

铺东厂主或经理偕有家眷住居店内或厂内者，调查员应另以甲种调查表调查填明。此项甲种调查表格，并与调查该店厂之表格附在一起。

乡间住户兼经小摊者，不算商铺，惟在该户调查表备考栏内，加以注明。

丙种表应由调查员填写。如调查商店时，请将工厂二字勾去，它类推。

其他项目之说明，见前。

（丁）户口调查表丁种说明

丁种调查表是专为调查僧庙，道院，尼庵，回教清真寺，和耶稣教堂而用。调查时可分别其性质，在寺院性质项内注明。

主管人是指主持寺院的人而言；在僧庙尼庵是'住持'，在道院是'道长'，在清真寺是'阿洪'，在耶稣教堂是'神甫'或是'牧师'。

各寺院主管人以外的僧道都称徒众，但其非僧道而专供役使者，应视其本县有家与否，分别记入'非徒众无家可归同居者'或'非徒众有家或有庙可归暂居者'项内。并在职务栏（C）中注明其所任之职务。

耶教堂和清真寺只填住在堂内供职，或执役的人。其徒众在外另自成户者，不必记入。

表中：

A 姓名——僧道尼向以法名著称者，填法名。但耶教徒及道士之用俗名者填俗名。

M 剃度之年月日——是指僧、尼、道，入寺为僧、为道、为尼之年月日而言。寺内当有簿籍可查。

其他各项，适用以前相当项目之说明。

僧尼道庙内：'挂单的人'，如其自己尚有庙寺可归，均填入'非徒众有庙可归者'栏内，如已无庙可归，则填入徒众之内。

'火居道'或'应付僧人'不居住于寺内者，以普通住户论，火居道带有家眷寄居庙内者，应另用甲种调查表调查填明。寺院所有田产一项，另请县长讲明调查方法。

二、调查员须知

1. 调查员于实施调查前，须要详阅：'表格说明'。

2. 调查员于实施调查后，每晚须要详作日记，将一日所遇之困难，所得之心得，所有之感想，都一一写出，次晨交指导员翻阅。

3. 填调查表字要写得清晰，如涂改之处太多，就请再换一张表，另为誊清。惟缴表时，须将誊过之原表一并缴来以便参证。

4. 填表时如用字码，请用阿拉伯数字。

5. 表中调查得来的数目字，务要力求他能代表事实；须念表中之一字不确，则将来统计出来的结果，也就都不可靠了。

6. 填表请用发给的铅笔填，不然请用钢笔填。

7. 凡不可靠之答案及答案不全之表，须设法补充完备；实在办不到时，即在表之下面说明原因，另外缴给指导员，由指导员自己去查。

8. 填表时要将项目看清，千万别勾错了字，也别填错了行。

9. 如人口众多之户，一张表不敷用，可用两张，以至三四张表；但在表之右边：'第　页'中把页数填清，然后并用针别在一起。

10. 请诸位特别注意，即一户儿童之数目及其实在之年龄易生错误，万望详细询问，别听错，也别被人遗漏或瞒过。

11. 填表以后离开调查户以前，须详细审查此表有无遗漏，有无疑问；如有，马上问明。

12. 调查员如已自信其所填写之表已无错误，请即签名表上，送交指导员审查。指导员若发现表中尚有不当之处，得指明后，再交调查员重查。

13. 关于各表如有不明了处，或有疑问处，即请指导员给你讲明。万不可心里一面疑惑着，手里却还一面勉强的填。

三、调查员所需要的是什么？

1. 忠实——忠实是作调查工作的第一个条件。社会调查的使命，本来是要追寻事实，如事实追寻不着，宁可承认那是自己失败，而不可勉强虚报。捏造事实，捏造数目字，那都是自欺欺人的勾当，至为青年所不取。

2. 用智慧——调查员要善于用他的观察力，审辨力；遇到不说实话的人，可以审辨他的真伪，判断他的是非。

3. 通人情——通人情，就是善于适应环境，以获得人的好感。换一句话说：调查员不可因小节而误大事，不可有棱有角的，处处伤人感情，不可但凭一时意气，招出不必招出的困难和阻碍。

4. 精确——一般人说话和我们旧有的习惯都甚模糊，因此亦就极其容易发生错误。不过对方仅管可以胡说，你却不可胡写，尤其是用数填字的地方，更要问的精确，写的精确，一点也别差错。关于邹平计亩的步数比较别处不同，平常官亩合二百四十方步，此间一亩普通多是七百二十方步（即合官亩三亩），你问田地亩数的时候，务要问清是多少步，然后折成官亩，再填表上。

5. 说话要清楚——调查员口齿须要清楚，好使被调查人容易了解。又调查员最忌去和百姓比学问，说话爱用'文言'，爱用'新名词'。在你以为：'我用令堂两个字不是很普通很客气么'？'我说共同生活这四个字不是很明白么'？其实老百姓叫母亲向来叫做'老娘'，不叫'令堂'，也不懂人家称他'老娘'，该称'令堂'。老百姓会说：'一伙儿过日子'，却不会说什么'共同生活'。再比如你问乡下人：'你的寝室有几间啊'？就不如问他：'你的卧房有几间啊'？那末你问他：'你的卧房几间'？又不如问他：'你有几间睡觉的屋子'了。

6. 坚忍——调查员免不掉随时随地都有障碍，若是碰个钉子，也不过是多吃一顿便饭。调查工作本来就是索然无趣的，同样的表格，同样的问题，往往得填数十，数百，或数千。在此无趣的情境之下，须要诸位自己打起精神，有始有终的，任劳任怨。若是被调查人听不懂你的话，你可千万别和他发急，发急也是无济于事的。最好的法子是：'你再另换个法子重问'；你千万记着你是求人，你是问人，你不是问案，你更不是审贼。

7. 耐劳——去乡村实地调查原是一件极辛苦的工作。吃不好，睡不稳，碰了天阴下雨，走路也都艰辛。这一些一些的不便，我没有什么好法儿教给诸位解脱，只有一个法儿，那就是'忍'。我给同学很肯切的说：本院和县府把这一次调查全县人口的事情，交给诸位去作，一方面是为诸位实习，使诸位借着调查去体会中国农村问题和人口问题的真象。另一方面真是信任诸位，要从诸位调查所得的材料里整理出一些事实来，作为建设农村和施设政教的真确的事实根据。

8. 稳重——调查员品行须要端正，因为在乡下须要和各种人来往，有时也须与妇女们接谈，处处都受人家的监视和注意。调查时面孔要庄重点——庄重不是呆板——别轻举，别妄动，说话更得有分寸。

9. 谦逊——我们是礼义之邦，一般人知识虽然短浅，然而却最重礼貌。调查员谈话须要谦逊和蔼，别有骄傲的态度，然后一般人才敢和你接近，才喜欢和你接近。

四、指导员须知

1. 请熟阅表格说明。

2. 请认真监督并指挥调查员去工作。

3. 请详细审查调查员缴来填妥之表格有错误否；如有，请即指出再令调查员重查。

4. 请将调查员重查后缴来之表格，再加审查。

5. 审查后认为缴来之表无误，则请负责签字证明。

6. 前项认为无误之表格，每十五份中请仍抽查一份，抽查后如与调查员所报告者相符，请在备考栏内批以：‘抽查无误’四字。如有不符之处，则万望将该调查不实之调查员，加以警告。

7. 每晨请仔细查阅调查员所作之‘调查日记’，如有困难，请替调查员设法解决。如有不能解决之苦，则往调委会来电，然后大家商议办法。

8. 如调查员实在不能调查清楚之处，请为费神代查。

9. 审查及抽查后之表格，请依次整理清楚——按街道或闾邻门牌号数为准——分别存好。

10. 俟每一村调查完毕之后，请即将该村所有之调查表格，送交巡查员，然后再由巡查员成总送至调委会，以便统计。

11. 指导员要跟着调查员走，和调查住在一起。

12. 调委会设在县政府乡村人员招待处，安有电话。

五、巡查员须知

1. 巡查员主要的职责，是替调查员和指导员解决表内的困难和表外的困难。

2. 巡查员每天要将调查员去做调查的村庄，也都去一回。和调查员见见面，问他们有什么困难问题否？

3. 巡查员固定的住在乡学。

4. 巡查员每晚在乡学听候本会的电话，以便报告工作，解决困难，商量工作。

5. 巡查员须注意该巡查区域内之工作人员，都努力否。

附（三）山东邹平县全县户口调查委员会设计处通告　第二号

各巡查员指导员调查员鉴：

关于此次户口调查之组织系统，及调查工作策动方法，调查表格填写方法，本处前曾略作说明；兹恐仍有未能明了之处，除将本处工作计划大纲各发一份外，再将补充各点，开列于后，希各注意：

（一）本处与各巡查员职络方法，通告第一号业经说明，此后各巡查区向本处送达调查表格，即可交由公报处送报员代送；至于巡查员，指导员，调查员间之联络，则一律利用联络员；此项联络员以现时正在受训之第三届联庄会会员充任，如何分配之处，以后续有通告。

（二）调查户口时之向导，以各庄庄长为主，此外如村学教员，村小学教员，以及各庄其他负责人员，均亦有充当向导之义务；业经呈明县政府通令各该人员遵照，各指导员，调查员可审度情形，妥为择用。

（三）此次户口调查，系全县同时举行，为求整齐划一起见，所有调查技术上之问题，（即填表方法）均由本处统一解释；此后各巡查区，调查区遇有问题发生而本处以前尚无解释者；如系技术问题，均报由本处解决；如系事实问题，（即指挥调查方法）各巡查员，指导员可以相机处理，事后仍希报告本处。

（四）本处各种解释若有前后不尽相符之处，均以较后之解释为准，除以书面通知者，即将原件留作参考外；其由电话或口头通知之事项，均希记明记事本以免遗忘。

（五）各庄门牌经风雨侵蚀，已多不齐全，此于调查工作之进行不无妨碍之处，业经知照县政府第一科于本月中完全补齐。

（六）各庄街道参差不齐，调查时最易发生遗漏重复之弊，各调查员可于一户查竣之后，用粉笔于其门首画一×号，以资识别；一庄查竣之后，再将全庄巡视一遍，遇有未经画×之户，即行补查。

（七）将来本处所发甲，乙，丙，丁四种表格，均分'有号'与'无号'两种；有号者每号一张，填表时每户以一号为限；一张不足时，再用无号表填写，作为同号第二页，依此类推，号码次序无使紊乱。

（八）对于船户及茔户，（即看茔之人所住者）并无特制之表格，调查时遇有此等住户，可问明其是否另外有家；如另外有家，是否在本县境内；若另外无家或虽有而不在本县境内，即就调查时该户之所在地用无号之甲种表格填写，无须编号；但于表格之左上方分别注明‘船’，‘茔’字样；其分户标准，除茔户依照普通住户办法外，船户概以一船作为一户。

（九）调查员及向导姓名，各调查员均须填写明白，指导员姓名由指导员填写，统计员姓名由统计员填写，调查员均不必代填。

（十）调查年月日一项，除年月均已印就外，日期均由调查员填明，切勿遗漏。

（十一）乡村闾邻街道门牌均请填明；无闾邻街道门牌者，各画一△号，俾知并非漏填。

（十二）填写调查表时最应避免遗漏与重复，凡不应填入之人口，切勿填入；应填入之人口，切勿漏填；至于何人应行填入，何人不应行填入，何人应仅在备考栏内注明，‘调查户口须知’上已说得明白；上次试查时仍有少数填错者，应请再细读一遍；又调查表内之‘已结婚否’，‘婚姻状况’，‘子女’以及‘其他事项’各栏中所填之事项，与全户人数均有关系，如能彼此对照一番，则是否漏填即可了然。

（十三）‘户主’应以何人充任，‘调查户口须知’曾加说明，试查时仍有弄错者，以后应加注意，遇有应充当户主之一口，外出已久迄无音信者，如此人尚未经‘死亡宣告’，（即经县政府依法定手续推定其为业已死亡）仍应以其为户主。

（十四）甲种表格中之人口除‘户主’外，计分‘家属’，‘非家属无家可归同居者’，‘非家属有家可归暂居者’三栏；何人应填入何栏，或应另成一户，或应填入备考栏内，‘调查户口须知’亦已说得明白；上次试查仍有弄不清楚者，应请特加注意。

（十五）家属栏之次序排列，勿使紊乱；原则上户主之后应为户主之配偶，其次为直系尊亲属，直系卑亲属，旁系亲属。若以一较复杂之家庭为例，其次序如下：户主，妻，妾，母，祖母，长子，长子之妻，长子之长子，长子之次子，长子之女，次子，次子之妻，次子之女，长女，次女，兄之妻，兄之子，弟之妻，弟之子，妹，伯母，伯母之女，婶母，婶母之子（堂弟）。

（十六）已分家另居，又来受扶养者，已非家属，应列入'非家属无家可归同居者'栏内，已嫁之女已出嫁，出嗣之子及出养之子女均同。

（十七）人已走失不知下落者，如未经死亡宣告，仍应将其姓名年龄等等详细填入表内；并在该口之'其他事项'栏内注明'失踪'字样，最好并其失踪年份亦询明填入；已经死亡宣告者即以已死论，无庸再填。

（十八）兄弟如已分家，其直系尊亲自己言明与某子同过者即作为某子户内之口；若自己并未言明或系轮流居住者，即当作为长子户内之口；但须将其他各子之姓名住址等注明'其他事项'栏内；长子如已出嗣，出养，出赘或绝户，方作为次子户内之口，依此类推；分家时该直系尊亲自成一户者应另表填写。

（十九）姘居者以男子为户主，姘妇填入'非家属无家可归同居者'栏内，但须问明其娘家户主之姓名，及住址，填入'其他事项'栏内。

（二十）童养媳之娘家户主姓名及地址，亦应询明填入'其他事项'栏内。

（二十一）调查时户内人口有不在家者，应询明其为临时他往或长期他往，若系长期他往，应询问其现在何处，于'其他事项'栏内详为注明；前此试查时有仅填'某人不在家'者，有填'此户多商人以上约十几口都在汶口业商'而未言明何人在汶口者，均嫌过于拢统。

（二十二）'性别'一项，非男即女，至少应有一√号至多亦只应有一√号，切勿漏填，亦勿多填，以免影响统计工作，若系

'两性人'则请在'其他事项'栏注明。

（二十三）'与户主关系'一项，应详填其为户主之何人，若一户人口太多，与户主关系较远之人口不易填其与户主之关系时，可以该口关系最近者之姓名表示之，例如户主王毓鹿，其子王致善，其子之子王得录，'其子之子之子'，即改填'王得录之子'反较为明白；又填关系时凡用'媳'字之处以后均改用'妻'字。

（二十四）前此试查时所填调查表格，'年龄'，'属象'每不相符，遇有此等情形，反使审查者不知何舍何从；以后由本处各发'年龄属象对照表'一张（附后），调查员可先问属象，后问年龄，然后就对照表看其是否相符；如年龄属象不能相符，必系故意谎报，应严加追问；俟问出真岁数真属象后，再将二者均行填上，只知属象不知年龄者，除填其属象外，并应问其年龄之约数，然后就对照表上该属象各年龄中与其所说者最近之一年龄填上；只知年龄不知属象者，除填其年龄外，并在属象格画一△号，年龄属象均不知者，在二格中间画一△号，俾知并非漏填。

（二十五）'生日'一项，原则上月日均应填明，如被调查者只记生月，不记生日即应在生日格画一△号，月日均不记忆者，在二格中间画一△号，俾知并非漏填。

（二十六）'居住年数'如系本籍人可填'世居'二字；如系客籍人，应询明年数填入；不记年数者画一△号，俾知并非漏填。

（二十七）'籍贯'一项，家属无不相同，故仅填一户主之籍贯即可；非家属无论其为同居者抑暂居者，均不必为户主同籍，应各自填明无使遗漏。

（二十八）'已结婚否'一项，新表分为'已''未'两栏，非已婚即未婚，至少应有一√号，至多亦只应有一√号，切勿漏填，亦勿多填；又妾及姘居者，如此外并无正式结婚之行为，均不能认为已婚。

（二十九）'初婚年龄'凡已婚者，不论其为鳏寡老幼，均应填明；被调查者如不能记忆，可在格内画一△号，俾知并非漏填，又本项所要知者，为第一次结婚之年龄，试查时所填表格，多有迟在四五十岁始结婚者，想系再婚年龄之误，正式调查时应加注意；又夫妻二人倘均无再婚情形，则其初婚年龄差必与年龄差相等，故初婚年龄之调查兼可为年龄是否谎报之稽考。前此试查之时，少数表格夫妻均无再婚情形，而有年龄相差一岁，初婚年龄则差两岁者；亦有年龄夫长妻一岁，而初婚年龄则妻长夫一岁者；后述情形必系调查时仅问夫妻中一人之初婚年龄，事后始比照年龄之差将其他一人之初婚年龄填入，而又将夫长妻一岁误作妻长夫一岁；此点与全表之确实性殊有关系，以后正式调查时，尚希按人问明，遇有不符之情形，并应严加追问，不可事后补填，至失真相。

（三十）妻亡已再娶者不为鳏，夫亡已改嫁者不为寡，仅在'再婚'栏画√号；配偶亡后未再结婚，或再结婚后配偶又亡而未更为婚姻者，始在'鳏''寡'两栏分别画√号。再婚在两次以上者，可以'再婚'栏以数字表示共次数，离婚后已再结婚者，仅在'再婚栏'画号，其离婚事实则在'其他事项'栏注明；离婚后未再结婚者，在'离婚'栏画√；再婚后又离婚而未更为结婚者，始在'再婚''离婚'两栏各画一√；已结婚之人无'婚姻状况'项各栏情形者在本项画一△号。

（三十一）'子女'一项，新表改分'子几人''女几人'两栏，以后填表时有子女者各写明人数，无子或无女或子女全无者，分别画△号，俾知非漏填。又所填者须为共生若干人，而非现有若干人，若共生之数与现有之数不相符合，应在'其他事项'栏注明其原因，（例如长子亡，次子出嗣女嫁等等）以便稽考；又夫妻所生子女人数，均应注明，一则便于统计，二则因有再婚及非婚生种种关系，夫所生者未必即是妻之所生，妻所生者，亦未必即是夫之所生也。夫妻若均无再婚情形，则共生子女人数除有特殊原因（如妾生非婚生等等）者外，原则上应属相同；其因再婚或其他特殊原因而二人共生子女人数不符者，应各在'其他事项'栏注明其原因，（如长子前妻生、三女妾生、某子前夫生、或系带子等等）以资稽考。

（三十二）'职业'一项，应详细填明，新表本项之空格已较旧表放长甚多，详填当可无何困难；至于详至若何程度，须看其性质而定，不能一一预为说明，总以使人一目了然，方为适宜；以农人而论，可分为自耕农，佃农，雇农三种；以自己之劳力耕自有之田者为自耕农，以自己之劳力佃耕他人之田者为佃农；受雇于他人而代为耕种者为雇农；调查时须询问明白；详为填久，不可以一拢统之农字代表之。至于有田而委之他人耕种自己不出劳力者不得谓之农人；又如警察与兵士不同，不能以兵字包括，且究属何种警察或兵士，亦应详为填明。主业副业之区别不易为原则上之规定，须各调查员自己体会，惟有一点可以注意者：即有副业者必有主业，有主业者未必即有副业是也；有时兼有二种以上之主业或副业，遇此情形，应同时填明；无副业者在副业栏画一△号，主副业均无者，二栏均画一△号，俾知并非漏填。又所谓职业者，以有收入者为限，妇女织布缝履，若系鬻款自给，即可认为职业，若仅为自用，不能以职业论。学生非职业，如系在学界服务，则究系何种教员或何种教育行政人员，亦应详为填明，不能写一拢统之'学'字。上次试查，有于职业栏写一'儒'字者，尤属错误。

中华民国二十三年十二月　　日

年龄属象对照表

鼠	牛	虎	兔	龙	蛇	马	羊	猴	鸡	狗	猪
11	10	9	8	7	6	5	4	3	2	1	
23	22	21	20	19	18	17	16	15	14	13	12
35	34	33	32	31	30	29	28	27	26	25	24
47	46	45	44	43	42	41	40	39	38	37	36
59	58	57	56	55	54	53	52	51	50	49	48
71	70	69	68	67	66	65	64	63	62	61	60
83	82	81	80	79	78	77	76	75	74	73	72
95	94	93	92	91	90	89	88	87	86	85	84

（五）划分调查区域及分配调查员额

户口调查委员会为便于监督指导起见，于实施户口调查之先，已将全县十四乡划为十四巡查区，每区各设巡查员一人。其中除首善乡一区巡查员由本县简易乡村师范学校校长担任外，其余各区，均由指导训练部下乡实习农间教育之教员分任之。惟各巡查区之面积不一，其户口之多寡亦至悬殊，因此设计处逐先按照各该区所属村庄户口之约数，（按此项约数系依据二十年清乡调查之记录）比例分配调查员额，（例如各巡查区除首善乡一区不计外，下除十三区假定为三万户，其调查员之总数为一百二十人，如此30，000÷120＝250，即每一调查员在此次调查工作中，所应调查之户数。今如A区约有三千户，设计处即酌派调查员十二人前往负责调查；如某区户数用250除不尽者，则视其畸零数之大小，或多派一人，或少派一人。）更依各该区区域之大小，（此依县府四科地图）比例分配指导员额，（指导员亦系由同学担任，经研究院训练部主任就学生中之富于条理者，加以荐举。惟首善乡一区之指导员，则系考试合格者）。指导员调查员分妥之后，即由各该巡查员率领下乡，于办理农间教育之暇，并处处留心其本区之情形，结识其本区之人物，熟悉其本区之环境，并尽量宣传户口调查之意义，借谋将来实施调查工作时之顺利。

巡查员熟悉其所巡查之区域后，得再各自斟酌其本区情形，划定调查区域，（例如A巡查区某某三村距离较近，户口为一千四百五十户，又某某等六村距离较近户口为一千五百五十户，巡查员即可将此九村划为两调查区，前区派调查员六人，后区亦派调查员六人，责成工作）每一调查区域并各指定指导员一人，分别领导工作。同时各巡查员并须将其调查区域分划情形，填妥报告表送呈设计处核准存查。

兹更将：（一）调查区域分配报告表，（二）全县调查区域分配表，（三）全县调查人员分配表，略附说明，刊载如下：

附（一）调查区域分配报告表

调查区域分配报告表

调查区号：　　第　　调查区

村庄户口数约计：　村庄　　户　　口

属何巡查区：　　属第　　巡查区

巡查员：　　　　驻第　　乡乡学

指导员：

调查员：

调查区域：

村庄名	庄长或其他负责人	户数约计	口数约计	村庄名	庄长或其他负责人	户数约计	口数约计

（说明）上项表式巡查员须填三份，除自存一份外，一份送调委会设计处以备查核，一份存指导员处，以为该指导员之调查范围备忘录。

附（二）邹平实验县户口调查区域分配表

巡查区号	调查区号	区域内所包括之村庄													
		1	2	3	4	5	6	7	8	9	10	11	12	13	14
1	1	张家山	大李家	韩家坊	十里铺	接官亭	张家庄	高家庄	王家庄	聚和庄	韦家庄				
	2	贺家庄	姜家洞	石家庄	樊家庄	鲁家泉	马家庄	小李家	成庄	富盛庄	刘家庄	郭庄	黄家营	碑楼会仙	
2	3	代庄	徐家庄	郭庄	西窝驼	化庄	陈家庄								
	4	青阳店	韩家庄	新立庄	贾庄	董家庄									
	5	东窝驼	耿家庄	钟家庄	马步店	刘家庄	浒山铺								
3	6	石家庄	冯家庄	丁家庄	象伏庄	象山前	芦泉	王家庄	东赵家庄	崔家营	崔家庄	抱印庄	李家庄	郎君庄	
	7	秦家沟	郭庄	杏林庄	上娄	下娄	吉祥庄	黄家河滩	西赵家庄	太和庄	樊家洞	孙家峪	贺家庄	聚仙庄	
4	8	代家庄	杨家寨	杨家庄	见埠庄	北唐	韩家庄	高家庄	刘家庄						
	9	南逯庄	中逯庄	北逯庄	小杨堤	蒙家庄	太和庄	四杨堤	平原庄	陈河涯	东杨堤	大杨堤			
	10	段家庄	柳泉庄	樊家庄	北禾庄	西禾庄	东禾庄	南唐	于齐庄						
5	11	黄山前	孙家庄	代庄	侯家庄	景家庄	乔木庄	周家庄	月河庄	石家庄	小吕家庄	鄢家庄	盖家庄	鲍家庄	
	12	北范庄	西范庄	南范庄	东范庄	七里铺									
6	13	杨村	穆王庄	魏家庄	刁家庄	宋家庄	郭家庄	毛张庄	刘家道口	纪家庄	小店				
	14	东言礼	西言礼	张家套	伏生祠	黄鹂庄	崔家庄	韩家庄	曹家小庄	夏家屋子					

续表

巡查区号	调查区号	区域内所包括之村庄													
		1	2	3	4	5	6	7	8	9	10	11	12	13	14
7	15	袁家屋子	官家庄	邱家	冯家庄	耿家庄	姚家庄	释家套	旧口	颜家桥	东王家庄	小言庄	开河	萧家庄	后城子
		前城子	马庄	滕家庄											
	16	韩家店	孙家庄	青眉庄	赵家庄	辛庄	白家桥	西王家庄	李家庄	小王驼	大王驼				
	17	波踏店	东韦家	东白家	西韦家	木王庄	张家庄	甲子庄	宋家庄	大白	小白	上口			
8	18	颜家集	牛家庄	二辛庄	东佐家	刘楷家	窝村	苏家桥	仓禀庄	十户	邢家庄				
	19	牛家官庄	田家庄	东闸子	西闸子	柴家庄	兰芝里	大张官庄	耿家庄	明家集	小张官庄	解家庄			
	20	段家桥	惠家辛庄	宋家集	曹家庄	高洼庄	许家道口	成家庄	宋家庄	高家庄					
9	21	西左家	吴家	大碾	于家	菅家	宋家	王家	萝圈	辛桥	王少唐				
	22	丁庄	郝庄	程和铺	辛梁镇	河沟涯	王家寨	田家	杨家庄						
10	23	崖镇	杨家庄	张家庄	郭家庄	吕家	孔家	长槐家	成家	张德佐家					
	24	张家寨	粉张庄	马庄	郑家	刘家井	刘聚桥	韩家庄	孙家庄	崇兴官庄					
11	25	时家庄	孟家坊	岳家官庄	潘家	安祥庄	刘家	大陈家庄	霍家坡	周家庄	王伍庄	罗家	信家		
	26	孙家镇	蔡庄	刘庄	王庄	李庄	张家庄	小陈家庄	冯家	道民庄	陈玉平	都路平	范家庄		
12	27	安家庄	腰庄	赵家庄	打鱼里	车郭庄	刘家	潘家	曹家庄	郑家寨					
	28	大三户	小三户	高家庄	五户	党李庄	于何庄	李南庄	辉李庄						

续表

巡查区号	调查区号	区域内所包括之村庄													
		1	2	3	4	5	6	7	8	9	10	11	12	13	14
13	29	胡家店	小胡庄	孙纺庄	高旺庄	于林庄	贾旺庄	王家庄	段家	龙虎庄	贾寨	双柳树	胡家官庄	张家官庄	大官庄
		陈家庄													
	30	花沟	张家庄	岳家庄	李家庄	魏家庄	毛旺庄	天师庄	沟旺庄	任马寨					
	31	石槽	徐家	马家	侯家	沙高家	大庄	田镇	李星耀	宋家套	王旺庄	宫旺庄	李家官庄	冯旺庄	宋旺庄
	32	吉祥庄	贾庄	辛庄	龙桑树	后陈家	前陈家	西南四庄	中南四庄	吕家庄	曹家庄	云集官庄	田家官庄	前石门	后石门
		郭家坊	杏行	东南四庄	老鸦赵	杨家庄									
14	33	城里村	东关村	中兴村	美井村	三义村	言坊村	黛溪村	南关村	爱山村	北关村				

（说明）观上表各调查区域所属之村庄数目相差似甚远，有多至十九庄者，有少至六庄者，但其实各区户口数差不多。

附（三）邹平实验县各调查区域人员分配表

巡查区号	巡查员姓名	调查区号	指导员姓名	调查员姓名
1	伍天纬	1	韩叙庆	刘金生　孙德和　郭邦栋　杨子廉
		2	马守约	王本立　徐　梅　孙裕德　朱光辉
2	茹春浦	3	王元华	刘述舜　孙中规　崔鸿逵
		4	李甲林	牟芳宗　尹毓秀　李纲政
		5	张寿堂	李海秋　葛崧亭　石经修　赵丕铭
3	门启明	6	王松亭	曲广琨　孙毓愍　萧立业　王金章
		7	徐瑞芹	周硕资　张奉先

续表

巡查区号	巡查员姓名	调查区号	指导员姓名	调查员姓名
4	金步墀	8	袁三江	刘泮东　孙元桂　赵丕煦
		9	萧永福	王凤山　刘维垣　徐学林　郭敬清
		10	张鸿图	骆　炯　曾昭文　李学洵
5	张勖仁	11	王文成	梁明德　陈仲环　邵渭溪　孙培祺
		12	刘鸿恩	宫振英　于凤程　李志敏　刘　琮
6	李树圃	13	乔政春	金祝昌　王同科　姚祖法　韩裕佑　张思善
		14	鞠国璋	姜希兰　李树人　王　贻　赵仁生
7	云颂天	15	容汝熤	于雄信　邢怀之　陈寿考　王邦俊
		16	李安顺	张显勋　全应凤　兰寿千
		17	初奎铠	刘国柱　黄松年　李基环　刘肇华
8	马资固	18	王士林	侯思敬　释修珠　王家铭　许吉府
		19	邵长泰	石凤鸣　丁泮华　孙鸣珂　李桂芳
		20	鲍衍钦	郭宗邦　王思笃　李传合　张濬源　王福田
9	罗子为	21	周彬	杜凤鸣　马国相　丛树旗　彭黔生
		22	李国桢	纪毓珪　陶祖檅　王裕治
10	卢康济 杨君智	23	何吏衡	杨向森　王德贤　董懋德
		24	朱仁民	王士荣　黄彩云　王光国
11	黎涤玄* 张虎鸣代	25	徐余官	徐文占　臧家玫　李永学　萧本义
		26	邢世藩	宫俊才　李子明　于守先　娄福申
12	周文山	27	周向宸	王德祥　滕培琛　马重辉　宋鸿武
		28	夏芳春	赵　勤　赵玉泉　田名正
13	李星三	29	陈捷三	徐鹤亭　辛培琨　朱振家
		30	王九德	王求先　吴传敏　王汝忱
		31	周延著	夏子云　赵允惠　周　腾　李树舜　宋为太 刘珮玮　宋光先　纪有贵
		32	史鸿泰	孙正华　田　杰　崔鸿傲　时保和　刘盛尧

续表

巡查区号	巡查员姓名	调查区号	指导员姓名	调查员姓名
14＊＊	宋乐颜	33	成德俊 柴敞尧 刘殿邦 贾乃鹧 程振贞 赵庆成 张秀真 吕复瑜	张志忠 贾在桐 张青云 曹荣山 王公申 张振平 高鸿修 张统绪 宋传华 陈怀真 夏尔江 石以慎 何昌武 韩光英 吕允富 贾廷江 张实贤 贾兹真 李崇武 于俊沣 耿玉珩 曲百芳 孙先祥 赵方森 赵宗礼 张照辉 刘赐生 崔传功 赵振梧 孙鸿洲 曹仁山 石宗玺 杨方恒 宋明超 王春申 刘元武 刘广源 韩春光 成秀珍 刘清梅 刘秀恩 王允鸿 刘怀璞 苗百杰 石廷芬 王志温 张安斌

附注（一）：＊第十一巡查区巡查员黎涤玄君因伤腿请假故由张虎鸣君代理

附注（二）：＊＊第十四巡查区为本县简易乡村师范学校师生所担任

（说明）依附（二）附（三）两表参看全县共有村庄三百四十二，调查员一百六十九人；平均每一调查员须调查“二·〇二村庄”；若以首善乡除外，其他十三乡计村庄三百三十二，调查员一百二十二人，平均每一调查员须调查“二·七二村庄”。若以户数计算，全县除公共机关外，共有三二四九六户，调查员一百六十九人，平均每一调查员须调查“一九二·二八户”；若以首善乡除外，则有三〇九九五户，调查员一百二十二人，平均每一调查员须调查“二五四·五七”户。若每人平均一日调查三十户，则不到十日即可查竣。

（六）聘定及委定各项工作人员

本县此次举行户口调查，系由县政府主持办理，纯属国家之一种公行为。故各项工作人员，虽多系院县职教员及学员担任，为昭郑重起见，仍由县政府及调委会分别致送聘书，或颁发委状。此外并由设计处制就符号数种，发给各项工作人员佩带，以资乡民识别，而杜弊端。兹将各种聘书、委状及符号之样式，刊列于下，以供参考：

委员聘书式

邹平实验县政府聘书　　　　　第　　号
兹敦聘
先生为本县户口调查委员会委员
此致
先生
县长王怡柯
中华民国二十三年十二月　　日

巡查员聘书式

邹平实验县全县户口调查委员会聘书
第　　号
兹敦聘
先生为本会巡查员此致
先生
主任委员王怡柯
常务委员徐树人
公懋淇
中华民国二十三年十二月　　日

其他人员聘书式

邹平实验县全县户口调查委员会聘书
第　　号
兹敦聘
先生为本会　　　　　　　　　　此致
先生
主任委员王怡柯
常务委员徐树人
公懋淇
中华民国二十三年十二月　　　日

指导员委任状式

邹平实验县全县户口调查委员会委任状
第　　号
兹委任　　　　　　　为本会指导员
此状
主任委员王怡柯
常务委员徐树人
公懋淇
中华民国二十三年十二月　　　日

调查员委任状式

邹平实验县全县户口调查委员会委任状
第　　号
兹委任　　　　　　　　　为本会调查员
此状
主任委员王怡柯
常务委员徐树人
公懋淇
中华民国二十三年十二月　　　日

统计员委任状式

邹平实验县全县户口调查委员会委任状
第　　号
兹委任　　　　　　　为本会统计员
此状
主任委员王怡柯
常务委员徐树人
公懋淇
中华民国二十三年十二月　　　日

巡查员符号式　　　　　**指导员符号式　调查员符号式**

邹平实验县全县户口调查委员会
巡查员
第六巡查区

邹平实验县全县户口调查委员会
指导员
第六巡查区 第三十调查区

调查员符号式

邹平实验县全县户口调查委员会
调查员
第六巡查区 第三十调查区

（七）训练调查人员

本县此次调查人员之训练，在程序上可以分为以下两步：

（A）课室训练——先由研究院训练部主任排定授课时间；然后即由调委会派员轮流讲课，至其课程内容，则又可分为下列三项：

（a）入乡经验谈——由调委会主任委员王怡柯讲授。提示学生入乡后所以自处之道。原文载县政公报第二二二，二二五，二二六各期，

（b）户口调查委员会之组织与调查员之职责——由调委会委员兼设计委员茹春浦讲授。先就调委会之组织系统上，层次分析，阐明调查员于此次工作中所处之地位；次又就调查员在其职责上所负之任务，与其道义上所负之责任，（诚实，精确，坚忍，耐劳。）仔细指陈，俾使同学知所惕励。

（c）调查户口须知——由调委会委员兼设计委员田镐讲授，即取设计处所编之调查户口须知为主干，详加引伸譬解，务使调查员在填表之技术上，有以自主。

（B）户口试查——课室工作结束后，同学下乡实习前，调委会特又选出城乡附近村庄，举行试查，俾使同学之智识能与实际打成一片，而期将来实施调查时，不至措置失当。兹将试查前后之形，分段陈述如下：

（a）试查前——（1）选定试查区域，务取其距城较近，（求其来往方便也。）而各试查区之户口多少又不一致者，（取其便于体会调查大村小村时之不同处。）（2）依所选各村户口之约数，分配试查人员；（规定每人试查十户。）（3）依试查人员之额数，分配指导人员；（规定每十试查员指派一个指导员。）（4）预期通知试查各村村长，并嘱届时各约各该村间邻长等，担任向导；（5）分发试查应用表格。

（b）试查日——由各指导员同时领导其所试查区域内之试查员自院出发，及到达后先即召集各该村间邻长，使任向导，并说明向导皆有忠实履行其职责之义务。然后再分间指派试查员挨户调查，一切皆同如实施调查，不能稍有疏漏。

（c）试查后——（1）试查后即将所有试查表格呈交设计处阅审，设计处连夜赶将试查表中之错误，红笔改清，即时分别再交还各该试查员，存留以供实施调查时填表之参证。（2）设计处再召集全体同学讲话，先综合的报告各处试查之结果，次再将填表时易于致误之点，就此次试查表中所得之例证，分条说明。

由简易乡村师范学生担任之调查员，因课程关系，当时未能参予试查。而是项学生，程度较低，深恐于调查及填表方法，未尽明了，故调委会复于实施调查前，委派该会委员兼设计委员富介寿再为一度之讲解，并出题令其试填（试题附后），试填之表，遇有误填处，亦均用红笔改正，分别发还本人存留，以资参考。

又本县第三届联庄会员征训时，王县长曾一度拟议使联庄会副队长，村组长等亦均帮同调查，故县府特聘富君为教官，从事训练，训练期满，富君亦曾出题令副队长等试填表格，以观成绩，无如成绩不佳，未能妥用。

（附）户口调查试验题

（一）试各填本人家庭之户口调查表一份。

（二）试各填下开假想家庭之户口调查表一份。

本户世居邹平，有田三十亩，（大亩）菜园半亩，宅内园内各有井一口，田内有井两口，户主董毓芝，现年四十九岁，属狗，七月十一日生，左足微跛，十七岁结婚，共生三子四女，本人幼在私塾读书，国文根底尚佳，于中国医学亦有相当研究，平日除自耕自给外，兼为他人接骨，略收诊金补助家用。

董刘氏——董毓芝之元配，已故，遗子一，女一。

董王氏——董毓芝之续配，现年四十一岁，属马，十月十七日生，于二十岁时嫁董毓芝为妻，共生二子三女，本人平日助夫耕种度日。

董陈氏——董毓芝之母，现年七十岁，属牛，三月二十一日生，十八岁适本村王姓，因性情不合，旋即离异，十九岁改适董毓芝之父，现已孀居多年，所生女一，适长山县张姓，子二，已析产分居，毓芝系其长子，次子毓桂，住邹平城内，本人在二子处按月轮流居住，调查时则在次子处。

董福山——董毓芝之伯父，现年七十三岁，属狗，生日已不能记忆，十六岁结婚，妻已亡故，并无子女，因目盲受姪扶养，未受教育。

张董氏——董毓芝之妹，现年四十二岁，属蛇，六月十五日生，十九岁时适长山县张姓，曾生一子，兹因夫子均已亡故，夫族又无他人，受乃兄之扶养，平日助兄耕种度日。

董芸圃——董毓芝之长子，系前妻所出，幼年夭折。

董芸田——董毓芝之次子，现年二十岁，属兔，七月二十三日生，十五岁结婚，所生子女各一人，本人曾在村立小学毕业，能读能写，现在周村某洋货铺充当伙计，调查时在周村未返。

董芸苗——董毓芝之三子，年十七岁，属马，八月十八日生，尚未结婚，现在乡学二年级肄业，读写均能。

刘董氏——董毓芝之长女，系前妻所出，现年二十四岁，属猪，九月六日生，十七岁时适本村刘姓，调查时正回娘家居住。

董玉子——董毓芝之次女，现年十四岁，属鸡，七月十八日生，曾在村立小学读书二年，现已休学，能读平常家信。

董喜子——董毓芝之三女，现年十岁，属牛，五月十六日生，在村立小学肄业，能读平常家信。

董福子——董毓芝之四女，年七岁，属龙，五月二十五日生，于今年九月间走失，至今尚无下落。

董纪富——董芸田之子，去年正月五日生，属鸡。

董小妮——董芸田之女，今年五月十二日生，属狗。

王厚德——齐东县人，家在原籍，现年三十一岁，属龙，八月八日生，已结婚，在本户为长工，已一年，未受教育。

陈大有——本县人，家住十三乡东南四庄，现年二十七岁，属猴，十二月初一日生，来本户充当长工，已二年，幼时曾受初小教育二年，因故辍学，能读平常家信。

董李氏——董芸田之妻，年二十二岁，属牛，二月十二日生，十七岁结婚，所生子女各一人，本人未受教育，平日助翁姑耕田为生。

向导　董德润。

调查日期二十四年一月十一日。

调查地点第五乡东范村第三闾第四邻前街门牌缺。（完）

（八）宣传调查意义

乡民智识未开，故对户口调查往往有误疑为：‘征兵加税’，而不肯依实答报者。调委会为免除乡人疑虑，增进日后实施调查时之工作效率起见，于宣传方面，致力最多，兹将其宣传方法，（是项方法与设计处工作计划大纲所载者略有变动之处）分述如下：

（A）向壮年农民宣传——每月各乡举行乡射时，主任委员王怡柯必约同设计委员一人一同下乡，分别亲向联庄会员讲明户口调查之用意，并解释户口调查后民众可得之利益。——例如养老，恤幼，救疫，赈灾——末更切属会员等归家告其闾邻父老。

（B）向智识分子宣传——设计处曾假全县村小学教育讲习会之机缘，召集全体小学教师，讲明户口调查之用意。

（C）向青年农民宣传——此项工作责成乡学，村学，村小学并训练部下乡同学教师分任之。

（D）向全体乡村领袖宣传——县长于调查工作实施前八日，特柬邀全县乡理事，村理事，村长等三百余人，来县聚餐，席间诚恳说明户口调查之用意，实欲为建设县政求一有力之参考，与抽兵征税绝对无干。

（E）向全县民众宣传——各乡乡村领袖归乡后，调查工作开始前，各村村长均曾召集全村村民，约请训练部下乡教师同学，分别讲述：“户口调查立意系为民众谋好处，决无任何其他之作用，搀杂其间”。

至是而谣言猜忌，均能稍息。

（九）编贴门牌

门牌于户口调查工作上之重要，犹如字典上之有遍目。如各村之门牌不清，则调查时脱落重复之弊，皆所难免，盖乡间之住所本不齐整，而宅门之样式又几一律，此使调查员必无从辨识其何处查过，何处未查也。本县各乡村过去原都贴有门牌，无如历时甚久，多已消失，故此次特又于实施调查之一周前，由县府重新编贴新印门牌，以资醒目，而求一律。至门牌之式样，亦至简单，兹特刊下以供参考：

门牌式

<table>
<tr><td rowspan="3">第

乡</td><td>邹平实验县</td><td rowspan="3">庄村
第

间</td></tr>
<tr><td></td></tr>
<tr><td>第　　号</td></tr>
</table>

关于门牌之编贴方法，当时设计处亦当拟有以下四原则，交请县府一科转饬各乡村长一体遵照：

（A）门牌号数之起讫，以各该村之总户数为准；不得第一间由第一号编至二十五号，第二间亦由第一号编至第二十五号。

（B）门牌不分普通住户，机关，商店，寺院等，一概一律接续编连。

（C）如一个大门内住有多户者，则依其所住户数，编贴门牌。如一所院宇而有旁门者，则编贴‘某某号旁门’门牌。

（D）门牌编钉方法采用奇偶号编钉制，即街之北而东面，全用单号，街之南面四面，全用双号。

但事实上各村村长，多未遵照办理，故其编贴之结果，亦极凌乱，因而影响调查工作之推进颇巨。此编者特愿提出，俾使后此调查者，切切多所注意。

［附录］山东邹平实验县全县户口调查委员会设计处通告第一号

各巡查员指导员鉴：

（一）本处办公地点暂定县政府前乡村服务人员招待处旧址。

（二）本处办公时间，自即日起至十二月三十一日止，为每日下午一时至四时半，星期日体息。自二十四年一月一日起之办公时间，以后再行通知。

（三）本处与各巡查区联络方法，除利用电话外，其各项文件均由县政府公报处代为送达，此后各巡查员如有需要向本处询问或报告之事项，可于本处办公时间内，电县政府传达处，找本处人员接头，或用书面托公报处送报员迳送本处。

（四）调查区域分配表及调查路线图，前经规定至迟于本月十五日以前交来，现在为期已迫，除第十三巡查区业已交来外，其余各巡查区希各巡查员从速将调查区域划定，各指导员从速将调查路线划定后，将图表一并如期交进；如于划分区域规定路线办法尚有未能明了之处，即希以电话或书面向本处询问。

（五）巡查区域分配表上所列调查员人选，计分训练部同学及村学村小学教员两种，村学及村小学教员，现已决定改任向导，其所遗派调查员任务，以现时正在受训之乡队长村组长递补，（后因程度不齐，亦未派用，附志）至于如何分配，以后当续有通知；训练部同学部份，本处原定担任调查员者为一一九人，计第一巡查区八人，第二巡查区十人，第三巡查区六人，第四巡查区十人，第五巡查区八人，第六巡查区八人，第七巡查区十一人，第八巡查区十三人，第九巡查区七人，第十巡查区六人，第十一巡查区八人，第十二巡查区六人，第十三巡查区十八人；巡查区分配表所列，则仅系根据研究院注册股所发本届农间教育各乡工作人员一览表，将南省同学剔出；尚有担任电影戏剧之同学，则并未计入，以后当依上开人数，略为增减，其名单随后再行通知。各巡查员划分调查区分配调查员时，即希以上开人数为标准，其第一巡查区应分出之一人，第十一、十二、十三三个巡查区各应分出之二人，均拟分出何人，并希各该巡查区即日报告本处。

（六）巡查区域分配表上所列户数口数庄数与注册股油印颁发者不同，庄数且与巡查区简明地图上所画者亦有不符之处，实缘当时并未根据同一纪录所致。好在此项图表上之数目，仅供参考之用，不以为据，尚无大碍。关于庄数希于划分调查区规定调查路线时，特加注意，无使遗漏。

（七）各庄户数可作将来分配调查表格之参考，庄数及各庄口数可作分配调查员之参考，希注意。

（八）各巡查区区界（即各乡乡界）容有不明之处，尤以各区交界处有河流山脈者为然，各巡查员划分调查区域之前，应先会同关系乡之乡理事辅导员，先将乡界（即巡查区区界）划分清楚；划分调查区域时，亦应注意此点，以免调查结果有遗漏，或重复之弊。

（九）巡查区简明地图及巡查区域分配表上，仅有普通住户约数，至于机关，寺院，铺户，船户，以及塋地之有住户者，均未列入，指导员巡视本调查区时，应特加注意，无使遗漏。

（十）各巡查区调查区域分配报告表及调查路线图交来后，如有更动之处，希随时以书面报告本处。

（本附录中调查员人数与第四目之调查人员分配表稍有出入，此系临时意外更动所致，阅者注意——编者）

二 调查之实施

二十四年一月八日，为本县此次全县户口调查之公定户籍日，此次户口调查，即于是日开始。兹将实施调查中之各种情形，分述于下：

（一）巡查员指导员调查员应备物品

调查开始一周前巡查员指导员调查员之应备物品，均已发下，兹将所发各物列下，以供参考：

1. 巡查员应发物品如下：

聘书一件，

符号一个，

巡查区简明地图一张，

巡查区内各调查区及各村庄户口表一张，

巡查区各指导员调查员名单，及调查区域分配报告表若干张，

记事簿一本，

信纸信封各若干，

调查户口须知一册，

收表证数本，

铅笔一枝，

橡皮一块，

铅笔刀一把，

别针一包，

送表格封袋数个，

背袋一个；

空白甲乙丙丁各种调查表各若干张（备各调查区原发表格不足时补充用）

2. 指导员应发物品如下：

委任状一件，

符号一个，

巡查区简明地图一张，

本调查区村庄户口及调查员名单一张。（由巡查员于划定调查区后填发）

退回复查发登记表若干本，（内附复写纸若干张）

收表证一本，

印字送表格封套若干个，

调查户口须知一本，

红黑铅笔各一枝，

橡皮一块，

铅笔刀一把，

别针一包，

记事簿一本，

信纸信封各若干，

空白绘图纸若干张，（备绘调查路线用，绘就后，一张自存，

一张送巡查员收存，一张由巡查员转送设计处收存）

背袋一个，

空白甲乙丙丁四种调查表各若干张（调查表多数均存在指导员处，视调查员之需要由指导员随时发给）。

3. 调查员应发物品如下：

委任状一件，

符号一个，

调查区简明地图一张，

本调查区村庄户口及调查员名单一张，（由巡查员于划分调查区后填发）

空白甲乙丙丁四种调查表各若干张，

无字装表封袋若干个，

调查户口须知一本，

铅笔二枝，

铅笔刀一把，

便条一本，

日记簿一本，

别针一包，

背袋一个，

粉笔若干枝，

红旗一面（调查员调查至某户时，即将此旗插在该户门外，以备巡查员指导员巡视时能知调查员所在地点；此项物品，仅事先有此疑议，并未颁发，惟事实上确有颁发之必要）。

（二）调查程序

调查程序大体可分以下八步：

（A）各调查区调查日程路线规定后，即先通知各村庄长，及其他首事人等，嘱请转达该村各户户主，务于调查时留家听候查问。

（B）调查员到达各村后，先至小学，由小学教员约请村间邻长，并为介绍；然后调查员即约请村间邻长担任向导，领导挨户调查。

（C）调查表每户一号，此时所当注意者，即本村有无未贴门牌之户，有无一所院宇，居住数户者，务要打听清楚，切勿漏户。

（D）关于人口方面，乡民常忽略：（1）初生幼童幼女，（2）极老之老翁老媪，（3）出外之家属人等，调查员务要翻复询问，以免脱漏。

（E）每户调查后，调查员离该户时即在该户门上用粉笔作一记号，以免重复。

（F）调查员每晚回住所后，先自审查其所查后之表格，尚有错误之处否，如已无错，即交请指导员再为审查。

（G）指导员如发现调查员所缴表格有误漏之处，应即用退回复查登记表指示明白，并将误漏表格一并退还调查员另为重查。（复查登记表样式及用法附本节后）

（H）指导员就调查员之无误表格中，每十五户至少再抽查一户，借以考查调查员之能否忠实履行其职务。

兹并将退回复查登记表样式列下以供参考。

（附）退回复查登记表式及其填载例：

第　5　巡查区

退回复查登记表　　第　11　调查区

调查员梁明德

退回日期 24 年 1 月 9 日

表别	表号	页数	项目	须改正之事由
甲	004832	1	K	户主之妻初婚年龄为三十五，其婚姻状况为再婚，须复查三十五究是 其初婚年龄，抑是其再婚年龄，如是再婚年龄，须查清其初婚年龄。

续表

表别	表号	页数	项目	须改正之事由
甲	001854	2	M	户主共有三子四女，在表上只有两子两女，尚有一子两女情形不明，请复查问清。

指导员王文成

（说明）上项复查登记表格，系成册装订，每册连存根一百页，共编成五十号；正页用白纸印，打有小洞，可以撕下；存根用黄色纸印，不能撕下，由指导员用复写纸填示，将正页连同有错误之调查表退回原调查员令其复查。调查员复查改正后，仍须将正页连同调查表用别针别在一起，交还指导员校对。

（三）调查表的处置

户口调查表格，至少每户一张，故其数量虽小至一县，亦将浩繁惊人。设不能以有条理之方法管理处置，则必将数目不清，次序不分，使人无从整理之苦，是以调查表格之收发包装以及安置，均须预先安排妥当，使之次序井然而后可。

所谓调查表之处置，不外发表，包装，收表，及搁置四项。兹将木县此次所用手续，述之如下：

（A）发表——调查表张数众多，为日后检查便利计，在发表之先，均由设计处编定号数。编号方法，系以调查区为单位，用打号机在表之右上角各打就六位数之号码，前两位为调查区号，后四位则代表某村某户。每村视其户数多寡，各给以若干可编号数：凡户数在五百以内者，其可编号数为五百号；户数在五百以上，一千以内者，其可编号数为千号（本县无千户以上之村庄）譬如第十三乡花沟为第三十调查区之第一个村庄（村庄次序系依照各指导员绘就之调查路线图排定），户数在五百以上，该村可编号数即为300000至300999；第五乡北范庄为第十二调查区第一个村庄，户数在五百以内，其可编号数即为120000至120499；依此类推。惟各村实际户数，凡可编号数为五百者，多不足五百；可编号数为一千者，多不足一千；故设计处打号时，只就各村约计户数（此项约计系根据十九年清乡调查之报告），多打百分之二十。所以多打百分之二十者，一则恐清乡调查并不确实，或较实数为少；一则恐事隔多年，难免无添增户口情事也。倘此多打之数，仍不敷用，各调查区可用未打号表格续编号数，直至编满该村可编号数为止，再不敷用时，则由设计处另想办法（实际上并无此种情形）。打号工作完成后，每调查区并填给调查表编号对照表一张，以资对照，然后将打就号码之表及未打号码之表（约当各村约计户数百分之二十）一同打包，送各巡查员转发。兹将调查表编号对照表附下：

调查表编号对照表

第……巡查区第……调查区

村　名	户　数	编　　号　　表	附发未编号表张数
		自　　号至　　号	
		自　　号至　　号	
		自　　号至　　号	
		自　　号至　　号	
		自　　号至　　号	
		自　　号至　　号	
		自　　号至　　号	
		自　　号至　　号	
		自　　号至　　号	
		自　　号至　　号	
		自　　号至　　号	
		自　　号至　　号	
		自　　号至　　号	
		自　　号至　　号	
		自　　号至　　号	
		自　　号至　　号	
		自　　号至　　号	
		自　　号至　　号	
共　计			

说明：1. 每一户用一号表，若某户因人口众多，一表不敷填用，则请用未编号表续填，并将原表号数抄入第二第三以至第四张表上。

2. 编成之表号较原有户数至少多百分之二十，以备新添户或往日未报户数之户而用。

3. 如编成之表数（即较原有户数尚多百分之二十）仍不敷用，请再续编号至编满各村可编号数为止，再不敷用时，须报告本处另想办法。

4. 填错之表须另抄时，请用未编号表重抄，并将原表号数抄在新抄之表上，且将原表一并交回。

此表誊抄两份，一份交巡查员转交指导员存考，一份留设计处备核。

（B）包装——装表为指导员之职务，以每一村庄各别装为一封。当一村调查抽查完竣，表格并已审阅无错后，指导员即应整理号次，填明张数，装入下列式样之封袋中，送呈巡查员查收。

上项封袋系用厚牛皮纸印制，长三十六公分，宽三十公分，调查表对折时适可装入，反面按有打洞铁圈，能用线扎捆，不致松散；正面印有收表人、寄表人及表之种类、号数、张数，指导员寄表时除填明表之种类及张数号数外，并在寄表人第三栏填明调查区号及本人姓名，收表人第三栏填明所属巡查区号及巡查员姓名。巡查寄表时，即将原封袋寄收表人第三栏均划去，并在寄表人第二栏填明巡查区号及本人姓名。设计处寄表时将原封袋寄收表人第二栏均划去，并在寄表人第一栏处盖设计处印章。

（C）收表——收表表示调查完竣，先由巡查员收受指导员交来之表格，当即出以收条，巡查员如核检无错后，即候由县政府送公报人带回设计处，设计处当再出以收条。兹将收表证格式列之于下：

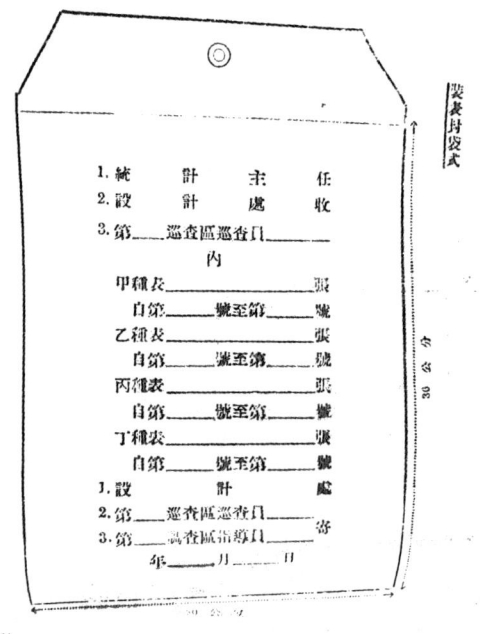

收表证及其存根式

收表存根	收表证
设计处	设计处
收到　第＿＿巡查区巡查员＿＿＿交来	今收到　第＿＿巡查区巡查员＿＿＿交来
第＿＿调查区指导员＿＿＿＿	第＿＿调查区指导员＿＿＿＿
甲种表＿张　第＿号至第＿号	甲种表＿张　第＿号至第＿号
乙种表＿张　第＿号至第＿号	乙种表＿张　第＿号至第＿号
丙种表＿张　第＿号至第＿号	丙种表＿张　第＿号至第＿号
丁种表＿张　第＿号至第＿号	丁种表＿张　第＿号至第＿号
收表人	收表人＿＿具
＿＿年＿月＿日	＿＿年＿月＿日

（D）搁置——搁置已调查完竣之表格，最好使用特制之木架，编清号数庄名，则即可条之不紊，寻拿容易；但本县因经费关系，仅将每一袋表之封袋上编以号码，书以庄名，分乡齐叠于常用之书架上，好在只有三百余包，管理上尚亦不难。

三　调查员日记选录

调查员日记系同学实施调查时每日所作之纪录，举凡其工作之程序，工作之心得，工作之困难，工作之感想，以至乡村事物之观察，与其乡村习俗之体认，殆无不各有纪载，足供读者一般之参考。编者亦尝于整理日记之余，试就日记中同学所感之困难种种，略一分析，兹特列举如下：

调查困难之原因，不外五种：

（A）由于乡人之疑虑——乡人每疑调查人口系为征兵，调查地亩系为加税，调委会宣传时虽亦百般譬解，力言其非，无如乡人顽固，多不置信。

（B）由于乡人之忌讳——乡人忌问幼童之生日，老人之年岁，妇女之婚姻状况是否再婚，男女之同居关系是否姘居，子女之是否私生。

（C）由于调查员本身之欠缺——例如填表之方法迄未十分听懂，问话之方法总不十分得当，待人之态度使人有所反感偶遇挫折而不能忍小乱大。

（D）由于向导之不尽力——向导尽力可使乡人之态度化疑为信，向导之不尽力可使乡人之态度化信为疑。

（E）由于安排上之欠缺——例如各村闾邻未能十分划清，各村门牌亦未能十分妥贴。

以上原因五种，皆与调查工作之成败，颇为切要；深望后邹平而举办调查者，多所留意。以下更选录调查员日记三十八篇，用瞻一斑：

［首善乡］

1. 宋传华——从调查中，可知铺号，机关与住户人的性质，大有不同；铺号，机关，纯粹是对付态度，如电话局局长的家眷，岁数她不肯说，内有职员，并亦不知其详。但他却代说："写上二十岁吧"！这样例子很多，真不胜言。

2. 贾□□——有一位同学，因为调查铺家而受到一种打击；据他说，他查到一铺，铺中伙计对他表示出一种轻视傲慢的态度来，并且言语强硬，简直似乎是对仇人一样，从此设想，便知任何事情，都是不容易做的。

3. 崔传功——凡"私生子"或妇女"再婚"，被调查人都不肯痛快的说，致使调查困难。

4. 成秀珍——查到一户，有一个老头，年纪七十九岁，他便和向导甯子美吵起来了，吓的我和韩君不敢说话，我只说："不必吵，我们是调查户口的，用不着生气"。甯子美说："他不说真话，乱说，我们不查了"！我想无论怎样，还是查对，谁知老头倒说："不查就不查，谁请你来查的"，我们只好暂且走去。又查三户人家，这老头的儿子就来说："他喝酒渴醉了，先生们不必生气"。

闾长就说了一些话，他的儿子就说了他家的人口，年岁，生日等，我们也就写上。后来他的父亲却又来说："先生们，我真老迷糊了，刚才喝了一点酒，说了些胡话，不要生我气"。闾长说："有了年纪的老头，谁怪你"？

5. 孙先祥——不过有一点小困难，也不甚要紧，就是一二家中有比较大的女孩子，她没有上过学校，也没有大号，（大名——编者）不好意思的说自己的真名字，只胡乱说个名字，如名叫好子，他偏说是妮子，不说好子，还有的家中，女子比较多些，她们也不说名字，只用大妮子，二妮子，三……来代表。

6. 吕复瑜——到美井村去调查，所感到的问题有下列几种：

1. 大多数人家的家长不把地亩照实报出；

2. 向导员有不尽责的，他只把调查员领到某户的门上就算完了。

7. 赵庆成——有的人家太傲慢，不叫调查员上屋中写字，叫在石头上记录。门牌不可靠，往往有一门牌号而院内有三四户者，我很怀疑；最后给他们写同一门牌号，而在备考栏内注明。（本来一个门牌内可住数户的——编者）

［第一乡］

8. 纪学贤——查樊家庄，到达后，有樊笙南先把各闾路线开好，由孙裕德调查第一闾，徐梅调查第二闾，我调查第三闾；三闾闾长宋兴江作向导。三闾自然环境：三面环山，房屋高低不平，街道曲折，地上又滑，天气阴霾，仰望山岭，时隐时现；本闾有二十余户，地多者不过八亩，丰收不敷一家之需，大体人多地少，除有山地几分外，八九家完全无地；副业有木匠，泥瓦匠，及在邹平西关当小商贩者，处此哀鸿嗷嗷之家庭，所恃不过一二人之蝇头微利，亦云难矣！

一月十三日，余披衣下床开门探望，遍地银装，雪犹粉粉下着不停，天愈明而雪愈大。早饭后，其商冒雪调查，乃毅然出发，飞奔刘家庄，仰望天空，若花若絮，成团结块，随风飘舞；俯视地上，人过留迹，脚踏碎玉，沙沙作响。至刘家庄，同学分为三处，孙裕德查成庄富盛庄，王本立查小李家庄，余与徐马二同学查刘家庄，至则门牌尚未粘贴，可见办事人之马虎，由村长刘延茂招集曾经受训联庄会员临时张贴门牌，开始调查，时已十点，雪又不止，地上又滑。全村分两闾，余与徐同学查第一闾，由刘以亭作向导，查至第五户，在深巷内，有犬二只突如其来，未及防御，先将左脚深深一口，幸未吃重，及至避过，忽又一只犬从右边奔来，再将右脚一口，竟把袜子咬破，牙痕深及皮肉，隐隐作痛，不过当时忙于调查，亦不计其如何，及至查竣，俯视袜上，有洞若钱大，微有血渍。

碑楼庄之二十二户中，有四户完全无地，地多者亦不过二十亩，通体贫穷，多业木工以糊口；有一户兄弟六人，竟无妻室，以木工为业，无地，只有住宅一所，茅屋三间，瓮无积粮，床无被褥，处此隆冬，饥困号寒，言之可悯，问其年岁，默不置答，但云：衣食尚不能筹措，谁复能记忆年岁；因之通体生日亦均未详填。

9. 王本立——石樊村（石家庄，鲁家泉，樊家庄）是我和徐君实习农间教育的村庄，曾经办过两个月的民众夜班，我是尽情知道其中情形的。这三个庄虽有人说是不和睦，不好办事，其实这个庄的父老比起别庄的父老谦和的多呢。尤其是得到他们的信仰，说什么都可以，以忠实的态度和他们商量，是没有不成的事，所以可大胆的说，这三个村庄是没有什么问题的。

来到石家庄，便先到石家庄村立小学，这位村立小学的教员就是帮助我们办民众夜班的石秀峰先生，他在这一村里说话是很有力量的；石景然，石方恩等及四个联络员四个向导都到齐了，我们便分配表格，开始调查。我担任第一闾，由石景然向导，石泽利联络。第一闾的户主大半靠近村立初级小学，前次我住在村学时，大家是和我很熟的，所以他们见了我，都以为先生又来了，所以不但不害怕，并且是格外亲热的；因此我调查起来，非常顺利。我详细问他们，他们也很诚恳的告诉我。

李家庄这一个村，看来更是小的很，又穷的很，识字的简直找不出几个来，连闾长也不识字，这就真困难了。他贴的门牌东一个，西一个，真是没有半点次序。道路这样的泥泞，雪下的又这样的大，跑到街东头查一户，跑至街西头查一户，真是千难万难，不意查到九号，十号再也找不着了，我问是怎么回事，问他再三，他就说是贴了十六个门牌；我细看时，有的门上还贴有廿号门牌；十六个门牌就有廿号，这不是笑话么？我又问他，他只说他不识字，先生写的，他不知道，我以为先生也不能隔着号码写，大概是他贴错了。我再问他怎样贴的，他就说是在街上分的，他自己没有下手贴，这真是平空困难的叫人无法可想，我不得已，一面调查，一面改号，直到了十六岁也改完了，户口也查完了；我追问他究竟，他才说是送了四号给小马庄，这内里的原因是在：给马庄的号数，不是末了四号，而是中间的四号，所以门牌十号被给他送掉了。

10. 徐友鹤——调查之难，我们的确是尝着它的味道了！这并不是说很难查得来，而是很难得一个真确的情形。无论如何，乡人总是疑云横生，以疑虑的眼光来看我们。再者向导的好坏，也实在是一个大关键，假使这个人你错用了，到处他以嘻皮笑脸的态度对人，至少先引起人家年长人的厌恶；假使再遇着好谈笑的妇女们，他们在一块便只在扯东拉西的谈笑，说起来叫你怒不得，笑不得，真是难为情呢？

鲁家泉约八十余户，共分三闾。余担任第一闾，向导为李桂芬先生，一老成持重年四十许之人也。调查时，每家所遇之人，多系妇女人家，她们便每以支吾之词来对付，我要想得他们的实言，更要先费上一些说明来由的唇舌，与她们解释上好一会，那她们方才勉勉强强吞吞吐吐的与你说，不过仍得费你的时间，要你多问几遍；不然她们老是些荒唐支吾之词，真是令人难以应付。其他便是那些好利的人，见你进门，便问：这是干什么，是不是要按人口分粮，还是为其他？如你答以分口粮，那他们自是乐而爱说了，可是我们那能骗人呢？无奈只好与他们多加好的解释，使他们心中满意，不来疑虑你，那方能顺利的进行工作。

［第二乡］

11. 李甲林——贾庄无有学校，更无院中同学住过，也没有作过对于户口调查的宣传活动，所以一般民众尚多以为多事；尤有甚者，且误解此为抽壮丁查黑地……而不肯照实说，此恐为闭塞村庄之通病。

乡曲小民有的食不饱，依不暖，破屋露天，惟有“赈济”二字可以抬起他的哑嗓子；否则任你说得天花乱坠，亦难开其笑颜，动其心核；此亦我之工作上的一大阻碍。曾调查有五十余岁之老翁数位，竟从小未找上一个妻室，农民生活真是艰苦呀！

乡间人最欢迎恭维他的话，你说他儿女多，福分大，或说他的子孙很伶利，他就很喜悦；我们仅可借此以顺利我们的工作。

一月十日，据尹同学谈：北韩家庄之公务人员，颇热心公务，我们去调查户口时，他们亦拿个订好的表册，照着我们所调查的填写下，以为他们村上之底稿。

第四调查区内对于调查上普遍的困难就是：本地人没有把门牌弄好。（闾邻不清）邻简直是没分开，而闾亦只是乱七八糟的，北韩家庄还是较进步的庄村，尚闹不清这一点，其他可知。

一月十三日，查青阳店，今天下起雪来了，我们起床等了多时，还没有烧好饭，或者工友以为我们在这大雪天不能调查的缘故。我们刚要吃饭时，本庄镇长与甲总来问，有嫌天道不好，要迟延的模样，茹老师用先发制人的法子，借着昨天向导脱逃与撕裂门牌的事情痛斥他们一顿，看他们都俯首听命；茹老师接着又和他们说了些好听话。

还有这庄的管事人真糟糕，连个门牌都写不对，有的一百零三写成 100. 3；有的下面写着“一百零九”，上面写着 900. 1；更有的把一百二十二号贴在一百二〇号的户上；他们就没有个识字的吗？怕是他们存心玩视公务，敷衍性成。

事先本乡乡理事与茹老师在二乡村理事会议上，与庄长会议上，曾三令五申地告诉他们调查户口的事，使他们代为宣传，俾民众周知；而现在每到一个人家里，十之八九还这样问：“做什么？调查户口，什么是调查户口啊”？这不是分明是村理事与庄长皆未尽责吗？这种荒唐的勾当，在其他小庄子里是不敢干的。

纲政同学回来说得更好笑，他调查的那一间，门牌才二百多号，忽又门牌四百多号了，才一百七十多号，忽又一百九十多号，简直不能查下去，索性回来了。我们原想留心加意的把青阳店这个大庄子填写的好好的，使它有条不紊，不料这个庄子的办事人和我们作对。

我正在写日记，茹老师看表看得真高兴，不时地要读出几句：“还有叫电棒子的”！“他们真没什么好叫了，这里又叫小电棒子”，“×同学或者是手冻了不好使，写的这个母叫他孩子也不敢认哩”!，“哼！说他手冻的慌，倒也不见得，这里又写上个母亲”。我们听了不由得好笑，茹老师是故意要我们好笑啊！

今天查着一个姓甯的，他说就是他一个，要我在外边填，我嫌在外边不便，就走到他的家里，看到他家里有个与他年纪相彷彿的妇人，我问他婚姻状况，他说从小未婚；他的年纪已经六十七八岁了。我问：“你天井里的那个女人是谁”？他面红不语，我说：“她是不是你的伙计”？他说：“是”。我就把她填在“非家属无家可归同居者”栏内，并注上“姘居”二字。他说：“她还有两个孩子哩”！我一看那两孩，有一个很小的，又问他：“这两儿都是她带来的吗”？他才说实话：“这个小的是我的儿子”。

乡间老百姓也真有些认真的，他们以为我们这次查户口是上账，这本账到了官府以后，就成了天经地义了。他们因此谎也不敢说。今天有一个三十来岁的农夫，跑到我那里说：“先生，看看我家的表上写差了地亩没有，我又没在家”，我给他看了看，说：“你的地是多少”？他说：“老师你快给我改改吧！我还有典出去的四亩地皮，要写上呢，刚才我没在家，家里的人们又不知道”。这是何等认真呢？还有一个四十来岁的妇人，见了我，眼里含着泪珠说："老师，费心吧！我昨天多上了二亩官地，我的地本来不足四亩，昨天我迷糊了，说成四亩了，我的心中因此不安，一夜没睡着觉。老师还能改不能改"？我说："能改你放心吧！我回去给你改就是了"。我走了之后，她那乞怜的眼光，送出很远很远来，这又是何等认真呢？只有那一般老办事的，奸滑子怪气人。

十五日：今天茹老师教我们多调查上几个笑话贡献给他，但我今天没有出发，倒是遗憾！

据某闾长说：这庄门牌并非按邻闾贴的，是几个人拿了门牌走到那里贴到那里；他们没管三二五，摸着一张门牌，碰到一个门就贴在上面，他们这么一来，可把我们糟坏了。

纲政同学有句警人的经验话："此地瞎跛（指不用眼又不肯走路的人）比学生多"。

12. 李纲政——我这次调查所见，其最痛心者，为以下二点：

1. 早婚——我调查的第二乡，全是早婚，男在十三四岁，女在十七八岁为最多，男女过二十岁结婚的很少；亦有二三十岁结婚的，不过是他们困穷，才迟延到这样。以二乡观察，全邹平大概都是如此。

2. 求学的少——全二乡调查的结果，在私塾读书的不过百分之十五；现在在校求学的亦不过有百分之十六；其余的人，都是为农的，打铁的。邹平教育程度之低，由此可知了！

［第五乡］

13. 刘鸿恩——我们前两日（六七两日）的工作，专是预备户口调查的事，也可以说是预备时期；一方面个人先熟读调查户口须知及第一，二两次通告。然后大家再聚在一处，对照着甲，乙，丙，丁四种表格，作长时间的讨论，减少表格中的疑问、另一方面依照原订调查路线次序之先后，通知村长及村学……的教员作个准备；并叫村长或教员借成人班的时间，向学众讲解户口调查的意义，以免去调查时乡人的疑惑，增进工作的效率。

今日（八日）上午八时，向北范村出发；首先在村小学招集村长及各闾邻长和联庄会员，到齐时，我们就把调查户口的利益和关系，约略的讲述一遍，务求他们绝对负责。随后叫联庄会员赴各户通知各家长不要远去，在家听候，于是我们四个调查员同时出发，并共同调查两户，以作参考，（惟恐填错表格才有此举）然后分头去查，各闾长做向导；查那一闾的时候，除闾长为当然向导外，还有邻长帮办，如此，颇觉今日调查的情形很好。

今天（十二日）是废历十二月八日，为腊月节开始的第一个，所以我们的工作也就停止一日，一者因为昨日工作的时间太长了，二是因为县城大集。尤其是腊月集，各户家长定不在家，三者在此佳节的日子，不便到各户住室问生日等话。

14. 宫振英——北范庄共计一百二十二户，四个人调查了两天，幸亏村长闾长以及联庄会会员等人都能热烈帮忙，今天才能从从容容查完了；不然，说不定也要带夜的。

今天的效率所以能提高，约有以下几个原因：

一、技术上渐渐熟练了，不费思索就可如法填写。

二、作向导的受了这种机械式训练，往往不待我们发言，他就问出来了，节省时间不少。

三、昨天调查了一日，经过的情形，乡民差不多都明白了；有的朗朗利利的说出来；有的将所欲问的事，预先写在纸上记着，预备临时说不出来，耽误时光。

今天（十二日）是废历腊月八日，这地方的风俗：凡是富有的都烧纸箱纸柜，预备死后到阴间使用（储蓄性质）；这些东西都要到集上去买，所以我们调查户口的工作要停止一天。

15. 邵渭溪——在贾在堂之家，发生一个疑问：贾在堂之子贾子厚，实非贾在堂之亲生子，系其二弟之子，今过继于贾在堂，不知应如何称谓。再：在院内讲户口调查时，云：妻亡而未再婚者曰鳏，不知贾在堂近已五十七岁，尚未结婚，是否可名之为鳏，尚待解释。（编者按：未有结婚，虽年老仍是未婚者，不能算鳏，贾子厚为贾在堂之嗣子。）

十八日余赴周家庄，待首事等到，同言王振山，王传彬，王传蓝三家虽不共食，却未分家，（即宅基田产尚未分开）若以分居计算，甚觉不适；尽彼意谓多加一间，则即多出一个壮丁，村中就要多化一笔款，多找一翻麻烦。而今此村已多查出二十余户，将近一间，如王振山等再以三户计算则必多至一间，故彼等颇为不然。后经余言明"户"之意义，并将户口调查须知之条例使彼等一观，始无异说，但彼等心中仍是不悦。

16. 陈仲寰——曾到一家，有小孩仅八个月，他们暗地里说："问小孩多大还给养活吗"？又走到一家，问："王景连之妾的年岁"，她说："问我干吗？我还算人吗"？

若男子有妻再娶妾，是否为"再婚"？妾是否为"已婚"？（编者按：死妻再娶为再婚，纳妾不算再婚，妾算已婚。此是一个事实问题，不是一个法律问题。）

乔木庄首事人招呼用饭，这也是再三推脱不开的一件事情，万不得已的一种办法，方准备逃出门，人家准备的饭已拿来，任你如何也不许走，只好不客气。吃罢饭后，想算钱还给他们，张景南先生开口说："两块钱一个包子"。

17. 李志敏——今天（十日）复查了四十来户，大多数人，对人还很客气；其中有一妇人，一听到调查户口，工作也停了，从旁跑来与我开谈判似的说："查户口，问生日时辰，多少地，俺都无饭吃，你又不管俺饭，问些这个干什么"？

黄山前查了两间模样，其中有一户是十四号门牌，他家的妇人太狡猾了；她也不拒绝，也不谩骂；她早知是查户口的，她嘴里说着气人的话："唉呀！好冷呀！午饭没有吃呢！来了送饭的吗"？说着就来开门，一见我们，马上又把门闭了，就进去；嘴里咕噜着："我很冷呢，先去窝窝再来"。这一去再也不来了。

［第六乡］

18. 李树人——昨天一早，即将东言礼调查完事，本来划定的路线和我们决定的计划：今日是调查西言礼，不料土棍子诬告村长，所以昨日该村的闾长及负责人等，皆赴城过堂，因之我们立即差乡丁送信至张家套。明晨一早赴该村调查。张家套是本县天主教最盛而公事顶难办的村子，所以我们老早就害怕，但是也不能不去碰。清晨三更天，我们就爬起来了，踏着苍茫霜雪的冻地，一步一步走去，到时天才破晓，村人还在睡梦中，好容易找到了一位农友，送我们到村长家里，接着村长即差人招集各闾长及乡丁，先由我们对他们说明调查户口的意思及当向导的作法与责任等，然后分开至各户调查。

西言礼本来是很好的庄子，近几年来只是有几个捣乱分子，致使庄内不安，公事也办不顺妥了。

19. 赵仁生——十日早起，我们三人便从西言礼村出发，走往黄鹂村去了。该村亦有七十余户，只因村长懒惰，所以至今还未贴门牌；可是我们的调查工作还是照常进行，不过表上的门牌号码只好不写罢了。

十二日至韩家庄去，走进村学，见过该校的教师，并叫他派人去请本村的村理事；不意理事奸滑，故意不见，原因是为他们的门牌至今未贴，所以他不愿来。于是他使村学的管理员来应付我们，我们便不客气的要他认真办事，急速要他把门牌贴好，这样一来，当然惹得他们更怕烦，表示着仇视不理的态度，但是至终他们还是照办了。

20. 王贻——调查东言礼，遇到只有妇女在家之户，往往现出疑惑的神情，因此就不肯说实话，且讨厌问的太详，常以"不知"二字回答。此等现象，使调查者殊感烦躁；凡有男子在家之户，则极少有此现象者。惟在一三二号门牌户内，户主为一青年，欲将其妹隐瞒不报，幸经闾长告知，始强迫其填写，我对此有一感想：其妹尚不肯报，其财产之不肯实报，更可想见，乡人之知识思想，可见一斑。

在我们心目中的张家套，一定要发生问题的，因为那村里的天主教徒很多，他们常常依仗教会的势力与政府捣乱；这次去调查，却出乎我们意料之外，他们的庄长闾长都非常客气，并且对这事也很尽力。

［第七乡］

21. 黄松年——大白庄十之八九是耶稣教徒，一般人对调查户口，多不明了，这是事先未曾极力宣传之故。还有一点：此村男子多在外，青年妇人多入歧途，风俗颇乱，在我去调查的时候，不知我是研究院学生，拿我当警察看待，什么无意之言都有，甚至问她们的时候，她们心中总不愿说，只和向导胡言乱话。

户口调查员是要被人轻视并被人侮辱的，我曾记得有一人问他的名字，他和我瞪瞪眼，说我们是阎王差的小鬼，至他家给他上生死簿子；问他什么，他也不说，并跑到屋子里去不出来了。这把我气够啦！结果，说他两句，才算查好。

22. 兰寿千——儿童之死亡实属不少，差不多每个妇人都要死几个孩儿，甚至有七八个者，也许是“早婚”所致吧！

23. 张濬源——妇女误为查放足，故都换上无尖头鞋子。

我以为：顶好查了甲户，另至乙户，再问以甲家之人口及其他一切是否相符。

今日调查，无十七岁以上之女子，不无疑惑。

今日之心得如左：

1. 倘查问略有不明而迟延不答者，先加简单之解释，并要态度温和，使被查者心中不疑，安然以实答复。

2. 须带朋友宾客气味，使被查者有因情感关系，不忍造假。

3. 一切调查之用意及不实答之利害，对向导说明，使代为解释，效力很大。

［第八乡］

24. 王家铭——妇女的职业：我在表上正业，副业都未填，盖妇女除做饭外，抱养孩子是他的正业；至于副业一栏，亦未填，盖邹平妇女，无一不会织纺的；我以为这是普遍情形，查时并未问及，故未填。男子的职业：邹平县最出名的事业，就是小炉匠；凡生活艰难的，或兄弟多的，都是业小炉匠。（即修补破锅破盆磁器等）他们就商的地方以胶东为最多，次以去日本者可估十分之四五，在外自配妻室的也有之。

许家道口的教育状况：在调查过去的几日，成人识字者不过百分之二十，其以前对教育之落伍，可想而知了。即现在之二十岁以下者，识字的也在少数；十五岁以下的求学年龄的儿童，失学的可估十分之六七。他们不是不想使其子弟入学，而家境过寒，此其失学之最大原因也，故在邹平举办民众学校，为救济青年之一急务。

许家道口业农的人民，除去耕种田地以外，在春冬闲暇之际，差不多都有副业。我看到他们的副业以小炉匠为多数，其次有编苇席者，有打草帘者，做木器者，至于半农半商者：如卖馍馍，黄芋、烧酒、茶叶、洋布、洋袜等，（以上皆举专卖一种者）也有卖杂货者，然皆无正式门市，只是逢赶集的日担市销售。

曹家庄闾邻的分法：该庄有四个首事，其分闾不按户次定闾数，而是按某户相信某闾长（以首事任闾长之职）。则某户即参加某闾；故有户多之闾，亦有户少之闾；因之一闾住户，亦不住在一起，各闾门牌，尤其凌乱，参差不齐。地方之散漫，此可不言而喻。

我调查到的乡村婚姻状况，大概说来，早婚的年龄，男有八岁就结婚的；女子大约以十四岁为最早，男子以十三四岁为最普通，可谓在百分之八十，其余百分之二十都是因为穷所以结婚才晚了。凡早婚者，都是家道小康的，穷人儿子娶媳妇很难，没有四五百大洋就不成。一个劳农者那有如许巨款，凡年过二十岁不娶者，俗称之曰“光棍”。这个早婚的原因，究竟是怎么有的呢？有人说是因为农家事忙，早娶个媳妇来可帮助家庭工作。这固然是个原因，不过这原因在早前许是这样，现在一般邹平人，实在不是这样了。只可以说是早婚成了一种风俗习惯了。

25. 李传合——段家桥为章邹交界村，邹平共有二百一十户，分八闾；但该村闾邻之分，户数不等，住所交杂，且其门牌系按旧闾邻张贴，因之号数亦同样交杂，调查时颇感困难。

两日的调查，深知中国人只要省事，不要多事，最喜做事“简单笼统”。

在调查中，知段家桥之住民，因章，邹杂处，地亩亦杂乱，故对于地亩项内，亦有缺欠，不能拿“你家有多少地”相问，只好“你家有多少邹平地，章邱地”，分二项来问。

26. 王思笃——调查女人再婚几次，当面多不肯说，余便先给向导说明，令在有再婚妇人之户外说明而记之。

许家道口的人，性情粗直刚强，于调查时颇有惹起人家不快之感。

27. 丁泮华——兰芝里的村长及各位首事的态度，对待我们俨然以县政府派来的差人一样；庄里的人见我们，从大街上走过，两个眼睛总是目不转睛的在注视我们，而脸上现出一种似怀疑而又不怀疑的神态。

我总是不好对乡间人给以难堪，但为了调查便利起见，又不得不如此。像东闸的一家姓国的，问他什么他都说不知道，我看透他是怀疑我了，于是便很痛切的重行告诉他调查户口的意义，可是他总是不以为然。我看看实在没有办法了，便借调兵来吓他，他们真的害怕了。才勉强的对我一句一句的回答。

［第九乡］

28. 罗子为——因为想快调查完，前几天我就口头聘请了七八个小学教员帮忙调查，约定今天先至王少唐，辛桥两村；以后到各村请他们就近帮忙，为慎重起见，也曾作数次的个别训练。在我想：大概不致发生什么错误的。可是事实上出我意料之外，当我下午由丁家庄折回王，辛两村审查两村已调查之表格，错误很多，大半是婚姻状况与年龄两项。真是：“弄巧成拙”，天下没有便宜的事。晚间，直审查到十一时方睡，但是还没有审查完事，可谓：“狗未打着反丢了棍子”。这次利用小学教员，反增加了我们复查的大工夫。

（十四日）昨夜大雪下得满地皆白，积雪有五六寸厚，今天早起很冷。不能候着吃饭，催工友买些面条下了吃；因为规定今天调查辛梁镇，故一早提前吃饭，率领二十一调查区的调查员，全体出发。虽然积雪很深，大家都没有一句怨言，没有不快的表示，都是兴高采烈挺着身躯向着目的地走去。我虽冻得两脚冰冷，寒风如刀刺般地吹在脸上发痛，但是我的心中非常快乐。周丛二同学及吴顾毓兄三人在前走，我带着彭黔生跟在后面。我俩因为迟走了一会，所以走落在后面，他们三人在前不要命地很快地走，结果反比我俩后到辛梁镇，因为他们只顾走，竟被雪照花了眼，把路走错了。

到辛梁镇之后，大家休息一会，便开始调查。我也随着大家调查十余户。本来今天辛梁镇东西街俱可调查完，可是因为西街有人家娶媳妇，只得改在明天调查。

在辛梁镇打听东西梁桥情形，得悉很详，该两村统属齐东，无邹平一户。

29. 李国桢——乡学分发门牌时没有把写法，号数的编法，和贴法告知各庄长，因此二十二调查区的八个村庄，巩怕就有八个不同的贴法：有编每闾二十五家的，有从全村第一户到最末一户挨次编定的，有第一二闾合编，第三四闾合编的，形形色色，不一而足。他们贴门牌的方法更为奇妙，并不是重新挨户定闾，而是以过去的闾为标准，如有一人过去住一闾十号，现迁至二闾十号，于理，应贴二闾十号的门牌，但各村多以旧日之闾数门牌贴于其门上，虽然地点在二闾，门牌号数仍为第一闾；因此调查时不免东奔西走，南寻北找，不是清查太难，就是消费的时间太多；且各村均有客户，但庄长认为寄居人或寄籍人无调查之必要，所以没有门牌，对于此等人之清查，不免发生困难。

从丁家回来的时候，便召集了郝庄的庄长及闾邻长，通知他们明日开始调查，当然他答复我很可以。那知在晚上十点钟时候，庄长郝本鸿提着灯笼，跑得气喘吁吁的来见我，他说：明天郝庄有两家娶媳妇的，人家都不得暇，恐怕家里没有大人，小孩妇女说不清楚，将要我们多麻烦，要求我们延期一天。

九日到了程和铺，不料庄长×××竟到辛家寨赶集去了；当时我们已知道今天的事不好做，因为在我们二十二区八个村庄里，这一个村庄的庄长是一个著名的滑头，说话做事都不负责任，现在他居然走了。便叫各闾长作向导，他们都互相推诿面有难色，并且一齐主张在学校里叫各家家长来报，不必挨户调查。他们的理由是：男人今天都赶集去了，只有娘儿们在家，先生们到家去紧防被他们辱骂，而且报来也不实在；经我们一再坚决的表示，非挨户调查不可以后，结果他们很勉强的跟着我们的同学走，直到九点半钟的时候，我们的工作才正式开始。

到程和铺的同学向我说：此地男人大都不在家，女人们不是不报，就是乱报。我于是也加入调查，一观究竟，结果发现了不说实话的，有说实话的也不少，便决定了把不实的表完全加上记号，将来由我亲自去重查，这种真实与否的判别，自然是从被调查的人说话的态度来断定。

检阅两三日来的调查表，使我发生一个疑问：就是有的住户男人不在家，或出外经商去了，或出外工作去了，本人有地系家里自耕，所以在妇女职业栏上填上自耕农的不少。但邹平的"小脚妇女"，如何能到田里去耕地呢？这自然要靠雇工了，但是没有雇工，当然我以为是我们的同学没问到。今日抽查时，特别清出这样的两户，查问之后，知道他们都是雇人耕地的，不过他们的习惯：头一年的雇工冬月初便放工了，第二年的雇工要腊八过了才到，所以我们调查的时候，见有雇工的特别少，这是时期的关系。

生日和属象，有的几乎全家不知道，好似调查员的错误；其实这些事情，只有妇女们才记得，男子因为他应记的事特别多，就把这个忽略了。这些小事。此刻是农闲的时候，也是妇女们回娘家的时候，有的家庭，妇女几乎走完了，男人根本不知道，这也是一件没法办的事。

十四日：开始调查辛梁镇，午前八时，罗子为先生率领二十一区的同学来帮忙，他们从雪地里走来；来帮忙的吴君，裤子脚管里都是冰块，鞋都有冰了，我心里非常的难过。

辛梁镇是分东西街的：东街共五闾，西街共四闾，因为过去有瞒报户口的嫌疑，故二十一，二十二两区调查员全体出动，要调查一个清楚。今天先调查东部，发现门牌号数有误，村理事将其过去之各闾名单交来，清查结果，约有十多户无名。据村理事的答复，过去有兄弟不和，父子不合分居的，现在都合起来，我们自然也没法追究；因为不能说非要分户登记不可。我们作调查的恐遭逼着人家分居的讥评，只好听之而已。

十六日：当我到杨家抽查时，有一老太婆来告诉我，她家在调查了的次日，媳妇生了儿子，要求我给她登记上。从这一椿事看来，此次的户口调查，各家所报的人数，一定都是实在的。听说以前，三两岁的小孩他们都不报，现在居然注意到初生的婴儿了，这是很可喜的一件事！

此次调查，设计处二号通告上：说调查时用向导以庄长为主等语，但县府一月一日开村长会议时，有向导用联庄会员等语，以致调查时村长都不愿作向导，我们勒令他去，则以县长之言搪塞，而联庄会员又多以未奉命令为辞；因县长之谈话与设计处之通告不一致，影响调查工作不少。（编者按：向来未有用联庄会员作向导之意，此处想是误会。）

一月一日开会时，闻县长命各庄长为同学做饭，并谓同学吃后，每人必给钱八百文。同学不给不行，庄长不收也不行，但此项谈话仅单向庄长说明，而不让同学知道，致使同学到各村调查时，本自备有干粮，而各村长坚欲代为作饭。同学等以为他们诚意，故每吃完后，仅仅道谢，而不曾给钱。结果，各庄长认为同学揩了县府的油，县府发了伙食费，而同学吃饭不给钱，闹出很大笑话；后来虽然照数补清，但花钱不体面。在县府方面也有点“弄巧成拙”，这大概统制不一的大毛病。（按当时县长告庄长云：“同学们到小村，如无干粮，又无卖食物的，则务请村长们为同学烧碗热汤，给个蒸馍，使他们垫一垫饥，他们亦不能白吃村长，每餐饭给八分钱，村长也别客气不收"。并未必令村长给同学做饭。此事设计处有数乡并已通知，九乡方面，想是遗漏而未通告，设计处同人谨致歉意。）

30. 王裕治——在我们未开始调查以前，据我们的预料：丁家庄要算在我们这第二十二调查区中较好办而没有什么问题的庄子。真是可贺得很，从今天一切的经过和结果看来，不但我们以前的预测竟完全没有猜错，而且更超过我们理想之上。这种意外的结果，实不能不归功于明事理而负责任的庄长，闾长，村小学教员等诸位先生的努力，和事先准备的得宜。原来当他们知道我们今天来到他们的庄上调查后，他们于昨天特地为此开了一个会，由庄长及村小学教员讲明此次举行户口调查之意义；同时更分头通知各家：教他们按我们调查的项目，妥为预备，并劝告各户不可有无礼的举动；因为此种原故，我们今天工作的进行非常顺利。按我工作的经过来说，我完全是在一种宾主相欢的空气中，渡过了我一天的时光。

当问到女的再婚的一项，我总是极不好意思开口问；固然有很多女子可以不必问就可以知道，但是在有些情形下，实叫你不得不问。当然，正巧问对了，在我这方面就没事了，可是你若问一个错，马上就要倒霉，碰到性情好的，还好，你顶多不过多看一看脸色；万一不幸碰到性情坏的，那你至少要挨上几句臭骂了！所以我今天每逢碰到这项，我都低头下气的赔上了万分的小心，不过这种力气总是没白费的，不然几个再嫁者或姘妇，怎么会知道呢？

在程和铺做我的向导的，是第一届联庄会的会员，也是闾长的一位令弟，在开头一两家，从他的态度言辞上看来，他很不帮忙。我后来因为我对他非常客气，同时我又极力间接向他解释户口调查的意义，与恐吓他不据实报告的坏处与危险，他才渐渐的解了怀疑，而慢慢的帮忙起来。

在我刚开始调查不很久，大概到了第三家的时候，我发现一个村立小学的学生，他跟我好像成心要破坏我的工作似的。当我刚进第三家门的时候，我听见他在后面似乎和这家的一个妇女低声说话，告诉她：不要确实报告的意思。于是我立刻回头来站着，向他们厉声说道："诸位，你们请听着，调查户口这件事，跟我倒没有什么关系，这完全是县政府的事，我不过是帮忙。如果你们有瞎报的话，一被县府查出，倒霉还是你们，万一出了事，这我可不负责的。如果你们要听刚才那孩子的话，不肯实报，可是你们要明白：受罚的还是你们的家呀"！他们听了我这些话之后，大概知道不是路，于是赶忙说道："哎！谁听那孩子的话？我们自己家的事，我们自己还不小心吗？先生，请放心"！这时那个学生已经一溜烟的跑了。

在我调查的这些户中，有一户是位四十多岁的妇人，我的那位向导进门后，就告诉她实报，并且说：实报有好处。那妇人听了这话后，立刻问道："真的吗？实报真有好处吗？你可别骗我，我对于调查户口总是放不下心"。

还有一户，家里有一父，一个长媳，长子已死，一个次子，一个次媳，四口人。长媳现年二十一，次媳大概我记得也有十八九，可是次子却只有十一岁，所以这户人家，就有两个青春女子在守寡。（当然一个是守活寡）

十日：我调查的这些家中，有这么一家：家中有一位四十多岁的妇人，她是户主的母亲，因为户主不在家，所以由她和我谈话，我体会她一切回答我的话，没有一句诌做，都是十分可靠而准确的。当然这种情形并不只是她一家，她所以留给我印象较深的原故，是因为她对我非常的客气；尤其是当她追随送我的时候，所说的两句话使我最难忘记，她说："你们先生真是太劳苦了，不顾风霜雨雪，跑这样远来调查户口，真是够辛苦的。在我家多歇会吧"！乡下人居然还能有这样同情而顾念我们的人，真使人万万想不到。

在一家有一个七十多岁的老太婆，她的几句话使我深刻的留在脑海里。她现在已寡,当我问到再婚一项时,我还没有开口,她突然说道:"我不会说假话,我也不害羞,我更不怕人笑话。告诉你吧!我是三十岁才到这儿来的,一共嫁了七次人"。

我又问一位三十多岁的妇人的生日时,她忽然又笑了,她坐到我写字桌子的对面,问我道:"先生,明年来给我做生日吗"?

今天(十二日)有一家当我问到他们什么时候娶媳妇时,他们就问我:还调查这个做什么呀?我就告诉他们说:县政府要看一看邹平人差不多全在什么时候娶媳妇,因为这地方的人娶媳妇太早了。娶媳妇太早,那么将来生下的孩子一定不会好的。如果这种早婚的风俗老不改,那么邹平这地方的人,一定一代不如一代了。所以县政府派了我们作这种调查,知道邹平人的婚姻状况以后,将要严厉禁止这种早婚的习俗。我更继续说道:真的,你们这儿娶媳妇实在太早了,九岁,十岁,十一岁,十二岁乃至十五十六岁,这种一点不懂事的小孩,就给他娶个媳妇,真是太没道理了。这不但害了男的,并且把女的也完全害了。你们看,像我们这样年纪的人,到现在还没有找媳妇呢!他们听我说到这里,全都笑了,于是说道:"我们也知道是不好啊!但是我们得要用人使呢,不早娶来一个,那来的人呢"?"非用政治的力量来强制不可"。我的好向导气愤的接着说。

31. 纪毓珪——乡民看着我们去,都当"公差"对待,"老总"称呼,拿出应付的态度,了事的勾当。我们既有了"公差","老总"等头衔,不用说我们也披上老虎皮了。我们的一举一动,一言一笑,他们都很注意,举例说罢!他们常常问我们说:"老总!你写这张纸做什么,你是来查坏人吗"?又说:"我们家里有八口人,没有一分地,你不是说要放赈吗"?"你查了以后,放给我们吗"?"呵!是了,你不发给我们吗?那末你要查我们干么"?尤其是问年幼妇人的生年月日和初婚年龄,她们总羞羞答答笑得死去活来,使我真是无法可想,每回老是一而再,再而三,三回仍是不答,只好看她们的面容;如果面容风头微感不对,这时我只好改变面孔，来上两句硬性的言语。

32. 马国相——一月十日下午将萝圈有门牌之家查毕，计七十五户，而无门牌及一门牌中之住有二户者尚多，计又得十五户，共八十五户；盖以年来训练联庄会会员是按闾抽丁，该村人恐过七十五户则多一闾，即多出会员，村中即多加担负，故意图将此十五户隐匿不报也。

调查户口的工作，从八日开始至十四日截止，为时不过一周，所查不过五村，计户不过二百。在这短时间，小面积的当中，得到了不少的印象，受了不少的诟詈，碰了不少的钉子，作了不少无谓的周旋，起了许多的感想与悲哀，真可说是五花八门，无奇不有。今将大概所见到的，随记忆所及，略志如下：

1. 早婚　就初婚年龄一项考察，男子过十七八岁结婚者甚少，间有二十余岁者，则必为贫家且迟婚者，又系买来。大多数男子的结婚，总在十二，三岁至十四，五岁之间。并且妇与夫之间之年龄相差，多的八，九岁，次的四五岁，甚至有十岁以外者。菅家村今年有十一岁之男小孩娶一二十三岁之妇者，可谓畸形极矣。查时有三十许之青年男子，而其妻则发白面皱，几疑为其母亲。此等风气，已成普遍习惯，改之甚为不易，非教育普及政治有力不能有效。

2. 文盲　就识字一项计，百人中只有二三人；所有自谓能读能写者，恐亦未必可靠；大众教育之提倡，诚不容再缓之事也。

3. 不卫生　农民生计多不充裕，卫生诚难以讲究；就其家中看来，房屋俱无后窗或后门，即前边窗户，亦多低矮，故室中光线不足，空气亦不得流通，且不清洁；时至冬日，家家多生有一坑炉，为御寒计，固然很好。但是炭酸气布满全室，实在不宜，在乡民疾病上看，有肺病者较多；大概都是不明空气卫生的原因。每家屋中正面必置一桌，又十九污秽不堪，而且油壶，盐盆等等食具，多露置其上，任尘垢落于其中，而不知稍为遮盖。地上杂草，垃圾狼藉满地，亦不为扫除。坑上被褥，起床后亦不倦叠，即乱堆其上；一坑上同睡几人，数其枕头与被亦可知道。睡时即日间落上之灰尘，也并不扫净。这些不花钱不费力的事情，尚且不办，其他更不必说了。更至与牲口同居一室者，（宋家的庄长即与其妻居于骡房内，问之以便于喂牲口对。）其中滋味不知妙否？

4. 学龄儿童不受教育多　此事亦甚显然，在各村虽有村立学校，而学生与村中之学龄儿童并不到三分之一；尤其是穷人子弟，多不就学，曾问及几家，总以上不起学答复我，但夜校中并不要学费，为何上不起？他们便说："出不上工大"。或者还说："上几年学，好干什么？上的少了，不够用；上的多了，供给不来，勉为供给几年，怕是与某某家学生弄的东不成，西不就，成了个无业游民。那反不如从小就教他学做庄稼或是手艺好"。就此话中，可以见到中国教育之不良；并且教育为一般贫民所不需要，这也是一种真的事实。

5. 穷而且老的鳏寡者　如在罗圈的高李氏，七十余岁之老寡，查时正在补缀破衣，旁堆棉絮，黑而且碎。问她有无地否？曰："要饭吃的，（乞丐——编者）那有土地，如我这朝不保夕孤苦伶仃的人，先生们也要查么？查上我亦不为多，没有我不为少，查不查没什么意思啊"！言下其貌若不胜悲苦，诚可怜也！他如在辛桥之无儿老夫妇，亦特别令人心中悲哀！

6. 门牌之错乱　这次调查，于门牌一项，主要者久有计划规定。各村办事人当然多不明了，如沙城村之门牌，排列的乱七八糟，且有重号，有漏填者；致查时多费时间不少。又如宋家之门牌，竟将书成之五十号留下不贴，而不留末后一号，致查时遍寻五十号不见。（按贴门牌：前设计处曾有一定办法陈述县府第一科，无如事甚仓促，各邻长亦不照办，遂致落落不齐。）

33. 杜凤鸣——查宋家某户，门首悬红线，系以红制钱，而不许生人入门者谓之"忌生人"；问其所以，答以家中添喜之表示。（生男以红线系铁钉，生女以红线系制钱。）

34. 彭黔生——我查至西左家庄宋与凤家，他最先只报有十大亩地，以后他随着我到各家去询问，他听见我对各家所说的害怕话，什么："你不报实数，将来县政府查出来就要充公啦"！"报实数是可免除麻烦的"。他怕起来了，到我调查完了时，他跑出庄外来送我，他要我把他的田亩数改为三十五大亩。

吴家吴锡三家，户主与其长子已出外营生，其妻及一子一女留居家中，当我前往调查时，其妻坚不肯报；经我再三解说，仍然无效。最后我用话恐吓他，他到底仍是不报，我虽费了许多口舌，不得要领。我只好出来，下午我又约了罗巡查员同去，她正在别一家的院子内推磨，我们去叫，她不肯开门，我们站在门外问她，费了半点钟的时间，才问清楚。

邹平人学小炉匠，轧棉花几乎成了他们一般小农户的第二求生途径。在农暇的时候，他们不是到各地干小炉匠的手艺，就是在家里置一架轨花车，收棉花来轧；除了几家稍微富足点的人家，是很少有闲着的。

辛梁镇的东西二街，虽然是毗连着，可是因为人的关系，分成了两个显然的集团。东西两街不能合作，好像是两个庄，各有村理事，各办有小学；所以不好放在那一头的村学就设立在中间。

［第十乡］

35. 卢康济——（八日）乡下贴门牌颠倒错乱，有分间贴者；分间之法亦极不整齐，吾人意以为顺秩相接门户，当为一间者；事实上乃此间中夹有彼间门户，彼间中夹有此间门户；于是贴门牌乃混杂如此。又有不分间贴者，亦淆惑难辨，有一号在东头，十号在西头，中间又夹二十几号者或三十几号者。此事本属警察学中专门技术，即同学代贴亦不易得良好结果，况荒村中鄙夫为之乎？

将来办人事登记，当依调查表编订门牌，不然极无依据；而将来编订时，更当由县府警衙科聘请专门人员担任此事，庶乎有济，否则仍属粉然而已。

（九日）乡农劳疲殊甚，记忆力太差，直不记其岁数生日者，比比皆是；如此人生，有何积极希望目的在前而力求奔赴哉？乡农总畏加征钱粮，地亩终难得实；而人口登记纸上大家以为造册子，事实上欢迎多，拒查者极少。故户数口数大体可望核实。

（十日）乡农早婚绝户极多，想系年少摧残过度，至壮年其生殖力已减退，虽娶妾亦不能生子者有之。甚而一荘有半头少男孩尽绝户者。邹平人口如皆然，则衰落征兆已显，是大可怖；吾意：县府当强制干涉。

晚婚者多蓄童养媳，或买来，或拾来，其生殖繁衍似亦不强，可见晚婚之害亦大。有终身不娶者，或为弟娶而己不娶者，亦不乏其人。可见中国人繁宗支之观念极强。亦恐因人口衰落之象，时时显露，反逼出此种繁衍之普遍观念也。

（十一日）每户满八口者少；填二张，三张，四张者更少，可见合居之难与族姓之不繁衍。合居对于小量土地经管极有其利，善合则稍宽，分则更窘；但从旧式之合居，亦不合时情，此事极宜研究。族姓不繁衍，不只对一宗姓不利，即县省全国皆不利。人口非从繁衍中由天择抽出精华，再繁衍高气质人口，则民族之优秀分子不能新增激增，此事亦宜特别注意。

各庄中各户皆无私井，而公井又非私属，故调查时皆是无井。此事对于饮料卫生大成问题，似宜由卫生院专门调查，加以改进；否则病疫来源恐不易塞。

各庄少有宗教团体，此事足征乡农太穷，无钱无暇及此。视南方佛寺道观所在皆有者，真有天壤之别。而各小迷信亦不肯告人，故宗教一项，直无从查。寺观一项，亦付阙如。庄中亦时有家庙祠堂，但看庙者亦族中人。散户中亦查及，故无法另载。

大姓庄住居年数，可从平时闲谈高兴时由彼族中高明人或高年人缕叙始便查知；一时匆忙查过，彼等极不愿举以告人，多谓不知或谓说不清楚推却之而已。

乡农识字者极少，即识一字半字者，写信看报皆不行，故能写能读一项亦不够格。

有数户拒查恶骂者，多为绝户恶老婆子。彼等出言皆不能引人生气，只能使人悲悯；因伊所骂者，不过不应查伊绝户，一似查伊即是嘲侮伊者，可见人口衰落之可惧也。

乡农早婚，其妻易涉偷情，有生子畏邻人及丈夫知之者，多乘夜弃其私生子；有闺女为情欲或赚钱积买嫁妆而轻便与人私通者，生子亦弃之畏人见。但拾养此等弃子者颇不乏人，而是类情形，平日多不肯直以告人，非常处言语酣畅时，不易得知；恐将来登记人口出生时成为问题而得虚伪之结果。

[第十一乡]

36. 萧本义——有一家是一个儿子，很得爹娘的痛爱，见我到他家去写人口，那户主的老婆以为我来查是预备后来调她的儿子去当兵，不允我写；虽经我说明，她仍是不愿意。但她无力违抗衙门的势力，终于给我写上了，那女人竟落起泪来！

37. 李子明——我到范家庄一家去调查，问一个妇人生了几个小孩，她说：只有一儿，没有女孩。我说：死的也要写上个数，她即刻怒气满面，向我怒言道："死的孩子都被狗吃了，我也不知死了几个，你到庄外去找吧"！但我只得很谦和的向她说理由，她的丈夫方说："已死了两个女孩子"。

我在范家庄街上走着，见十余妇人同三五男子相聚谈笑，有一妇人高声大言道："这一定是又要抽税，死的孩子都要写上"。有一个男人闭眼摇头，低声说道："又来了"！

又遇到一家，把门紧紧关上，会员打门呼唤，却出来一个小女孩，开门对我们道："家中没有人，我父亲探亲戚去了"！会员即欲他去，但我心中自忖：若是家中没有大人，但不能只有七八岁的小孩子在家中，于是我便叫会员领着我向他家中走，一到里面，他父，母，兄，姊都在。

有一家户主的职业是自耕农，问他有多少地，那妇人说："我家一亩地没有"。我说："你这两个儿子在外边做生活吗"？旁人却说："你快说有多少地吧！不然被县政府查出，就要充公了"！那妇人才急忙的说："俺家只有五亩半地，还往上填吗"？她以为地少就不必报的。

一般妇人对于调查户口多疑为是要抽人口税，或者要她儿子当兵，她总不肯说实在话。并且一般男人多惧内，于是连男人也就不说实话了。有一个妇人，我问她的生日，她说："父母早死，不知道了"。问她的男人，却说："我怎么能知道她的生日呢"？在旁人想敷衍我，便说："噢！我知道了！她是八月十六日的生日"。那妇人很生气的说："你不要瞎扯，我是四月十八日生日"。

［第十二乡］

38. 周向宸——我以为户口调查越快越真，越慢越假，因实话好说谎难扯也。

（附一）调查期间各巡查区报告纪录选载

一月八日

第一巡查区巡查员伍天纬：

1. 调查之进行甚顺利，因先期已与各村庄长及联庄会员接洽，故都颇肯帮忙。

2. 调查速度每人每日约三十户。

第二巡查区巡查员茹春浦：

1. 闾邻长都很帮忙，且亦无误解之处，联庄会员因是在乡训练，故亦好用。

2. 调查速度约三十户左右，最快者可达四十户；惟今日出发较晚，不足为凭。

第三巡查区巡查员门启明：

1. 调查速度约十户至二十户，尚未有过二十户者。

2. 联络无专人，颇感痛苦。

第四巡查区巡查员金步墀：

1. 于齐两庄无门牌。

2. 壮丁不好用。

第九调查区指导员萧永福：

1. 陈河涯之河两边有长山户，拒贴本县门牌，视其文契住所地址亦属长山，故不能查。

第十一调查区指导员王文成：

1. 联络员有问题，用谁谁也不肯动；且村庄长亦不肯动。

2. 各村庄贴门牌仍按段不按闾者。

3. 同学还要自己做饭，故出发调查甚晚。

第六巡查区巡查员李树圃：

1. 向导联络都无问题。

第八巡查区巡查员马资固：

1. 联络向导无问题。

2. 因第一日调查，速度不甚准确，每日约十户至二十户。

第九巡查区巡查员罗子为：

1. 今日试用小学教员，结果甚坏。

2. 向导间用成年部学生，因闾邻长多年高无用处。

3. 调查速度十六户至二十户。

第十巡查区巡查员卢康济：

1. 每人每日可查三十五户至五十户。

2. 门牌不整齐。

第十一巡查区巡查员张虎鸣：

1. 联庄会员非常帮忙，自动跟随调查，且帮助我们做饭。

2. 调查速度约十五户至二十户，

第十二巡查区巡查员周文山：

1. 大体很顺利，学长联庄会员导生都能帮忙。

2. 调查速度约二十五户。

一月九日

第八巡查区巡查员马资固：

1. 门牌聚族而贴，极不整济，拟只按号不按闾。

2. 速度甚慢，但问得颇详。

第四巡查区巡查员金步墀：

1. 韩家庄门牌未按闾编，亦无闾长。

2. 据乡理事云：小杨家寨该属长山。

第五巡查区巡查员张勗仁：

1. 调查速度约每人每日二十五户，仍不如所期之快。

第十二巡查区巡查员周文山：

1. 各村门牌极乱，有的村长将门牌交给甲总，再由甲总像是散发戏票一样散发下去者；殊有无法清理之感。

第十一巡查区巡查员张虎鸣：

1. 指导员改过之表格仍有不少错误，故巡查员也得兼指导员。

一月十日

第九巡查区巡查员罗子为：

1. 程和铺有拒绝调查情事，明日决带联庄会员去作清乡户口查。

（附二）调查期间各乡询问记录选载。

云颂天问：兼祧子有二妻，分居其父及其伯父家，而此子亦轮流两处居住，此子应填何户？

答：视其一月八日在谁家住，即填谁家。

门启明问：夫死，妾与妻作何称谓？

答：称"夫之遗妾。"

张鸿图问：与他县交界处之庙宇，向由本县及邻县人民共同出资供奉者，应否调查？

答：亦应调查，须加以注明。

萧永福问：住庙宇人并非僧道，要否调查？

答：须查，以住户论，用甲种表。

袁三江问：庄内有缫丝厂，集庄中幼女缫丝，算工厂否？

答：自然算，用丙种表填。

门启明问：三乡门牌，商店多未贴；乡理事误为商店另有特种门牌之故，今如另换门牌，势所不许；若补贴，号数亦难相接，应如何办理为妥？

答：未贴门牌之商店，按其前号编为该号之甲乙，例如：二十号与二十一号中间有三家商店没有门牌，则即将该二十号住户门牌改为二十甲，三家商店顺次编为二十乙，二十丙，二十丁，往下到二十一号。

王松亭问：（一）乡村学属何种机关类别？（二）乡学长及理事谁算领袖？（三）村理事及教员谁算领袖？

答（一）乡村学是教育机关。（二）乡学长及乡理事都是领袖；惟前者为一乡之教育领袖，后者为一乡之政治领袖。此是政教合一之理论下的事实所必然。（三）村以村理事或村长为一村之领袖。

马资固问：合作社与村小学应用乙种表否？

答：应用乙种表。

张虎鸣问：户主如系世居，其家属为世居否？

答：家属亦为世居。

马资固问：继出去之子，因其生母无人奉养，故接其生母与之同居，仍算家属否？

答：子已出继，又接其生母与之同居，仍是家属。家属身分关系，万无因出继而消灭之理。

邵长太问：某甲娶妻，只三日生一子，某甲誓不认此子为亲生子，应如何填？

答：依民法第一〇六二条解释：为非婚生子。

金步墀问：妻籍是否随其夫籍？

答：是。

金步墀问：长工之母住户主家，应如何算法，与户主算是什么关系？

答：另成一户。

王凤山问：有刘某者，幼随其母嫁张姓，现张已死去，刘某遂又姓本姓。刘某之子则仍姓张，应如何填法？

答：刘某仍填为刘某。刘某之子则填为张某，只在备考栏内特加说明。

云颂天问：妾是未婚，未婚而有子，则其子是何身分？

答：妾未婚，乃法律上之解释；至其子则可视为其父已认领。

宋乐颜问：尼姑住普通宅院，应用何种表填？

答：甲种。

门启明问：某人兼祧两户，现其父母已故，随其嗣父同居，应谁是户主？

答：以其嗣父为户主。

四　统计经过

统计经过可以分为下列二步：

（一）各村调查事项之分项划记

各村调查事项之分项划记可分为三步：

（A）划记表之制定——即由调委会统计科依据调查表中所列各项项目，分类制成划记表十二种：

1. 一村每户田亩数分配划记表（亩以官亩为准，户分本籍户寄籍户）。

2. 一村每户口数分配划记表（口分自然人口经济人口，户分本籍户寄籍户）。

3. 一村口数划记总表（分本籍人现住他往，寄籍人现住他往，寄居人现住）。

4. 一村男女各年龄组口数分配划记表（分本籍人现住他往，寄籍人现住他往，寄居人现住）。

5. 一村男女婚姻状况划记表（分本籍人现住他往，寄籍人现住他往，寄居人不计）。

6. 一村男女初婚年龄划记表（分本籍人现住他往，寄籍人现住他往，寄居人不计）。

7. 一村男女教育程度划记表（分本籍人现住他往，寄籍人现住他往，寄居人不计）。

8. 一村学龄儿童教育状况划记表（分本籍儿童现住他往，寄籍儿童现住他往，寄居人不计）。

9. 一村男女各年龄组识字分配划记表（分本籍男女现住他往，寄籍男女现住他往，寄居人现住）。

10. 一村男女宗教分划记表（分本籍人现住他往，寄籍人现住他往，寄居人现住）。

11. 一村男女各年龄组废疾分配划记表（分本籍人现住他往，寄籍人现住他往，寄居人现住）。

12. 一村男女废疾分类划记表（分本籍人现住他往，寄籍人现住他往，寄居人现住）。

（B）划记之程序——统计员合二人为一组，领得一村调查表格后，须先审查该村表格是否仍有不清晰处，一一均用笔在旁注清，以免划记时发生错误。改表后之第二步工作，即为折合调查表中所列人口之真实年龄，按本县此次所用折合方法，有二原则：（a）凡生日在公定户籍日之前者，各减一岁；（d）在公定户籍日之后者，各减二岁，故计算上亦颇简便。真实年龄折合毕，统计员即可一人报数，一人划线记数，依次按村挨户挨口，进行其划记工作矣。

（C）统计员——依调委会之规定：统计员原系派由训练部同学四十八人担任（按训练部原有南省籍同学若干位，因言语关系，无法参加调查工作，故改派为统计员，专作统计）。并预期于调查工作结束后一个月内，即将全县各村划记工作，亦都作竣。（当时预计每组每日可划计六十户，如是二十四组一日即可划记一千四百四十户，全县不及三万三千户，或能于四周内即划记蒇事）。不意划记开始，始知此项工作进度之缓，远非预料之所能及，（大约每组平均每日只能划记二十五户左右）。至是遂不得不再商请县府，加派在县受训之联庄会各乡副队长十四人，亦都一并参加划记工作，（合为六十二人，分为三十一组）。按此项从权办法，在原则上固为调委会之组织规程不合，然自另一方面观之，则当时所训练之副队长等，亦即以后实施户籍行政时之各乡户籍主任，其为户籍行政之安排设施上，固亦大有益也。迄训练部同学春季始业，划记完成之村数，仍仅及全县之半，于是又将下余未划记之半数村庄，扫数移交县府户籍室继续划记，县府又加派村长组等二十一人帮同工作，合副队长等十四人共为三十五人，又两阅月，始将全县村庄划记完成。

以上云云，尚系专指整理甲种调查表而言，其它乙丙丁三种调查表，则因数量极少，故未特制划记表格。至甲种表中之职业一项，此次则因在此农业社会之邹平区域内，职业分类至为不易，故亦暂付阙如。

（二）依据划记表制成统计图表

此项工作系由编者独力所担任；即依据一乡之各村划记结果，制成一乡之统计表，再依一县各乡之统计结果，制成一县之统计表，更依一县之统计表，制成各种统计图，在编者之工作程序上，不外归纳分析，在读者则可一目了然于邹平之人口情况矣。

兹将此次所用划记表十二种（并附简略之说明）刊下以供参考：

（1）为"一村每户田亩数分配划记表"。表中共分本籍，寄籍两栏；如甲种户口调查表之户主籍贯为本籍时，则划记于本籍户项内；系寄籍时，则划记于寄籍户项内。

划记时以两人为一组，对面而坐，一人唱数，一人划记。如唱数人见户主之籍贯为本籍，又见表之下面"U"项之"本户有田亩数"为"13"，则唱："本籍户十三亩"。划记人即划线记数于该表中本籍户项之"10—14"一组内。唱数者将全部表格唱完后，即将划记表中之线数相加，即可知某村之每户田亩数分配情形。

（2）为"一村每户口数分配划记表"。表内分"依自然人口计算"与"依经济人口计算"两项。所谓自然人口，即指甲种户口调查表内之"户主","家属"与"非家属无家可归同居者"三项相加之人口数而言。所谓经济人口，即连同"非家属有家可归暂居者"而言。（非家属有家可归暂居者，在本报告之统计表内谓之寄居人）。如唱数者见调查表上"户主","家属"与"非家属无家可归同居者"三项共有人口七人，即唱："自然人口七人"。划记者即在口数之"7"格内划线。又见"非家属有家可归暂居者"项内又有二口，则唱："经济人口九人"。如"非家属有家可归暂居者"项内无有者，则唱："经济人口七人"。唱时须指明本籍或寄籍。

如一户之口数在三十口以上者，则在"30—"格内记明其实际口数，不能单纯划线。

（1）（2）两划记表之本籍户数或寄籍户数须相等，方无错误。

（3）为"一村口数划记总表"，划记时唱数人须留意本籍或寄籍，又须留意"S"栏内有无"他往"之备注；如唱数者见甲种表内之"户主","家属"与"非家属无家可归同居者"三项共有人口七人，计男四人女三人，其中一男子他往，即唱："本籍人现住男三口，女三口，他往男一口"。划数人当写数目字（不划线）于每一格内。本籍人与寄籍人两项，在第二部统计结果内称之谓："法定人口"，此两项减去他往男女再加上寄居人即谓之"实际人口"。

再本表本寄籍之现住他往与寄居人三项人口总数，必等于划记表（2）之依经济人口计算内户数与每户口数之乘积数相等；本表之本籍人一项之共计，必等于划计表（2）之依自然人口计算项内之本籍户数与每户口数之乘积数相等；寄籍人一项之共计，亦必等于依自然人口计算项内之寄籍户数与每户口数之乘积数相等，方能证明划记无误。

（4）（5）（6）三张划记表为"一村男女各年龄组口数分配划记表"，表内分项与划记表（3）同，每项人口数亦须与划记表（3）之每项相等，方为无误；否则即为唱数者或划记者之错误。

以上三表之年龄为折合后之真实年龄。

（7）（8）（9）（10）为"一村男女婚姻状况划记表"，此项划记，只限于法定人口，内并按各年龄组分计，每组人口之"婚姻状况不明者"加"未结婚者"再加"已结婚者"即等于划记表（4）（5）（6）各该年龄组之总和。划记时须看甲种调查表性别中之男女别，再看真实年龄，再看已未结婚。婚姻状况唱法如"本籍人现住，女的，四十三岁，已结婚，寡"；或"寄籍人，他往，男的，已结婚"等。

（11）（12）为"一村男女初婚年龄划记表"，凡已婚之男女，依表中项目划记之；唱数人只须看清本籍寄籍及现住他往之别。划记此项年龄，并非真年龄，乃中国之习惯年龄；其每项人口之总数亦当等于（7）（8）（9）（10）四表中已结婚者每项人口之总数。

（13）（14）为"一村男女教育程度划记表"，当看甲种调查表"O"栏"教育"一项而划记之；"能读""能写"两目只限于私塾教育，如调查时填写错误，填明学校教育后再在"能读""能写"目内注明者，当以受"学校教育"论。此表各项人口亦须与划记表（3）相等。

（15）为"一村学龄儿童教育状况划记表"，只限于法定人口，年龄别以（3—5）为一组，（6—12）为一组，每组之总数当与划记表（4）（5）（6）内之该项年龄组之总数相等。

（16）为"一村男女各年龄组识字分配划记表"，凡受过教育者不论私塾与学校，均依表中各项划记在内。表中"识字者"为数当与划记表（13）（14）各项之受过教育者相等，表中"不明者"总数当与"教育状况不明者"之总数相等，"不识字者总数"当与"未受教育者"之总数相等。

（17）为"一村男女宗教分配划记表"，各项总数须与划记表（3）相等。

（18）为"一村男女各年龄组废疾分配划记表"，各项总数须与划记表（3）相等。

（19）为"一村男女废疾分类划记表"，表中"不明者"一栏等于划记表（18）之“有无废疾不明者”之总数，各类废疾之总数等于划记表（18）之“有废疾者”之总数，无废疾者之总数亦须与表（18）无废疾者相等。至其各项人口总数，亦等于划记表（3）。

一村每户田亩数分配划记表

(1) 第　乡　村　　　　统计员

户别 亩数	本籍户																		计户	寄籍户								计户	共计户
不明者																													
无田者																													
—4																													
5—9																													
10—14																													
15—19																													
20—24																													
25—29																													
30—34																													
35—39																													
40—44																													
45—49																													
50—54																													
55—59																													
60—64																													
65—69																													
70—74																													
75—79																													
80—84																													
85—89																													
90—94																													
95—99																													
100—104																													
105—109																													
110—114																													

续表

户别 亩数	本籍户	计户	寄籍户	计户	共计户
115—119					
120—124					
125—129					
130—134					
135—139					
140—144					
145—149					
150—154					
155—159					
160—164					
165—169					
170—174					
175—179					
180—184					
185—189					
190—194					
195—199					
200—					
总计		户		户	户

一村每户口数分配划记表

(2) 第　乡　村　　　　统计员

计算别 户别 口数	依自然人口计算				共计户
	本籍户	计户	寄籍户	计户	
1					
2					
3					
4					
5					

续表

计算别 户别 口数	依自然人口计算					共计 户
	本籍户	计户	寄籍户	计户	
6					
7					
8					
9					
10					
11					
12					
13					
14					
15					
16					
17					
18					
19					
20					
21					
22					
23					
24					
25					
26					
27					
28					
29					
30					
总　计		户		户	户

[（2）之前半部分］

计算别 / 户别 / 口数	依经济人口计算				共计户
	本籍户	计户	寄籍户	计户	
1					
2					
3					
4					
5					
6					
7					
8					
9					
10					
11					
12					
13					
14					
15					
16					
17					
18					
19					
20					
21					
22					
23					
24					
25					
26					
27					
28					
29					
30					
总　计		户		户	户

[（2）之后半部分]

一村口数划记总表

（3）第　乡　村　　　　　　统 计 员

项别	本 籍 人					寄 籍 人				寄居人	
	现　住				他　往		现　住		他　往		现　住	
	男			女		男	女	男	女	男	女	男	女
划记											
小　计	□		□		□	□	□	□	□	□	□	□
计	□			□			□		□		□	
共　计	□						□				□	
总　计	□										

一村男女各年龄组口数分配划记表（本籍人现住）

（4）第　乡　村　　　　　　　统计员

年龄别 \ 男女别		男	计口	共计口
年龄不明者				
0—4	0			
	1			
	2			
	3			
	4			
5—9	5			
	6—9			
10—14	10—12			
	13—14			
15—19	15—16			
	17			
	18—19			
20—24	20—24			
25—29	25			
	26—29			
30—34	30—34			
35—39	35—39			
40—44	40—44			
45—49	45			
	46—49			
50—54	50—54			
55—59	55—59			
60—64	60			
	61—64			
65—69	65—69			
70—74	70—74			
75—79	75—79			

续表

男女别＼年龄别		男	计口	共计口
80—84	80—84			
85—89	85—89			
90—	90—			
总　计				口

[（4）之前半部分]

男女别＼年龄别		女	计口	共计口	男女共计口
年龄不明者					
0—4	0				
	1				
	2				
	3				
	4				
5—9	5				
	6—9				
10—14	10—12				
	13—14				
15—19	15—16				
	17				
	18—19				
20—24	20—24				
25—29	25				
	26—29				
30—34	30—34				
35—39	35—39				
40—44	40—44				

续表

男女别 / 年龄别		女	计口	共计口	男女共计口
45—49	45				
	46—49				
50—54	50—54				
55—59	55—59				
60—64	60				
	61—64				
65—69	65—69				
70—74	70—74				
75—79	75—79				
80—84	80—84				
85—89	85—89				
90—	90—				
总计				口	

［（4）之后半部分］

一村男女各年龄组口数分配划记表（本籍人他往及寄居人现住）

（5）第　乡　村　　　　　　　统计员

户籍别 / 男女别 / 年龄别		本籍人他往						男女共计口
		男	计口	共计口	女	计口	共计口	
年龄不明者								
0—4	0							
	1							
	2							
	3							
	4							
5—9	5							
	6—9							

续表

户籍别 男女别 年龄别		本籍人他往																男女共计口
		男						计口	共计口	女						计口	共计口	
10—14	10—12																	
	13—14																	
15—19	15—16																	
	17																	
	18—19																	
20—24	20—24																	
25—29	25																	
	26—29																	
30—34	30—34																	
35—39	35—39																	
40—44	40—44																	
45—49	45																	
	46—49																	
50—54	50—54																	
55—59	55—59																	
60—64	60																	
	61—64																	
65—69	65—69																	
70—74	70—74																	
75—79	75—79																	
80—84	80—84																	
85—89	85—89																	
90—	90—																	
总计									口								口	口

一村男女各年龄组口数分配划记表（寄籍人）

(6) 第　　乡　　村　　　　　　　　　　　　统计员

户籍别 / 男女别 / 年龄别		寄籍人现住						男女共计口
		男	计口	共计口	女	计口	共计口	
年龄不明者								
0—4	0							
	1							
	2							
	3							
	4							
5—9	5							
	6—9							
10—14	10—12							
	13—14							
15—19	15—16							
	17							
	18—19							
20—24	20—24							
25—29	25							
	26—29							
30—34	30—34							
35—39	35—39							
40—44	40—44							
45—49	45							
	46—49							
50—54	50—54							

续表

年龄	户籍别 男女别	寄籍人现往 男	计口	共计口	女	计口	共计口	男女共计口
55—59	55—59							
60—64	60							
	61—64							
65—69	65—69							
70—74	70—74							
75—79	75—79							
80—84	80—84							
85—89	85—89							
90—	90—							
总 计				口			口	口

[(6) 之前半部分]

年龄	户籍别 男女别	寄籍人他往 男	计口	共计口	女	计口	共计口	男女共计口
年龄不明者								
	0							
	1							
0—4	2							
	3							
	4							

续表

户籍别 / 男女别 / 年龄别		寄籍人他往						男女共计口
		男	计口	共计口	女	计口	共计口	
5—9	5							
	6—9							
10—14	10—12							
	13—14							
15—19	15—16							
	17							
	18—19							
20—24	20—24							
25—29	25							
	26—29							
30—34	30—34							
35—39	35—39							
40—44	40—44							
45—49	45							
	46—49							
50—54	50—54							
55—59	55—59							
60—64	60							
	61—64							
65—69	65—69							
70—74	70—74							
75—79	75—79							
80—84	80—84							
85—89	85—89							
90—	90—							
总计				口			口	口

［（6）之后半部分］

一村男女婚姻状况划记表（本籍人现住）

（7）第　　乡　　村　　　统计员

男婚姻状况 / 年龄别	男										
	婚姻状况不明者	计 口	未结婚者	计 口	已结婚者	计 口	共计 口	鳏　者	计 口	离婚者	计 口
年龄不明者											
0—9											

续表

男婚姻状况 / 年龄别	婚姻状况不明者		男								
		计 口	未结婚者	计 口	已结婚者	计 口	共计 口	鳏者	计 口	离婚者	计 口
10—19 { 10—17											
18—19											
20—29											

续表

男婚姻状况 / 年龄别	男										
	婚姻状况不明者	计 口	未结婚者	计 口	已结婚者	计 口	共计 口	鳏　者	计 口	离婚者	计 口
30—39											
40—49											

续表

男婚姻状况 / 年龄别	男										
	婚姻状况不明者	计口	未结婚者	计口	已结婚者	计口	共计口	鳏者	计口	离婚者	计口
50—59											
60—69											

续表

男婚姻状况 / 年龄别	男										
	婚姻状况不明者	计 口	未结婚者	计 口	已结婚者	计 口	共计 口	鳏　者	计 口	离婚者	计 口
70—79											
80—89											
90—											
总　　计		口		口		口	口		口		口

［（7）之前半部分］

一村男女婚姻状况划记表（本籍人现住）

(7) 第　　乡　　村　　统计员

女婚姻状况／年龄别	女										
	婚姻状况不明者	计　口	未结婚者	计　口	已结婚者	计　口	共计　口	寡　者	计　口	离婚者	计　口
年龄不明者											
0—9											

续表

女婚姻状况 / 年龄别		女										
		婚姻状况不明者	计口	未结婚者	计口	已结婚者	计口	共计口	寡者	计口	离婚者	计口
10—19	10—17											
	18—19											
20—29												

续表

女婚姻状况 / 年龄别	女										
	婚姻状况不明者	计 口	未结婚者	计 口	已结婚者	计 口	共计 口	寡 者	计 口	离婚者	计 口
30—39											
40—49											

续表

女婚姻状况 / 年龄别	女										
	婚姻状况不明者	计口	未结婚者	计口	已结婚者	计口	共计口	寡　者	计口	离婚者	计口
50—59											
60—69											

续表

女婚姻状况 年龄别	女										
	婚姻状况不明者	计 口	未结婚者	计 口	已结婚者	计 口	共计 口	寡　者	计 口	离婚者	计 口
70—79											
80—89											
90—											
总　计		口		口		口	口		口		口

［（7）之后半部分］

一村男女婚姻状况划记表（本籍人他往）

（8）第　　乡　　村　　统计员

男婚姻状况 年龄别	男									
	婚姻状况不明者	计口	未结婚者	计口	已结婚者	计口	共计口	鳏者	计口	离婚者	计口
年龄不明者											
0—9											

续表

年龄别		男										
		婚姻状况不明者	计口	未结婚者	计口	已结婚者	计口	共计口	鳏者	计口	离婚者	计口
10—19	10—17											
	18—19											
20—29												

续表

男婚姻状况 / 年龄别	男										
	婚姻状况不明者	计口	未结婚者	计口	已结婚者	计口	共计口	鳏者	计口	离婚者	计口
30—39											
40—49											

续表

男婚姻状况 年龄别	男										
	婚姻状况不明者	计口	未结婚者	计口	已结婚者	计口	共计口	鳏者	计口	离婚者	计口
50—59											
60—69											

续表

男婚姻状况 年龄别	男									
	婚姻状况不明者	计 口	未结婚者	计 口	已结婚者	计 口	共计 口	鳏　者	计 口	离婚者	计 口
70—79											
80—89											
90—											
总　　计		口		口		口	口		口		口

［（8）之前半部分］

一村男女婚姻状况划记表（本籍人他往）

（8）第　　乡　　村　　　统计员

女婚姻状况／年龄别	女										
	婚姻状况不明者	计口	未结婚者	计口	已结婚者	计口	共计口	寡　者	计口	离婚者	计口
年龄不明者											
0—9											

续表

女婚姻状况 / 年龄别		男										
		婚姻状况不明者	计口	未结婚者	计口	已结婚者	计口	共计口	寡者	计口	离婚者	计口
10—19	10—17											
	18—19											
20—29												

续表

女婚姻状况 / 年龄别	男									
	婚姻状况不明者	计口	未结婚者	计口	已结婚者	计口	共计口	寡者	计口	离婚者	计口
30—39											
40—49											

续表

女婚姻状况 / 年龄别	女										
	婚姻状况不明者	计口	未结婚者	计口	已结婚者	计口	共计口	寡　者	计口	离婚者	计口
50—59											
60—69											

续表

女婚姻状况 \ 年龄别	男										
	婚姻状况不明者	计 口	未结婚者	计 口	已结婚者	计 口	共计 口	寡 者	计 口	离婚者	计 口
70—79											
80—89											
90—											
总 计		口		口		口	口		口		口

［（8）之后半部分］

一村男女婚姻状况划记表（寄籍人现住）

（9）第　　乡　　村　　　统计员

男婚姻状况 年龄别	男									
	婚姻状况不明者	计　口	未结婚者	计　口	已结婚者	计　口	共计　口	鳏　者	计　口	离婚者	计　口
年龄不明者											
0—9											

续表

男婚姻状况 年龄别		男										
		婚姻状况不明者	计口	未结婚者	计口	已结婚者	计口	共计口	鳏者	计口	离婚者	计口
10—19	10—17											
	18—19											
20—29												

续表

男婚姻状况 / 年龄别	男										
	婚姻状况不明者	计 口	未结婚者	计 口	已结婚者	计 口	共计 口	鳏 者	计 口	离婚者	计 口
30—39											
40—49											

续表

男婚姻状况 / 年龄别	男										
	婚姻状况不明者	计口	未结婚者	计口	已结婚者	计口	共计口	鳏　者	计口	离婚者	计口
50—59											
60—69											

续表

年龄别＼男婚姻状况	男										
	婚姻状况不明者	计 口	未结婚者	计 口	已结婚者	计 口	共计 口	鳏　者	计 口	离婚者	计 口
70—79											
80—89											
90—											
总　计		口		口		口	口		口		口

［（9）之前半部分］

一村男女婚姻状况划记表（寄籍人现住）

(9) 第　　乡　　村　　统计员

女婚姻状况 / 年龄别	女											
	婚姻状况不明者	计口	未结婚者	计口	已结婚者	计口	共计口	寡　者	计口	离婚者	计口
年龄不明者											
0—9											

续表

女婚姻状况 年龄别		女										
		婚姻状况不明者	计口	未结婚者	计口	已结婚者	计口	共计口	寡 者	计口	离婚者	计口
10—19	10—17											
	18—19											
20—29												

续表

女婚姻状况 / 年龄别	女									
	婚姻状况不明者	计 口	未结婚者	计 口	已结婚者	计 口	共计 口	寡 者	计 口	离婚者	计 口
30—39											
40—49											

续表

女婚姻状况 / 年龄别	女									
	婚姻状况不明者	计口	未结婚者	计口	已结婚者	计口	共计口	寡者	计口	离婚者	计口
50—59											
60—69											

续表

女婚姻状况 / 年龄别	女										
	婚姻状况不明者	计 口	未结婚者	计 口	已结婚者	计 口	共计 口	寡　者	计 口	离婚者	计 口
70—79											
80—89											
90—											
总　　计		口		口		口	口		口		口

［（9）之后半部分］

一村男女婚姻状况划记表（寄籍人他往）

（10）第　　乡　　村　　　统计员

男婚姻状况 / 年龄别	男										
	婚姻状况不明者	计口	未结婚者	计口	已结婚者	计口	共计口	鳏者	计口	离婚者	计口
年龄不明者											
0—9											

续表

男婚姻状况 年龄别		男									
		婚姻状况不明者	计口	未结婚者	计口	已结婚者	计口	共计口	鳏　者	计口	离婚者	计口
10—19	10—17											
	18—19											
20—29												

续表

男婚姻状况 年龄别	男										
	婚姻状况不明者	计口	未结婚者	计口	已结婚者	计口	共计口	鳏者	计口	离婚者	计口
30—39											
40—49											

续表

男婚姻状况 / 年龄别	男									
	婚姻状况不明者	计 口	未结婚者	计 口	已结婚者	计 口	共计 口	鳏 者	计 口	离婚者	计 口
50—59											
60—69											

续表

男婚姻状况 / 年龄别	男										
	婚姻状况不明者	计 口	未结婚者	计 口	已结婚者	计 口	共计 口	鳏者	计 口	离婚者	计 口
70—79											
80—89											
90—											
总计		口		口		口	口		口		口

[（10）之前半部分]

一村男女婚姻状况划记表（寄籍人他往）

（10）第　　乡　　村　　　统计员

女婚姻状况／年龄别	女									
	婚姻状况不明者	计口	未结婚者	计口	已结婚者	计口	共计口	寡者	计口	离婚者	计口
年龄不明者											
0—9											

续表

女婚姻状况 / 年龄别		女									
		婚姻状况不明者	计口	未结婚者	计口	已结婚者	计口	共计口	寡　者	计口	离婚者	计口
10—19	10—17											
	18—19											
20—29												

续表

女婚姻状况 / 年龄别	女									
	婚姻状况不明者	计口	未结婚者	计口	已结婚者	计口	共计口	寡者	计口	离婚者	计口
30—39											
40—49											

续表

女婚姻状况 年龄别	女									
	婚姻状况不明者	计口	未结婚者	计口	已结婚者	计口	共计口	寡　者	计口	离婚者	计口
50—59											
60—69											

续表

女婚姻状况 / 年龄别	女										
	婚姻状况不明者	计 口	未结婚者	计 口	已结婚者	计 口	共计 口	寡　者	计 口	离婚者	计 口
70—79											
80—89											
90—											
总　计		口		口		口	口		口		口

［（10）之后半部分］

一村男女初婚年龄划记表（本籍人现住）

（11）第　　乡　　村　　　　　统计员

男女别／年龄别	男	计　口	女	计　口	共计　口
年龄不明者					
0—4					
5					
6					
7					
8					
9					
10					
11					
12					
13					
14					
15					
16					
17					

续表

男女别 年龄别	男	计　口	女	计　口	共计　口
18					
19					
20					
21					
22					
23					
24					
25					
26					
27					
28					
29					
30					
31—					
总　计		口		口	口

一村男女初婚年龄划记表（本籍人他往及寄籍人）

（12）第　乡　村　　　　统计员

户籍别 / 男女别 / 教育状况	本籍人他往					寄籍人现住					寄籍人他往				
	男	计口	女	计口	共计口	男	计口	女	计口	共计口	男	计口	女	计口	共计口
年龄不明者															
0—4															
5															
6															
7															
8															
9															
10															
11															
12															
13															
14															
15															
16															

续表

户籍别 / 男女别 / 教育状况	本籍人他往				共计口	寄籍人现住				共计口	寄籍人他往				共计口
	男	计口	女	计口		男	计口	女	计口		男	计口	女	计口	
17															
18															
19															
20															
21															
22															
23															
24															
25															
26															
27															
28															
29															
30															
31—															
总计		口		口	口		口		口	口		口		口	口

一村男女教育程度划记表（本籍人）

（13）第　　乡　　村　　　　　　统计员

户籍别 / 男女别 / 教育状况		本籍人现住 男	本籍人现住 计口	本籍人现住 女	本籍人现住 计口	共计口	本籍人他往 男	本籍人他往 计口	本籍人他往 女	本籍人他往 计口	共计口
教育状况不明者											
未受教育者											
私塾教育	能读家信者										
	能写家信者										

续表

教育状况 \ 男女别 \ 户籍别			本籍人现住 男	本籍人现住 计口	本籍人现住 女	本籍人现住 计口	共计口	本籍人他往 男	本籍人他往 计口	本籍人他往 女	本籍人他往 计口	共计口
受初小及同等学校教育者	状况不明者											
	毕业者											
	肄业者	年级不明者										
		一年级										
		二年级										
		三年级										
		四年级										
	休业者	年数不明者										
		一年未满至一年										
		二年未满至二年										
		三年未满至三年										
		四年未满										

续表

户籍别 男女别 教育状况			本籍人现住				共计 口	本籍人他往				共计 口
			男	计 口	女	计 口		男	计 口	女	计 口	
受高小及同等学校教育者	状况不明者											
	毕业者											
	肄业者	年数不明者										
		一年级										
		二年级										
	休业者	年数不明者										
		一年未满至一年										
		二年未满										
总计				口		口	口		口		口	口

［（13）之上半部分］

一村男女教育程度划记表（本籍人）

（13）第　　乡　　村　　　　　　　　统计员

户籍别 / 男女别 / 教育状况			本籍人现住				共计口	本籍人他往				共计口
			男	计口	女	计口		男	计口	女	计口	
受初中及同等学校教育者	状况不明者											
	毕业者											
	肄业者	年数不明者										
		一年级										
		二年级										
		三年级										
	休业者	年级不明者										
		一年未满至一年										
		二年未满至二年										
		三年未满										

续表

教育状况 \ 户籍别 / 男女别			本籍人现住 男	本籍人现住 计口	本籍人现住 女	本籍人现住 计口	共计口	本籍人他往 男	本籍人他往 计口	本籍人他往 女	本籍人他往 计口	共计口
受高中及同等学校教育者	状况不明者											
	毕业者											
	肄业者	年级不明者										
		一年级										
		二年级										
		三年级										
	休业者	年数不明者										
		一年未满至一年										
		二年未满至二年										
		三年未满										

续表

户籍别 / 男女别 / 教育状况			本籍人现住 男	本籍人现住 计	本籍人现住 女	本籍人现住 计	共计	本籍人他往 男	本籍人他往 计	本籍人他往 女	本籍人他往 计	共计
				口		口	口		口		口	口
受大学及同等学校教育者	状况不明者											
	毕业者											
	肄业者	年级不明者										
		一年级										
		二年级										
		三年级										
		四年级										
	休业者	年数不明者										
		一年未满至一年										
		二年未满至二年										
		三年未满至三年										
		四年未满										
曾受或现受研究院教育者												
曾受或现受国外教育者												
总计				口		口	口		口		口	口

［（13）之下半部分］

一村男女教育程度划记表（寄籍人及寄居人）

（14）第　　乡　　村　　　　　　　　统计员

户籍别 / 男女别 / 教育状况		寄籍人现住				共计口	寄籍人他往				共计口	寄居人现住				共计口
		男	计口	女	计口		男	计口	女	计口		男	计口	女	计口	
教育状况不明者																
未受教育者																
私塾教育	能读家信者															
	能写家信者															

续表

户籍别 / 男女别 / 教育状况			寄籍人现住				共计口	寄籍人他往				共计口	寄居人现住				共计口
			男	计口	女	计口		男	计口	女	计口		男	计口	女	计口	
受初小及同等学校教育者	状况不明者																
	毕业者																
	肄业者	年级不明者															
		一年级															
		二年级															
		三年级															
		四年级															
	休业者	年数不明者															
		一年未满至一年															
		二年未满至二年															
		三年未满至三年															
		四年未满															

续表

户籍别 / 男女别 / 教育状况			寄籍人现住 男	寄籍人现住 计	寄籍人现住 女	寄籍人现住 计	共计	寄籍人他往 男	寄籍人他往 计	寄籍人他往 女	寄籍人他往 计	共计	寄居人现住 男	寄居人现住 计	寄居人现住 女	寄居人现住 计	共计
				口		口	口		口		口	口		口		口	口
受高小及同等学校教育者	状况不明者																
	毕业者																
	肄业者	年级不明者															
		一年级															
		二年级															
	休业者	年数不明者															
		一年未满至一年															
		二年未满															
总计				口		口	口		口		口	口		口		口	口

［（14）之上半部分］

一村男女教育程度划记表（寄籍人及寄居人）

（14）第　　乡　　村　　　　　　　　统计员

户籍别 / 男女别 / 教育状况			寄籍人现住				共计口	寄籍人他往				共计口	寄居人现住				共计口
			男	计口	女	计口		男	计口	女	计口		男	计口	女	计口	
受初中及同等学校教育者	状况不明者																
	毕业者																
	肄业者	年级不明者															
		一年级															
		二年级															
		三年级															
	休业者	年数不明者															
		一年未满至一年															
		二年未满至二年															
		三年未满															

续表

户籍别 / 男女别 / 教育状况			寄籍人现住 男	计口	寄籍人现住 女	计口	共计口	寄籍人他往 男	计口	寄籍人他往 女	计口	共计口	寄居人现住 男	计口	寄居人现住 女	计口	共计口
受高中及同等学校教育者	状况不明者																
	毕业者																
	肄业者	年级不明者															
		一年级															
		二年级															
		三年级															
	休业者	年数不明者															
		一年未满至一年															
		二年未满至二年															
		三年未满															

续表

户籍别 / 男女别 / 教育状况			寄籍人现住 男	计口	寄籍人现住 女	计口	共计口	寄籍人他往 男	计口	寄籍人他往 女	计口	共计口	寄居人现住 男	计口	寄居人现住 女	计口	共计口
受大学及同等学校教育者	年级不明者																
	毕业者																
	肄业者	状况不明者															
		一年级															
		二年级															
		三年级															
		四年级															
	休业者	年数不明者															
		一年未满至一年															
		二年未满至二年															
		三年未满至三年															
		四年未满															
曾受或现受研究院教育者																	
曾受或现受国外教育者																	
总计				口		口	口		口		口	口		口		口	口

［（14）之下半部分］

一村学龄儿童教育状况划记表

（15）第　　乡　　村

教育状况	户籍别	本籍人现住				共计口	本籍人他往				共计口	寄籍人现住				共计口	寄籍人他往				共计口
	男女别	男	计口	女	计口		男	计口	女	计口		男	计口	女	计口		男	计口	女	计口	
	年龄别																				
未就学者	3—5																				
	6—12																				

续表

教育状况	户籍别	本籍人现住				共计口	本籍人他往				共计口	寄籍人现住				共计口	寄籍人他往				共计口
	男女别 年龄别	男	计口	女	计口		男	计口	女	计口		男	计口	女	计口		男	计口	女	计口	
曾就学者	3—5																				
	6—12																				

续表

教育状况	户籍别	本籍人现住				共计口	本籍人他往				共计口	寄籍人现住				共计口	寄籍人他往				共计口
	男女别	男	计口	女	计口		男	计口	女	计口		男	计口	女	计口		男	计口	女	计口	
	年龄别																				
现就学者	3—5																				
	6—12																				

续表

教育状况	户籍别	本籍人现住				共计口	本籍人他往				共计口	寄籍人现住				共计口	寄籍人他往				共计口
	男女别 年龄别	男	计口	女	计口		男	计口	女	计口		男	计口	女	计口		男	计口	女	计口	
教育状况不明者	3—5																				
	6—12																				
总计																					

一村男女各年龄组识字分配划记表

(16) 第　　乡　　村　　　　　　　　　统计员

是否识字	户籍别 / 男女别 / 年龄别		本籍人现住				男女共计口	本籍人他往				男女共计口	寄籍人现住				男女共计口	寄籍人他往				男女共计口	寄居人现住				男女共计口
			男	计口	女	计口		男	计口	女	计口		男	计口	女	计口		男	计口	女	计口		男	计口	女	计口	
识字者	年龄不明者																										
	0—19	0—2																									
		3—5																									
		6—12																									
		13—17																									
		18—19																									
	20—39	20—25																									
		26—39																									
	40—59	40—59																									
	60—79	60—79																									
	80—	80—																									

续表

是否识字	户籍别 / 男女别 / 年龄别		本籍人现住				男女共计口	本籍人他往				男女共计口	寄籍人现住				男女共计口	寄籍人他往				男女共计口	寄居人现住				男女共计口
			男	计口	女	计口		男	计口	女	计口		男	计口	女	计口		男	计口	女	计口		男	计口	女	计口	
不明者	年龄不明者																										
	0—19	0—2																									
		3—5																									
		6—12																									
		13—17																									
		18—19																									
	20—39	20—25																									
		26—39																									
	40—59	40—59																									
	60—79	60—79																									
	80—	80—																									
不识字者总数																											
总计																											

一村男女宗教分配划记表

（17）第　　乡　　村　　　　　　　　统计员

户籍别 / 男女别 / 宗教别	本籍人现住				男女共计口	本籍人他住				男女共计口	寄籍人现住				男女共计口	寄籍人他住				男女共计口	寄居人现住				男女共计口
	男	计口	女	计口		男	计口	女	计口		男	计口	女	计口		男	计口	女	计口		男	计口	女	计口	
不明者																									
佛教																									
道教																									

续表

户籍别　男女别　宗教别	本籍人现住				本籍人他住				寄籍人现住				寄籍人他住				寄居人现住			
	男	女	计口	男女共计口	男	女	计口	男女共计口	男	女	计口	男女共计口	男	女	计口	男女共计口	男	女	计口	男女共计口
回教																				
耶稣教																				
天主教																				

续表

户籍别	本籍人现住				本籍人他住				寄籍人现住				寄籍人他住				寄居人现住			
男女别 宗教别	男	计口	女	计口 男女共计口	男	计口	女	计口 男女共计口	男	计口	女	计口 男女共计口	男	计口	女	计口 男女共计口	男	计口	女	计口 男女共计口
其他																				
无宗教者总数	口			口	口			口	口			口	口			口	口			口
总计																				

一村男女各年龄组废疾分配划记表

(18) 第　　乡　　村　　　　　　　　统计员

续表

户籍别	本籍人现住 男 女 计口	男女共计口	本籍人他住 男 女 计口	男女共计口	寄籍人现住 男 女 计口	男女共计口	寄籍人他住 男 女 计口	男女共计口	寄居人现住 男 女 计口	男女共计口
有废疾 0—9										
10—19										
20—29										
30—39										
40—49										
50—59										
60—										
无废疾 0—9										
10—17										
18—19										
20—25										
26—29										
30—39										
40—45										
46—49										
50—59										
60—										
年龄不明者										
无废疾总数										
总计	□	□	□	□	□	□	□	□	□	□

一村男女废疾分类划记表

（19）第　　乡　　村　　　　统计员

户籍别 / 男女别 / 废疾别	本籍人现住				男女共计口	本籍人他往				男女共计口	寄籍人现住				男女共计口	寄籍人他往				男女共计口	寄居人现住				男女共计口
	男	计口	女	计口		男	计口	女	计口		男	计口	女	计口		男	计口	女	计口		男	计口	女	计口	
不明者																									
盲																									
聋																									
哑																									
四肢残缺																									

续表

户籍别 / 男女别 / 废疾别	本籍人现住				男女共计口	本籍人他往				男女共计口	寄籍人现住				男女共计口	寄籍人他往				男女共计口	寄居人现住				男女共计口
	男	计口	女	计口		男	计口	女	计口		男	计口	女	计口		男	计口	女	计口		男	计口	女	计口	
跛																									
驼背																									
鸡胸																									
半身不遂																									
瘫																									
白癞																									
疯癫																									

续表

户籍别 / 男女别 / 废疾别	本籍人现住				男女共计口	本籍人他往				男女共计口	寄籍人现住				男女共计口	寄籍人他往				男女共计口	寄居人现住				男女共计口
	男	计口	女	计口		男	计口	女	计口		男	计口	女	计口		男	计口	女	计口		男	计口	女	计口	
其他																									
无废疾者总数																									
总　计		口		口	口		口		口	口		口		口	口		口		口	口		口		口	口

附（一）划记工作指导人员

富介寿 张玉山 罗子为 吴顾毓 邹眠虹 范广鑑 杨守和 田 镐

统计员

（A）训练部同学

查振律 黄介甫 刘金生 黄彩云 全应玺 刘鸿恩 兰寿千 郭宗邦 宫振英 于凤程 张永和 袁钟狱 张鸿图 袁三江 张寿堂 梁明德 储 慧 金涤人 陶祖梁严 寅 曾昭文 赖文新 初奎铠 李安顺 娄福申 臧家玫 周 彬 彭黔生 邢世藩 徐余官 何吏衡 杨向森 宋鸿武 常钧传 丛树旗 孙元桂 许吉府 张濬源 李国桢 罗子清 储 志 骆 炯 纪有贵 朱振家 陈振东 汤枕琴 余安华 张慎旃等四十八人。

（B）联庄会各乡副队长

夏尔源 景维玉 王泽良 胡殿礼 李士会 刘文襄 何昌屏 杨镕中 刘玉堂 孙凤书 孙树枫 孟昭悦 王兆科 杨守和共计十四人。

（C）联庄会村组长

韩守度 崔宗桐 赵健功 王公俊 鲁有伦 柴相臣 夏树桢 张玉忱 贾在芬 王桂林 张汝俊 李允杰 张子勤 刘淑钧 郝容震 霍诚齐 石宗一 贾兹久 张振西 张承忠 王允吉共计二十一人。

五 调查统计经费之预决算

此次调查统计经费在先预算为一千元整，及后决算，实已用至一千四百二十一元二角二分，较原预算约超出百分之四十二。兹先将预算表决算刊下，并略具说明于决算表后：

邹平实验县全县户口调查委员会预算表

事项	调查费（元）	统计费（元）	每事项共计（元）	摘要
调查表格印刷费	520.00		520.00	共十万四千张，（20吋×12吋）报纸，估计每百张五角。
收表证	9.40		9.40	五十页本七十本，每本估计一角；十页本八十本，每本估计三分。
收表封袋	30.00		30.00	共一千二百个，（14吋×12吋）牛皮纸，每个估计二分半。
退回复登记查表	48.00		48.00	共一百六十册，每册估计三角。
各种文具	129.00		129.00	
委员会用具纸张	20.00		20.00	
宣传讲义印刷费	40.00		40.00	
各村统计表		5.10	5.10	一千六百张，（16吋×8吋）报纸，估计每百张三角五分。
统计用纸		30.00	30.00	十六开报纸五千张，估计每百张二角，八开报纸五千张，估计每百张四角。
临时费	100.00	68.50	168.50	车马费运费杂费等。
总计	896.40	103.60	1000.00	

邹平实验县全县户口调查委员会经费预算表

事　项	各目计（元）	各项计（元）	各款计（元）	摘　要
第一款　调查费			870.34	
第一项　训练费		46.40		
第一目　调查表印刷费	46.40			试查用。
第二项　材料费		811.94		
第一目　各种调查表格印刷费	524.51			
第二目　表格说明及其他印刷费	89.37			
第三目　门牌印刷费	29.84			三万七千三百张。
第四目　文具	40.57			
第五目　便条	29.90			
第六目　蓝布袋	33.00			调查员装物用，共二百二十个。
第七目　杂用纸张	6.91			
第八目　器具	31.76			脚踏车，火炉，办公桌等。
第九目　其他杂费	26.08			
第三项　招待费		12.00		
第一目　宴巡查员	12.00			酒席三桌。
第二款　统计费			550.88	
第一项　工作费		357.28		
第一目　伙食费	343.00			
第二目　燃料	14.28			
第二项　材料费		193.60		
第一目　划记表印刷费	63.25			
第二目　文具	8.42			
第三目　杂用纸张	1.82			
第四目　器具	110.90			铺板桌櫈等用具统计员用。
第五目　杂费	9.21			
总　　计			1421.22	

（附）说明

（一）本县此次所用调查统计经费，在数字实不为多。一缘参与工作之各级人员，均不在会支薪，二缘统计之前半段在院完成，举凡统计员伙食及一切杂用，亦系由院方担负补助。皆未列入本会之预算也。

（二）决算所以超过预算者，因有两笔费用均为先前所未算及：一是津贴乡副队长等伙食费三百四十三元（见决算表第二款统计费第一项工作费第一目伙食费），二是户籍室添买家具费一百一十元九角（见决算表第二款统计费第二项材料费第四目器具），如将此两笔除出，其预算固可与决算相符。

第二部　统计结果

一　引言

（一）本部结果又可分为三项：

（A）统计表——即依据各村划记所得之结果，归纳而成之数字。

（B）统计图——即依据统计表之各种数字，而制成之统计图示。

（C）统计结果之分析——即编者就各种统计所得之事实，加以叙述而成"邹平人口问题之分析"一文，俾使读者诸君于邹平人口问题，更能得一清晰之概念。（该文载山东乡村建设研究院出版之乡村建设半月刊第五卷第六，七两期、兹以附录）。

（二）本部所用名词，有须加以诠解者如下：

（A）法定人口——指本籍寄籍人口之总和而言，不论其现住他往。

（B）实际人口——指本籍寄籍人口之总和，加寄居人，减本籍寄籍他往人口而言。

（C）本籍人——指邹平之本地人而言。

（D）寄籍人——指外籍而在邹平有住所之人而言。

（E）寄居人——指外籍而在邹平无住所，通常系寄居于机关或商店以内之人口而言。

二　户口总表

（附注）所有统计表内之百分数，有因数目大小，故甚难计算精确，请留意焉！

第一表

各乡户数总表

户别　　乡名	普通户	厂铺户	寺庙户	合计
首善乡	1474	22	5	1501
第一乡	2172	1	4	2177
第二乡	2864	2	10	2876
第三乡	1722	1	3	1726
第四乡	2612		1	2613
第五乡	1824	2	2	1828
第六乡	2072		1	2073
第七乡	3143	5	9	3157
第八乡	3310	4	7	3321
第九乡	1790		4	1794
第十乡	1730			1370
第十一乡	2141	1	4	2146
第十二乡	1562			1562
第十三乡	4351	1		4352
总计	32407	39	50	32496
百分数	99.73%	0.12%	0.15%	100.00%

第二表　全县各村庄户数总表

户别 村庄名	普通户	厂铺户	寺庙户	合计
首善乡总计	1474	22	5	1501
城里村	250	10	1	261
言坊村	74		1	75
东关村	212	3		215
南关村	121			121
爱山村	59		3	62
美井村	116			116
中兴村	140			140
黛溪村	239			239
三义村	103	9		112
北关村	160			160
第一乡总计	2172	1	4	2177
韩家坊	187			187
大李家	257		1	258

续表

户别 村庄名	普通户	厂铺户	寺庙户	合 计
张家山	151			151
十里铺	112			112
接官亭	9	1		10
张家庄	82			82
高家庄	26			26
王家庄	62			62
聚和庄	56			56
小李家	23			23
马家庄	27			27
韦家庄	169			169
富盛庄	11			11
成庄	16			16
刘家庄	52			52
郭庄	159			159

续表

村庄名\户别	普通户	厂铺户	寺庙户	合 计
黄家营	36			36
樊家庄	66		1	67
鲁家泉	83			83
石家庄	197			197
贺家庄	173		2	175
姜家洞	28			28
碑楼会仙	190			190
第二乡总计	2864	2	10	2876
青阳店	445	1	2	448
董家庄	216		1	217
韩家庄	89			89
新立庄	47			47
贾庄	38			38
浒山铺	128			128

续表

户别 村庄名	普通户	厂铺户	寺庙户	合 计
刘家庄	323			323
马步店	93			93
钟家庄	182			182
耿家庄	195			195
东窝驼	216		3	219
西窝驼	335		1	336
代庄	44			44
徐家庄	84	1		85
郭庄	81			81
化庄	145		2	147
陈家庄	203		1	204
第三乡总计	1722	1	3	1726
西赵家庄	70			70
黄家河滩	52			52

续表

户别/村庄名	普通户	厂铺户	寺庙户	合　计
吉祥庄	38			38
上娄	47			47
下娄	72			72
杏林庄	74			74
郭庄	44			44
秦家沟	105			105
聚仙庄	43		2	45
贺家庄	47			47
太和庄	63			63
樊家洞	12			12
孙家峪	43		1	44
象伏庄	91			91
象山前	89			89
芦泉	60			60

续表

户别 / 村庄名	普通户	厂铺户	寺庙户	合　计
王家庄	9			9
石家庄	105	1		106
冯家庄	45			45
丁家庄	81			81
东赵家庄	83			83
崔家营	116			116
崔家庄	72			72
抱印庄	52			52
李家庄	69			69
郎君庄	140			140
第四乡总计	2612		1	2613
南逯庄	305			305
中逯庄	60			60
北逯庄	89			89

续表

户别 村庄名	普通户	厂铺户	寺庙户	合　计
太和庄	57			57
陈河涯	26			26
平原庄	97			97
蒙家庄	131			131
大杨堤	59			59
小杨堤	73			73
东杨堤	177			177
西杨堤	149			149
见埠庄	289			289
杨家庄	30			30
代家庄	61			61
杨家寨	100			100
刘家庄	50			50
高家庄	45			45

续表

户别 村庄名	普通户	厂铺户	寺庙户	合　计
韩家庄	142			142
北唐	36			36
南唐	31			31
樊家庄	166		1	167
东禾	54			54
西禾	36			36
北禾	110			110
段家庄	79			79
柳泉庄	147			147
于齐庄	13			13
第五乡总计	1824	2	2	1828
黄山前	208		2	210
侯家庄	27			27
代庄	28			28

续表

户别 村庄名	普通户	厂铺户	寺庙户	合 计
孙家庄	42			42
景家庄	107			107
周家庄	118			118
乔木庄	57			57
月河庄	13	2		15
小吕家庄	16			16
石家庄	66			66
鲍家庄	74			74
盖家庄	72			72
鄢家庄	152			152
东范庄	430			430
南范庄	182			182
西范庄	29			29
北范庄	122			122

续表

户别 / 村庄名	普通户	厂铺户	寺庙户	合计
七里铺	81			81
第六乡总计	2072		1	2073
小店	156			156
杨村	121			121
穆王庄	107			107
魏家庄	208			208
刁家庄	82			82
宋家庄	52			52
郭家庄	120			120
毛张庄	141			141
刘家道口	65			65
纪家庄	82			82
韩家庄	255			255
曹家小庄	58			58

续表

户别 村庄名	普通户	厂铺户	寺庙户	合 计
夏家屋子	4			4
崔家庄	134			134
东言礼	137			137
西言礼	163			163
伏生祠	4			4
黄鹂庄	78			78
张家套	105		1	106
第七乡总计	3143	5	9	3157
韩家庄	93		1	94
孙家庄	39			39
青眉庄	25			25
赵家庄	38			38
辛庄	21			21
白家桥	37			37

续表

户别 村庄名	普通户	厂铺户	寺庙户	合 计
西王家庄	46		1	47
大王驼	184			184
小王驼	124			124
李家庄	41			41
波踏店	76			76
东韦家	35			35
东白家	67		1	68
木王庄	23			23
张家庄	16			16
甲子庄	31		1	32
西韦家	83			83
大白	56			56
小白	28			28
宋家庄	124			124

续表

户别 / 村庄名	普通户	厂铺户	寺庙户	合　计
上口	171	2	1	174
前城子	159			159
后城子	81			81
马庄	222			222
滕家庄	187	1		188
萧家庄	391	2	1	394
开河	133		1	134
小言庄	40			40
东王家庄	113			113
颜家桥	123		1	124
冯家庄	61			61
邱家	56			56
官家庄	34			34
耿家庄	20			20

续表

户别 村庄名	普通户	厂铺户	寺庙户	合 计
姚家庄	46			46
释家套	93		1	94
旧口	15			15
袁家屋子	11			11
第八乡总计	3310	4	7	3321
明家集	117	3	1	121
耿家庄	126			126
牛家官庄	110			110
田家庄	100			100
大张官庄	112			112
小张官庄	52			52
兰芝里	109			109
解家庄	164		1	165
柴家庄	84			84

续表

户别 村庄名	普通户	厂铺户	寺庙户	合 计
东闸子	94		1	95
西闸子	208			208
苏家桥	48			48
邢家庄	77			77
窝村	131			131
颜家集	145			145
牛家庄	99			99
二辛庄	77			77
东佐家	62			62
十户	125		1	126
刘楷家	58			58
仓廪庄	63			63
高家庄	50			50
宋家庄	180		1	181

续表

户别 村庄名	普通户	厂铺户	寺庙户	合　计
成家庄	164			164
许家道口	140		1	141
高洼庄	64			64
曹家庄	113			113
宋家集	87			87
惠家辛庄	133			133
段家桥	218	1	1	220
第九乡总计	1790		4	1794
吴家	44			44
西左家	184			184
大碾	119		1	120
于家	77			77
王家	54			54
宋家	100			100

续表

户别 / 村庄名	普通户	厂铺户	寺庙户	合　计
营家	71			71
萝圈	86			86
辛桥	172		1	173
王少唐	70		1	71
杨家庄	61			61
田家	166			166
王家寨	43			43
河沟涯	32			32
辛梁镇	221			221
程和铺	63			63
郝庄	132			132
丁庄	95		1	96
第十乡总计	1370			1370
崖镇	116			116

续表

户别 村庄名	普通户	厂铺户	寺庙户	合 计
杨家庄	65			65
张家庄	127			127
郭家庄	54			54
吕家	19			19
孔家	49			49
长槐家	27			27
成家	142			142
张德佐家	63			63
崇兴官庄	22			22
孙家庄	58			58
韩家庄	82			82
刘聚桥	83			83
刘家井	90			90
郑家	49			49

续表

户别 村庄名	普通户	厂铺户	寺庙户	合　计
马庄	121			121
粉张庄	116			116
张家寨	87			87
第十一乡总计	2141	1	4	2146
王伍庄	163			163
周家庄	100			100
时家庄	112			112
孟家坊	34			34
岳官庄	22			22
潘家	55			55
安祥庄	60		2	62
刘家	42			42
大陈家庄	141			141
信家	107			107

续表

户别 村庄名	普通户	厂铺户	寺庙户	合 计
罗家	33			33
霍家坡	170			170
张家庄	74			74
孙家镇	383	1	2	386
范家庄	58			58
道民庄	75			75
陈玉平	59			59
都路平	79			79
冯家	124			124
小陈家庄	65			65
王庄	37			37
刘庄	40			40
蔡庄	73			73
李庄	35			35

续表

户别 村庄名	普通户	厂铺户	寺庙户	合 计
第十二乡总计	1562			1562
辉李庄	228			228
李南庄	20			20
于何庄	71			71
党李庄	92			92
五户	87			87
高家庄	73			73
大三户	118			118
小三户	110			110
刘家	19			19
潘家	52			52
车郭庄	108			108
曹家庄	54			54
郑家寨	39			39

续表

户别 村庄名	普通户	厂铺户	寺庙户	合　计
打鱼里	129			129
赵家庄	98			98
腰庄	144			144
安家庄	120			120
第十三乡总计	4351	1		4352
花沟	347	1		348
张家庄	92			92
岳家庄	102			102
李家庄	6			6
魏家庄	92			92
毛旺庄	35			35
天师庄	58			58
沟旺庄	53			53
任马寨	132			132

续表

户别 村庄名	普通户	厂铺户	寺庙户	合 计
吉祥庄	64			64
贾庄	93			93
辛庄	12			12
龙桑树	30			30
前陈家	52			52
后陈家	65			65
吕家庄	56			56
前石门	68			68
后石门	53			53
郭家坊	27			27
杏行	60			60
西南四庄	98			98
中南四庄	39			39
东南四庄	87			87

续表

户别 / 村庄名	普通户	厂铺户	寺庙户	合　计
老鸦赵	27			27
杨家庄	78			78
曹家庄	69			69
云集官庄	22			22
田家官庄	37			37
陈家庄	29			29
宋家套	145			145
大官庄	50			50
张家官庄	19			19
胡家官庄	69			69
双柳树	81			81
王旺庄	69			69
胡家店	128			128
小胡庄	83			83
宫旺庄	105			105

续表

户别 村庄名	普通户	厂铺户	寺庙户	合 计
高旺庄	135			135
于林庄	76			76
孙纺庄	114			114
贾旺庄	83			83
王家庄	58			58
段家	40			40
贾寨	109			109
龙虎庄	121			121
冯旺庄	91			91
宋旺庄	32			32
李星耀	150			150
李家官庄	54			54
田镇	168			168
大庄	22			22
沙高家	145			145

续表

户别 / 村庄名	普通户	厂铺户	寺庙户	合计
侯家	25			25
马家	68			68
徐家	31			31
石槽	97			97
全县	32407	39	50	32496

第三表　　**各乡法定普通户口总表**

乡名	户数			人口数											
	本籍户	寄籍户	合计	本籍人					寄籍人					合计
				现住		他往		计	现住		他往		计	
				男	女	男	女		男	女	男	女		
首善乡	1408	66	1474	2950	3445	441	35	6871	124	119	9	2	254	7125
第一乡	2164	8	2172	4743	5285	650	29	10707	16	11	1		28	10735
第二乡	2857	7	2864	6994	6767	481	18	14263	11	10	1		22	14285

续表

乡名	户数			人口数										
	本籍户	寄籍户	合计	本籍人					寄籍人					合计
				现住		他往		计	现住		他往		计	
				男	女	男	女		男	女	男	女		
第三乡	1708	14	1722	3853	3961	553	45	8412	26	21	4		51	8463
第四乡	2599	13	2612	6217	6586	699	60	13562	28	26			54	13616
第五乡	1814	10	1824	4124	4800	677	56	9657	22	20			42	9699
第六乡	2057	15	2072	4854	5160	378	1	10393	13	26	1		40	10433
第七乡	3127	16	3143	7140	7629	460	14	15243	32	27	2		61	15304
第八乡	3301	9	3310	7672	8610	440	16	16738	19	9			28	16766
第九乡	1758	32	1790	4395	4997	316	15	9723	55	57	5		117	9840
第十乡	1365	5	1370	3322	3796	110	3	7231	10	8			18	7249
第十一乡	2116	25	2141	5318	5603	117	6	11044	44	36	4		84	11128
第十二乡	1549	13	1562	3969	4246	109	8	8332	25	19			44	8376
第十三乡	4331	20	4351	10872	11300	192	23	22387	22	24	1		47	22434
总计	32154	253	32407	76423	82185	5626	329	164563	447	413	28	2	890	165453
百分数	99.22%	0.78%	100%	46.19%	49.67%	3.41%	0.19%	99.46%	0.27%	0.25%	0.02%	0.00%	0.54%	100%

第四表

全县各村庄法定普通户口总表

村庄名	户数			人口数										
	本籍户	寄籍户	合计	本籍人					寄籍人					合计
				现住		他往		计	现住		他往		计	
				男	女	男	女		男	女	男	女		
首善乡总计	1408	66	1474	2950	3445	441	35	6871	124	119	9	2	254	7125
城里村	210	40	250	425	547	100	9	1081	76	79	3	1	159	1240
言坊村	74		74	183	176	17	1	377						277
东关村	202	10	212	392	490	59	5	946	14	16	3	1	34	980
南关村	115	6	121	243	271	32		546	12	8			20	566
爱山村	59		59	128	153	27	1	309						309
美井村	116		116	290	302	39	1	632						632
中兴村	134	6	140	247	321	61	4	633	15	8	2		25	658
黛溪村	236	3	239	502	530	31	4	1067	6	7	1		14	1081
三义村	102	1	103	189	261	38	1	489	1	1			2	491
北关村	160		160	351	394	37	9	791						791

续表

村庄名	户数			人口数											
	本籍户	寄籍户	合计	本籍人					寄籍人					合计
				现住		他往		计	现住		他往		计	
				男	女	男	女		男	女	男	女		
第一乡总计	2164	8	2172	4743	5285	650	29	10707	16	11	1		28	10735
韩家坊	186	1	187	416	404	25	1	846	5	3			8	854
大李家	257		257	573	604	70	1	1248						1248
张家山	150	1	151	288	296	31	1	616	3	3			6	622
十里铺	111	1	112	282	303	28	2	615	2				2	617
接官亭	8	1	9	24	15			39	1	1			2	41
张家庄	82		82	210	222	18		450						450
高家庄	26		26	71	74	6		151						151
王家庄	62		62	126	164	24	1	315						315
聚和庄	56		56	134	172	11		317						317
小李家	23		23	57	46			103						103

续表

村庄名	户数			人口数											
	本籍户	寄籍户	合计	本籍人					寄籍人					合计
				现住		他往		计	现住		他往		计	
				男	女	男	女		男	女	男	女		
马家庄	27		27	75	73	7		155						155
韦家庄	168	1	169	382	481	49	2	914	1	1			2	916
富盛庄	10	1	11	10	21	3	2	36	2	1	1		4	40
成庄	16		16	43	56	4		103						103
刘家庄	52		52	129	144	20		293						293
郭庄	159		159	279	417	74		770						770
黄家营	36		36	96	122	27		245						245
樊家庄	65	1	66	157	154	32	3	346		1			1	347
鲁家泉	83		83	199	210	20	2	431						431
石家庄	197		197	406	454	85	8	953						953
贺家庄	173		173	374	378	37	2	791						791

续表

村庄名	户数			人口数											
	本籍户	寄籍户	合计	本籍人					寄籍人					合计
				现住		他往		计	现住		他往		计	
				男	女	男	女		男	女	男	女		
姜家洞	28		28	75	67	4		146						146
碑楼会仙	189	1	190	337	408	75	4	824	2	1			3	827
第二乡总计	2857	7	2864	6994	6767	484	18	14263	11	10	1		22	14285
青阳店	443	2	445	1021	1010	78	4	2113	3	2			5	2118
董家庄	216		216	464	461	65	5	995						995
韩家庄	87	2	89	209	222	22	1	454	4	3			7	461
新立庄	47		47	105	94	8	1	208						208
贾庄	38		38	110	115	11	1	237						237
浒山铺	128		128	381	386	32	1	800						800
刘家庄	323		323	766	719	53		1538						1538
马步店	93		93	260	261	11		532						532

续表

村庄名	户数			人口数											
	本籍户	寄籍户	合计	本籍人					寄籍人					合计
				现住		他往		计	现住		他往		计	
				男	女	男	女		男	女	男	女		
钟家庄	182		182	375	426	44		845						845
耿家庄	195		195	481	417	18		916						916
东窝驼	216		216	497	507	51	1	1056						1056
西窝驼	335		335	897	775	1		1673						1673
代庄	42	2	44	96	106	15		217	3	3			6	223
徐家庄	84		84	204	211	9	2	426						426
郭庄	81		81	227	207	15	1	450						450
化庄	145		145	354	354	15		723						723
陈家庄	202	1	203	547	496	36	1	1080	1	2	1		4	1084
第三乡总计	1708	14	1722	3853	3961	553	45	8412	26	21	4		51	8463
西赵家庄	68	2	70	150	172	18		340	4	2			6	346

续表

村庄名	户数			人口数											
	本籍户	寄籍户	合计	本籍人					寄籍人					合计
				现住		他往		计	现住		他往		计	
				男	女	男	女		男	女	男	女		
黄家河滩	52		52	115	103	22	8	248						248
吉祥庄	38		38	87	105	8	2	202						202
上娄	47		47	148	108	23		279						279
下娄	72		72	156	179	29	2	366						366
杏林庄	74		74	147	163	17	4	331						331
郭庄	44		44	97	94	19	1	211						211
秦家沟	104	1	105	246	237	20	1	504		1			1	505
聚仙庄	43		43	124	84	10		218						218
贺家庄	47		47	109	123	14		246						246
太和庄	63		63	124	133	13		270						270
樊家洞	12		12	28	23			51						51

续表

村庄名	户数			人口数										
	本籍户	寄籍户	合计	本籍人					寄籍人					合计
				现住		他往		计	现住		他往		计	
				男	女	男	女		男	女	男	女		
孙家峪	43		43	101	85	14	1	201						201
象伏庄	91		91	215	201	28		444						444
象山前	88	1	89	193	230	44	4	471	3	2			5	476
芦泉	60		60	131	128	9		268						268
王家庄	9		9	26	34	1		61						61
石家庄	104	1	105	223	248	52	11	534	6	3	1		10	544
冯家庄	43	2	45	78	87	13	2	180	2	2			4	184
丁家庄	77	4	81	166	193	28		387	8	8	2		18	405
东赵家庄	81	2	83	183	192	20	3	398	2	2	1		5	402
崔家营	115	1	116	251	275	41	2	569	1	1			2	571
崔家庄	72		72	144	163	33	1	341						341

续表

村庄名	户数			人口数											
	本籍户	寄籍户	合计	本籍人					寄籍人					合计
				现住		他往		计	现住		他往		计	
				男	女	男	女		男	女	男	女		
抱印庄	52		52	119	116	12		247						247
李家庄	69		69	143	165	20		328						328
郎君庄	140		140	349	320	45	3	717						717
第四乡总计	2599	13	2612	6217	6586	699	60	13562	28	26			54	13616
南逯庄	304	1	305	767	832	100	16	1715	2	3			5	1720
中逯庄	60		60	169	185	21	2	377						377
北逯庄	88	1	89	195	226	31		452	4	4			8	460
太和庄	57		57	167	204	22		393						393
陈河涯	26		26	64	65	6		135						135
平原庄	96	1	97	270	231	32	3	536	1	2			3	539
蒙家庄	129	2	131	347	345	20	1	713	2	4			6	719

续表

村庄名	户数			人口数										
	本籍户	寄籍户	合计	本籍人					寄籍人					合计
				现住		他往		计	现住		他往		计	
				男	女	男	女		男	女	男	女		
大杨堤	59		59	161	161	4	1	327						327
小杨堤	73		73	214	225	32	1	472						472
东杨堤	175	2	177	439	426	28	5	858	4	3			7	905
西杨堤	149		149	315	345	27	1	688						688
见埠庄	289		289	661	704	74	5	1444						1444
杨家庄	30		30	102	92	6	1	201						201
代家庄	61		61	153	168	8	2	331						331
杨家寨	100		100	224	243	3	1	471						471
刘家庄	50		50	145	166	23		334						334
高家庄	45		45	57	79	14		190						190
韩家庄	137	5	142	341	357	40		738	10	9			19	757

续表

村庄名	户数 本籍户	户数 寄籍户	户数 合计	人口数 本籍人 现住 男	现住 女	他往 男	他往 女	计	寄籍人 现住 男	现住 女	他往 男	他往 女	计	合计
北唐	35	1	36	79	82	15		176	5	1			6	182
南唐	31		31	61	66	9	5	141						141
樊家庄	166		166	330	390	68	9	797						797
东禾	54		54	117	122	11	1	251						251
西禾	36		36	73	86	9	3	171						171
北禾	110		110	242	264	36	2	544						544
段家庄	79		79	133	153	21		307						307
柳泉庄	147		147	327	350	38	1	716						716
于齐庄	13		13	24	19	1		44						44
第五乡总计	1814	10	1824	4124	4800	677	56	9657	22	20			42	9699
黄山前	207	1	208	409	493	86	4	992	1	1			2	994

续表

村庄名	户数			人口数											
	本籍户	寄籍户	合计	本籍人					寄籍人					合计
				现住		他往		计	现住		他往		计	
				男	女	男	女		男	女	男	女		
侯家庄	27		27	52	65	12		129						129
代庄	28		28	71	82	9		162						162
孙家庄	42		42	83	101	22	1	207						207
景家庄	107		107	282	344	46	4	676						676
周家庄	118		118	271	306	21	1	599						599
乔木庄	55	2	57	154	190	23	3	370	4	3			7	377
月河庄	13		13	32	33	1		66						66
小吕家庄	16		16	43	32	1		76						76
石家庄	65	1	66	204	206	24	6	440	2	3			5	445
鲍家庄	74		74	195	209	24		428						428
盖家庄	69	3	72	124	153	38	8	323	6	4			10	333

续表

村庄名	户数			人口数										
	本籍户	寄籍户	合计	本籍人					寄籍人					合计
				现住		他往		计	现住		他往		计	
				男	女	男	女		男	女	男	女		
鄢家庄	152		152	316	374	63	3	756						756
东范庄	429	1	430	925	1023	137	11	2096	4	4			8	2104
南范庄	182		182	427	533	81	3	1044						1044
西范庄	28	1	29	66	84	8	2	160	3	2			5	165
北范庄	121	1	122	272	305	48	9	634	2	3			5	639
七里铺	81		81	198	267	33	1	499						499
第六乡总计	2057	15	2072	4854	5160	378	1	10393	13	26	1		40	10133
小店	156		156	335	466	59		860						860
杨村	121		121	278	276	18		572						572
穆王庄	107		107	209	256	23	1	489						489
魏家庄	208		208	505	533	24		1062						1062

续表

村庄名	户数			人口数											
	本籍户	寄籍户	合计	本籍人					寄籍人					合计
				现住		他往		计	现住		他往		计	
				男	女	男	女		男	女	男	女		
刁家庄	82		82	207	212	4		423						423
宋家庄	52		52	140	147	10		297						297
郭家庄	120		120	267	291	37		595						595
毛张庄	140	1	141	340	338	13		691	2	1			3	694
刘家道口	65		65	154	133	8		295						295
纪家庄	82		82	214	206	8		428						428
韩家庄	255		255	619	642	40		1301						1301
曹家小庄	58		58	145	155	26		326						326
夏家屋子	4		4	12	10			22						22
崔家庄	134		134	310	360	17		687						687
东言礼	132	5	137	336	316	18		670	4	12	1		17	687

续表

村庄名	户数			人口数										
	本籍户	寄籍户	合计	本籍人					寄籍人					合计
				现住		他往		计	现住		他往		计	
				男	女	男	女		男	女	男	女		
西言礼	162	1	163	382	387	38		807	2				2	809
伏生祠	4		4	13	19			32						32
黄鹂庄	77	1	78	182	196	24		402	3				3	405
张家套	98	7	105	206	217	11		434	2	13			15	449
第七乡总计	3127	16	3143	7140	7629	460	14	15243	32	27	2		61	15304
韩家店	92	1	93	217	232	12		461	4	1			5	466
孙家庄	39		39	73	84			157						157
青眉庄	25		25	53	57	3		113						113
赵家庄	38		38	83	73		1	157						157
辛庄	21		21	56	61			117						117
白家桥	37		37	80	78			158						158

续表

村庄名	户数			人口数										
	本籍户	寄籍户	合计	本籍人					寄籍人					合计
				现住		他往		计	现住		他往		计	
				男	女	男	女		男	女	男	女		
西王家庄	45	1	46	102	116	3		221	1	1	1		3	224
大王驼	184		184	460	474			934						934
小王驼	121	3	124	319	321	5	1	646	5	4			9	655
李家庄	41		41	86	71			157						157
波踏店	76		76	163	177			340						340
东韦家	35		35	66	74	2	1	143						143
东白家	67		67	134	151	1		286						286
木王庄	22	1	23	60	61	1		122	5	2			7	129
张家庄	16		16	25	33			58						58
甲子庄	31		31	75	80	5	1	161						161
西韦家	83		83	197	221	4		422						422

续表

村庄名	户数			人口数										
	本籍户	寄籍户	合计	本籍人					寄籍人					合计
				现住		他往		计	现住		他往		计	
				男	女	男	女		男	女	男	女		
大白	55	1	56	145	142	3		290	2	4			6	296
小白	28		28	56	65	2		123						123
宋家庄	124		124	265	266	9		540						540
上口	171		171	392	452	12		856						856
前城子	159		159	412	479	74	1	966						966
后城子	80	1	81	179	189	23		391	2	2			4	395
马庄	222		222	551	614	58		1223						1223
滕家庄	187		187	390	415	56	2	863						863
萧家庄	391		391	772	914	106	3	1795						1795
开河	132	1	133	286	295	12	1	594	1	2			3	597
小言庄	39	1	40	87	94	2		183	1	1			2	185

续表

村庄名	户数			人口数										
	本籍户	寄籍户	合计	本籍人					寄籍人					合计
				现住		他往		计	现住		他往		计	
				男	女	男	女		男	女	男	女		
东王家庄	113		113	276	264	18		558						558
颜家桥	123		123	290	281	6		577						577
冯家庄	59	2	61	127	123	12		262	4	3			7	269
邱家	55	1	56	156	149	3		308	1	3			4	312
官家庄	34		34	95	92	5	1	193						193
耿家庄	20		20	49	48	3		100						100
姚家庄	44	2	46	85	92	7		184	5	3	1		9	193
释家套	92	1	93	194	220	5	1	420	1	1			2	422
旧口	15		15	57	55	2		114						114
袁家屋子	11		11	27	16	6	1	50						50
第八乡总计	3301	9	3310	7672	8610	440	16	16738	19	9			28	16766

续表

村庄名	户数			人口数										
	本籍户	寄籍户	合计	本籍人					寄籍人					合计
				现住		他往		计	现住		他往		计	
				男	女	男	女		男	女	男	女		
明家集	117		117	267	272	7		546						546
耿家庄	123	3	126	290	312	13		615	10	3			13	628
牛家官庄	109	1	110	211	261	8		480	1	1			2	482
田家庄	100		100	217	291	17		525						525
大张官家	112		112	283	304			587						587
小张官家	52		52	128	155	5	3	291						291
兰芝里	109		109	235	311	20		566						566
解家庄	164		164	365	405	23		793						793
柴家庄	83	1	84	170	206	8		384	2				2	386
东闸子	94		94	192	209	8		409						409
西闸子	208		208	506	536	17	2	1061						1061

续表

村庄名	户数			人口数										
	本籍户	寄籍户	合计	本籍人					寄籍人					合计
				现住		他往		计	现住		他往		计	
				男	女	男	女		男	女	男	女		
苏家桥	48		48	103	110	2		215						215
邢家庄	75	2	77	148	180	12		340	4	3			7	347
窝村	131		131	293	331	19	2	645						645
颜家集	145		145	392	401	17	1	811						811
牛家庄	99		99	239	237	1		477						477
二辛庄	76	1	77	159	199	6		364	1	1			2	366
东佐家	62		62	155	165	3		323						323
十户	125		125	282	332	19		633						633
刘楷家	58		58	151	167	2		320						320
仓廪庄	62	1	63	187	206	2		395	1	1			2	397
高家庄	50		50	115	143	8		266						266

续表

村庄名	户数			人口数										
	本籍户	寄籍户	合计	本籍人					寄籍人					合计
				现住		他往		计	现住		他往		计	
				男	女	男	女		男	女	男	女		
宋家庄	180		180	402	479	14		895						895
成家庄	164		164	280	406	8		794						794
许家道口	140		140	315	365	46	2	728						728
高洼庄	64		64	165	188	16	1	370						370
曹家庄	113		113	275	278	22	1	576						576
宋家集	87		87	180	210	28	1	419						419
惠家辛庄	133		133	315	342	17	1	675						675
段家桥	218		218	552	609	72	2	1235						1235
第九乡总计	1758	32	1790	4395	4997	316	15	9723	55	57	5		117	9840
吴家	44		44	139	136	10	1	286						286
西左家	182	2	184	463	492	24		979	5	5			10	989

续表

村庄名	户数			人口数										
	本籍户	寄籍户	合计	本籍人					寄籍人					合计
				现住		他往		计	现住		他往		计	
				男	女	男	女		男	女	男	女		
大碾	116	3	119	278	368	41	2	689	7	3	1		11	700
于家	75	2	77	215	248	10		473	4	2			6	479
王家	54		54	121	133	10		264						264
宋家	100		100	280	318	13	4	615						615
营家	71		71	158	188	13	3	362						362
萝圈	85	1	86	214	235	31		480	2	3			5	485
辛桥	172		172	402	435	28		865						865
王少唐	66	4	70	193	217	12		422	4	5	1		10	432
杨家庄	58	3	61	140	184	7		331	4	5	3		12	343
田家	166		166	395	452	16		863						863
王家寨	38	5	43	87	90	13		190	6	9			15	205

续表

村庄名	户数			人口数										
	本籍户	寄籍户	合计	本籍人					寄籍人					合计
				现住		他往		计	现住		他往		计	
				男	女	男	女		男	女	男	女		
河沟涯	32		32	83	93	4		180						180
辛梁镇	211	10	221	536	561	10	3	1110	19	21			40	1150
程和铺	63		63	142	175	11		328						328
郝庄	132		132	294	366	30	2	692						692
丁庄	93	2	95	255	306	33		594	4	4			8	602
第十乡总计	1365	5	1370	3322	3796	110	3	7231	10	8			18	7249
崖镇	116		116	264	307	14		585						585
杨家庄	65		65	165	164	6		335						335
张家庄	127		127	203	341	11	1	656						656
郭家庄	54		54	100	135	2		237						237
吕家	19		19	44	50			94						94

续表

村庄名	户数			人口数											
	本籍户	寄籍户	合计	本籍人					寄籍人					合计
				现住		他往		计	现住		他往		计	
				男	女	男	女		男	女	男	女		
孔家	48	1	49	122	127	1		250	2	1			3	253
长槐家	27		27	77	83	2		162						162
成家	141	1	142	356	414	6		776		2			2	778
张德佐家	62	1	63	156	177	6		339	4	3			7	346
崇兴官庄	22		22	42	51	1	1	95						95
孙家庄	58		58	152	184	1		337						337
韩家庄	82		82	192	237	7		436						436
刘聚桥	82	1	83	192	205	6		403	1	1			2	405
刘家井	90		90	209	229	6		444						444
郑家	49		49	125	159	8		292						292
马庄	121		121	296	336	13		645						645

续表

村庄名	户数			人口数											
	本籍户	寄籍户	合计	本籍人					寄籍人					合计
				现住		他往		计	现住		他往		计	
				男	女	男	女		男	女	男	女		
粉张庄	116		116	305	341	14	1	661						661
张家寨	86	1	87	222	256	6		484	3	1			4	488
第十一乡总计	2116	25	2141	5318	5603	117	6	11044	44	36	4		84	11128
王伍庄	162	1	163	375	405	15		795	3	2			5	800
周家庄	100		100	289	306	3		598						598
时家庄	107	5	112	278	299	16	1	594	7	9	2		18	612
孟家坊	32	2	34	94	79	2		175	8	2			10	185
岳家官庄	22		22	52	56	3		111						111
潘家	55		55	116	113	5	1	235						235
安祥庄	60		60	129	155	7		291						291

续表

村庄名	户数			人口数										
	本籍户	寄籍户	合计	本籍人					寄籍人					合计
				现住		他往		计	现住		他往		计	
				男	女	男	女		男	女	男	女		
刘家	42		42	96	100	5		201						201
大陈家庄	139	2	141	386	372	2		760	2	6	1		9	769
信家	107		107	230	251	5		486						486
罗家	33		33	109	119	3		231						231
霍家坡	170		170	395	401	8		804						804
张家庄	73	1	74	189	201	2		392	3	1			4	396
孙家镇	372	11	383	928	971	14		1913	15	13	1		29	1942
范家庄	58		58	149	186	2		337						337
道民庄	75		75	219	226	2		447						447
陈玉平	59		59	131	135	1		267						267
都路平	78	1	79	200	204	5		409	2	1			3	412

续表

村庄名	户数			人口数											
	本籍户	寄籍户	合计	本籍人					寄籍人					合计
				现住		他往		计	现住		他往		计	
				男	女	男	女		男	女	男	女		
冯家	124		124	325	353	4		682						682
小陈家庄	65		65	161	186	5	1	353						353
王庄	36	1	27	90	96	1		187	2	1			3	190
刘庄	39	1	40	110	104	3		217	2	1			3	220
蔡庄	73		73	189	184	2	3	378						378
李庄	35		35	78	101	2		181						181
第十二乡总计	1549	13	1562	3969	4246	109	8	8332	25	19			44	8376
辉李庄	227	1	228	613	636	24		1273	2	1			3	1276
李南庄	20		20	51	67	4		122						122
于何庄	71		71	185	204	10	1	400						400

续表

村庄名	户数			人口数										
	本籍户	寄籍户	合计	本籍人					寄籍人					合计
				现住		他往		计	现住		他往		计	
				男	女	男	女		男	女	男	女		
党李庄	92		92	239	242	3		484						484
五户	87		87	192	208	1		401						401
高家庄	72	1	73	192	228	10	2	432	2	4			6	438
大三户	116	2	118	325	342	5		672	4	2			6	678
小三户	107	3	110	300	296	2		598	5	4			9	607
刘家	18	1	19	45	46			91	2	1			3	94
潘家	52		52	135	149			284						284
车郭庄	107	1	168	273	294	3		570	6	2			8	578
曹家庄	54		54	160	177			337						337
郑家寨	39		39	109	74	2		185						185
打鱼里	126	3	129	281	319	16	5	621	3	5			8	629

续表

村庄名	户数			人口数											
	本籍户	寄籍户	合计	本籍人					寄籍人					合计
				现住		他往		计	现住		他往		计	
				男	女	男	女		男	女	男	女		
赵家庄	97	1	98	217	248	5		470	1				1	471
腰庄	144		144	378	415	10		803						803
安家庄	120		120	274	301	14		589						589
第十三乡总计	4331	20	4351	10872	11300	192	23	22387	22	24	1		47	22434
花沟	346	1	347	834	935	11	10	1790	1	1			2	1792
张家庄	92		92	221	237	3		461						461
岳家庄	102		102	281	273			554						554
李家庄	6		6	19	20			39						39
魏家庄	92		92	220	241	4		465						465
毛旺庄	35		35	106	97			203						203

续表

村庄名	户数			人口数										
	本籍户	寄籍户	合计	本籍人					寄籍人					合计
				现住		他往		计	现住		他往		计	
				男	女	男	女		男	女	男	女		
天师庄	58		58	175	193	5		373						373
沟旺庄	53		53	137	144	7	1	289						289
任马寨	132		132	355	345	8		708						708
吉祥庄	64		64	183	181	1		365						365
贾庄	92	1	93	209	237	6		452	3	4			7	459
辛庄	12		12	50	48			98						98
龙桑树	30		30	74	74	5		153						153
前陈家	50	2	52	132	147	1		280	5	1			6	286
后陈家	65		65	159	166	2		327						327
吕家庄	56		56	144	169	3		316						316
前石门	66	2	68	170	180			350	5	3			8	358

续表

村庄名	户数			人口数											
	本籍户	寄籍户	合计	本籍人					寄籍人					合计
				现住		他住		计	现住		他住		计	
				男	女	男	女		男	女	男	女		
后石门	52	1	53	144	161	3		308	3	1			4	312
郭家坊	26	1	27	83	82	6	3	174	1				1	175
杏行	60		60	150	159	4		313						313
西南四庄	97	1	98	217	254	4	2	477	1	2			3	480
中南四庄	39		39	102	117	3	4	226						226
东南四庄	87		87	205	216	3		424						424
老鸦赵	27		27	65	57	3		125						125
杨家庄	78		78	202	207		1	410						410
曹家庄	67	2	69	179	186	2		367	2	1			3	370
云集官庄	21	1	22	66	67	1		134			1		1	135
田家官庄	37		37	86	65	1		152						152

续表

村庄名	户数			人口数											
	本籍户	寄籍户	合计	本籍人					寄籍人					合计
				现住		他往		计	现住		他往		计	
				男	女	男	女		男	女	男	女		
陈家庄	29		29	102	118			220						220
宋家套	145		145	357	360	16	1	734						734
大官庄	49	1	50	155	159	1		315	1	1			2	317
张家官庄	19		19	53	54	2		109						109
胡家官庄	69		69	172	175	1		348						348
双柳树	81		81	213	219	4		436						436
王旺庄	69		69	146	148			294						294
胡家店	128		128	379	385	6		770						770
小胡庄	83		83	188	173	2		363						363
宫旺庄	105		105	218	258	3		479						479
高旺庄	135		135	330	334	9		673						673

续表

村庄名	户数			人口数											
	本籍户	寄籍户	合计	本籍人					寄籍人					合计
				现住		他往		计	现住		他往		计	
				男	女	男	女		男	女	男	女		
于林庄	76		76	206	197	2		405						405
孙纺庄	114		114	271	274	4		549						549
贾旺庄	83		83	225	240	5		470						470
王家庄	58		58	155	155			310						310
段家	39	1	40	101	93	3		197		1			1	198
贾寨	109		109	287	264	2		553		1				553
龙虎庄	121		121	272	323	5	1	601						601
冯旺庄	91		91	211	209	4		424						424
宋旺庄	32		32	77	75			152						152
李星耀	150		150	363	372	2		737						737
李家官庄	54		54	157	166	3		326						326

续表

村庄名	户数			人口数											
	本籍户	寄籍户	合计	本籍人					寄籍人					合计
				现住		他往		计	现住		他往		计	
				男	女	男	女		男	女	男	女		
田镇	162	6	168	384	405	10		799		9			9	808
大庄	22		22	57	45			102						102
沙高家	145		145	318	338	9		665						665
侯家	25		25	54	56			110						110
马家	68		68	139	148	7		294						294
徐家	31		31	82	77	4		163						163
石槽	97		97	232	222	2		456						456
全县	32154	253	32407	76423	82185	5626	329	164563	447	413	28	2	890	165453

第五表　　　　　　　　　　　　　　　清查日寄居人数总表

寄居场所 乡名	寄居普通户内者 男	寄居普通户内者 女	寄居普通户内者 计	寄居厂铺户内者 男	寄居厂铺户内者 女	寄居厂铺户内者 计	寄居寺庙户内者 男	寄居寺庙户内者 女	寄居寺庙户内者 计	寄居公共处所者 男	寄居公共处所者 女	寄居公共处所者 计	合计 男	合计 女	合计 计
首善乡	56	17	73	101		101				34	7	41	191	24	215
第一乡	24	9	33	4		4				5		5	33	9	42
第二乡	18	9	27	19	1	20	1	2	3	8		8	46	12	58
第三乡	23	2	25	1		1				8		8	32	2	34
第四乡	56	28	84	10		10				2		2	68	28	96
第五乡	24	8	32	6		6	1	1	2	4	2	6	35	11	46
第六乡	40	12	52	18		18				4		4	62	12	74
第七乡	44	20	64	17		17				6	1	7	67	21	88
第八乡	66	17	83	58	2	60				30	1	31	154	20	174
第九乡	50	8	58	10		10				2		2	62	8	70
第十乡	31	15	46	1		1				58		58	90	15	105

续表

寄居场所 乡名 男女别	寄居普通户内者 男	寄居普通户内者 女	寄居普通户内者 计	寄居厂铺户内者 男	寄居厂铺户内者 女	寄居厂铺户内者 计	寄居寺庙户内者 男	寄居寺庙户内者 女	寄居寺庙户内者 计	寄居公共处所者 男	寄居公共处所者 女	寄居公共处所者 计	合计 男	合计 女	合计 计
第十一乡	119	51	170	76		76	5	1	6	29		29	229	52	281
第十二乡	55	8	63	15		15				6	1	7	76	9	85
第十三乡	156	44	200	16		16				4		4	176	44	220
全县	762	248	1010	352	3	355	7	4	11	200	12	212	1321	267	1588
百分数	47.98%	15.62%	63.00%	22.17%	0.19%	22.36%	0.44%	0.25%	0.69%	12.00%	0.75%	13.35%	83.19%	16.81%	100%

第六表　清查日实际人口数总表

人口别 乡名	普通人口	厂铺人口	寺庙人口	公共处所人口	总数
首善乡	6711	200	17	41	6969
第一乡	10088	5	16	5	10114
第二乡	13809	24	31	8	13872

续表

人口别 / 乡名	普通人口	厂铺人口	寺庙人口	公共处所人口	总　数
第三乡	7886	4	12	8	7910
第四乡	12941	10	1	2	12954
第五乡	8998	12	6	6	9022
第六乡	10105	18	5	4	10132
第七乡	14892	36	14	7	14949
第八乡	16393	73	15	31	16512
第九乡	9562	10	7	2	9581
第十乡	7182	1		58	7241
第十一乡	11171	78	18	29	11296
第十二乡	8322	15		7	8344
第十三乡	22418	17		4	22439
全县	160478	503	142	212	161335
百分数	99.47%	0.31%	0.09%	0.13%	100%

三　普通户田亩分配表

第七表

各乡本籍户每户所有田亩数之分配统计表

乡名＼田亩数	不明者	无田者	—4	5—9	10—14	15—19	20—24	25—29	30—34	35—39	40—44	45—49	50—54	55—59	60—64	65—69	70—74	75—79	80—99	100—119	120—139	140—159	160—179	180—199	200—	合计
首善乡	28	218	435	333	158	92	34	22	28	16	6	8	8	2	3	2	3	2	5	5						1408
第一乡	11	198	680	562	232	192	99	33	38	33	7	29	10	2	9	5	2	8	9	2	1	1			1	2164
第二乡	9	325	875	724	290	252	124	56	58	29	16	40	9	7	10	1	1	11	5	5	7	1		2		2857
第三乡	15	152	557	509	176	121	61	34	28	11	12	7	1	5	3	4	4	1	5	1			1			1708
第四乡	37	19	680	725	389	198	132	68	46	43	21	14	11	5	6	2	3	5	11	6						2599
第五乡	3	131	429	506	261	167	121	49	47	27	15	15	14	6	5	5	3			4	2	1		1	2	1814
第六乡	23	166	385	534	288	251	126	55	59	52	13	29	20	7	10	7	3	4	13	4	4		2	1	1	2057
第七乡	4	200	407	687	464	384	241	191	129	99	62	46	67	10	40	10	10	19	17	19	6	2	2		5	3127
第八乡	6	201	489	706	409	423	288	127	148	95	40	109	56	24	51	18	11	14	37	12	17	4	2	5	9	3301
第九乡	23	175	377	419	191	189	123	33	65	39	12	41	13	1	18	5	4	9	6	5	4	2		1	3	1758

续表

乡名＼田亩数	不明者	无田者	—4	5—9	10—14	15—19	20—24	25—29	30—34	35—39	40—44	45—49	50—54	55—59	60—64	65—69	70—74	75—79	80—99	100—119	120—139	140—159	160—179	180—199	200—	合计
第十乡	1	59	154	259	140	226	150	53	77	55	27	44	22	9	24	12	4	10	21	8	4	2	1	1	2	1305
第十一乡	5	200	238	404	226	253	177	91	115	74	38	63	44	7	43	16	5	24	42	14	18	7	2	4	6	2110
第十二乡	6	136	275	290	203	180	122	51	71	40	22	29	21	11	19	6	9	14	11	7	8	11	2	2	3	1549
第十三乡	18	176	690	942	617	502	398	154	192	136	63	77	73	24	62	24	22	22	57	30	21	8	4	4	15	4331
全　县	189	2540	6671	7600	4044	3430	2196	1017	1001	749	354	551	369	120	303	117	84	143	239	122	92	39	16	21	47	32154
百分数	0.58%	7.89%	20.75%	23.63%	12.58%	10.67%	6.83%	3.10%	3.45%	2.32%	1.10%	1.72%	1.14%	0.37%	0.95%	0.38%	0.26%	0.44%	0.72%	0.38%	0.28%	0.13%	0.05%	0.07%	0.15%	100%

第八表

全县各村庄本籍户每户所有田亩数之分配统计表

村庄名＼田亩数	不明者	无田者	—4	5—9	10—14	15—19	20—24	25—29	30—34	35—39	40—44	45—49	50—54	55—59	60—64	65—69	70—74	75—79	80—99	100—119	120—139	140—159	160—179	180—199	200—	合计
首善乡总计	28	218	435	333	158	92	34	22	28	16	6	8	8	2	3	2	3	2	5	5						1408
城里村	4	43	53	53	20	15	6		6	1	2		2		2	1		1		1						210

续表

田亩数 / 村庄名	不明者	无田者	—4	5—9	10—14	15—19	20—24	25—29	30—34	35—39	40—44	45—49	50—54	55—59	60—64	65—69	70—74	75—79	80—99	100—119	120—139	140—159	160—179	180—199	200—	合计
言坊村	2	12	25	18	5	5	3	1	2	1																74
东关村	2	35	64	44	27	11	4	2	4	4		3	2													202
南关村	1	12	51	28	10	9	2	1	1																	115
爱山村		3	25	14	5	6		1		3		1							1							59
美井村		19	43	24	9	9	4		2		2	1	2	1												110
中兴村	11	12	49	29	11	8	5	1	4	1	1	1					1									134
黛溪村	1	40	67	65	33	11	4	4	3	1	1					1		1	2	2						230
三义村		23	12	19	17	6	2	9	2	2		2	2		1		1		2	2						102
北关村	7	19	46	39	21	12	4	3	4	3				1			1									100
第一乡总计	11	198	680	562	232	192	99	33	38	33	7	29	10	2	9	5	2	8	9	2	1	1			1	2164
韩家坊		18	50	57	17	23	10	2	2	2		4			1											180
大李家		28	87	63	28	24	13	3	2	4		2	2					1								257
张家山	1	18	56	44	13	12	3	2	1																	150

续表

村庄名＼田亩数	不明者	无田者	—4	5—9	10—14	15—19	20—24	25—29	30—34	35—39	40—44	45—49	50—54	55—59	60—64	65—69	70—74	75—79	80—99	100—119	120—139	140—159	160—179	180—199	200—	合计
十里铺	2	1	37	24	17	9	9	4		5	1	2														111
接官亭		2	4	1						1																8
张家庄		9	18	21	16	8	4	3	2							1										82
高家庄		2	9	4	3	4	2			1	1															26
王家庄		4	16	18	13	3	3	1	4																	62
聚和庄	1	4	18	12	5	6	3			2	1	4														56
小李家			10	9	3		1																			23
马家庄		2	5	5	9	3	3																			27
韦家庄	1	14	36	41	18	11	9	4	5	7	2	8	2		3	1		2	1	2		1				168
富盛庄		1	7	1			1																			10
成庄	1	1	4	2	4	2			1						1											10
刘家庄	1	5	12	17	5	2	3	2				1	1					2	1							52
郭庄	1	10	40	42	16	31	7	4	3	1	1	1	1				1									159

续表

田亩数／村庄名	不明者	无田者	—4	5—9	10—14	15—19	20—24	25—29	30—34	35—39	40—44	45—49	50—54	55—59	60—64	65—69	70—74	75—79	80—99	100—119	120—139	140—159	160—179	180—199	200—	合计
黄家营		11	14	2	3	3	3																			30
樊家庄	2	8	27	11	4	1	3		1	2	1		1	1		1	1		1							65
鲁家泉	1	8	35	21	5	3	3		2	3		1							1							83
石家庄		22	77	44	11	15	7		6	4		3		1	1	1		3	2							197
贺家庄		10	48	49	18	15	6	6	5			3	1		2				3		1				1	173
姜家洞			7	11	7	2	1																			28
碑楼会仙		15	63	63	17	15	5	2	4	1			2		1	1										189
第二乡总计	9	325	875	724	290	252	124	56	58	29	16	40	9	7	10	1	1	11	5	5	7	1		2		2857
青阳店		50	113	106	50	56	26	9	12	4	2	9	1	1	2			1			1					443
董家庄		11	57	81	25	16	10	4	7				3								1			1		216
韩家庄	3	8	28	13	7	5	7	4	7	4											1					87
新立庄	1	1	25	10	5	2	1		2																	47
贾庄		3	13	7	2	4		2	3	3		1														38

续表

田亩数 村庄名	不明者	无田者	—4	5—9	10—14	15—19	20—24	25—29	30—34	35—39	40—44	45—49	50—54	55—59	60—64	65—69	70—74	75—79	80—99	100—119	120—139	140—159	160—179	180—199	200—	合计
浒山铺		17	41	29	18	12	6	3				1												1		128
刘家庄		40	98	84	23	29	10	5	6	6	4	8			2	1	1	3	2	1						323
马步店		11	33	23	14	3	4		1	1	2			1												93
钟家庄		20	30	42	8	28	8	5	3	2	4	14	2	3				5		4	3	1				182
耿家庄		28	48	56	20	17	10	7	1	1	1	2		1	2				1							195
东窝驼	3	27	60	64	20	23	9	3		2	1	3						1								216
西窝驼		30	134	78	38	19	11	8	7	3	1	1		1	2			1			1					335
代庄	1		8	16	5	6	4												2							42
徐家庄	1	10	23	16	10	8	4	1	4	1																84
郭庄		7	28	19	13	3	5	1	1				2		2											81
化庄		16	65	38	9	9	4	2		1		1														145
陈家庄		40	71	42	23	12	5	2	4	1	1		1													202
第三乡总计	15	152	557	509	176	121	61	34	28	11	12	7	1	5	3	4	4	1	5	1			1			1708

续表

田亩数 / 村庄名	不明者	无田者	—4	5—9	10—14	15—19	20—24	25—29	30—34	35—39	40—44	45—49	50—54	55—59	60—64	65—69	70—74	75—79	80—99	100—119	120—139	140—159	160—179	180—199	200—	合计
西赵家庄		8	16	24	6	5	6		1			1			1											68
黄家河滩		3	27	13	2	3	1	1				1				1										52
吉祥庄		1	16	5	5	5	1	5																		38
上娄		3	30	7	3	3			1																	47
下娄		6	27	19	12	4	2		1	1																72
杏林庄	2	10	24	29	1	4	3		1																	74
郭庄		5	19	10	3	2		2	1	1								1								44
秦家沟		3	30	43	4	10	6	3	1	1		2							1							104
聚仙庄			14	17	5	3		1	2	1																43
贺家庄			15	14	6	9	3																			47
太和庄		15	14	21	6	3	3		1																	63
樊家洞		1	8		1	2																				12
孙家峪		8	12	19		1	2			1																42

续表

田亩数 / 村庄名	不明者	无田者	—4	5—9	10—14	15—19	20—24	25—29	30—34	35—39	40—44	45—49	50—54	55—59	60—64	65—69	70—74	75—79	80—99	100—119	120—139	140—159	160—179	180—199	200—	合计
象伏庄		7	27	26	13	7	3		4	2				2												91
象山前	8	8	17	25	14	10	2		2		1	1														88
芦泉		3	29	19	5	3	1																			60
王家庄			2	7																						9
石家庄		6	36	24	14	5	1	3	7		4		1		1		2									104
冯家庄	1	7	12	10	8	3											1		1							43
丁家庄		13	26	17	7	2	1	2		2	3	1				2			1							77
东赵家庄		2	22	26	12	6	7	3	1					1			1									81
崔家营	2	18	34	34	12	5	2	2	1	1	1	1			1								1			115
崔家庄		5	20	33	4	8	1												1							72
抱印庄		5	16	14	9	2	3	1		1									1							52
李家庄		4	29	9	12	5	3	2	2		1					1				1						69
郎君庄	2	11	35	44	12	11	10	9	2		2			2												140

续表

田亩数 村庄名	不明者	无田者	—4	5—9	10—14	15—19	20—24	25—29	30—34	35—39	40—44	45—49	50—54	55—59	60—64	65—69	70—74	75—79	80—99	100—119	120—139	140—159	160—179	180—199	200—	合计
第四乡总计	37	197	680	725	389	198	132	68	46	43	21	14	11	5	6	2	3	5	11	6						2599
南逯庄	9	22	70	96	32	23	13	14	7	8	1	3	5						1							304
中逯庄		3	15	18	7	4	5	2	1	2		1			1					1						60
北逯庄	2	9	21	21	17	6	1	4	2	2	2		1													88
太和庄		2	7	20	9	8	3	2	1	1		2	1							1						57
陈河涯			7	8	7	3	1																			26
平原庄	5	6	25	26	18	8	2	2			3								1							96
蒙家庄	3	10	36	40	17	9	5	2	3	2	1									1						129
大杨堤		2	5	13	15	11	9	2	2																	59
小杨堤		7	25	17	13	5	3	2	1																	73
东杨堤		21	62	35	16	12	9	2	5	6	1	1	2	1	1					1						175
西杨堤	8	14	45	49	18	8	4	2			1															149
见埠庄		33	105	66	43	13	14	6	3	2	1	1					1			1						289

续表

田亩数／村庄名	不明者	无田者	—4	5—9	10—14	15—19	20—24	25—29	30—34	35—39	40—44	45—49	50—54	55—59	60—64	65—69	70—74	75—79	80—99	100—119	120—139	140—159	160—179	180—199	200—	合计
杨家庄	2	2	10	5	4	2	2			3																30
代家庄	1	3	17	17	10	2	8		2										1							61
杨家寨		4	49	20	9	5	1		1	2	2			1		1		1	4							100
刘家庄		2	10	11	10	3	8	5											1							50
高家庄	1	6	15	9	4		5	3	2																	45
韩家庄	1	12	28	34	30	8	8	6	3	2	3	1						1								137
北唐	1	1	2	17	2	3	4	3	1	1																35
南唐		2	5	9	6	6			1										2							31
樊家庄		9	39	49	27	18	5	5	6	2	1				1											166
东禾		8	14	11	9	2	2	2	2	2	1				1											54
西禾			9	13	5	2	3		1			1	1				1									36
北禾	1	3	15	39	20	15	6	2	1	1	3	1	1	1				1								110
段家庄	3	7	10	29	12	2	6	1		3	1	1			2			1	1							79

续表

田亩数 村庄名	不明者	无田者	—4	5—9	10—14	15—19	20—24	25—29	30—34	35—39	40—44	45—49	50—54	55—59	60—64	65—69	70—74	75—79	80—99	100—119	120—139	140—159	160—179	180—199	200—	合计
柳泉庄		8	33	47	29	15	1	1	1	4		2		2		1	1	1		1						147
于齐庄		1	1	6		5																				13
第五乡总计	3	131	429	506	261	167	121	49	47	27	15	15	14	6	5	5	3			4	2	1		1	2	1814
黄山前		36	51	55	24	15	8	1	10	1		1	1			1								1	2	207
侯家庄		1	8	13	2	1	2																			27
代庄		1	8	11	2	5	1																			28
孙家庄		3	17	15	1	1			3	1							1									42
景家庄		6	25	32	7	9	8	1	3	2	2	6	2		1	1	1			1						107
周家庄		5	40	39	12	11	7	2				1									1					118
乔木庄		1	19	12	5	4	10		1		1	1		1												55
月河庄				8	3	2																				13
小吕家庄		3	3	4	4	1		1																		16
石家庄		3	10	14	12	7	6	2	2	5	3			1												65

续表

田亩数 村庄名	不明者	无田者	—4	5—9	10—14	15—19	20—24	25—29	30—34	35—39	40—44	45—49	50—54	55—59	60—64	65—69	70—74	75—79	80—99	100—119	120—139	140—159	160—179	180—199	200—	合计
鲍家庄		2	14	20	9	9	8	1	6	3	2															74
盖家庄		4	22	18	12	5	5	1	2																	69
鄢家庄		19	63	36	9	8	6	5	1	3		1		1												152
东范庄	1	24	65	117	91	49	31	19	7	6	4	2	5	2	2	1				1	1	1				429
南范庄	1	13	42	50	27	20	9	4	5	4	2		4			1										182
西范庄	1	2	4	6	5	3	3	1		1			1							1						28
北范庄		1	19	40	21	10	12	9	5		1	1			1		1									121
七里铺		7	19	16	15	7	5	2	2	1		2	1	1	1	1				1						81
第六乡总计	23	166	385	534	288	251	126	55	59	52	13	29	20	7	10	7	3	4	13	4	4		2	1	1	2057
小店		15	24	37	25	17	6	3	9	6	1	1	4		2	2			3		1					150
杨村	2	5	9	29	22	21	12	6	5	5		2	1		1	1										121
穆王庄		5	23	28	13	11	6	2	3	4	1	3	3	2	1		1			1						107
魏家庄	1	14	40	55	29	29	13	6	2	4	4	4	2	1						1	1		1		1	208

续表

田亩数 村庄名	不明者	无田者	—4	5—9	10—14	15—19	20—24	25—29	30—34	35—39	40—44	45—49	50—54	55—59	60—64	65—69	70—74	75—79	80—99	100—119	120—139	140—159	160—179	180—199	200—	合计
刁家庄		10	14	27	10	7	7		4	1						2										82
宋家庄	1		10	15	13	4	1	1	2	2						1		1			1					52
郭家庄	1	15	38	25	12	15	5	4	2		1				1				1							120
毛张庄	3	21	54	34	12	8	3	2	1						1			1								140
刘家道口	1	15	18	18	5	4	1	1				2														65
纪家庄		10	21	23	5	8	4	1	4	1		1	2		1				1							82
韩家庄	3	13	42	75	30	41	27	7	8	3	2	1	1	1	1											255
曹家小庄	1	4	4	15	5	7	2	2	3	5	2	3	1			1			2		1					58
夏家屋子			2				1			1																4
崔家庄		6	13	32	18	20	13	3	7	8	1	6	1	2	1		1	1	1							134
东言礼	4	11	13	33	25	16	7	7	2	3		2	1	1	1		1	1	3	1						132
西言礼	3	7	25	37	36	20	9	4	4	7	1	2	3						1	1			1	1		162
伏生祠				1	1	1		1																		4

续表

田亩数 / 村庄名	不明者	无田者	—4	5—9	10—14	15—19	20—24	25—29	30—34	35—39	40—44	45—49	50—54	55—59	60—64	65—69	70—74	75—79	80—99	100—119	120—139	140—159	160—179	180—199	200—	合计
黄鹂庄		11	23	23	6	7	3	1		1		1							1							77
张家套	3	4	12	27	21	15	6	4	3	1		1	1													98
第七乡总计	4	206	407	687	464	384	241	191	129	99	62	46	67	10	40	10	10	19	17	19	6	2	2		5	3127
韩家店	1	6	17	11	16	10	9	5	2	6	4				3		1	1								92
孙家庄		4	5	8	5	5		1	3	5		1	1					1								39
青眉庄			4	3	3	1	6	3	1			1	2		1											25
赵家庄	1	3	4	7	5	6	5	5	1					1												38
辛庄			1	5	1	1	5	4		1			1		1					1						21
白家桥		5	5	7	8	5	2	2	1	1			1													37
西王家庄		1	3	6	9	5	8	4	2	1	2		2			1		1								45
大王驼		13	21	47	28	21	9	15	4	10	4	1	2	1	3			3			1		1			184
小王驼		1	5	18	23	5	13	13	12	6	3	4	9	1	2		1	2	1	1					1	121
李家庄		3	4	10	4	6	4	4	2		2								1						1	41

续表

田亩数 / 村庄名	不明者	无田者	—4	5—9	10—14	15—19	20—24	25—29	30—34	35—39	40—44	45—49	50—54	55—59	60—64	65—69	70—74	75—79	80—99	100—119	120—139	140—159	160—179	180—199	200—	合计
波踏店		7	3	16	9	6	4	8	5	7	3	2	1		3		1	1								76
东韦家		3	3	5	5	8	1	5	2	1	1		1													35
东白家		2	6	13	11	14	4	4	3		5	1	3		1											67
木王庄		1	3	3	5	3	1	1	1		1	1	1			1										22
张家庄		4	2	2	4	3	1																			16
甲子庄		5	2	7	3	5	4	2	1				2													31
西韦家		5	6	14	10	16	5	4	8	6	1	2		2		1				2					1	83
大白	1	1	7	11	8	3	10	4	1	2	2	1	1	1	1				1							55
小白				5	6	2	5	2	3	3			2													28
宋家庄		9	20	32	18	22	6	4	4	3	3			1	2											124
上口		9	12	40	21	29	13	5	18	6		2	2		3	1	2	2	4	1	1					171
前城子		4	51	43	15	12	12	3	8	3	1	2	3		1	1										159
后城子		5	21	27	9	6	7			1		3						1								80

续表

田亩数 村庄名	不明者	无田者	—4	5—9	10—14	15—19	20—24	25—29	30—34	35—39	40—44	45—49	50—54	55—59	60—64	65—69	70—74	75—79	80—99	100—119	120—139	140—159	160—179	180—199	200—	合计
马庄		19	44	56	28	32	11	8	6	3	3	2	3		1			1	1	1	1	1	1			222
滕家庄		18	43	49	20	19	17	2	7	3	1	4			2				1	1						187
萧家庄		33	57	110	75	45	20	16	6	3	9	3	6	1	2	1		3	1							391
开河		15	23	31	28	16	5	3	3	2	2		1			2			1							132
小言庄		1	6	7	6	6	1	3		2		2	3						1		1					39
东王家庄		4	7	19	17	18	10	14	7	3	1	1	2		3		1	1	1	3					1	113
颜家桥		11	4	24	13	16	16	14	7	3	3	5	3		2					1					1	123
冯家庄		5	1	15	11	11	6	1		3	3		1						2							59
邱家			6	2	5	4	5	7	3	8	1	1	3		3	1	2	1	1	2						55
官家庄				3	2	3	2	5	2	3	2	1	2		2	1	1			2	2	1				34
耿家庄			3	5	1	2	1	3			2	1	1	1												20
姚家庄		1	3	6	7	6	2	3		3	1	4	3	1	2		1		1							44
释家套		6	4	15	21	10	10	9	6	1	2	1	2		2			1		2						92

续表

村庄名＼田亩数	不明者	无田者	—4	5—9	10—14	15—19	20—24	25—29	30—34	35—39	40—44	45—49	50—54	55—59	60—64	65—69	70—74	75—79	80—99	100—119	120—139	140—159	160—179	180—199	200—	合计
旧口	1	1	1	3	3	2	1	1					2													15
袁家屋子		1		2	1			4					1							2						11
第八乡总计	6	201	489	706	409	423	288	127	148	95	40	109	56	24	51	18	11	14	37	12	17	4	2	5	9	3301
明家集		7	22	39	11	14	11	3	2	2	1	2				1	1		1							117
耿家庄		6	15	32	14	15	15	3	6	4	2	4			2	2	1				1				1	123
牛家官庄			5	9	23	27	8	7	12	6	1	2	2	1	1	2	2			1						109
田家庄		2	3	7	3	5	3	10	2	6	1	15	7	4	3	1	1		10	2	6			4	5	100
大张官庄		11	1	20	5	10	10	4	3	17	1	10	4		2	1	2		4	1	3	2	1			112
小张官庄		3	4	9	10	12	4	2	1	1	1	1						2	1	1						52
兰芝里		8	12	19	11	23	12	5	8	1		2	1		1	1		1	3		1					109
解家庄		7	30	37	17	20	18	4	8	3	4	3	4	1	6				2							164
柴家庄	1	6	8	20	8	8	10	5	4	1		3	3	2	1				1	1	1					83
东闸子		10	18	21	11	8	9	7	4	3		2	1													94

续表

田亩数 村庄名	不明者	无田者	—4	5—9	10—14	15—19	20—24	25—29	30—34	35—39	40—44	45—49	50—54	55—59	60—64	65—69	70—74	75—79	80—99	100—119	120—139	140—159	160—179	180—199	200—	合计
西闸子		13	34	55	33	26	17	3	3	6	2	6	5	1	2	1					1					208
苏家桥		7	3	4	4	7	6	4	8	1	2		1			1										48
邢家庄		2	8	15	11	22	5	2	2	2	2			1					3							75
窝村			4	23	21	21	20	8	9	2	2	6	3	1	3	2		2	2	1	1					131
颜家集	1	7	7	24	20	20	10	8	9	9	3	7	3	2	2	4	1	3	2	1	1			1		145
牛家庄		11	11	26	11	8	7	5	2	2	2	8	1	1	2				2							99
二辛庄		3	11	27	13	5	6	1	4	1	1	1	2		1											76
东佐家		3	4	6	10	12	5	2	3	1		4	4	1	3		1		1		1	1				62
十户		7	9	29	16	22	9	7	9	4	1	3	2	1				2	1	1					2	125
刘楷家	1	1	3	3	7	5	6	4	12	3	2	4	2	2	2								1			58
仓廪庄		2	6	6	9	9	9	2	4	3		3	6		1				1						1	62
高家庄		4	11	12	9	5	3	2	2	1		1														50
宋家庄		8	37	50	22	18	14	4	6	4	2	3	1	1	4			2	1	3						180

续表

田亩数 村庄名	不明者	无田者	—4	5—9	10—14	15—19	20—24	25—29	30—34	35—39	40—44	45—49	50—54	55—59	60—64	65—69	70—74	75—79	80—99	100—119	120—139	140—159	160—179	180—199	200—	合计
成家庄		23	47	33	21	11	9	1	3	1	1	4			4	2	1	1			1	1				164
许家道口		5	49	25	13	22	10	4	3	2	1	4						1	1							140
高洼庄	1	8	7	19	7	7	5	3	1	2	3	1														64
曹家庄		9	19	20	10	18	9	4	8	2	3	3	3	2	1		1		1							113
宋家集		6	15	20	7	10	13	4	2	3		1	1		5											87
惠家辛庄		4	15	35	24	16	13	8	5	2	1	5		3	2											133
段家侨	2	18	71	61	28	17	12	1	3		1	1			3											218
第九乡总计	23	175	377	419	191	189	123	33	65	39	12	41	13	1	18	5	4	9	6	5	4	2		1	3	1758
吴家		3	2	9	10	3	3		1	2		4	1		3				2					1		44
西左家		1	38	44	21	26	19	5	12	3		5			3	1		1	1	1	1					182
大碾		14	14	29	11	12	15	5	6	1		2	2		1			1	1	1		1				116
于家		3	10	17	4	12	12	1	6	3	1	3	1				2									75
王家		7	14	7	7	8	7	1	1	1					1											54

续表

田亩数 村庄名	不明者	无田者	—4	5—9	10—14	15—19	20—24	25—29	30—34	35—39	40—44	45—49	50—54	55—59	60—64	65—69	70—74	75—79	80—99	100—119	120—139	140—159	160—179	180—199	200—	合计
宋家		10	11	27	13	16	7	1	5	2	1	3	1		2			1								100
菅家		3	18	12	12	5	8	5	2	4		1						1								71
萝圈		8	32	20	2	8	3	3	2		1	3				1				1					1	85
辛桥	16	6	51	53	19	14	4		1	1		3	1					3								172
王少唐	4	2	20	12	7	4	2		4		1	3	2		2			1		1					1	66
杨家庄		3	8	11	12	5	2	1	5	2	3	3	1		2											58
田家		20	24	36	18	23	13	3	7	9	4	2	1		2	2	1		1							166
王家寨		8	7	10	6	3	1	1	1						1											38
河沟涯		6	6	7	1	4	4	1		1		2														32
辛梁镇		32	54	54	14	24	9	3	6	4	1	3	3	1			1				1	1				211
程和铺		9	11	15	11	9	1	1	2	2						1					1					63
郝庄		26	33	32	12	10	8	2	1	2		3						1		1					1	132
丁庄	3	14	24	24	11	3	5		3	2		1			1				1		1					93

续表

村庄名＼田亩数	不明者	无田者	—4	5—9	10—14	15—19	20—24	25—29	30—34	35—39	40—44	45—49	50—54	55—59	60—64	65—69	70—74	75—79	80—99	100—119	120—139	140—159	160—179	180—199	200—	合计
第十乡总计	1	59	154	259	140	226	150	53	77	55	27	44	22	9	24	12	4	10	21	8	4	2	1	1	2	1365
崖镇		5	9	32	14	17	10	4	8	6	1	1	1	1	1	1			5							116
杨家庄		4	10	7	12	10	7	2	7	1		2	1		1	1										65
张家庄		6	12	18	11	21	18	9	7	6	4	4	3	1	2	3				2						127
郭家庄	1		3	17	5	13	9	1	2	1					2											54
吕家		3	1	4		3	3	1	1	1		1			1											19
孔家		2	1	8	7	7	7	1	4	2	1	2	3		2	1										48
长槐家		3	4	3		3		2	6		1	2		1	1				1							27
成家		1	12	23	10	27	9	6	12	8	4	7	1	1	3		2	2	7	3	2		1			141
张德佐家			1	8	1	10	9	2	5	7	2	5	2	1	1	1	2	2	1	1		1				62
崇兴官庄		1	2	3	1	3	4	1	1	2	2	2														22
孙家庄			1	6	3	14	6	3	4	3	4	5	1	2	1			1	2	1	1					58
韩家庄		1	7	18	14	15	9	3	2	1	3	1	2		1	1		2	1					1		82

续表

田亩数 / 村庄名	不明者	无田者	—4	5—9	10—14	15—19	20—24	25—29	30—34	35—39	40—44	45—49	50—54	55—59	60—64	65—69	70—74	75—79	80—99	100—119	120—139	140—159	160—179	180—199	200—	合计
刘聚桥			13	24	13	11	5	4	5		1	2	1	2	1											82
刘家井		5	21	19	10	16	9		2	1	1	1	1			2		1	1							90
郑家		2	9	10	4	7	3	5	2	4			1					1			1					49
马庄		19	9	17	16	17	11	5	4	3	2	3	3		4	1		1	3	1					2	121
粉张庄		1	12	24	14	18	25	3	4	6	1	5	2		1											110
张家寨		6	27	18	5	14	6	1	1	3		1			2	1						1				80
第十一乡总计	5	200	238	404	226	253	177	91	115	74	38	63	44	7	43	16	5	24	42	14	18	7	2	4	6	2110
王伍庄	1	19	14	19	13	16	15	8	13	11	1	7	4	2	5	1		2	6		1			2	2	162
周家庄		4	5	15	7	14	11	3	10	5	3	6	4		2	3		1	2		2	2			1	100
时家庄		4	17	17	14	19	5	5	3	3	2	4	5		1				3	2	2	1				107
孟家坊			2	4	4	2	4	5	5	1		3	1				1									32
岳家官庄			1	7	2	3	1		2	1	1	3	1													22

续表

田亩数／村庄名	不明者	无田者	—4	5—9	10—14	15—19	20—24	25—29	30—34	35—39	40—44	45—49	50—54	55—59	60—64	65—69	70—74	75—79	80—99	100—119	120—139	140—159	160—179	180—199	200—	合计
潘家	1	8	6	14	9	2	8	1	4	1							1									55
安祥庄		6	8	10	9	5	7	3	1		1	3	3		1	1			1	1						60
刘家		8		4	4	7	3	3	4	3		1	1						4							42
大陈家庄		15	8	17	5	29	11	9	5	3	4	3	7	1	7	3		3	4		2		1		2	139
信家		15	19	24	6	7	11	5	5	1	1	3	2		1	1			2	2	2					107
罗家			5	7	8	3		1		1		3	1			1		1	1		1					33
霍家坡		5	17	32	20	24	13	16	8	6	5	3	5	2	2	1	1	2	2	5	1					170
张家庄		9	16	15	6	6	2		5	3	1	1	3					2	1			1	1		1	73
孙家镇		48	43	87	48	48	29	12	12	5	10	8		1	7	2		1	6	1	3			1		372
范家庄	2	3	7	19	8	2	8	1	4	1			2		1											58
道民庄		4	1	11	8	8	2	4	9	5	1	3	1	1	3	2	2	4	5			1				75
陈玉平	1	3	6	10	11	12	9		4	2		1														59
都路平		4	15	22	9	8	1	1	1	4	2	4	2		1			3			1					78

续表

田亩数 村庄名	不明者	无田者	—4	5—9	10—14	15—19	20—24	25—29	30—34	35—39	40—44	45—49	50—54	55—59	60—64	65—69	70—74	75—79	80—99	100—119	120—139	140—159	160—179	180—199	200—	合计
冯家		11	19	16	19	14	10	2	9	5	2	2	2		6	1		4			1			1		124
小陈家庄		15	8	16	6	5		5	3	3	2								1		1					65
王庄		10	3	2	2	3	6	4	4			1							1							36
刘庄		3	8	11	3	3	3	1		1		1			3						1	1				39
蔡庄		4	6	17	3	10	12	1	2	8		3			2				2	3						73
李庄		2	4	8	2	3	6	1	2	1	2				1			1	1			1				35
第十二乡总计	6	136	275	290	203	180	122	51	71	40	22	29	21	11	19	6	9	14	11	7	8	11	2	2	3	1549
辉李庄		31	42	44	27	31	21	1	8	4	2	1	2	1	4			3		1	1	3				227
李南庄				1	1	3	6	3	2	1	2							1								20
于何庄		3	18	12	10	5	5	1	3	1	1	1	3	2		1		1	1			2			1	71
党李庄		4	20	13	9	9	12	7	3	4	2	2	1	1			1	1	1			1	1			92
五户		5	15	9	14	14	4	4	10	1	2	4			3		1	1								87

续表

田亩数 村庄名	不明者	无田者	—4	5—9	10—14	15—19	20—24	25—29	30—34	35—39	40—44	45—49	50—54	55—59	60—64	65—69	70—74	75—79	80—99	100—119	120—139	140—159	160—179	180—199	200—	合计
高家庄		7	9	14	7	7	6	2	1			2	3		3			1	4	1	3	1			1	72
大三户		12	9	21	15	15	9	5	10	5	2	2	2	1	1		1	1	2	1		2				116
小三户	2	13	21	19	11	10	6	2	7		2	4		2	3		1		2	1	1					107
刘家		1	1	6	1		2		3	1		1	1					1								18
潘家		3	8	11	11	8	3		1	2		1		1	1	1		1								52
车郭庄		5	18	15	17	10	9	3	8	5	1	2	1			1	3		1	1	2	2		2	1	107
曹家庄		4	1	3	9	14	8	3		2	1	2	3		2	1		1								54
郑家寨		4	4	12	3	8	3	1	1	1		1						1								39
打鱼里		15	33	30	15	8	7	2	4	5	1	3	1	1									1			120
赵家庄	3	9	12	20	19	13	1	1	5	2	3	2	1		1	2	1	1		1						97
腰庄		14	30	32	18	18	11	9	1	3	2		1	2			1			1	1					144
安家庄	1	6	34	28	16	7	9	7	4	3	1	1	2		1											120

续表

田亩数 / 村庄名	不明者	无田者	—4	5—9	10—14	15—19	20—24	25—29	30—34	35—39	40—44	45—49	50—54	55—59	60—64	65—69	70—74	75—79	80—99	100—119	120—139	140—159	160—179	180—199	200—	合计
第十三乡总计	18	176	690	942	617	502	398	154	192	136	63	77	73	24	62	24	22	22	57	30	21	8	4	4	15	4331
花沟	11	10	37	59	38	57	53	8	17	15	3	14	2		4	1	3	1	6	4	3					346
张家庄		3	8	19	4	16	15	3	10	3	1	6	2						1			1				92
岳家庄		7	1	8		7	7	7	5	4		10	5	1	7		4		7	6	5	2	1	2	6	102
李家庄							1			1	1	2													1	6
魏家庄		3	14	16	19	11	14	2	3	4	1	3	2													92
毛旺庄			3	6	7	10	2		1	1		1		1	3											35
天师庄		1	8	5	11	8	8	2	5	7		1			1	1										58
沟旺庄		2	35	12		2	1												1							53
任马寨		2	17	23	21	18	11	5	6	8	4	2	2	1	2		1		3	2	1	2		1		132
吉祥庄		1	10	15	8	5	6	5	4	1			2	1	1	4			1							64
贾庄		4	8	17	21	6	9	7	1	6		2	3	1	3		1		1	1	1					92

续表

田亩数 / 村庄名	不明者	无田者	—4	5—9	10—14	15—19	20—24	25—29	30—34	35—39	40—44	45—49	50—54	55—59	60—64	65—69	70—74	75—79	80—99	100—119	120—139	140—159	160—179	180—199	200—	合计
辛庄				4	1	1	1	1					1				1		1	1						12
龙桑树			2	16	4	5		1			1									1						30
前陈家	1		2	10	3	3	5	3	5	5	3	4	4		1										1	50
后陈家		8	13	9	8	8	9	4		4	1						1									65
吕家庄			8	8	6	7	7	2	3	3	2				2		2	1	3	1	1					56
前石门		3	6	12	12	7	9	2	4	2	1	1	2		3		1			1						66
后石门		3	10	9	5	5	7	2	3	1	1	1		1	2				1			1				52
郭家坊		5	2	5	3	2		1	1	4						1					1		1			26
杏行		5	10	5	15	10	5		3	1		2	1					1	1			1				60
西南四庄		7	6	25	11	11	6	12	2	3			7	3	2			1	1							97
中南四庄		1	3	3	4	8	5	2				1	2		2	3			1	3	1					39
东南四庄		10	22	16	15	9	5	3	3	1			2					1								87
老鸦赵		7	6	10	2		2																			27

续表

田亩数 / 村庄名	不明者	无田者	—4	5—9	10—14	15—19	20—24	25—29	30—34	35—39	40—44	45—49	50—54	55—59	60—64	65—69	70—74	75—79	80—99	100—119	120—139	140—159	160—179	180—199	200—	合计
杨家庄		5	11	23	7	4	7	3	3	3	3		1					1	1	2			1		3	78
曹家庄		3	5	12	13	3	6	7	2	2		1	2		1		1	3	1	2	2				1	67
云集官庄	2		2	4	5	1	2				1		1	1	2											21
田家官庄		6	9	6	4	3	5		1		1	1				1										37
陈家庄		2	4	8	2	3		2	3	1	1			1						1		1				29
宋家套		6	24	38	32	13	7	5	6	3	3		1		1				2	1	1		1		1	145
大官庄	1		1	9	5	6	3	2	2		2		5		3			5	2	1	1				1	49
张家官庄		1	2	3	4	1		1		1			4			1		1								19
胡家官庄		5	4	17	13	10	3	2	1	4	2		1	2	2	1		1	1							69
双柳树		3	5	23	9	7	4	4	5		2	3	2	2	4		1	1	3	2	1					81
王旺庄		1	15	19	17	10	4		2	1																69
胡家店			10	26	20	17	16	3	11	3	7	1	3	2	2		2		4	1						128
小胡庄		5	12	18	13	8	11	3	9	2	1				1											83
宫旺庄	1		18	25	20	12	6	5	6	1		1	4	1	1			1	1					1	1	105

续表

田亩数 / 村庄名	不明者	无田者	—4	5—9	10—14	15—19	20—24	25—29	30—34	35—39	40—44	45—49	50—54	55—59	60—64	65—69	70—74	75—79	80—99	100—119	120—139	140—159	160—179	180—199	200—	合计
高旺庄		2	54	45	22	6	3	2		1																135
于林庄		1	27	25	11	8		1		1	1					1										76
孙纺庄		2	19	35	6	21	13	4	3	3	1	1	1		1		1	1	2							114
贾旺庄		7	21	20	6	9	4	2	4	3	1	1	1	2	1				1							83
王家庄			7	17	4	7	5		3	7		2			1	2			3							58
段家			11	8	3	6	5		1			2			3											39
贾寨		1	24	28	12	16	9	5	5	3	1	2				1			1		1					109
龙虎庄		7	20	26	8	17	5	4	7	8	4	3	3	1	2	4		1	1							121
冯旺庄			17	30	17	7	7	4	4		3		1	1												91
宋旺庄			4	8	3	4	8	2	2					1												32
李星耀		11	33	25	31	12	14	3	10	3	1	1	1		1				3		1					150
李家官庄		1	9	13	8	8	4	2		2	3				1	1	1				1					54
田镇	1	5	23	35	40	23	12	1	5	4	2	1	3	1	1	1	2		2							162
大庄			1	2	3	6	2	1	5		1	2														22

续表

田亩数/村庄名	不明者	无田者	—4	5—9	10—14	15—19	20—24	25—29	30—34	35—39	40—44	45—49	50—54	55—59	60—64	65—69	70—74	75—79	80—99	100—119	120—139	140—159	160—179	180—199	200—	合计
沙高家		2	25	40	24	17	17	8	7		1	1	1			1		1								145
侯家		2	3	7	5	3	3			1									1							25
马家		3	5	9	10	11	16	2	6	2	1	1			1			1								68
徐家	1		5	5	10	2	4	1	2	1																31
石槽		13	29	22	12	5	5	3	1	2	1	3	1													97
全县	189	2540	6671	7000	4044	3430	2190	1017	1101	749	354	551	369	120	303	117	84	143	239	122	92	39	16	21	47	32154

第九表 各乡寄籍户每户所有田亩数之分配统计表

田亩数/乡名	不明者	无田者	—4	5—9	10—14	20—24	25—29	30—34	35—39	100—104	合计
首善乡	1	59	2	2	1			1			66
第一乡		7	1								8
第二乡		6	1								7
第三乡		9	3	2							14

续表

乡名＼田亩数	不明者	无田者	—4	5—9	10—14	20—24	25—29	30—34	35—39	100—140	合计
第四乡		10	3								13
第五乡	1	5	2		1		1				10
第六乡		6	2	2	3	1	1				15
第七乡		11		3			1	1			16
第八乡		8	1								9
第九乡		30	2								32
第十乡	1	2		2							5
第十一乡		23		2							25
第十二乡		9	2	2							13
第十三乡	1	11	4	2					1	1	20
全县	4	196	23	17	5	1	3	2	1	1	253
百分数	1.58%	77.48%	9.09%	6.72%	1.98%	0.39%	1.19%	0.79%	0.39%	0.39%	100%

第十表

全县各村庄寄籍户每户所有田亩数之分配统计表

田亩数／村庄名	不明者	无田者	—4	5—9	10—14	20—24	25—29	30—34	35—39	100—104	合计
首善乡总计	1	59	2	2	1			1			66
城里村		39			1						40
东关村		8		1				1			10
南关村		5	1								6
中兴村	1	4		1							6
黛溪村		2	1								3
三村		1									1
第一乡总计		7	1								8
韩家坊		1									1
张家山		1									1
十里铺		1									1
接官亭		1									1
韦家庄		1									1

续表

田亩数\村庄名	不明者	无田者	—4	5—9	10—14	20—24	25—29	30—34	35—39	100—104	合计
富盛庄		1									1
樊家庄			1								1
碑楼会仙		1									1
第二乡总计		6	1								7
青阳店		1	1								2
韩家庄		2									2
代庄		2									2
陈家庄		1									1
第三乡总计		9	3	2							14
西赵家庄		2									2
秦家沟			1								1
象山前			1								1
石家庄		1	1								2

续表

田亩数/村庄名	不明者	无田者	—4	5—9	10—14	20—24	25—29	30—34	35—39	100—104	合计
冯家庄		1									1
丁家庄		3	1								4
东赵家庄		2									2
崔家营				1							1
第四乡总计		10	3								13
南逯庄		1									1
北逯庄			1								1
平原庄		1									1
蒙家庄			2								2
东杨堤		2									2
韩家庄		5									5
北唐		1									1
第五乡总计	1	5	2		1		1				10

续表

田亩数/村庄名	不明者	无田者	—4	5—9	10—14	20—24	25—29	30—34	35—39	100—104	合计
黄山前		1									1
乔木庄			1		1						2
石家庄			1								1
盖家庄		3									3
东范庄		1									1
西范庄	1										1
北范庄							1				1
第六乡总计		6	2	2	3	1	1				15
毛张庄	1										1
东言礼		3				1	1				5
西言礼			1								1
黄鹂庄		1									1
张家套		1	1	2	3						7

续表

村庄名 \ 田亩数	不明者	无田者	—4	5—9	10—14	20—24	25—29	30—34	35—39	100—104	合计
第七乡总计		11		3			1	1			16
韩家店		1									1
西王家庄				1							1
小王驼		3									3
木王庄		1									1
大白		1									1
后城子		1									1
开河		1									1
小言庄		1									1
冯家庄		1		1							2
邱家							1				1
姚家庄				1				1			2
释家套		1									1

续表

田亩数 村庄名	不明者	无田者	—4	5—9	10—14	20—24	25—29	30—34	35—39	100—104	合计
第八乡总计		8	1								9
耿家庄		3									3
牛家官庄		1									1
柴家庄		1									1
邢家庄		2									2
二辛庄		1									1
仓廪庄			1								1
第九乡总计		30	2								32
西左家		2									2
大碾		3									3
于家		2									2
萝圈		1									1
王少唐		3	1								4

续表

田亩数／村庄名	不明者	无田者	—4	5—9	10—14	20—24	25—29	30—34	35—39	100—104	合计
杨家庄		3									3
王家寨		5									5
辛梁镇		10									10
丁庄		1	1								2
第十乡总计	1	2		2							5
孔家		1									1
成家				1							1
张德佐家				1							1
刘聚桥		1									1
张家寨	1										1
第十一乡总计		23		5							25
王伍庄		1									1
时家庄		4		1							5
孟家坊		2									2

续表

田亩数 村庄名	不明者	无田者	—4	5—9	10—14	20—24	25—29	30—34	35—39	100—104	合计
大陈家庄		1		1							2
张家庄		1									1
孙家镇		11									11
都路平		1									1
王庄		1									1
刘庄		1									1
第十二乡总计		9	2	2							13
辉李庄		1									1
高家庄			1								1
大三户		2									2
小三户		2		1							3
刘家		1									1
车郭庄		1									1
打鱼里		2	1								3

续表

田亩数 村庄名	不明者	无田者	—4	5— 9	10— 14	20— 24	25— 29	30— 34	35— 39	100— 104	合计
赵家庄				1							1
第十三乡总计	1	11	4	2					1	1	20
花沟		1									1
贾庄		1									1
前陈家		2									2
前石门		1		1							2
后石门		1									1
郭家坊		1									1
西南四庄		1									1
曹家庄	1	1									2
云集官家										1	1
大官庄		1									1
段家			1								1

续表

田亩数/村庄名	不明者	无田者	—4	5—9	10—14	20—24	25—29	30—34	35—39	100—104	合计
田镇		1	3	1					1		6
全县	4	196	23	17	5	1	3	2	1	1	253

四　普通户口数分配表

第十一表　　各乡本籍户每户口数分配统计表

每户口数/乡名	1	2	3	4	5	6	7	8	9	10	11	12	13	14	15	16	17	18	19	20	21	22	23	24	25	26	27	28	29	30	31	32	33	37	39	40	41	合计
首善乡	103	207	214	223	185	164	103	60	44	35	17	13	14	6	4	4	4	2	2	1		1	1	1														1408
第一乡	172	269	326	367	304	227	155	120	69	41	29	31	11	10	8	3	5	5	4		3		1	2					1					1				2164
第二乡	194	353	427	492	388	321	211	145	109	68	53	42	13	9	9	10	2	3		2		2	1	1	1				1									2857
第三乡	103	248	253	264	250	195	114	100	54	49	29	16	12	6	5	2	3	2	2		1																	1708

续表

每户口数 / 乡名	1	2	3	4	5	6	7	8	9	10	11	12	13	14	15	16	17	18	19	20	21	22	23	24	25	26	27	28	29	30	31	32	33	37	39	40	41	合计
第四乡	165	322	358	416	377	282	202	141	102	65	52	33	15	15	19	7	6	8	4	2	2	1	1			2	1			1								2599
第五乡	103	225	265	283	244	213	154	76	77	56	30	22	16	8	5	10	4	5	2	4	1	3	2	1	2		1									1	1	1814
第六乡	145	252	334	325	273	215	163	121	71	43	27	27	19	12	8	6	5	2	1	1	1		2				1		1				1				1	2057
第七乡	188	412	494	593	481	313	210	124	101	69	34	30	20	12	12	9	4	3	5		3	1	2		3		1	1		1					1			3127
第八乡	163	385	541	557	496	391	244	183	96	71	49	37	25	15	14	8	6	4	2	3	4	3	2			1						1						3301
第九乡	89	183	243	262	271	211	133	114	67	51	35	24	17	9	12	11	8	2	1	3	4	1	3	1		1					2							1758
第十乡	52	156	195	240	178	182	113	86	58	21	25	18	12	7	9	4	2	3			1		1	1					1									1365
第十一乡	100	225	314	363	345	235	190	96	75	56	38	18	20	10	6	3	3	3	5	1	2	2	1	3			1					1						2116
第十二乡	64	171	216	233	252	198	134	81	57	45	27	20	11	10	7	7	5	3	2	2	1	1			1		1											1549
第十三乡	212	483	626	773	653	529	335	225	144	119	68	46	27	31	20	9	5	4	5	4	2	6		1	1		1	1		1								4331
全县	1853	3891	4806	5391	4697	3676	2461	1672	1124	789	513	377	232	160	138	93	62	49	35	23	25	21	17	11	8	4	7	2	4	3	3	2	1	1	1	1	2	32154
百分数	5.75%	12.13%	14.94%	16.79%	14.61%	11.42%	7.65%	5.19%	3.49%	2.44%	1.59%	1.16%	0.72%	0.49%	0.43%	0.29%	0.19%	0.14%	0.11%	0.07%	0.08%	0.07%	0.05%	0.03%	0.03%	0.01%	0.03%	0.01%	0.01%	0.01%	0.01%	0.01%	0.01%	0.01%	0.01%	0.01%	0.01%	100%

第十二表

全县各村庄本籍户每户口数分配统计表

每户口数 / 村庄名	1	2	3	4	5	6	7	8	9	10	11	12	13	14	15	16	17	18	19	20	21	22	23	24	25	26	27	28	29	30	31	32	33	37	39	40	41	合计
首善乡总计	103	207	214	223	185	164	103	60	44	35	17	13	14	6	4	4	4	2	2	1		1	1	1														1408
城里村	20	29	27	30	24	29	14	10	5	6	3	2	5		2	2			1			1																210
言坊村	3	11	13	8	11	6	8	5	5	1		1	1	1																								74
东关村	11	29	37	35	28	20	14	8	5	5		3	1	1			2																					202
南关村	6	18	20	17	17	11	9	5	4	3	4	1																										115
爱山村	8	7	6	9	9	11			2		2	1	1	1					1					1														5
美井村	7	13	16	15	14	16	11	9	5	4	1	1	1	1				1					1															116
中兴村	11	22	17	20	15	14	10	7	3	4			2	1	1	1																						134
黛溪村	13	38	45	3	25	22	21	7	6	6	2	3			1		2																					236
三义村	7	17	9	17	13	15	8	1	2	1	2	1	2			1																						102
北关村	11	23	24	24	23	20	8	8	7	5	3		1	1				1		1																		160
第一乡总计	172	269	326	367	30	227	155	120	69	41	29	31	11	10	8	3	5	5	4		3		1	2					1					1				2164

续表

村庄名＼每户口数	1	2	3	4	5	6	7	8	9	10	11	12	13	14	15	16	17	18	19	20	21	22	23	24	25	26	27	28	29	30	31	32	33	37	39	40	41	合计
韩家坊	20	21	32	34	23	18	15	8	7	3	2	1		1					1																			180
大李家	22	33	38	46	34	29	10	12	10	2	1	5	3	3	1	1	1																					257
张家山	18	23	23	27	25	15	6	8	2	1	1				1																							150
十里铺	6	10	16	25	11	12	7	10	1	4	3	1	1	1					1		1			1														111
接官亭		1	2	2		1	1			1																												8
张家庄	6	7	10	14	12	15	7	2	5	2	2	2		1	1				1																			82
高家庄	2	3	2	1	6	3	3	3			2							1																				20
王家庄	2	6	14	8	8	9	6	2	2	1	2	1	1																									62
聚和庄	2	9	8	7	9	3	6	3	1	1	2	2					3																					50
小李家	2	2	6	2	2	4	4		1																													23
马家庄	2		4	5	2	3	3	5		2		1																										27
韦家庄	7	17	23	27	26	22	7	15	11	3	1	4		1	3			1																				168

续表

每户口数／村庄名	1	2	3	4	5	6	7	8	9	10	11	12	13	14	15	16	17	18	19	20	21	22	23	24	25	26	27	28	29	30	31	32	33	37	39	40	41	合计
富盛庄	4	1			3		1	1																														10
成庄	1			3	2	1	3	3	1	2																												10
刘家庄	2	7	6	13	7	2	6	3	1	1	2													1						1								52
郭庄	15	25	26	23	15	17	11	10	6	2	3		2	1	1			1			1																	15
黄家营	3	3	3	6	5	2	3	5	2	3		1	1						1															1				30
樊家庄	2	6	12	5	13	10	7	2	1	4		2	1																									65
鲁家泉	5	10	9	11	18	11	9	2	1	2		1	1	2				1																				83
石家庄	17	24	33	37	27	22	7	9	6	5	1	5				1		1			1		1															157
贺家庄	15	32	28	28	17	14	10	14	6	1	3	2	1		1	1																						179
姜家洞	1	4	3	3	6	4	2	1	2		2																											28
碑楼会仙	18	25	28	40	33	15	15	5	3	1	2	3					1																					189
第二乡总计	194	353	427	492	388	321	211	145	109	68	53	42	13	9	9	10	2	3		2		2	1	1	1				1									2857

续表

每户口数 村庄名	1	2	3	4	5	6	7	8	9	10	11	12	13	14	15	16	17	18	19	20	21	22	23	24	25	26	27	28	29	30	31	32	33	37	39	40	41	合计
青阳店	47	55	69	58	61	59	24	24	16	9	10	3	4	2		1						1																443
董家庄	21	26	36	36	32	24	15	6	7	6	2	2		2		1																						210
韩家庄	6	12	16	15	7	7	5	5	4	2	4		1			1	1	1																				87
新立庄	6	11	3	3	7	7	6	1		1	2																											47
贾庄	2	4	2	7	4	4	4	4	1		1	3	1							1																		38
浒山铺	1	9	12	23	16	17	10	11	9	10	3	4	1			1						1																128
刘家庄	20	38	45	70	52	29	30	13	11	4	3	4	1	1	1		1																					323
马步店	7	6	12	10	9	11	6	9	5	4	3	2	2							1																		93
钟家庄	6	30	34	37	22	20	13	8	5	1		2			1	2		1																				182
耿家庄	13	31	34	28	36	14	11	7	6	5	5	1		1	3																							195
东窝驼	13	32	34	40	28	20	13	11	4	8	4	5	2			2																						216
西窝驼	18	35	55	60	43	48	28	17	13	7	2	4			1	2		1				1																335

续表

每户口数 / 村庄名	1	2	3	4	5	6	7	8	9	10	11	12	13	14	15	16	17	18	19	20	21	22	23	24	25	26	27	28	29	30	31	32	33	37	39	40	41	合计
代庄	5	2	5	11	4	2	4	1	5	1	1				1																							42
徐家庄	4	9	15	16	11	9	8	5	2	1	1	1			1									1														84
郭庄	6	9	10	9	12	13	6	2	5	2	3	2	1																1									81
化庄	9	21	21	22	16	17	15	12	4	3	1	3													1													145
陈家庄	10	23	24	41	28	20	13	9	12	4	8	6		3	1																							202
第三乡总计	103	248	253	264	250	195	114	100	54	49	29	16	12	6	5	2	3	2	2		1																	1708
西赵家庄	4	14	7	8	11	6	5	3	5		2	2		1																								68
黄家河滩	2	8	11	10	6	6	3	1	1	1	1		1						1																			52
吉祥庄		5	6	7	7	3	4	3		1			1					1																				38
上娄	1	6	6	5	4	10	3	9	2	2	1	1																										47
下娄	7	7	14	12	8	6	4	3	2		1	1	2	1	2																							72
杏林庄	3	16	11	13	12	8	1	4	1	3		1	1																									74

续表

每户口数 / 村庄名	1	2	3	4	5	6	7	8	9	10	11	12	13	14	15	16	17	18	19	20	21	22	23	24	25	26	27	28	29	30	31	32	33	37	39	40	41	合计
郭庄	5	4	5	8	5	8	4	1	1	1	1	1																										44
秦家沟	12	12	17	11	11	15	11	5	1	4	2	2				1																						104
聚仙庄	3	6	3	7	8	5	2	3	2	4																												43
贺家庄	1	5	9	6	8	5	3	2	4	3	1																											47
太和庄	4	13	11	8	6	10	6	3	1	1																												63
樊家洞	2	2	1	2	3				1	1																												12
孙家峪	2	6	8	10	4	3	4	2	1	1	2																											42
象伏庄	8	18	11	9	15	6	8	4	2	4	3	1		1	1																							91
象山前	1	8	7	24	16	7	6	10	2	4	1	2																										88
芦泉		11	12	11	9	8	3	4	1		1																											60
王家庄			2	1	1	2		1				1		1																								9
石家庄	10	10	15	17	19	10	4	4	7	1	1		2		1	1	1	1																				104

续表

每户口数 / 村庄名	1	2	3	4	5	6	7	8	9	10	11	12	13	14	15	16	17	18	19	20	21	22	23	24	25	26	27	28	29	30	31	32	33	37	39	40	41	合计
冯家庄	5	5	10	6	8	4	1	1	1	1			1																									43
丁家庄	5	11	4	13	14	11	6	7	2	1	2	1																										77
东赵家庄	1	20	7	14	8	14	5	5	1	2	2		1				1																					81
崔家营	7	17	22	14	15	9	10	7	6	4	1		1	1					1																			115
崔家庄	4	9	13	9	15	7	5	4	2	2	2																											72
抱印庄	3	6	7	12	11	4	1	4		2		1	1																									52
李家庄	5	13	6	11	7	12	6	2	3	2	1	1																										69
郎君庄	8	19	28	16	19	16	9	6	5	4	4	1	1	1	1		1				1																	140
第四乡总计	165	322	358	416	377	282	202	141	102	65	52	33	15	15	19	7	6	8	4	2	2	1	1			2	1			1								2599
南逯庄	10	39	35	44	42	37	20	22	18	3	5	5	4	2	5	1	1	3			1	1																304
中逯庄	2	9	6	9	9	4	7	2	1	4	1		1			1	1	1	1							1												60
北逯庄	3	15	17	10	11	9	7	4	2	3	1	3	1	1		1																						88

续表

每户口数 / 村庄名	1	2	3	4	5	6	7	8	9	10	11	12	13	14	15	16	17	18	19	20	21	22	23	24	25	26	27	28	29	30	31	32	33	37	39	40	41	合计
太和庄	5	6	2	2	5	12	7	4	3		3	3		2	2															1								57
陈河涯	1	3	4	4	5	3	2		2		1			1																								26
平原庄	8	3	14	11	18	6	14	9	6	2	3				1			1																				96
蒙家庄	6	9	17	20	21	17	14	10	6	3	3					1	1						1															129
大杨堤		4	9	16	10	4	3	2	3	3	3	1			1																							59
小杨堤		8	5	10	9	9	10	5	3	4	2	3	3	2																								73
东杨堤	15	23	26	28	26	15	12	5	6	6	1	4	2	1	1	1			2		1																	175
西杨堤	10	24	26	25	17	20	9	4	4	3	3	2		1	1																							149
见埠庄	25	33	33	52	47	31	21	16	11	6	5	1	2	1	2	1		1		1																		289
杨家庄	1	3	5	3	1	7		4	1	1	1				1		1									1												30
代家庄	3	5	8	10	12	4	6	3	1	5	3	1																										61
杨家寨	8	14	14	21	13	9	8	5	3	4																	1											100

续表

每户口数/村庄名	1	2	3	4	5	6	7	8	9	10	11	12	13	14	15	16	17	18	19	20	21	22	23	24	25	26	27	28	29	30	31	32	33	37	39	40	41	合计
刘家庄		5	3	5	7	12	2	5	1	2	2	3			2		1																					50
高家庄	3	10	8	7	5	4	2	2	4																													45
韩家庄	6	13	20	22	30	10	9	8	3	5	2	3	1	3	1	1																						137
北唐	2	6	5	3	3	8	3	2	1		1				1																							35
南唐	2	3	6	5	5	5	2	1	2																													31
樊家庄	15	20	15	36	25	17	13	10	7	3	4							1																				166
东禾	6	9	4	12	9	1	6	1	1	1	2	1	1																									54
西禾	4	2	10	5	3	2	1	4	4		1																											36
北禾	6	10	25	17	16	11	9	3	4	5	1	1		1					1																			110
段家庄	7	17	15	14	9	9	4	1	1	1	1																											79
柳泉庄	9	26	24	21	19	16	9	9	4	1	3	2			1		1	1		1																		147
于齐庄	2	3	2	4			2																															13

续表

每户口数 村庄名	1	2	3	4	5	6	7	8	9	10	11	12	13	14	15	16	17	18	19	20	21	22	23	24	25	26	27	28	29	30	31	32	33	37	39	40	41	合计
第五乡总计	103	225	265	283	244	213	154	76	77	56	30	22	16	8	5	10	4	5	2	4	1	3	2	1	2		1									1	1	1814
黄山前	23	32	31	30	25	16	16	5	13	4	4	4	1		1					1		1																207
侯家庄	1	4	5	3	4	4	3	1		2																												27
代庄	1	3	2	4	2	5	6	3				1			1																							28
孙家庄	2	7	6	7	8	4	1	2	1		3					1																						42
景家庄	5	10	11	12	14	12	14	6	7	3	2	3	1	2	1	3											1											107
周家庄	3	13	21	19	26	14	7	5	3	4	1														2													118
乔木庄	3	6	4	7	8	4	3	2	7	2	3	2	1			1						1	1															55
月河庄		1	2	5	1		1	1	2																													13
小吕家庄	2	1	2	2	4	1	2	1		1																												16
石家庄	4	4	8	6	6	7	7	4	4	5	1	1	2	2	1	2	1																					65
鲍家庄	1	5	12	16	9	6	5	6	4	2	4		3	1																								74

续表

每户口数 / 村庄名	1	2	3	4	5	6	7	8	9	10	11	12	13	14	15	16	17	18	19	20	21	22	23	24	25	26	27	28	29	30	31	32	33	37	39	40	41	合计
盖家庄	8	10	8	9	11	7	5	4	2	3	1	1																										69
鄢家庄	8	19	21	26	22	15	17	11	6	2	1	2	1	1																								152
东范庄	24	62	76	71	59	55	30	12	9	12	4	3	2	1	1		1	5			1																1	429
南范庄	4	19	25	29	25	30	17	9	3	7	3	4	3			1				1		1														1		182
西范庄	6	2	2	3	3	4	3	1	1							1			1	1																		28
北范庄	5	15	22	20	13	17	9	2	7	4	1	1	1	1			2			1																		121
七里铺	3	12	7	14	4	12	8	1	8	5	2		1			1			1				1	1														81
第六乡总计	145	252	334	325	273	215	163	121	71	43	27	27	19	12	8	6	5	2	1	1	1		2				1		1				1				1	2057
小店	8	16	22	21	27	14	14	13	5	5	1	2	2	2	1	1	2																					156
杨村	10	13	19	18	22	17	8	3	6		1	2	2																									121
穆王庄	9	15	19	20	10	13	7	5	4	1	1		3																									107
魏家庄	20	20	34	32	29	20	15	14	8	4	3	2	1	3		1	1																1					208

续表

每户口数 村庄名	1	2	3	4	5	6	7	8	9	10	11	12	13	14	15	16	17	18	19	20	21	22	23	24	25	26	27	28	29	30	31	32	33	37	39	40	41	合计
刁家庄	8	9	10	9	9	13	4	4	2	2			1	1	2	1			1																			82
宋家庄	4	7	4	10	7	3	4	4	3			2	2				1			1																		52
郭家庄	3	19	16	22	21	11	12	4	4	3	1	2		1		1																						120
毛张庄	9	25	29	14	20	12	7	9	4	3	3	2		1				1																			1	140
刘家道口	2	10	13	12	8	8	6	2	2	1		1																										65
纪家庄	5	6	11	14	13	11	11	2	4	1	2	1						1																				82
韩家庄	19	33	30	43	37	23	25	17	7	5	4	7	1		3						1																	255
曹家小庄		10	8	7	8	6	5	4	1	3	3	1	1	1																								58
夏家屋子				1	2			1																														4
崔家庄	10	12	20	24	13	13	9	11	4	5	1	3		1	1								1															134
东言礼	11	13	27	21	8	15	11	10	7	5	1		1		1														1									132
西言礼	8	20	34	27	20	17	11	8	4	3	3	2	1	1		1	1						1															162

续表

每户口数 / 村庄名	1	2	3	4	5	6	7	8	9	10	11	12	13	14	15	16	17	18	19	20	21	22	23	24	25	26	27	28	29	30	31	32	33	37	39	40	41	合计
伏生祠		1				1					1		1																									4
黄鹂庄	9	7	13	11	7	10	3	8	4		1		2			1											1											77
张家套	10	16	13	19	12	8	11	2	2	2	1		1	1																								98
第七乡总计	188	412	494	493	481	313	210	124	101	69	34	30	20	12	12	9	4	3	5		3	1	2		3		1	1		1					1			3127
韩家店	5	13	12	11	20	11	7	5	2	1	1	1		1	2																							92
孙家庄	2	4	10	12	4	3	1	3																														39
青眉庄	1	4	4	4	4	4	2		2																													25
赵家庄	3	7	7	5	7	4	3	1			1																											38
辛庄	1	3	1	3	4	3	2		1	1	1		1																									21
白家桥	4	4	7	8	6	2	2	2	1			1																										37
西王家庄		6	8	14	5	2	2	5		1		1				1																						45
大王驼	2	16	32	37	34	25	14	8	6	4	1	2	1	1				1																				184

续表

每户口数 村庄名	1	2	3	4	5	6	7	8	9	10	11	12	13	14	15	16	17	18	19	20	21	22	23	24	25	26	27	28	29	30	31	32	33	37	39	40	41	合计
小王驼	9	18	14	21	14	12	11	3	4	4	3	2	2	1	1				1						1													121
李家庄	1	8	13	4	9	3	2	1																														41
波踏店	5	13	12	15	15	2	3	6	2			2			1																							76
东韦家	2	4	7	6	9	6	1																															35
东白家	4	11	15	18	5	5	3	1	3						1		1																					67
木王庄	4	2	2	5	2	1	1	1	1	1					1								1															26
张家庄	1	2	5	4	3		1																															12
甲子庄		4	5	4	6	4	3	2	1	1		1																										31
西韦家	5	14	7	20	9	6	6	4	2	5	3		1						1																			83
大白		3	12	6	17	6	4	2	1	1	1	1					1																					55
小白	3	1	5	8	7	1	1			1			1																									28
宋家庄	9	20	18	31	11	16	8	4	2	2	2			1																								124

续表

每户口数 / 村庄名	1	2	3	4	5	6	7	8	9	10	11	12	13	14	15	16	17	18	19	20	21	22	23	24	25	26	27	28	29	30	31	32	33	37	39	40	41	合计
上口		20	33	35	30	21	11	4	7	2		2	2	2	1	1																						171
前城子	4	12	22	20	32	18	12	4	6	10	4	5	4	1	2		1	1	1																			159
后城子	4	11	14	13	13	8	9	3	1	2											2																	80
马庄	16	20	30	37	26	18	18	12	10	7	4	1	2	2	1	1			1			1						1		1					1			222
滕家庄	19	36	31	22	24	15	15	9	4	4	3	1		1			1							1		1												187
萧家庄	32	58	60	70	60	36	20	14	12	9	2	5	2	1	1	1					1		1															391
开河	11	19	19	27	17	14	10	6	5	2		1				1																						132
小言庄	4	8	1	9	7	5		2			1					2																						39
东王家庄	11	10	20	14	18	11	8	5	10	2	2		1	1																								113
颜家桥	8	13	17	27	22	14	7	5	4	3	1	2																										123
冯家庄	3	9	10	16	5	6	4	2	2		1		1																									59
邱家	4	5	7	12	4	7	6	3	1	1	2	1							1						1													55

续表

每户口数 / 村庄名	1	2	3	4	5	6	7	8	9	10	11	12	13	14	15	16	17	18	19	20	21	22	23	24	25	26	27	28	29	30	31	32	33	37	39	40	41	合计
官家庄		1	6	8	4	7	2	2		2			1			1																						34
耿家庄	1	1	5	5	3	1		1	2						1																							20
姚家庄	2	7	7	11	8	4	2	2	1																													44
释家套	6	17	7	22	14	10	5	2	5	2		1	1																									92
旧口	1	1		2	2	1	2		2	1	1					1		1																				15
袁家屋子	1	1	3	1	1	1	2		1																													11
第八乡总计	163	385	541	557	496	391	244	183	96	71	49	37	25	15	14	8	6	4	2	3	4	3	2			1						1						3301
明家集	7	22	17	21	13	13	10	3	3	2	3	2							1																			117
耿家庄	7	8	24	24	21	14	5	6	6	1	3	2	1					1																				123
牛家官庄	7	17	20	19	21	5	8	4	3	4			1																									109
田家庄	8	8	12	20	16	14	9	2	3	1	2	1				3							1															100
大张官庄	1	10	18	24	17	15	7	9	3	4	1	1	1				1																					112

续表

每户口数/村庄名	1	2	3	4	5	6	7	8	9	10	11	12	13	14	15	16	17	18	19	20	21	22	23	24	25	26	27	28	29	30	31	32	33	37	39	40	41	合计
小张官庄	1	2	12	7	7	8	4	3	1	2	3	1	1																									52
兰芝里	5	12	13	15	24	15	7	8	2	3	2	1	1							1																		109
解家庄	5	26	31	25	23	22	6	11	5	2	4	2		1					1																			164
柴家庄	9	15	14	11	7	10	6	4	1	1		1	2		1			1																				83
东闸子	7	20	19	10	12	10	3	6	2	2	1	1			1																							94
西闸子	1	23	40	32	36	27	13	13	12	6	1	2	2																									208
苏家桥	3	5	10	7	11	5	2	2	2		1																											48
邢家庄	4	7	14	18	12	9	5	1	3	1				1																								75
窝村	7	16	16	23	24	17	14	4	4	1	2	1	1								1																	131
颜家集	10	14	17	25	25	9	13	9	4	7	3	1	2	2	2							1	1															145
牛家庄	5	11	23	12	16	11	8	2	4	3	1	2		1																								99
二辛庄	2	15	11	11	12	8	7	3	2	1	2	2																										76

续表

村庄名 \ 每户口数	1	2	3	4	5	6	7	8	9	10	11	12	13	14	15	16	17	18	19	20	21	22	23	24	25	26	27	28	29	30	31	32	33	37	39	40	41	合计
东佐家	2	5	12	12	12	7	3	3	1		1	1	1		1					1																		62
十户	4	10	26	24	15	16	11	9	1	4	1	1	2				1																					125
刘楷家	1	5	10	11	1	8	11	3	2	5			1																									58
仓廪庄	2	7	6	11	8	8	3	3	3	2	2	2	1		2	1																1						62
高家庄	2	3	7	10	14	4	2	3		3				1							1																	50
宋家庄	6	17	34	32	32	27	11	10	1	2	1	3		2						1		1																180
成家庄	11	29	22	22	27	13	11	15	5	3	1	1	1	1	1						1																	164
许家道口	8	18	21	20	12	20	15	8	6	4	4	2			2																							140
高洼庄		3	12	14	6	10	5	5	2	2	1		1	1	1	1																						64
曹家庄	5	12	17	22	12	17	11	8	2	2	1	1	2					1																				113
宋家集	7	11	15	13	10	12	6	6	3		1		2				1																					87
惠家辛庄	9	14	20	22	24	15	11	5	1	2	2	3	1	1	1		2																					133

续表

每户口数/村庄名	1	2	3	4	5	6	7	8	9	10	11	12	13	14	15	16	17	18	19	20	21	22	23	24	25	26	27	28	29	30	31	32	33	37	39	40	41	合计
段家桥	17	20	28	40	26	22	17	15	9	1	5	3	1	4	2	3	1	1			1	1				1												218
第九乡总计	89	183	243	262	271	211	133	114	67	51	35	24	17	9	12	11	8	2	1	3	4	1	3	1		1					2							1758
吴家	2	5	6	6	7	3	5	2	2	1				1				1			2					1												44
西左家	4	22	28	22	33	23	13	10	5	4	3	3	2			1	1					1																182
大碾	7	8	12	14	19	15	12	9	5	3	5	1	1	1	1	2	1																					116
于家	2	8	5	13	8	11	6	8	5		2	1	1		3	1							1															75
王家	4	7	5	8	10	8	2	7		2	1																											54
宋家	6	4	15	13	10	13	10	8	7	6	3				2	1	1						1															100
营家	2	7	16	14	7	7	3	5	5	2			3																									71
萝圈	6	12	9	9	12	9	7	5	2	3	7	1			1	2																						85
辛桥	8	15	30	33	22	22	14	14	2	6	2	3					1																					172
王少唐	2	3	9	6	16	9	3	3	4	2		5	1	1						1	1																	60

续表

每户口数 / 村庄名	1	2	3	4	5	6	7	8	9	10	11	12	13	14	15	16	17	18	19	20	21	22	23	24	25	26	27	28	29	30	31	32	33	37	39	40	41	合计
杨家庄	3	7	4	12	10	6	5	1	3		2	2				1	1		1																			58
田家	12	18	32	21	27	14	13	7	4	4	3	3	3	1	2					1	1																	166
王家寨	2	2	5	5	14	1	4	2	2		1																											38
河沟涯		1	5	7	7	4	2	1	3			1			1																							32
辛梁镇	11	29	25	36	29	22	14	14	12	7	4	1	1	4	1		1																					211
程和铺	4	7	13	9	6	9	4	3	2	1		1	2			1	1																					63
郝庄	13	16	17	20	24	19	7	2	2	5			1			1	1	1					1							2								132
丁庄	1	11	7	14	10	10	9	7	2	5	2	2	2	1	1	1				1			1	1				1										93
第十乡总计	52	156	195	240	178	182	113	86	58	21	25	18	12	7	9	4	2	3			1		1	1					1									1365
崖镇	6	19	21	13	17	17	6	3	5	1		4	1		1			1						1														110
杨家庄	6	5	6	10	11	11	4	3	7	1					1																							65
张家庄	4	17	22	21	18	14	12	2	5	2	5	2	1			1					1																	127

续表

每户口数 村庄名	1	2	3	4	5	6	7	8	9	10	11	12	13	14	15	16	17	18	19	20	21	22	23	24	25	26	27	28	29	30	31	32	33	37	39	40	41	合计
郭家庄	3	8	10	13	5	4	6	1	3	1																												54
吕家		4	3	3		5	1	1	1		1																											19
孔家	3	2	6	15	4	6	2	4	2	1	1	2																										48
长槐家		1	5	7	3	2	1	2	2		2	1			1																							27
成家	4	17	20	24	14	21	10	11	7	3	3	1	2	1	1		1	1																				141
张德佐家	2	5	7	12	9	9	5	7	1	2		2			1																							62
崇兴官庄		3	4	7	3	2	2	1																														22
孙家庄		3	7	10	11	7	5	8	3	1	1	1		1																								58
韩家庄	4	8	13	12	10	10	7	8	4	1	2	1	2																									82
刘聚桥	2	13	13	17	11	12	4	4	1		1		1	1		1		1																				82
刘家井	3	8	12	27	15	9	4	4	3	1			2	1	1																							90
郑家		5	10	3	8	7	4	5	1	1	2	1		1									1															49

续表

村庄名＼每户口数	1	2	3	4	5	6	7	8	9	10	11	12	13	14	15	16	17	18	19	20	21	22	23	24	25	26	27	28	29	30	31	32	33	37	39	40	41	合计
马庄	6	18	11	21	10	16	11	10	4		2	2	1	1	1														1									121
粉张庄	5	13	9	17	15	20	11	7	5	5	5		1	1	2																							116
张家寨	4	7	16	8	8	10	18	5	4	1		1	1			2	1																					80
第十一乡总计	100	255	314	363	345	235	190	96	75	56	38	18	20	10	6	3	3	3	5	1	2	2	1	3			1					1						2116
王伍庄	10	16	26	31	22	20	13	7	9	4		3					1																					162
周家庄	5	12	6	13	23	9	9	4	6	4	3		2	1			1		1													1						100
时家庄	7	12	9	16	16	15	12	6	3	3	1	2	2	1		1						1																107
孟家坊	1	3	6	3	7	3	4	1	2						1	1																						32
岳家官庄	1	1	4	2	7	2	2	1	1	1																												22
潘家	2	10	7	12	12	6	5						1																									55
安祥庄	3	7	11	12	9	6	2	3	4	1			1		1																							60
刘家		5	9	7	7	5	6	1		1	1																											42

续表

每户口数 / 村庄名	1	2	3	4	5	6	7	8	9	10	11	12	13	14	15	16	17	18	19	20	21	22	23	24	25	26	27	28	29	30	31	32	33	37	39	40	41	合计
大陈家庄	5	13	16	27	23	16	12	5	7	4	5	2	1	2	1																							139
信家	11	11	19	20	13	11	8	7	2	2	2		1																									107
罗家		1	1	4	6	5	6	3	1	2	2	1									1																	33
霍家坡	6	22	32	36	25	16	16	3	6	1	2	2	1		1				1																			170
张家庄	4	9	12	10	6	12	6	4	2	2	2	1	1	1					1																			73
孙家镇	22	40	57	55	70	38	31	21	11	8	6	1	5	1	1		1		1			1		2														372
范家庄		3	5	15	9	9	4	2	4	3	3			1																								58
道民庄	3	3	8	11	14	7	10	6	4	4	2	2						1																				75
陈玉平	1	9	17	8	6	6	6	2	2	1			1																									59
都路平	3	9	8	16	14	10	8	1	2		3		3			1																						78
冯家	5	13	22	22	16	13	6	8	5	6	3	1		1				1						1			1											124
小陈家庄	4	10	9	10	6	8	7	4	1	1		1		2							1		1															65

续表

每户口数 / 村庄名	1	2	3	4	5	6	7	8	9	10	11	12	13	14	15	16	17	18	19	20	21	22	23	24	25	26	27	28	29	30	31	32	33	37	39	40	41	合计
王庄		2	5	8	7	6	4	1	1	2																												36
刘庄	2	3	4	10	6	1	6	1		2	1	1	1		1																							39
蔡庄	2	7	16	11	14	6	6	4		3	1	1						1	1																			73
李庄	3	4	5	4	7	5	1	1	2	1	1									1																		35
第十二乡总计	64	171	216	233	252	198	134	81	57	45	27	20	11	10	7	7	5	3	2	2	1	1			1		1											1549
辉李庄	9	29	29	35	25	30	24	16	8	3	4	5	1	1	1	3		1	1	1					1													227
李南庄		1	2	2	5	2	4	1	2						1																							20
于何庄	2	7	15	6	9	8	10	4	4	1			2		1	1	1																					71
党李庄	1	17	8	14	17	14	8	4	5	1				1		1									1													92
五户	3	13	19	12	18	11	3	1	1	2	2			1			1																					87
高家庄	1	5	9	12	13	10	6	4	2	3	2	1	1		2																							72
大三户	5	5	14	16	20	15	13	9	8	3	4	2		2																								116

续表

每户口数 / 村庄名	1	2	3	4	5	6	7	8	9	10	11	12	13	14	15	16	17	18	19	20	21	22	23	24	25	26	27	28	29	30	31	32	33	37	39	40	41	合计
小三户	7	11	13	13	20	12	9	3	6	3	2	3	2		1		1		1																			107
刘家	1		2	6	3	1	2	2	1																													18
潘家		6	8	7	9	7	5	4		3	2			1																								52
车郭庄	6	11	19	17	15	10	11	3	7	1		1	1	2			1	1		1																		107
曹家庄		6	6	5	9	7	6	3	2	3	3	2	1			1																						54
郑家寨	4	4	5	5	4	11	1	2	1	2																												39
打鱼里	6	10	16	25	23	21	9	10	1	3	1		1																									126
赵家庄	4	17	11	18	19	10	4	6	2	2	1			1		1	1																					97
腰庄	7	17	25	19	19	15	10	3	7	6	5	5	2	1	1			1			1																	144
安家庄	8	12	15	21	24	14	9	6		9	1	1																										120
第十三乡总计	212	483	626	773	653	529	335	225	144	119	68	46	27	31	20	9	5	4	5	4	2	6		1	1		1	1		1								4331
花沟	14	39	55	51	60	47	32	15	9	7	6	2		2		4			1					1			1											346

续表

每户口数 / 村庄名	1	2	3	4	5	6	7	8	9	10	11	12	13	14	15	16	17	18	19	20	21	22	23	24	25	26	27	28	29	30	31	32	33	37	39	40	41	合计
张家庄	7	10	11	15	16	16	7	1	1	3	2	1	1									1																92
岳家庄	4	19	9	15	11	16	5	6	5	6		2	1	1		1			1																			102
李家庄				1	1	1	2			1																												6
魏家庄	1	13	13	15	19	12	3	8	4	1	1		1				1																					92
毛旺庄	1	5	3	2	6	7	3	1	2	2	2			1																								35
天师庄	1	4	5	8	7	10	6	3	4	2	4		1	2	1																							58
沟旺庄	2	6	7	8	10	6	6	4				1		2								1																53
任马寨	3	19	18	19	21	12	10	9	3	4	2	1	1	3						1																		132
吉祥庄	3	6	7	10	7	10	7	4	3	1	2	1	2			1																						64
贾庄	4	8	12	29	10	7	9	5	4	2	1							1																				92
辛庄		1	1	2	1	2		1				1	1				1	1																				12
龙桑树	2	3	4	6	3	4	4	2				1		1																								30

续表

每户口数/村庄名	1	2	3	4	5	6	7	8	9	10	11	12	13	14	15	16	17	18	19	20	21	22	23	24	25	26	27	28	29	30	31	32	33	37	39	40	41	合计
前陈家	1	2	7	10	9	8	3	2	4	1	1	1			1																						50
后陈家	3	9	10	7	10	10	5	4	3	2	1		1																								65
吕家庄	1	5	10	8	8	8	3	5	2	2		1	1		1	1																					50
前石门	2	6	11	14	9	6	7	1	2	4	2			1	1																						60
后石门	2	3	5	9	6	7	7	3	4	3		2		1																							52
郭家坊		2	4	4	2	3		4	2	2	1				1			1																			26
杏行	7	6	5	7	5	14	4	5	2	3		1		1																							60
西南四庄	12	8	12	19	13	8	11	3	3	2	3		1	1		1																					97
中南四庄	1	4	3	7	8	1	5	4	3		1	1					1																				39
东南四庄	1	6	17	21	15	10	8	4	2	1		1	1																								87
老鸦赵		4	7	4	3	4	2	1	1	1																											27
杨家庄	2	5	16	19	10	9	2	2	4	5	2	1								1																	78
曹家庄	3	9	8	13	6	5	7	3	5	4	2		1				1																				67

续表

每户口数 村庄名	1	2	3	4	5	6	7	8	9	10	11	12	13	14	15	16	17	18	19	20	21	22	23	24	25	26	27	28	29	30	31	32	33	37	39	40	41	合计
云集官庄	2	1	1	3	3	1	2	3	1	1	2				1																							21
田家官庄	7	5	3	10	6	1	1	1		1		1	1																									37
陈家庄		1	2	4	4	3	3	3	3			2	1	2							1																	29
宋家套	7	14	26	26	24	20	11	5	1	4	3		1		1					1										1								145
大官庄	1	3	5	14	4	5	1	5	3		2	1		2		1									1													49
张家官庄	1		1	3	5	2	4	1		2																												19
胡家官庄	3	3	11	17	10	12	1	5	3	3		1																										69
双柳树	3	7	9	21	11	9	7	3	3	3		2	1		1		1																					81
王旺庄	3	8	15	17	12	8	2	1	2					1																								69
胡家店	2	10	21	13	24	15	12	12	5	3	2		4		3						1							1										128
小胡庄	4	14	15	15	11	11	6	5		1			1																									83
宫旺庄	9	22	13	15	17	12	6	4	1	1		1		2	1							1																105
高旺庄	6	13	24	20	24	22	9	5	4	4	2			1								1																135

续表

村庄名＼每户口数	1	2	3	4	5	6	7	8	9	10	11	12	13	14	15	16	17	18	19	20	21	22	23	24	25	26	27	28	29	30	31	32	33	37	39	40	41	合计
于林庄	3	9	8	12	14	12	4	4	2	4	2				2																							76
孙纺庄	5	13	14	30	17	16	5	5	4	1			2	2																								114
贾旺庄	2	6	12	16	10	12	6	6	3	4	2	1	1		2																							83
王家庄	2	2	6	12	14	4	8	6	1	2	1																											58
段家	2	3	5	13	7	2	2	1	2				1									1																39
贾寨	6	11	22	17	9	15	12	4		6	4	3																										109
龙虎庄	12	15	18	16	19	11	9	10	1	4		2	1	1				1	1																			121
冯旺庄	4	16	11	18	13	13	4	4	4	1	2	1																										91
宋旺庄	2	5	3	9	4	3	3			1		1		1																								32
李星耀	10	10	27	24	27	19	7	4	7	1	4				2				1			1																150
李家官庄		7	5	8	8	5	5	3	6	2	1	3			1																							54
田镇	4	20	33	28	29	13	10	9	4	4	4	2			1					1																		162
大庄	2	2	3	6	3	2	1	1	1			1																										22

续表

村庄名＼每户口数	1	2	3	4	5	6	7	8	9	10	11	12	13	14	15	16	17	18	19	20	21	22	23	24	25	26	27	28	29	30	31	32	33	37	39	40	41	合计
沙高家	10	10	28	23	19	12	10	8	7	2		2		1					1																			145
侯家		6	3	6	5	2	1			1	1																											25
马家	8	13	8	13	8	5	6	1	2	2		1		1																								68
徐家	3	4	2	7	1	3	6		2		1	2																										31
石槽	6	16	12	14	15	16	7	6		1	2	1		1																								97
全县	1853	3891	4806	5391	4697	3676	2461	1672	1124	789	513	377	232	160	138	93	62	49	35	23	25	21	17	11	8	4	7	2	4	3	3	2	1	1	1	1	2	32154

第十三表　各乡寄籍户每户口数分配统计表

乡名＼每户口数	1	2	3	4	5	6	7	8	10	合计
首善乡	2	15	12	17	11	4	3	1	1	66
第一乡	1	3	1	1		1		1		8
第二乡	1	1	2	2	1					7

续表

每户口数 乡名	1	2	3	4	5	6	7	8	10	合计
第三乡	1	4	4		4				1	14
第四乡			7	2	1	2		1		13
第五乡		2	2	1	4			1		10
第六乡	5	3	3	1	2	1				15
第七乡		3	5	3	3	1	1			16
第八乡		5	1	1	1	1				9
第九乡	1	8	3	13	4	2	1			32
第十乡		2	1	1			1			5
第十一乡	2	4	10	3	4	2				25
第十二乡	1	3	5	2		1		1		13
第十三乡	9	4	3	1	2		1			20
全 县	23	57	59	48	37	15	7	5	2	253
百分数	9.09%	22.53%	23.32%	18.96%	14.62%	5.93%	2.78%	1.98%	0.79%	100%

第十四表

全县各村庄寄籍户每户口数分配统计表

村庄名＼每户口数	1	2	3	4	5	6	7	8	10	合计
首善乡总计	2	15	12	17	11	4	3	1	1	66
城里村		8	10	10	7	1	2	1	1	40
东关村	1	4		1	3	1				10
南关村		1	2	3						6
中兴村	1	1		1	1	1	1			6
黛溪村				2		1				3
三义村		1								1
第一乡总计	1	3	1	1		1		1		8
韩家坊								1		1
张家山						1				1
十里铺		1								1
接官亭		1								1
韦家庄		1								1

续表

每户口数 村庄名	1	2	3	4	5	6	7	8	10	合计
富盛庄				1						1
樊家庄	1									1
碑楼会仙			1							1
第二乡总计	1	1	2	2	1					7
青阳店		1	1							2
韩家庄			1	1						2
代庄	1				1					2
陈家庄				1						1
第三乡总计	1	4	4		4				1	14
西赵家庄			2							2
秦家沟	1									1
象山前					1					1
石家庄									1	1

续表

每户口数 / 村庄名	1	2	3	4	5	6	7	8	10	合计
冯家庄		2								2
丁家庄			1		3					4
东赵家庄		1	1							2
崔家营		1								1
第四乡总计			7	2	1	2		1		13
南逯庄					1					1
北逯庄								1		1
平原庄			1							1
蒙家庄			2							2
东杨堤			1	1						2
韩家庄			3	1		1				5
北唐						1				1
第五乡总计		2	2	1	4			1		10

续表

每户口数 / 村庄名	1	2	3	4	5	6	7	8	10	合计
黄山前		1								1
乔木庄		1			1					2
石家庄					1					1
盖家庄			2	1						3
东范庄								1		1
西范庄					1					1
北范庄					1					1
第六乡总计	5	3	3	1	2	1				15
毛张庄			1							1
东言礼	2			1	1	1				5
西言礼		1								1
黄鹂庄			1							1
张家套	3	2	1		1					7

续表

村庄名＼每户口数	1	2	3	4	5	6	7	8	10	合计
第七乡总计		3	5	3	3	1	1			16
韩家店					1					1
西王家庄			1							1
小王驼			3							3
木王庄							1			1
大白						1				1
后城子				1						1
开河			1							1
小言庄		1								1
冯家庄		1			1					2
邱家				1						1
姚家庄				1	1					2
释家套		1								1
第八乡总计		5	1	1	1	1				9

续表

村庄名＼每户口数	1	2	3	4	5	6	7	8	10	合计
耿家庄		1			1	1				3
牛家官庄		1								1
柴家庄		1								1
邢家庄			1	1						2
二辛庄		1								1
仓廪庄		1								1
第九乡总计	1	8	3	13	4	2	1			32
西左家				1		1				2
大碾		1	1			1				3
于家		1		1						2
萝圈					1					1
王少唐	1	2			1					4
杨家庄		1			2					3
王家寨		2	1	2						5

续表

村庄名 \ 每户口数	1	2	3	4	5	6	7	8	10	合计
辛梁镇		1	1	7			1			10
丁庄				2						2
第十乡总计		2	1	1			1			5
孔家			1							1
成家		1								1
张德佐家								1		1
刘聚桥		1								1
张家寨				1						1
第十一乡总计	2	4	10	3	4	2				25
王伍庄					1					1
时家庄	1	1	1			2				5
孟家坊					2					2
大陈家庄				1	1					2
张家庄				1						1

续表

每户口数 村庄名	1	2	3	4	5	6	7	8	10	合计
孙家镇	1	3	6	1						11
都路平			1							1
王庄			1							1
刘庄			1							1
第十二乡总计	1	3	5	2		1		1		13
辉李庄			1							1
高家庄						1				1
大三户		1		1						2
小三户		1	1	1						3
刘家			1							1
车郭庄								1		1
打鱼里		1	2							3
赵家庄	1									1

续表

每户口数 / 村庄名	1	2	3	4	5	6	7	8	10	合计
第十三乡总计	9	4	3	1	2		1			20
花沟		1								1
贾庄							1			1
前陈家	1				1					2
前石门			1		1					2
后石门				1						1
郭家坊	1									1
西南四庄			1							1
曹家庄	1	1								2
云集官家	1									1
大官庄		1								1
段家	1									1
田镇	4	1	1							6

续表

村庄名＼每户口数	1	2	3	4	5	6	7	8	10	合计
全县	23	57	59	48	37	15	7	5	2	253

五　全县法定人口年龄分配表

第十五表　　全县法定人口年龄分配表

男女别	人口别＼年龄别	不明者	0—2	3—12	13—19	20—29	30—39	40—49	50—59	60—69	70—79	80—89	90—	合计	百分数
男子	本籍人现住	235	6217	16005	8692	10818	10637	10046	8148	4112	1340	170	3	76423	92.61%
	本籍人他往	54	22	103	1240	1936	1185	718	296	55	17			5626	6.82%
	寄籍人现住	6	31	82	43	72	82	54	44	28	5			447	0.54%
	寄籍人他往			2	6	11	8	1						28	0.03%
	总　计	295	6270	16192	9981	12837	11912	10819	8488	4195	1362	170	3	82524	100%
	百分数	0.36%	7.59%	19.62%	12.09%	15.56%	14.43%	13.12%	10.28%	5.08%	1.65%	0.21%	0.01%	100%	

续表

男女别	人口别 \ 年龄别	不明者	0—2	3—12	13—19	20—29	30—39	40—49	50—59	60—69	70—79	80—89	90—	合计	百分数
女子	本籍人现住	412	6047	15404	9569	13338	11195	9800	8392	5200	2329	482	17	82185	99. 11%
	本籍人他往	29	20	46	33	81	54	39	14	10	3			329	0. 39%
	寄籍人现住	4	34	87	35	54	65	58	42	26	8			413	0. 49%
	寄籍人他往	1				1								2	0. 01%
	总　计	446	6101	15537	9637	13474	11314	9897	8448	5236	2340	482	17	82929	100%
	百分数	0. 54%	7. 35%	18. 74%	11. 62%	16. 23%	13. 64%	11. 94%	10. 19%	6. 32%	2. 82%	0. 59%	0. 02%	100%	
男女合计	全　县	741	12371	31729	19618	26311	23226	20716	16936	9431	3702	652	20	165453	
	百分数	0. 44%	7. 47%	19. 17%	11. 86%	15. 90%	14. 04%	12. 54%	10. 24%	5. 70%	2. 24%	0. 39%	0. 01%	100%	

第十六表

各乡本籍人现住男子年龄分配表

乡名 \ 年龄别	不明者	0	1—2	3—4	5—9	10—12	13—14	15—19	20—24	25—29	30—34	35—39	40—44	45—49	50—54	55—59	60—69	70—79	80—89	90—	合计
首善乡	14	118	161	146	297	183	104	175	205	190	207	216	200	197	169	142	170	52	4		2950

续表

年龄别\乡名	不明者	0	1—2	3—4	5—9	10—12	13—14	15—19	20—24	25—29	30—34	35—39	40—44	45—49	50—54	55—59	60—69	70—79	80—89	90—	合计
第一乡	12	126	232	245	487	272	180	349	360	286	310	320	340	291	310	242	251	115	14	1	4743
第二乡	12	207	390	367	768	417	257	488	527	531	507	476	461	396	410	309	341	121	9		6994
第三乡	10	134	220	203	404	211	123	282	257	279	284	263	238	237	226	186	219	70	7		3853
第四乡	14	200	326	334	691	384	218	415	481	421	390	417	437	409	355	270	334	101	20		6217
第五乡	13	133	227	211	420	274	154	238	263	249	302	299	314	267	256	211	223	62	8		4124
第六乡	39	145	235	184	465	276	200	346	369	288	316	364	404	312	304	243	251	106	6	1	4854
第七乡	35	195	354	308	671	417	285	557	526	466	524	513	537	428	463	329	390	130	12		7140
第八乡	26	191	395	346	765	482	307	635	526	548	530	534	543	440	497	353	414	120	20		7672
第九乡	11	135	241	196	499	286	196	319	318	277	291	269	315	217	301	172	248	93	11		4395
第十乡	16	79	203	160	295	198	124	277	259	232	227	220	236	178	224	153	177	56	8		3322
第十一乡	12	125	288	251	524	328	221	452	386	396	386	343	393	300	311	220	291	77	14		5318
第十二乡	7	108	230	164	394	265	176	346	299	267	281	287	300	206	222	150	194	65	8		3969
第十三乡	14	283	536	447	1079	691	436	832	862	750	873	688	783	667	735	385	609	172	29	1	10872
全县	235	2179	4038	3562	7759	4684	2981	5711	5638	5180	5428	5209	5501	4545	4783	3365	4112	1340	170	3	76423
百分数	0.32%	2.87%	5.30%	4.67%	10.16%	6.15%	3.66%	7.48%	7.36%	6.79%	7.11%	6.84%	7.20%	5.96%	6.27%	4.42%	5.39%	1.77%	0.27%	0.01%	100%

第十七表

全县各村庄本籍人现住男子年龄分配表

年龄别 村庄名	不明者	0	1—2	3—4	5—9	10—12	13—14	15—19	20—24	25—29	30—34	35—39	40—44	45—49	50—54	55—59	60—69	70—79	80—89	90—	合计
首善乡总计	14	118	161	146	297	183	104	175	205	190	207	216	200	197	169	142	170	52	4		2950
城里村	3	22	29	28	41	27	19	22	23	24	34	29	29	30	18	16	27	4			425
言坊村		12	8	5	19	12	7	22	11	13	11	14	12	10	9	4	10	4			183
东关村	1	9	20	14	39	32	15	16	30	32	34	31	28	34	15	20	16	6			392
南关村		11	13	11	21	15	8	12	15	21	20	13	11	20	20	12	11	8	1		243
爱山村		6	6	5	24	6	4	6	5	9	6	13	11	7	4	5	7	3	1		128
美井村	1	7	22	16	32	22	7	17	27	17	14	18	16	17	23	15	15	3	1		290
中兴村	2	9	8	14	21	19	14	18	16	14	7	15	19	18	14	13	20	6			247
黛溪村	3	20	22	23	38	26	17	32	41	35	35	41	42	31	33	23	27	12	1		502
三义村	3	10	11	12	24	8	3	10	15	4	19	16	9	7	11	11	14	2			189
北关村	1	12	22	18	38	16	10	20	22	21	27	26	23	23	22	23	23	4			351
第一乡总计	12	126	232	245	487	272	180	349	360	286	310	320	340	291	310	242	251	115	14	1	4743
韩家坊	1	5	19	13	41	22	24	29	35	25	29	37	31	31	26	19	17	10	1	1	416

续表

年龄别/村庄名	不明者	0	1—2	3—4	5—9	10—12	13—14	15—19	20—24	25—29	30—34	35—39	40—44	45—49	50—54	55—59	60—69	70—79	80—89	90—	合计
大李家	3	15	34	28	68	27	24	47	38	35	36	30	44	42	37	31	25	8	1		573
张家山		8	19	13	33	14	12	23	18	19	14	19	16	15	18	19	19	8	1		288
十里铺	3	9	14	13	23	16	5	30	23	21	17	16	18	21	18	9	17	7	2		282
接官亭			1	1	3	1	3	3	4	2		2		1	1	1		1			24
张家庄		6	15	14	22	13	10	17	17	11	12	14	14	5	16	9	11	4			210
高家庄		1	4	9	5	2	2	8	4	5	7	5	6	2	2	2	4	3			71
王家庄	1	4	7	5	15	5	3	8	7	11	11	10	9	7	6	9	6	2			126
聚和庄		2	3	6	13	9	9	11	8	9	8	7	10	11	11	6	6	4	1		134
小李家		2	2	3	5	2	3	4	7	5	4	3	4	1	3	4	3	2			57
马家庄		2	3	3	9	7	3	4	4	2	11	6	3	6	5	2	4	1			75
韦家庄	2	8	22	20	47	23	10	35	30	15	25	22	28	24	27	9	25	8	2		382
富盛庄					1			2	1	1		2	1			1	1				10
成庄		2	1	1	4	6	2	5	3	1	3	3	4	3	2	1	1	1			43

续表

年龄别 村庄名	不明者	0	1—2	3—4	5—9	10—12	13—14	15—19	20—24	25—29	30—34	35—39	40—44	45—49	50—54	55—59	60—69	70—79	80—89	90—	合计
刘家庄		4	5	9	9	10	6	8	12	12	7	4	8	9	7	7	8	4			129
郭庄		7	15	24	27	13	7	15	23	14	20	32	15	22	15	10	12	7	1		279
黄家营		3	5	5	11	5	4	6	8	6	1	11	5	3	7	9	3	4			96
樊家庄		7	9	6	20	12	6	11	11	9	13	5	12	10	8	5	9	4			157
鲁家泉	1	8	11	11	22	15	12	8	18	7	8	9	14	13	14	10	9	6	3		199
石家庄	1	14	14	19	41	21	13	24	30	22	21	22	29	32	38	31	24	8	2		406
贺家庄		8	10	24	31	26	13	32	30	15	34	28	35	17	19	19	20	13			374
姜家洞		3	4	3	6	7	4	6	4	8	1	5	4	4	7	3	4	2			75
碑楼会仙		8	15	15	31	16	5	13	25	31	28	28	30	12	23	26	23	8			337
第二乡总计	12	207	390	367	768	417	257	488	527	531	507	476	461	396	410	309	341	121	9		6994
青阳店	2	34	56	63	108	62	36	70	69	83	63	66	74	59	53	54	50	17	2		1021
董家庄		9	33	21	63	29	11	22	33	32	27	41	38	25	35	17	17	10	1		464
韩家庄		7	12	8	25	13	11	17	17	10	13	16	19	12	11	4	10	3	1		209

续表

年龄别/村庄名	不明者	0	1—2	3—4	5—9	10—12	13—14	15—19	20—24	25—29	30—34	35—39	40—44	45—49	50—54	55—59	60—69	70—79	80—89	90—	合计
新立庄		3	8	7	9	3	1	6	9	9	12	5	10	6	5	5	5	2			105
贾庄		8	4	3	11	10	2	7	5	9	8	9	8	7	2	5	10	2			110
浒山铺	1	8	25	24	37	20	22	28	26	24	25	30	24	18	26	16	20	7			381
刘家庄	2	32	43	41	87	37	36	40	66	46	61	51	49	53	41	33	35	12	1		766
马步店		9	17	16	24	15	7	26	22	21	13	15	12	15	15	11	18	4			260
钟家庄	1	10	22	19	45	19	13	20	30	32	22	26	28	31	20	17	13	7			375
耿家庄		12	21	25	57	33	14	31	37	36	35	36	38	26	37	13	25	4	1		481
东窝驼	5	12	29	25	53	35	25	33	33	37	39	30	28	26	30	26	20	10	1		497
西窝驼	1	26	40	43	108	54	24	77	64	86	66	61	40	43	53	48	46	16	1		897
代庄		3	5	3	15	6	3	7	6	8	7	4	6	3	8	5	2	4	1		96
徐家庄		6	10	10	21	16	6	11	22	17	18	13	13	7	9	13	10	2			204
郭庄		11	13	8	16	16	12	20	14	14	18	13	14	13	17	8	13	7			227
化庄		7	17	18	35	15	12	34	27	28	32	23	24	23	22	14	17	6			354

续表

年龄别 / 村庄名	不明者	0	1—2	3—4	5—9	10—12	13—14	15—19	20—24	25—29	30—34	35—39	40—44	45—49	50—54	55—59	60—69	70—79	80—89	90—	合计
陈家庄		10	35	33	54	34	22	39	47	39	48	37	36	29	26	20	30	8			547
第三乡总计	10	134	220	203	404	211	123	282	257	279	284	263	238	237	226	186	219	70	7		3853
西赵家庄		8	9	6	19	4	4	8	7	9	21	11	6	7	9	10	8	4			150
黄家河滩		8	6	4	10	7	7	7	11	9	5	5	5	10	8	8	3	2			115
吉祥庄		2	7	3	6	6	7	5	4	6	6	4	7	5	4	8	4	3			87
上娄		7	11	11	16	6	7	11	10	9	10	11	9	7	9	7	6	1			148
下娄		5	15	10	17	9	1	11	12	10	11	13	12	8	5	6	9	2			156
杏林庄		5	11	10	10	8	2	13	13	19	11	7	10	11	8	2	6	1			147
郭庄		4	3	7	15	1	3	10	6	4	7	6	2	9	6	6	5	3			97
秦家沟	2	10	15	18	21	11	4	20	15	24	20	12	15	13	8	12	18	8			246
聚仙庄		1	4	11	13	5	6	12	17	5	11	4	7	7	8	1	9	2	1		124
贺家庄		3	6	2	10	6	3	11	4	9	11	4	7	6	7	7	11	2			109
太和庄	1	5	3	12	10	4	6	10	10	10	9	7	6	8	9	7	3	2	2		124

续表

年龄别 村庄名	不明者	0	1—2	3—4	5—9	10—12	13—14	15—19	20—24	25—29	30—34	35—39	40—44	45—49	50—54	55—59	60—69	70—79	80—89	90—	合计
樊家洞			1	2	2	3	3	1	3	1	2	1	2	3	1	2	1				28
孙家峪		2	5	4	3	11	2	9	8	7	8	9	9	7	6	3	7	1			101
象伏庄		8	18	6	28	14	5	4	8	19	19	17	17	7	15	15	10	4	1		215
象山前	1	4	7	9	22	10	9	11	18	13	15	20	14	10	6	8	12	4			193
芦泉		3	5	4	15	8	4	11	7	12	10	9	7	12	8	9	5	1	1		131
王家庄		2	1	2	3	1		4	3	3	2		1	3		1					26
石家庄		14	9	12	32	10	10	19	20	12	14	15	9	11	15	5	13	3			223
冯家庄		1	4	1	8	5	3	4	6	9	11	2	2	8	5	3	6				78
丁家庄		10	7	15	19	8	4	10	6	12	6	12	9	9	13	11	14	1			166
东赵家庄		4	11	5	21	8	6	15	14	11	10	18	8	12	12	9	16	3			183
崔家营	4	10	13	15	22	17	5	17	13	16	19	22	21	10	12	13	13	7	2		251
崔家庄		5	11	8	24	8	2	5	7	7	6	11	13	10	11	5	8	3			144
抱印庄		1	7	4	9	10	5	11	7	7	11	14	7	3	11	3	6	3			119

续表

年龄别 / 村庄名	不明者	0	1—2	3—4	5—9	10—12	13—14	15—19	20—24	25—29	30—34	35—39	40—44	45—49	50—54	55—59	60—69	70—79	80—89	90—	合计
李家庄		1	12	7	12	10	5	12	6	11	9	13	10	9	11	4	7	4			143
郎君庄	2	11	19	15	37	21	10	31	22	25	20	16	23	32	19	21	19	6			349
第四乡总计	14	200	326	334	691	384	218	415	481	421	390	417	437	409	355	270	334	101	20		6217
南逯庄	2	23	30	53	75	43	17	52	51	49	50	67	57	39	49	39	49	16	6		767
中逯庄		8	10	13	14	8	3	11	20	8	7	9	13	16	10	9	9	1			169
北逯庄		5	12	8	19	14	11	9	19	9	15	12	11	13	14	7	11	5	1		195
太和庄		4	12	8	17	6	11	16	13	13	8	9	10	16	8	7	6	3			167
陈河涯			4	2	9	5	1	4	4	9	4	4	3	3	4	3	3	2			64
平原庄		10	20	17	36	17	8	18	22	13	17	24	14	10	16	8	15	4	1		270
蒙家庄	4	19	22	22	48	14	13	22	26	26	21	19	28	20	16	9	14	4			347
大杨堤		5	5	6	21	6	6	21	13	12	8	9	16	13	6	3	8	3			161
小杨堤		7	16	16	28	9	6	10	20	17	13	13	12	16	10	11	7	2	1		214
东杨堤		16	27	24	42	31	13	33	32	28	30	33	38	29	18	18	17	8	2		439

续表

年龄别村庄名	不明者	0	1—2	3—4	5—9	10—12	13—14	15—19	20—24	25—29	30—34	35—39	40—44	45—49	50—54	55—59	60—69	70—79	80—89	90—	合计
西杨堤	1	7	8	8	30	25	9	22	28	23	18	23	23	19	21	15	26	7	2		315
见埠庄	1	12	25	34	71	45	32	44	56	41	37	38	54	48	40	36	38	8	1		661
杨家庄	1	2	5	2	14	9	1	8	10	9	8	6	8	6	6	1	6				102
代家庄		9	7	8	16	11	4	10	12	13	11	11	11	10	7	9	2	2			153
杨家寨		9	15	10	20	11	7	20	24	18	14	13	9	17	11	10	12	3	1		224
刘家庄		5	7	14	19	10	4	7	8	9	7	10	12	9	8	5	5	5	1		145
高家庄		3	3	6	16	5	6	4	8	10	3	5	10	6	3	2	7				97
韩家庄	1	15	26	14	37	18	11	19	22	20	24	23	30	24	20	14	14	7	2		341
北唐		3	6	5	9	3	7	4	2	4	5	7	7	3	6	4	3	1			79
南唐		3	4	1	3	1	2	7	7	4	6	2	3	7	5	2	3	1			61
樊家庄	1	8	16	21	40	18	17	22	19	24	20	16	18	20	23	18	23	6			330
东禾		1	4	2	9	17	3	6	6	11	14	3	5	12	6	7	9	1	1		117
西禾		2	5	7	6	6	2	3	3	5	4	5	5	6	7	2	4	1			73

续表

年龄别/村庄名	不明者	0	1—2	3—4	5—9	10—12	13—14	15—19	20—24	25—29	30—34	35—39	40—44	45—49	50—54	55—59	60—69	70—79	80—89	90—	合计
北禾		9	12	9	32	13	10	21	29	17	14	22	15	8	17	6	14	3			242
段家庄		3	4	7	21	11	3	5	8	7	11	10	9	7	7	7	10	2	1		133
柳泉庄	3	12	20	15	37	27	11	16	27	21	18	20	15	32	16	16	18	3			327
于齐庄			1	2	2	1		1	1	1	3	4	1		1	2	1	3			24
第五乡总计	13	133	227	211	420	274	154	238	263	249	302	299	314	267	256	211	223	62	8		4124
黄山前	4	9	21	20	46	26	14	26	25	25	29	22	33	32	22	29	18	8			409
侯家庄		3	3	3	6	2	1	4	2	1	6	3	7	2	4	4		1			52
代庄		4	6	2	7	4	2	6	4	3	5	6	4	6	3	8	1				71
孙家庄		1	3	5	8	7	1	6	5	4	7	5	4	7	7	6	5	2			83
景家庄	1	13	18	15	32	25	14	16	12	13	24	21	20	13	19	12	8	5	1		282
周家庄		7	17	9	26	16	9	19	13	22	25	18	22	18	17	12	18	3			271
乔木庄		5	8	11	16	11	9	14	11	6	15	7	10	13	8	4	4	2			154
月河庄			1	2	5	3	2		3	1	4	2	5	1	2	1					32

续表

年龄别 / 村庄名	不明者	0	1—2	3—4	5—9	10—12	13—14	15—19	20—24	25—29	30—34	35—39	40—44	45—49	50—54	55—59	60—69	70—79	80—89	90—	合计
小吕家庄			1	2	4		1	2	5	3	5	4	1	3	2	1	7				43
石家庄	1	12	9	14	23	13	8	15	15	8	8	14	12	16	14	8	9	5			204
鲍家庄		6	15	10	19	20	6	11	18	17	12	13	10	6	10	7	12	2	1		195
盖家庄		5	5	3	10	9	6	8	3	7	11	10	5	11	12	10	8		1		124
鄢家庄	2	6	21	15	36	22	8	17	20	11	15	26	25	22	14	20	25	9	2		316
东范庄	4	34	56	48	82	60	35	53	52	65	64	72	75	60	57	40	56	11	1		925
南范庄	1	14	20	24	46	23	15	20	33	28	37	37	30	32	27	20	15	4	1		427
西范庄			2	4	9	4	5	4	6	2	5	1	4	3	7	5	4	1			66
北范庄		9	8	15	27	16	10	10	24	15	15	25	27	12	18	14	20	6	1		272
七里铺		5	13	9	18	13	8	7	12	18	15	13	20	10	13	8	13	3			198
第六乡总计	39	145	235	184	465	276	200	346	369	288	316	364	404	312	304	243	251	106	6	1	4854
小店	2	10	21	8	33	10	15	25	26	21	22	22	31	23	25	14	18	9			335
杨村	2	6	13	5	33	20	9	20	13	18	28	12	20	13	22	20	19	5			278

续表

年龄别 村庄名	不明者	0	1—2	3—4	5—9	10—12	13—14	15—19	20—24	25—29	30—34	35—39	40—44	45—49	50—54	55—59	60—69	70—79	80—89	90—	合计
穆王庄	1	13	5	10	13	16	11	13	20	15	14	14	19	16	15	6	2	6			209
魏家庄	2	10	20	17	55	29	21	38	37	34	34	39	34	35	32	20	32	16			505
刁家庄		3	8	11	20	12	7	17	19	13	13	13	22	14	6	11	11	6	1		207
宋家庄		1	13	8	13	11	2	6	8	9	15	5	14	9	7	8	8	3			140
郭家庄	5	10	8	12	26	14	14	22	13	10	11	25	32	14	21	16	10	4			267
毛张庄	10	11	21	14	39	16	12	17	25	24	18	31	25	14	21	22	13	6	1		340
刘家道口	1	4	9	2	16	12	5	13	9	9	10	20	12	6	12	5	6	3			154
纪家庄	2	5	12	10	19	9	10	16	22	15	11	14	20	13	13	10	9	3		1	214
韩家庄	6	20	31	26	44	31	28	36	60	32	34	49	46	49	31	41	42	12	1		619
曹家小庄		8	9	7	19	11	3	10	5	11	7	11	9	9	12	5	7	2			145
夏家屋子		1		1		2	1		3						2	2					12
崔家庄	2	10	10	12	27	15	16	33	24	19	22	27	24	16	22	14	11	6			310
东言礼	1	4	14	14	38	17	20	31	22	15	22	28	28	26	21	11	15	8	1		336

续表

村庄名＼年龄别	不明者	0	1—2	3—4	5—9	10—12	13—14	15—19	20—24	25—29	30—34	35—39	40—44	45—49	50—54	55—59	60—69	70—79	80—89	90—	合计
西言礼	2	14	23	15	35	28	11	20	27	21	27	27	37	22	23	16	29	4	1		382
伏生祠		1			1	1	1		1	1		1	3	1		1		1			13
黄鹂庄	2	10	10	6	15	13	6	11	13	6	13	12	13	17	9	8	12	5	1		182
张家套	1	4	8	6	19	9	8	18	22	15	15	14	15	15	10	13	7	7			206
第七乡总计	35	195	354	308	671	417	285	557	526	466	524	513	537	428	463	329	300	130	12		7140
韩家店		11	8	7	26	13	5	19	13	11	22	17	12	15	13	7	12	4	2		217
孙家庄		1	3	5	6	3	6	4	6	7	5	5	10	1	6	3	1	1			73
青眉庄		2	3	1	4	4		7	7	4	4	2	4	4	5		2				53
赵家庄		1	2	6	8	4	3	13	6	5	3	7	3	7	6	5	4				83
辛庄		1	4	1	4	2	3	4	5	4	4	4	9	1	2	1	5	2			56
白家桥		3	7	3	8	3	2	6	4	5	6	6	5	6	5	6	5				80
西王家庄		5	6	9	4	5	5	11	6	7	10	6	11	5	7		4	1			162
大王驼	7	9	19	18	45	25	14	32	41	37	39	23	35	29	24	23	29	10	1		460

续表

年龄别 村庄名	不明者	0	1—2	3—4	5—9	10—12	13—14	15—19	20—24	25—29	30—34	35—39	40—44	45—49	50—54	55—59	60—69	70—79	80—89	90—	合计
小王驼	5	10	10	13	39	15	18	31	22	19	26	20	19	19	18	15	13	7			319
李家庄	3	3	3	4	5	4	3	6	8	2	6	5	8	11	4	8	1	2			86
波踏店	1	4	10	7	19	10	5	13	10	13	14	15	9	7	11	8	7				163
东韦家	1	1	3	2	6	5	2	6	4	2	3	10	5	2	6	2	6				66
东白家			6	4	13	8	2	11	12	5	12	14	12	9	10	5	9	2			134
木王庄		3	5	2	6	2	1	6	9	3	2	7	5	1	3	2	2	1			60
张家庄		1			2	2	1	2		2	1	3	1	2	3	2	3				25
甲子庄	1		3	2	6	2	6	10	9	4	6	4	6	2	4	4	5	1			75
西韦家		3	8	12	20	13	9	14	16	12	18	16	15	12	6	8	10	4	1		197
大白		5	5	12	10	8	7	14	11	14	8	12	19	4	8	1	7				145
小白	1		3	1	3	2	5	7	3	6	2	4	3	3	5	6	1		1		56
宋家庄	1	6	12	10	21	19	14	22	22	13	15	23	23	22	15	11	13	1	2		265
上口		11	18	10	37	22	11	34	38	20	25	27	38	24	35	18	15	7	2		392

续表

年龄别／村庄名	不明者	0	1—2	3—4	5—9	10—12	13—14	15—19	20—24	25—29	30—34	35—39	40—44	45—49	50—54	55—59	60—69	70—79	80—89	90—	合计
前城子	3	20	25	23	43	29	26	27	18	24	19	27	31	19	21	22	24	11			412
后城子		6	7	9	23	10	7	15	9	7	12	8	15	13	14	8	11	5			179
马庄	1	16	26	24	46	35	21	32	43	41	48	37	37	44	35	25	28	12			551
滕家庄	1	12	19	12	35	22	12	21	22	19	31	45	24	26	32	25	24	7	1		390
萧家庄	6	21	37	32	75	54	25	44	49	58	57	60	57	40	50	37	54	16			772
开河	1	10	19	11	28	14	8	17	14	31	18	21	29	13	18	14	14	6			286
小言庄			6	5	11	5	6	8	8	5	5	5	3	6	4	4	5	1			87
东王家庄		5	19	15	24	16	8	16	18	20	23	18	18	18	21	15	15	6	1		276
颜家桥		5	18	15	25	19	16	27	20	20	20	16	23	23	14	12	14	8			290
冯家庄		4	1	4	9	5	6	12	17	2	11	9	10	5	13	5	11	3			127
邱家		3	12	7	14	7	4	18	14	11	12	7	7	6	10	6	12	6			156
官家庄		4	3	4	7	8	4	8	9	10	8	2	5	5	5	6	4	2	1		95
耿家庄			2	3		4	3	4	7	3	4	3	2	5	5	2	2				49

续表

村庄名 \ 年龄别	不明者	0	1—2	3—4	5—9	10—12	13—14	15—19	20—24	25—29	30—34	35—39	40—44	45—49	50—54	55—59	60—69	70—79	80—89	90—	合计
姚家庄	1	2	6	5	9	2	3	9	3	3	7	8	6	4	6	1	5	5			85
释家套	2	3	10	5	25	12	9	15	14	11	15	14	17	12	9	7	11	3			194
旧口		4	3	3	5	4	3	6	6	4	3	2		2	6	3	2	1			57
袁家屋子			3	2			2	6	3	2		1	1	1	4	2					27
第八乡总计	26	191	395	346	765	482	307	635	526	548	530	534	543	440	497	353	414	120	20		7672
明家集		4	12	13	25	20	7	26	19	15	21	22	25	17	18	6	9	8			267
耿家庄		10	12	17	24	19	13	17	20	21	19	19	22	19	24	21	11	2			290
牛家官庄	1	4	6	4	17	13	12	20	14	13	21	18	16	11	18	10	9	4			211
田家庄		7	16	6	23	13	8	19	14	21	9	15	13	13	16	11	9	3	1		217
大张官庄	1	3	16	17	23	17	16	24	17	13	26	24	20	18	16	12	18	2			28
小张官庄		3	4	6	15	2	7	14	7	10	10	3	14	3	11	8	10	1			128
兰芝里	1	12	14	12	23	19	7	18	14	22	13	15	15	19	7	8	13	2	1		235
解家庄	3	7	20	15	35	18	5	23	28	33	24	37	23	9	22	20	26	5	2		365

续表

年龄别／村庄名	不明者	0	1—2	3—4	5—9	10—12	13—14	15—19	20—24	25—29	30—34	35—39	40—44	45—49	50—54	55—59	60—69	70—79	80—89	90—	合计
柴家庄	1	6	8	12	16	13	8	13	14	5	10	15	14	9	11	4	9	2			170
东闸子	4	1	12	10	16	9	12	16	18	17	11	11	11	9	10	11	12	2			192
西闸子	6	8	22	26	54	35	19	44	28	32	44	27	44	24	32	19	33	8	1		506
苏家桥	1	3	3	1	10	9	3	9	12	9	5	8	4	7	2	7	6	3	1		103
邢家庄		4	4	4	16	9	5	14	12	9	12	12	15	8	8	6	8	2			148
窝村		4	17	8	37	22	22	24	28	19	17	21	15	11	22	15	15	5	1		293
颜家集	2	15	15	17	40	25	19	39	31	33	14	19	23	22	25	23	26	4			392
牛家庄		7	12	5	27	19	10	17	13	18	19	20	18	19	13	7	11	3	1		239
二辛庄		7	9	3	9	9	3	12	7	15	14	13	15	9	10	10	9	4	1		159
东佐家		5	12	5	15	8	8	12	19	7	12	10	8	9	5	7	8	5			155
十户		5	14	17	20	16	11	32	23	22	28	13	19	16	14	14	13	3	2		282
刘楷家		7	7	8	17	10	4	12	10	14	5	14	8	9	13	5	5	1	2		151
仓廪庄		5	7	13	20	10	5	13	20	13	20	14	11	9	8	8	7	4			187

续表

村庄名＼年龄别	不明者	0	1—2	3—4	5—9	10—12	13—14	15—19	20—24	25—29	30—34	35—39	40—44	45—49	50—54	55—59	60—69	70—79	80—89	90—	合计
高家庄		3	6	2	12	12	4	6	7	8	6	9	11	8	10	2	7	2			115
宋家庄		10	22	13	35	25	24	33	17	31	27	18	32	21	36	19	26	11	2		402
成家庄		12	20	23	36	20	13	32	24	22	20	30	31	29	23	11	28	5	1		380
许家道口		8	26	16	35	14	10	20	22	23	19	26	23	17	11	22	13	10			315
高洼庄		4	13	9	17	9	4	9	13	16	7	9	13	11	14	4	9	3	1		165
曹家庄		8	16	16	26	20	11	25	14	12	17	19	21	12	22	15	15	4	2		275
宋家集		1	7	10	14	8	9	19	12	12	14	15	10	8	25	6	8	2			180
惠家辛庄		3	19	7	44	21	14	25	17	27	28	19	16	20	17	16	18	4			315
段家桥	6	15	24	31	64	38	24	48	32	36	38	39	33	34	34	26	23	6	1		552
第九乡总计	11	135	241	196	499	286	196	319	318	277	291	269	315	217	301	172	248	93	11		4395
吴家		6	5	6	20	7	9	10	7	9	9	12	8	5	8	4	9	5			139
西左家	1	21	31	21	48	30	20	31	24	32	29	34	35	24	39	22	16	4	1		463
大碾		6	18	18	30	15	7	23	20	23	11	12	29	19	15	13	16	3			278

续表

年龄别 / 村庄名	不明者	0	1—2	3—4	5—9	10—12	13—14	15—19	20—24	25—29	30—34	35—39	40—44	45—49	50—54	55—59	60—69	70—79	80—89	90—	合计
于家		8	10	15	16	14	10	15	14	12	19	12	19	9	17	6	11	6	2		215
王家	1	3	8	4	12	13	6	9	7	7	10	7	6	9	6	7	4	1	1		121
宋家		13	12	11	32	13	17	23	21	16	15	21	23	8	22	10	14	8	1		280
营家		4	11	3	18	12	4	12	11	10	7	16	8	6	16	8	9	3			158
萝圈	3	8	5	8	23	13	6	18	12	10	11	11	18	8	16	14	18	12			214
辛桥	2	8	23	24	49	32	16	27	25	26	31	30	19	23	23	13	22	9			402
王少唐		7	14	6	23	9	7	14	21	8	11	9	12	10	18	4	12	7	1		193
杨家庄		4	3	3	17	13	9	8	13	9	9	7	12	9	9	5	8	2			140
田家	1	11	24	15	35	26	15	27	31	24	29	21	36	26	31	15	19	8	1		395
王家寨		2	6	4	10	4	4	9	7	3	7	4	7	5	5	1	6	2	1		87
河沟涯			6	2	9	7	7	7	8	8	6	4	4	2	8	1	3	1			83
辛梁镇	3	18	24	30	61	32	25	42	38	37	43	26	38	19	32	21	39	8			536
程和铺		3	12	4	12	8	6	12	13	9	8	11	7	9	6	8	13	1			142

续表

年龄别 / 村庄名	不明者	0	1—2	3—4	5—9	10—12	13—14	15—19	20—24	25—29	30—34	35—39	40—44	45—49	50—54	55—59	60—69	70—79	80—89	90—	合计
郝庄		8	16	9	48	20	13	19	21	24	21	19	17	14	15	7	12	9	2		294
丁庄		5	13	13	36	18	15	13	25	10	15	13	17	12	15	13	17	4	1		255
第十乡总计	16	79	203	160	295	198	124	277	259	232	227	220	236	178	224	153	177	56	8		3322
崖镇		4	22	15	27	16	7	18	17	14	16	21	24	11	27	5	15	4	1		264
杨家庄		5	7	6	17	10	11	13	15	16	9	7	12	8	9	5	12	2	1		165
张家庄	1	2	20	11	32	24	8	21	25	26	25	23	18	19	22	8	17	1			303
郭家庄		1	2	4	5	4	3	11	9	11	6	9	11	4	8	6	5	1			100
吕家	6	2	2	3	2	2	1	2	4	4	1	2	5	1	3	2		2			44
孔家		5	6	8	10	4	2	13	10	12	11	4	9	9	9	4	5		1		122
长槐家	2	2	5	6	4	1	6	5	9	5	4	7	4	4	1	6	4	2			77
成家	2	6	29	15	28	22	13	31	26	28	32	17	17	23	22	16	21	8			356
张德佐家	1	10	8	4	15	13	4	12	12	10	9	8	8	11	11	8	8	4			156
崇兴官庄			2	1	8	4	3	5	1		3	4	4	1	5	1					42

续表

村庄名＼年龄别	不明者	0	1—2	3—4	5—9	10—12	13—14	15—19	20—24	25—29	30—34	35—39	40—44	45—49	50—54	55—59	60—69	70—79	80—89	90—	合计
孙家庄		7	6	10	16	8	4	12	14	9	8	12	12	3	13	10	5	3			152
韩家庄	2	8	8	11	15	8	6	15	18	19	8	15	13	9	11	11	13		2		192
刘聚桥		6	14	5	16	12	11	18	12	14	13	8	17	11	8	12	9	6			192
刘家井		3	16	10	18	12	5	16	17	12	14	21	12	8	19	9	13	4			209
郑家			9	8	11	7	6	13	8	4	9	8	7	4	15	7	7	2			125
马庄	2	8	16	17	24	22	17	24	21	11	19	18	19	23	14	13	19	7	2		296
粉张庄		4	18	18	28	15	10	22	29	18	21	22	27	17	16	16	15	9			305
张家寨		6	13	8	19	14	7	26	12	19	19	14	17	12	11	14	9	1	1		222
第十一乡总计	12	125	288	251	524	328	221	452	386	396	386	343	393	300	311	220	291	77	14		5318
王伍庄		8	20	26	41	20	17	41	21	25	28	16	23	24	18	13	26	6	2		375
周家庄		6	23	14	30	13	18	25	22	24	16	17	21	10	13	14	17	6			289
时家庄		3	13	17	24	19	2	32	25	20	22	20	14	17	15	14	20		1		278
孟家坊		2		5	9	5	2	17	7	2	3	8	3	9	6	7	4	4	1		94

续表

村庄名＼年龄别	不明者	0	1—2	3—4	5—9	10—12	13—14	15—19	20—24	25—29	30—34	35—39	40—44	45—49	50—54	55—59	60—69	70—79	80—89	90—	合计
岳家官庄			1	2	10	2	2	3	4	6	5	4	1	2	4	3	3				52
潘家		3	7	6	8	9	4	9	14	7	7	6	7	9	7	4	7	2			116
安祥庄	1	6	6	8	11	2	3	15	11	14	8	8	14	5	10	3	4				129
刘家		2	3	4	10	8	3	5	3	7	8	5	10	6	8	8	5	1			96
大陈家庄		5	17	13	41	34	18	25	29	40	25	25	22	26	17	21	24	3	1		386
信家	2	5	11	11	17	17	8	23	9	22	15	17	19	22	12	2	15	3			230
罗家		4	7	6	10	5	1	14	12	7	9	5	6	5	11	1	4	2			109
霍家坡	1	8	22	12	38	19	25	36	33	22	24	28	29	20	24	21	28	5			395
张家庄		5	11	6	21	15	4	16	15	16	11	12	12	10	12	10	9	3	1		189
孙家镇	1	24	51	52	90	60	45	63	65	56	76	57	70	61	58	32	45	18	4		928
范家庄		2	11	4	15	12	5	10	11	10	8	17	11	7	11	5	7	3			149
道民庄	2	7	22	9	15	14	9	17	13	19	16	16	18	9	9	8	12	3	1		219
陈玉平	1	3	4	8	7	7	6	8	16	7	9	12	16	5	12	4	6				131

续表

年龄别 村庄名	不明者	0	1—2	3—4	5—9	10—12	13—14	15—19	20—24	25—29	30—34	35—39	40—44	45—49	50—54	55—59	60—69	70—79	80—89	90—	合计
都路平	2	2	16	11	22	12	9	10	11	19	18	14	26	6	6	7	7	1	1		200
冯家		11	15	15	34	19	18	30	25	26	24	20	23	14	13	14	16	8			325
小陈家庄	1	3	5	6	22	2	6	16	16	10	12	9	14	10	13	9	5	2			161
王庄	1	2	3	2	10	6	1	5	6	7	14	7	6	2	8	4	5	1			90
刘庄		6	7	2	10	8	8	5	1	6	8	6	12	10	8	5	5	2	1		110
蔡庄		8	7	10	21	14	7	18	9	17	17	9	9	7	12	7	12	4	1		189
李庄			6	2	8	6		9	8	7	3	5	7	4	4	4	5				78
第十二乡总计	7	108	230	164	394	265	176	346	299	267	281	287	300	206	222	150	194	65	8		3969
辉李庄		21	29	22	54	36	29	50	50	42	41	53	45	27	31	35	39	8	1		613
李南庄			4	4	3	1	1	4	4	6	5	9	1	4	2	1	1	1			51
于何庄		4	8	7	24	19	6	19	18	8	13	13	13	6	13	4	9	1			185
党李庄		13	18	10	28	18	12	17	18	9	19	20	14	9	11	10	10	3			239
五户		6	6	4	16	12	15	15	13	12	11	12	21	10	13	6	10	4			192

续表

年龄别 村庄名	不明者	0	1—2	3—4	5—9	10—12	13—14	15—19	20—24	25—29	30—34	35—39	40—44	45—49	50—54	55—59	60—69	70—79	80—89	90—	合计
高家庄	2	6	13	7	22	10	4	24	14	7	15	13	15	14	14	5	5	2			192
大三户	2	9	16	17	30	19	16	26	37	13	19	26	21	21	17	13	12	5	1		325
小三户		10	17	9	26	24	15	30	14	24	22	19	24	16	21	9	12	7	1		300
刘家	2	2	2	1	2	4	2	8	4	1	2	5	1	2	1	1	5				45
潘家		2	11	5	13	7	8	10	10	9	9	8	8	9	3	10	4				135
车郭庄		4	20	11	26	12	13	22	19	10	20	19	21	17	14	16	16	3	1		273
曹家庄		6	6	3	21	10	4	18	17	12	11	7	11	8	11	5	8	2			160
郑家寨	1	2	8	5	10	10	6	10	6	6	7	4	10	3	3	4	7	4			109
打鱼里		5	18	7	23	23	45	19	14	23	26	20	24	19	18	9	13	5			281
赵家庄		2	14	15	29	22	11	14	8	18	17	15	19	11	7	4	6	3	2		217
腰庄		11	22	20	39	23	14	30	25	31	23	28	27	17	23	17	21	6	1		378
安家庄		4	17	16	28	15	5	30	28	22	21	10	25	13	14	8	10	7	1		274
第十三乡总计	14	283	536	447	1079	691	436	832	862	750	873	688	783	667	735	385	609	172	29	1	10872

续表

年龄别 / 村庄名	不明者	0	1—2	3—4	5—9	10—12	13—14	15—19	20—24	25—29	30—34	35—39	40—44	45—49	50—54	55—59	60—69	70—79	80—89	90—	合计
花沟	2	21	46	37	79	37	31	61	66	57	65	51	64	50	73	26	49	11	8		834
张家庄		7	15	7	16	11	6	13	24	15	21	11	21	19	14	4	7	3	2		221
岳家庄		9	14	5	32	19	10	12	25	16	26	18	21	12	23	9	20	9	1		281
李家庄		1	4		1		1	2	3			2	2	2			1				19
魏家庄		2	18	11	15	9	11	23	19	17	13	11	18	15	20	4	8	5	1		220
毛旺庄		6	6	7	13	6	2	8	12	9	9	4	6	6	4	2	3	2	1		106
天师庄		3	12	14	19	18	9	15	9	6	21	7	9	9	10	1	10	2	1		175
沟旺庄			8	5	11	10	2	7	12	9	8	11	15	4	12	4	15	3	1		137
任马寨		1	22	17	44	21	17	26	23	25	33	15	23	15	20	15	31	7			355
吉祥庄		7	5	11	25	13	7	8	18	11	19	12	16	9	8	3	9	1			183
贾庄		8	11	8	19	15	12	24	16	14	15	19	10	15	12	3	6	1	1		209
辛庄		2	2	4	7	2	1	4	7	4	4	2	3	4		1	3				50
龙桑树		1	7	5	10	2	3	3	7	5	6	7	3	3	1	3	6	2			74

续表

年龄别 / 村庄名	不明者	0	1—2	3—4	5—9	10—12	13—14	15—19	20—24	25—29	30—34	35—39	40—44	45—49	50—54	55—59	60—69	70—79	80—89	90—	合计
前陈家			7	6	16	9	8	10	17	7	15	6	9	3	4	6	7	2			132
后陈家	2	5	7	5	15	9	7	15	15	18	15	4	10	7	11	5	8	1			159
吕家庄		5	6	3	21	8	9	16	12	6	10	11	11	9	7	5	4	1			144
前石门		5	7	7	18	13	9	11	12	17	10	8	15	12	11	8	5	2			170
后石门	1	2	12	10	15	12	3	9	10	8	17	7	11	11	5	5	6				144
郭家坊		2	6	6	11	8	5	1	2	5	11	6	1	3	6	5	5				83
杏行		3	6	9	16	10	5	18	11	14	11	7	5	8	11	6	8	2			150
西南四庄		5	8	10	27	10	12	20	9	12	18	18	12	13	9	14	18	2			217
中南四庄		3	4	8	13	6	4	3	8	10	6	7	9	5	6	2	5	2	1		102
东南四庄		7	7	5	11	6	9	21	25	15	13	22	11	13	11	7	19	2	1		205
老鸦赵			4	1	9	3	1	7	8	5	6	1	2	6	5	1	4	2			65
杨家庄	2	9	11	11	19	14	7	11	14	19	16	14	17	9	12	4	11	1		1	202
曹家庄		4	14	7	14	15	9	15	14	16	11	7	14	12	11	7	8		1		179

续表

年龄别村庄名	不明者	0	1—2	3—4	5—9	10—12	13—14	15—19	20—24	25—29	30—34	35—39	40—44	45—49	50—54	55—59	60—69	70—79	80—89	90—	合计
云集官庄		2	4	5	6	1	3	4	6	8	8	1	4	3	2	5	3	1			66
田家官庄		3	3	2	8	6	4	6	6	10	4	8	4	5	4	7	5	1			86
陈家庄		2	5	2	13	6	5	8	10	10	5	6	6	9	8	3	4				102
宋家套		10	21	20	38	20	13	27	38	22	34	15	20	22	22	14	13	8			357
大官庄		7	6	6	22	11	7	19	10	7	10	11	10	6	9	5	8		1		155
张家官庄		2	5	2	6	5		3	5	2	7	4	2	1	4	1	4				53
胡家官庄		4	10	5	23	10	7	16	9	13	16	14	11	10	6	8	8	2			172
双柳树		5	15	11	20	8	7	25	17	29	16	8	9	11	8	11	11	2			213
王旺庄		6	6	7	16	13	5	6	8	8	8	9	21	8	9	3	8	4	1		146
胡家店		13	23	10	36	30	16	30	23	16	36	21	32	19	33	18	18	4	1		379
小胡庄		5	6	5	12	13	10	8	20	8	25	13	17	12	13	7	8	5	1		188
宫旺庄	1	10	9	6	21	11	6	15	9	18	21	12	18	9	20	13	15	4			218
高旺庄	1	13	10	12	33	25	13	25	25	20	33	23	29	18	19	11	14	6			330

续表

年龄别／村庄名	不明者	0	1—2	3—4	5—9	10—12	13—14	15—19	20—24	25—29	30—34	35—39	40—44	45—49	50—54	55—59	60—69	70—79	80—89	90—	合计
于林庄		4	10	7	26	16	5	19	17	10	20	13	11	15	14	8	9	2			206
孙纺庄	1	10	6	8	26	20	15	21	19	15	13	16	24	24	21	8	16	7	1		271
贾旺庄		7	9	12	20	20	8	13	13	23	20	17	13	15	11	6	11	7			225
王家庄		7	8	5	13	13	6	9	9	9	15	10	11	5	18	6	7	4			155
段家		2	5	6	11	7	3	6	11	6	7	7	7	7	10	3	2	1			101
贾寨		4	15	15	28	17	13	24	16	19	27	24	19	21	14	12	13	5	1		287
龙虎庄		4	9	10	23	25	10	23	24	20	19	18	19	17	19	8	14	9	1		272
冯旺庄			15	4	14	12	9	15	21	9	13	15	17	24	15	13	13	2			211
宋旺庄			4	4	3	7	4	11	4	4	4	3	7	8	7	1	3	3			77
李星耀	3	5	18	11	28	18	12	30	27	29	20	34	33	21	26	12	25	11			363
李家官庄		6	5	6	18	13	5	12	12	8	8	13	11	6	15	6	11	2			157
田镇		7	14	17	35	23	13	27	40	23	23	32	23	25	31	18	26	6	1		384
大庄		3	1	3	8	3	4	4	4	2	1	8	4	6	2	1	3				57

续表

村庄名＼年龄别	不明者	0	1—2	3—4	5—9	10—12	13—14	15—19	20—24	25—29	30—34	35—39	40—44	45—49	50—54	55—59	60—69	70—79	80—89	90—	合计
沙高家		6	12	8	29	23	12	17	23	24	24	20	28	22	25	12	26	6	1		318
侯家	1	1	1	1	7	4	2	5	1	3	5		7	7	5	2	1		1		54
马家		3	3	5	7	10	8	7	16	15	8	7	8	8	18	3	10	3			139
徐家		3	2	8	10	2	2	9	1	4	6	5	8	8	4	1	9				82
石槽		11	7	5	23	13	9	19	20	16	18	13	12	21	17	9	15	4			232
全县	235	2179	4038	3562	7759	4684	2981	5711	5638	5180	5428	5209	5501	4545	4783	3365	4112	1340	170	3	76423

第十八表　　各乡本籍人现住女子年龄分配表

乡名＼年龄别	不明者	0	1—2	3—4	5—9	10—12	13—14	15—19	20—24	25—29	30—34	35—39	40—44	45—49	50—54	55—59	60—69	70—79	80—89	90—	合计
首善乡	30	103	138	147	311	158	116	274	315	229	221	219	248	199	182	176	237	116	25	1	3445
第一乡	42	144	230	237	477	288	148	430	467	377	367	369	335	294	341	251	336	178	35		5285
第二乡	20	171	351	347	677	273	152	598	572	564	494	443	401	375	384	301	446	180	26	2	6767

续表

乡名＼年龄别	不明者	0	1—2	3—4	5—9	10—12	13—14	15—19	20—24	25—29	30—34	35—39	40—44	45—49	50—54	55—59	60—69	70—79	80—89	90—	合计
第三乡	11	121	211	185	372	192	123	305	242	316	270	237	238	218	246	206	230	120	17	1	3961
第四乡	17	227	298	305	607	308	200	536	546	548	459	406	436	379	308	281	423	191	48	3	6586
第五乡	30	134	223	233	474	233	150	358	416	358	336	304	331	286	238	216	301	152	27		4800
第六乡	71	116	246	199	480	284	197	339	407	363	335	373	342	268	317	246	367	178	32		5160
第七乡	46	187	338	273	667	403	240	656	661	666	511	584	565	381	482	320	479	212	38		7629
第八乡	38	225	414	352	754	488	308	704	720	671	637	585	606	428	478	375	492	203	61	2	8610
第九乡	16	108	237	228	561	292	138	427	443	403	337	203	284	244	277	209	314	151	44	1	4997
第十乡	30	73	196	134	379	210	138	331	304	295	283	222	249	108	233	171	244	108	25	3	3796
第十一乡	20	123	294	221	518	342	207	565	495	406	440	377	450	273	296	204	341	138	24		5603
第十二乡	8	105	220	159	401	266	185	300	371	304	314	237	314	208	244	164	229	92	15		4246
第十三乡	33	259	555	470	984	575	423	971	938	892	808	694	674	698	758	428	761	310	65	4	11300
全　县	412	2096	3951	3490	7602	4312	2725	6844	7006	6332	5882	5313	5281	4419	4844	3548	5200	2329	482	17	82185
百分数	0. 50%	2. 55%	4. 81%	4. 25%	9. 25%	5. 24%	3. 32%	8. 33%	8. 52%	4. 71%	7. 16%	6. 46%	6. 55%	5. 38%	5. 89%	4. 32%	6. 33%	2. 83%	0. 58%	0. 02%	100%

第十九表

全县各村庄本籍人现住女子年龄分配表

年龄别 / 村庄名	不明者	0	1—2	3—4	5—9	10—12	13—14	15—19	20—24	25—29	30—34	35—39	40—44	45—49	50—54	55—59	60—69	70—79	80—89	90—	合计
首善乡总计	30	103	138	147	311	158	116	274	315	229	221	219	248	199	182	176	237	116	25	1	3445
城里村	7	12	25	21	46	26	26	52	47	46	37	38	31	43	24	23	29	13	1		547
言坊村	1	2	6	9	21	9	2	10	26	10	8	9	15	7	15	6	13	6	1		176
东关村	2	16	26	23	35	27	12	35	44	27	38	26	39	30	24	31	31	20	4		490
南关村	2	7	8	8	34	12	8	19	19	13	18	25	13	11	23	14	19	10	3		271
爱山村	1	6	4	4	14	6	5	13	12	9	11	14	11	7	8	5	15	6	2		153
美井村	1	2	13	18	22	12	18	26	32	21	19	15	21	21	15	21	18	6	1		302
中兴村	2	13	9	9	29	13	10	38	27	19	21	20	19	20	18	12	25	15	1	1	321
黛溪村	4	21	20	18	41	22	12	40	55	37	30	33	44	29	22	29	46	20	7		530
三义村	7	10	10	13	20	17	8	11	18	21	10	17	17	14	15	13	19	10	2		261
北关村	3	14	17	24	40	14	15	30	35	26	29	22	33	17	18	22	22	10	3		394
第一乡总计	42	144	230	237	477	288	148	430	467	377	367	369	335	294	341	251	336	178	35		5285
韩家坊	6	11	8	20	42	25	11	36	39	24	32	23	24	18	24	20	22	11	3		404

续表

年龄别 村庄名	不明者	0	1—2	3—4	5—9	10—12	13—14	15—19	20—24	25—29	30—34	35—39	40—44	45—49	50—54	55—59	60—69	70—79	80—89	90—	合计
大李家		16	29	23	55	30	14	40	55	55	48	31	35	39	39	24	40	20	5		604
张家山	3	4	5	12	23	19	10	24	23	15	28	20	16	19	20	13	28	14			296
十里铺	3	10	13	11	32	11	5	32	32	17	13	18	23	21	20	12	15	11	2		303
接官亭			1		1			1	4	1			2	2	1		2				15
张家庄	2	5	8	10	26	14	6	17	20	15	20	13	11	12	13	6	12	9	3		222
高家庄	1	2	1	6	6	7	2	7	9	4	5	1	4	6	2	3	5	3			74
王家庄		5	7	8	17	12	7	12	12	6	7	12	13	7	10	10	13	4	2		164
聚和庄	1	4	13	8	18	13	4	16	9	17	8	10	15	10	8	8	5	4	1		172
小李家		1	5		2	5	1	7	2	1	3	2	5	2	3	2	2	2	1		46
马家庄			4	7	7	3	3	1	6	10	5	4	3	2	6	5	6	1			73
韦家庄	8	18	20	27	38	20	12	43	50	34	29	27	36	19	37	18	27	13	5		481
富盛庄		1		1	1	1		2	2			1	1	1	2	4	1	3			21
成庄		4	5	2	5	3	3	7	2	1	3	6		3	4	4	2	1	1		56

续表

年龄别 村庄名	不明者	0	1—2	3—4	5—9	10—12	13—14	15—19	20—24	25—29	30—34	35—39	40—44	45—49	50—54	55—59	60—69	70—79	80—89	90—	合计
刘家庄	1	5	5	6	11	6	4	13	12	14	8	9	4	9	12	5	15	4	1		144
郭庄	2	7	27	14	37	24	14	26	41	30	28	29	24	26	24	16	33	13	2		317
黄家营		5	4	7	13	7		9	7	15	7	7	12	5	9	1	6	7	1		122
樊家庄		1	8	7	13	11	5	9	14	13	12	8	12	7	13	5	8	7	1		154
鲁家泉	2	9	13	13	12	13	7	17	23	15	15	13	9	8	9	13	12	6	1		210
石家庄	9	20	19	16	41	24	11	39	42	27	26	29	23	29	25	24	31	16	3		454
贺家庄	2	8	10	19	33	14	12	33	29	27	30	21	29	19	27	22	30	11	2		378
姜家洞			3	2	7	5	3	8	5	3	6	4	6	5	5	2	2	1			67
碑楼会仙	2	8	22	18	37	18	14	26	29	33	34	16	27	25	28	34	19	17	1		408
第二乡总计	20	171	351	347	677	273	152	588	572	964	494	443	401	375	384	301	446	180	26	2	6767
青阳店	4	40	55	54	107	34	14	94	77	75	64	72	65	55	53	48	64	27	6	2	1010
董家庄		8	23	16	43	30	17	32	34	26	38	33	30	29	31	18	37	14	2		461
韩家庄	1	2	16	14	24	8	2	19	22	26	14	12	11	7	14	8	13	8	1		222

续表

年龄别/村庄名	不明者	0	1—2	3—4	5—9	10—12	13—14	15—19	20—24	25—29	30—34	35—39	40—44	45—49	50—54	55—59	60—69	70—79	80—89	90—	合计
新立庄			5	3	4	7	4	6	8	9	11	5	5	5	7	3	7	4	1		94
贾庄		3	4	9	12	5	6	9	10	10	9	5	4	6	6	6	6	5			115
浒山铺	2	9	16	18	28	17	10	36	31	31	30	23	24	26	14	24	32	13	2		386
刘家庄		17	28	39	80	21	10	66	63	70	57	53	42	47	41	28	38	17	2		719
马步店	1	7	20	14	27	15	7	20	29	24	13	17	17	11	13	8	11	5	2		261
钟家庄	1	11	22	27	46	15	13	29	29	42	38	20	20	27	23	20	35	6	2		426
耿家庄	1	7	11	23	44	17	11	31	48	40	29	26	30	20	19	17	31	10	2		417
东窝驼	5	14	29	24	53	21	10	48	46	36	34	41	21	26	32	20	31	14	2		507
西窝驼	3	23	45	42	66	26	18	81	51	61	70	47	46	45	53	33	47	17	1		775
代庄		3	4	4	14	4	4	11	7	11	7	6	7	9	4	6	3	2			106
徐家庄		4	13	9	29	7	3	20	19	21	10	14	9	7	16	11	14	5			211
郭庄		7	12	11	22	7	4	13	23	12	11	14	15	7	13	8	16	10	2		207
化庄		9	22	14	33	17	7	29	32	20	20	24	25	21	25	21	23	12			354

续表

年龄别 村庄名	不明者	0	1—2	3—4	5—9	10—12	13—14	15—19	20—24	25—29	30—34	35—39	40—44	45—49	50—54	55—59	60—69	70—79	80—89	90—	合计
陈家庄	2	7	26	26	45	22	12	44	43	50	39	31	30	27	20	22	38	11	1		496
第三乡总计	11	121	211	185	372	192	213	305	242	316	270	237	238	218	246	206	230	120	17	1	3961
西赵家庄		9	6	12	17	10	5	9	12	16	14	6	8	11	15	7	10	5			172
黄家河滩		1	2	6	7	3	2	7	9	8	5	8	7	5	8	7	8	9	1		103
吉祥庄		3	8	2	10	7	3	14	7	5	9	4	7	6	8	4	5	2	1		105
上娄	1		4	5	11	3	2	12	15	9	8	5	8	5	3	6	8	3			108
下娄		5	13	7	18	3	7	12	15	12	15	9	16	12	8	7	11	8	1		179
杏林庄	2	8	6	7	18	10	8	7	15	14	7	10	8	10	12	6	8	7			163
郭庄		4	3	8	5	6	5	8	10	5	6	7	5	3	5	6	5	2	1		94
秦家沟	1	7	6	17	21	12	7	22	24	21	15	7	13	11	19	12	17	4	1		237
聚仙庄			6	7	4	2		7	6	6	13	6	5	5	4	7	5	1			84
贺家庄	1	4	8	8	12	7	6	9	6	10	5	7	4	6	10	7	9	2	2		123
太和庄		8	3	5	9	7	6	15	8	6	10	6	7	11	15	8	5	2	2		133

续表

年龄别/村庄名	不明者	0	1—2	3—4	5—9	10—12	13—14	15—19	20—24	25—29	30—34	35—39	40—44	45—49	50—54	55—59	60—69	70—79	80—89	90—	合计
樊家洞		1	2	2	3			1	5			3	2	2	2						23
孙家峪		1	5	4	13	5	2	2	5	9	7	7	3	6	7	2	5	2			85
象伏庄		9	13	11	16	8	4	10	20	17	10	12	17	10	12	11	14	6	1		201
象山前		8	14	4	29	16	5	19	22	16	14	20	16	12	9	12	8	4	2		230
芦泉		3	8	8	9	6	4	9	7	13	8	7	5	11	9	1	10	3	1		128
王家庄		3		1	4	2		1	6	3	3	1	1		4	1	2	2			34
石家庄	1	3	19	9	25	12	7	24	26	21	14	19	12	12	11	15	13	5			248
冯家庄		1	4	6	6	3	1	8	3	8	9	6	5	5	5	9	7	1			87
丁家庄		5	12	4	22	10	8	22	13	13	12	8	12	11	12	12	9	7	1		193
东赵家庄	2	8	8	13	16	5	8	17	16	14	12	13	14	7	10	13	8	7	1		192
崔家营		11	12	9	23	15	8	17	26	19	18	25	15	15	17	10	25	8	1	1	275
崔家庄		5	13	8	15	12	3	7	17	15	12	10	10	9	6	7	8	6			163
抱印庄		2	5	4	9	8	8	11	6	8	11	9	7	6	8	7	4	2			116

续表

年龄别 村庄名	不明者	0	1—2	3—4	5—9	10—12	13—14	15—19	20—24	25—29	30—34	35—39	40—44	45—49	50—54	55—59	60—69	70—79	80—89	90—	合计
李家庄		4	14	9	20	4	7	15	10	14	14	10	6	6	6	8	9	9			165
郎君庄	3	8	17	9	30	16	7	20	33	33	19	12	25	21	21	15	17	13	1		320
第四乡总计	17	227	298	305	607	308	200	536	546	548	459	406	436	379	368	281	423	191	48	3	6586
南逯庄	1	28	41	38	67	41	23	67	76	67	65	39	59	51	50	46	44	26	3		832
中逯庄	1	9	9	6	12	7	5	15	21	20	6	16	16	12	9	8	10	2	1		185
北逯庄		10	7	6	18	9	10	24	20	15	10	19	11	14	16	15	13	6	3		226
太和庄		9	8	12	23	10	8	14	21	16	16	11	14	14	9	7	7	4	1		204
陈河涯		5	2	4	5	2	1	5	2	8	4	4	5	3	6	5	3		1		65
平原庄		5	15	10	13	16	7	12	28	14	18	14	20	19	14	4	16	5	1		231
蒙家庄	1	12	10	21	34	17	15	27	23	39	25	25	19	18	18	7	22	7	4	1	345
大杨堤		6	3	11	12	7	4	17	19	13	8	12	9	7	9	6	13	4	1		161
小杨堤		8	8	8	22	11	10	22	14	20	11	13	15	9	10	11	15	7	1		225
东杨堤		9	17	18	43	22	8	35	39	28	35	38	27	31	15	16	34	8	3		426

续表

年龄别 / 村庄名	不明者	0	1—2	3—4	5—9	10—12	13—14	15—19	20—24	25—29	30—34	35—39	40—44	45—49	50—54	55—59	60—69	70—79	80—89	90—	合计
西杨堤	3	20	13	15	38	15	9	36	20	24	18	17	22	23	17	11	28	12	4		345
见埠庄	4	19	47	23	54	31	17	57	60	53	53	42	44	41	42	32	47	29	8	1	704
杨家庄		5	5	1	5	4	1	10	9	13	6	5	3	4	7	5	6	1	1	1	92
代家庄	1	5	11	10	19	10	5	10	11	13	15	9	9	8	7	10	10	2	3		168
杨家寨		4	12	15	24	19	5	27	22	15	17	12	15	11	15	12	7	11			243
刘家庄		5	11	12	17	3	10	11	9	13	15	10	14	6	7	7	9	5	2		166
高家庄		3	2	2	4	4	2	2	8	8	10	5	7	4	4	3	8	3			79
韩家庄	3	10	20	19	42	17	12	18	32	35	21	22	24	21	15	14	17	11	4		347
北唐		2	6	4	12	2	2	5	4	11	7	5	4	5	2	1	5	4	1		82
南唐		1	2	5	8	2	3	4	5	10	1	3	5	5	7	1	2	2			66
樊家庄		14	18	20	36	12	17	28	26	32	30	22	25	23	27	16	28	13	3		390
东禾	2	8	5	2	12	6	6	10	9	6	6	8	7	6	11	7	6	3	2		122
西禾		2	2	2	13	11	1	5	4	7	8	5	5	3	7	2	7	2			86

续表

年龄别/村庄名	不明者	0	1—2	3—4	5—9	10—12	13—14	15—19	20—24	25—29	30—34	35—39	40—44	45—49	50—54	55—59	60—69	70—79	80—89	90—	合计
北禾	1	8	11	11	29	10	7	25	21	22	23	12	21	14	15	8	22	4			264
段家庄		6	3	6	16	10	2	11	13	10	6	17	8	6	8	7	17	7			153
柳泉庄		13	10	22	29	9	9	37	18	35	23	19	26	21	20	19	27	12	1		350
于齐庄		1		2		1	1	2	2	1	2	2	2		1	1		1			19
第五乡总计	30	134	223	233	474	233	150	358	416	358	336	304	331	286	238	216	301	152	27		4800
黄山前	4	16	19	26	53	21	11	39	36	43	44	28	21	25	31	25	33	14	4		493
侯家庄		2	2	4	5	3	1	5	4	4	6	4	4	5	2	1	10	3			65
代庄		3	2	4	8	4	4	6	9	9	5	3	2	1	10	2	6	4			82
孙家庄		3	2	3	6	8	5	11	11	6	5	7	8	8	9	4	4		1		101
景家庄	4	10	21	19	44	12	16	24	31	21	16	21	28	19	11	17	20	10			344
周家庄		13	22	12	26	16	11	28	24	22	15	19	21	22	11	10	21	11	2		306
乔木庄		7	8	11	26	9	5	17	19	17	11	8	14	2	11	9	13	2	1		190
月河庄		2	1		4	3		4	1	3	3	3	3	1	2		3				33

续表

年龄别 / 村庄名	不明者	0	1—2	3—4	5—9	10—12	13—14	15—19	20—24	25—29	30—34	35—39	40—44	45—49	50—54	55—59	60—69	70—79	80—89	90—	合计
小吕家庄		1			5	4	1	2	2	4	3	1	1	3	1	2	2				32
石家庄	3	4	9	10	22	12	4	13	15	22	16	8	16	17	4	11	9	9	2		206
鲍家庄		8	13	9	20	7	3	12	22	17	20	14	12	12	11	14	7	8			209
盖家庄	1	4	6	7	9	4	2	13	13	12	10	5	12	9	6	16	9	10	5		153
鄢家庄	4	9	15	20	48	23	14	26	32	20	20	26	38	19	20	11	19	10			374
东范庄	12	14	49	46	93	46	33	80	90	62	67	75	77	74	47	47	69	37	5		1023
南范庄		21	23	31	43	27	20	41	53	39	45	32	38	28	25	23	32	11	1		533
西范庄		3	4	1	9	4	4	4	6	6	5	11	4	3	8	3	5	3	1		84
北范庄	2	10	12	16	25	17	6	17	27	31	19	20	16	23	15	12	23	11	3		305
七里铺		4	15	14	28	13	10	16	21	20	26	19	16	15	14	9	16	9	2		267
第六乡总计	71	116	246	199	480	284	197	339	407	363	335	373	342	268	317	246	367	178	32		5160
小店	7	6	23	17	57	28	17	32	35	32	35	28	27	23	35	21	29	13	1		466
杨村	3	9	10	10	29	12	12	16	24	17	25	24	12	13	14	18	20	6	2		276

续表

村庄名 \ 年龄别	不明者	0	1—2	3—4	5—9	10—12	13—14	15—19	20—24	25—29	30—34	35—39	40—44	45—49	50—54	55—59	60—69	70—79	80—89	90—	合计
穆王庄	2	7	9	13	26	12	9	17	24	24	17	13	14	22	13	10	12	11	1		256
魏家庄	11	17	24	27	41	31	23	33	43	42	24	42	27	20	41	26	38	21	2		533
刁家庄	2	8	18	8	17	7	6	19	16	12	14	16	15	14	9	11	12	5	3		212
宋家庄		2	14	7	11	13	3	5	14	14	7	10	7	11	9	5	9	6			147
郭家庄	12	6	6	8	31	15	13	18	14	22	25	19	22	10	16	8	31	14	1		291
毛张庄	6	6	15	11	35	23	15	33	20	18	28	32	21	8	17	18	20	10	2		338
刘家道口	3	4	12	4	10	7	4	5	9	11	9	13	8	12	7	4	7	4			133
纪家庄	1	7	13	8	23	7	8	14	19	14	13	9	24	8	10	8	11	7	2		206
韩家庄	11	11	33	26	45	39	27	39	57	55	29	35	51	44	38	31	45	22	4		642
曹家小庄		6	11	6	19	8	1	3	10	10	12	17	9	9	4	7	15	6	2		155
夏家屋子			1		2			1	1					2	1	1			1		10
崔家庄	1	8	18	14	29	23	17	24	33	22	26	26	31	15	19	19	20	12	3		360
东言礼	1	7	7	12	34	22	15	22	29	16	13	28	23	19	25	11	22	9	1		316

续表

年龄别/村庄名	不明者	0	1—2	3—4	5—9	10—12	13—14	15—19	20—24	25—29	30—34	35—39	40—44	45—49	50—54	55—59	60—69	70—79	80—89	90—	合计
西言礼	8	8	10	12	31	15	12	29	28	30	31	27	26	18	28	23	32	15	4		387
伏生祠			1		3	1	2	1	1	1	1	1	1		1	3	2				19
黄鹂庄	1	3	11	8	14	8	5	12	15	10	14	18	10	10	12	12	24	7	2		196
张家套	2	1	10	8	23	13	8	16	15	13	12	15	14	10	18	10	18	10	1		217
第七乡总计	46	187	338	273	667	403	240	656	661	606	511	564	565	381	482	320	479	212	38		7629
韩家店		5	12	6	18	15	7	21	13	21	20	25	16	12	12	7	16	6			232
孙家庄		2	6	1	8	1	1	10	6	9	2	6	10	2	7	2	7	4			84
青眉庄		1	2	1	5	3	4	4	8	4	6	2	6	5	2	1	3	2	1		57
赵家庄			5	1	5	6	6	4	2	9	1	5	5	8	10	1	4	1			73
辛庄		1	2	2	5	4	3	4	4	7	4	6	5	3	4	4	2	1			61
白家桥		3	2	4	9	9	3	6	3	3	6	9	5	3	2	1	7	2	1		78
西王家庄		7	8	6	10	5	2	8	17	10	4	7	10	7	3	4	5		3		116
大王驼	7	17	21	17	40	28	11	37	47	47	29	28	33	23	25	24	30	9	1		474

续表

年龄别/村庄名	不明者	0	1—2	3—4	5—9	10—12	13—14	15—19	20—24	25—29	30—34	35—39	40—44	45—49	50—54	55—59	60—69	70—79	80—89	90—	合计
小王驼	6	13	11	7	33	18	13	38	22	32	18	21	22	9	24	12	15	7			321
李家庄	3	1	3	4	4	4		8	7	5	5	9	3	4	6	1	1	2	1		71
波踏店		1	8	11	11	15	7	15	10	12	21	14	9	9	12	4	8	8	2		177
东韦家		1	5	4	8	2	4	7	4	1	7	10	4	4	7	3	2	1			74
东白家	1	1	8	3	17	7	10	14	9	18	3	9	12	13	6	3	12	5			151
木王庄		1	4		9	4	3	5	6	4	4	3	5	2	1	2	6	2			61
张家庄	3	1		2	3	3	2	3	2	1	2	1	3	1	1	3	1	1			33
甲子庄	2	1	3	5	6	3	5	5	7	8	4	5	6	7	5	4	2	2			80
西韦家		4	8	6	19	11	5	29	23	14	11	18	20	5	13	10	20	3	2		221
大白	2	4	6	4	10	11	6	5	15	13	13	9	9	8	5	4	9	8	1		142
小白		1	2	2	5	4	1	7	6	4	3	3	7	3	5	5	3	3	1		65
宋家庄	1	4	10	19	24	13	13	20	21	24	12	19	28	11	17	9	17	4			266
上口		10	16	17	37	20	17	49	43	37	30	36	37	22	33	16	19	12	1		452

续表

年龄别／村庄名	不明者	0	1—2	3—4	5—9	10—12	13—14	15—19	20—24	25—29	30—34	35—39	40—44	45—49	50—54	55—59	60—69	70—79	80—89	90—	合计
前城子	3	11	23	23	47	27	14	48	41	30	31	34	31	26	28	20	26	11	5		479
后城子		4	6	4	25	9	6	14	16	12	11	14	22	8	13	8	11	5	1		189
马庄	1	17	31	21	58	27	13	53	66	40	49	35	43	41	33	29	38	15	4		614
滕家庄		12	19	15	35	23	6	29	35	32	22	35	32	19	36	16	28	17	4		415
萧家庄	9	26	38	37	75	31	21	75	74	62	78	55	73	44	59	51	66	37	3		914
开河		8	15	10	28	18	7	21	21	28	23	22	26	18	10	9	22	6	3		295
小言庄	1	2	6	3	9	5	4	7	4	11	7	10		6	3	7	2	4			94
东王家庄		6	12	10	19	10	9	18	24	26	23	20	17	8	18	14	22	7	1		264
颜家桥	1	6	14	4	23	17	6	25	23	22	17	24	22	13	20	13	19	7	2		281
冯家庄			4	4	8	5	8	11	11	9	7	13	7	5	11	6	12	2			123
邱家	1	7	7	5	10	13	6	13	15	14	10	11	6	2	13	5	8	3			149
官家庄		1	7	4	6	3	4	8	12	6	3	9	4	4	7	5	8	1			92
耿家庄			3		7	3	1		10	4	1	3	3	3	5	2	3				48

续表

村庄名 \ 年龄别	不明者	0	1—2	3—4	5—9	10—12	13—14	15—19	20—24	25—29	30—34	35—39	40—44	45—49	50—54	55—59	60—69	70—79	80—89	90—	合计
姚家庄	3		4	2	8	6	2	8	7	7	6	13	3	4	4	3	6	6			92
释家套	2	5	5	5	15	16	7	18	18	12	14	18	17	14	19	10	16	8	1		220
旧口		3	2	3	7	1	2	5	8	4	4	2	5	3	1	2	3				55
袁家屋子				1	1	3	1	1	1	1		1	2	2	2						16
第八乡总计	38	225	414	352	754	488	308	764	729	671	637	585	606	428	478	375	492	203	61	2	8610
明家集		7	14	4	23	13	7	26	26	17	25	17	16	13	20	12	23	5	4		272
耿家庄		9	16	12	38	14	13	26	21	28	26	23	18	11	16	15	15	8	3		312
牛家官庄		8	11	10	19	19	8	25	19	15	24	22	10	7	17	20	14	7	2		261
田家庄		10	12	16	26	14	16	20	23	29	25	7	23	11	19	10	22	4	4		291
大张官庄		6	15	13	35	18	11	30	20	23	27	18	24	14	13	11	15	6			304
小张官庄		7	5	9	15	12	6	14	15	9	12	12	6	12	7	4	7	2	1		155
兰芝里	8	11	14	16	40	17	7	16	27	40	18	18	20	15	14	11	13	5	1		311
解家庄	4	11	27	9	31	21	19	26	27	41	35	24	22	28	20	22	25	11	2		405

续表

年龄别 村庄名	不明者	0	1—2	3—4	5—9	10—12	13—14	15—19	20—24	25—29	30—34	35—39	40—44	45—49	50—54	55—59	60—69	70—79	80—89	90—	合计
柴家庄	1	8	7	2	18	13	7	18	22	26	9	10	17	12	7	6	15	7	1		206
东闸子	1		12	11	14	15	5	21	29	16	11	13	14	6	13	7	12	7	2		209
西闸子	4	3	29	21	43	31	24	53	41	38	32	50	41	24	31	25	32	12	2		536
苏家桥	2	5	6	6	8	2	3	13	11	11	8	5	5	6	3	7	6	2	1		110
邢家庄		2	6	9	30	12	8	11	11	12	16	11	14	8	5	8	10	3	4		180
窝村	3	16	14	10	27	22	14	29	27	20	19	24	30	14	19	15	26	1	1		331
颜家集	1	13	18	13	24	24	18	46	36	25	25	30	39	23	22	19	14	9	2		401
牛家庄	2	3	12	9	20	16	5	25	15	16	25	21	19	9	11	11	15	3			237
二辛庄		7	9	11	21	18	4	19	15	12	15	12	12	8	9	10	14	3			199
东佐家		3	8	9	11	12	5	9	21	14	12	12	10	8	9	10	6	5	1		165
十户		6	13	14	32	19	14	22	24	26	27	26	19	23	18	20	15	10	4		332
刘楷家		2	7	11	14	8	4	16	18	14	9	8	12	11	12	7	9	4	1		167
仓廪庄	1	9	12	8	18	7	7	17	26	22	12	13	6	8	15	12	7	4	2		206

续表

村庄名\年龄别	不明者	0	1—2	3—4	5—9	10—12	13—14	15—19	20—24	25—29	30—34	35—39	40—44	45—49	50—54	55—59	60—69	70—79	80—89	90—	合计
高家庄		5	9	3	10	11	7	22	11	7	7	11	17	7	3	2	7	2	2		143
宋家庄	3	15	27	26	36	34	9	50	33	27	33	35	35	23	27	18	27	15	4	2	479
成家庄		10	22	13	36	17	11	34	38	31	35	26	35	23	20	18	24	11	2		406
许家道口		6	13	11	34	22	17	31	38	30	25	17	28	16	27	11	25	13	1		365
高洼庄		4	6	11	26	10	6	18	11	19	19	18	10	6	4	10	9	6	1		188
曹家庄	1	10	13	9	19	16	9	23	24	15	18	14	30	20	20	10	18	8	1		278
宋家集	1	7	10	8	7	7	8	22	19	15	14	9	14	9	16	14	14	11	5		210
惠家辛庄	3	4	15	15	40	11	18	30	24	26	33	26	18	15	24	10	20	8	2		342
段家桥	3	18	28	33	45	33	18	52	57	47	41	53	42	38	32	20	33	11	5		609
第九乡总计	16	108	237	228	501	292	138	427	443	403	387	293	284	244	277	209	314	151	44	1	4997
吴家		1	7	10	13	7		12	18	12	7	10	8	11	4	6	6	2	2		136
西左家	3	3	20	19	41	30	17	49	33	46	40	32	33	18	22	28	33	19	6		492
大碾	4	13	17	15	38	23	11	31	31	38	26	16	22	18	17	13	25	7	3		368

续表

年龄别/村庄名	不明者	0	1—2	3—4	5—9	10—12	13—14	15—19	20—24	25—29	30—34	35—39	40—44	45—49	50—54	55—59	60—69	70—79	80—89	90—	合计
于家		5	7	12	34	18	7	27	21	19	23	12	13	10	14	7	8	8	3		248
王家	1	4	5	4	14	11	4	13	10	7	11	13	5	7	5	7	8	3	1		133
宋家		17	12	14	35	12	13	26	29	28	20	16	17	21	17	17	19	5			318
营家		5	4	13	21	7	4	16	13	21	13	8	10	11	8	9	17	8			188
萝圈		10	12	10	16	14	5	13	19	21	21	18	17	14	20	8	7	6	4		235
辛桥	1	6	22	22	51	32	12	27	41	25	35	31	21	25	28	17	28	10	1		435
王少唐		3	15	7	23	10	5	19	20	24	15	8	17	13	13	6	12	3	4		217
杨家庄		7	8	12	19	10	4	12	18	15	15	12	11	5	8	5	12	9	2		184
田家	1	7	20	23	31	31	14	38	50	29	36	23	18	19	43	22	33	13	1		452
王家寨			5	3	10	2	4	9	16	5	2	8	3	5	6	3	6	3			90
河沟涯		1	5	5	7	6	3	11	9	6	7	5	6	4	5	1	9	3			93
辛梁镇	4	13	23	23	48	27	18	57	44	45	46	26	30	27	34	28	37	27	3	1	561
程和铺	1	1	10	7	17	14	5	13	13	15	14	9	9	10	9	10	12	6			175

续表

年龄别／村庄名	不明者	0	1—2	3—4	5—9	10—12	13—14	15—19	20—24	25—29	30—34	35—39	40—44	45—49	50—54	55—59	60—69	70—79	80—89	90—	合计
郝庄		5	32	20	45	24	5	25	24	26	32	26	24	14	12	13	23	12	4		366
丁庄	1	7	13	9	38	14	7	29	34	21	24	20	20	12	12	9	19	7	10		306
第十乡总计	30	73	196	134	379	210	138	331	304	295	283	222	249	168	233	171	244	108	25	3	3796
崖镇		5	15	12	41	15	15	13	19	19	33	21	20	14	14	13	21	10	6	1	307
杨家庄	2	1	9	6	11	8	6	15	13	13	10	10	7	9	16	2	14	5	2		164
张家庄	6	4	13	11	29	18	13	35	19	31	23	23	25	17	26	16	19	11	2		341
郭家庄		3	4	4	18	12	2	10	7	11	7	7	14	7	5	7	12	4	1		135
吕家	8	1	1	3	6	2	1	4	1	5	4		2	2	1	2	4	2	1		50
孔家	1	2	3	4	15	8	3	7	10	14	10	9	9	6	6	4	10	5	1		127
长槐家	5		6	3	10	2	1	7	6	10	4	8	4	2	2	3	8	1	1		83
成家	3	9	25	12	46	21	14	30	34	32	40	23	22	21	20	19	30	12	1		414
张德佐家		4	9	4	13	11	7	26	15	6	10	14	11	11	11	8	7	8	2		177
崇兴官庄			4	3	4	4	3	5	4	1	4	3	5	2	5	1	1	2			51

续表

年龄别/村庄名	不明者	0	1—2	3—4	5—9	10—12	13—14	15—19	20—24	25—29	30—34	35—39	40—44	45—49	50—54	55—59	60—69	70—79	80—89	90—	合计
孙家庄		6	8	9	21	11	13	13	15	12	14	16	12	4	13	7	7	3			184
韩家庄	1	5	12	15	24	12	7	14	21	29	20	5	13	9	14	13	16	6	1		237
刘聚桥		1	6	7	17	10	5	23	19	15	14	14	13	13	14	12	14	6	1	1	205
刘家井	1	7	9	9	23	10	9	16	21	22	19	16	18	9	12	9	15	3	1		229
郑家	2	3	11	3	16	10	4	23	10	10	8	6	19	9	9	5	8	3			159
马庄	1	10	21	8	30	27	10	29	13	20	18	20	27	6	22	21	23	11	1		336
粉张庄		7	25	8	33	13	15	44	35	21	23	18	14	14	28	13	18	9	2	1	341
张家寨		5	15	13	22	16	10	17	24	24	22	9	14	13	15	11	17	7	2		256
第十一乡总计	20	123	294	221	518	342	207	505	495	406	400	377	359	273	296	204	341	138	24		5603
王伍庄		5	13	10	44	20	15	47	33	28	25	26	27	28	30	14	25	14	1		405
周家庄		8	14	16	25	24	7	34	30	28	26	19	16	11	14	8	16	7	3		306
时家庄	1	4	22	13	27	20	12	22	29	22	23	22	18	14	13	13	14	9	1		299
孟家坊	2	3	5	2	3	6	1	12	10	1	1	6	3	7	7	3	3	3	1		79

续表

年龄别 村庄名	不明者	0	1—2	3—4	5—9	10—12	13—14	15—19	20—24	25—29	30—34	35—39	40—44	45—49	50—54	55—59	60—69	70—79	80—89	90—	合计
岳家官庄		2	8	4	3	7	1	2	4	5	4	4	2	2	2	2	4				56
潘家		2	5	7	12	12	1	9	12	8	11	4	8	1	7	5	6	2	1		113
安祥庄	1	2	9	6	13	12	7	16	14	11	12	5	13	4	8	11	8	3			155
刘家		2	11	3	5	5	2	3	9	10	14	8	4	2	9	5	8				100
大陈家庄		4	24	24	34	16	12	36	28	23	41	27	19	19	21	12	26	5	1		372
信家	1	2	11	14	23	22	12	23	22	11	19	21	16	16	11	4	16	4	3		251
罗家		1	5	4	13	7	6	10	9	10	12	9	7	7	5	7	4	2	1		119
霍家坡	1	8	17	14	39	33	13	44	35	19	28	36	35	21	17	13	70	8			401
张家庄		7	7	5	18	15	4	15	19	20	13	12	10	13	12	12	12	7			201
孙家镇	1	26	55	33	99	52	39	76	93	71	89	59	57	49	62	23	60	24	3		971
范家庄		4	11	9	16	7	15	13	10	17	13	12	17	8	8	7	8	10	1		186
道民庄	5	2	8	9	19	16	13	20	23	19	15	15	18	7	10	9	10	5	3		226
陈玉平		2	6	1	16	11	3	11	12	9	8	10	11	11	4	4	11	5			135

续表

年龄别\村庄名	不明者	0	1—2	3—4	5—9	10—12	13—14	15—19	20—24	25—29	30—34	35—39	40—44	45—49	50—54	55—59	60—69	70—79	80—89	90—	合计
都路平	2	10	8	4	17	13	6	9	22	15	19	13	18	9	6	11	14	8			204
冯家		7	17	19	35	17	14	34	25	26	37	22	19	17	13	11	33	4	3		353
小陈家庄	2	5	7	10	15	6	9	22	14	16	9	14	12	11	12	3	9	10			186
王庄	3	7	9	4	8	2	2	7	9	8	9	7	1	2	5	7	4	2			96
刘庄		3	4	5	11	2	3	12	8	8	6	12	6	3	7	6	6	1	1		104
蔡庄		4	10	2	17	10	4	18	16	14	21	11	15	5	6	11	16	3	1		184
李庄	1	3	8	3	6	7	6	10	9	7	5	3	7	6	7	3	8	2			101
第十二乡总计	8	105	220	159	401	266	185	360	371	304	314	287	314	208	244	164	229	92	15		4246
辉李庄	1	18	30	21	59	26	32	47	63	41	50	46	55	37	34	23	35	17	1		636
李南庄		3	7	3	7	6	4	1	10	3	5	3	5	1	2	3	3	1			67
于何庄		4	9	11	12	12	12	19	15	15	19	15	19	4	12	6	15	5			204
党李庄		8	12	10	24	19	13	17	19	20	24	14	15	8	16	7	10	5	1		242
五户		2	9	4	19	18	11	23	13	13	13	15	26	8	10	3	13	7	1		208

续表

村庄名＼年龄别	不明者	0	1—2	3—4	5—9	10—12	13—14	15—19	20—24	25—29	30—34	35—39	40—44	45—49	50—54	55—59	60—69	70—79	80—89	90—	合计
高家庄		3	10	7	25	12	15	22	27	15	14	14	11	15	11	10	10	7			228
大三户		9	18	19	27	26	12	27	33	27	20	21	26	14	22	15	18	7	1		342
小三户		10	11	14	18	14	5	39	35	24	16	16	23	18	15	11	18	9			296
刘家	3	2	1	1	3	6	3	4	5		1	8		1	4	2	1	1			46
潘家		3	12	7	25	10	4	11	7	9	8	13	11	6	5	4	10	3	1		149
车郭庄		7	16	9	26	16	11	33	25	15	26	13	25	17	17	16	11	10	1		294
曹家庄		11	13	9	17	7	12	11	16	20	7	5	12	7	8	4	16	2			177
郑家寨			2		7	7	5	3	5	8	7	7	4	6	2	3	8				74
打鱼里		5	24	12	30	15	11	26	20	27	22	30	22	16	22	16	13	7	1		319
赵家庄		3	13	8	26	18	9	19	14	13	27	27	18	11	12	13	13	3	1		248
腰庄	3	5	17	14	51	34	11	34	34	34	32	25	26	19	28	19	22	3	4		415
安家庄	1	12	16	10	25	20	15	24	30	20	23	15	16	20	24	9	13	5	3		301
第十三乡总计	33	259	555	470	984	575	423	971	938	892	808	694	674	698	758	428	761	310	65	4	11300

续表

年龄别／村庄名	不明者	0	1—2	3—4	5—9	10—12	13—14	15—19	20—24	25—29	30—34	35—39	40—44	45—49	50—54	55—59	60—69	70—79	80—89	90—	合计
花沟	7	32	48	39	79	46	33	91	79	69	66	51	64	52	57	38	53	29	2		935
张家庄		7	15	10	17	17	4	21	22	17	16	14	17	12	16	6	20	5	1		237
岳家庄		9	12	11	18	15	9	22	14	27	17	17	14	18	25	6	28	9	2		273
李家庄				2	1	3	2	1	4	1		1	2	1	1		1				20
魏家庄			18	12	13	15	6	27	19	24	13	12	16	14	19	8	18	5	2		241
毛旺庄		5	8	4	8	7	4	4	10	7	7	2	5	8	9	1	5	2	1		97
天师庄		3	7	11	19	8	7	18	20	11	15	17	16	12	9	6	11	3			193
沟旺庄	1		4	5	11	11	5	9	11	9	14	8	12	7	9	8	13	5	2		144
任马寨	1	1	17	19	29	8	12	28	33	33	30	19	26	13	25	17	22	10	1	1	345
吉祥庄		4	10	8	15	6	8	23	13	16	13	18	5	13	5	8	11	3	2		181
贾庄		1	7	10	20	18	7	28	24	16	9	22	10	15	19	7	17	6	1		237
辛庄		3	1	3	3	1	1	6	6	5	3	4	2	3	2	1	3		1		48
龙桑树			6	6	10	1	2	7	5	8	4	6	1	5	4		8	1			74

续表

年龄别 村庄名	不明者	0	1—2	3—4	5—9	10—12	13—14	15—19	20—24	25—29	30—34	35—39	40—44	45—49	50—54	55—59	60—69	70—79	80—89	90—	合计
前陈家			8	7	9	9	7	12	13	14	13	8	11	6	9	8	10	3			147
后陈家	3	5	3	3	12	11	8	13	22	16	7	9	10	11	14	5	6	7	1		166
吕家庄	1	6	6	5	12	11	10	17	16	12	10	7	12	7	11	7	14	4	1		169
前石门		1	11	10	13	11	5	15	13	19	16	12	9	9	13	10	12	1			180
后石门	1	2	7	3	17	10	12	15	11	15	14	11	8	11	7	4	11	2			161
郭家坊		3	6	6	8	5	3	4	1	10	11	5	3		6	5	2	3	1		82
杏行		3	9	4	16	9	7	17	15	13	10	8	6	7	21	5	6	3			159
西南四庄		3	9	7	28	11	14	25	20	18	24	12	15	19	16	9	23	1			254
中南四庄	1	1	2	8	12	3	6	3	10	11	12	13	6	4	5	7	6	4	3		117
东南四庄		5	10	9	18	13	5	21	22	15	14	13	12	14	17	7	17	2	2		216
老鸦赵			5	1	3	5	2	6	3	5	3	3		9	3	2	5	2			57
杨家庄	2	5	8	6	22	11	9	17	16	14	17	10	14	15	10	6	13	7	4	1	207
曹家庄	1	3	8	10	15	12	4	12	21	19	10	7	12	14	10	5	15	7	1		186

续表

年龄别 / 村庄名	不明者	0	1—2	3—4	5—9	10—12	13—14	15—19	20—24	25—29	30—34	35—39	40—44	45—49	50—54	55—59	60—69	70—79	80—89	90—	合计
云集官庄		4	3	6	5	4	2	1	6	8	5	2	3	2	7	3	2	3	1		67
田家官庄		2	1		3	2	3	8	6	3	3	6	1	8	5	5	6	3			65
陈家庄		3	3	8	13	3	5	15	10	13	8	7	7	9	6	1	6	1			118
宋家套		10	22	15	42	12	17	22	31	28	32	20	19	27	19	17	15	10	2		360
大官庄		3	12	5	14	8	10	15	16	6	12	15	7	12	8	7	6	2	1		159
张家官庄			4		5	2	2	10	4	5	6		1	4	5	3	3				54
胡家官庄		5	10	8	18	7	8	17	9	15	14	14	10	9	13	5	7	4	2		175
双柳树		7	16	9	16	15	7	20	23	21	15	14	8	10	15	6	15	1	1		219
王旺庄		5	8	8	11	10	9	7	10	15	8	7	17	7	6	4	11	5			148
胡家店	1	12	21	15	41	11	19	40	30	25	32	26	24	20	22	18	18	8	2		385
小胡庄	1	5	3	9	10	7	6	14	16	12	18	10	11	9	8	14	14	6			173
宫旺庄		5	14	13	22	14	4	23	16	22	17	11	17	17	16	13	22	6	6		258
高旺庄	1	11	14	13	30	20	8	22	30	27	26	26	22	17	23	14	19	11			334

续表

年龄别 村庄名	不明者	0	1—2	3—4	5—9	10—12	13—14	15—19	20—24	25—29	30—34	35—39	40—44	45—49	50—54	55—59	60—69	70—79	80—89	90—	合计
于林庄		4	8	4	24	14	8	17	12	18	14	14	10	14	17	2	10	6	1		197
孙纺庄	1	6	13	12	18	14	11	27	19	15	16	21	12	23	25	9	14	17	1		274
贾旺庄		8	13	5	21	11	11	18	20	20	19	9	13	18	24	6	15	7	2		240
王家庄		3	2	7	10	9	3	14	18	8	14	11	9	12	12	6	10	5	2		155
段家		3	6	3	10	2	4	7	5	8	5	8	9	4	4	4	7	2	2		93
贾寨		4	12	13	19	11	9	21	22	15	23	20	16	15	21	9	24	9	1		264
龙虎庄	4	10	17	13	29	14	14	25	25	18	28	21	19	15	25	12	22	11	1		323
冯旺庄		3	16	7	22	9	10	16	14	14	18	10	17	9	13	6	14	9	2		209
宋旺庄	1		4	4	4	4	3	11	4	4	1	5	6	8	6	1	6	3			75
李星耀	3	4	20	8	39	18	15	29	35	29	21	24	15	30	19	19	34	9	1		372
李家官庄	1	4	3	8	19	10	6	9	13	13	9	10	12	9	10	7	18	4		1	166
田镇	1	7	22	17	36	22	9	32	33	40	20	23	28	23	28	15	25	18	6		405
大庄	1	2		4	3	2	3	6	3	3	2	1	2	6	4	1	2				45

续表

年龄别/村庄名	不明者	0	1—2	3—4	5—9	10—12	13—14	15—19	20—24	25—29	30—34	35—39	40—44	45—49	50—54	55—59	60—69	70—79	80—89	90—	合计
沙高家		16	23	15	24	21	11	23	21	24	23	22	20	22	17	11	33	9	2	1	338
侯家		2	2	3	8	1	1	5	4	3	6	5	4	4	3	3	1	1			56
马家		5	5	6	10	11	5	10	17	9	10	8	4	10	15	6	10	7			148
徐家		1	4	1	11	2	2	7	4	5	6	7	7	4	5	2	7	2			77
石槽		3	9	12	19	8	6	18	19	22	9	8	16	22	15	13	15	7	1		222
全县	412	2096	3951	3490	7602	4312	2725	6844	7006	6332	5882	5313	5381	4419	4844	3548	5200	2329	482	17	82185

第二十表　各乡本籍人他往男子年龄分配表

年龄别/乡名	不明者	0—2	3—4	5—9	10—12	13—14	15—19	20—24	25—29	30—34	35—39	40—44	45—49	50—54	55—59	60—69	70—79	合计
首善乡	7	1	1	3	7	16	92	94	53	56	46	27	18	4	10	5	1	441
第一乡	12	2	1	2	5	16	108	134	96	77	66	49	30	25	14	10	3	650
第二乡	5	1			10	14	66	87	74	77	39	36	31	24	14	3	3	484

续表

年龄别／乡名	不明者	0—2	3—4	5—9	10—12	13—14	15—19	20—24	25—29	30—34	35—39	40—44	45—49	50—54	55—59	60—69	70—79	合计
第三乡	6	6		1	7	26	117	119	88	61	40	36	14	14	13	4	1	553
第四乡	5	4	1	7	5	27	136	144	112	72	49	55	39	20	13	7	3	699
第五乡	2	3	3	4	9	22	164	122	97	74	63	52	29	16	11	4	2	677
第六乡	1				11	15	93	74	59	42	29	23	15	9	4	1	2	378
第七乡	2			1	3	22	105	107	71	44	31	28	24	11	6	5		460
第八乡	5	2		2	3	6	57	66	68	70	53	48	23	21	8	7	1	440
第九乡	4	1		1	3	5	52	51	44	41	31	32	24	18	6	3		316
第十乡	1		1			4	17	11	15	17	14	15	7	5	2		1	110
第十一乡	1	1		1	1	3	13	24	24	15	13	9	5	5		2		117
第十二乡			1	1	4	4	18	20	18	12	11	9	3	3	4	1		109
第十三乡	3	1		1	3	4	18	33	31	24	18	24	13	10	6	3		192
全　县	54	22	8	24	71	184	1056	1086	850	682	503	443	275	185	111	55	17	5626
百分数	0. 96%	0. 39%	0. 15%	0. 42%	1. 26%	3. 34%	18. 76%	19. 30%	15. 10%	12. 11%	8. 93%	7. 86%	4. 88%	3. 29%	1. 97%	0. 98%	0. 30%	100%

第二十一表

全县各村庄本籍人他往男子年龄分配表

年龄别 村庄名	不明者	0—2	3—4	5—9	10—12	13—14	15—19	20—24	25—29	30—34	35—39	40—44	45—49	50—54	55—59	60—69	70—79	合计
首善乡总计	7	1	1	3	7	16	92	94	53	56	46	27	18	4	10	5	1	441
城里村	2		1		2	1	23	23	13	12	9	3	5	1	4		1	100
言坊村						2	3	4	2	2	1	1		1	1			17
东关村	1			1		1	10	11	12	9	9	2	2			1		59
南关庄	1					3	9	4	5	2	6	1	1					32
爱山村					1		6	9	3	3	1	2	2					27
美井村	1				1	1	8	10	5	3	3	4	2		1			39
中兴村						6	10	16	3	11	8	3	3		1			61
黛溪村	1						3	6	4	3	5	5	2	1	1			31
三义村					2	1	14	6	4	5	1	2	1	1		1		38
北关村	1	1		2	1	1	6	5	2	6	3	4			2	3		37
第一乡总计	12	2	1	2	5	16	108	134	96	77	66	49	30	25	14	10	3	650
韩家坊	1	1					2	10	4	3	3			1				25

当代齐鲁文库·20世纪“乡村建设运动”文库

The Library of Contemporary Shandong

Selected Works of Rural Construction Campaign of the 20th Century

山东社会科学院　编纂

/20

邹平实验县户口调查报告（中）

吴顾毓　编

中国社会科学出版社

邹平实验县户口调查报告

（中册）

吴顾毓　编

续表

年龄别 村庄名	不明者	0—2	3—4	5—9	10—12	13—14	15—19	20—24	25—29	30—34	35—39	40—44	45—49	50—54	55—59	60—69	70—79	合计
大李家	1						7	11	11	11	10	7	6	1	4	1		70
张家山	5		1				2	4	2	5	3	6	1	1		1		31
十里铺							4	5	4	5	4	1	2	2		1		28
张家庄							2	8	3	2	1	1				1		18
高家庄							2		3	1								6
王家庄	1					1	9	2	2	3	2	3		1				24
聚和庄	1						2	1	3	2	1		1					11
马家庄							1	2	3			1						7
韦家庄	1				1	2	13	9	6	6	3	3	2	2		1		49
富盛庄							1		1		1							3
成庄									1	1	1	1						4
刘家庄						1		7	3	1	2	2	2	1		1		20
郭庄						1	10	22	13	4	5	6	6	4	1		2	74

续表

年龄别／村庄名	不明者	0—2	3—4	5—9	10—12	13—14	15—19	20—24	25—29	30—34	35—39	40—44	45—49	50—54	55—59	60—69	70—79	合计
黄家营					1	1	9	6	2	4	1	2	1					27
樊家庄						1	3	7	3	6	2	5	3			2		32
鲁家泉						1	3	2	3	3	4			2	1	1		20
石家庄	1	1		2	1	5	15	16	12	10	7	2	3	2	7	1		85
贺家庄					2	2	6	7	4	6	5	2	1	2				37
姜家洞							1		1		1	1						4
碑楼会仙	1					1	16	15	12	4	10	6	2	6	1		1	75
第二乡总计	5	1			10	14	66	87	74	77	39	36	31	24	14	3	3	484
青阳店	2	1			3	1	7	11	10	12	8	9	5	6	1	1	1	78
董家庄					2	3	13	17	9	8	3	4	4		2			65
韩家庄							3	2	6	4	1	2	1	1		1	1	22
新立庄							1	4		1	1			1				8
贾庄								2	1	2	3	2	1					11

续表

年龄别 / 村庄名	不明者	0—2	3—4	5—9	10—12	13—14	15—19	20—24	25—29	30—34	35—39	40—44	45—49	50—54	55—59	60—69	70—79	合计
浒山铺					1	2	1	5	8	2	3	5	2	3				32
刘家庄					2	1	5	11	13	11	1	2	1	2	4			53
马步店							4	2	3					2				11
钟家庄	1				2	2	9	8	4	8	3	2	2	1	2			44
耿家庄						1	1		2	4	3	1	2	2	1	1		18
东窝驼						2	7	7	6	9	6	3	6	3	2			51
西窝驼																	1	1
代庄							4	5	2	2	1				1			15
徐家庄						1		1	2	2			3					9
郭庄						1	2	2	2	3	2	2		1				15
化庄	1						2	2	3	2	2	1	1		1			15
陈家庄	1						7	8	3	7	2	3	3	2				36
第三乡总计	6	6		1	7	26	117	119	88	61	40	36	14	14	13	4	1	553

续表

年龄别 村庄名	不明者	0—2	3—4	5—9	10—12	13—14	15—19	20—24	25—29	30—34	35—39	40—44	45—49	50—54	55—59	60—69	70—79	合计
西赵家庄						1	2	6	4	2	1		1	1				18
黄家河滩		1				1	2	7		7	2	2						22
吉祥庄							3	3				2						8
上娄						1	4	7	6	2	1	1				1		23
下娄						2	3	4	4	2	3	6	1	2	2			29
杏林庄	2					2	4	1	2	2	1	3						17
郭庄							8	5	3	1	1		1					19
秦家沟	1				1		3	3	4	3		3			2			20
聚仙庄					1	1	1	1		1	1	1	2		1			10
贺家庄							2	4	5	1	2							14
太和庄						1	3	3	2	1		2				1		13
孙家峪					1	1	4	2	4	2								14
象伏庄						2	3	6	8	5	1			2	1			28

续表

年龄别／村庄名	不明者	0—2	3—4	5—9	10—12	13—14	15—19	20—24	25—29	30—34	35—39	40—44	45—49	50—54	55—59	60—69	70—79	合计
象山前		1			1	1	11	9	7	5	5	2	1		1			44
芦泉							2	4	2	1								9
王家庄											1							1
石家庄		2		1	1	3	15	7	10	6	3	3	1					52
冯家庄							1	2	5	1	2	2						13
丁家庄						1	10	6	3	2	3		1	2				28
东赵家庄		1				2	1	5	2	2	1	3	1			1	1	20
崔家营					2		12	6	4	5	4	1	1	3	3			41
崔家庄	1					2	7	10	4	3	2	2	1		1			33
抱印庄							1	4	2	1	2	1	1					12
李家庄						4	5	4	1	3	1	1			1			20
郎君庄	2	1				1	10	10	6	3	3	1	2	4	1	1		45
第四乡总计	5	4	1	7	5	27	136	144	112	72	49	55	39	20	13	7	3	699

续表

年龄别 / 村庄名	不明者	0—2	3—4	5—9	10—12	13—14	15—19	20—24	25—29	30—34	35—39	40—44	45—49	50—54	55—59	60—69	70—79	合计
南逯庄		2		1	1	5	19	20	13	9	7	11	5	6	1			100
中逯庄						1	6	7	2	1	1		2	1				21
北逯庄				1		1	7	7	5	3	4	1	2					31
太和庄	1						2	5	5	5	1	1		1	1			22
陈河涯							2	1		2	1							6
平原庄					1	3	6	3	6	4	4	3	2					32
蒙家庄	1						3	2	4	1	1	2	1	3		1	1	20
大杨堤						1		2					1					4
小杨堤	2					1	4	10	4	2	1	2	1	1	3		1	32
东杨堤						1	4	4	6	2	5	3	3					28
西杨堤					1	1	4	7	2	7	2	2					1	27
见埠庄							12	13	15	7	5	8	7	3	2	2		74
杨家庄							1	1	2				2					6

续表

年龄别／村庄名	不明者	0—2	3—4	5—9	10—12	13—14	15—19	20—24	25—29	30—34	35—39	40—44	45—49	50—54	55—59	60—69	70—79	合计
代家庄						1	2	1	2	1				1				8
杨家寨										3								3
刘家庄					1		6	4	6	2	1	3						23
高家庄						1	5	2		1	1		2		2			14
韩家庄						2	8	9	8	3	1	3	2	2	2			40
北唐						1	1	4	1	2	2	2	1	1				15
南唐						1			3	3		1	1					9
樊家庄		2	1	1	1	1	14	17	14	4	3	6	3	1				68
东禾						2	4	3	1	1								11
西禾				1			2	2		2		2						9
北禾				2		2	9	4	2	5	3	2	3		1	3		36
段家庄							5	8	5		2					1		21
柳泉庄	1			1		2	10	8	6	2	4	3	1					38

续表

年龄别/村庄名	不明者	0—2	3—4	5—9	10—12	13—14	15—19	20—24	25—29	30—34	35—39	40—44	45—49	50—54	55—59	60—69	70—79	合计
于齐庄															1			1
第五乡总计	2	3	3	4	9	22	164	122	97	74	63	52	29	16	11	4	2	677
黄山前			1	1	2	4	16	17	15	5	10	8	2	3	2			86
侯家庄						1	4			2		2	1	1		1		12
代庄							1	3	1	2			1	1				9
孙家庄						1	4	2	5	4		4	1	1				22
景家庄	1			1	1		12	7	5	5	6	6	2					46
周家庄							7	6	4	3		1						21
乔木庄		1					6	5	4	2	3		2					23
月河庄												1						1
小吕家庄								1										1
石家庄		1		1	2		5	2	6		2	2	1	1	1			24
鲍家庄							10	2	5	5	1	1						24

续表

年龄别／村庄名	不明者	0—2	3—4	5—9	10—12	13—14	15—19	20—24	25—29	30—34	35—39	40—44	45—49	50—54	55—59	60—69	70—79	合计
盖家庄		1		1			6	7	9	2	3	4	1	2	1		1	38
鄢家庄	1					2	12	14	6	12	7	5	3	1				63
东范庄			1		1	5	33	23	18	15	14	9	9	2	5	1	1	137
南范庄						4	21	19	8	8	9	7	2	2		1		81
西范庄							3				3		1		1			8
北范庄					1	4	11	8	8	8	2	1	3	1	1			48
七里铺			1		2	1	13	6	3	1	3	1		1		1		33
第六乡总计	1				11	15	93	74	59	42	29	23	15	9	4	1	2	378
小店						4	21	13	10	5	2	3	1					59
杨村					1	1	2	4	4	2	2	1	1					18
穆王庄					1	2	4	7	4		4	1						23
魏家庄					1	1	8	5	3	4		1		1				24
刁家庄							1	1		1			1					4

续表

年龄别 / 村庄名	不明者	0—2	3—4	5—9	10—12	13—14	15—19	20—24	25—29	30—34	35—39	40—44	45—49	50—54	55—59	60—69	70—79	合计
宋家庄							1	3	2	2	1	1						10
郭家庄							6	10	7	4	4	1	3	1	1			37
毛张庄						1	1	1	3	3	2		2					13
刘家道口	1						1	3	2			1						8
纪家庄							2	1		1	1		2				1	8
韩家庄					2	1	10	6	4	4	1	2	2	4	2	1	1	40
曹家小庄					1	3	7	6	4	2	2			1				26
崔家庄							6	1	2	3	2	3						17
东言礼					1		2	5	4	3		3						18
西言礼					1		7	3	6	6	5	5	2	2	1			38
黄鹂庄					3	2	8	4	1	2	2	1	1					24
张家套							6	1	3		1							11
第七乡总计	2			1	3	22	105	107	71	44	31	28	24	11	6	5		460

续表

年龄别／村庄名	不明者	0—2	3—4	5—9	10—12	13—14	15—19	20—24	25—29	30—34	35—39	40—44	45—49	50—54	55—59	60—69	70—79	合计
韩家店						3	1	3	1		1	1	2					12
青眉庄						1	2											3
西王家庄							1	1				1						3
小王驼								1	2		1				1			5
东韦家									2									2
东白家												1						1
木王庄									1									1
甲子庄				1			2					1	1					5
西韦家							2		1	1								4
大白									1			2						3
小白								1		1								2
宋家庄	2						3			3			1					9
上口					1	1	4			2			1	2	1			12

续表

村庄名＼年龄别	不明者	0—2	3—4	5—9	10—12	13—14	15—19	20—24	25—29	30—34	35—39	40—44	45—49	50—54	55—59	60—69	70—79	合计
前城子						2	17	16	6	10	9	5	4	4	1			74
后城子						1	8	6	2	5		1						23
马庄						5	11	23	8	1	3	1	3	2	1			58
滕家庄						3	18	13	13	1	1	3	3			1		56
萧家庄					2	5	17	20	19	17	10	6	6	1	2	1		106
开河						1	3	4	1			1	1			1		12
小言庄								2										2
东王家庄							5	6	2	1	1	2		1				18
颜家桥							1		3			1				1		6
冯家庄							4	2	2		1	1	1	1				12
邱家								2	1									3
官家庄							1		1	1	1		1					5
耿家庄							1	1			1							3

续表

年龄别 / 村庄名	不明者	0—2	3—4	5—9	10—12	13—14	15—19	20—24	25—29	30—34	35—39	40—44	45—49	50—54	55—59	60—69	70—79	合计
姚家庄							2	1	1	1		1				1		7
释家套							1	2	1		1							5
旧口								1	1									2
袁家屋子							1	2	2		1							6
第八乡总计	5	2		2	3	6	57	66	68	70	53	48	23	21	8	7	1	440
明家集							1	1		1	2	1	1					7
耿家庄							1	1	3	2	1	2	1	1		1		13
牛家官庄									1	3	1	1	1	1				8
田家庄							1	2	4	1	3	5	1					17
小张官庄	1			1						2	1							5
兰芝里						1	1	2	4	3	6	3						20
解家庄							1	3	3	5	4	4		2	1			23
柴家庄								4	3	1								8

续表

村庄名＼年龄别	不明者	0—2	3—4	5—9	10—12	13—14	15—19	20—24	25—29	30—34	35—39	40—44	45—49	50—54	55—59	60—69	70—79	合计
东闸子						1	1					2	1	3				8
西闸子	1	1		1			1	3	4	3				1		1	1	17
苏家桥											2							2
邢家庄							2	2	2	1	2		1		2			12
窝村							2	3	4	3	2		4	1				19
颜家集	1					1	2	1	4	4	2	2						17
牛家庄								1										1
二辛庄						1			2	1		1			1			6
东佐家							1			1	1							3
十户					1		3	4	2	3	2	3		1				19
刘楷家								1	1									2
仓廪庄											1	1						2
高家庄							2	2		4								8

续表

年龄别 / 村庄名	不明者	0—2	3—4	5—9	10—12	13—14	15—19	20—24	25—29	30—34	35—39	40—44	45—49	50—54	55—59	60—69	70—79	合计
宋家庄						1	3	3	2	2	1		1	1				14
成家庄	1						2		1	1	1		2					8
许家道口		1					11	4	4	7	6	7	2			4		46
高洼庄							1		4	2	3	4	1		1			16
曹家庄					1		7	3	1	3	1	2	2	1	1			22
宋家集					1			9	5	4	3	1	2	3				28
惠家辛庄	1					1	2	2	3	2	3	2		1				17
段家桥							12	15	11	11	5	7	3	5	2	1		72
第九乡总计	4	1		1	3	5	52	51	44	41	31	32	24	18	6	3		316
吴家								1	4	1		2		1		1		10
西左家							3	7	2	4	4	1	2	1				24
大碾						1	4	5	3	6	5	8	4	4	1			41
于家							4	1	3	2								10

续表

年龄别/村庄名	不明者	0—2	3—4	5—9	10—12	13—14	15—19	20—24	25—29	30—34	35—39	40—44	45—49	50—54	55—59	60—69	70—79	合计
王家	1						3	1		3		1	1					10
宋家		1			1		2	5	2		1				1			13
菅家							2	1	1	2	3	2	1	1				13
萝圈							2	2	6	3	2	6	4	3	2	1		13
辛桥				1		1	2	6	4	3	4	2		4		1		28
王少唐						1	2	2		1	2	2	2					12
杨家庄						1		2	1	1	2							7
田家							2	3	4	1	2	1	1	1	1			16
王家寨					1		2	1	1	2	1	2	3					13
河沟涯								1	1	2								4
辛梁镇	1						4	2	1	1		1						10
程和铺	2						4	3			1	1						11
郝庄					1	1	9	3	5	2	2	2	5					30

续表

年龄别／村庄名	不明者	0—2	3—4	5—9	10—12	13—14	15—19	20—24	25—29	30—34	35—39	40—44	45—49	50—54	55—59	60—69	70—79	合计
丁庄							7	5	6	7	2	1	1	3	1			33
第十乡总计	1		1			4	17	11	15	17	14	15	7	5	2		1	110
崖镇						1	1		4	5	1		1		1			14
杨家庄							1	1		1	1	2						6
张家庄						1	3		2	1	1			2			1	11
郭家庄							1				1							2
孔家													1					1
长槐家							1					1						2
成家	1						1	1	1			1			1			6
张德佐家						1		2		1	2							6
崇兴官庄											1							1
孙家庄										1								1
韩家庄										3	1	2	1					7

续表

年龄别 村庄名	不明者	0—2	3—4	5—9	10—12	13—14	15—19	20—24	25—29	30—34	35—39	40—44	45—49	50—54	55—59	60—69	70—79	合计
刘聚桥							2			1	2	1						6
刘家井							1			2	1	1	1					6
郑家			1						1		2	4						8
马庄							2	3	3	1		2	1	1				13
粉张庄						1	3	3	2		1	1	1	2				14
张家寨							1	1	2	1			1					6
第十一乡总计	1	1		1	1	3	13	24	24	15	13	9	5	5		2		117
王伍庄					1		2	3	4	1	1	1		2				15
周家庄							1	1				1						3
时家庄				1			2	2	4	3	3		1					16
孟家坊								1				1						2
岳家官庄								1	1	1								3

续表

年龄别 村庄名	不明者	0—2	3—4	5—9	10—12	13—14	15—19	20—24	25—29	30—34	35—39	40—44	45—49	50—54	55—59	60—69	70—79	合计
潘家								1	2	1			1					5
安祥庄							2	2		1	2							7
刘家								3	1							1		5
大陈家庄								1		1								2
信家						1	1		1			1	1					5
罗家						1						1	1					3
霍家坡						1	2	2	2	1								8
张家庄								1			1							2
孙家镇							1	4	5	2	1					1		14
范家庄	1										1							2
道民庄									1					1				2
陈玉平												1						1
都路平							1	1	1		1			1				5

续表

年龄别 / 村庄名	不明者	0—2	3—4	5—9	10—12	13—14	15—19	20—24	25—29	30—34	35—39	40—44	45—49	50—54	55—59	60—69	70—79	合计
冯家										1	1	2						4
小陈家庄										2	1		1	1				5
王庄		1																1
刘庄							1			1	1							3
蔡庄								1				1						2
李庄									2									2
第十二乡总计			1	1	4	4	18	20	18	12	11	9	3	3	4	1		109
辉李庄						2	5	5	3	5	1	3						24
李南庄							2	1					1					4
于何庄						1	2	1			2	3			1			10
党李庄								1	1		1							3
五户									1									1

续表

年龄别／村庄名	不明者	0—2	3—4	5—9	10—12	13—14	15—19	20—24	25—29	30—34	35—39	40—44	45—49	50—54	55—59	60—69	70—79	合计
高家庄			1	1			2	1	2		2			1				10
大三户								1	2			1			1			5
小三户								1								1		2
车郭庄							1		1					1				3
郑家寨								1	1									2
打鱼里					2		6	1	2	2	3							16
赵家庄								1	1	2	1							5
腰庄					1			2	3	2		1	1					10
安家庄					1	1		4	1	1	1	1	1	1	2			14
第十三乡总计	3	1		1	3	4	18	33	31	24	18	24	13	10	6	3		192
花沟					1	1		3	1			1	1	2	1			11
张家庄											1		1	1				3

续表

年龄别 村庄名	不明者	0—2	3—4	5—9	10—12	13—14	15—19	20—24	25—29	30—34	35—39	40—44	45—49	50—54	55—59	60—69	70—79	合计
魏家庄									2		1					1		4
天师庄							1	1			1		1			1		5
沟旺庄									1	2	1	2	1					7
任马寨	2							1	2		1	2						8
吉祥庄								1										1
贾庄							2	1	1				1	1				6
龙桑树					1		1		2	1								5
前陈家										1								1
后陈家							1	1										2
吕家庄						1			1	1								3
后石门										1	1	1						3
郭家坊		1							2	1	2							6
杏行							1		2	1								4

续表

年龄别/村庄名	不明者	0—2	3—4	5—9	10—12	13—14	15—19	20—24	25—29	30—34	35—39	40—44	45—49	50—54	55—59	60—69	70—79	合计
西南四庄							1			1	1	1						4
中南四庄					1				1			1						3
东南四庄							1			2								3
老鸦赵									1	1		1						3
曹家庄							2											2
云集官庄								1										1
田家官庄												1						1
宋家套							3	4		2	1	4		1	1			16
大官庄										1								1
张家官庄								1					1					2
胡家官庄									1									1
双柳树							1		2			1						4
胡家店							1	1			2		1	1				6

续表

年龄别 村庄名	不明者	0—2	3—4	5—9	10—12	13—14	15—19	20—24	25—29	30—34	35—39	40—44	45—49	50—54	55—59	60—69	70—79	合计
小胡庄						1			1									2
宫旺庄								2					1					3
高旺庄									2	3	1	2			1			9
于林庄								2										2
孙纺庄									1	2				1				4
贾旺庄								3			1	1						5
段家							2						1					3
贾寨								1	1									2
龙虎庄								3				1	1					5
冯旺庄									1		2	1						4
李星耀								1					1					2
李家官庄									2						1			3
田镇				1		1		3		1	1	1	1	1				10

续表

年龄别 / 村庄名	不明者	0—2	3—4	5—9	10—12	13—14	15—19	20—24	25—29	30—34	35—39	40—44	45—49	50—54	55—59	60—69	70—79	合计
沙高家	1						1	1	2	1	1	1				1		9
马家								2		1		1		2	1			7
徐家									2	1		1						4
石槽													1		1			2
全县	54	22	8	24	71	184	1056	1086	850	682	503	443	275	185	111	55	17	5626

第二十二表

各乡本籍人他往女子年龄分配表

年龄别 / 乡名	不明者	0—2	3—4	5—9	10—12	13—14	15—19	20—24	25—29	30—34	35—39	40—44	45—49	50—54	55—59	60—69	70—79	合计
首善乡	3	1	1	2	4	1	2	4	3	5	3	2	1		1	2		35
第一乡	4	4		2	1		1	5	2	4		2	1	1	1	1		20
第二乡	2	2					5	3	1		1	1	2	1				18
第三乡	4	1	4	6	2	1	5	1	5	4	4	5		1	2			45

续表

年龄别 / 乡名	不明者	0—2	3—4	5—9	10—12	13—14	15—19	20—24	25—29	30—34	35—39	40—44	45—49	50—54	55—59	60—69	70—79	合计
第四乡	3	2		3	1	3	5	11	12	4	4	5	4	1			2	60
第五乡	3	3	2	5	5	3	3	4	6	8	5	2	2		1	3	1	56
第六乡										1								1
第七乡	1					1	1	1	2	2	2	2	1			1		14
第八乡	1		1		2			5	2	1		1	1			2		16
第九乡	1	1	1		1		1	4	1	1		2	1	1				15
第十乡									2				1					3
第十一乡	1								2					1	1	1		6
第十二乡		2		1				1		1		2			1			8
第十三乡	6	4		1	1		1	2	2	2	2		1	1				23
全　县	29	20	9	20	17	9	24	41	40	33	21	24	15	7	7	10	3	329
百分数	8.81%	6.06%	2.74%	6.06%	5.17%	2.75%	7.29%	12.47%	12.16%	10.04%	6.39%	7.29%	4.56%	2.13%	2.13%	3.04%	0.91%	100%

第二十三表

全县各村庄本籍人他往女子年龄分配表

年龄别 / 村庄名	不明者	0—2	3—4	5—9	10—12	13—14	15—19	20—24	25—29	30—34	35—39	40—44	45—49	50—54	55—59	60—69	70—79	合计
首善乡总计	3	1	1	2	4	1	2	4	3	5	3	2	1		1	2		35
城里村					1	1	1	1	2		3							9
言坊村								1										1
东关村			1				1	1	1	1								5
爱山村	1																	1
美井村								1										1
中兴村		1		1						1						1		4
黛溪村					1							1	1			1		4
三义村	1																	1
北关村	1			1	2					3		1			1			9
第一乡总计	4	4		2	1		1	5	2	4		2	1	1	1	1		20
韩家坊	1																	1
大李家					1													1

续表

村庄名＼年龄别	不明者	0—2	3—4	5—9	10—12	13—14	15—19	20—24	25—29	30—34	35—39	40—44	45—49	50—54	55—59	60—69	70—79	合计
张家山									1									1
十里铺							1									1		2
王家庄												1						1
韦家庄	1							1										2
富盛庄		1						1										2
樊家庄												1	1	1				3
鲁家泉				1						1								2
石家庄	1	2						3	1	1								8
贺家庄		1		1														2
碑楼会仙	1									2					1			4
第二乡总计	2	2					5	3	1		1	1	2	1				18
青阳店	1	1					1		1									4
董家庄		1						2				1	1					5

续表

村庄名＼年龄别	不明者	0—2	3—4	5—9	10—12	13—14	15—19	20—24	25—29	30—34	35—39	40—44	45—49	50—54	55—59	60—69	70—79	合计
韩家庄											1							1
新立庄	1																	1
贾庄								1										1
浒山铺													1					1
东窝驼							1											1
徐家庄							2											2
郭庄														1				1
陈家庄							1											1
第三乡总计	4	1	4	6	2	1	5	1	5	4	4	5		1	2			45
黄家河滩		1	2	1					2	2								8
吉祥庄					1	1												2
下娄									1		1							2
杏林庄	1		1	1						1								4

续表

村庄名＼年龄别	不明者	0—2	3—4	5—9	10—12	13—14	15—19	20—24	25—29	30—34	35—39	40—44	45—49	50—54	55—59	60—69	70—79	合计
郭庄								1										1
秦家沟											1							1
孙家峪							1											1
象山前							2		1			1						4
石家庄			1	2	1		1		1	1	1	1		1	1			11
冯家庄							1					1						2
东赵家庄	1			2														3
崔家营											1				1			2
崔家庄												1						1
郎君庄	2											1						3
第四乡总计	3	2		3	1	3	5	11	12	4	4	5	4	1			2	60
南逯庄				1	1	1	3	3	2		1	1	2				1	16
中逯庄				1								1						2

续表

年龄别／村庄名	不明者	0—2	3—4	5—9	10—12	13—14	15—19	20—24	25—29	30—34	35—39	40—44	45—49	50—54	55—59	60—69	70—79	合计
平原庄								2	1									3
蒙家庄													1					1
大杨堤												1						1
小杨堤								1										1
东杨堤	1			1		1			1	1								5
西杨堤									1									1
见埠庄							1		2		1	1						5
杨家庄														1				1
代家庄										1	1							2
杨家寨								1										1
南唐		1					1	1		1		1						5
樊家庄	2	1						3	2		1							9
东禾									1									1

续表

年龄别 / 村庄名	不明者	0—2	3—4	5—9	10—12	13—14	15—19	20—24	25—29	30—34	35—39	40—44	45—49	50—54	55—59	60—69	70—79	合计
西禾						1			1	1								3
北禾													1				1	2
柳泉庄									1									1
第五乡总计	3	3	2	5	5	3	3	4	6	8	5	2	2		1	3	1	56
黄山前					1					1	1					1		4
孙家庄							1											1
景家庄			1	1					2									4
周家庄										1								1
乔木庄				1					1			1						3
石家庄	1	1						1	1	1					1			6
盖家庄					1	2		1		1	2					1		8
鄢家庄							1			1						1		3
东范庄		1		2				1	1	2	1	1	1				1	11

续表

年龄别 村庄名	不明者	0—2	3—4	5—9	10—12	13—14	15—19	20—24	25—29	30—34	35—39	40—44	45—49	50—54	55—59	60—69	70—79	合计
南范庄					1			1					1					3
西范庄					1	1												2
北范庄	1	1	1	1	1		1		1	1	1							9
七里铺	1																	1
第六乡总计										1								1
穆王庄										1								1
第七乡总计	1					1	1	1	2	2	2	2	1			1		14
赵家庄									1									1
小王驼							1											1
东韦家												1						1
甲子庄											1							1
前城子													1					1
滕家庄									1	1								2

续表

年龄别 村庄名	不明者	0—2	3—4	5—9	10—12	13—14	15—19	20—24	25—29	30—34	35—39	40—44	45—49	50—54	55—59	60—69	70—79	合计
萧家庄	1											1				1		3
开河											1							1
官家庄						1												1
释家套										1								1
袁家屋子								1										1
第八乡总计	1		1		2			5	2	1		1	1			2		16
小张官庄	1								1			1						3
西闸子								2										2
窝村					1				1									2
颜家集								1										1
许家道口								1								1		2
高洼庄										1								1
曹家庄																1		1

续表

村庄名＼年龄别	不明者	0—2	3—4	5—9	10—12	13—14	15—19	20—24	25—29	30—34	35—39	40—44	45—49	50—54	55—59	60—69	70—79	合计
宋家集													1					1
惠家辛庄					1													1
段家桥			1					1										2
第九乡总计	1	1	1		1		1	4	1	1		2	1	1				15
吴家								1										1
大碾					1					1								2
宋家		1					1		1				1					4
营家			1					2										3
辛梁镇	1											2						3
郝庄								1						1				2
第十乡总计									2				1					3
张家庄									1									1
崇兴官庄									1									1

续表

年龄别／村庄名	不明者	0—2	3—4	5—9	10—12	13—14	15—19	20—24	25—29	30—34	35—39	40—44	45—49	50—54	55—59	60—69	70—79	合计
粉张庄													1					1
第十一乡总计	1								2					1	1	1		6
时家庄	1																	1
潘家																1		1
小陈家庄															1			1
蔡庄									2					1				3
第十二乡总计		2		1				1		1		2			1			8
于何庄															1			1
高家庄		1										1						2
打鱼里		1		1				1		1		1						5

续表

年龄别 村庄名	不明者	0—2	3—4	5—9	10—12	13—14	15—19	20—24	25—29	30—34	35—39	40—44	45—49	50—54	55—59	60—69	70—79	合计
第十三乡总计	6	4		1	1		1	2	2	2	2		1	1				23
花沟	5	2							2		1							10
沟旺庄								1										1
郭家坊				1				1		1								3
西南四庄		1									1							2
中南四庄		1					1						1	1				4
杨家庄	1																	1
宋家套										1								1
龙虎庄					1													1
全县	29	20	9	20	17	9	24	41	40	33	21	24	15	7	7	10	3	329

第二十四表

各乡寄籍人现住男子年龄分配表

年龄别 乡名	不明者	0	1—2	3—4	5—9	10—12	13—14	15—19	20—24	25—29	30—34	35—39	40—44	45—49	50—54	55—59	60—69	70—79	合计
首善乡	3	5	8	12	13	3	1	5	6	12	10	18	4	9	8	2	4	1	124
第一乡		1			2			1	2	2	1	1	1	1	2	1	1		16
第二乡				1		1	1	1			1				2	1	3		11
第三乡	1		1	2	2		1	1	2	7	1			2		1	5		26
第四乡		1			2	3			2	4	2	2	2	4	3	1		2	28
第五乡		1	1		1		1	5	1	2	3		2		2	1	2		22
第六乡				1		1				2	2	2		1	2	1		1	13
第七乡			1		5	4	2	5		3	2	2	3	1	1	2	1		32
第八乡			1		1			2	2	1	2	2	3	2		1	1	1	19
第九乡	1		5	1	9	2	1	3	3	6	4	6	3	5	2	2	2		55
第十乡			1	1			2	1	1	1	1	1					1		10
第十一乡	1	1	2	2	3	1	3	2	1	8	6	2		1	6	1	4		44
第十二乡			1	1	2	3		2		2	4	2	3	1		1	3		25

续表

年龄别 乡名	不明者	0	1—2	3—4	5—9	10—12	13—14	15—19	20—24	25—29	30—34	35—39	40—44	45—49	50—54	55—59	60—69	70—79	合计
第十三乡			1	2	1		1	2		2	3	2	3	3		1	1		22
全县	6	9	22	33	41	18	13	30	20	52	42	40	24	30	28	16	28	5	447
百分数	1.26%	2.02%	4.93%	5.15%	9.18%	4.04%	2.92%	6.72%	4.48%	11.64%	9.39%	8.96%	5.37%	6.72%	6.26%	3.58%	6.26%	1.12%	100%

第二十五表　　**全县各村庄寄籍人现住男子年龄分配表**

年龄别 村庄名	不明者	0	1—2	3—4	5—9	10—12	13—14	15—19	20—24	25—29	30—34	35—39	40—44	45—49	50—54	55—59	60—69	70—79	合计
首善乡总计	3	5	8	12	13	3	1	5	6	12	10	18	4	9	8	2	4	1	124
城里村		2	7	8	12	1	1	3	4	10	3	17	1	1	2		3	1	76
东关村	1	1						1	1	1	4			1	2	2			14
南关村				2		1			1		2	1	1	3			1		12
中兴村	2	2		2	1	1				1			2	3	1				15
黛溪村			1					1						1	3				6

续表

年龄别／村庄名	不明者	0	1—2	3—4	5—9	10—12	13—14	15—19	20—24	25—29	30—34	35—39	40—44	45—49	50—54	55—59	60—69	70—79	合计
三义村											1								1
第一乡总计		1			2			1	2	2	1	1	1	1	2	1	1		16
韩家坊		1			2			1							1				5
张家山									1	1				1					3
十里铺										1						1			2
接官亭													1						1
韦家庄															1				1
富盛庄											1	1							2
碑楼会仙									1								1		2
第二乡总计				1		1	1	1			1				2	1	3		11
青阳店							1										2		3
韩家庄				1							1				1		1		4
代庄						1		1							1				3

续表

年龄别 村庄名	不明者	0	1—2	3—4	5—9	10—12	13—14	15—19	20—24	25—29	30—34	35—39	40—44	45—49	50—54	55—59	60—69	70—79	合计
陈家庄																1			1
第三乡总计	1		1	2	2		1	1	2	7	1			2		1	5		26
西赵家庄										2							2		4
象山前										1	1					1			3
石家庄				1	1			1	1	1				1					6
冯家庄			1							1									2
丁家庄	1				1		1		1	1				1			2		8
东赵家庄										1							1		2
崔家营				1															1
第四乡总计		1			2	3			2	4	2	2	2	4	3	1		2	28
南逯庄						1									1				2
北逯庄					1								2					1	4
平原庄														1					1

续表

年龄别/村庄名	不明者	0	1—2	3—4	5—9	10—12	13—14	15—19	20—24	25—29	30—34	35—39	40—44	45—49	50—54	55—59	60—69	70—79	合计
蒙家庄														1		1			2
东杨堤					1	1				1				1					4
韩家庄		1							2	1	2	1		1	2				10
北唐						1				2		1						1	5
第五乡总计		1	1		1		1	5	1	2	3		2		2	1	2		22
黄山前								1											1
乔木庄								1			1					1	1		4
石家庄								1	1										2
盖家庄					1			1		1			2		1				6
东范庄			1							1	1						1		4
西范庄		1					1				1								3
北范庄								1							1				2
第六乡总计				1		1				2	2	2		1	2	1		1	13

续表

年龄别 村庄名	不明者	0	1—2	3—4	5—9	10—12	13—14	15—19	20—24	25—29	30—34	35—39	40—44	45—49	50—54	55—59	60—69	70—79	合计
毛张庄												1						1	2
东言礼						1				1	1	1							4
西言礼										1					1				2
黄鹂庄										1	1	1							3
张家套				1										1					2
第七乡总计			1		5	4	2	5		3	2	2	3	1	1	2	1		32
韩家店					2		1						1						4
西王家庄															1				1
小王驼			1		1	1				2									5
木王庄						1		3				1							5
大白							1				1								2
后城子					1					1									2
开河																1			1

续表

年龄别／村庄名	不明者	0	1—2	3—4	5—9	10—12	13—14	15—19	20—24	25—29	30—34	35—39	40—44	45—49	50—54	55—59	60—69	70—79	合计
小言庄													1						1
冯家庄						1		1							1		1		4
邱家													1						1
姚家庄					1	1		1				1		1					5
释家套											1								1
第八乡总计			1		1			2	2	1	2	2	3	2		1	1	1	19
耿家庄					1			1	2	1	1	2		1				1	10
牛家官庄													1						1
柴家庄													1				1		2
邢家庄			1					1					1	1					4
二辛庄											1								1
仓禀庄																1			1
第九乡总计	1		5	1	9	2	1	3	3	6	4	6	3	5	2	2	2		55

续表

年龄别／村庄名	不明者	0	1—2	3—4	5—9	10—12	13—14	15—19	20—24	25—29	30—34	35—39	40—44	45—49	50—54	55—59	60—69	70—79	合计
西左家			1			1	1						2						5
大碾				1	1	1		1				2				1			7
于家					2					1		1							4
萝圈									1						1				2
王少唐			1											2	1				4
杨家庄					2				1							1			4
王家寨					1					1	1	1					2		6
辛梁镇			2		3			2	1	3	3	2	1	2					19
丁庄	1		1							1				1					4
第十乡总计			1	1			2	1	1	1	1	1					1		10
孔家									1								1		2
张德佐家			1				1	1			1								4
刘聚桥										1									1

续表

年龄别／村庄名	不明者	0	1—2	3—4	5—9	10—12	13—14	15—19	20—24	25—29	30—34	35—39	40—44	45—49	50—54	55—59	60—69	70—79	合计
张家寨				1			1					1							3
第十一乡总计	1	1	2	2	3	1	3	2	1	8	6	2		1	6	1	4		44
王伍庄					1		1							1					3
时家庄										3	1				2		1		7
孟家坊						1	1	2			1	1			1		1		8
大陈家庄										1							1		2
张家庄			1	1						1									3
孙家镇	1	1	1	1	1		1			1	4	1			2		1		15
都路平										1					1				2
王庄					1											1			2
刘庄									1	1									2
第十二乡总计			1	1	2	3		2		2	4	2	3	1		1	3		25

续表

年龄别／村庄名	不明者	0	1—2	3—4	5—9	10—12	13—14	15—19	20—24	25—29	30—34	35—39	40—44	45—49	50—54	55—59	60—69	70—79	合计
辉李庄													1				1		2
高家庄					1						1								2
大三户								1		1			1				1		4
小三户											3	1					1		5
刘家						1				1									2
车郭庄			1	1	1	1		1								1			6
打鱼里						1							1	1					3
赵家庄												1							1
第十三乡总计			1	2	1		1	2		2	3	2	3	3		1	1		22
花沟																	1		1
贾庄				1						1	1								3
前陈家					1			2						2					5

续表

年龄别/村庄名	不明者	0	1—2	3—4	5—9	10—12	13—14	15—19	20—24	25—29	30—34	35—39	40—44	45—49	50—54	55—59	60—69	70—79	合计
前石门							1				1		2			1			5
后石门			1	1									1						3
郭家坊												1							1
西南四庄										1									1
曹家庄											1	1							2
大官庄														1					1
全县	6	9	22	23	41	18	13	30	20	52	42	40	24	30	28	16	28	5	447

第二十六表　　各乡寄籍人现住女子年龄分配表

年龄别/乡名	不明者	0—2	3—4	5—9	10—12	13—14	15—19	20—24	25—29	30—34	35—39	40—44	45—49	50—54	55—59	60—69	70—79	合计
首善乡	1	15	9	15	2	2	5	10	16	12	12	4	5	3	3	4	1	119
第一乡		2		1	1						1		2		3	1		11

续表

乡名＼年龄别	不明者	0—2	3—4	5—9	10—12	13—14	15—19	20—24	25—29	30—34	35—39	40—44	45—49	50—54	55—59	60—69	70—79	合计
第二乡		1		1		1	1		1			1		3		1		10
第三乡	2			2	1	1	2			3		1	2	4		2	1	21
第四乡		1	2	3	3			2	2	3	3	2	2	1	1	1		26
第五乡		1	1	4	1	1	1	2		3		3	1		1	1		20
第六乡		1	1	2	3		2		1		5		3	1	1	3	3	26
第七乡		2	1	3	2	1	1		1	4	3	2	4		1	1	1	27
第八乡					1		1					3	1		2	1		9
第九乡	1	5	3	7	5	1	4	1	7	4	3	5	3		3	4	1	57
第十乡		1		1			1	1		2			1	1				8
第十一乡		3		2	3	1	2	5	4	2	1	3	2	5	2	1		36
第十二乡		1	1	1	2	2	1				3	2	1	1	3	1		19
第十三乡		1		3		2	2	1		1		3	2	2	1	5	1	24
全　县	4	34	18	45	24	12	23	22	32	34	31	29	29	21	21	26	8	413
百分数	0. 96%	8. 24%	4. 35%	10. 89%	5. 81%	2. 90%	5. 56%	5. 32%	7. 74%	8. 23%	7. 56%	7. 02%	7. 02%	5. 09%	5. 09%	6. 28%	1. 94%	100%

第二十七表 全县各村庄寄籍人现住女子年龄分配表

年龄别 / 村庄名	不明者	0—2	3—4	5—9	10—12	13—14	15—19	20—24	25—29	30—34	35—39	40—44	45—49	50—54	55—59	60—69	70—79	合计
首善乡总计	1	15	9	15	2	2	5	10	16	12	12	4	5	3	3	4	1	119
城里村	1	11	7	9	2		2	8	13	5	9	4	1	2	3	2		79
东关村		3	1	2			2	1	2	1	1			1		1	1	16
南关村			1			1				2	1		2			1		8
中兴村				2			1	1		2	1		1					8
黛溪村		1		2		1			1	1			1					7
三义村										1								1
第一乡总计		2		1	1						1		2		3	1		11
韩家坊		1			1						1							3
张家山		1		1									1					3
接官亭													1					1
韦家庄															1			1
富盛庄															1			1

续表

年龄别／村庄名	不明者	0—2	3—4	5—9	10—12	13—14	15—19	20—24	25—29	30—34	35—39	40—44	45—49	50—54	55—59	60—69	70—79	合计
樊家庄																1		1
碑楼会仙															1			1
第二乡总计		1		1		1	1		1			1		3		1		10
青阳店														1		1		2
韩家庄		1							1					1				3
代庄				1			1					1						3
陈家庄						1								1				2
第三乡总计	2			2	1	1	2			3		1	2	4		2	1	21
西赵家庄													1			1		2
秦家沟														1				1
象山前						1								1				2
石家庄				1						1		1						3
冯家庄				1						1								2

续表

年龄别 / 村庄名	不明者	0—2	3—4	5—9	10—12	13—14	15—19	20—24	25—29	30—34	35—39	40—44	45—49	50—54	55—59	60—69	70—79	合计
丁家庄	2				1		2						1	1		1		8
东赵家庄														1			1	2
崔家营										1								1
第四乡总计		1	2	3	3			2	2	3	3	2	2	1	1	1		26
南逯庄				2						1								3
北逯庄			1								2					1		4
平原庄			1								1							2
蒙家庄				1	1				1				1					4
东杨堤								1		1				1				3
韩家庄		1			2			1	1	1		2	1					9
北唐															1			1
第五乡总计		1	1	4	1	1	1	2		3		3	1		1	1		20
黄山前							1											1

续表

年龄别 村庄名	不明者	0—2	3—4	5—9	10—12	13—14	15—19	20—24	25—29	30—34	35—39	40—44	45—49	50—54	55—59	60—69	70—79	合计
乔木庄				1						1		1						3
石家庄				1		1							1					3
盖家庄					1					1		1			1			4
东范庄				1				2								1		4
西范庄			1							1								2
北范庄		1		1								1						3
第六乡总计		1	1	2	3		2		1		5		3	1	1	3	3	26
毛张庄											1							1
东言礼		1		2	2						3		1		1	2		12
张家套			1		1		2		1		1		2	1		1	3	13
第七乡总计		2	1	3	2	1	1		1	4	3	2	4		1	1	1	27
韩家店											1							1
西王家庄													1					1

续表

年龄别 村庄名	不明者	0—2	3—4	5—9	10—12	13—14	15—19	20—24	25—29	30—34	35—39	40—44	45—49	50—54	55—59	60—69	70—79	合计
小王驼							1			2			1					4
木王庄				1									1					2
大白		1		1	1						1							4
后城子										1						1		2
开河					1								1					2
小言庄									1									1
冯家庄						1						1			1			3
邱家		1		1						1								3
姚家庄			1								1	1						3
释家套																	1	1
第八乡总计					1		1					3	1		2	1		9
耿家庄					1							1			1			3
牛家官庄													1					1

续表

年龄别 村庄名	不明者	0—2	3—4	5—9	10—12	13—14	15—19	20—24	25—29	30—34	35—39	40—44	45—49	50—54	55—59	60—69	70—79	合计
邢家庄							1					2						3
二辛庄																1		1
仓廪庄															1			1
第九乡总计	1	5	3	7	5	1	4	1	7	4	3	5	3		3	4	1	57
西左家			1	1	1						1	1						5
大碾											1				1	1		3
于家									2									2
萝圈				1	1							1						3
王少唐					1		1	1				1				1		5
杨家庄		1				1			1	1					1			5
王家寨	1	2	1				1		1	1			1		1			9
辛梁镇		2	1	4	2		1		3	2	1	1	2			1	1	21
丁庄				1			1					1				1		4

续表

年龄别/村庄名	不明者	0—2	3—4	5—9	10—12	13—14	15—19	20—24	25—29	30—34	35—39	40—44	45—49	50—54	55—59	60—69	70—79	合计
第十乡总计		1		1			1	1		2			1	1				8
孔家														1				1
成家							1						1					2
张德佐家		1		1						1								3
刘聚桥								1										1
张家寨										1								1
第十一乡总计		3		2	3	1	2	5	4	2	1	3	2	5	2	1		36
王伍庄					1						1							2
时家庄		1		2			1	1				1		2	1			9
孟家坊												1		1				2
大陈家庄		1				1	1	1				1	1					6
张家庄									1									1

续表

年龄别 / 村庄名	不明者	0—2	3—4	5—9	10—12	13—14	15—19	20—24	25—29	30—34	35—39	40—44	45—49	50—54	55—59	60—69	70—79	合计
孙家镇		1			2			2	3	2			1		1	1		13
都路平								1										1
王庄														1				1
刘庄														1				1
第十二乡总计		1	1	1	2	2	1				3	2	1	1	3	1		19
辉李庄																1		1
高家庄		1	1	1							1							4
大三户						1					1							2
小三户							1							1	2			4
刘家											1							1
车郭庄					1							1						2
打鱼里					1	1						1	1		1			5

续表

年龄别 / 村庄名	不明者	0—2	3—4	5—9	10—12	13—14	15—19	20—24	25—29	30—34	35—39	40—44	45—49	50—54	55—59	60—69	70—79	合计
第十三乡总计		1		3		2	2	1		1		3	2	2	1	5	1	24
花沟																1		1
贾庄		1		1						1					1			4
前陈家														1				1
前石门								1					1			1		3
后石门												1						1
西南四庄				1			1											2
曹家庄							1											1
大官庄												1						1
段家														1				1
田镇				1		2						1	1			3	1	9
全县	4	34	18	45	24	12	23	22	32	34	31	29	29	21	21	26	8	413

第二十八表

全县各村庄寄籍人他往男子年龄分配表

年龄别 / 村庄名	不明者	0—2	3—4	5—9	10—12	13—14	15—19	20—24	25—29	30—34	35—39	40—44	45—49	50—54	55—59	60—69	70—79	合计
首善乡总计				1			3	1	1	2	1							9
城里村							2			1								3
东关村				1			1	1										3
中兴村										1	1							2
黛溪村									1									1
第一乡总计								1										1
富盛庄								1										1
第二乡总计								1										1
陈家庄								1										1
第三乡总计								1	2	1								4
石家庄								1										1
丁家庄									2									2
东赵家庄										1								1

续表

年龄别 村庄名	不明者	0—2	3—4	5—9	10—12	13—14	15—19	20—24	25—29	30—34	35—39	40—44	45—49	50—54	55—59	60—69	70—79	合计
第六乡总计										1								1
东言礼										1								1
第七乡总计					1			1										2
西王家庄								1										1
姚家庄					1													1
第九乡总计							1		2	1	1							5
大碾									1									1
王少唐							1											1
杨家庄									1	1	1							3
第十一乡总计						1	1		1		1							4
时家庄						1					1							2
大陈家庄							1											1
孙家镇									1									1

续表

年龄别 村庄名	不明者	0—2	3—4	5—9	10—12	13—14	15—19	20—24	25—29	30—34	35—39	40—44	45—49	50—54	55—59	60—69	70—79	合计
第十三乡总计												1						1
云集官庄						1												1
全县				1	1	1	5	5	6	5	3	1						28
百分数				3.57%	3.57%	3.57%	17.86%	17.86%	21.43%	17.86%	10.71%	3.57%						100%

第二十九表　全县各村庄寄籍人他往女子年龄分配表

年龄别 村庄名	不明者	0—2	3—4	5—9	10—12	13—14	15—19	20—24	25—29	30—34	35—39	40—44	45—49	50—54	55—59	60—69	70—79	合计
首善乡总计	1							1										2
城里村	1																	1
东关村								1										1
全县	1							1										2

六 全县法定人口婚姻状况表

第三十表 全县法定人口婚姻状况表

男女别	人口别＼婚姻状况	已婚者	未婚者	不明者	合计	百分数	鳏寡	离婚
男子	本籍人现住	44965	31367	91	76423	92.61%	5103	6
	本籍人他往	3851	1738	37	5626	6.82%	113	
	寄籍人现住	226	215	6	447	0.54%	16	1
	寄籍人他往	8	20		28	0.03%	2	
	总计	49050	33340	134	82524	100%	5234	7
	百分数	59.44%	40.40%	0.16%	100%		6.34%	0.01%
女子	本籍人现住	54750	27415	20	82185	99.12%	10104	1
	本籍人他往	238	91		329	0.39%	13	
	寄籍人现住	265	145	3	413	0.49%	40	
	寄籍人他往	1	1		2	0.00%		
	总计	55254	27652	23	82929	100%	10157	1
	百分数	66.63%	33.34%	0.03%	100%		12.25%	——

续表

男女别 \ 人口别 \ 婚姻状况		已婚者	未婚者	不明者	合计	百分数	鳏寡	离婚
男女合计	全县	104304	60992	157	165453		15391	8
	百分数	63.05%	36.86%	0.09%	100%		9.30%	——

第三十一表　　各乡本籍人现住男女婚姻状况表

乡名 \ 婚姻状况 \ 男女别	男子						女子					
	已婚者	未婚者	不明者	合计	鳏夫	离婚	已婚者	未婚者	不明者	合计	寡妇	离婚
首善乡	1696	1249	5	2950	183		2321	1122	2	3445	594	
第一乡	2708	2027	8	4743	354	1	3541	1741	3	5285	731	
第二乡	3958	3027	9	6994	525		4572	2194	1	6767	843	1
第三乡	2055	1792	6	3853	321	2	2606	1349	6	3961	571	
第四乡	3369	2833	15	6217	455	3	4389	2193	4	6586	954	

续表

男女别婚姻状况乡名	男子							女子						
	已婚者	未婚者	不明者	合计	鳏夫	离婚		已婚者	未婚者	不明者	合计	寡妇	离婚
第五乡	2293	1829	2	4124	267			3154	1645	1	4800	684	
第六乡	2763	2071	20	4854	303			3431	1729		5160	590	
第七乡	4315	2823	2	7140	505			5228	2400	1	7629	947	
第八乡	4686	2985	1	7672	455			5695	2915		8610	933	
第九乡	2605	1789	1	4395	239			3239	1758		4997	501	
第十乡	2090	1232		3322	189			2500	1296		3796	423	
第十一乡	3305	2012	1	5318	310	1		3695	1908		5603	532	
第十二乡	2391	1569	9	3969	236			2731	1513	2	4246	424	
第十三乡	6731	4129	12	10872	761			7648	3652		11300	1377	
全县	44965	31367	91	76423	5103	6		54750	27415	20	82185	10104	1
百分数	58.84%	41.04%	0.12%	100%	6.68%	0.01%		66.62%	33.35%	0.03%	100%	12.30%	—

第三十二表　　全县各村庄本籍人现住男女婚姻状况表

村庄名	男子 已婚者	男子 未婚者	男子 不明者	男子 合计	男子 鳏夫	男子 离婚	女子 已婚者	女子 未婚者	女子 不明者	女子 合计	女子 寡妇	女子 离婚
首善乡总计	1696	1249	5	2950	183		2321	1122	2	3445	594	
城里村	229	194	2	425	21		355	190	2	547	96	
言坊村	100	82	1	183	7		123	53		176	34	
东关村	240	151	1	392	19		334	156		490	82	
南关村	136	107		243	18		182	89		271	52	
爱山村	72	56		128	10		108	45		153	32	
美井村	162	128		290	16		207	95		302	40	
中兴村	136	111		247	24		216	105		321	68	
黛溪村	305	197		502	35		377	153		530	89	
三义村	109	80		189	12		168	93		261	55	
北关村	207	143	1	351	21		251	143		394	46	
第一乡总计	2708	2027	8	4743	354	1	3541	1741	3	5285	731	

续表

男女别婚姻状况 村庄名	男子 已婚者	男子 未婚者	男子 不明者	男子 合计	男子 鳏夫	男子 离婚	女子 已婚者	女子 未婚者	女子 不明者	女子 合计	女子 寡妇	离婚
韩家坊	241	175		416	46		271	133		404	61	
大李家	317	256		573	30		413	191		604	93	
张家山	162	126		288	19	1	206	90		296	50	
十里铺	164	118		282	23		198	105		303	25	
接官里	9	15		24			13	2		15	4	
张家庄	112	98		210	13		142	79	1	222	36	
高家庄	42	29		71	7		46	23		74	6	
王家庄	70	56		126	17		105	59		164	37	
聚和庄	82	52		134	13		104	68		172	24	
小李家	26	31		57	5		30	16		46	7	
马家庄	43	30	2	75	7		47	26		73	14	
韦家庄	234	148		382	23		323	158		481	64	

续表

村庄名 \ 婚姻状况 \ 男女别	男子						女子					
	已婚者	未婚者	不明者	合计	鳏夫	离婚	已婚者	未婚者	不明者	合计	寡妇	离婚
富盛庄	5	5		10	1		16	5		21	11	
成庄	22	21		43	4		32	24		56	6	
刘家庄	70	56	3	129	11		103	40	1	144	27	
郭庄	167	112		279	11		278	139		417	49	
黄家营	53	43		96	2		85	37		122	20	
樊家庄	79	75	3	157	13		105	48	1	154	22	
鲁家泉	112	87		199	6		134	76		210	15	
石家庄	227	179		406	12		295	159		454	18	
贺家庄	223	151		374	41		267	111		378	57	
姜家洞	39	36		75	10		42	25		67	11	
碑楼会仙	209	128		337	40		286	122		408	74	
第二乡总计	3958	3027	9	6994	525		4572	2194	1	6767	843	1

续表

村庄名（婚姻状况/男女别）	男子						女子					
	已婚者	未婚者	不明者	合计	鳏夫	离婚	已婚者	未婚者	不明者	合计	寡妇	离婚
青阳店	564	457		1021	78		686	324		1010	152	
董家庄	249	215		464	34		307	154		461	64	
韩家庄	114	95		209	16		147	75		222	30	
新立庄	60	45		105	13		68	26		94	18	
贾庄	60	50		110	12		70	45		115	13	1
浒山铺	228	153		381	32		273	113		386	65	
刘家庄	449	310	7	766	28		498	221		719	34	
马步店	140	118	2	260	22		163	97	1	261	35	
钟家庄	230	145		375	13		280	146		426	37	
耿家庄	269	212		481	49		291	126		417	53	
东窝驼	277	220		497	56		339	168		507	76	
西窝驼	506	391		897	56		533	242		775	74	

续表

男女别婚姻状况村庄名	男子					女子				
	已婚者	未婚者	不明者	合计	鳏夫	离婚	已婚者	未婚者	不明者	合计	寡妇	离婚
代庄	57	39		96	11		68	38		106	13	
徐家庄	117	87		204	16		137	74		211	32	
郭庄	131	96		227	23		141	66		207	29	
化庄	202	152		354	20		248	106		354	55	
陈家庄	305	242		547	46		323	173		496	63	
第三乡总计	2055	1792	6	3853	321	2	2606	1349	6	3961	571	
西赵家庄	73	77		150	7		109	63		172	30	
黄家河滩	59	56		115	9		81	22		103	22	
吉祥庄	54	33		87	7		67	38		105	14	
上娄	68	80		148	14		77	31		108	17	
下娄	83	73		156	8		121	58		179	28	
杏林庄	78	69		147	5		103	60		163	28	

续表

村庄名	男子 已婚者	男子 未婚者	男子 不明者	男子 合计	男子 鳏夫	男子 离婚	女子 已婚者	女子 未婚者	女子 不明者	女子 合计	女子 寡妇	离婚
郭庄	48	49		97	5		57	37		94	10	
秦家沟	134	112		246	29		154	83		237	39	
聚仙庄	60	64		124	14		63	21		84	14	
贺家庄	65	44		109	6		74	49		123	7	
太和庄	71	53		124	11		91	42		133	23	
樊家洞	13	15		28	1		14	9		23	2	
孙家峪	48	53		101	8		54	31		85	9	
象伏庄	118	97		215	25		133	68		201	30	
象山庄	112	81		193	20		143	87		230	30	
芦泉	70	61		131	6		86	42		128	17	
王家庄	17	9		26			23	11		34	6	
石家庄	109	114		223	24	2	159	89		248	35	

续表

村庄名 \ 婚姻状况 \ 男女别	男子						女子					
	已婚者	未婚者	不明者	合计	鳏夫	离婚	已婚者	未婚者	不明者	合计	寡妇	离婚
冯家庄	45	32	1	78	3		63	24		87	18	
丁家庄	85	81		166	18		122	71		193	33	
东赵家庄	103	80		183	20		127	65		192	27	
崔家营	139	107	5	251	19		180	89	6	275	40	
崔家庄	75	69		144	8		105	58		163	19	
抱印庄	61	58		119	11		77	39		116	15	
李家庄	81	62		143	17		100	65		165	24	
郎君庄	186	163		349	26		223	97		320	34	
第四乡总计	3369	2833	15	6217	455	3	4389	2193	4	6586	954	
南逯庄	439	326	2	767	53		556	276		832	103	
中逯庄	101	67	1	169	8		128	54	3	185	16	
北逯庄	109	86		195	16		156	70		226	35	

续表

男女别/婚姻状况/村庄名	男子						女子					
	已婚者	未婚者	不明者	合计	鳏夫	离婚	已婚者	未婚者	不明者	合计	寡妇	离婚
太和庄	86	81		167	9		130	74		204	24	
陈河涯	36	28		64	3		47	18		65	10	
平原庄	132	138		270	7		164	67		231	3	
蒙家庄	180	167		347	21		222	123		345	49	
大杨堤	93	68		161	7		108	53		161	14	
小杨堤	103	111		214	11	1	146	79		225	29	
东杨堤	239	197	3	439	42		293	133		426	71	
西杨堤	184	131		315	36		216	129		345	63	
见埠庄	357	304		661	41		485	219		704	113	
杨家庄	50	52		102	5		68	24		92	15	
代家庄	87	66		153	12		105	63		168	24	
杨家寨	132	92		224	19		158	85		243	41	

续表

村庄名 \ 婚姻状况 \ 男女别	男子 已婚者	男子 未婚者	男子 不明者	男子 合计	男子 鳏夫	男子 离婚	女子 已婚者	女子 未婚者	女子 不明者	女子 合计	女子 寡妇	女子 离婚
刘家庄	75	70		145	11		101	65		166	25	
高家庄	49	48		97	9		60	19		79	14	
韩家庄	187	154		341	27		230	127		357	52	
北唐	39	35	7	79	6	1	53	29		82	12	
南唐	34	27		61	4		43	23		66	9	
樊家庄	169	161		330	24		264	126		390	74	
东禾	72	45		117	9		79	43		122	16	
西禾	37	36		73	6		51	35		86	13	
北禾	127	115		242	19		171	93		264	38	
段家庄	73	58	2	133	16		105	47	1	153	26	
柳泉庄	164	163		327	30		236	114		350	65	
于齐庄	17	7		24	4		14	5		19		

续表

村庄名 \ 婚姻状况 \ 男女别	男子						女子					
	已婚者	未婚者	不明者	合计	鳏夫	离婚	已婚者	未婚者	不明者	合计	寡妇	离婚
第五乡总计	2293	1829	2	4124	267		3154	1645	1	4800	684	
黄山前	226	183		409	32		327	166		493	78	
侯家庄	29	23		52	2		44	21		65	12	
代庄	41	30		71	7		53	29		82	12	
孙家庄	48	35		83	8		65	36		101	11	
景家庄	147	135		282	10		212	132		344	41	
周家庄	152	119		271	21		193	113		306	46	
乔木庄	75	79		154	6		115	75		190	28	
月河庄	15	17		32			21	12		33	3	
小吕家庄	21	22		43	5		21	11		32	2	
石家庄	100	103	1	204	16		133	73		206	28	
鲍家庄	96	99		195	13		137	72		209	43	

续表

男女别 婚姻状况 村庄名	男子						女子					
	已婚者	未婚者	不明者	合计	鳏夫	离婚	已婚者	未婚者	不明者	合计	寡妇	离婚
盖家庄	69	55		124	13		115	37	1	153	40	
鄢家庄	192	124		316	24		227	147		374	28	
东范庄	527	397	1	925	51		705	318		1023	128	
南范庄	243	184		427	28		343	190		533	78	
西范庄	36	30		66	4		55	29		84	13	
北范庄	158	114		272	14		214	91		305	51	
七里铺	118	80		198	13		174	93		267	42	
第六乡总计	2763	2071	20	4854	303		3431	1729		5160	590	
小店	206	127	2	335	18		303	163		466	39	
杨村	167	111		278	23		183	93		276	30	
穆王庄	120	89		209	10		172	84		256	48	
魏家庄	292	213		505	35		346	187		533	80	

续表

男女别 婚姻状况 村庄名	男子						女子					
	已婚者	未婚者	不明者	合计	鳏夫	离婚	已婚者	未婚者	不明者	合计	寡妇	离婚
刁家庄	109	98		207	12		131	81		212	26	
宋家庄	82	55	3	140	10		97	50		147	15	
郭家庄	142	123	2	267	15		199	92		291	42	
毛张庄	185	151	4	340	27		211	127		338	41	
刘家道口	85	68	1	154	16		90	43		133	16	
纪家庄	125	89		214	14		135	71		206	15	
韩家庄	358	261		619	13		433	209		642	19	
曹家小庄	79	66		145	7		106	49		155	16	
夏家屋子	6	6		12			7	3		10	1	
崔家庄	183	127		310	13		237	123		360	34	
东言礼	191	145		336	34	1	207	109		316	39	
西言礼	216	166		382	28		281	106		387	50	

续表

村庄名	男子 已婚者	男子 未婚者	男子 不明者	男子 合计	男子 鳏夫	男子 离婚	女子 已婚者	女子 未婚者	女子 不明者	女子 合计	女子 寡妇	女子 离婚
伏生祠	9	4		13			11	8		19	2	
黄鹂庄	90	92		182	7		141	55		196	37	
张家套	118	80	8	206	21		141	76		217	40	
第七乡总计	4315	2823	2	7140	505		5228	2400	1	7629	947	
韩家店	128	89		217	10		160	72		232	32	
孙家庄	47	26		73	2		61	23		84	17	
青眉庄	32	21		53	1		38	19		57	6	
赵家庄	48	35		83	11		49	24		73	15	
辛庄	38	18		56	4		42	18	1	61	6	
白家桥	47	33		80	12		46	32		78	11	
西王家庄	60	42		102	6		73	43		116	15	
大王驼	288	172		460	31		327	147		474	65	

续表

村庄名 \ 婚姻状况 \ 男女别	男子						女子					
	已婚者	未婚者	不明者	合计	鳏夫	离婚	已婚者	未婚者	不明者	合计	寡妇	离婚
小王驼	197	122		319	31		211	110		321	35	
李家庄	53	33		86	7		52	19		71	5	
波踏店	95	68		163	11		120	57		177	31	
东韦家	34	31	1	66	1		45	29		74	9	
东白家	95	39		134	13		99	52		151	11	
木王庄	31	29		60	3		36	25		61	9	
张家庄	17	8		25			21	12		33	4	
甲子庄	49	26		75	7		53	27		80	8	
西韦家	124	73		197	12		158	63		221	42	
大白	83	62		145	10		99	43		142	22	
小白	35	20	1	56	1		47	18		65	12	
宋家庄	155	110		265	22		175	91		266	33	

续表

村庄名＼婚姻状况＼男女别	男子						女子					
	已婚者	未婚者	不明者	合计	鳏夫	离婚	已婚者	未婚者	不明者	合计	寡妇	离婚
上口	256	136		392	30		307	145		452	61	
前城子	224	188		412	23		317	162		479	53	
后城子	103	76		179	11		130	59		189	24	
马庄	336	215		551	24		416	198		614	25	
滕家庄	224	166		390	39		291	124		415	73	
萧家庄	457	315		772	61		639	275		914	137	
开河	182	104		286	24		202	93		295	34	
小言庄	51	36		87	7		62	32		94	16	
东王家庄	169	107		276	14		194	70		264	6	
颜家桥	177	113		290	7		202	79		281	18	
冯家庄	80	47		127	15		92	31		123	21	
邱家	99	57		156	12		99	50		149	8	

续表

村庄名＼婚姻状况＼男女别	男子						女子					
	已婚者	未婚者	不明者	合计	鳏夫	离婚	已婚者	未婚者	不明者	合计	寡妇	离婚
官家庄	54	41		95	8		64	28		92	13	
耿家庄	31	18		49	6		34	14		48	6	
姚家庄	55	30		85	13		67	25		92	18	
释家套	120	74		194	8		157	63		220	38	
旧口	30	27		57	5		34	21		55	7	
袁家屋子	11	16		27	3		9	7		16	1	
第八乡总计	4686	2985	1	7672	455		5695	2915		8610	933	
明家集	162	105		267	16		194	78		272	42	
耿家庄	174	116		290	19		197	115		312	36	
牛家官庄	150	61		211	13		173	88		261	21	
田家庄	136	81		217	14		186	105		291	31	
大张官庄	167	116		283	8		191	113		304	23	

续表

男女别婚姻状况 村庄名	男子 已婚者	男子 未婚者	男子 不明者	男子 合计	男子 鳏夫	男子 离婚	女子 已婚者	女子 未婚者	女子 不明者	女子 合计	女子 寡妇	女子 离婚
小张官庄	84	44		128	5		95	60		155	8	
兰芝里	142	93		235	15		188	123		311	37	
解家庄	222	143		365	26		271	134		405	35	
柴家庄	97	72	1	170	7		143	63		206	29	
东闸子	108	84		192	8		134	75		209	24	
西闸子	311	195		506	32		354	182		536	41	
苏家桥	64	39		103	12		71	39		110	19	
邢家庄	93	55		148	17		109	71		180	22	
窝村	175	118		293	14		209	122		331	33	
颜家集	236	156		392	9		276	125		401	39	
牛家庄	138	101		239	13		160	77		237	32	
二辛庄	104	55		159	13		119	80		199	18	

续表

男女别／婚姻状况／村庄名	男子						女子					
	已婚者	未婚者	不明者	合计	鳏夫	离婚	已婚者	未婚者	不明者	合计	寡妇	离婚
东佐家	93	62		155	8		113	52		165	24	
十户	177	105		282	20		226	106		332	49	
刘楷家	97	54		151	8		116	51		167	21	
仓廪庄	115	72		187	12		137	69		206	27	
高家庄	72	43		115	10		88	55		143	18	
宋家庄	266	136		402	38		310	169		479	71	
成家庄	243	137		380	28		285	121		406	56	
许家道口	181	134		315	13		249	116		365	46	
高洼庄	102	63		165	7		124	64		188	8	
曹家庄	156	119		275	22		191	87		278	37	
宋家集	119	61		180	13		152	58		210	35	
惠家辛庄	191	124		315	24		224	118		342	36	

续表

男女别 / 婚姻状况 / 村庄名	男子						女子					
	已婚者	未婚者	不明者	合计	鳏夫	离婚	已婚者	未婚者	不明者	合计	寡妇	离婚
段家桥	311	241		552	11		410	199		609	15	
第九乡总计	2605	1789	1	4395	239		3239	1758		4997	501	
吴家	84	55		139	18		89	47		136	15	
西左家	269	193	1	463	26		342	150		492	48	
大碾	168	110		278	10		229	139		368	30	
于家	128	87		215	11		148	100		248	16	
王家	66	55		121	14		82	51		133	19	
宋家	165	115		280	20		197	121		318	45	
营家	100	58		158	11		127	61		188	22	
萝圈	126	88		214	21		160	75		235	32	
辛桥	216	186		402	14		262	173		435	31	
王少唐	116	77		193	14		139	78		217	22	

续表

男女别 婚姻状况 村庄名	男子						女子					
	已婚者	未婚者	不明者	合计	鳏夫	离婚	已婚者	未婚者	不明者	合计	寡妇	离婚
杨家庄	94	46		140	10		118	66		184	25	
田家	249	146		395	9		299	153		452	25	
王家寨	49	38		87	10		59	31		90	14	
河沟涯	47	36		83	5		63	30		93	13	
辛梁镇	322	214		536	22		383	178		561	64	
程和铺	91	51		142	2		119	56		175	24	
郝庄	168	126		294	9		224	142		366	13	
丁庄	147	108		255	13		199	107		306	43	
第十乡总计	2090	1232		3322	189		2500	1296		3796	423	
崖镇	155	109		264	10		197	110		307	39	
杨家庄	97	68		165	10		116	48		164	21	
张家庄	194	109		303	20		233	108		341	45	

续表

村庄名 \ 婚姻状况 \ 男女别	男子						女子					
	已婚者	未婚者	不明者	合计	鳏夫	离婚	已婚者	未婚者	不明者	合计	寡妇	离婚
郭家庄	72	28		100	6		86	49		135	15	
吕家	27	17		44	1		30	20		50	4	
孔家	79	43		122	8		90	37		127	22	
长槐家	52	25		77	2		60	23		83	4	
成家	225	131		356	18		273	141		414	53	
张德佐家	96	60		156	6		116	61		177	6	
崇兴官庄	22	20		42			30	21		51	8	
孙家庄	98	54		152	8		111	73		184	18	
韩家庄	126	66		192	15		152	85		237	30	
刘聚桥	117	75		192	9		146	59		205	30	
刘家井	129	80		209	13		158	71		229	26	
郑家	81	44		125	6		102	57		159	14	

续表

村庄名 \ 婚姻状况 \ 男女别	男子 已婚者	男子 未婚者	男子 不明者	男子 合计	男子 鳏夫	男子 离婚	女子 已婚者	女子 未婚者	女子 不明者	女子 合计	女子 寡妇	离婚
马庄	178	118		296	27		214	122		336	38	
粉张庄	199	106		305	24		220	121		341	37	
张家寨	143	79		222	6		166	90		256	13	
第十一乡总计	3305	2012	1	5318	310	1	3695	1908		5603	532	
王伍庄	238	137		375	15		286	119		405	42	
周家庄	181	108		289	17		201	105		306	34	
时家庄	176	102		278	22		193	106		299	24	
孟家坊	53	41		94	9		49	30		79	3	
岳家官庄	29	23		52	5		31	25		56	3	
潘家	68	48		116	5		70	43		113	4	
安祥庄	87	42		129	7		102	53		155	21	
刘家	63	33		96	5		71	29		100	6	

续表

男女别 / 婚姻状况 / 村庄名	男子						女子					
	已婚者	未婚者	不明者	合计	鳏夫	离婚	已婚者	未婚者	不明者	合计	寡妇	离婚
大陈家庄	245	141		386	9		240	132		372	7	
信家	145	85		230	23		159	92		251	30	
罗家	69	40		109	6		78	41		119	9	
霍家坡	237	158		395	30		255	146		401	38	
张家庄	117	72		189	7		136	65		201	24	
孙家镇	563	364	1	926	53		636	335		971	90	
范家庄	98	51		149	5		121	65		186	19	
道民庄	140	79		219	16		149	77		226	15	
陈玉平	86	45		131	12		92	43		135	18	
都路平	118	82		200	14		140	64		204	30	
冯家	204	121		325	14		236	117		353	39	
小陈家庄	110	51		101	8		129	57		186	18	

续表

男女别／婚姻状况／村庄名	男子						女子					
	已婚者	未婚者	不明者	合计	鳏夫	离婚	已婚者	未婚者	不明者	合计	寡妇	离婚
王庄	53	37		90	9	1	59	37		96	14	
刘庄	66	44		110	10		71	33		104	7	
蔡庄	111	78		189	6		128	56		184	23	
李庄	48	30		78	3		63	38		101	14	
第十二乡总计	2391	1569	9	3969	236		2731	1513	2	4246	424	
辉李庄	367	246		613	49		420	216		636	81	
李南庄	32	19		51	2		37	30		67	2	
于何庄	105	80		185	3		134	70		204	17	
党李庄	129	110		239	16		151	91		242	23	
五户	119	73		192	15		136	72		208	29	
高家庄	125	67		192	9		145	83		228	28	
大三户	192	133		325	11		216	126		342	25	
小三户	188	112		300	27		199	97		296	35	

续表

男女别 婚姻状况 村庄名	男子 已婚者	男子 未婚者	男子 不明者	男子 合计	男子 鳏夫	男子 离婚	女子 已婚者	女子 未婚者	女子 不明者	女子 合计	女子 寡妇	女子 离婚
刘家	24	21		45			28	17	1	46	1	
潘家	81	54		135	6		83	66		149	6	
车郭庄	179	94		273	14		197	97		294	30	
曹家庄	96	64		100	8		102	75		177	4	
郑家寨	55	54		109	14		52	22		74	9	
打鱼里	184	97		281	16		209	110		319	36	
赵家庄	123	94		217	10		161	87		248	33	
腰庄	230	148		378	19		266	149		415	28	
安家庄	162	103	9	274	17		195	105	1	301	37	
第十三乡总计	6731	4129	12	10872	761		7648	3652		11300	1377	
花沟	564	270		834	47		628	307		935	87	
张家庄	139	82		221	17		158	79		237	26	
岳家庄	176	105		281	15		193	80		273	15	

续表

男女别 / 婚姻状况 / 村庄名	男子						女子					
	已婚者	未婚者	不明者	合计	鳏夫	离婚	已婚者	未婚者	不明者	合计	寡妇	离婚
李家庄	12	7		19	2		11	9		20	1	
魏家庄	134	86		220	9		166	75		241	34	
毛旺庄	56	50		106	11		61	36		97	17	
天师庄	96	79		175	8		128	65		193	29	
沟旺庄	93	44		137	17		102	42		144	20	
任马寨	221	134		355	24		249	96		345	31	
吉祥庄	112	71		183	20		118	63		181	26	
贾庄	126	83		209	9		165	72		237	39	
辛庄	29	21		50	2		34	14		48	4	
龙桑树	44	30		74	2		46	28		74	7	
前陈家	80	52		132	4		98	49		147	19	
后陈家	104	55		159	5		118	48		166	17	
吕家庄	86	58		144	11		111	58		169	33	

续表

男女别 / 婚姻状况 / 村庄名	男子						女子					
	已婚者	未婚者	不明者	合计	鳏夫	离婚	已婚者	未婚者	不明者	合计	寡妇	离婚
前石门	106	58	6	170	7		124	56		180	21	
后石门	87	57		144	9		102	59		161	19	
郭家坊	44	39		83	6		49	33		82	7	
杏行	91	59		150	8		106	53		159	16	
西南四庄	136	81		217	17		164	90		254	35	
中南四庄	57	45		102	4		83	34		117	20	
东南四庄	133	72		205	24		146	70		216	31	
老鸦赵	36	29		65	7		38	19		57	10	
杨家庄	119	83		202	21		138	69		207	32	
曹家庄	106	73		179			128	58		186	17	
云集官庄	35	26	5	66	2		42	25		67	8	
田家官庄	46	40		86	7		52	13		65	12	
陈家庄	67	35		102	3		73	45		118	9	

续表

男女别 / 婚姻状况 / 村庄名	男子						女子					
	已婚者	未婚者	不明者	合计	鳏夫	离婚	已婚者	未婚者	不明者	合计	寡妇	离婚
宋家套	201	156		357	24		234	126		360	39	
大官庄	88	67		155	6		102	57		159	17	
张家官庄	29	24		53	1		37	17		54	5	
胡家官庄	101	71		172	12		112	63		175	17	
双柳树	130	83		213	18		143	76		219	21	
王旺庄	83	63		146	11		94	54		148	20	
胡家店	237	142		379	20		256	129		385	19	
小胡庄	126	62		188	23		128	45		173	25	
宫旺庄	151	67		218	13		178	80		258	30	
高旺庄	198	132		330	27		229	105		334	45	
于林庄	123	83		206	13		133	64		197	26	
孙纺庄	165	106		271	19		188	86		274	35	
贾旺庄	143	82		225	18		166	74		240	33	

续表

男女别 / 婚姻状况 / 村庄名	男子						女子					
	已婚者	未婚者	不明者	合计	鳏夫	离婚	已婚者	未婚者	不明者	合计	寡妇	离婚
王家庄	103	52		155	1		117	38		155	5	
段家	54	47		101	8		62	31		93	13	
贾寨	162	125		287	18		185	79		264	38	
龙虎庄	169	103		272	14		217	106		323	55	
冯旺庄	129	82		211	22		138	71		209	29	
宋旺庄	47	30		77	5		53	22		75	10	
李星耀	241	122		363	36		255	117		372	51	
李家官庄	95	62		157	6		111	55		166	21	
田镇	260	123	1	384	42		283	122		405	65	
大庄	34	23		57	1		29	16		45	1	
沙高家	203	115		318	41		219	119		338	57	
侯家	36	18		54	1		38	18		56	2	
马家	91	48		139	18		99	49		148	24	

续表

男女别/婚姻状况/村庄名	男子						女子					
	已婚者	未婚者	不明者	合计	鳏夫	离婚	已婚者	未婚者	不明者	合计	寡妇	离婚
徐家	50	32		82	5		52	25		77	8	
石槽	147	85		232	20		159	63		222	24	
全县	44965	31367	91	76423	5103	6	54750	27415	20	82185	10104	1

第三十三表　　各乡本籍人他往男女婚姻状况表

男女别/婚姻状况/乡名	男子						女子					
	已婚者	未婚者	不明者	合计	鳏夫	离婚	已婚者	未婚者	不明者	合计	寡妇	离婚
首善乡	276	158	7	441	13		23	12		35	2	
第一乡	444	194	12	650	13		23	6		29	4	
第二乡	332	151	1	484	19		16	2		18	1	
第三乡	337	215	1	553	10		29	16		45		

续表

男女别 婚姻状况 乡名	男子					女子				
	已婚者	未婚者	不明者	合计	鳏夫	离婚	已婚者	未婚者	不明者	合计	寡妇	离婚
第四乡	468	222	9	699	19		48	12		60	3	
第五乡	447	230		677	11		37	19		56	1	
第六乡	249	126	3	378	2		1			1		
第七乡	315	145		460	6		13	1		14		
第八乡	328	112		440	6		12	4		16	1	
第九乡	258	58		316	4		11	4		15		
第十乡	81	29		110	3		3			3		
第十一乡	87	29	1	117			5	1		6		
第十二乡	81	28		109	3		5	3		8		
第十三乡	148	41	3	192	4		12	11		23	1	
全县	3851	1738	37	5626	113		238	91		329	13	
百分数	68.45%	30.89%	0.66%	100%	2.01%		72.34%	27.66%		100%	3.96%	

第三十四表

全县各村庄本籍人他往男女婚姻状况表

村庄名＼婚姻状况＼男女别	男子						女子					
	已婚者	未婚者	不明者	合计	鳏夫	离婚	已婚者	未婚者	不明者	合计	寡妇	离婚
首善乡总计	276	158	7	441	13		23	12		35	2	
城里村	63	35	2	100	3		5	4		9		
言坊村	8	9		17	1		1			1		
东关村	42	17		59	1		3	2		5		
南关村	14	15	3	32								
爱山村	17	10		27			1			1		
美井村	27	11	1	39			1			1		
中兴村	41	20		61			2	2		4		
黛溪村	20	11		31	3		3	1		4	1	
三义村	23	15		38	2		1			1		
北关村	21	15	1	37	3		6	3		9	1	
第一乡总计	444	194	12	650	13		23	6		29	4	

续表

男女别 婚姻状况 村庄名	男子						女子					
	已婚者	未婚者	不明者	合计	鳏夫	离婚	已婚者	未婚者	不明者	合计	寡妇	离婚
韩家坊	11	13	1	25			1			1		
大李家	55	15		70				1		1		
张家山	16	9	6	31	1		1			1		
十里铺	19	8	1	28			2			2	1	
张家庄	11	7		18								
高家庄	1	5		6								
王家庄	18	6		24			1			1		
聚和庄	8	3		11								
马家庄	3	3	1	7	1							
韦家庄	37	12		49			2			2		
富盛庄	2	1		3			1	1		2		
成庄		4		4								

续表

男女别 婚姻状况 村庄名	男子						女子					
	已婚者	未婚者	不明者	合计	鳏夫	离婚	已婚者	未婚者	不明者	合计	寡妇	离婚
刘家庄	16	4		20	2							
郭庄	63	10	1	74	1							
黄家营	19	8		27								
樊家庄	25	5	2	32	3		3			3	3	
鲁家泉	16	4		20			1	1		2		
石家庄	49	36		85			6	2		8		
贺家庄	20	17		37			1	1		2		
姜家洞	3	1		4								
碑楼会仙	52	23		75	5		4			4		
第二乡总计	332	151	1	484	19		16	2		18	1	
青阳店	50	28		78	6		3	1		4		
董家庄	36	29		65			4	1		5		

续表

村庄名 \ 婚姻状况 \ 男女别	男子						女子					
	已婚者	未婚者	不明者	合计	鳏夫	离婚	已婚者	未婚者	不明者	合计	寡妇	离婚
韩家庄	21	1		22			1			1		
新立庄	5	3		8			1			1		
贾庄	7	4		11			1			1		
浒山铺	25	7		32	1		1			1		
刘家庄	45	8		53								
马步店	9	2		11								
钟家庄	26	18		44								
耿家庄	16	2		18	7							
东窝驼	41	10		51	1		1			1		
西窝驼	1			1	1							
代庄	10	5		15	1							
徐家庄	8	1		9			2			2		

续表

村庄名 \ 婚姻状况 \ 男女别	男子						女子					
	已婚者	未婚者	不明者	合计	鳏夫	离婚	已婚者	未婚者	不明者	合计	寡妇	离婚
郭庄	10	5		15	3		1			1	1	
化庄	8	6	1	15								
陈家庄	14	22		35			1			1		
第三乡总计	337	215	1	553	10		29	16		45		
西赵家庄	12	6		18								
黄家河滩	14	8		22	1		4	4		8		
吉祥庄	6	2		8				2		2		
上娄	8	15		23								
下娄	22	7		29	1		2			2		
杏林庄	6	10	1	17	1		2	2		4		
郭庄	7	12		19			1			1		
秦家沟	14	6		20			1			1		

续表

男女别 婚姻状况 村庄名	男子						女子					
	已婚者	未婚者	不明者	合计	鳏夫	离婚	已婚者	未婚者	不明者	合计	寡妇	离婚
聚仙庄	6	4		10								
贺家庄	9	5		14								
太和庄	7	6		13								
孙家峪	8	6		14				1		1		
象伏庄	15	13		28								
象山前	26	18		44	2		4			4		
芦泉	4	5		9								
王家庄	1			1								
石家庄	36	16		52	1		7	4		11		
冯家庄	8	5		13			1	1		2		
丁家庄	19	9		28	1							
东赵家庄	14	6		20			1	2		3		

续表

男女别 / 婚姻状况 / 村庄名	男子						女子					
	已婚者	未婚者	不明者	合计	鳏夫	离婚	已婚者	未婚者	不明者	合计	寡妇	离婚
崔家营	27	14		41	3		2			2		
崔家庄	18	15		33			1			1		
抱印庄	10	2		12								
李家庄	12	8		20								
郎君庄	28	17		45			3			3		
第四乡总计	468	222	9	699	19		48	12		60	3	
南逯庄	72	28		100	3		11	5		16	1	
中逯庄	15	1	5	21			1	1		2		
北逯庄	17	14		31	4							
太和庄	20	2		22	1							
陈河涯	4	2		6								
平原庄	22	10		32			3			3		

续表

村庄名 \ 婚姻状况 \ 男女别	男子						女子					
	已婚者	未婚者	不明者	合计	鳏夫	离婚	已婚者	未婚者	不明者	合计	寡妇	离婚
蒙家庄	16	3	1	20	3		1			1		
大杨堤	3	1		4			1			1		
小杨堤	23	7	2	32	2		1			1		
东杨堤	21	7		28			3	2		5		
西杨堤	14	13		27			1			1		
见埠庄	54	20		74	4		5			5	1	
杨家庄	4	2		6			1			1		
代家庄	6	2		8			2			2		
杨家寨	3			3			1			1		
刘家庄	14	9		23	2							
高家庄	6	8		14								
韩家庄	20	20		40								

续表

男女别 / 婚姻状况 / 村庄名	男子						女子					
	已婚者	未婚者	不明者	合计	鳏夫	离婚	已婚者	未婚者	不明者	合计	寡妇	离婚
北唐	11	4		15								
南唐	7	2		9			4	1		5		
樊家庄	44	23	1	68			7	2		9		
东禾	1	10		11			1			1		
西禾	7	2		9			2	1		3	1	
北禾	22	14		36			2			2		
段家庄	15	6		21								
柳泉庄	26	12		38			1			1		
于齐庄	1			1								
第五乡总计	447	230		677	11		37	19		56	1	
黄山前	59	27		86			3	1		4		
侯家庄	5	7		12								

续表

男女别 / 婚姻状况 / 村庄名	男子						女子					
	已婚者	未婚者	不明者	合计	鳏夫	离婚	已婚者	未婚者	不明者	合计	寡妇	离婚
代庄	8	1		9								
孙家庄	14	8		22	1		1			1		
景家庄	36	10		46			2	2		4		
周家庄	15	6		21	1		1			1		
乔木庄	15	8		23			2	1		3		
月河庄	1			1								
小吕家庄		1		1								
石家庄	19	5		24			5	1		6		
鲍家庄	12	12		24								
盖家庄	28	10		38	3		6	2		8		
鄢家庄	37	26		63	1		3			3	1	
东范庄	91	46		137	5		8	3		11		

续表

男女别 婚姻状况 村庄名	男子						女子					
	已婚者	未婚者	不明者	合计	鳏夫	离婚	已婚者	未婚者	不明者	合计	寡妇	离婚
南范庄	51	30		81			2	1		3		
西范庄	4	4		8				2		2		
北范庄	31	17		48			3	6		9		
七里铺	21	12		33			1			1		
第六乡总计	249	126	3	378	2		1			1		
小店	38	21		59								
杨村	10	6	2	18								
穆王庄	16	7		23			1			1		
魏家庄	15	9		24	1							
刁家庄	3	1		4								
宋家庄	9	1		10								
郭家庄	27	10		37								

续表

男女别 婚姻状况 村庄名	男子 已婚者	男子 未婚者	男子 不明者	男子 合计	男子 鳏夫	男子 离婚	女子 已婚者	女子 未婚者	女子 不明者	女子 合计	女子 寡妇	女子 离婚
毛张庄	10	3	1	13	1							
刘家道口	4	3		8								
纪家庄	6	2		8								
韩家庄	28	12		40								
曹家小庄	16	10		26								
崔家庄	11	6		17								
东言礼	11	7		18								
西言礼	28	10		38								
黄鹂庄	10	14		24								
张家套	7	4		11								
第七乡总计	315	145		460	6		13	1		14		
韩家店	5	7		12								

续表

男女别 婚姻状况 村庄名	男子						女子					
	已婚者	未婚者	不明者	合计	鳏夫	离婚	已婚者	未婚者	不明者	合计	寡妇	离婚
青眉庄	1	2		3								
赵家庄							1			1		
西王家庄	2	1		3								
小王驼	5			5	1		1			1		
东韦家	1	1		2	1		1			1		
东白家		1		1								
木王庄	1			1								
甲子庄	2	3		5			1			1		
西韦家	3	1		4								
大白	3			3								
小白	2			2								
宋家庄	2	7		9								

续表

男女别婚姻状况村庄名	男子					女子				
	已婚者	未婚者	不明者	合计	鳏夫	离婚	已婚者	未婚者	不明者	合计	寡妇	离婚
上口	6	6		12								
前城子	60	14		74	1		1			1		
后城子	13	10		23								
马庄	44	14		58								
滕家庄	31	25		56	2		2			2		
萧家庄	74	32		106			3			3		
开河	9	3		12			1			1		
小言庄	1	1		2								
东王家庄	14	4		18	1							
颜家庄	6			6								
冯家庄	6	6		12								
邱家	3			3								

续表

男女别 / 婚姻状况 / 村庄名	男子						女子					
	已婚者	未婚者	不明者	合计	鳏夫	离婚	已婚者	未婚者	不明者	合计	寡妇	离婚
官家庄	4	1		5				1		1		
耿家庄	3			3								
姚家庄	6	1		7								
释家套	5			5			1			1		
旧口	2			2								
袁家屋子	1	5		6			1			1		
第八乡总计	328	112		440	6		12	4		16	1	
明家集	3	4		7								
耿家庄	7	6		13								
牛家官庄	3	5		8								
田家庄	14	3		17								
小张官庄	3	2		5			2	1		3		

续表

男女别 婚姻状况 村庄名	男子						女子					
	已婚者	未婚者	不明者	合计	鳏夫	离婚	已婚者	未婚者	不明者	合计	寡妇	离婚
兰芝里	17	3		20								
解家庄	16	7		23								
柴家庄	8			8								
东闸子	6	2		8								
西闸子	7	10		17			2			2		
苏家桥	2			2								
邢家庄	8	4		12								
窝村	12	7		19			1	1		2		
颜家集	14	3		17			1			1		
牛家庄		1		1								
二辛庄	5	1		6								
东佐家	3			3								

续表

村庄名 \ 婚姻状况 \ 男女别	男子						女子					
	已婚者	未婚者	不明者	合计	鳏夫	离婚	已婚者	未婚者	不明者	合计	寡妇	离婚
十户	16	3		19								
刘楷家	2			2								
仓廪庄	2			2	1							
高家庄	7	1		8								
宋家庄	9	5		14								
成家庄	4	4		8								
许家道口	39	7		46	3		2			2		
高洼庄	14	2		16			1			1		
曹家庄	16	6		22			1			1	1	
宋家集	18	10		28	2		1			1		
惠家辛庄	12	5		17				1		1		
段家桥	61	11		72			1	1		2		

续表

村庄名 \ 婚姻状况 \ 男女别	男子						女子					
	已婚者	未婚者	不明者	合计	鳏夫	离婚	已婚者	未婚者	不明者	合计	寡妇	离婚
第九乡总计	258	58		316	4		11	4		15		
吴家	9	1		10			1			1		
西左家	23	1		24	1							
大碾	35	6		41	1		1	1		2		
于家	8	2		10								
王家	9	1		10								
宋家	10	3		13			2	2		4		
营家	10	3		13			2	1		3		
萝圈	27	4		31								
辛桥	17	11		28								
王少唐	9	3		12								
杨家庄	7			7	2							

续表

男女别 / 婚姻状况 / 村庄名	男子						女子					
	已婚者	未婚者	不明者	合计	鳏夫	离婚	已婚者	未婚者	不明者	合计	寡妇	离婚
田家	15	1		16								
王家寨	6	7		13								
河沟涯	4			4								
辛梁镇	10			10			3			3		
程和铺	6	5		11								
郝庄	24	6		30			2			2		
丁庄	29	4		33								
第十乡总计	81	29		110	3		3			3		
崖镇	9	5		14	1							
杨家庄	4	2		6								
张家庄	8	3		11			1			1		
郭家庄	1	1		2								

续表

村庄名＼婚姻状况＼男女别	男子						女子					
	已婚者	未婚者	不明者	合计	鳏夫	离婚	已婚者	未婚者	不明者	合计	寡妇	离婚
孔家		1		1								
长槐家	2			2								
成家	6			6	1							
张德佐家	4	2		6								
崇兴官庄	1			1			1			1		
孙家庄	1			1								
韩家庄	3	4		7								
刘聚桥	5	1		6								
刘家井	5	1		6								
郑家	5	3		8								
马庄	13			13								
粉张庄	9	5		14	1		1			1		

续表

男女别 / 婚姻状况 / 村庄名	男子						女子					
	已婚者	未婚者	不明者	合计	鳏夫	离婚	已婚者	未婚者	不明者	合计	寡妇	离婚
张家寨	5	2		6								
第十一乡总计	57	29	1	117			5	1		6		
王伍庄	13	2		15								
周家庄	2	1		3								
时家庄	11	5		16			1			1		
孟家坊	2			2								
岳家官庄	2	1		3								
潘家	4	1		5			1			1		
安祥庄	3	4		7								
刘家	5			5								
大陈家庄	2			2								
信家	3	2		5								

续表

男女别 / 婚姻状况 / 村庄名	男子						女子					
	已婚者	未婚者	不明者	合计	鳏夫	离婚	已婚者	未婚者	不明者	合计	寡妇	离婚
罗家	2	1		3								
霍家坡	6	2		8								
张家庄		2		2								
孙家镇	10	4		14								
范家庄	2			2								
道民庄	2			2								
陈玉平	1			1								
都路平	3	2		5								
冯家	4			4								
小陈家庄	4	1		5			1			1		
王庄		1		1								
刘庄	2		1	3								

续表

男女别／婚姻状况／村庄名	男子						女子					
	已婚者	未婚者	不明者	合计	鳏夫	离婚	已婚者	未婚者	不明者	合计	寡妇	离婚
蔡庄	2			2			2	1		3		
李庄	2			2								
第十二乡总计	81	28		109	3		5	3		8		
辉李庄	16	8		24								
李南庄	1	3		4								
于何庄	7	3		10	1		1			1		
党李庄	2	1		3								
五户	1			1								
高家庄	7	3		10			1	1		2		
大三户	4	1		5	2							
小三户	1	1		2								
车郭庄	3			3								

续表

村庄名 \ 婚姻状况 \ 男女别	男子						女子					
	已婚者	未婚者	不明者	合计	鳏夫	离婚	已婚者	未婚者	不明者	合计	寡妇	离婚
郑家寨	2			2								
打鱼里	13	3		16			3	2		5		
赵家庄	5			5								
腰庄	7	3		10								
安家庄	12	2		14								
第十三乡总计	148	41	3	192	4		12	11		23	1	
花沟	9	2		11			5	5		10		
张家庄	3			3								
魏家庄	3	1		4								
天师庄	5			5								
沟旺庄	5	2		7				1		1		
任马寨	5	1	2	8								

续表

村庄名 \ 婚姻状况 \ 男女别	男子						女子					
	已婚者	未婚者	不明者	合计	鳏夫	离婚	已婚者	未婚者	不明者	合计	寡妇	离婚
吉祥庄		1		1								
贾庄	6			6								
龙桑树	4	1		5								
前陈家	1			1								
后陈家	2			2								
吕家庄	2	1		3	1							
后石门	3			3								
郭家坊	5	1		6			2	1		3		
杏行	2	2		4								
西南四庄	3	1		4			1	1		2		
中南四庄	2	1		3			2	2		4	1	
东南四庄	3			3								

续表

男女别 / 婚姻状况 / 村庄名	男子						女子					
	已婚者	未婚者	不明者	合计	鳏夫	离婚	已婚者	未婚者	不明者	合计	寡妇	离婚
老鸦赵		3		3								
杨家庄							1			1		
曹家庄	2			2								
云集官庄	1			1								
田家官庄		1		1								
宋家套	14	2		16			1			1		
大官庄	1			1								
张家官庄	2			2								
胡家官庄	1			1								
双柳树	4			4								
胡家店	5	1		6								
小胡庄		2		2								
宫旺庄	3			3								

续表

男女别\婚姻状况\村庄名	男子 已婚者	男子 未婚者	男子 不明者	男子 合计	男子 鳏夫	男子 离婚	女子 已婚者	女子 未婚者	女子 不明者	女子 合计	女子 寡妇	女子 离婚
高旺庄	8	1		9								
于林庄	2			2								
孙纺庄	3	1		4								
贾旺庄	4	1		5								
段家	2	1		3								
贾寨	1	1		2								
龙虎庄	5			5				1		1		
冯旺庄	1	3		4								
李星耀	2			2								
李家官庄	2	1		3								
田镇	5	4	1	10								
沙高家	7	2		9								
马家	4	3		7	3							

续表

男女别/婚姻状况/村庄名	男子						女子					
	已婚者	未婚者	不明者	合计	鳏夫	离婚	已婚者	未婚者	不明者	合计	寡妇	离婚
徐家	4			4								
石槽	2			2								
全县	3851	1738	37	5626	113		238	91		329	13	

第三十五表　　各乡寄籍人现住男女婚姻状况表

男女别/婚姻状况/乡名	男子						女子					
	已婚者	未婚者	不明者	合计	鳏夫	离婚	已婚者	未婚者	不明者	合计	寡妇	离婚
首善乡	67	57		124	4		73	46		119	5	
第一乡	7	9		16			7	4		11	1	
第二乡	6	5		11			6	4		10		
第三乡	11	14	1	26			14	5	2	21	3	

续表

男女别 婚姻状况 乡名	男子						女子					
	已婚者	未婚者	不明者	合计	鳏夫	离婚	已婚者	未婚者	不明者	合计	寡妇	离婚
第四乡	17	8	3	28	2		17	9		26	2	
第五乡	11	11		22			12	8		20	1	
第六乡	8	5		13	2		17	9		26	13	
第七乡	13	19		32			16	10	1	27	3	
第八乡	10	9		19	1		8	1		7	1	
第九乡	29	26		55	3	1	34	23		57	5	
第十乡	4	6		10			5	3		8	1	
第十一乡	23	20	1	44	2		26	10		36	2	
第十二乡	10	15		25	2		12	7		19		
第十三乡	10	11	1	22			18	6		24	3	
全　县	226	215	6	447	16	1	265	145	3	413	40	
百分数	50.56%	48.09%	1.35%	100%	3.60%	0.22%	64.15%	35.12%	0.73%	100%	9.69%	

第三十六表

全县各村庄寄籍人现住男女婚姻状况表

男女别 / 婚姻状况 / 村庄名	男子						女子					
	已婚者	未婚者	不明者	合计	鳏夫	离婚	已婚者	未婚者	不明者	合计	寡妇	离婚
首善乡总计	67	57		124	4		73	46		119	5	
城里村	40	36		76	1		47	32		79	4	
东关村	10	4		14			9	7		16		
南关村	8	4		12	3		6	2		8	1	
中兴村	6	9		15	1		6	2		8		
黛溪村	2	4		6			4	3		7		
三义村	1			1			1			1		
第一乡总计	7	9		16			7	4		11	1	
韩家坊	1	4		5			1	2		3		
张家山	1	2		3			1	2		3		
十里铺	1	1		2								
接官亭	1			1			1			1		

续表

男女别 / 婚姻状况 / 村庄名	男子						女子					
	已婚者	未婚者	不明者	合计	鳏夫	离婚	已婚者	未婚者	不明者	合计	寡妇	离婚
韦家庄	1			1			1			1		
富盛庄		2		2			1			1		
樊家庄							1			1	1	
碑楼会仙	2			2			1			1		
第二乡总计	6	5		11			6	4		10		
青阳店	2	1		3			2			2		
韩家庄	2	2		4			2	1		3		
代庄	1	2		3			1	2		3		
陈家庄	1			1			1	1		2		
第三乡总计	11	14	1	26			14	5	2	21	3	
西赵家庄	2	2		4			2			2		
秦家沟							1			1	1	

续表

男女别/婚姻状况/村庄名	男子						女子					
	已婚者	未婚者	不明者	合计	鳏夫	离婚	已婚者	未婚者	不明者	合计	寡妇	离婚
象山前	1	2		3			1	1		2		
石家庄	2	4		6			2	1		3		
冯家庄	1	1		2			1	1		2		
丁家庄	4	3	1	8			4	2	2	8		
东赵家庄	1	1		2			2			2	1	
崔家营		1		1			1			1	1	
第四乡总计	17	8	3	28	2		17	9		26	2	
南逯庄	1	1		2			1	2		3		
北逯庄	3	1		4			3	1		4		
平原庄	1			1			1	1		2		
蒙家庄	2			2			2	2		4		
东杨堤	2	2		4			3			3	1	

续表

村庄名 \ 婚姻状况 \ 男女别	男子						女子					
	已婚者	未婚者	不明者	合计	鳏夫	离婚	已婚者	未婚者	不明者	合计	寡妇	离婚
韩家庄	7	3		10	2		6	3		9	1	
北唐	1	1	3	5			1			1		
第五乡总计	11	11		22			12	8		20	1	
黄山前	1			1			1			1		
乔木庄	2	2		4			2	1		3		
石家庄		2		2			1	2		3	1	
盖家庄	3	3		6			3	1		4		
东范庄	3	1		4			3	1		4		
西范庄	1	2		3			1	1		2		
北范庄	1	1		2			1	2		3		
第六乡总计	8	5		13	2		17	9		26	13	
毛张庄	2			2	1		1			1		

续表

男女别／婚姻状况／村庄名	男子						女子					
	已婚者	未婚者	不明者	合计	鳏夫	离婚	已婚者	未婚者	不明者	合计	寡妇	离婚
东言礼	3	1		4	1		7	5		12	5	
西言礼	1	1		2								
黄鹂庄	1	2		3								
张家套	1	1		2			9	4		13	8	
第七乡总计	13	19		32			16	10	1	27	3	
韩家店	1	3		4			1			1		
西王家庄	1			1			1			1		
小王驼	2	3		5			3	1		4		
木王庄	1	4		5			1	1		2	1	
大白	1	1		2			1	3		4		
后城子	1	1		2			2			2	1	
开河	1			1			1	1		2		

续表

男女别/婚姻状况/村庄名	男子						女子					
	已婚者	未婚者	不明者	合计	鳏夫	离婚	已婚者	未婚者	不明者	合计	寡妇	离婚
小言庄	1			1			1			1		
冯家庄	1	3		4			1	1	1	3		
邱家	1			1			1	2		3		
姚家庄	2	3		5			2	1		3		
释家套		1		1			1			1	1	
第八乡总计	10	9		19	1		8	1		9	1	
耿家庄	4	6		10			2	1		3		
牛家官庄	1			1			1			1		
柴家庄	1	1		2	1							
邢家庄	3	1		4			3			3		
二辛庄		1		1			1			1	1	
仓廪庄	1			1			1			1		

续表

村庄名＼婚姻状况＼男女别	男子						女子					
	已婚者	未婚者	不明者	合计	鳏夫	离婚	已婚者	未婚者	不明者	合计	寡妇	离婚
第九乡总计	29	26		55	3	1	34	23		57	5	
西左家	2	3		5			2	3		5		
大碾	2	5		7			3			3		
于家	2	2		4			2			2		
萝圈	1	1		2			1	2		3		
王少唐	3	1		4	1	1	3	2		5	1	
杨家庄	1	3		4			3	2		5		
王家寨	5	1		6	1		5	4		9	1	
辛梁镇	11	8		19	1		12	9		21	2	
丁庄	2	2		4			3	1		4	1	
第十乡总计	4	6		10			5	3		8	1	
孔家	1	1		2			1			1		

续表

村庄名 \ 婚姻状况 \ 男女别	男子						女子					
	已婚者	未婚者	不明者	合计	鳏夫	离婚	已婚者	未婚者	不明者	合计	寡妇	离婚
成家							1	1		2	1	
张德佐家	1	3		4			1	2		3		
刘聚桥	1			1			1			1		
张家寨	1	2		3			1			1		
第十一乡总计	23	20	1	44	2		26	10		36	2	
王伍庄	1	2		3			1	1		2		
时家庄	4	3		7			6	3		9		
孟家坊	2	6		8			2			2		
大陈家庄	2			2	1		3	3		6	2	
张家庄	1	2		3			1			1		
孙家镇	9	6		15			10	3		13		
都路平	2			2	1		1			1		

续表

男女别	男子						女子					
村庄名 \ 婚姻状况	已婚者	未婚者	不明者	合计	鳏夫	离婚	已婚者	未婚者	不明者	合计	寡妇	离婚
王庄	1	1		2			1			1		
刘庄	1		1	2			1			1		
第十二乡总计	10	15		25	2		12	7		19		
辉李庄	1	1		2			1			1		
高家庄	1	1		2			1	3		4		
大三户	2	2		4	1		1	1		2		
小三户	2	3		5	1		4			4		
刘家	1	1		2			1			1		
车郭庄	1	5		6			1	1		2		
打鱼里	2	1		3			3	2		5		
赵家庄		1		1								
第十三乡总计	10	11	1	22			18	6		24	3	

续表

村庄名	男子 已婚者	男子 未婚者	男子 不明者	男子 合计	男子 鳏夫	男子 离婚	女子 已婚者	女子 未婚者	女子 不明者	女子 合计	女子 寡妇	女子 离婚
花沟	1			1			1			1		
贾庄	1	2		3			2	2		4	1	
前陈家	1	4		5			1			1		
前石门	2	2	1	5			3			3	1	
后石门	1	2		3			1			1		
郭家坊		1		1								
西南四庄	1			1			1	1		2		
曹家庄	2			2			1			1		
大官庄	1			1			1			1		
段家							1			1	1	
田镇							6	3		9		
全县	226	215	6	447	16	1	265	145	3	413	40	

第三十七表

全县各村庄寄籍人他往男女婚姻状况表

男女别 婚姻状况 村庄名	男子						女子					
	已婚者	未婚者	不明者	合计	鳏夫	离婚	已婚者	未婚者	不明者	合计	寡妇	离婚
首善乡总计	3	6		9	1		1	1		2		
城里村	1	2		3				1		1		
东关村		3		3			1			1		
中兴村	1	1		2	1							
黛溪村	1			1								
第一乡总计		1		1								
富盛庄		1		1								
第二乡总计		1		1								
陈家庄		1		1								
第三乡总计		4		4								
石家庄		1		1								
丁家庄		2		2								
东赵家庄		1		1								
第六乡总计		1		1								
东言礼		1		1								

续表

男女别 婚姻状况 村庄名	男子						女子					
	已婚者	未婚者	不明者	合计	鳏夫	离婚	已婚者	未婚者	不明者	合计	寡妇	离婚
第七乡总计		2		2								
西王家庄		1		1								
姚家庄		1		1								
第九乡总计	2	3		5								
大碾		1		1								
王少唐		1		1								
杨家庄	2	1		3								
第十一乡总计	2	2		4								
时家庄	1	1		2								
大陈家庄		1		1								
孙家镇	1			1								
第十三乡总计	1			1	1							
云集官庄	1			1	1							
全　县	8	20		28	2		1	1		2		
百分数	28.57%	71.43%		100%	7.13%		50%	50%		100%		

第三十八表

全县法定人口初婚年龄表

男女别	初婚年龄别 / 人口别	不明者	6	7	8	9	10	11	12	13	14	15	16	17	18	19	20	21	22	23	24	25	26	27	28	29	30	31—	合计	百分数
男子	本籍人现住	4290	1	1	6	21	128	517	1748	3100	3917	5273	4346	3792	3199	2399	1930	1666	1339	961	1049	871	690	580	534	404	399	1798	44965	91.672%
	本籍人他往	409				2	5	34	101	185	300	433	436	371	292	220	189	170	121	106	87	71	65	50	27	38	29	106	3851	7.851%
	寄籍人现住	71								5	4	4	4	15	16	16	13	6	9	4	9	12	6	4	9	3	7	15	226	0.461%
	寄籍人他往	2											1	1	1		1									1		1	8	0.016%
	总计	4772	1	1	6	23	133	551	1849	3290	4221	5710	4787	4179	3508	2629	2139	1842	1479	1071	1145	954	761	634	570	440	435	1920	49050	100%
	百分数	9.476%	0.002%	0.002%	0.620%	0.057%	0.282%	1.134%	3.780%	6.718%	8.59%	11.653%	9.795%	8.536%	7.162%	5.376%	4.371%	3.766%	3.014%	2.196%	2.346%	1.955%	1.562%	1.303%	1.173%	0.926%	0.897%	3.925%	100%	
女子	本籍人现住	5887				3	3	6	35	53	170	1207	3563	18136	10437	5934	3886	3127	747	407	247	197	130	95	95	64	54	267	54750	99.088%
	本籍人他往	74										5	20	43	36	9	18	14	7	3	5	1				1		2	238	0.431%
	寄籍人现住	78							2			7	17	46	28	31	16	13	7	7	2	2			1	2	1	5	265	0.479%
	寄籍人他往	1																											1	0.002%
	总计	6040				3	3	6	37	53	170	1219	2606	18223	10501	5974	2920	3154	761	413	254	266	130	95	96	67	55	274	55254	100%
	百分数	10.935%				0.606%	0.006%	0.011%	0.068%	0.096%	0.309%	2.207%	6.516%	32.985%	19.005%	10.814%	7.095%	5.709%	1.378%	0.755%	0.466%	0.362%	0.230%	0.172%	0.173%	0.122%	0.091%	0.497%	100%	

续表

男女别	初婚年龄别 / 人口别	不明者	6	7	8	9	10	11	12	13	14	15	16	17	18	19	20	21	22	23	24	25	26	27	28	29	30	31—	合计	百分数
男女合计	全县	10812	1	1	6	26	136	557	1886	3343	4391	6929	8387	22404	14609	8603	6059	4996	2234	1488	1399	1154	891	729	666	519	490	2194	104304	
	百分数	10.365%	0.001%	0.001%	0.006%	0.025%	0.130%	0.533%	0.1807%	3.208%	4.208%	6.642%	8.040%	21.495%	13.422%	8.248%	5.809%	4.780%	2.141%	1.427%	1.341%	1.106%	0.864%	0.698%	0.638%	0.492%	0.469%	2.104%	100%	

第三十九表　　**各乡本籍人现住男子初婚年龄表**

乡名 \ 初婚年龄	不明者	6	7	8	9	10	11	12	13	14	15	16	17	18	19	20	21	22	23	24	25	26	27	28	29	30	31—	合计
首善乡	213					1	9	41	58	67	166	158	124	129	116	92	86	62	49	63	48	36	27	29	16	23	83	1696
第一乡	279	1				4	25	70	179	179	278	242	203	189	155	135	115	95	67	76	63	53	52	31	21	32	164	2708
第二乡	472			1		8	39	81	203	284	410	367	367	289	246	134	195	120	93	98	86	78	61	61	44	34	187	3958
第三乡	116				1	7	18	99	143	164	246	193	179	154	116	91	97	68	55	46	47	36	32	24	21	17	85	2055
第四乡	448			2	1	4	17	64	121	171	294	283	244	301	180	224	158	126	100	106	93	61	56	47	59	34	174	3369
第五乡	256				1	2	10	49	80	153	213	188	193	181	122	132	107	84	55	78	58	54	40	39	29	28	141	2293

续表

初婚年龄 / 乡名	不明者	6	7	8	9	10	11	12	13	14	15	16	17	18	19	20	21	22	23	24	25	26	27	28	29	30	31—	合计
第六乡	534		1		1	5	6	51	98	173	186	269	210	227	164	142	109	88	83	77	68	45	27	38	24	27	110	2763
第七乡	517				2	8	51	172	289	371	496	416	359	260	214	163	170	144	103	94	68	68	61	45	37	37	170	4315
第八乡	312			1	2	20	113	283	473	474	578	375	350	271	222	166	137	118	96	119	89	75	63	55	46	47	201	4686
第九乡	89				4	21	62	142	226	275	341	256	206	156	130	108	84	80	44	55	56	29	39	42	27	28	99	2605
第十乡	167				8	14	30	149	194	206	308	205	150	117	79	60	63	51	41	32	36	32	16	21	18	16	77	2090
第十一乡	313					8	45	166	294	427	454	326	269	201	154	121	91	83	53	54	47	22	26	30	21	23	77	3305
第十二乡	144					6	34	118	232	278	314	237	175	176	135	110	84	62	31	48	31	33	27	27	11	15	63	2391
第十三乡	430			1	1	20	58	263	510	695	989	831	763	548	360	258	170	158	91	103	81	68	53	45	30	38	167	6731
全　县	4290	1	1	6	21	128	517	1748	3100	3917	5273	4346	3792	3199	2399	1936	1666	1339	961	1049	871	690	580	534	404	399	1798	44965
百分数	9.540%	0.002%	0.002%	0.014%	0.048%	0.285%	1.149%	3.887%	6.895%	8.711%	11.727%	9.665%	8.433%	7.115%	5.335%	4.305%	3.766%	2.978%	2.137%	2.333%	1.937%	1.534%	1.289%	1.189%	0.898%	0.888%	3.998%	100%

第四十表　　全县各村庄本籍人现住男子初婚年龄表

初婚年龄 / 村庄名	不明者	6	7	8	9	10	11	12	13	14	15	16	17	18	19	20	21	22	23	24	25	26	27	28	29	30	31—	合计
首善乡总计	213					1	9	41	58	67	166	158	124	129	116	92	86	62	49	63	48	36	27	29	16	23	83	1696

续表

初婚年龄 / 村庄名	不明者	6	7	8	9	10	11	12	13	14	15	16	17	18	19	20	21	22	23	24	25	26	27	28	29	30	31—	合计
城里村	33					1		3	4	5	25	25	16	20	17	11	10	8	10	8	6	6	3	3	2	4	9	229
言坊村	8						3	3	4	8	5	12	14	4	6	8	3	3	4	3	3	2	1	1	1	2	2	100
东关村	24						3	11	10	11	30	13	10	21	11	9	11	11	12	10	9	4	5	4	3	4	14	240
南关村	9							1		6	16	16	6	9	8	12	10	7	1	6	7	1	3	4	3	1	10	136
爱山村	10							1	3	4	10	9	7	6	3	6	6		2	2		2					1	72
美井村	23						1	3	12	6	18	9	16	14	11	3	8	3	3	6	3	2	5	1	3	3	9	162
中兴村	21						1	2	3	6	14	19	10	10	9	8	1	4	3	4	3	2	3	5			8	136
黛溪村	39							7	6	9	26	29	22	19	26	18	23	13	8	11	7	11	1	7	1	4	18	305
三义村	20							6	3	5	9	12	7	6	11	11	5	1		2	3		1		1	3	3	109
北关村	26						1	4	13	7	13	14	16	20	14	6	9	12	6	11	7	6	5	4	2	2	9	207
第一乡总计	279	1				4	25	70	179	179	278	242	203	189	155	135	115	95	67	76	63	53	52	31	21	32	164	2708
韩家坊	24					1	3	6	21	12	13	18	20	11	16	21	10	8	15	7	7	3	5	4	2	4	10	241
大李家	34					1	6	10	25	19	32	21	21	18	23	11	12	10	10	7	11	10	7	4	3	2	20	317
张家山	16							4	19	14	11	17	13	5	8	10	4	7	5	6	4	1	5	3	2		8	162
十里铺	33						1	4	3	9	22	13	14	8	9	8	8	4	3	5	4	2	4		1	2	7	164
接官亭									2				2	1			1										3	9

续表

初婚年龄/村庄名	不明者	6	7	8	9	10	11	12	13	14	15	16	17	18	19	20	21	22	23	24	25	26	27	28	29	30	31—	合计
张家庄	4							3	11	13	13	8	16	6	6	3	4	5	3	2	1	4		2	2		6	112
高家庄	5						1	2	3	3	8	1	2	4	1	2	3	1		1	1	1	1	1			1	42
王家庄	5						1	4	8	6	11	5	6	1	3	2	6		3	3	1	2					3	70
聚和庄	9					1		2	3	4	10	4	11	5	3	6	2	2	5	1	2		3	1	1	1	6	82
小李家	1								2	1	1	2	1	1	2	3	2	1	3	1					1	1	3	26
马家庄	8								3	4	3	2	3	2	4	3		2		1	3		2			1	2	43
韦家庄	34						3	7	19	25	34	25	15	14	8	9	10	2	1	7	3	1	5	1	1	1	9	234
富盛庄	1									1	1			1	1													5
成庄							1		2	1	3	1	1	1	4	2	1	1		1			1				2	22
刘家庄	4							1	2	5	11	9	9	7	3	3	7	2			1	2	1			1	2	70
郭庄	9						2	3	11	12	24	10	7	25	13	4	8	11	2	4	1	2	3	1	1	1	13	167
黄家营	5						1		2	2	6	4	5	4	7	4	3	2		2		2					4	53
樊家庄	6								3	5	7	12	10	9	5	5	3	1		2	3	3				1	4	79
鲁家泉	4							6	8	8	9	13	6	6	5	8	4	6	2	1	2	2	1	3	4	2	12	112
石家庄	32						3	4	9	13	17	26	10	12	15	11	7	9	6	6	8	3	4	3		7	22	227
贺家庄	17						1	6	11	13	28	27	16	19	9	12	7	10	6	7	4	7	5	6	1	4	6	223

续表

初婚年龄 村庄名	不明者	6	7	8	9	10	11	12	13	14	15	16	17	18	19	20	21	22	23	24	25	26	27	28	29	30	31—	合计
姜家洞	7						1		1		3	4	2	2	2		3	1	1	2	1		1	1			7	39
碑楼会仙	21					1	1	8	11	9	11	20	13	27	8	8	10	10	2	10	9	8	4	1	2	4	14	200
第二乡总计	472			1		8	39	81	203	284	410	367	367	289	246	134	195	120	93	98	86	78	61	61	44	34	187	3958
青阳店	41			1		3	3	8	37	41	52	50	52	40	30	20	27	25	15	18	19	13	5	12	11	4	37	564
董家庄	15						5	10	9	13	15	22	20	20	17	12	20	11	12	5	2	5	5	7	2	3	19	249
韩家庄	9							2	6	9	17	6	11	12	7	1	6	2	2	5	4	2	4	2	2		5	114
新立庄	6						1	1	2	7	5	5	6	3	4	3		2	1	4	1	3	2	1			3	60
贾庄	3								2	7	9	11	4	1	5	3	7		1	2	1			1	2		1	60
浒山铺	60							9	10	10	23	15	20	13	16	4	8	9	2	6	3	1	1	2	2		8	228
刘家庄	60					2	5	10	29	38	52	43	40	34	19	12	18	12	7	7	8	15	6	10	4	2	16	449
马步店	14						2		4	6	10	13	13	12	12	8	15	1	2	3	2	4			1	2	10	140
钟家庄	35						1	6	12	20	32	23	27	17	16	8	8	1	2	6	3	2	4	2		2	3	230
耿家庄	17						7	5	12	18	28	25	21	22	19	12	12	4	11	8	9	8	4	7	4	2	14	269
东窝驼	55						2	3	19	13	32	23	32	16	14	9	7	15	4	3	3	5	2	5	1	1	12	277
西窝驼	112					2	5	9	18	41	44	55	39	31	21	22	12	15	12	12	9	11	4	2	5	8	17	506
代庄	9						1	3	2	6	9	11	1	3	1		3	1	1		2	1		1	1	1		57

续表

村庄名 \ 初婚年龄	不明者	6	7	8	9	10	11	12	13	14	15	16	17	18	19	20	21	22	23	24	25	26	27	28	29	30	31—	合计
徐家庄	6						2	4	3	13	17	7	10	14	10	2	11	2	3	1	2	1	4			2	3	117
郭庄	12						2	5	4	9	17	11	14	14	5	3	7	4	3	5	4	4	2	1	1	1	3	131
化庄	2					1	2	1	13	12	19	17	19	17	15	7	10	5	8	7	9	1	9	2	3	1	21	202
陈家庄	16						1	4	15	21	23	30	38	20	35	8	24	11	7	6	5	2	9	6	5	5	14	305
第三乡总计	116				1	7	18	99	143	164	246	193	179	154	116	91	97	68	55	46	47	36	32	24	21	17	85	2055
西赵家庄	2							7	6	4	9	5	5	8	8	1	1	2	1	1	3	2	3		1		4	73
黄家河滩								6	3	3	9	5	8	3	3	5	1	1	2	4		2	1			1	2	59
吉祥庄	2						1	5	10	4	7	2	5	7	2	2	2		1					1		1	2	54
上娄	6								2	7	4	5	5	3	8	1	1	8	5	2	2	1	1			1	6	68
下娄							1	2	4	11	14	5	7	7	6	8	3	3	4	2	1	2	1	1		1		83
杏林庄							1	2	6	7	9	9	8	4	9	4	3	2	1	2		3	2	2	1		3	78
郭庄							1	1	4	1	4	5	6	5	6	3	3	1		1		2	1			1	3	48
秦家沟	3					1	2	7	8	12	17	13	13	8	5	8	6	6	3	1	2	1	2	4	3	2	7	134
聚仙庄	3							2	1	2	6	5	13	3	5	1	7	2	2	1	1	1	1	1			8	60
贺家庄	4							6	6	3	8	3	4	10	1	2	3	4	3	1		1	1		1	2	2	65
太和庄								5	7	8	6	5	8	8	6	3	2	4	2		2	1	1		1		2	71

续表

初婚年龄 村庄名	不明者	6	7	8	9	10	11	12	13	14	15	16	17	18	19	20	21	22	23	24	25	26	27	28	29	30	31—	合计
樊家洞								1	1	1	3	1	2		1	1	1			1								13
孙家峪	2					1	1	3	3	2	3	4	7	5	2	3		2	2	4	1	1					2	48
象伏庄	2						4	12	7	7	17	8	9	3	6	5	9	2	3	5	8	1	5	1	1		3	118
象山前	4							3	9	13	9	10	10	12	4	4	9	7	4	3	2	1	1		2	1	4	112
芦泉	6							2	4	8	9	3	3	4	4	3	2	2	1	3	2	4	1	1		1	7	70
王家庄								3	1	3	4	2	3														1	17
石家庄	10					1		9	7	15	17	14	10	5	3	5	3	2	1	1	4						2	109
冯家庄						1		3	10	6	5	5	2	4	1	1	4	1				1					1	45
丁家庄						1	4	3	9	4	10	8	4	11	6	4	9	1	1	1	1	3		3	1	1		85
东赵家庄	10						1	6	8	8	15	12	6	6	3	3	1	2	2	3	3		2	1	1		4	103
崔家营	8				1		2		10	11	12	20	14	11	7	7	9	5	5	3	5	2		2	2	1	2	139
崔家庄	2							3	2	5	6	4	7	10	6	1	1	2	1	3	2	2	4	4	2	1	7	75
抱印庄	5							2	3	7	11	4	1	2	4	1	2	3	3	1	2	1			3	2	4	61
李家庄	12							3	4	2	9	10	8	5	3	7	3	3	1	1			1		2		7	81
郎君庄	29					2		3	8	10	23	26	11	10	7	8	12	3	7	2	6	4	4	3		1	7	186
第四乡总计	448			3	1	4	17	64	121	171	294	283	244	301	180	224	158	126	100	106	93	61	56	47	59	34	174	3369

续表

初婚年龄 村庄名	不明者	6	7	8	9	10	11	12	13	14	15	16	17	18	19	20	21	22	23	24	25	26	27	28	29	30	31—	合计
南逯庄	58							3	14	20	33	26	40	36	24	35	25	21	15	20	18	6	5	6	7	7	20	439
中逯庄	7								2	6	9	11	14	7	9	2	6	3	2	4	7	2	1	2	1	2	4	101
北逯庄	6					1			5	7	15	7	8	10	3	8	8	4	7	2	2	3	5	3	4	1		109
太和庄	18							1	1	7	6	10	8	6	5	3	4	5		5			2				5	86
陈河涯	4			1						2	4	2	1	6	6	4	3	2								1		36
平原庄	24			1			1	6	2	7	9	10	6	14	4	12	3	5	5	6	3	2		2		3	7	132
蒙家庄	20							3	6	9	12	10	24	24	8	16	6	6	5	3	2	5	2	4	2		13	180
大杨堤	14							1	1	2	8	13	8	8	8	4	4	5	6	3	1		1		3		3	93
小杨堤	17							1	3	1	6	12	8	11	5	4	3	3	4	5	2	6	1	3	3	2	3	103
东杨堤	31						1	4	8	15	24	28	15	23	12	19	14	6	6	6	5	4	4	3	4	1	6	239
西杨堤	25					1	1	3	10	11	13	11	5	24	6	12	6	12	4	9	4	6	2	4	4	2	9	184
见埠庄	37			1		1	3	8	11	11	29	27	21	30	23	25	13	14	16	13	12	4	4	5	4	5	40	357
杨家庄	5								1	2	2	9	4	3	5	4	2		1	3	1	2	1	1		1	3	50
代家庄	4						1	5	7	3	10	10	3	7	3	4	5	4	3	4	3	1	3	2	2	2	1	87
杨家寨	18						3	5	5	7	18	13	7	13	7	7	4	7	1	2	4		3	3	2	1	2	132
刘家庄	20						1		3	2	8	10	4	4	5	5	5		1	2	2	1					2	75

续表

村庄名＼初婚年龄	不明者	6	7	8	9	10	11	12	13	14	15	16	17	18	19	20	21	22	23	24	25	26	27	28	29	30	31—	合计
高家庄	1					1		1	2	4	4	2	5	3	1	4	4	1	2	1	4	1	2		4	1	1	49
韩家庄	65							5	3	5	12	15	6	12	8	12	8	3	1	2	5	4	4	1	3		13	187
北唐	7							2	5	1	3	1	2	2	2	4	2	2			1				1		2	37
南唐	8									2	3	5	1	3	2	1	1		1	1			3		1	1	1	34
樊家庄	9						4	4	8	17	14	16	12	7	9	13	8	5	5	5	4	7	5	2	5	1	9	169
东禾	3							2	7	3	11	3	6	5	6	6	2	3	4		2	3		2		1	3	72
西禾	2							1	1	1	7	5	3	6	1	1	1	2	2		2	1					1	37
北禾	7						1	1	6	13	11	8	7	14	10	10	6	10	7	3	2	2	1		3	1	4	127
段家庄	17				1			1	4	3	5	6	8	6	3	2	5	1	2	2	2	1			1		3	73
柳泉庄	15						1	7	6	10	18	12	14	16	5	7	10	2		4	5		6	4	5	1	16	164
于齐庄	6											1	3	1						1			1				3	17
第五乡总计	256				1	2	10	49	80	153	213	188	193	181	122	132	107	84	55	78	58	54	40	39	29	28	141	2293
黄山前	48							1	4	15	14	16	17	15	7	12	10	7	6	10	6	3	4	1	3	10	17	226
侯家庄	3							1	2		2	5		1		2	3	1	1		1	2		1	1		3	29
代庄	8						1	2	1	2	3	3	3	2	4	4	3				1				1		3	41
孙家庄	7							3	2	3	5	2	3	3	2	3	2	7	2					1			3	48

续表

初婚年龄／村庄名	不明者	6	7	8	9	10	11	12	13	14	15	16	17	18	19	20	21	22	23	24	25	26	27	28	29	30	31—	合计
景家庄	20						2	4	11	11	21	8	12	16	6	3	8	3	3	6	2		1	3	1	1	5	147
周家庄	28						1	4	4	9	6	10	11	9	12	7	8	5	7	5	5	4	4	4	2	1	6	152
乔木庄	10						1	2	6	3	9	7	6	7	6	6	2		1	1	2	2	1				3	75
月河庄										2		1	2	1	1						1	1		2		2	2	15
小吕家庄	3									1	1	3	2	1	1	1		1	1	1	2	2					1	21
石家庄	16							5	4	5	9	9	9	2	8	6	1	7	1	3	3	2	2	1	1	1	5	100
鲍家庄	7							1	2	2	10	6	11	16	5	6	4	6		2	2	3	3	3	3		4	96
盖家庄	10								4	2	7	6	6	7	1	3	4	5	4	2	2	1	1				4	69
鄢家庄	40				1		1	5	2	12	15	16	18	15	7	12	10	5	4	6	4	1	4	1	1	2	10	192
东范庄	35					1	2	12	17	40	57	46	36	44	24	37	23	17	11	24	14	17	9	10	9	4	38	527
南范庄	7					1	1	4	6	15	29	24	32	22	22	14	19	4	5	6	4	5	4	3	2	2	12	243
西范庄									3	1	4	6	2	4	1	2	1	3	4							1	4	36
北范庄	9							3	6	19	7	13	9	4	8	7	7	7	1	10	7	7	5	7	4	2	16	158
七里铺	5						1	2	6	11	14	7	14	12	7	7	2	6	4	2	2	4	2	2	1	2	5	118
第六乡总计	534		1		1	5	6	51	98	173	186	269	210	227	164	142	109	88	83	77	68	45	27	38	24	27	110	2763
小店	62					1	1	9	3	17	19	12	9	12	20	12	7	2	2	1	4	1		2	2	3	5	206

续表

初婚年龄 / 村庄名	不明者	6	7	8	9	10	11	12	13	14	15	16	17	18	19	20	21	22	23	24	25	26	27	28	29	30	31—	合计
杨村	20							2	7	9	11	19	11	15	13	5	10	6	8	3	5	3	3	2	2	1	12	167
穆王庄	14							2	6	9	12	16	11	8	2	7	6	5	5	5	4	3	1	4	2	1	3	120
魏家庄	33					1	2	12	12	19	22	33	28	21	19	14	18	11	12	6	8	5	2	3		1	10	292
刁家庄	13							1	6	6	7	8	7	6	7	6	4	4	7	7	2	2	3	3	2	2	6	109
宋家庄	6					1		4	4	9	2	16	9	7	11	2	1	1	2	1	1			1	1		3	82
郭家庄	16						1	4	7	12	10	15	15	12	8	6	7	7	2	3	4	4			1		8	142
毛张庄	43								9	7	12	18	10	14	11	12	7	6	4	5	8	4	1	5	2	3	4	185
刘家道口	18							1	2	2	3	9	4	11	7	2	4	3		5	1	3	1	3	1	1	4	85
纪家庄	19							1	4	8	13	14	7	3	9	9	10	2	5	5	4	2	2	1	1	1	5	125
韩家庄	111					2		5	11	21	25	21	16	29	11	14	12	12	11	10	11	5	4	2	4	7	14	358
曹家小庄	41							1	4	5	4	1	7	3		3		2	3		1	1		1			2	79
夏家屋子	2													2				1						1				6
崔家庄	22						1	2	4	15	14	28	23	15	13	13	2	6	3	10	1	2	1	2		2	4	183
东言礼	34				1			3	6	16	8	20	7	24	11	15	4	3	5	6	7	3	2	3	4	1	8	191
西言礼	44							2	5	9	12	23	28	21	12	4	7	8	3	5	4	4	5	5		3	12	216
伏生祠	1											1		1	1	3		1	1									9

续表

初婚年龄 / 村庄名	不明者	6	7	8	9	10	11	12	13	14	15	16	17	18	19	20	21	22	23	24	25	26	27	28	29	30	31—	合计
黄鹂庄	15								2	3	3	12	9	9	2	7	3	4	6	2	2	1	1		1	1	7	90
张家套	20		1				1	2	6	6	9	9	9	14	7	8	7	4	4	3	1	2	1		1		3	118
第七乡总计	517				2	8	51	172	289	371	496	416	359	260	214	163	170	144	103	94	68	68	61	45	37	37	170	4315
韩家店	7					2		5	7	9	19	15	13	6	7	7	3	10			3	3	3			1	8	128
孙家庄	1							2	1	5	9	3	5	7	3		1	2	1	2		1				2	2	47
青眉庄	3				1			1	5	3		3	1	2	6	1		2	1	1				1			1	32
赵家庄	6							2	2	4	1	4	5	5	5	3	1	2	2	1	1	2			1		1	48
辛庄	2							2	3	3	3	5	6	4	2		2	1	2	1							2	38
白家桥	9							4	5	4	3	3	7	1	1		3	2						2	2		1	47
西王家庄	7						4	3	6	4	4	6	3	7	2	2	1	4	1		1		1		1		3	60
大王驼	36				1	3	3	14	22	28	33	22	22	24	7	6	9	11	10	5	3	3		5	1	5	15	288
小王驼	26						2	14	20	28	17	14	8	14	5	10	12	7	5	4		1	1		3	1	5	197
李家庄	9							2	1	3	1	4	4	4	2	2	3	1	3	2	1	2	1	2		2	4	53
波踏店	4						2	8	3	10	10	14	10	2	8	1	4	4	3	2	1	1	1		3		4	95
东韦家	1										4	5	2	4	5	4	2	1	1	1							4	34
东白家	9						1	1	6	10	12	12	6	4	9	3	4	2	5	2	1	1	3	3			1	95

续表

初婚年龄／村庄名	不明者	6	7	8	9	10	11	12	13	14	15	16	17	18	19	20	21	22	23	24	25	26	27	28	29	30	31—	合计
木王庄							2	1	5	3	2	2	4	1	2	1	2	1	1		1		1	1			1	31
张家庄	2							1	1	1	1	1							3			1	3				3	17
甲子庄	3						3	3	7	2	9		6	4	1	2		1				2		1		2	3	49
西韦家	4					1	3	8	11	17	19	6	11	5	5	6	5	2	1	3	2	4	1	2	3	1	4	124
大白	5						1	2	3	11	10	8	8	5	6	1	6	1	1		4	2	3		3		3	83
小白								2	1	2	3	1	4	5	3	2	4	3		4	1							35
宋家庄	10						3	7	12	6	17	16	9	8	12	8	11	4	3	5	2	1	4	4	1	1	11	155
上口	13						4	10	26	26	31	21	28	18	13	6	13	12	5	5	5	3	2		4	3	8	256
前城子	17						4	16	16	30	29	18	12	14	13	6	7	7	8	3	1	5	1	2	1	3	11	224
后城子	6						3	1	8	6	10	9	11	7	7	7	3	5	1	3	3	3		1	2		7	103
马庄	18						2	4	18	32	57	54	42	23	16	14	9	6	8	2	3	6	4	1	2	1	14	336
滕家庄	51							6	7	6	22	24	14	15	18	6	10	7	4	12	6	4	4	1		1	6	224
萧家庄	85					1	4	11	33	29	54	53	34	26	12	13	16	17	9	9	16	4	10	7	4	1	9	457
开河	30							8	12	19	12	9	16	13	5	12	4	7	2	5		5	5	2	2	1	13	182
小言庄	19							4	3	3	7		1	1	2		3	2	1	1				1	1	1	1	51
东王家庄	28					1	1	5	8	9	17	14	11	9	4	5	9	3	9	6	4	6	2	4		3	11	169

续表

初婚年龄 村庄名	不明者	6	7	8	9	10	11	12	13	14	15	16	17	18	19	20	21	22	23	24	25	26	27	28	29	30	31—	合计
颜家桥	34						4	6	10	15	19	15	15	7	4	11	4	4	6	4		3	4	1	2	2	7	177
冯家庄	8						2	3	3	8	14	11	4	2	3	6	3	2		1	2		2	2		3	1	80
邱家	7						3	4	6	12	14	15	3	5	4	4	4	2	2	4	5		2		1		2	99
官家庄	7							3		3	6	4	8	2	3	1	6	3		1	1		2			2	2	54
耿家庄	9								2	1	6	1	1	1	3	3	2					1		1				31
姚家庄	12							2	4	7	6	1	8	1	5	2	2	1		2		2						55
释家套	24							7	9	10	14	18	10	2	5	5	1	2	5	2	1	2		1		1	1	120
旧口	3								3	2	1	3	6	2	4	1		2		1			1				1	30
袁家屋子	2											2	1		2	2	1	1										11
第八乡总计	312			1	2	20	113	283	473	474	578	375	350	271	222	166	137	118	96	119	86	75	63	55	46	47	201	4686
明家集	7						1	11	17	11	18	14	14	13	7	6	7	4	3	5	3	3	4		4	1	9	162
耿家庄	9						7	13	16	22	15	15	15	4	5	4	8	5	4	4	3	3	2	2	2	1	15	174
牛家官庄	11					2	6	9	14	14	21	15	8	7	10	3	5	4	7	4	2		3	2			3	150
田家庄	9			1		1	6	11	9	15	16	8	12	8	5	4	5	6	3	1	5	3				1	7	136
大张官庄	3					1	3	8	18	21	25	10	11	7	9	4	3	5	3	3	2	7	5	3		4	12	167
小张官庄							3	5	14	16	8	7	4	3	5	1	1	3	3	4	1	1	1	1			3	84

续表

初婚年龄 / 村庄名	不明者	6	7	8	9	10	11	12	13	14	15	16	17	18	19	20	21	22	23	24	25	26	27	28	29	30	31—	合计
兰芝里	7				1		3	8	13	11	25	7	10	7	5	7	2	5	1	3	5		2	4	4	1	11	142
解家庄	21					1	2	10	21	28	26	19	15	9	11	10	8	6	3	12	5	1	3	1			10	222
柴家庄	5					1	2	15	9	11	13	11	8	3	4	2	4				1	1	1			2	4	97
东闸子	8				1	2	1	7	10	7	13	2	5	8	5	3	1	5	2	1	3	8	1	2	4	3	6	108
西闸子	29						5	13	29	25	33	43	30	20	24	14	8	5	4	8	2	3	1		2	7	6	311
苏家桥	9							6	2	8	3	4	8	3	2	2	4	1	1	2	1	1	3	1		2	1	64
邢家庄	5							1	10	9	22	2	3	10	5	1		3	3	4	3	3	2	1	3	2	1	93
窝村	11						6	8	30	19	28	11	12	11	6	3	7	2	5	2	1	1	3	2	2	1	4	175
颜家集	14						5	15	23	26	28	23	17	18	13	3	7	7	4	7	3	3	3	3	4	1	9	236
牛家庄	8					1	4	7	14	9	15	18	15	6	4	3	3	1	2	4	4	2	3	2	5	1	7	138
二辛庄	14						3	2	9	7	8	5	6	10	6	5	6	3	4	1	1	3	1	1		1	8	104
东佐家	3						1	11	12	10	18	8	6	7	2	1	2	3	3	2	1		1		1		1	93
十户	12					2	6	17	27	24	21	7	14	10	5	2	2	4		5	6	4	1	1		1	6	177
刘楷家	4					1		8	7	13	21	5	7	5	3	4	1	2	4	3	1		2	2			4	97
仓廪庄	5							4	17	16	14	12	7	9	6	4	5	3	1	1	2	2		2	1	1	3	115
高家庄	1						2	1	9	13	5	2	7	6	6	5	4			1	1	3				1	5	72

续表

初婚年龄 / 村庄名	不明者	6	7	8	9	10	11	12	13	14	15	16	17	18	19	20	21	22	23	24	25	26	27	28	29	30	31—	合计
宋家庄	10					1	9	16	22	23	23	19	21	14	11	8	14	13	13	8	5	2	5	4	3	1	11	266
成家庄	12						11	19	27	23	28	19	14	15	12	12	4	4	4	9	4	2	5	3	1	3	12	243
许家道口	10					1	4	7	19	28	29	11	13	7	5	9	4	5	2	3	6	2	3	2		1	10	181
高洼庄	8						1	3	9	7	7	8	9	10	9	7	7	4	3	6	1			1		1	1	162
曹家庄	13					3	5	10	15	9	15	17	11	9	8	9	4	3	1	4	1	2	3	2	3	3	6	156
宋家集	4					1	4	7	5	13	18	7	15	7	4	6	3	1	3	4	5	6	2			2	2	119
惠家辛庄	14					2	3	18	26	16	29	14	15	7	9	4	2	4	2	1	6	3		5		2	9	191
段家桥	36						10	13	20	20	33	32	18	18	16	20	6	7	8	7	5	6	3	8	7	3	15	311
第九乡总计	89				4	21	62	142	226	275	341	256	206	156	136	108	84	80	44	55	56	29	39	42	27	28	99	2605
吴家	4							6	13	9	18	4	5	1	3	3	3	3	1	2	1		1	2		1	4	84
西左家	7					6	13	11	14	31	42	28	20	10	14	7	9	9	9	4	2	1	9	5	3	1	14	269
大碾	7					3	5	6	16	17	26	14	14	12	8	7	1	5	2	4	4	2	4	3	3	3	2	168
于家	3					1	3	10	18	18	16	11	7	8	6	5	1	2	1	2	5	1	2	2	2	1	3	128
王家	2						1	2	3	9	12	6	5	1	3	3	2	3	2	1	2			3	2		4	66
宋家	2						3	7	11	14	20	11	27	13	9	5	8	4	4	8	3		6	1	3		6	165
菅家						1		5	10	12	7	10	1	5	10	4	10	2	2	5	2	2		1	2	9		100

续表

初婚年龄 村庄名	不明者	6	7	8	9	10	11	12	13	14	15	16	17	18	19	20	21	22	23	24	25	26	27	28	29	30	31—	合计
萝圈						2	1	4	7	7	11	16	15	7	6	9	4	8	3	2	6	4	1	3	2	1	7	126
辛桥	6						4	6	15	21	19	16	12	26	15	14	17	6	4	4	6	5	6	2		7	5	216
王少唐	3				1		3	6	13	16	10	15	8	10	5	4	2	3	3	3		1	1	2	1	1	5	116
杨家庄	6						4	8	13	14	8	12	9	4	5	2	1	2	2		1			1			2	94
田家	13				1	3	4	27	26	23	39	27	13	15	6	6	7	5	3	2	5	3	3	3	2		13	249
王家寨	4								1	6	5	5	3	1	4	1		4		2	1	1		2	2	1	6	49
河沟涯	3							2	1	10	10	4	3	1	1			3	1	2	4		1			1		47
辛梁镇	11				2	4	9	20	26	29	44	30	31	20	21	14	10	12	2	9	6	4	2	4	2		10	322
程和铺	2						6	4	8	7	15	13	10	4	4	2	1	2	2			2		4	1		4	91
郝庄	10						4	9	20	11	27	22	13	8	6	11	4	3	2	3	7	3	1		1	1	2	168
丁庄	6					1	2	9	11	21	12	12	10	10	10	11	4	4	1	2	1		2	4	1	1	12	147
第十乡总计	167				8	14	30	149	194	206	308	205	150	117	79	60	63	51	41	32	36	32	16	21	18	16	77	2090
崖镇	6				3		1	15	14	13	27	12	10	4	8	3	6	5	2	3	4	3	3	3	2	2	6	155
杨家庄	5				1		3	7	11	10	12	17	15	3	2	2	2	1		2		1	1				2	97
张家庄	31					2	4	13	23	25	33	21	10	10	6	3	2		1	3	2	2					3	194
郭家庄	10						1	3	13	6	14	5	7	2	2	1	4		2						2			72

续表

村庄名＼初婚年龄	不明者	6	7	8	9	10	11	12	13	14	15	16	17	18	19	20	21	22	23	24	25	26	27	28	29	30	31—	合计
吕家	5							2		3	4	5	1		1	1	1				1	1					2	27
孔家	5					1	1	13	6	6	13	7	8	6	2		2	3	1	1			1			2	1	79
长槐家	13							2	8	8	4	7	1	2	1	1	2		1					1			1	52
成家	15						6	20	17	28	42	29	15	10	9	4	3	7	4	2	5	2	1	2	2		2	225
张德佐家	3				1			4	4	13	16	13	8	4	3	4	7	4	3	2		1		2			4	96
崇兴官家	2						1				1	2	1	2	1	2	2	1			2			2		1	2	22
孙家庄	5					1	1	5	12	9	14	5	5	4	7	7	3	1	4	4	4	2	2				3	98
韩家庄	9					1	4	11	12	10	14	6	10	7	4	3	3	4	5	1	2	3		5	2	2	8	126
刘聚桥	5					3	3	8	9	10	12	8	11	8	7	7	4	1	4		4	3	1		2	1	6	117
刘家井	7							9	12	18	20	14	8	12		1	2	3	3	3	2	1	2	3	1		8	129
郑家	7				1			5	7	6	9	9	8	3	4		1	2	1	4	3	4	1			1	5	81
马庄	28					1	3	11	12	20	22	15	9	9	8	6	7	5	2	3	4	1		3	2	2	5	178
粉张庄	5				1	2	1	8	20	9	24	16	13	26	11	11	7	5	5	3	3	5	3		3	5	13	199
张家寨	6				1	3	1	13	14	12	27	14	10	5	3	4	5	9	3	1		3	1		2		6	143
第十一乡总计	313					8	45	166	294	427	454	326	269	201	154	121	91	83	53	54	47	22	26	30	21	23	77	3305
王伍庄	22						3	11	20	22	42	28	21	15	6	8	8	7	3	1	4	2	3	4	1	2	5	238

续表

初婚年龄 / 村庄名	不明者	6	7	8	9	10	11	12	13	14	15	16	17	18	19	20	21	22	23	24	25	26	27	28	29	30	31—	合计
周家庄	29							4	15	18	21	19	15	10	11	9	7	5	2	2	1			2	1	1	9	181
时家庄	25						1	3	15	20	16	18	13	18	8	10	3	6	7	3	4	1	1		1		3	176
孟家坊	6							1	4	7	2	6	5	3	3	5	5		1	3		1				1		53
岳家官庄	5						1			4	4	5	4	1	1	1				1				1		1		29
潘家	12							2	2	7	5	8	5	7	4	1	4	3	1	1	2		2	1	1			68
安祥庄	9						1	5	13	15	9	9	7	2	6	2	3	1			1		3				1	87
刘家	5						4	5	6	8	5	3	10	3	3	4	1	4	1				1					63
大陈家庄	14					1	9	23	24	34	55	18	23	7	12	8	1	3	3	2	1		2	1	1	2	1	245
信家	13					1	1	15	19	16	18	16	8	6	7	3	4	3	3	2		1	1	1		1	6	145
罗家	9						1	3	7	6	13	8	5	5	1	1	3	1	1	1		1			1	1	1	69
霍家坡	37					1	1	5	10	22	32	13	18	15	14	10	9	9	2	6	6	6	2	4	3	4	8	237
张家庄	4					1	3	3	11	21	17	14	4	11	6	4	4	2	2		1			3	2		4	117
孙家镇	42					1	5	26	40	83	70	60	52	37	34	15	13	13	10	9	12		6	5	5	6	19	563
范家庄	4							12	10	15	18	5	7	6	2	10	2	1	1	4			1					98
道民庄	17						4	13	21	20	25	8	9	6	6		2			2	4	1	1			1		140
陈玉平	14							5	12	12	5	5	5	5		6	2	2	3	1	2	2	1	1	1		2	86

续表

村庄名＼初婚年龄	不明者	6	7	8	9	10	11	12	13	14	15	16	17	18	19	20	21	22	23	24	25	26	27	28	29	30	31—	合计
都路平	8					2	2	7	10	20	16	11	9	10	4	3	3	3	4	1	4			1				118
冯家	11					1	4	7	23	30	29	22	20	6	6	9	3	7	3	5	2	2	2	3	2	2	5	204
小陈家庄	12						1	7	3	14	17	16	4	10	7	1	7	5	1	2	1			1			1	110
王庄	9						3	1	3	2	4	3	5	4	1	2	2	3	2	2	1	1		1			4	53
刘庄							1	1	10	8	9	7	5	5	5	3	3			1	1	2		1	1	1	2	66
蔡庄	6							3	12	15	17	17	8	7	5	4	1	4	2	3		2			1		4	111
李庄								4	4	8	5	7	7	2	2	2	1	1	1	2							2	48
第十二乡总计	144					6	34	118	232	278	314	237	175	176	135	110	84	62	31	48	31	33	27	27	11	15	63	2391
辉李庄	18					1	8	15	32	40	45	30	27	30	23	16	13	9	4	6	7	3	6	7	3	6	18	367
李南庄								1		1	6	2	1	2	3	3	4	3	1		2		1				2	32
于何庄	2						3	6	10	17	19	10	8	6	6	3	5	1		2	1	1	1	2			2	105
党李庄	8						3	6	15	15	27	9	5	8	5	5		5	1	3		1	1	1	3	2	6	129
五户	5						1	1	12	11	7	10	9	7	11	7	9	3	4	9	1	4	3	1		1	3	119
高家庄	7						4	5	19	17	14	11	9	11	7	6	5	3	1	2	1	1			1		1	125
大三户	10						1	14	20	20	28	23	17	16	7	10	9	3	3	1	1	3	2	1			3	192
小三户	13					1	3	5	16	30	25	21	12	11	11	9	4	5	4	5	3	2	1	3			4	188

续表

初婚年龄 村庄名	不明者	6	7	8	9	10	11	12	13	14	15	16	17	18	19	20	21	22	23	24	25	26	27	28	29	30	31—	合计
刘家	1					1					5	3	3	1	1	2		1	1	1				1		1	2	24
潘家	10					1	1	1	5	7	8	11	4	5	4	5	4	2	3	2		2	1			1	4	81
车郭庄	6						1	14	22	29	22	14	18	13	3	8	2	5	4	1	3	6	3	2			3	179
曹家庄	8						1	5	8	4	6	12	5	11	5	5	4	9	1	3	2	4	1			1	1	96
郑家寨	1						1	4	2	10	9	4	6	3	4	1	1		1	1	1	1	2		1	2		55
打鱼里	13					1	3	5	18	26	21	16	23	13	11	8	9	3	1	5				3			5	184
赵家庄	12							9	22	17	18	13	3	11	9	1	2	1		1	2		1				1	123
腰庄	18					1	3	22	18	20	32	30	10	16	16	11	4	6	1	3	2	5	3	4			5	230
安家庄	12						1	5	13	14	22	18	15	12	9	10	9	3	1	3	5		1	2	3	1	3	162
第十三乡总计	430			1	1	20	58	263	510	695	989	831	763	548	360	258	170	158	91	103	81	68	53	45	30	38	167	6731
花沟	46					2	4	24	48	42	84	55	66	54	30	22	14	12	7	10	8	8	6	6		1	15	564
张家庄	8					1	1	2	11	11	25	19	14	10	5	5	6	6	2	1	3	1	1	1		3	3	139
岳家庄	26							5	16	18	25	22	23	11	5	4	3	4	3	2	3	1	1				4	176
李家庄									3	3	4		1	1														12
魏家庄	6							1	15	9	20	16	13	13	11	2	7	3	1	1	5	1	1	1	2	2	4	134
毛旺庄	9								1	6	7	5	2	6	6	4	3	1				3	2		1			56

续表

初婚年龄 村庄名	不明者	6	7	8	9	10	11	12	13	14	15	16	17	18	19	20	21	22	23	24	25	26	27	28	29	30	31—	合计
天师庄	4						1	5	10	13	10	15	8	5	7	4	1	5	2	1	1	2	1				1	96
沟旺庄	12					1		2	5	8	12	8	11	10	3	5	5	2	1		2	1	1		1		3	93
任马寨	6						2	14	19	33	30	20	21	12	9	15	4	7	4	2	1	4	5	1	4	4	4	221
吉祥庄	5						2	4	12	24	19	13	12	6	5	1	4	2		3								112
贾庄	4						2	2	13	25	26	13	11	8	4	5	4	1	1	3	2	1					1	126
辛庄	2							2	1	5	2	5	2	1	1	3	1					1			1		2	29
龙桑树	8						1	1	1	2	9	7	6		4	1			1	1	1			1				44
前陈家						1	1	7	11	10	22	12	4	7	3		1		1									80
后陈家	35					1	2	2	9	15	8	10	9	3	4	4										1	1	104
吕家庄	2						2	8	13	15	13	13	5	2	6	2		1	1		1			1			1	86
前石门	6				1		1	12	7	29	19	11	11	4	6	1	1	1		4			1				1	106
后石门	6							3	10	8	16	22	7	4	4	1	1	1		2	1		1					87
郭家坊	6							4	3	5	5	4	4	2	3	3		2			1	1		1				44
杏行	5						1	4	14	10	14	10	10	7	10	2	1	1		1			1					91
西南四庄	6						1	7	17	23	22	12	20	7	4	3	3	2		4		1			2		2	136
中南四庄						1	1	3	2	6	10	9	6	3	1	5		2	3				1	2			2	57

续表

初婚年龄不明者 村庄名	6	7	8	9	10	11	12	13	14	15	16	17	18	19	20	21	22	23	24	25	26	27	28	29	30	31—	合计
东南四庄	6					2	4	8	19	22	12	13	14	9	4	3	3	7	4	2			1				133
老鸦赵	5								1	3					1	4	4	1	1	2	2					2	36
杨家庄	1					1	8	2	17	19	15	4	7	3	1	2	4	3	4	1	3	1	2	2		8	119
曹家庄	10					2	1	14	15	17	15	10	5	5	2	4	2	2	3		1			1	1	2	106
云集官庄	3							1	3	2	5	7	6	4	3	2	1	1									35
田家官庄	4						1	3	2	8	4	4	1	2	2	3		2	3		1		1	1		1	46
陈家寨							1	5	4	15	10	13	7	3	4	1	1		2		1						67
宋家寨	2					1	8	15	14	29	31	18	27	14	13	8	4	1	1	4	2	1	2	1	4		201
大官庄	2					1	7	9	8	18	12	7	5	2	5	1	1	1		2		2	1	1	1	2	88
张家官庄					1			8	5	1	3	3	5		2								1				29
胡家官庄	5	1			2	2	13	11	8	18	7	12	9	2	3	2	2	1		1	1	3		1			101
双柳树								5	15	28	15	25	7	3	8	1	5	1	2		1		1	1	1	6	130
王旺庄	5					1	3	3	3	7	10	13	13	4	3	6	4	1	3	1	5	2	2	2		5	83
胡家店						3	6	19	20	37	38	41	26	10	9		5	1	4	3	1			2		5	237
小胡庄	3				1		3	4	7	18	24	23	18	6	2	6	1		3	2	2		2		2	1	126
官旺庄	27				1	2	9	11	14	14	13	16	12	9	6	6	5		1	3	1		2		1	6	151

续表

初婚年龄 村庄名	不明者	6	7	8	9	10	11	12	13	14	15	16	17	18	19	20	21	22	23	24	25	26	27	28	29	30	31—	合计
高旺庄	5					2		7	10	28	31	22	23	19	13	7	4	9	1	2	1	2	2	2		2	6	198
于林庄	12						2	8	12	15	10	12	13	10	4	6	2	2	4	1		1	2				1	123
孙纺庄	4					2		3	15	18	21	21	24	13	10	6	5	6	1	2	1	2	2	1		1	7	165
贾旺庄	10						4	12	10	13	21	21	12	13	4	4	3	4	1	1	3	2	2	1			2	143
王家庄	8						1	5	6	10	18	14	13	6	2	2	2	2	3	1	1	1		1	1	1	5	103
段家	2							2	3	9	8	5	6	4	1	4	1	1	1	2		1		1		1	2	54
贾寨	24							2	14	4	15	16	21	18	10	7	7	4	5	5	4	1				1	4	162
龙虎庄	22						1	5	13	11	24	13	21	11	14	3	4	2	3	3	4		3	1	1	3	7	169
冯旺庄	17					1	2	2	7	11	15	20	13	5	8	6	5	3	2	1	2	1		1		1	6	129
宋旺庄	5							5		5	6	9		4	5	1	1		2			1	1		1		1	47
李星耀	7					1	1	6	12	20	32	45	24	23	14	14	5	5	4	8	2	2	1		1	1	7	241
李家官庄	12						2	2	6	8	13	5	13	13	7	3	3	2	1		1	3		1				95
田镇	10						3	12	12	27	38	37	33	17	12	9	8	7	4	4	6	1	2	3	2	3	10	260
大庄										3	9	5	4	6	1		2	1			1						2	34
沙高家	14					2	1	10	9	17	19	13	27	16	13	12	5	13	3	3	5	1	2	5			13	203
侯家								2	4	3	10	4	1	3	3	1		2		1			1			1		36

续表

初婚年龄 / 村庄名	不明者	6	7	8	9	10	11	12	13	14	15	16	17	18	19	20	21	22	23	24	25	26	27	28	29	30	31—	合计
马家	2							1	2	5	11	24	8	6	11	7	3	3	3			2			1		2	91
徐家								1	2	4	6	5	6	9	6	2		2		1	1	2	1				2	50
石槽	1						2	5	10	13	18	25	16	13	9	4	6	4	4	2	1	1	3	4		2	4	147
全县	4290	1	1	6	21	128	517	1748	3100	3917	5273	4346	3792	3199	2399	1936	1666	1339	961	1049	871	690	580	534	404	399	1798	44965

第四十一表　　各乡本籍人现住女子初婚年龄表

初婚年龄 / 乡名	不明者	9	10	11	12	13	14	15	16	17	18	19	20	21	22	23	24	25	26	27	28	29	30	31—	合计
首善乡	313				1	1	1	64	160	627	417	252	217	164	40	21	8	4	6	9	2	3	3	8	2321
第一乡	446	1	1		1	2	15	63	196	1097	586	442	255	272	56	24	12	15	11	6	6	8	4	22	3541
第二乡	560			2		6	20	114	296	1433	846	669	205	244	49	33	22	11	6	11	8	10	4	23	4572
第三乡	168					4	6	65	203	858	545	233	224	198	45	21	9	9	7	2		2		7	2606
第四乡	676	1	1		2	2	17	134	357	938	942	257	570	245	99	43	31	20	12	7	16	2	3	14	4389
第五乡	381					5	14	63	158	830	565	307	329	312	71	38	13	14	14	4	5	5	4	22	3154

续表

初婚年龄／乡名	不明者	9	10	11	12	13	14	15	16	17	18	19	20	21	22	23	24	25	26	27	28	29	30	31—	合计
第六乡	752				2	4	3	52	152	808	519	195	394	359	55	42	28	18	8	9	8	2	2	19	3431
第七乡	672				15	9	23	98	362	1781	939	576	319	254	68	35	15	21	10	4	4	5	1	17	5228
第八乡	417			1	4	3	14	94	330	2122	1136	728	297	337	67	36	21	20	11	9	11	6	6	25	5695
第九乡	137			2	3	3	12	105	108	1053	694	430	236	253	49	20	18	12	6	8	3	2	5	14	3239
第十乡	257			1	1	3	7	82	155	919	454	320	95	104	19	11	11	10	5	4	6	2	6	22	2500
第十一乡	314		1		4	2	15	57	282	1522	678	439	166	93	28	19	11	11	7	3	8	3	7	25	3695
第十二乡	189				1	4	5	48	217	908	562	329	226	131	32	18	18	3	11	4	7	6	2	10	2731
第十三乡	605	1			1	5	18	168	527	3240	1554	751	353	161	69	40	30	29	16	15	11	8	7	39	7648
全县	5887	3	3	6	35	53	170	1207	3563	18136	10437	5934	3886	3127	747	407	247	197	130	95	95	64	54	267	54750
百分数	10.752%	0.005%	0.005%	0.011%	0.064%	0.097%	0.315%	2.204%	6.508%	33.125%	19.063%	10.838%	7.098%	5.711%	1.364%	0.743%	0.451%	0.359%	0.237%	0.173%	0.173%	0.117%	0.098%	0.489%	100%

第四十二表

全县各村庄本籍人现住女子初婚年龄表

初婚年龄 / 村庄名	不明者	9	10	11	12	13	14	15	16	17	18	19	20	21	22	23	24	25	26	27	28	29	30	31—	合计
首善乡总计	313				1	1	1	64	160	627	417	252	217	164	40	21	8	4	6	9	2	3	3	8	2321
城里村	76							8	24	86	61	31	29	23	8	2	2		1	1			1	2	355
言坊村	9							2	11	51	22	12	7	7	2										123
东关村	48					1		12	27	87	55	29	38	17	10	4	3			1		1		1	334
南关村	23						1	5	12	45	33	20	20	16	2	3			1			1			182
爱山村	15							2	5	29	16	13	10	13	5										108
美井村	20							5	14	62	29	28	16	23	4	4	1	1							207
中兴村	21							5	8	67	48	13	27	16	2	1				3	1		2	2	216
黛溪村	40							14	32	100	65	60	27	21	4	5	1	1	2	1	1	1		2	377
三义村	26							4	15	38	29	17	19	10	1	2	1	2	2	2					168
北关村	35				1			7	12	62	59	29	24	18	2					1				1	251
第一乡总计	446	1	1		1	2	15	63	196	1097	586	442	255	272	56	24	12	15	11	6	6	8	4	22	3541

续表

村庄名 \ 初婚年龄	不明者	9	10	11	12	13	14	15	16	17	18	19	20	21	22	23	24	25	26	27	28	29	30	31—	合计
韩家坊	26						3	3	18	93	45	35	15	24	3	2		1	1	1				1	271
大李家	52					1	1	6	10	158	65	57	26	23	8	1		1	1	1				2	413
张家山	21							4	7	72	37	35	11	12	1	2	1	2	1						206
十里铺	52							1	11	48	34	22	15	14				1							198
接官亭	5							1	1	2	2	1	1												13
张家庄	12							5	6	51	22	22	8	11	2	1		1						1	142
高家庄	11	1								10	7	8	2	6										1	46
王家庄	7							3	5	30	22	21	5	9	2	1									105
聚和庄	21						1	2	6	29	14	13	7	8	2	1									104
小李家	3							2	2	11	3	1	3	3						1				1	30
马家庄	2							1	2	15	8	5	8	4		1		1							47
韦家庄	58							5	15	100	54	34	21	23	6	3	2				1			1	323

续表

初婚年龄 / 村庄名	不明者	9	10	11	12	13	14	15	16	17	18	19	20	21	22	23	24	25	26	27	28	29	30	31—	合计
富盛庄	2									6	1	4		1		1								1	16
成庄	5								1	8	6	1	3	6	1						1				32
刘家庄	6							4	7	32	13	15	10	9	2	2	1							2	103
郭庄	38						5	5	17	85	44	26	19	16	6	2	3	3		1		3	2	3	278
黄家营	11		1					1	7	22	11	13	6	7	1	1	1	1	2						85
樊家庄	6							1	7	34	25	17	6	4	1				1		1	2			105
鲁家泉	11							3	13	37	23	20	14	6	2	1	1		1			1		1	134
石家庄	46						1	7	16	86	49	24	21	27	6	1		2	1		2			6	295
贺家庄	23				1		2	1	22	72	47	41	26	22	3	2		1	1	1	1			1	267
姜家洞	6							1	1	14	8	3	2	4			2							1	42
碑楼会仙	22					1	2	7	22	82	46	24	26	33	10	2	1	1	2	1		2	2		286
第二乡总计	560			2		6	20	114	296	1433	846	669	205	244	49	33	22	11	6	11	8	10	4	23	4572

续表

村庄名＼初婚年龄	不明者	9	10	11	12	13	14	15	16	17	18	19	20	21	22	23	24	25	26	27	28	29	30	31—	合计
青阳店	52					1	8	20	42	229	123	133	27	39	7	7	2	4		1	3	1		7	686
董家庄	8					1	2	11	15	100	70	35	20	34	5	1	2			1			1	1	307
韩家庄	12							2	10	51	21	32	6	7	1	1	1		1	1		1			147
新立庄	9							2	2	18	18	7	3	5	2				1					1	68
贾庄	4								7	21	14	13	2	5	1			1				1		1	70
浒山铺	62						1	2	14	90	51	28	9	12			2			1	1				273
刘家庄	48							9	36	157	87	89	33	27	5	4	1	1		1					498
马步店	17							9	15	47	32	24	9	6	2		2								163
钟家庄	48						1	6	17	76	56	42	16	15	1		1	1							280
耿家庄	17			1		1	2	16	21	90	55	43	17	14	2	6	2	2	1			1			291
东窝驼	83						1	4	20	103	52	46	9	10	7		1		1	1		1			339
西窝驼	156					3	4	14	35	147	60	52	18	18	5	4	2			3	2	1	1	8	533

续表

村庄名 \ 初婚年龄	不明者	9	10	11	12	13	14	15	16	17	18	19	20	21	22	23	24	25	26	27	28	29	30	31—	合计
代庄	5							2	6	17	21	7	5	3	1		1								68
徐家庄	2							4	11	54	17	25	5	13	1	2	2	1							137
郭庄	15							6	10	54	26	19	2	5	2	1			1						141
化庄	7			1			1	5	25	72	64	38	8	6	3	4	1	1	1	2	2	2		5	248
陈家庄	15							2	10	107	79	56	16	25	4	3	2					2	2		323
第三乡总计	168					4	6	65	203	858	545	233	224	198	45	21	9	9	7	2		2		7	2606
西赵家庄	7							1	4	43	17	13	5	11	3		1	1	1	1				1	109
黄家河滩						1		1	3	38	16	4	7	8	2			1							81
吉祥庄	4							4	10	19	10	4	9	5	1		1								67
上娄	9							3	13	25	6	8	9	3	1										77
下娄	7							4	11	35	31	8	11	12	1		1								121
杏林庄	7							3	7	36	23	10	7	6	2	1			1						103

续表

村庄名 \ 初婚年龄	不明者	9	10	11	12	13	14	15	16	17	18	19	20	21	22	23	24	25	26	27	28	29	30	31—	合计
郭庄	2							2	3	19	13	6	7	4						1					57
秦家沟	1						1	4	7	76	27	15	13	4	3	2	1								154
聚仙庄	2							1	4	30	10	3	3	8	1			1							63
贺家庄	2						1	2	5	25	15	8	5	6	4			1							74
太和庄	1							3	8	35	29	3	4	7					1						91
樊家洞	1							1	3	4	3	1		1											14
孙家峪	4							2	6	21	8	4	2	6		1									54
象伏庄	3						1	2	10	47	33	15	8	11	2	1									133
象山前	12							1	15	44	32	13	12	9	3	1		1							143
芦泉	4							1	8	30	18	7	6	5	5	1		1							86
王家庄	3							1		9	5		3	1	1										23
石家庄	7							5	19	50	34	13	15	10	3	1	2								159

续表

村庄名＼初婚年龄	不明者	9	10	11	12	13	14	15	16	17	18	19	20	21	22	23	24	25	26	27	28	29	30	31—	合计
冯家庄	4							1	4	23	17	9	3	2											63
丁家庄	7					1	1	5	9	33	25	15	15	9	1	1									122
东赵家庄	25							3	11	30	23	10	9	13	3										127
崔家营	10							4	18	36	44	20	24	12	6	5						1			180
崔家庄	6							1	7	39	21	9	8	9	1				1					3	105
抱印庄	2					1	1	2	1	25	22	2	4	7		5		1	1			1		2	77
李家庄	10					1	1	4	7	30	15	5	9	13	1		1	1	2						100
郎君庄	28							4	10	56	48	28	26	16	1	2	2	1						1	223
第四乡总计	676	1	1		2	2	17	134	357	938	942	257	570	245	99	43	31	20	12	7	16	2	3	14	4389
南逯庄	78				1		1	13	41	131	131	34	58	37	16	3	2	5	2		3				556
中逯庄	14							3	9	26	32	11	11	15		2	2		1		1			1	128
北逯庄	16						1	3	16	37	26	6	31	7	2	5	2	1	1		1			1	156

续表

初婚年龄 / 村庄名	不明者	9	10	11	12	13	14	15	16	17	18	19	20	21	22	23	24	25	26	27	28	29	30	31—	合计
太和庄	19							9	15	21	30	10	18	5	2	1									130
陈和涯	10							1	4	10	8	1	8	3	1						1				47
平原庄	33				1		4	4	13	22	31	6	29	9	8		2	1			1				164
蒙家庄	41					1		7	15	40	45	14	31	13	6	2	2	3			1			1	222
大杨堤	23							6	3	25	21	3	11	12	2	1	1								108
小杨堤	17							3	13	38	31	5	27	7	4	1									146
东杨堤	55						3	11	22	59	63	20	42	8	2	2	1			1	4				293
西杨堤	41					1	1	4	16	36	56	17	22	11	6	2	1	1						1	216
见埠庄	56						2	13	42	110	106	24	64	32	13	6	8	4	1	1	1			2	485
杨家庄	3							1	5	22	12	9	8	6			1	1							68
代家庄	14						1	5	12	28	24	2	6	7	3				1		1			1	105
杨家寨	33							5	16	36	33	13	11	2	3	2			1			1	1	1	158

续表

村庄名＼初婚年龄	不明者	9	10	11	12	13	14	15	16	17	18	19	20	21	22	23	24	25	26	27	28	29	30	31—	合计
刘家庄	40							4	2	16	18	2	9	7			1	1	1						101
高家庄	9						1	4	6	9	11	4	14	1	1										60
韩家庄	77							7	20	27	46	8	28	9	2	1	1					1		3	230
北唐	11		1				1	2	4	14	11	3	4	1			1								53
南唐	4							2	1	16	9	3	3	1	1		1	2							43
樊家庄	22	1						4	20	54	76	18	31	13	8	8	2		3	3				1	264
东禾	5							5	9	16	20	6	10	5	3										79
西禾	3							3	4	15	9	5	9	1	1	1									51
北禾	14							9	16	39	23	13	31	12	8	3	1	1			1				171
段家庄	21						1	1	10	22	22	8	10	4	2	1	1						1	1	105
柳泉庄	16						1	5	22	66	44	12	40	17	5	2	1		1	1	1		1	1	236
于齐庄	1								1	3	4		4							1					14

续表

初婚年龄 村庄名	不明者	9	10	11	12	13	14	15	16	17	18	19	20	21	22	23	24	25	26	27	28	29	30	31—	合计
第五乡总计	381					5	14	63	158	830	565	307	329	312	71	38	13	14	14	4	5	5	4	22	3154
黄山前	84						2	4	18	64	44	32	44	14	7	4	1	4	1	1		1	1	1	327
侯家庄	9						1		3	3	7	6	5	7	1		1							1	44
代庄	12						1	5	5	12	5	2	4	4	2			1							53
孙家庄	8							3	5	16	6	4	8	9	2	1		2						1	65
景家庄	33					1	1	4	6	62	30	11	22	24	8	3	1				2			4	212
周家庄	47							4	9	64	33	10	15	11											193
乔木庄	24						1	1	5	24	29	9	11	7		1	1		1		1				115
月河庄	2								1	3	6	2	3	3	1										21
小吕家庄	1								2	6	6	3	1		1									1	21
石家庄	20					1			8	31	22	19	12	15	3	2									133
鲍家庄	17							3	5	42	19	13	19	14	1	4									137

续表

初婚年龄 / 村庄名	不明者	9	10	11	12	13	14	15	16	17	18	19	20	21	22	23	24	25	26	27	28	29	30	31—	合计
盖家庄	17					1			9	30	20	16	8	9	1		1		1					2	115
鄢家庄	33					1	2	4	12	33	45	22	25	28	8	4	1		1		1		2	5	227
东范庄	46					1	2	18	32	201	148	75	69	71	20	6	4	3	5			2	1	1	705
南范庄	9						1	6	12	98	58	42	35	57	8	8	1	3	1	2	1			1	343
西范庄	1							1	1	13	10	8	9	8		2			1					1	55
北范庄	11						2	6	11	83	40	17	16	13	7	1	1	1	1	1		1		2	214
七里铺	7						1	4	14	45	37	16	23	18	1	2	1		2			1		2	174
第六乡总计	752				2	4	3	52	152	808	519	195	394	359	55	42	28	18	8	9	8	2	2	19	3431
小店	104						1	4	3	52	43	22	37	26	4	3	1			1	1			1	303
杨村	8							4	6	57	32	5	22	28	5	4	3	1	3	2	2		1		183
穆王庄	25							3	12	51	31	8	23	13	4	2									172
魏家庄	38							6	13	101	53	17	38	53	10	7	3	4				1		2	346

续表

初婚年龄／村庄名	不明者	9	10	11	12	13	14	15	16	17	18	19	20	21	22	23	24	25	26	27	28	29	30	31—	合计
刁家庄	16							2	3	47	23	4	14	19	2	1									131
宋家庄	7							1	28	14	8	22	14		2					1					97
郭家庄	34							2	8	40	38	8	31	22	1	3	4	4	2	1				1	199
毛张庄	46					1		5	10	43	29	11	33	16	5	3	5	2		1				1	211
刘家道口	22									32	12	4	11	5	2	1		1							90
纪家庄	28							3	5	32	17	10	19	14	1	2	4								135
韩家庄	146						2	6	22	101	57	14	40	23	5	5	4	1	1		1		1	4	433
曹家小庄	43							2	3	16	16	7	9	8	1	1									106
夏家屋子	4									1	1	1													7
崔家庄	53					1		1	7	50	51	11	32	21	2	4	1	2		1					237
东言礼	26				2	2		6	3	60	42	7	19	25	6	3	2				2			2	207
西言礼	79							2	19	55	25	22	19	45	2	3	1	2		1	1			5	281

续表

初婚年龄 / 村庄名	不明者	9	10	11	12	13	14	15	16	17	18	19	20	21	22	23	24	25	26	27	28	29	30	31—	合计
伏生祠	1								1		2	1	3	3											11
黄鹂庄	32							2	3	29	25	12	13	17	2			1	1			1		3	141
张家套	40							3	6	27	14	9	17	21	1				1	1	1				141
第七乡总计	672				15	9	23	98	362	1781	939	576	319	254	68	35	15	21	10	4	4	5	1	17	5228
韩家店	14						1	5	7	66	27	16	13	11											160
孙家庄									9	22	12	12	1		1	1						1		2	61
青眉庄	6					1		1	5	8	6	4	3	3			1								38
赵家庄	5								4	19	9	8	3	1											49
辛庄	10							2	4	12	7	5		2											42
白家桥	2							1	4	18	9	6	4	1		1									46
西王家庄	6							1	8	31	11	11	4	1											73
大王驼	40							7	19	105	75	50	11	13	3	1	1	2							327

续表

初婚年龄 村庄名	不明者	9	10	11	12	13	14	15	16	17	18	19	20	21	22	23	24	25	26	27	28	29	30	31—	合计
小王驼	24							4	10	80	39	26	16	10	1	1									211
李家庄	6							1	8	17	7	7	2	3			1								52
波踏店	16							1	8	49	17	18	5	4		1								1	120
东韦家	3							1	4	22	5	7		2	1										45
东白家	4							5	10	33	19	10	4	10	1	1	1							1	99
木王庄	1							1	8	9	7	6	2	2											36
张家庄	5							1	2	5	5	2		1											21
甲子庄	3							2	4	24	15	3	1	1											53
西韦家	6							2	10	75	38	18	4	2	2	1									158
大白	4							1	2	50	17	9	8	7	1										99
小白								1	5	24	11	4		1										1	47
宋家庄	11							3	19	68	35	25	6	2	2		1	1				1		1	175

续表

村庄名 \ 初婚年龄	不明者	9	10	11	12	13	14	15	16	17	18	19	20	21	22	23	24	25	26	27	28	29	30	31—	合计
上口	23							6	24	120	61	28	24	11	4	2	1	2		1					307
前城子	26						2	4	20	112	53	54	25	14	1	2	1	2				1			317
后城子	9							3	6	38	21	24	7	14	2		1				2			3	130
马庄	43				15	6	9	17	39	136	64	27	14	9	17	6	2	8	4						416
滕家庄	64					1	4	8	18	68	36	30	24	27	5	1	1	1	1	1		1			291
萧家庄	100					1	3	6	35	206	106	55	57	37	12	9	2		3	1	2			4	639
开河	26						1	3	7	65	49	27	9	8	1	1		1	1				1	2	202
小言庄	26								5	14	11	2		2	1				1						62
东王家庄	30							2	10	56	44	13	14	18	1	4	1							1	194
颜家桥	52							3	13	64	34	15	9	6	4	1		1							202
冯家庄	15							2	4	30	12	13	10	5	1										92
邱家	14								9	44	10	9	9	3				1							99

续表

初婚年龄 村庄名	不明者	9	10	11	12	13	14	15	16	17	18	19	20	21	22	23	24	25	26	27	28	29	30	31—	合计
官家庄	8						2	2	5	20	14	6	2	1	2							1		1	64
耿家庄	6									12	5	4	2	4	1										34
姚家庄	18						1	1	7	14	8	6	5	4			1	1		1					67
释家套	42							1	9	39	27	12	16	6	3	2									157
旧口	4								1	6	10	3	4	5	1										34
袁家屋子											3	1	1	3				1							9
第八乡总计	417			1	4	3	14	94	330	2122	1136	728	297	337	67	36	21	20	11	9	11	6	6	25	5695
明家集	9						2	7	14	73	32	28	10	18					1						194
耿家庄	7							3	6	75	53	27	10	8	4		2			1		1			197
牛家官庄	15							5	8	60	26	30	12	7	2	3	1		1					3	173
田家庄	11			1	1			5	12	63	26	28	13	18	2	2	1	1	1		1				186
大张官庄	2							3	9	81	52	18	9	11	2	1			2			1			191

续表

村庄名＼初婚年龄	不明者	9	10	11	12	13	14	15	16	17	18	19	20	21	22	23	24	25	26	27	28	29	30	31—	合计
小张官庄	5							2	9	33	27	11	2	4	1	1									95
兰芝里	9							6	10	82	22	34	13	3	2	2	1	1			2			1	188
解家庄	16						1	2	12	111	51	48	10	13		1	1	1				1		3	271
柴家庄	10						2		8	57	31	18	5	3	2	1	2	1	1	1			1		143
东闸子	9						1	3	7	64	13	14	7	11	1			1		2				1	134
西闸子	35							2	15	131	65	41	25	21	4	3	3	1	1		3			4	354
苏家桥	4							2	9	24	13	6	4	5	1	1				1				1	71
邢家庄	9							2	8	53	12	14	5	2	1	3									109
窝村	9					1		3	17	85	40	19	13	18	1	1		1			1				209
颜家集	23				2	1		5	15	110	57	35	15	11		1								1	276
牛家庄	21							3	9	60	29	21	5	7	2	3									160
二辛庄	6							2	6	48	24	17	7	4		2		1						2	119

续表

初婚年龄 / 村庄名	不明者	9	10	11	12	13	14	15	16	17	18	19	20	21	22	23	24	25	26	27	28	29	30	31—	合计
东佐家	9							1	6	54	19	15	2	4	2									1	113
十户	23						1		19	92	50	20	9	9	2	1									226
刘楷家	11							1	5	65	12	14	3	5											116
仓廪庄	7							4	11	46	28	26	7	5	1		2								137
高家庄	4							1	8	36	14	11	8	6											88
宋家庄	24						1	3	18	94	85	51	15	12	5		1	1							310
成家庄	21				1		2	4	17	109	56	32	10	22	2		4	1	1				1	2	285
许家道口	10							6	14	68	80	26	11	20	3	2		3		2	1		1	2	249
高窪庄	4						2	4	11	39	27	12	7	12	3				1		1	1			124
曹家庄	13					1	2	7	9	62	44	22	5	17	3	1			1	1	1	1		1	191
宋家集	14							1	13	49	26	24	11	5	3	2		2					1	1	152
惠家辛庄	22							3	11	93	31	24	13	12	3	2	1	1	1	1	1	1	2	2	224

续表

初婚年龄 / 村庄名	不明者	9	10	11	12	13	14	15	16	17	18	19	20	21	22	23	24	25	26	27	28	29	30	31—	合计
段家桥	55							4	14	105	91	42	31	44	15	3	2	4							410
第九乡总计	137			2	3	3	12	105	168	1053	694	430	236	253	49	26	18	12	6	8	3	2	5	14	3239
吴家	4							4	7	27	18	9	6	6	5				1	1				1	89
西左家	23						1	4	23	119	77	37	18	31	5	2						1		1	342
大碾	9			1				4	10	79	51	27	22	16	4	4				1	1				229
于家	2							1	5	41	40	17	15	19	3	2	1	1						1	148
王家	4							3		25	23	12	6	8			1								82
宋家	2							11	9	80	38	31	7	16	1	2									197
营家						2	1	9	9	35	14	27	7	16	2	3	2								127
萝圈								5	7	50	30	25	15	19	1	2	2	2						2	160
辛桥	7			1			1	11	18	76	58	42	17	26	4	2	2	1	1					1	262
王少唐	3						1	4	4	29	38	20	14	17	4	1	1		1	1				1	139

续表

初婚年龄 / 村庄名	不明者	9	10	11	12	13	14	15	16	17	18	19	20	21	22	23	24	25	26	27	28	29	30	31—	合计
杨家庄	6							2	8	25	19	28	12	11	2	2	1		1				1		118
田家	19						2	6	11	108	66	43	21	11	4	1		1	1	3	1			1	299
王家寨	3						1	3	4	20	4	11	5	4	2	1		1							59
河沟涯	4							3	4	22	16	7	2	5											63
辛梁镇	12					1		18	26	153	71	48	22	16	5	1	4	2		1		1	2		383
程和铺	8							5	3	32	35	14	9	8	3			1						1	119
郝庄	9				3		4	8	11	84	52	14	20	13		1				1			1	3	224
丁庄	22						1	4	9	54	44	18	18	11	4	2	4	3	1		1		1	2	199
第十乡总计	257			1	1	3	7	82	155	919	454	326	95	104	19	11	11	10	5	4	6	2	6	22	2500
崖镇	21						2	9	13	55	38	29	15	10		2	1	2							197
杨家庄	8							2	12	42	30	12	2	7							1				116
张家庄	64							7	13	66	40	26	7	7	1			2							233

续表

初婚年龄 / 村庄名	不明者	9	10	11	12	13	14	15	16	17	18	19	20	21	22	23	24	25	26	27	28	29	30	31—	合计
郭家庄	13					1		2	6	38	7	14		3	1	1									86
吕家	6							2	2	12	3	4		1											30
孔家	7							3	8	44	8	15	4								1				90
长槐家	19							1	2	27	6	3	1			1									60
成家	25			1			1	6	19	132	43	31	7	4	2					1				1	273
张德佐家	5					1		4	9	55	17	15	4	3		1		1		1					116
崇兴官庄	2							4	3	9	6	2	2	1					1						30
孙家庄	6							3	6	45	19	14	3	5	3						1	1	1	4	111
韩家庄	11				1		1		9	38	41	20	7	11	4			2		1			1	5	152
刘聚桥	15						1	3	6	40	37	30	3	7			3						1		146
刘家井	8						1	3	12	53	29	18	8	14	2	4			2		1	1	1	1	158
郑家	9							5	5	29	27	12	4	5	1	1	2							2	102

续表

初婚年龄 村庄名	不明者	9	10	11	12	13	14	15	16	17	18	19	20	21	22	23	24	25	26	27	28	29	30	31—	合计
马庄	20					1	1	10	10	100	32	16	10	7			1	1						5	214
粉张庄	10							16	5	78	44	34	9	11	1	1	4		1	1	2			3	220
张家寨	8							2	15	56	27	31	9	8	4			2	1				2	1	166
第十一乡总计	314		1		4	2	15	57	282	1522	678	439	166	93	28	19	11	11	7	3	8	3	7	25	3695
王伍庄	35							4	23	104	58	28	17	6	3	3	1			1				3	286
周家庄	27		1		1			2	10	73	36	25	12	6	1	4		1			1			1	201
时家庄	15						1	5	19	79	33	22	7	8		1		1						2	193
孟家坊	5							1	2	17	6	9	5	2	1									1	49
岳家官庄	3								4	10	5	5	2	1		1									31
潘家	5							3	9	34	7	5	1	3		1			1					1	70
安祥庄	9							2	4	47	18	13	2	3	1		1							2	102
刘家	4							2	6	18	18	14	2		4			1	1		1				71

续表

初婚年龄／村庄名	不明者	9	10	11	12	13	14	15	16	17	18	19	20	21	22	23	24	25	26	27	28	29	30	31—	合计
大陈家庄	13							2	17	128	36	30	9	4	1										240
信家	14							1	18	77	24	12	4	4	1	1	1	1					1		159
罗家	5				1			1	6	39	9	8	4	2							1		2		78
霍家坡	40							5	16	89	43	30	9	8	4		1	3			2		3	2	255
张家庄	9						1	4	12	62	20	14	10		1									3	136
孙家镇	52				1	2	4	8	51	212	143	87	32	18	4	5	3	1	3	1		2	1	6	636
范家庄	10				1		1	1	10	53	23	13	4	2	1	2									121
道民庄	13								9	77	19	16	9	4		1								1	149
陈玉平	9						1		1	50	15	8	1	3					1		1	1		1	92
都路平	4						1	3	8	64	29	22	4		2		1	1		1					140
冯家	8						1	2	18	119	49	22	11	4	1		1								236
小陈家庄	16						3	7	14	48	19	13	5	4											129

续表

初婚年龄 / 村庄名	不明者	9	10	11	12	13	14	15	16	17	18	19	20	21	22	23	24	25	26	27	28	29	30	31—	合计
王庄	9						1	1	6	18	11	7	4	1			1								59
刘庄								3	11	24	13	13	2	3	2										71
蔡庄	5								3	52	33	19	5	4	1			2			2			2	128
李庄	4						1		5	28	11	4	5	3			1		1						63
第十二乡总计	189				1	4	5	48	217	908	562	329	226	131	32	18	18	3	11	4	7	6	2	10	2731
辉李庄	20							14	45	122	98	37	37	22	5	1	4		5		3	2		5	420
李南庄	1							2	6	12	9	3	3											1	37
于何庄	12					1	1	1	9	53	24	17	10	2	2	1								1	134
党李庄	12							3	13	52	22	20	17	5	2	2	1		1			1			151
五户	9						1	6	17	39	30	11	12	8	1						1		1		136
高家庄	3					1		5	9	40	31	17	14	11	3	3	2					1			145
大三户	11						1	2	14	82	44	31	18	6	1	2	1		1			1	1		216

续表

初婚年龄 / 村庄名	不明者	9	10	11	12	13	14	15	16	17	18	19	20	21	22	23	24	25	26	27	28	29	30	31—	合计
小三户	15				1		1	2	10	65	41	33	18	6	1	1	2				2			1	199
刘家	3							1	2	6	5	2	5	4											28
潘家	8							2	3	21	22	9	7	7	1	1	1				1				83
车郭庄	12						1	2	14	67	40	21	15	15	3	2	2	1	1	1					197
曹家庄	3							1	11	39	22	15	6	1	3	1									102
郑家寨								1	9	14	13	7	5	3											52
打鱼里	19							3	21	74	43	21	14	9	1			1	2	1					209
赵家庄	13								10	64	30	24	9	5	4	1	1								161
腰庄	18					1		1	9	88	55	42	21	15	3	2	4	1	1	2		1		2	266
安家庄	25					1		2	15	70	33	19	15	12	2	1									195
第十三乡总计	605	1			1	5	18	168	527	3240	1554	751	353	161	69	40	30	29	16	15	11	8	7	39	7648
花沟	33							15	54	310	115	52	22	10	3	4	1	5	1			1		2	628

续表

村庄名＼初婚年龄	不明者	9	10	11	12	13	14	15	16	17	18	19	20	21	22	23	24	25	26	27	28	29	30	31—	合计
张家庄	7							3	10	79	34	14	5	4	1		1								158
岳家庄	36							1	11	79	27	26	5	1		1	2		1		1			2	193
李家庄	1									6	3				1										11
魏家庄	18							2	7	73	24	17	9	4	1	2	1	1	2	2				3	166
毛旺庄	9							2	6	21	13	4	4								1		1		61
天师庄	10						1	2	13	57	27	10	3	3	1								1		128
沟旺庄	16							6		33	24	9	9	1	2	2									102
任马寨	25						1	6	23	97	41	28	12	8	1	2		2		1				2	249
吉祥庄	4								6	73	14	12	4	2	2	1									118
贾庄	14							5	7	73	36	21	3	4		2									165
辛庄	1							1	2	15	9	2	2				1						1		34
龙桑树	12								4	12	13	3	1							1					46

续表

初婚年龄 / 村庄名	不明者	9	10	11	12	13	14	15	16	17	18	19	20	21	22	23	24	25	26	27	28	29	30	31—	合计
前陈家									7	55	18	12	2	2	2										98
后陈家	54							1	6	18	21	8	5		1	1	1		1					1	118
吕家庄	8							2	5	54	27	10	3										1	1	111
前石门	7						1		13	39	30	16	7	4	2	1	2		1					1	124
后石门	3							4	10	29	15	23	8	5	2	1								2	102
郭家坊						1		2	8	15	14	4	2	2		1									49
杏行	8							1	6	43	26	12	3	4	1			1	1						106
西南四庄	8							2	11	59	37	20	14	4	3	1	1		1	3					164
中南四庄	7							2	5	32	18	12	3	2	2										83
东南四庄	3							1	13	51	40	25	8	1	1	1		1	1						146
老鸦赵	3								2	14	8	6	2	3											38
杨家庄	8							4	5	59	31	16	8	3	3				1						138

续表

初婚年龄／村庄名	不明者	9	10	11	12	13	14	15	16	17	18	19	20	21	22	23	24	25	26	27	28	29	30	31—	合计
曹家庄	37							2	5	39	19	13	6	4	1	1	1								128
云集官庄	5									12	15	4	2	1	1					1	1				42
田家官庄	5							1	3	26	10	5	2												52
陈家庄									6	18	18	15	7	3	2	1	2		1						73
宋家套	11						2	7	15	81	46	28	15	12	5	1	6	3		1				1	234
大官庄	3						1		5	40	25	9	9	5	1	1	1			1				1	102
张家官庄								2	4	22	6	1		1							1				37
胡家官庄	4							3	11	58	18	10	4	3		1									112
双柳树								4	7	67	29	22	9	3				1						1	143
王旺庄	3								9	31	21	14	7	5	1	1					1		1		94
胡家店	4					1	2	7	51	109	52	14	12	1	2			1							256
小胡庄	7					1	3	6	16	54	27	5	5	2	2										128
宫旺庄	32						1	6	15	59	31	17	8	2		1	1	1				1	1	2	178
高旺庄	12							4	5	117	50	16	12	8	2		2	1							229

续表

初婚年龄 / 村庄名	不明者	9	10	11	12	13	14	15	16	17	18	19	20	21	22	23	24	25	26	27	28	29	30	31—	合计
于林庄	3	1						8	3	69	41	5	2								1				133
孙纺庄	2							8	9	75	43	18	14	5	4	3			1	1	1	1		3	188
贾旺庄	15							2	7	88	38	4	7	5											166
王家庄	15							1	6	53	25	8	8	1											117
段家	10								2	25	15	8	2												62
贾寨	41							3	6	71	31	13	8	5	2		2	1			1	1			185
龙虎庄	34							1	10	90	39	19	11	6	1	1	1	2				1		1	217
冯旺庄	15							6	10	61	18	10	5	5	2	1	1	1	1	1		1			138
宋旺庄	5							2	5	27	7	2	2	1	1			1							53
李星耀	5				1	1	1	5	11	115	50	40	9	3	4	1	1	1	1	1	1			4	255
李家官庄	19						1	3	6	48	21	5	4	3								1			111
田镇	18					1	3	13	29	133	58	15	7	2	1	2								1	283
大庄	2						1	3	4	9	5	2	2	1											29
沙高家								5	11	104	47	21	12	4	4		2	2			2			5	219

续表

初婚年龄／村庄名	不明者	9	10	11	12	13	14	15	16	17	18	19	20	21	22	23	24	25	26	27	28	29	30	31—	合计
侯家									3	12	10	5	3		1	4									38
马家	1							1	6	45	20	13	6	2	1			1				1	1	1	99
徐家									5	19	15	7	3		1					1				1	52
石槽	2							3	8	67	39	21	6	1	1	1		3	2	1				4	159
全县	5887	3	3	6	35	53	170	1207	3563	18136	10437	5934	3886	3127	747	407	247	197	130	95	95	64	54	267	54750

第四十三表　各乡本籍人他往男子初婚年龄表

初婚年龄／乡名	不明者	9	10	11	12	13	14	15	16	17	18	19	20	21	22	23	24	25	26	27	28	29	30	31—	合计
首善乡	18			5	6	10	18	42	32	31	29	14	12	14	8	5	8	7	4	3	2		1	7	276
第一乡	53	1		1	6	12	37	47	52	40	39	24	22	20	10	17	8	12	10	8	5	5	2	13	444
第二乡	43			4	9	12	23	34	24	26	20	25	9	18	19	11	15	4	7	7	3	8	2	9	332

续表

初婚年龄 乡名	不明者	9	10	11	12	13	14	15	16	17	18	19	20	21	22	23	24	25	26	27	28	29	30	31—	合计
第三乡	33			1	8	21	34	40	35	28	25	16	17	20	10	11	9	3	7	4	1	3	2	9	337
第四乡	50	1	2	2	7	15	26	41	67	48	40	32	30	20	13	14	14	11	5	7	2	7	4	10	468
第五乡	48			1	10	10	28	50	44	49	33	29	25	19	24	15	9	7	11	5	5	4	5	16	447
第六乡	41				8	11	17	29	30	25	20	15	14	15	8	3	1	2	1		3	1	1	4	249
第七乡	25			3	4	20	21	51	39	39	27	16	13	11	9	4	6	8	3	2	1	2	1	10	315
第八乡	37			7	13	26	24	25	46	17	20	19	14	8	12	11	7	8	5	7	2	2	7	11	328
第九乡	18		1	3	8	21	20	26	25	25	22	9	18	6	7	7	7	6	7	3	1	4	3	11	258
第十乡	6		1	2	8	3	12	10	9	6		3	2	5	3		1	1	2		2		1	4	81
第十一乡	15				6	9	10	7	9	8	2	3	8	2		3		1		3				1	87
第十二乡	7			2	4	8	13	14	6	9	3	3		6	2	1		1	1	1					81
第十三乡	15		1	3	4	7	17	17	18	20	12	12	5	6		4	2		2			2		1	148
全县	409	2	5	34	101	185	300	433	436	371	292	220	189	170	125	106	87	71	65	50	27	38	29	106	3851
百分比（%）	10. 620	0. 051	0. 128	0. 882	2. 622	4. 803	7. 789	11. 243	11. 321	9. 633	7. 582	5. 712	4. 906	4. 413	3. 245	2. 751	2. 258	1. 843	1. 687	1. 298	0. 700	0. 986	0. 777	2. 750	100

第四十四表

全县各村庄本籍人他往男子初婚年龄表

初婚年龄 村庄名	不明者	9	10	11	12	13	14	15	16	17	18	19	20	21	22	23	24	25	26	27	28	29	30	31—	合计
首善乡总计	18			5	6	10	18	42	32	31	29	14	12	14	8	5	8	7	4	3	2		1	7	276
城里村	5				1	2	4	9	7	5	6	4	4	3	3	1	2	4		1	1			1	63
言坊村								2			2		1	1				1	1						8
东关村	1				3	4	3	7	5	5	4	3		2				1	1	1	1		1		42
南关村	3					1	2	3	1	2					1	1									14
爱山村				1				2	2	4	1	3	1		3										17
美井村	2				1	1	1	4	3	3	3		1	2	1		4		1						27
中兴村				2		1	4	9	8	6	2	1	1	1		2								4	41
黛溪村	3						1	2	1	1	2	3	2	1		1	1		1					1	20
三义村	4			2	1		2	3	2	1	4		1	1						1				1	23
北关村						1	1	1	3	4	5		1	3			1	1							21
第一乡总计	53	1		1	6	12	37	47	52	40	39	24	22	20	10	17	8	12	10	8	5	5	2	13	444

续表

村庄名＼初婚年龄	不明者	9	10	11	12	13	14	15	16	17	18	19	20	21	22	23	24	25	26	27	28	29	30	31—	合计
韩家坊	1						1	1	1				1	4	1	1									11
大李家	5				2	2	2	4	4	4	4	1	3	5	2	6	2	2	2	1	1	1		2	55
张家山	1			1			1	2	1	1		2	3	1	1					1				1	16
十里铺	6					1	1	3	1	1	2	2		1				1							19
张家庄	1						2	1	1	3		1			1		1								11
高家庄								1																	1
王家庄	2						1	3	4	5		1		1					1						18
聚和庄	2						1	1	1			1							1			1			8
马家庄	2						1																		3
韦家庄	5					3	8	4	4	3	1	3	1		1	1		2						1	37
富盛庄	1							1																	2
刘家庄	2					1	1	2	2		1	1	1				1		2					2	16

续表

初婚年龄／村庄名	不明者	9	10	11	12	13	14	15	16	17	18	19	20	21	22	23	24	25	26	27	28	29	30	31—	合计
郭庄	3				2	2	3	4	16	4	10	3	4	2		2		1	2	3		1		1	63
黄家营	1					1	4	2	2	1	5			2										1	19
樊家庄	2					1	1	8	2	4	1							2	1			1	1	1	25
鲁家泉	3						1	1	1	1	2	1		1	1			1	1		1	1			16
石家庄	7				1		2	4	5	3	5	4	5	2	2	1		3		2	1		1	1	49
贺家庄	1							1	3	2	3	1	1			5				1	1			1	20
姜家洞								1				1												1	3
碑楼会仙	8	1			1	1	7	3	4	8	5	2	3	1	1	1	4				1			1	52
第二乡总计	43			4	9	12	23	34	24	26	20	25	9	18	19	11	15	4	7	7	3	8	2	9	332
青阳店	4			1	1	2	4	3	3	5	2	2	3	4	1	2	2	1	1	2	1	3		3	50
董家庄	3				4	1		2		2	4	4	2	2	3	1	1	3	1					3	36
韩家庄	2				1	1	2	4	2	1	1	4		1	1	1									21

续表

村庄名＼初婚年龄	不明者	9	10	11	12	13	14	15	16	17	18	19	20	21	22	23	24	25	26	27	28	29	30	31—	合计
新立庄	1				1					1				2											5
贾庄								2	1		1	1					1					1			7
浒山铺	5				1	2	3	1	1	2		1	1	1	1	1	2		1	2					25
刘家庄	7					1	3	4	3	4	2	5	1	1	4	3	2		2		1	2			45
马步店	1							1	1	3	1	2													9
钟家庄	5						5	2	1	3	2		1	1	1	2	1					1		1	26
耿家庄	4							1	2			1		1	3				2	1			1		16
东窝驼	6				1	2	2	8	4	2	2	1	1	3	2		3			2	1			1	41
西窝驼	1																								1
代庄	1			1			1	1	2	1	1			2											10
徐家庄				1		1	1	2	1		1												1		8
郭庄	3					1	1	1	1			2					1								10

续表

初婚年龄 村庄名	不明者	9	10	11	12	13	14	15	16	17	18	19	20	21	22	23	24	25	26	27	28	29	30	31—	合计
化庄				1				1	1	1	1						1					1		1	8
陈家庄						1	1	1	1	1	2	2			3	1	1								14
第三乡总计	33			1	8	21	34	40	35	28	25	16	17	20	10	11	9	3	7	4	1	3	2	9	337
西赵家庄	2					1		3		1		2	1	1										1	12
黄家河滩					1	1	1			4		2	1	1		1								2	14
吉祥庄								2			1	2				1									6
上娄													1	1	1	2				1		1	1		8
下娄	3					1	5	1	1	1	1		1	5		1					1			1	22
杏林庄	2						1			1			1	1											6
郭庄									1		2	1		2	1										7
秦家沟				1	2	1		1	2	1	1			1		2	1			1					14
聚仙庄											1		1				1	2				1			6

续表

村庄名 \ 初婚年龄	不明者	9	10	11	12	13	14	15	16	17	18	19	20	21	22	23	24	25	26	27	28	29	30	31—	合计
贺家庄							1	2	1		3				1				1						9
太和庄					1	2	1	1	1								1								7
孙家峪	2					1	1	1	1	1		1													8
象伏庄	2						3	2			1		2	1	2		1		1						15
象山前						3	3	3	5	4	2		1	1	1		1		1					1	26
芦泉							1	2							1										4
王家庄											1														1
石家庄					1	5	5	7	4	4	3	4	1				1	1							36
冯家庄					1			2	2		1						1		1						8
丁家庄	7					2	1	1	1		2	1		1					2			1			19
东赵家庄	4				2			1	2				3				1						1		14
崔家营	4					1	5	2	5	2	1	1	1	2	1									2	27

续表

初婚年龄／村庄名	不明者	9	10	11	12	13	14	15	16	17	18	19	20	21	22	23	24	25	26	27	28	29	30	31—	合计
崔家庄	3					1	2	3	1	2		1	1	1		2								1	18
抱印庄						1	1	2	1	1	1	1			1	1									10
李家庄	1					1	1	1	1	4	2													1	12
郎君庄	3						2	3	6	2	2		2	2	1	1	1		1	2					28
第四乡总计	50	1	2	2	7	15	26	41	67	48	40	32	30	20	13	14	14	11	5	7	2	7	4	10	468
南逯庄	4			1		2	1	7	12	9	4	7	7	2	1	2	4	2	1	1		3	1	1	72
中逯庄					1		3	1	2	3	2	2			1										15
北逯庄	1							2	2	2			4	1		2				1	1			1	17
太和庄	3						2	1	2	2	3	5				1								1	20
陈和涯										1			1	1	1										4
平原庄					1	1	2	2	1	2	2	2	1	1	1	1	1		1	1		1		1	22
蒙家庄	5								1	3	3		2	1			1								16

续表

初婚年龄 / 村庄名	不明者	9	10	11	12	13	14	15	16	17	18	19	20	21	22	23	24	25	26	27	28	29	30	31—	合计
大杨堤									1	1				1											3
小杨堤	4						1	1	3		1	1	2	3	1	1	2					2		1	23
东杨堤	2				1		2	1	6	2	3		1			2			1						21
西杨堤	1	1				1	2		1	2	1		1	1	1	1		1							14
见埠庄	9		1			3	1	2	6	1	3	10	5	2	1	2	2	1		1			2	2	54
杨家庄									1	1	1	1													4
代家庄	1							2	2							1									6
杨家寨																				2			1		3
刘家庄	5				1	1		3	3													1			14
高家庄							1	1	2	2															6
韩家庄	7								1	3	3	1	1	2				1	1						20
北唐	3					1		1		1	1		1				1	1			1				11

续表

初婚年龄 \ 村庄名	不明者	9	10	11	12	13	14	15	16	17	18	19	20	21	22	23	24	25	26	27	28	29	30	31—	合计
南唐								1	1	2	1				1									1	7
樊家庄	2		1			3	8	7	9	5	2	1	1	1	2			2							44
东禾					1																				1
西禾								2		1							2	1						1	7
北禾	2					1		4	4	3	1	2	1	2					1					1	22
段家庄					1	1	1	2	2		2		2		2		1	1							15
柳泉庄	1			1	1	1	2	1	5	2	6			2	1	1		1		1					26
于齐庄											1														1
第五乡总计	48			1	10	10	28	50	44	49	33	29	25	19	24	15	9	7	11	5	5	4	5	16	447
黄山前	10				1	1	2	3	5	6	2	6	3	2	1	3	4	3	1	1			2	3	59
侯家庄										1				2							1			1	5
代庄	2							2	1	1			1			1									8

续表

村庄名 \ 初婚年龄	不明者	9	10	11	12	13	14	15	16	17	18	19	20	21	22	23	24	25	26	27	28	29	30	31—	合计
孙家庄					1			2	1		1	1	2		2	2	1				1				14
景家庄	2						4	6	4	5	3	2	3	1		2			2				1	1	36
周家庄	3						1	3	1		1	2			1	1	2								15
乔木庄	2					1	1	2	3	1		2		1	1						1				15
月河庄																				1					1
石家庄	1				2		3	4	2	1	2				1	1						1		1	19
鲍家庄	2							1	4		1		2					1	1						12
盖家庄	4					2		5	1	2	2	1		1	3	3	1			1	2				28
鄢家庄	7					2	1	4	2	2	4	1	2	4	3			1	2			1		1	37
东范庄	8				4		8	6	9	16	12	6	3	3	4	2	1		2	1			1	5	91
南范庄	1					1	2	6	7	8	3	5	4	3	2			1	1	1		2	1	3	51
西范庄						1				1		1	1												4

续表

初婚年龄 / 村庄名	不明者	9	10	11	12	13	14	15	16	17	18	19	20	21	22	23	24	25	26	27	28	29	30	31—	合计
北范庄	4			1	2		3	3	3	2	2	1	2	2	4				1					1	31
七里铺	2					2	3	3	1	3		1	2		2			1	1						21
第六乡总计	41				8	11	17	29	30	25	20	15	14	15	8	3	1	2	1		3	1	1	4	249
小店	8				2	1	3	4	5	5	3		3	1	2								1		38
杨村							1	2	1	1	2	1		1		1									10
穆王庄	1				1		1	1	4	4				2				1						1	16
魏家庄					1	1		1	3		1	2	3	1		1		1							15
刁家庄						1		2																	3
宋家庄	1					1	1		3			1	2												9
郭家庄	2				1	1	1	4	2	2	3	4		3	1						2			1	27
毛张庄	2							3		3	1		1												10
刘家道口	2										1	1													4

续表

村庄名＼初婚年龄	不明者	9	10	11	12	13	14	15	16	17	18	19	20	21	22	23	24	25	26	27	28	29	30	31—	合计
纪家庄								1	1	1				2	1										6
韩家庄	7				1		2	4	2	4	2	1		2	1	1	1								28
曹家小庄	4					1		1	1	1	3	3		1								1			16
崔家庄	1				1		3		2	1	2	1													11
东言礼						1	1	2	3	1			1		1									1	11
西言礼	9				1	2	2	2	3	1	2	1	1	1	2									1	28
黄鹂庄	1					2	2	1					1	1					1		1				10
张家套	3							1		1			2												7
第七乡总计	25			3	4	20	21	51	39	39	27	16	13	11	9	4	6	8	3	2	1	2	1	10	315
韩家店	1								1		1		1											1	5
青眉庄									1																1
西王家庄								1			1														2

续表

初婚年龄 / 村庄名	不明者	9	10	11	12	13	14	15	16	17	18	19	20	21	22	23	24	25	26	27	28	29	30	31—	合计
小王驼	1							1									1	1	1						5
东韦家								1																	1
木王庄										1															1
甲子庄				1										1											2
西韦家						1			1										1						3
大白						1	2																		3
小白											1							1							2
宋家庄										2															2
上口	1							1		1		1		2											6
前城子	5			1	2	4	8	12	6	5	5	4	2	2	2					1			1		60
后城子								4	1	5	2											1			13
马庄	1					1	4	5	7	5	3	4	2	2	3	2	2	1						2	44

续表

初婚年龄 / 村庄名	不明者	9	10	11	12	13	14	15	16	17	18	19	20	21	22	23	24	25	26	27	28	29	30	31—	合计
滕家庄	4			1		1		4	4	5	4	3	1	1	1		1		1						31
萧家庄	8				1	8	2	13	8	8	4	4	3	1	2	1	1	5			1	1		3	74
开河					1		2		1	1	1		1											2	9
小言庄							1																		1
东王家庄						2		2	1	1	2		2	1	1		1							1	14
颜家桥								1	3				1	1											6
冯家庄							1	2	1	1	1														6
邱家								1	1	1															3
官家庄						1	1	1		1															4
耿家庄								1		1	1														3
姚家庄	2					1			1		1									1					6
释家套	2								1	1						1									5

续表

初婚年龄／村庄名	不明者	9	10	11	12	13	14	15	16	17	18	19	20	21	22	23	24	25	26	27	28	29	30	31—	合计
旧口								1	1																2
袁家屋子																								1	1
第八乡总计	37			7	13	26	24	25	46	17	20	19	14	8	12	11	7	8	5	7	2	2	7	11	328
明家集	1							1				1													3
耿家庄	1			1	1	1	1			1						1									7
牛家官庄				1					2																3
田家庄	1					1	2	1	2		1	2		1	3										14
小张官庄					1																	1	1		3
兰芝里				2	1		1	1	4		1	2	1			2		1	1						17
解家庄							2	1	2	2	1	1					1	1	1			1	1	2	16
柴家庄	1					2		2	1		1								1						8
东闸子	2									1	1		1											1	6

续表

初婚年龄 / 村庄名	不明者	9	10	11	12	13	14	15	16	17	18	19	20	21	22	23	24	25	26	27	28	29	30	31—	合计
西闸子	2						1				1			1			1			1					7
苏家桥	1					1																			2
邢家庄	3							1	2				2												8
窝村	2					2		2	1		1	1	1		1	1									12
颜家集	3					2		1	4			1	1		2										14
二辛庄	1			1								2				1									5
东佐家						2			1																3
十户					4		3	3						2	1	1							1	1	16
刘楷家						1		1																	2
仓廪庄							1										1								2
高家庄							1		2	1		1						1		1					7
宋家庄	2					1	1	1			1	1			1		1								9

续表

初婚年龄 / 村庄名	不明者	9	10	11	12	13	14	15	16	17	18	19	20	21	22	23	24	25	26	27	28	29	30	31—	合计
成家庄											1									1				2	4
许家道口	5				3	3	3	4	5	3	4			2	2		1	1		1				2	39
高窪庄				1		1			2			2	1	1	1	1	1	1	1		1				14
曹家庄	3			1		3			2	4	2										1				16
宋家集	4				2		2		3			1	1			2			1	1				1	18
惠家辛庄					1	2		3	4														2		12
段家桥	5					4	6	3	9	5	5	4	6	1	1	2	1	3		2			2	2	61
第九乡总计	18		1	3	8	21	20	26	25	25	22	9	18	6	7	7	7	6	7	3	1	4	3	11	258
吴家						1	1			2	2		1					1	1						9
西左家	1				2	3	1	2	3	1		1	3					2	1					3	23
大碾	5		1		2	3	1	3		5	1	1	3	1		3		2	1		1			2	35
于家					1	2				2	2							1							8

续表

初婚年龄 / 村庄名	不明者	9	10	11	12	13	14	15	16	17	18	19	20	21	22	23	24	25	26	27	28	29	30	31—	合计
王家	1				1	1	3		1			1								1					9
宋家	1					1		3		1		1		1	1								1		10
营家				1		1	1	1			2				1		1			1				1	10
萝圈	1			1			1		4	3	3	2	5	1			1		1	1		1		2	27
辛桥	1						1	3	1	1	2	1		1			2		3					1	17
王少唐								1	3	1	2	1											1		9
杨家庄							4		2	1															7
田家	1			1	2	3		3	2					1								1		1	15
王家寨						2	2	1														1			6
河沟涯						1	1		1		1														4
辛梁庄	1						1	1	1	1	2		1		1	1									10
程和铺	2								2	2															6

续表

初婚年龄 / 村庄名	不明者	9	10	11	12	13	14	15	16	17	18	19	20	21	22	23	24	25	26	27	28	29	30	31—	合计
郝庄	2					1	1	3	2	3	4		3		2	2	1								24
丁庄	2					2	2	5	3	2	1	1	2	1	2	1	2					1	1	1	29
第十乡总计	6		1	2	8	3	12	10	9	6		3	2	5	3		1	1	2		2		1	4	81
崖镇	2				1			1	1				1					1	1		1				9
杨家庄						1	2					1													4
张家庄					1		1	1				1		1									1	2	8
郭家庄									1																1
长槐家				1			1																		2
成家	1				1		1		1	1														1	6
张德佐家						1	1	2																	4
崇兴官庄																								1	1
孙家庄					1																				1

续表

初婚年龄 / 村庄名	不明者	9	10	11	12	13	14	15	16	17	18	19	20	21	22	23	24	25	26	27	28	29	30	31—	合计
韩家庄					1					1				1											3
刘聚桥					2		2										1								5
刘家井	1						1		1					1	1										5
郑家	1				1			1	1										1						5
马庄	1						1	2	3	2		1		2							1				13
粉张庄			1	1		1	2	2							2										9
张家寨								1	1	2			1												5
第十一乡总计	15				6	9	10	7	9	8	2	3	8	2		3		1		3				1	87
王伍庄	3				1	1	1	1	1	1	1		1	1		1									13
周家庄							1																	1	2
时家庄	5				1				1			1	3												11
孟家坊							2																		2

续表

初婚年龄 / 村庄名	不明者	9	10	11	12	13	14	15	16	17	18	19	20	21	22	23	24	25	26	27	28	29	30	31—	合计
岳家官庄												1	1												2
潘家	1					1	1		1																4
安祥庄	1					1								1											3
刘家	1					1	2			1															5
大陈家庄						1		1																	2
信家	2								1																3
罗家					1			1																	2
霍家坡					1	1	1	1	1											1					6
孙家镇						1	1	1	2	1			1			1				2					10
范家庄	1												1												2
道民庄						1										1									2
陈玉平					1																				1
都路平								1			1		1												3

续表

村庄名＼初婚年龄	不明者	9	10	11	12	13	14	15	16	17	18	19	20	21	22	23	24	25	26	27	28	29	30	31—	合计
冯家					1		1	1		1															4
小陈家庄	1								1	2															4
刘庄												1						1							2
蔡庄						1				1															2
李庄									1	1															2
第十二乡总计	7			2	4	8	13	14	6	9	3	3		6	2	1		1	1	1					81
辉李庄	1			2	3	2	1	1		2	1	2		1											16
李南庄	1																								1
于何庄	1						2	2		1				1											7
党李庄								1	1																2
五户						1																			1
高家庄	2						1	1		1				2											7
大三户	2						1							1											4

续表

初婚年龄 / 村庄名	不明者	9	10	11	12	13	14	15	16	17	18	19	20	21	22	23	24	25	26	27	28	29	30	31—	合计
小三户																1									1
车郭庄						1		1	1																3
郑家寨							1	1																	2
打鱼里					1	2	3	1	2	2		1							1						13
赵家庄						1	2	1		1															5
腰庄						1		2	1	1	1			1											7
安家庄							2	3	1	1	1				2			1		1					12
第十三乡总计	15		1	3	4	7	17	17	18	20	12	12	5	6		4	2		2			2		1	148
花沟								1		3	3		2												9
张家庄							1			1		1													3
魏家庄	1									1							1								3
天师庄						1		1	1	2															5
沟旺庄	2				1							2													5

续表

初婚年龄 村庄名	不明者	9	10	11	12	13	14	15	16	17	18	19	20	21	22	23	24	25	26	27	28	29	30	31—	合计
任马寨	1							1	1		1								1						5
贾庄						1	2				1	1	1												6
龙桑树				1			1	1									1								4
前陈家						1																			1
后陈家	1								1																2
吕家庄							1			1															2
后石门						1	1			1															3
郭家坊	1					1		2								1									5
杏行	1							1																	2
西南四庄							3																		3
中南四庄										2															2
东南四庄									2		1														3
曹家庄									2																2

续表

初婚年龄 / 村庄名	不明者	9	10	11	12	13	14	15	16	17	18	19	20	21	22	23	24	25	26	27	28	29	30	31—	合计
云集官庄									1																1
宋家套	1				2		1	1	4	1	1	1		1										1	14
大官庄								1																	1
张家官庄										1				1											2
胡家官庄																						1			1
双柳树				1								2				1									4
胡家店						1			1		1	1		1											5
宫旺庄	1				1		1																		3
高旺庄							3		1	1	2					1									8
于林庄	1								1																2
孙纺庄								1				1	1												3
贾旺庄	1						1	1				1													4

续表

初婚年龄 / 村庄名	不明者	9	10	11	12	13	14	15	16	17	18	19	20	21	22	23	24	25	26	27	28	29	30	31—	合计
段家				1		1																			2
贾寨																			1						1
龙虎庄	2							1	1					1											5
冯旺庄																						1			1
李星耀	1										1														2
李家官庄								1						1											2
田镇								1	1	2						1									5
沙高家	1		1				1			3		1													7
马家								2		1				1											4
徐家							1	1	1				1												4
石槽											1	1													2
全县	409	2	5	34	101	185	300	433	436	371	292	220	189	170	125	106	87	71	65	50	27	38	29	106	3851

第四十五表

各乡本籍人他往女子初婚年龄表

初婚年龄 / 乡名	不明者	15	16	17	18	19	20	21	22	23	24	25	29	31—	合计
首善乡	10	1	2	3	3		3				1				23
第一乡	10		1	4	3	2		1	1	1					23
第二乡	2		2	5	5	1								1	16
第三乡	6		3	5	6		4	4			1				29
第四乡	10	2	5	11	7	1	4	5	2	1					48
第五乡	16	1	4	4	3	2	2	3	1					1	37
第六乡				1											1
第七乡	4		2	1	2	1	1	1	1						13
第八乡	2		1	2	3	1			1	1		1			12
第九乡	3	1		3	1	1	1						1		11
第十乡				1	1						1				3
第十一乡	3						2								5

续表

初婚年龄 / 乡名	不明者	15	16	17	18	19	20	21	22	23	24	25	29	31—	合计
第十二乡	2			1							2				5
第十三乡	6			2	2		1		1						12
全县	74	5	20	43	36	9	18	14	7	3	5	1	1	2	238
百分数（%）	31.08	2.11	8.41	18.07	15.12	3.78	7.57	5.88	2.94	1.26	2.10	0.42	0.42	0.84	100

第四十六表　　全县各村庄本籍人他往女子初婚年龄表

初婚年龄 / 村庄名	不明者	15	16	17	18	19	20	21	22	23	24	25	29	31—	合计
首善乡总计	10	1	2	3	3		3				1				23
城里村	1			1	2						1				5
言坊村							1								1

续表

初婚年龄 / 村庄名	不明者	15	16	17	18	19	20	21	22	23	24	25	29	31—	合计
东关村	1	1			1										3
爱山村	1														1
美井村			1												1
中兴村	1			1											2
黛溪村	3														3
三义村	1														1
北关村	2		1	1			2								6
第一乡总计	10		1	4	3	2		1	1	1					23
韩家坊	1														1
张家山				1											1
十里铺	2														2
王家庄						1									1

续表

村庄名 \ 初婚年龄	不明者	15	16	17	18	19	20	21	22	23	24	25	29	31—	合计
韦家庄	1								1						2
富盛庄										1					1
樊家庄	2				1										3
鲁家泉				1											1
石家庄	2		1	2		1									6
贺家庄	1														1
碑楼会仙	1				2			1							4
第二乡总计	2		2	5	5	1								1	16
青阳店	1			1	1										3
董家庄					2	1								1	4
韩家庄					1										1
新立庄	1														1

续表

初婚年龄 / 村庄名	不明者	15	16	17	18	19	20	21	22	23	24	25	29	31—	合计
贾庄				1											1
浒山铺				1											1
东窝驼			1												1
徐家庄				1	1										2
郭庄				1											1
陈家庄			1												1
第三乡总计	6		3	5	6		4	4			1				29
黄家河滩				1	1		1				1				4
下娄	1				1										2
杏林庄	1			1											2
郭庄				1											1
秦家沟								1							1

续表

初婚年龄 村庄名	不明者	15	16	17	18	19	20	21	22	23	24	25	29	31—	合计
象山前			1	1	1			1							4
石家庄			2	1	2		1	1							7
冯家庄							1								1
东赵家庄	1														1
崔家营					1			1							2
崔家庄	1														1
郎君庄	2						1								3
第四乡总计	10	2	5	11	7	1	4	5	2	1					48
南逯庄	2	1		1	5				1	1					11
中逯庄							1								1
平原庄			1				1	1							3
蒙家庄								1							1

续表

初婚年龄 村庄名	不明者	15	16	17	18	19	20	21	22	23	24	25	29	31—	合计
大杨堤			1												1
小杨堤				1											1
东杨堤	2			1											3
西杨堤	1														1
见埠庄	2			1	1	1									5
杨家庄							1								1
代家庄			1	1											2
杨家寨		1													1
南唐	1		2	1											4
樊家庄	1			2			1	2	1						7
东禾				1											1
西禾					1			1							2

续表

初婚年龄 / 村庄名	不明者	15	16	17	18	19	20	21	22	23	24	25	29	31—	合计
北禾	1			1											2
柳泉庄				1											1
第五乡总计	16	1	4	4	3	2	2	3	1					1	37
黄山前	2				1										3
孙家庄			1												1
景家庄	1		1												2
周家庄				1											1
乔木庄	1													1	2
石家庄	3				1			1							5
盖家庄	2	1	1				1	1							6
鄢家庄			1		1			1							3
东范庄	5			2		1									8

续表

初婚年龄 / 村庄名	不明者	15	16	17	18	19	20	21	22	23	24	25	29	31—	合计
南范庄							1		1						2
北范庄	1			1		1									3
七里铺	1														1
第六乡总计				1											1
穆王庄				1											1
第七乡总计	4		2	1	2	1	1	1	1						13
赵家庄					1										1
小王驼			1												1
东韦家			1												1
甲子庄								1							1
前城子	1														1
滕家庄					1	1									2

续表

初婚年龄 / 村庄名	不明者	15	16	17	18	19	20	21	22	23	24	25	29	31—	合计
萧家庄	3														3
开河				1											1
释家套							1								1
袁家屋子									1						1
第八乡总计	2		1	2	3	1			1	1		1			12
窝庄					1							1			2
西闸子	1					1									2
窩村	1														1
颜家集									1						1
许家道口				1						1					2
高窪庄				1											1
曹家庄					1										1

续表

村庄名 \ 初婚年龄	不明者	15	16	17	18	19	20	21	22	23	24	25	29	31—	合计
宋家集			1												1
段家桥					1										1
第九乡总计	3	1		3	1	1	1						1		11
吴家	1														1
大碾													1		1
宋家		1					1								2
营家				1		1									2
辛梁镇	2			1											3
郝庄				1	1										2
第十乡总计				1	1						1				3
张家庄				1											1
崇兴官庄					1										1
粉张庄											1				1
第十一乡总计	3						2								5

续表

初婚年龄 / 村庄名	不明者	15	16	17	18	19	20	21	22	23	24	25	29	31—	合计
时家庄	1														1
潘家	1														1
小陈家庄	1														1
蔡庄							2								2
第十二乡总计	2			1							2				5
于何庄	1														1
高家庄											1				1
打鱼里	1			1							1				3
第十三乡总计	6			2	2		1		1						12
花沟	2			2			1								5
郭家坊					1				1						2
西南四庄					1										1
中南四庄	2														2
杨家庄	1														1

续表

村庄名＼初婚年龄	不明者	15	16	17	18	19	20	21	22	23	24	25	29	31—	合计
宋家套	1														1
全县	74	5	20	43	36	9	18	14	7	3	5	1	1	2	238

第四十七表　　**各乡寄籍人现住男子初婚年龄表**

乡名＼初婚年龄	不明者	13	14	15	16	17	18	19	20	21	22	23	24	25	26	27	28	29	30	31—	合计
首善乡	17				2	5	2	1	3	2	5	2	4	3	2	2	4	2	3	8	67
第一乡	4			1					2												7
第二乡	2						1		1										2		6
第三乡	1	1		1			2		1					3					1	1	11
第四乡	6	1			1				2	1				1			1	1		3	17

续表

初婚年龄 乡名	不明者	13	14	15	16	17	18	19	20	21	22	23	24	25	26	27	28	29	30	31—	合计
第五乡	2					2		1	1	1	1		1	1			1				11
第六乡	4					1	3														8
第七乡	4	1				1	1	1					1	1		1	1			1	13
第八乡	1	1				1	2	1				1				1			1	1	10
第九乡	6		3	1		5	1	2	2	1	2		2	2	1		1				29
第十乡	3														1						4
第十一乡	10			1	1		2	3		1		1	1		2		1				23
第十二乡	5	1	1				1		1		1										10
第十三乡	6						1	1						1						1	10
全县	71	5	4	4	4	15	16	10	13	6	9	4	9	12	6	4	9	3	7	15	226
百分数（%）	31.41	2.21	1.76	1.76	1.76	6.63	7.08	4.42	5.76	2.65	3.98	1.76	3.98	5.31	2.65	1.76	3.98	1.42	3.09	6.63	100

第四十八表

全县各村庄本籍人他往男子初婚年龄表

初婚年龄 村庄名	不明者	13	14	15	16	17	18	19	20	21	22	23	24	25	26	27	28	29	30	31—	合计
首善乡总计	17				2	5	2	1	3	2	5	2	4	3	2	2	4	2	3	8	67
城里村	10				2	1		1	3	1	3	2	3	1	1	2	3	2	1	4	40
东关村						2	1			1	1			1			1		1	2	10
南关村	7					1															8
中兴村						1								1	1				1	2	6
黛溪村											1		1								2
三义村							1														1
第一乡总计	4			1					2												7
韩家坊									1												1
张家山									1												1
十里铺	1																				1
接官亭				1																	1

续表

初婚年龄 / 村庄名	不明者	13	14	15	16	17	18	19	20	21	22	23	24	25	26	27	28	29	30	31—	合计
韦家庄	1																				1
碑楼会仙	2																				2
第二乡总计	2						1		1										2		6
青阳店	1																		1		2
韩家庄	1																		1		2
代庄							1														1
陈家庄									1												1
第三乡总计	1	1		1			2		1					3					1	1	11
西赵家庄									1											1	2
象山前														1							1
石家庄		1												1							2
冯家庄							1														1

续表

初婚年龄 / 村庄名	不明者	13	14	15	16	17	18	19	20	21	22	23	24	25	26	27	28	29	30	31—	合计
丁家庄				1			1							1							4
东赵家庄	1																				1
第四乡总计	6	1			1				2	1				1			1	1		3	17
南逯庄																				1	1
北逯庄	3																				3
平原庄																	1				1
蒙家庄																				2	2
东杨堤					1									1							2
韩家庄	2	1							2	1								1			7
北唐	1																				1
第五乡总计	2					2		1	1	1	1		1	1			1				11
黄山前	1																				1

续表

初婚年龄 / 村庄名	不明者	13	14	15	16	17	18	19	20	21	22	23	24	25	26	27	28	29	30	31—	合计
乔木庄	1							1													2
盖家庄						1				1	1										3
东范庄						1							1				1				3
西范庄									1												1
北范庄														1							1
第六乡总计	4					1	3														8
毛张庄	2																				2
东言礼	1					1	1														3
西言礼	1																				1
黄鹂庄							1														1
张家套							1														1
第七乡总计	4	1				1	1	1					1	1		1	1			1	13

续表

初婚年龄／村庄名	不明者	13	14	15	16	17	18	19	20	21	22	23	24	25	26	27	28	29	30	31—	合计
韩家店								1													1
西王家庄																				1	1
小王驼	2																				2
木王庄	1																				1
大白						1															1
后城子		1																			1
开河																1					1
小言庄	1																				1
冯家庄																	1				1
邱家														1							1
姚家庄							1						1								2
第八乡总计	1	1				1	2	1				1				1			1	1	10

续表

初婚年龄 / 村庄名	不明者	13	14	15	16	17	18	19	20	21	22	23	24	25	26	27	28	29	30	31—	合计
耿家庄		1					1									1			1		4
牛家官庄	1																				1
柴家庄						1															1
邢家庄							1					1								1	3
仓廪庄								1													1
第九乡总计	6		3	1		5	1	2	2	1	2		2	2	1		1				29
西左家	1					1															2
大碾						1		1													2
于家	2																				2
萝圈	1																				1
王少唐								1					1	1							3
杨家庄			1																		1

续表

初婚年龄 / 村庄名	不明者	13	14	15	16	17	18	19	20	21	22	23	24	25	26	27	28	29	30	31—	合计
王家寨	1		2						1				1								5
辛梁镇	1			1		3	1		1	1	1			1			1				11
丁庄											1				1						2
第十乡总计	3														1						4
孔家															1						1
张德佐家	1																				1
刘聚桥	1																				1
张家寨	1																				1
第十一乡总计	10			1	1		2	3		1		1	1		2		1				23
王伍庄															1						1
时家庄							1	1							1		1				4
孟家坊	2																				2

续表

初婚年龄 村庄名	不明者	13	14	15	16	17	18	19	20	21	22	23	24	25	26	27	28	29	30	31—	合计
大陈家庄				1						1											2
张家庄												1									1
孙家镇	6				1		1	1													9
都路平	2																				2
王庄													1								1
刘庄								1													1
第十二乡总计	5	1	1				1		1		1										10
辉李庄	1																				1
高家庄			1																		1
大三户	2																				2
小三户							1				1										2
刘家	1																				1

续表

初婚年龄 村庄名	不明者	13	14	15	16	17	18	19	20	21	22	23	24	25	26	27	28	29	30	31—	合计
车郭庄	1																				1
打鱼里		1							1												2
第十三乡总计	6						1	1						1						1	10
花沟	1																				1
贾庄							1														1
前陈家	1																				1
前石门														1						1	2
后石门								1													1
西南四庄	1																				1
曹家庄	2																				2
大官庄	1																				1
全县	71	5	4	4	4	15	16	10	13	6	9	4	9	12	6	4	9	3	7	15	226

第四十九表

各乡寄籍人现住女子初婚年龄表

初婚年龄 乡名	不明者	12	15	16	17	18	19	20	21	22	23	24	25	28	29	30	31—	合计
首善乡	12		1	3	11	6	9	6	5	5	4	1	2	1	2	1	4	73
第一乡	2	1		2			2											7
第二乡	4		1				1											6
第三乡	3			1	4	1	3		1								1	14
第四乡	4		2	1	4	3		1	1	1								17
第五乡	2				4	2	3		1									12
第六乡	12					2		2	1									17
第七乡	4		1	1	1	2	2	3	2									16
第八乡	2			1	1	1		1			2							8
第九乡	8	1	2	4	10	2	4	1	1			1						34
第十乡	3				1		1											5
第十一乡	13			3	2	2	4	1		1								26

续表

初婚年龄 / 乡名	不明者	12	15	16	17	18	19	20	21	22	23	24	25	28	29	30	31—	合计
第十二乡	4				4	2	1	1										12
第十三乡	5			1	4	5	1		1		1							18
全县	78	2	7	17	46	28	31	16	13	7	7	2	2	1	2	1	5	265
百分数（%）	29.43	0.75	2.64	6.42	17.36	10.57	11.69	6.04	4.91	2.64	2.64	0.75	0.75	0.39	0.75	0.39	1.88	100

第五十表 **全县各村庄寄籍人现住女子初婚年龄表**

初婚年龄 / 村庄名	不明者	12	15	16	17	18	19	20	21	22	23	24	25	28	29	30	31—	合计
首善乡总计	12		1	3	11	6	9	6	5	5	4	1	2	1	2	1	4	73
城里村	8		1	3	5	3	3	4	5	4	4	1	2	1	1		2	47
东关村					2	2	2								1	1	1	9

续表

初婚年龄/村庄名	不明者	12	15	16	17	18	19	20	21	22	23	24	25	28	29	30	31—	合计
南关村	4					1	1											6
中兴村					2		2	1									1	6
黛溪村					2			1		1								4
三义村							1											1
第一乡总计	2	1		2			2											7
韩家坊				1														1
张家山							1											1
接官亭							1											1
韦家庄	1																	1
富盛庄		1																1
樊家庄				1														1
碑楼会仙	1																	1

续表

初婚年龄 / 村庄名	不明者	12	15	16	17	18	19	20	21	22	23	24	25	28	29	30	31—	合计
第二乡总计	4		1				1											6
青阳店	1						1											2
韩家庄	1																	2
代庄	1																	1
陈家庄	1																	1
第三乡总计	3			1	4	1	3		1								1	14
西赵家庄					1												1	2
秦家沟							1											1
象山前							1											1
石家庄					1		1											2
冯家庄									1									1
丁家庄				1	2	1												4

续表

初婚年龄 / 村庄名	不明者	12	15	16	17	18	19	20	21	22	23	24	25	28	29	30	31—	合计
东赵家庄	2																	2
崔家营	1																	1
第四乡总计	4		2	1	4	3		1	1	1								17
南逯庄					1													1
北逯庄	3																	3
平原庄					1													1
蒙家庄				1		1												2
东杨堤								1	1	1								3
韩家庄			2		2	2												6
北唐	1																	1
第五乡总计	2				4	2	3		1									12
黄山前	1																	1

续表

村庄名＼初婚年龄	不明者	12	15	16	17	18	19	20	21	22	23	24	25	28	29	30	31—	合计
乔木庄	1					1												2
石家庄					1													1
盖家庄					1		2											3
东范庄					1	1	1											3
西范庄									1									1
北范庄					1													1
第六乡总计	12					2		2	1									17
毛张庄	1																	1
东言礼	4					2			1									7
张家套	7																	9
第七乡总计	4		1	1	1	2	2	3	2									16
韩家店						1												1

续表

村庄名＼初婚年龄	不明者	12	15	16	17	18	19	20	21	22	23	24	25	28	29	30	31—	合计
西王家庄								1										1
小王驼	3																	3
木王庄									1									1
大白									1									1
后城子			1	1														2
开河					1													1
小言庄	1																	1
冯家庄							1											1
邱家							1											1
姚家庄								2										2
释家套						1												1
第八乡总计	2			1	1	1		1			2							8

续表

初婚年龄 / 村庄名	不明者	12	15	16	17	18	19	20	21	22	23	24	25	28	29	30	31—	合计
耿家庄						1		1										2
牛家官庄	1																	1
邢家庄					1						2							3
二辛庄	1																	1
仓廪庄				1														1
第九乡总计	8	1	2	4	10	2	4	1	1			1						34
西左家	1				1													2
大碾	1				2													3
于家	2																	2
萝圈	1																	1
王少唐	1			1	1													3
杨家庄					1	1	1											3

续表

初婚年龄 / 村庄名	不明者	12	15	16	17	18	19	20	21	22	23	24	25	28	29	30	31—	合计
王家寨	1		1	1	1							1						5
辛梁镇	1		1	1	4	1	2	1	1									12
丁庄		1		1			1											3
第十乡总计	3				1		1											5
孔家							1											1
成家					1													1
张德佐家	1																	1
刘聚桥	1																	1
张家寨	1																	1
第十一乡总计	13			3	2	2	4	1		1								26
王伍庄							1											1
时家庄	2			3		1												6

续表

初婚年龄\村庄名	不明者	12	15	16	17	18	19	20	21	22	23	24	25	28	29	30	31—	合计
孟家坊	2																	2
大陈家庄					2	1												3
张家庄							1											1
孙家镇	8							1		1								10
都路平	1																	1
王庄						1												1
刘庄						1												1
第十二乡总计	4				4	2	1	1										12
辉李庄	1																	1
高家庄							1											1
大三户	1																	1
小三户					2	1		1										4

续表

初婚年龄＼村庄名	不明者	12	15	16	17	18	19	20	21	22	23	24	25	28	29	30	31—	合计
刘家	1																	1
车郭庄	1																	1
打鱼里					2	1												3
第十三乡总计	5			1	4	5	1		1		1							18
花沟	1																	1
贾庄						2												2
前陈家	1																	1
前石门					1	1			1									3
后石门						1												1
西南四庄	1																	1
曹家庄	1																	1
大官庄	1																	1

续表

初婚年龄 / 村庄名	不明者	12	15	16	17	18	19	20	21	22	23	24	25	28	29	30	31—	合计
段家											1							1
田镇				1	3	1	1											6
全县	78	2	7	17	46	28	31	16	13	7	7	2	2	1	2	1	5	265

第五十一表　各乡寄籍人他往男子初婚年龄表

初婚年龄 / 乡名	不明者	16	17	18	20	29	31—	合计
首善乡				1	1	1		3
第九乡		1	1					2
第十一乡	1						1	2
第十三乡	1							1
全县	2	1	1	1	1	1	1	8

第五十二表

全县各村庄寄籍人他往男子初婚年龄表

初婚年龄 / 村庄名	不明者	16	17	18	20	29	31—	合计
首善乡总计				1	1	1		3
城里村					1			1
中兴村						1		1
黛溪村				1				1
第九乡总计		1	1					2
杨家庄		1	1					1
第十一乡总计	1						1	2
时家庄							1	1
孙家镇	1							1
第十三乡总计	1							1
云集官庄	1							1
全县	2	1	1	1	1	1	1	8

第五十三表

全县各村庄寄籍人他往女子初婚年龄表

初婚年龄 / 村庄名	不明者	合计
首善乡总计	1	1
东关村	1	1
全县	1	1

第五十四表

全县法定人口未婚男女年龄分配表

男女别	年龄别 / 人口别	不明者	0—9	10—19	20—29	30—39	40—49	50—59	60—	合计	百分数（%）
男子	本籍人现住	90	17541	9777	1979	853	547	360	220	31367	94.09
	本籍人他往	20	54	816	564	190	70	22	2	1738	5.21
	寄籍人现住	5	95	59	29	16	6	3	2	215	0.64
	寄籍人他往		1	7	9	3				20	0.06
	总计	115	17691	10659	2581	1062	623	385	224	33340	100
	百分数（%）	0.35	53.04	31.94	7.75	3.20	1.88	1.16	0.68	100	

续表

男女别	年龄别 人口别	不明者	0—9	10—19	20—29	30—39	40—49	50—59	60—	合计	百分数（%）
女子	本籍人现住	81	17137	9982	194	12	3	4	2	27415	99.12
	本籍人他往	6	49	31	5					91	0.34
	寄籍人现住		98	47						145	0.54
	寄籍人他往				1					1	0.00
	总计	87	17284	10060	200	12	3	4	2	27652	100
	百分数（%）	0.32	62.51	36.38	0.72	0.04	0.01	0.01	0.01	100	
男女合计	全县	202	34975	20719	2781	1074	626	389	226	60992	
	百分数	0.33	57.34	33.97	4.56	1.76	1.03	0.63	0.38	100	

第五十五表

各乡本籍人现住未婚男女年龄分配表

男女别 年龄别 乡名	男子									女子								
	不明者	0—9	10—19	20—29	30—39	40—49	50—59	60—	合计	不明者	0—9	10—19	20—29	30—39	40—49	50—59	60—	合计
首善乡	2	722	372	67	39	22	15	10	1249	4	699	397	17	3		1	1	1122
第一乡	4	1088	620	163	69	40	25	18	2027	9	1089	626	17					1741
第二乡	2	1732	868	243	90	53	28	11	3027	2	1545	636	9	2				2194
第三乡	6	966	478	155	78	54	35	20	1792	2	886	444	17					1349
第四乡	10	1550	809	242	90	64	42	26	2833	1	1439	737	13	1	1	1		2193
第五乡	4	990	554	119	64	50	31	17	1829	3	1063	558	20			1		1645
第六乡	10	1032	680	181	63	53	32	20	2071	16	1040	651	21		1			1729
第七乡	16	1530	920	170	76	46	32	33	2823	9	1466	909	13	1	1		1	2400
第八乡	15	1695	1000	149	50	38	21	17	2985	18	1745	1145	7					2915
第九乡	5	1071	566	78	23	14	20	12	1789	3	1074	643	35	3				1758
第十乡	4	737	393	52	20	14	6	6	1232	6	782	503	5					1296
第十一乡	3	1188	655	74	41	23	19	9	2012	1	1156	745	6					1908
第十二乡	1	896	543	71	32	8	13	5	1569	1	884	620	8					1513

续表

男女别／年龄别／乡名	男子									女子								
	不明者	0—9	10—19	20—29	30—39	40—49	50—59	60—	合计	不明者	0—9	10—19	20—29	30—39	40—49	50—59	60—	合计
第十三乡	8	2344	1319	215	118	68	41	16	4129	6	2269	1368	6	2		1		3652
全县	90	17541	9777	1979	853	547	360	220	31367	81	17137	9982	194	12	3	4	2	27415
百分数（%）	0.28	55.91	31.15	6.38	2.72	1.73	1.13	0.70	100	0.29	62.51	36.42	0.71	0.04	0.01	0.01	0.01	100

第五十六表　全县各村庄本籍人现住未婚男女年龄分配表

男女别／年龄别／村庄名	男子									女子								
	不明者	0—9	10—19	20—29	30—39	40—49	50—59	60—	合计	不明者	0—9	10—19	20—29	30—39	40—49	50—59	60—	合计
首善乡总计	2	722	372	67	39	22	15	10	1249	4	699	397	17	3		1	1	1122
城里村	1	120	58	6	5	2	1	1	194		104	81	5					190

续表

男女别 年龄别 村庄名	男子									女子								
	不明者	0—9	10—19	20—29	30—39	40—49	50—59	60—	合计	不明者	0—9	10—19	20—29	30—39	40—49	50—59	60—	合计
言坊村		44	28	6	1	1	1	1	82		38	15						53
东关村		82	53	7	6	2	1		151		100	52	2	2				156
南关村		56	34	8	2	4	2	1	107		57	31	1					89
爱山村		41	11	1	2	1			56		28	17						45
美井村		77	40	8	1		1	1	128		55	40						95
中兴村		52	45	5	4	3	1	1	111		60	43	2					105
黛溪村	1	103	58	13	12	6	3	1	197	2	100	46	4	1				153
三义村		57	13	4	2		2	2	80	2	62	28	1					93
北关村		90	32	9	4	3	3	2	143		95	44	2			1	1	143
第一乡总计	4	1088	620	163	69	40	25	18	2027	9	1089	626	17					1741
韩家坊		78	58	25	5	7	1	1	175		81	52						133

续表

村庄名＼年龄别＼男女别	男子									女子								
	不明者	0—9	10—19	20—29	30—39	40—49	50—59	60—	合计	不明者	0—9	10—19	20—29	30—39	40—49	50—59	60—	合计
大李家	2	145	76	19	5	3	5	1	256		123	65	3					191
张家山		73	38	10	2		1	2	126	1	44	43	2					90
十里铺		59	37	12	4	2	2	2	118		66	38	1					105
接官亭		5	6	3	1				15		2							2
张家庄		57	31	7		1	2		98		49	30						79
高家庄		19	7	1	1		1		29		15	12	1					28
王家庄		31	15	4	3	1	1	1	56		37	22						59
聚和庄		23	23	2	2			2	52		44	23	1					68
小李家		12	8	6	4			1	31		7	9						16
马家庄		17	12		1				30		19	7						26
韦家庄	1	97	41	7		1	1		148	3	103	51	1					158

续表

男女别 / 年龄别 / 村庄名	男子									女子								
	不明者	0—9	10—19	20—29	30—39	40—49	50—59	60—	合计	不明者	0—9	10—19	20—29	30—39	40—49	50—59	60—	合计
富盛庄		1	1	1	1	1			5		3	2						5
成庄		8	10			3			21		16	8						24
刘家庄		27	21	4	1	3			56		27	12	1					40
郭庄		73	23	7	7	1	1		112		85	51	3					139
黄家营		24	13	1	1		2	2	43		29	8						37
樊家庄		41	25	7	1			1	75		29	19						48
鲁家泉		52	29	5				1	87		47	29						76
石家庄	1	88	44	16	16	7	4	3	179	5	96	57	1					159
贺家庄		73	58	9	5	5	1		151		70	39	2					111
姜家洞		16	17	2		1			36		12	13						25
碑楼会仙		69	27	15	9	4	3	1	128		85	36	1					122

续表

村庄名 \ 年龄别 \ 男女别	男子									女子								
	不明者	0—9	10—19	20—29	30—39	40—49	50—59	60—	合计	不明者	0—9	10—19	20—29	30—39	40—49	50—59	60—	合计
第二乡总计	2	1732	868	243	90	53	28	11	3027	2	1545	636	9	2				2194
青阳店	1	261	120	36	12	17	7	3	457	1	256	67						324
董家庄		126	54	21	6	7		1	215		90	64						154
韩家庄		52	31	8	2	2			95		56	19						75
新立庄		27	8	8	1			1	45		12	14						26
贾庄		26	14	5	2	3			50		28	17						45
浒山铺		94	46	6	2	2	2	1	153		71	40	1	1				113
刘家庄		203	86	15	4	2			310		164	57						221
马步店		66	35	10	3	1	2	1	118		68	28	1					97
钟家庄		96	38	4	4	1	1	1	145		106	39	1					146
耿家庄		115	60	19	15	3			212		85	39	2					126

续表

男女别/年龄别/村庄名	男子									女子								
	不明者	0—9	10—19	20—29	30—39	40—49	50—59	60—	合计	不明者	0—9	10—19	20—29	30—39	40—49	50—59	60—	合计
东窝驼	1	119	73	14	8	3	2		220		120	48						168
西窝驼		217	109	40	14	4	6	1	391		176	65		1				242
代庄		26	12	1					39		25	13						38
徐家庄		47	27	5	6	1		1	87		54	19	1					74
郭庄		48	42	4		1	1		96		52	14						66
化庄		77	46	18	6	2	3		152		78	28						106
陈家庄		132	67	29	5	4	4	1	242	1	104	65	3					173
第三乡总计	6	966	478	155	78	54	35	20	1792	2	886	444	17					1349
西赵家庄		42	13	8	8		3	3	77		45	18						63
黄家河滩		28	19	5	2		1	1	56		16	6						22
吉祥庄		18	8	2	1	2	1	1	33		23	15						38

续表

男女别 / 年龄别 / 村庄名	男子									女子								
	不明者	0—9	10—19	20—29	30—39	40—49	50—59	60—	合计	不明者	0—9	10—19	20—29	30—39	40—49	50—59	60—	合计
上娄		45	21	3	3	5	2	1	80		20	10	1					31
下娄		50	14	3	2	3		1	73		41	17						58
杏林庄		36	17	10	2	4			69		40	20						60
郭庄		29	11	4	1	1	2	1	49		20	17						37
秦家沟	2	64	24	8	6	2	3	3	112	1	51	28	3					83
聚仙庄		29	17	11	1	4	2		64		17	4						21
贺家庄		21	15	4	1	2	1		44		32	14	3					49
太和庄	1	30	16	3	2		1		53		25	17						42
樊家洞		5	6	1			2	1	15		8	1						9
孙家峪		14	20	10	3	4	2		53		23	8						31
象伏庄		60	17	11	3	4	1	1	97		49	17	2					68

续表

男女别 年龄别 村庄名	男子									女子								
	不明者	0—9	10—19	20—29	30—39	40—49	50—59	60—	合计	不明者	0—9	10—19	20—29	30—39	40—49	50—59	60—	合计
象山前	1	42	25	10	2			1	81		55	31	1					87
芦泉		27	20	7	2	3	1	1	61		27	15						42
王家庄		8	1						9		8	3						11
石家庄		68	31	9	3		1	2	114		55	32	2					89
冯家庄		14	9	3	3	2	1		32		17	7						24
丁家庄		51	17	3	4	2	4		81		43	28						71
东赵家庄		41	23	6	6	1	2	1	80	1	45	19						65
崔家营		61	31	7	4	4			107		54	35						89
崔家庄		48	11	3	3	2	2		69		41	17						58
抱印庄		21	23	7	6		1		58		20	19						39
李家庄		32	21	3	3	2	1		62		47	18						65

续表

男女别 / 年龄别 / 村庄名	男子									女子								
	不明者	0—9	10—19	20—29	30—39	40—49	50—59	60—	合计	不明者	0—9	10—19	20—29	30—39	40—49	50—59	60—	合计
郎君庄	2	82	48	14	7	7	1	2	163		64	28	5					97
第四乡总计	10	1550	809	242	90	64	42	26	2833	1	1439	737	13	1	1	1		2193
南逯庄	1	181	92	24	5	14	5	4	326	1	174	98	3					276
中逯庄		45	17	3		1		1	67		36	16	1		1			54
北逯庄		44	26	6	5	2	3		86		41	29						70
太和庄		41	27	6	2	3	2		81		52	22						74
陈和涯		15	10	2	1				28		16	2						18
平原庄		83	35	10	6	2	2		138		43	24						67
蒙家庄	4	111	40	9	2	1			167		77	46						123
大杨堤		37	18	9	3	1			68		32	21						53
小杨堤		67	22	13	6	1	2		111		46	31	2					79

续表

男女别 / 年龄别 / 村庄名	男子									女子								
	不明者	0—9	10—19	20—29	30—39	40—49	50—59	60—	合计	不明者	0—9	10—19	20—29	30—39	40—49	50—59	60—	合计
东杨堤		109	59	13	10	5	1		197		87	46						133
西杨堤	1	53	45	17	5	3	3	4	131		86	43						129
见埠庄		142	107	29	4	10	6	6	304		143	72	4					219
杨家庄		23	13	8	6	1	1		52		16	8						24
代家庄		40	18	6		2			66		45	18						63
杨家寨		54	22	11	2		3		92		55	30						85
刘家庄		45	18	4	2		1		70		45	20						65
高家庄		27	14	4	2			1	48		13	5	1					19
韩家庄	1	92	37	12	5	3	2	2	154		91	36						127
北唐		23	10	1		1			35		24	5						29
南唐		11	8	4	1	3			27		16	7						23

续表

男女别 / 年龄别 / 村庄名	男子									女子								
	不明者	0—9	10—19	20—29	30—39	40—49	50—59	60—	合计	不明者	0—9	10—19	20—29	30—39	40—49	50—59	60—	合计
樊家庄	1	85	40	16	8	3	4	4	161		88	38						126
东禾		16	22	3	3			1	45		27	16						43
西禾		20	9	2	2	1	2		36		19	14		1		1		35
北禾		62	34	12	3	2	1	1	115		59	32	2					93
段家庄		35	15	3	5				58		31	16						47
柳泉庄	2	84	49	15	2	5	4	2	163		74	40						114
于齐庄		5	2						7		3	2						5
第五乡总计	4	990	554	119	64	50	31	17	1829	3	1063	558	20			1		1645
黄山前	1	96	55	16	8	3	4		183		114	51	1					166
侯家庄		15	5	1		2			23		13	7	1					21
代庄		19	11						30		17	12						29

续表

男女别 / 年龄别 / 村庄名	男子									女子								
	不明者	0—9	10—19	20—29	30—39	40—49	50—59	60—	合计	不明者	0—9	10—19	20—29	30—39	40—49	50—59	60—	合计
孙家庄		17	12	2	4				35		14	21	1					36
景家庄	1	78	41	3	5	4	3		135		94	36	2					132
周家庄		59	38	7	5	5	4	1	119		73	39	1					113
乔木庄		40	25	4	3	4	3		79		52	23						75
月河庄		8	5	3			1		17		7	5						12
小吕家庄		7	3	3	2	3	1	3	22		6	5						11
石家庄	1	58	32	6		4	2		103	2	45	24	2					73
鲍家庄		50	33	10	2			4	99		50	17	5					72
盖家庄		23	19	4	5	2	2		55		26	10	1					37
鄢家庄	1	78	38	4	2	1			124		92	55						147
东范庄		220	120	20	16	10	7	4	397	1	202	110	5					318

续表

男女别 年龄别 村庄名	男子									女子								
	不明者	0—9	10—19	20—29	30—39	40—49	50—59	60—	合计	不明者	0—9	10—19	20—29	30—39	40—49	50—59	60—	合计
南范庄		104	49	15	5	6	3	2	184		118	70	1			1		190
西范庄		15	11	1	1	1		1	30		17	12						29
北范庄		58	32	16	5	1	1	1	114		62	29						91
七里铺		45	25	4	1	4		1	80		61	32						93
第六乡总计	10	1032	680	181	63	53	32	20	2071	16	1040	651	21		1			1729
小店		72	39	7	3	3	1	2	127		103	60						163
杨村	1	57	40	8	1	3	1		111	3	58	32						93
穆王庄		41	30	12	2	2	1	1	89		55	29						84
魏家庄		102	76	18	1	8	6	2	213	4	109	70	4					187
刁家庄		42	30	13	6	1	3	3	98		51	28	2					81
宋家庄		35	14	1	2	2	1		55		34	16						50

续表

男女别/年龄别/村庄名	男子									女子								
	不明者	0—9	10—19	20—29	30—39	40—49	50—59	60—	合计	不明者	0—9	10—19	20—29	30—39	40—49	50—59	60—	合计
郭家庄	1	56	42	4	9	7	3	1	123	4	51	36	1					92
毛张庄	3	86	38	16	4	3	1		151	2	66	57	2					127
刘家道口		31	26	4	5			2	68		30	11	2					43
纪家庄		46	27	9	1	2	4		89		51	20						71
韩家庄	4	121	81	25	12	8	4	6	261	1	115	86	7					209
曹家小庄		43	19	3	1				66		42	7						49
夏家屋子		2	3	1					6		3							3
崔家庄		59	49	11	4	1	2	1	127		69	51	3					123
东言礼		70	57	15	1	1	1		145		60	49						109
西言礼		89	54	15	4	4			166	2	61	43						106
伏生祠		2	2						4		4	4						8

续表

村庄名＼年龄别＼男女别	男子									女子								
	不明者	0—9	10—19	20—29	30—39	40—49	50—59	60—	合计	不明者	0—9	10—19	20—29	30—39	40—49	50—59	60—	合计
黄鹂庄	1	41	26	7	4	8	3	2	92		36	18			1			55
张家套		37	27	12	3		1		80		42	34						76
第七乡总计	16	1530	920	170	76	46	32	33	2823	9	1466	909	13	1	1		1	2400
韩家店		52	25	3	4	2	2	1	89		41	31						72
孙家庄		15	9	2					26		17	6						23
青眉庄		12	8	1					21		10	8			1			19
赵家庄		17	16	2					35		11	13						24
辛庄		10	6		1	1			18		10	8						18
白家桥		21	8	2		1		1	33		18	14						32
西王家庄		24	14	1	2	1			42		31	12						43
大王驼	4	91	48	18	6	3		2	172	1	95	51						147

续表

男女别/年龄别/村庄名	男子									女子								
	不明者	0—9	10—19	20—29	30—39	40—49	50—59	60—	合计	不明者	0—9	10—19	20—29	30—39	40—49	50—59	60—	合计
小王驼		72	39	5	3			3	122		64	46						110
李家庄	2	15	11	3	1		1		33		12	7						19
波踏店		40	18	4	2		3	1	68		31	26						57
东韦家	1	12	11	3	2		2		31		18	11						29
东白家		23	13	2		1			39		29	23						52
木王庄		16	7	4		2			29		14	11						25
张家庄		3	4				1		8		6	6						12
甲子庄	1	11	11	1	1	1			26	2	15	10						27
西韦家		43	21	1	2	3	3		73		37	26						63
大白		32	24	5		1			62		24	19						43
小白		7	9	2	1			1	20		10	8						18

续表

村庄名 \ 年龄别 \ 男女别	男子									女子								
	不明者	0—9	10—19	20—29	30—39	40—49	50—59	60—	合计	不明者	0—9	10—19	20—29	30—39	40—49	50—59	60—	合计
宋家庄		49	41	9	3	6	1	1	110		57	34						91
上口		76	45	7	4	2	1	1	136		80	62	3					145
前城子	1	111	58	3	7	2	3	3	188	2	104	56						162
后城子		45	26	2	1	1		1	76		39	20						59
马庄	1	112	75	18	3	4	2		215		127	69	2					198
滕家庄	1	78	47	15	10	5	5	5	166		81	43						124
萧家庄	5	165	100	22	9	3	4	7	315	4	176	87	6	1			1	275
开河		68	29	4	2		1		104		61	32						93
小言庄		22	14						36		20	12						32
东王家庄		63	29	6	5	2	2		107		47	23						70
颜家桥		63	45	2		2		1	113		47	32						79

续表

村庄名 \ 男女别 / 年龄别	男子									女子								
	不明者	0—9	10—19	20—29	30—39	40—49	50—59	60—	合计	不明者	0—9	10—19	20—29	30—39	40—49	50—59	60—	合计
冯家庄		18	17	5	3		1	3	47		16	15						31
邱家		36	15	4		1		1	57		29	21						50
官家庄		18	16	4	3				41		18	9	1					28
耿家庄		5	10	3					18		10	4						14
姚家庄		22	8						30		14	11						25
释家套		43	25	3	1	2			74		30	32	1					63
旧口		15	10	1				1	27		15	6						21
袁家屋子		5	8	3					16		2	5						7
第八乡总计	15	1695	1000	149	50	38	21	17	2985	18	1745	1145	7					2915
明家集		54	39	8		2	1	1	105		48	30						78
耿家庄		63	38	8	2	3	1	1	116		75	40						115

续表

男女别/年龄别/村庄名	男子									女子								
	不明者	0—9	10—19	20—29	30—39	40—49	50—59	60—	合计	不明者	0—9	10—19	20—29	30—39	40—49	50—59	60—	合计
牛家官庄	1	31	27	2					61		52	36						88
田家庄		52	25		1	2		1	81		64	41						105
大张官庄		59	42	7	5	1	2		116		69	44						113
小张官庄		28	10	2		1	2	1	44		36	24						60
兰芝里		61	26	2	1	2	1		93	7	81	34	1					123
解家庄	3	77	35	17	4	3	2	2	143	1	78	55						134
柴家庄		42	24	4	2				72		35	28						63
东闸子	4	39	30	6	1		1	3	84	1	37	36	1					75
西闸子	6	110	71	6			2		195	4	96	81	1					182
苏家桥		17	19	3					39		25	14						39
邢家庄		28	22	3	2				55		47	24						71

续表

男女别/年龄别/村庄名	男子									女子								
	不明者	0—9	10—19	20—29	30—39	40—49	50—59	60—	合计	不明者	0—9	10—19	20—29	30—39	40—49	50—59	60—	合计
窝村		65	42	8	2	1			118	3	67	52						122
颜家集		87	57	7	1	1	1	2	156		68	57						125
牛家庄		51	36	7	3	1	3		101		44	33						77
二辛庄		28	19	3	2	3			55		48	32						80
东佐家		37	17	4	1	1		2	62		31	21						52
十户		56	44	3		2			105		65	41						106
刘楷家		39	13	1		1			54		34	17						51
仓廪庄		45	20	5		1		1	72		47	21	1					69
高家庄		23	17	1		1	1		43		27	28						55
宋家庄		80	53	1	1		1		136	2	104	62	1					169
成家庄		91	37	3	1	4		1	137		81	40						121

续表

男女别/年龄别/村庄名	男子									女子								
	不明者	0—9	10—19	20—29	30—39	40—49	50—59	60—	合计	不明者	0—9	10—19	20—29	30—39	40—49	50—59	60—	合计
许家道口		84	26	9	7	4	2	2	134		64	51	1					116
高窪庄		43	17	2	1				63		41	23						64
曹家庄		66	40	9	2	1	1		119		51	36						87
宋家集		32	21	4	3	1			61		32	25	1					58
惠家辛庄		73	42	6	3				124		74	44						118
段家桥	1	134	91	8	5	2			241		124	75						199
第九乡总计	5	1071	566	78	23	14	20	12	1789	3	1074	643	35	3				1758
吴家		37	16	2					55		31	10	6					47
西左家		121	56	7	2	2	3	2	193		83	67						150
大碾		72	27	5	1	1	3	1	110	2	83	51	2	1				139
于家		49	24	5	5	1	2	1	87		58	42						100

续表

男女别 / 年龄别 / 村庄名	男子								女子								
	不明者	0—9	10—19	20—29	30—39	40—49	50—59	60—	合计	不明者	0—9	10—19	20—29	30—39	40—49	50—59	60—	合计
王家		27	23	4	1				55		27	24						51
宋家		68	36	7	1	1	1	1	115		78	41	2					121
菅家		36	18	2	1			1	58		43	17	1					61
萝圈	3	44	33	4	2		2		88		48	24	3					75
辛桥		104	65	13	3		1		186		101	62	10					173
王少唐		50	22	3			1	1	77		48	30						78
杨家庄		27	17	1				1	46		46	19	1					66
田家		85	47	6	2	4	2		146		81	71	1					153
王家寨		22	12		1	2	1		38		18	7	6					31
河沟涯		17	16	3					36		18	12						30
辛梁镇	2	133	65	7	3	1	1	2	214	1	107	69	1					178

续表

男女别 / 年龄别 / 村庄名	男子									女子								
	不明者	0—9	10—19	20—29	30—39	40—49	50—59	60—	合计	不明者	0—9	10—19	20—29	30—39	40—49	50—59	60—	合计
程和铺		31	16	2			2		51		35	21						56
郝庄		81	38	4			1	2	126		102	38	2					142
丁庄		67	35	3	1	2			108		67	38		2				107
第十乡总计	4	737	393	52	20	14	6	6	1232	6	782	503	5					1296
崖镇		68	31	6	2	1		1	109		73	37						110
杨家庄		35	26	5	1			1	68		27	20	1					48
张家庄		65	36	6	1			1	109	1	57	50						108
郭家庄		12	11	4		1			28		29	20						49
吕家	2	9	3	1	1		1		17	5	11	4						20
孔家		29	9	3	1	1			43		24	13						37
长槐家		17	6		2				25		19	4						23

续表

男女别 / 年龄别 / 村庄名	男子									女子								
	不明者	0—9	10—19	20—29	30—39	40—49	50—59	60—	合计	不明者	0—9	10—19	20—29	30—39	40—49	50—59	60—	合计
成家	1	78	40	6	1	2	1	2	131		92	49						141
张德佐家		37	21	2					60		30	31						61
崇兴官庄		11	9						20		11	10						21
孙家庄		39	15						54		44	29						73
韩家庄	1	42	18	1	3		1		66		56	28	1					85
刘聚桥		41	28	4		1	1		75		31	28						59
刘家井		47	23	6	2	1	1		80		48	23						71
郑家		28	13			2	1		44		33	24						57
马庄		65	47	4	2				118		69	50	3					122
粉张庄		68	29	2	3	3		1	106		73	48						121
张家寨		46	28	2	1	2			79		55	35						90

续表

村庄名 \ 年龄别 \ 男女别	男子									女子								
	不明者	0—9	10—19	20—29	30—39	40—49	50—59	60—	合计	不明者	0—9	10—19	20—29	30—39	40—49	50—59	60—	合计
第十一乡总计	3	1188	655	74	41	23	19	9	2012	1	1156	745	6					1908
王伍庄		95	39	1	1		1		137		72	47						119
周家庄		73	29	2	1	1		2	108		63	42						105
时家庄		57	42	1	2				102		66	39	1					106
孟家坊		16	18	4	2		1		41	1	13	16						30
岳家官庄		13	5	3	1			1	23		17	8						25
潘家		24	17	4		2	1		48		26	17						43
安祥庄		31	5	3	1	1	1		42		30	23						53
刘家		19	13		1				33		21	8						29
大陈家庄		76	53	9	3				141		86	46						132
信家	2	44	27	3	5	1	2	1	85		50	42						92

续表

男女别 / 年龄别 / 村庄名	男子									女子								
	不明者	0—9	10—19	20—29	30—39	40—49	50—59	60—	合计	不明者	0—9	10—19	20—29	30—39	40—49	50—59	60—	合计
罗家		27	12	1					40		23	16	2					41
霍家坡		80	60	11	2	2		3	158		78	67	1					146
张家庄		43	23	1	2	2	1		72		37	28						65
孙家镇		217	119	10	6	6	5	1	364		213	121	1					335
范家庄		32	17	1			1		51		40	25						65
道民庄	1	53	23	2					79		38	39						77
陈玉平		22	15	3	3	1	1		45		25	18						43
都路平		51	22	5	2	1	1		82		39	25						64
冯家		75	42	1	3				121		78	39						117
小陈家庄		36	12	3					51		37	19	1					57
王庄		17	11	3	3	2	1		37		28	9						37

续表

男女别 / 年龄别 / 村庄名	男子									女子								
	不明者	0—9	10—19	20—29	30—39	40—49	50—59	60—	合计	不明者	0—9	10—19	20—29	30—39	40—49	50—59	60—	合计
刘庄		25	14		1	4			44		23	10						33
蔡庄		46	28	1	1		2		78		33	23						56
李庄		16	9	2	1		1	1	30		20	18						38
第十二乡总计	1	896	543	71	32	8	13	5	1569	1	884	620	8					1513
辉李庄		126	84	21	7	2	5	1	246		128	88						216
李南庄		11	4	1	3				19		20	10						30
于何庄		43	33	4					80		36	34						70
党李庄		69	32	3	4		2		110		54	37						91
五户		32	33	2	3		2	1	73		34	37	1					72
高家庄		48	17	1			1		67		45	38						83
大三户	1	72	47	8	1	2	1	1	133		73	52	1					126

续表

村庄名	男子									女子								
	不明者	0—9	10—19	20—29	30—39	40—49	50—59	60—	合计	不明者	0—9	10—19	20—29	30—39	40—49	50—59	60—	合计
小三户		62	44	2	2		1	1	112		53	42	2					97
刘家		7	11		2	1			21	1	7	9						17
潘家		31	18	4	1				54		47	19						66
车郭庄		61	24	6	2	1			94		58	39						97
曹家庄		36	24	3	1				64		50	23	2					75
郑家寨		28	23	3					54		9	13						22
打鱼里		53	41	1	2				97		71	39						110
赵家庄		60	34						94		50	36	1					87
腰庄		92	47	5	2	1		1	148		87	61	1					149
安家庄		65	27	7	2	1	1		103		62	43						105
第十三乡总计	8	2344	1319	215	118	68	41	16	4129	6	2269	1368	6	2		1		3652

续表

村庄名 \ 年龄别 \ 男女别	男子									女子								
	不明者	0—9	10—19	20—29	30—39	40—49	50—59	60—	合计	不明者	0—9	10—19	20—29	30—39	40—49	50—59	60—	合计
花沟	2	183	74	4	1	3	2	1	270	4	198	105						307
张家庄		45	28	7	2				82		49	30						79
岳家庄		60	30	3	7	2	1	2	105		50	30						80
李家庄		6	1						7		3	6						9
魏家庄		46	26	2	6	3	3		86		43	32						75
毛旺庄		32	12	5	1				50		25	11						36
天师庄		48	29	2					79		40	25						65
沟旺庄		24	15	4	1				44		20	21	1					42
任马寨		84	44	3	3				134		66	30						96
吉祥庄		48	19	2	2				71		37	26						63
贾庄		46	30	3	3			1	83		38	34						72

续表

男女别/年龄别/村庄名	男子									女子								
	不明者	0—9	10—19	20—29	30—39	40—49	50—59	60—	合计	不明者	0—9	10—19	20—29	30—39	40—49	50—59	60—	合计
辛庄		15	3	2	1				21		10	4						14
龙桑树		23	5	2					30		22	6						28
前陈家		29	18	4	1				52		24	23	2					49
后陈家	2	32	20	1					55		23	25						48
吕家庄		35	20	1	2				58		29	29						58
前石门		37	17		1	3			58		35	21						56
后石门		39	18						57		29	30						59
郭家坊		24	14	1					39		23	10						33
杏行		34	19	2	1	1		2	59		32	21						53
西南四庄		50	26	1	1	1	1	1	81		47	42	1					90
中南四庄		28	11	2		1	2	1	45		23	11						34

续表

男女别/年龄别/村庄名	男子									女子								
	不明者	0—9	10—19	20—29	30—39	40—49	50—59	60—	合计	不明者	0—9	10—19	20—29	30—39	40—49	50—59	60—	合计
东南四庄		30	26	7	4	5			72		42	28						70
老鸦赵		14	10	4				1	29		9	9				1		19
杨家庄	2	50	22	2	4	2	1		83		41	28						69
曹家庄		39	24	5	3	2			73		36	22						58
云集官庄		17	5	1	3				26		18	7						25
田家官庄		16	10	10	3		1		40		6	7						13
陈家庄		22	11	1			1		35		27	17		1				45
宋家套		89	49	13	1	2		2	156		89	36	1					126
大官庄		41	24	1	1				67		34	23						57
张家官庄		15	3	2	3		1		24		9	8						17
胡家官庄		42	21	5	2	1			71		41	22						63

续表

男女别 年龄别 村庄名	男子									女子								
	不明者	0—9	10—19	20—29	30—39	40—49	50—59	60—	合计	不明者	0—9	10—19	20—29	30—39	40—49	50—59	60—	合计
双柳树		51	25	6	1				83		48	28						76
王旺庄		35	20	3	4	1			63		32	22						54
胡家店		82	54	2	1	3			142		89	40						129
小胡庄		28	22	7	5				62		27	18						45
宫旺庄		46	16	3	2				67		54	26						80
高旺庄		68	45	7	5	3	3	1	132		68	37						105
于林庄		47	27	2	3	2	2		83		40	24						64
孙纺庄		50	37	10	6	3			106		49	36		1				86
贾旺庄		48	29	4	1				82		47	27						74
王家庄		33	16	3					52		22	16						38
段家		24	13	4	2	2	2		47		23	8						31
贾寨		62	43	10	5	4	1		125		48	30	1					79
龙虎庄		46	38	10	4	2	2	1	103		69	37						106

续表

男女别 / 年龄别 / 村庄名	男子									女子								
	不明者	0—9	10—19	20—29	30—39	40—49	50—59	60—	合计	不明者	0—9	10—19	20—29	30—39	40—49	50—59	60—	合计
冯旺庄		33	25	8	7	6	3		82		48	23						71
宋旺庄		11	14	2		2	1		30		12	10						22
李星耀	1	62	37	6	5	6	4	1	122	1	71	45						117
李家官庄		35	24	3					62		34	21						55
田镇		73	38	5	1	3	3		123		82	40						122
大庄		15	7		1				23	1	9	6						16
沙高家		55	39	8	6	2	4	1	115		78	41						119
侯家	1	10	7						18		15	3						18
马家		18	21	7		1		1	48		26	23						49
徐家		23	8			1			32		17	8						25
石槽		46	30	3	2	1	3		85		43	20						63
全县	90	17541	9777	1979	853	547	360	220	31367	81	17137	9982	194	12	3	4	2	27415

第五十七表 **各乡本籍人他往未婚男女年龄分配表**

男女别 年龄别 乡名	男子									女子								
	不明者	0—9	10—19	20—29	30—39	40—49	50—59	60—	合计	不明者	0—9	10—19	20—29	30—39	40—49	50—59	60—	合计
首善乡	2	5	82	47	16	6			158		4	7	1					12
第一乡	4	5	81	74	20	6	4		194		5	1						6
第二乡	3	1	58	55	24	10			151		2							2
第三乡	2	7	98	78	23	6	1		215		11	4	1					16
第四乡	1	12	115	64	18	6	5	1	222	1	5	6						12
第五乡	1	10	132	60	21	2	3	1	230		12	7						19
第六乡			79	32	15				126									
第七乡	2	1	73	49	10	7	3		145			1						1
第八乡	4	4	29	46	16	10	3		112	1	1	2						4
第九乡	1	2	21	20	8	4	2		58		2	1	1					4
第十乡		1	9	5	7	6	1		29									
第十一乡		2	10	11	6				29				1					1
第十二乡		2	16	9	1				28		3							3

续表

男女别	男子									女子								
年龄别 乡名	不明者	0—9	10—19	20—29	30—39	40—49	50—59	60—	合计	不明者	0—9	10—19	20—29	30—39	40—49	50—59	60—	合计
第十三乡		2	13	14	5	7			41	4	4	2	1					11
全县	20	54	816	564	190	70	22	2	1738	6	49	31	5					91
百分数（%）	1.15	3.11	46.95	32.45	10.92	4.03	1.27	0.12	100	6.59	53.85	34.07	5.49					100

第五十八表　全县各村庄本籍人他往未婚男女年龄分配表

男女别	男子									女子								
年龄别 村庄名	不明者	0—9	10—19	20—29	30—39	40—49	50—59	60—	合计	不明者	0—9	10—19	20—29	30—39	40—49	50—59	60—	合计
首善乡总计	2	5	82	47	16	6			158		4	7	1					12
城里村		1	18	14	1	1			35			3	1					4

续表

男女别/年龄别/村庄名	男子									女子								
	不明者	0—9	10—19	20—29	30—39	40—49	50—59	60—	合计	不明者	0—9	10—19	20—29	30—39	40—49	50—59	60—	合计
言坊村			5	2	1	1			9									
东关村	1	1	6	7	2				17		1	1						2
南关村			11	3	1				15									
爱山村			6	3		1			10									
美井村			7	3	1				11									
中兴村			9	7	4				20		2							2
黛溪村	1		2	4	2	2			11			1						1
三义村			12	2	1				15									
北关村		3	6	2	3	1			15		1	2						3
第一乡总计	4	5	81	74	20	6	4		194		5	1						6
韩家坊		1	2	9	1				13									

续表

男女别/年龄别/村庄名	男子									女子								
	不明者	0—9	10—19	20—29	30—39	40—49	50—59	60—	合计	不明者	0—9	10—19	20—29	30—39	40—49	50—59	60—	合计
大李家	1		4	6	2	1	1		15			1						1
张家山		1	2	2	2	1	1		9									
十里铺			2	4	2				8									
张家庄			2	4	1				7									
高家庄			2	3					5									
王家庄			4	2					6									
聚和庄			2	1					3									
马家庄				3					3									
韦家庄	1		9	1		1			12									
富盛庄				1					1		1							1
成庄				1	2	1			4									

续表

男女别 年龄别 村庄名	男子									女子								
	不明者	0—9	10—19	20—29	30—39	40—49	50—59	60—	合计	不明者	0—9	10—19	20—29	30—39	40—49	50—59	60—	合计
刘家庄			1	3					4									
郭庄			5	5					10									
黄家营			5	2	1				8									
樊家庄			3	2					5									
鲁家泉			3		1				4		1							1
石家庄	1	3	17	12	2		1		36		2							2
贺家庄			10	5	2				17		1							1
姜家洞			1						1									
碑楼会仙	1		7	8	4	2	1		23									
第二乡总计	3	1	58	55	24	10			151		2							2
青阳店	2	1	6	11	6	2			28		1							1

续表

男女别/年龄别/村庄名	男子									女子								
	不明者	0—9	10—19	20—29	30—39	40—49	50—59	60—	合计	不明者	0—9	10—19	20—29	30—39	40—49	50—59	60—	合计
董家庄			17	11	1				29		1							1
韩家庄			1						1									
新立庄			1	1	1				3									
贾庄					2	2			4									
浒山铺			2	3	1	1			7									
刘家庄			4	3	1				8									
马步店			2						2									
钟家庄			9	7	1	1			18									
耿家庄			2						2									
东窝驼			5	4	1				10									
代庄			1	4					5									

续表

男女别 年龄别 村庄名	男子									女子								
	不明者	0—9	10—19	20—29	30—39	40—49	50—59	60—	合计	不明者	0—9	10—19	20—29	30—39	40—49	50—59	60—	合计
徐家庄			1						1									
郭庄			1	2	1	1			5									
化庄			1	3	2				6									
陈家庄	1		5	6	7	3			22									
第三乡总计	2	7	98	78	23	6	1		215		11	4	1					16
西赵家庄			3	3					6									
黄家河滩		1	2	3	2				8		4							4
吉祥庄			2						2			2						2
上娄			5	8	2				15									
下娄			2		3	2			7									
杏林庄			5	3		2			10		2							2

续表

男女别 / 年龄别 / 村庄名	男子									女子								
	不明者	0—9	10—19	20—29	30—39	40—49	50—59	60—	合计	不明者	0—9	10—19	20—29	30—39	40—49	50—59	60—	合计
郭庄			7	5					12									
秦家沟			3	2	1				6									
聚仙庄			3	1					4									
贺家庄				4	1				5									
太和庄			4	2					6									
孙家峪			3	3					6				1					1
象伏庄			3	8	1		1		13									
象山前		1	6	7	3	1			18									
芦泉			1	4					5									
石家庄		3	11	2					16		3	1						4
冯家庄				3	2				5			1						1

续表

男女别 / 年龄别 / 村庄名	男子									女子								
	不明者	0—9	10—19	20—29	30—39	40—49	50—59	60—	合计	不明者	0—9	10—19	20—29	30—39	40—49	50—59	60—	合计
丁家庄			5	3	1				9									
东赵家庄		1	2	1	1	1			6		2							2
崔家营			10	3	1				14									
崔家庄			7	7	1				15									
抱印庄			1		1				2									
李家庄			6	1	1				8									
郎君庄	2	1	7	5	2				17									
第四乡总计	1	12	115	64	18	6	5	1	222	1	5	6						12
南逯庄		3	17	5	1	1	1		28		1	4						5
中逯庄			1						1		1							1
北逯庄		1	8	3	2				14									

续表

村庄名 \ 男女别·年龄	男子 不明者	男子 0—9	男子 10—19	男子 20—29	男子 30—39	男子 40—49	男子 50—59	男子 60—	男子 合计	女子 不明者	女子 0—9	女子 10—19	女子 20—29	女子 30—39	女子 40—49	女子 50—59	女子 60—	女子 合计
太和庄			1	1					2									
陈河涯			1		1				2									
平原庄			7	1	2				10									
蒙家庄			2	1					3									
大杨堤			1						1									
小杨堤			3	3	1				7									
东杨堤			2	3	2				7		1	1						2
西杨堤			5	6	2				13									
见埠庄			6	10	2	1	1		20									
杨家庄			1			1			2									
代家庄			2						2									

续表

男女别 年龄别 村庄名	男子									女子								
	不明者	0—9	10—19	20—29	30—39	40—49	50—59	60—	合计	不明者	0—9	10—19	20—29	30—39	40—49	50—59	60—	合计
刘家庄			5	4					9									
高家庄			6	1			1		8									
韩家庄			9	8	1		2		20									
北唐			1	2	1				4									
南唐			1	1					2		1							1
樊家庄		4	9	7	1	2			23	1	1							2
东禾			6	3	1				10									
西禾		1	1						2			1						1
北禾		2	8	2	1			1	14									
段家庄			4	2					6									
柳泉庄	1	1	8	1		1			12									

续表

村庄名 \ 年龄 \ 男女别	男子									女子								
	不明者	0—9	10—19	20—29	30—39	40—49	50—59	60—	合计	不明者	0—9	10—19	20—29	30—39	40—49	50—59	60—	合计
第五乡总计	1	10	132	60	21	2	3	1	230		12	7						19
黄山前		2	16	6	3				27			1						1
侯家庄			4			1	1	1	7									
代庄			1						1									
孙家庄			4	2	2				8									
景家庄		1	7	2					10		2							2
周家庄			5	1					6									
乔木庄		1	4	3					8		1							1
小吕家庄				1					1									
石家庄		2	3						5		1							1
鲍家庄			8	4					12									

续表

男女别 / 年龄别 / 村庄名	男子									女子								
	不明者	0—9	10—19	20—29	30—39	40—49	50—59	60—	合计	不明者	0—9	10—19	20—29	30—39	40—49	50—59	60—	合计
盖家庄		2	3	4		1			10			2						2
鄢家庄	1		11	11	3				26									
东范庄		1	26	14	5				46		3							3
南范庄			19	8	3				30		1							1
西范庄			2		1		1		4			2						2
北范庄			9	3	4		1		17		4	2						6
七里铺		1	10	1					12									
第六乡总计			79	32	15				126									
小店			15	5	1				21									
杨村			3	2	1				6									
穆王庄			3	3	1				7									

续表

男女别 年龄 村庄名	男子 不明者	男子 0—9	男子 10—19	男子 20—29	男子 30—39	男子 40—49	男子 50—59	男子 60—	男子 合计	女子 不明者	女子 0—9	女子 10—19	女子 20—29	女子 30—39	女子 40—49	女子 50—59	女子 60—	女子 合计
魏家庄			5	2	2				9									
刁家庄			1						1									
宋家庄			1						1									
郭家庄			4	4	2				10									
毛张庄			1	1	1				3									
刘家道口			1	2					3									
纪家庄			2						2									
韩家庄			10	2					12									
曹家小庄			7	3					10									
崔家庄			2	1	3				6									
东言礼			3	3	1				7									

续表

男女别 年龄别 村庄名	男子									女子								
	不明者	0—9	10—19	20—29	30—39	40—49	50—59	60—	合计	不明者	0—9	10—19	20—29	30—39	40—49	50—59	60—	合计
西言礼			6	2	2				10									
黄鹂庄			11	2	1				14									
张家套			4						4									
第七乡总计	2	1	73	49	10	7	3		145			1						1
韩家店			4	2		1			7									
青眉庄			2						2									
西王家庄						1			1									
东韦家				1					1									
东白家						1			1									
甲子庄		1	1			1			3									
西韦家			1						1									

续表

男女别 / 年龄别 / 村庄名	男子									女子								
	不明者	0—9	10—19	20—29	30—39	40—49	50—59	60—	合计	不明者	0—9	10—19	20—29	30—39	40—49	50—59	60—	合计
宋家庄	2		2		2	1			7									
上口			4		1		1		6									
前城子			7	4	3				14									
后城子			6	2	2				10									
马庄			8	5			1		14									
滕家庄			13	11		1			25									
萧家庄			18	12	1	1			32									
开河				3					3									
小言庄				1					1									
东王家庄			2	2					4									
冯家庄			3	1	1		1		6									

续表

男女别 / 年龄别 / 村庄名	男子									女子								
	不明者	0—9	10—19	20—29	30—39	40—49	50—59	60—	合计	不明者	0—9	10—19	20—29	30—39	40—49	50—59	60—	合计
官家庄				1					1									
姚家庄			1						1									
袁家屋子			1	4					5									
第八乡总计	4	4	29	46	16	10	3		112	1	1	2						4
明家集				1	2	1			4									
耿家庄			1	2	1	2			6									
牛家官庄				1	2	1	1		5									
田家庄				1	1	1			3									
小张官庄	1	1							2	1								1
兰芝里			2	1					3									
解家庄				4	2	1			7									

续表

男女别 / 年龄别 / 村庄名	男子									女子								
	不明者	0—9	10—19	20—29	30—39	40—49	50—59	60—	合计	不明者	0—9	10—19	20—29	30—39	40—49	50—59	60—	合计
东闸子			1			1			2									
西闸子	1	2	1	6					10									
邢家庄			1	3					4									
窝村			2	4			1		7			1						1
颜家集			2		1				3									
牛家庄				1					1									
二辛庄			1						1									
十户			1	1	1				3									
高家庄					1				1									
宋家庄			2	3					5									
成家庄	1		2			1			4									

续表

男女别/年龄别/村庄名	男子									女子								
	不明者	0—9	10—19	20—29	30—39	40—49	50—59	60—	合计	不明者	0—9	10—19	20—29	30—39	40—49	50—59	60—	合计
许家道口		1	2	2		2			7									
高窪庄			1		1				2									
曹家庄			4	1	1				6									
宋家集			1	7	1		1		10									
惠家辛庄	1		2	2					5			1						1
段家桥			3	6	2				11		1							1
第九乡总计	1	2	21	20	8	4	2		58		2	1	1					4
吴家						1			1									
西左家				1					1									
大碾			1	2	2		1		6			1						1
于家			1		1				2									

续表

男女别 / 年龄别 / 村庄名	男子									女子								
	不明者	0—9	10—19	20—29	30—39	40—49	50—59	60—	合计	不明者	0—9	10—19	20—29	30—39	40—49	50—59	60—	合计
王家			1						1									
宋家		1	1	1					3		1		1					2
营家			2			1			3		1							1
萝圈					3		1		4									
辛桥		1	3	7					11									
王少唐			3						3									
田家				1					1									
王家寨			1	2	2	2			7									
程和铺	1		1	3					5									
郝庄			6						6									
丁庄			1	3					4									

续表

男女别 / 年龄别 / 村庄名	男子									女子								
	不明者	0—9	10—19	20—29	30—39	40—49	50—59	60—	合计	不明者	0—9	10—19	20—29	30—39	40—49	50—59	60—	合计
第十乡总计		1	9	5	7	6	1		29									
崖镇			1	2	1	1			5									
杨家庄			1		1				2									
张家庄			3						3									
郭家庄			1						1									
孔家							1		1									
张德佐家			1	1					2									
韩家庄					3	1			4									
刘聚桥						1			1									
刘家井						1			1									
郑家		1			1	1			3									

续表

男女别 / 年龄别 / 村庄名	男子									女子								
	不明者	0—9	10—19	20—29	30—39	40—49	50—59	60—	合计	不明者	0—9	10—19	20—29	30—39	40—49	50—59	60—	合计
粉张庄			2	2		1			5									
张家寨					1				1									
第十一乡总计		2	10	11	6				29				1					1
王伍庄			1	1					2									
周家庄			1						1									
时家庄		1	1	2	1				5									
岳家官庄				1					1									
潘家				1					1									
安祥庄			2		2				4									
信家			1	1					2									
罗家			1						1									

续表

男女别 / 年龄别 / 村庄名	男子 不明者	男子 0—9	男子 10—19	男子 20—29	男子 30—39	男子 40—49	男子 50—59	男子 60—	男子 合计	女子 不明者	女子 0—9	女子 10—19	女子 20—29	女子 30—39	女子 40—49	女子 50—59	女子 60—	女子 合计
霍家坡			1	1					2									
张家庄				1	1				2									
孙家镇			1	2	1				4									
都路平			1	1					2									
小陈家庄					1				1									
王庄		1							1									
蔡庄													1					1
第十二乡总计		2	16	9	1				28		3							3
辉李庄			5	3					8									
李南庄			2	1					3									
于何庄			2	1					3									

续表

村庄名	男子 0—9	10—19	20—29	30—39	40—49	50—59	60—	合计	女子 0—9	10—19	20—29	30—39	40—49	50—59	60—	合计
党李庄			1					1								
高家庄	2	1						3	1							1
大三户			1					1								
小三户			1					1								
打鱼里	3							3	2							2
腰庄		1	1	1				3								
安家庄		2						2								
第十三乡总计	2	13	14	5	7			41	4	2	1					11
花沟		2						2	1							5
魏家庄			1					1								
沟旺庄			1	1				2			1					1

续表

男女别\年龄\村庄名	男子 0—9	10—19	20—29	30—39	40—49	50—59	60—	合计	不明者	女子 0—9	10—19	20—29	30—39	40—49	50—59	60—	合计
任马寨			1					1									
吉祥庄			1					1									
龙家树		1						1									
吕家庄		1						1									
郭家坊	1							1		1							1
杏行		1	1					2									
西南四庄		1			1			1		1							1
中南四庄		1		1	1			1		1	1						
老鸦赵			1	1	1			3									
田家官庄					1			1									
宋家套		2						2									2

续表

男女别\年龄\村庄名	男子 0—9	10—19	20—29	30—39	40—49	50—59	60—	不明者	合计	女子 0—9	10—19	20—29	30—39	40—49	50—59	60—	不明者	合计
胡家店		1							1									
小胡庄		1	1						2									
高旺庄				1					1									
孙纺庄				1					1									
贾家庄		1			1				1									
段家			1						1									
贾寨																		
龙虎庄			1	1	1				3		1							1
冯旺庄			1						1									
李家官庄		1	1		1				4									
田镇	1	1																
沙高家		1	1						2									

续表

男女别/年龄别/村庄名	男子									女子								
	不明者	0—9	10—19	20—29	30—39	40—49	50—59	60—	合计	不明者	0—9	10—19	20—29	30—39	40—49	50—59	60—	合计
马家				2		1			3									
全县	20	54	816	564	190	70	22	2	1738	6	49	31	5					91

第五十九表　　各乡寄籍人现住未婚男女年龄分配表

男女别/年龄别/乡名	男子									女子								
	不明者	0—9	10—19	20—29	30—39	40—49	50—59	60—	合计	不明者	0—9	10—19	20—29	30—39	40—49	50—59	60—	合计
首善乡	3	38	10	3		2	1		57		40	6						46
第一乡		3	1	3	2				9		3	1						4
第二乡		1	2	1	1				5		2	2						4

续表

男女别/年龄别/乡名	男子									女子								
	不明者	0—9	10—19	20—29	30—39	40—49	50—59	60—	合计	不明者	0—9	10—19	20—29	30—39	40—49	50—59	60—	合计
第三乡		5	2	6	1				14		1	4						5
第四乡		3	3	2					8		6	3						9
第五乡		3	5	2			1		11		6	2						8
第六乡		1	1	2	1				5		4	5						9
第七乡		6	11		1			1	19		7	3						10
第八乡		2	1	2	3	1			9			1						1
第九乡	1	15	6	3	1				26		15	8						23
第十乡		2	3	1					6		2	1						3
第十一乡		8	6	2	3		1		20		5	5						10
第十二乡		4	5	1	3	1		1	15		3	4						7
第十三乡	1	4	3	1		2			11		4	2						6
全县	5	95	59	29	16	6	3	2	215		98	47						145
百分数（%）	2.33	44.19	27.44	13.49	7.44	2.79	1.39	0.93	100		67.59	32.41						100

第六十表

全县各村庄寄籍人现住未婚男女年龄分配表

男女别 / 年龄别 / 村庄名	男子									女子								
	不明者	0—9	10—19	20—29	30—39	40—49	50—59	60—	合计	不明者	0—9	10—19	20—29	30—39	40—49	50—59	60—	合计
首善乡总计	3	38	10	3		2	1		57		40	6						46
城里村		29	5	2					36		28	4						32
东关村	1	1	1			1			4		6	1						7
南关村		2	1	1					4		1	1						2
中兴村	2	5	1			1			9		2							2
黛溪村		1	2				1		4		3							3
第一乡总计		3	1	3	2				9		3	1						4
韩家坊		3	1						4		1	1						2
张家山				2					2		2							2
十里铺				1					1									
富盛庄					2				2									

续表

村庄名 \ 年龄别 \ 男女别	男子									女子								
	不明者	0—9	10—19	20—29	30—39	40—49	50—59	60—	合计	不明者	0—9	10—19	20—29	30—39	40—49	50—59	60—	合计
第二乡总计		1	2	1	1				5		2	2						4
青阳店			1						1									
韩家庄		1			1				2		1							1
代庄			1	1					2		1	1						2
陈家庄												1						1
第三乡总计		5	2	6	1				14		1	4						5
西赵家庄				2					2									
象山前				1	1				2			1						1
石家庄		2	1	1					4			1						1
冯家庄		1							1		1							1
丁家庄		1	1	1					3			2						2

续表

男女别 / 年龄别 / 村庄名	男子									女子								
	不明者	0—9	10—19	20—29	30—39	40—49	50—59	60—	合计	不明者	0—9	10—19	20—29	30—39	40—49	50—59	60—	合计
东赵家庄				1					1									
崔家营		1							1									
第四乡总计		3	3	2					8		6	3						9
南逯庄			1						1		2							2
北逯庄		1							1		1							1
平原庄											1							1
蒙家庄											1	1						2
东杨堤		1	1						2									
韩家庄		1		2					3		1	2						3
北唐			1						1									
第五乡总计		3	5	2			1		11		6	2						8

续表

男女别/年龄别/村庄名	男子									女子								
	不明者	0—9	10—19	20—29	30—39	40—49	50—59	60—	合计	不明者	0—9	10—19	20—29	30—39	40—49	50—59	60—	合计
乔木庄			1				1		2		1							1
石家庄			1	1					2		1	1						2
盖家庄		1	1	1					3			1						1
东范庄		1							1		1							1
西范庄		1	1						2		1							1
北范庄			1						1		2							2
第六乡总计		1	1	2	1				5		4	5						9
东言礼			1						1		3	2						5
西言礼				1					1									
黄鹂庄				1	1				2									
张家套		1							1		1	3						4

续表

男女别／年龄别／村庄名	男子									女子								
	不明者	0—9	10—19	20—29	30—39	40—49	50—59	60—	合计	不明者	0—9	10—19	20—29	30—39	40—49	50—59	60—	合计
第七乡总计		6	11		1			1	19		7	3						10
韩家店		2	1						3									
小王驼		2	1						3			1						1
木王庄			4						4		1							1
大白			1						1		2	1						3
后城子		1							1									
开河												1						1
冯家庄			2					1	3		1							1
邱家											2							2
姚家庄		1	2						3		1							1
释家套					1				1									

续表

村庄名 \ 年龄别 \ 男女别	男子									女子								
	不明者	0—9	10—19	20—29	30—39	40—49	50—59	60—	合计	不明者	0—9	10—19	20—29	30—39	40—49	50—59	60—	合计
第八乡总计		2	1	2	3	1			9			1						1
耿家庄		1	1	2	2				6			1						1
柴家庄						1			1									
邢家庄		1							1									
二辛庄					1				1									
第九乡总计	1	15	6	3	1				26		15	8						23
西左家		1	2						3		2	1						3
大碾		2	2		1				5									
于家		2							2									
萝圈				1					1		1	1						2
王少唐		1							1			2						2

续表

男女别/年龄别/村庄名	男子									女子								
	不明者	0—9	10—19	20—29	30—39	40—49	50—59	60—	合计	不明者	0—9	10—19	20—29	30—39	40—49	50—59	60—	合计
杨家庄		2		1					3		1	1						2
王家寨		1							1		3	1						4
辛梁镇		5	2	1					8		7	2						9
丁庄	1	1							2		1							1
第十乡总计		2	3	1					6		2	1						3
孔家				1					1									
成家												1						1
张德佐家		1	2						3		2							2
张家寨		1	1						2									
第十一乡总计		8	6	2	3		1		20		5	5						10
王伍庄		1	1						2			1						1

续表

男女别/年龄别/村庄名	男子									女子								
	不明者	0—9	10—19	20—29	30—39	40—49	50—59	60—	合计	不明者	0—9	10—19	20—29	30—39	40—49	50—59	60—	合计
时家庄				2	1				3		3							3
孟家坊			4		2				6									
大陈家庄											1	2						3
张家庄		2							2									
孙家镇		4	1				1		6		1	2						3
王庄		1							1									
第十二乡总计		4	5	1	3	1		1	15		3	4						7
辉李庄						1			1									
高家庄		1							1		3							3
大三户			1	1					2			1						1
小三户					2			1	3									

续表

村庄名＼年龄别＼男女别	男子									女子								
	不明者	0—9	10—19	20—29	30—39	40—49	50—59	60—	合计	不明者	0—9	10—19	20—29	30—39	40—49	50—59	60—	合计
刘家			1						1									
车郭庄		3	2						5			1						1
打鱼里			1						1			2						2
赵家庄					1				1									
第十三乡总计	1	4	3	1		2			11		4	2						6
贾庄		1		1					2		2							2
前陈家		1	2			1			4									
前石门			1			1			2									
后石门		2							2									
郭家坊	1								1									
西南四庄											1							1

续表

男女别 / 年龄别 / 村庄名	男子									女子								
	不明者	0—9	10—19	20—29	30—39	40—49	50—59	60—	合计	不明者	0—9	10—19	20—29	30—39	40—49	50—59	60—	合计
田镇											1	2						3
全县	5	95	59	29	16	6	3	2	215		98	47						145

第六十一表　全县各村庄寄籍人他往未婚男女年龄分配表

男女别 / 年龄别 / 村庄名	男子									女子								
	不明者	0—9	10—19	20—29	30—39	40—49	50—59	60—	合计	不明者	0—9	10—19	20—29	30—39	40—49	50—59	60—	合计
首善乡总计		1	3	1	1				6				1					1
城里村			2						2				1					1
东关村		1	1	1					3									

续表

男女别 / 年龄别 / 村庄名	男子									女子								
	不明者	0—9	10—19	20—29	30—39	40—49	50—59	60—	合计	不明者	0—9	10—19	20—29	30—39	40—49	50—59	60—	合计
中兴村					1				1									
第一乡总计				1					1									
富盛庄				1					1									
第二乡总计				1					1									
陈家庄				1					1									
第三乡总计				3	1				4									
石家庄				1					1									
丁家庄				2					2									
东赵家庄					1				1									
第六乡总计					1				1									
东言礼					1				1									

续表

男女别 / 年龄别 / 村庄名	男子									女子								
	不明者	0—9	10—19	20—29	30—39	40—49	50—59	60—	合计	不明者	0—9	10—19	20—29	30—39	40—49	50—59	60—	合计
第七乡总计			1	1					2									
西王庄				1					1									
姚家庄			1						1									
第八乡总计			1	2					3									
大碾				1					1									
王少唐			1						1									
杨家庄				1					1									
第十一乡总计			2						2									
时家庄			1						1									
大陈家庄			1						1									
全县		1	7	9	3				20				1					1
百分数（%）		5.00	35.00	45.00	15.00				100				100					100

七 全县法定人口教育状况表

第六十二表

全县法定人口教育程度统计表

男女别	教育程度 / 人口别	教育状况不明者	未受教育者	受私塾教育能读家信者	受私塾教育能写家信者	受初小及同等学校教育者	受高小及同等学校教育者	受初中及同等学校教育者	受高中及同等学校教育者	受大学及同等学校教育者	受研究院教育者	受国外教育者	合计
男子	本籍人现住	22	53975	4010	8032	8536	1489	268	72	18		1	76423
	本籍人他往		3080	369	1385	473	207	66	24	22			5626
	寄籍人现住		376	12	14	17	4	7	3	9	3	2	447
	寄籍人他往		20	2	1	3	1					1	28
	总计	22	57451	4393	9432	9029	1701	341	99	49	3	4	82524
	百分数（%）	0.03	69.62	5.32	11.43	10.94	2.06	0.41	0.12	0.05	0.01	0.01	100

续表

男女别	教育程度/人口别	教育状况不明者	未受教育者	受私塾教育能读家信者	受私塾教育能写家信者	受初小及同等学校教育者	受高小及同等学校教育者	受初中及同等学校教育者	受高中及同等学校教育者	受大学及同等学校教育者	受研究院教育者	受国外教育者	合计
女子	本籍人现住	8	81138	126	50	778	60	23	1	1			82185
	本籍人他往		300	4	6	4	6	5	4				329
	寄籍人现住		376	3	4	13	6	4	2	4		1	413
	寄籍人他往		1							1			2
	总计	8	81815	133	60	795	72	32	7	6		1	82929
	百分数（%）	0.01	98.66	0.16	0.07	0.96	0.08	0.04	0.01	0.01		0.00	100
男女合计	全县	30	139266	4526	9492	9824	1773	373	106	55	3	5	165453
	百分数（%）	0.02	84.18	2.73	5.73	5.94	1.07	0.23	0.06	0.03	0.00	0.01	100

第六十三表　各乡本籍人现住男子教育程度统计表

乡名 \ 教育程度	教育状况不明者	未受教育者	受私塾教育能读家信者	受私塾教育能写家信者	受初小及同等学校教育者	受高小及同等学校教育者	受初中及同等学校教育者	受高中及同等学校教育者	受大学及同等学校教育者	受研究院教育者	受国外教育者	合计
首善乡		1568	251	389	548	163	23	6	1		1	2950
第一乡	14	3241	237	614	545	72	14	4	2			4743
第二乡		5909	210	363	412	88	10	2				6994
第三乡	1	2761	237	442	361	37	10	2	2			3853
第四乡		4151	342	824	792	90	15	3				6217
第五乡		2540	359	585	546	64	21	9				4124
第六乡	3	3270	276	702	543	49	7	3	1			4854
第七乡	1	4915	284	895	875	125	39	4	2			7140
第八乡		5586	319	700	843	180	34	5	5			7672
第九乡		3015	302	455	535	73	11	4				4395
第十乡		2609	119	256	280	53	4	1				3322
第十一乡		3631	342	486	682	148	18	9	2			5318
第十二乡		2833	127	315	536	125	24	8	1			3969

续表

教育程度 / 乡名	教育状况不明者	未受教育者	受私塾教育能读家信者	受私塾教育能写家信者	受初小及同等学校教育者	受高小及同等学校教育者	受初中及同等学校教育者	受高中及同等学校教育者	受大学及同等学校教育者	受研究院教育者	受国外教育者	合计
第十三乡	3	7946	605	1006	1038	222	38	12	2			10872
全县	22	53975	4010	8032	8536	1489	268	72	18		1	76423
百分数（%）	0.03	70.63	5.25	10.51	11.17	1.95	0.35	0.09	0.02		0.00	100

第六十四表

全县各村庄本籍人现住男子教育程度统计表

教育程度 / 村庄名	教育状况不明者	未受教育者	受私塾教育能读家信者	受私塾教育能写家信者	受初小及同等学校教育者	受高小及同等学校教育者	受初中及同等学校教育者	受高中及同等学校教育者	受大学及同等学校教育者	受研究院教育者	受国外教育者	合计
首善乡总计		1568	251	389	548	163	23	6	1		1	2950
城里村		203	38	54	61	59	6	2	1		1	425

续表

教育程度 村庄名	教育状况不明者	未受教育者	受私塾教育能读家信者	受私塾教育能写家信者	受初小及同等学校教育者	受高小及同等学校教育者	受初中及同等学校教育者	受高中及同等学校教育者	受大学及同等学校教育者	受研究院教育者	受国外教育者	合计
言坊村		121	11	18	31	2						183
东关村		208	28	60	79	14	3					392
南关村		130	2	44	55	10	1	1				243
爱山村		60	6	23	34	5						128
美井村		134	43	43	56	14						290
中兴村		123	28	31	47	13	5					247
黛溪村		319	41	53	61	22	6					502
三义村		91	19	22	42	12	1	2				189
北关村		179	35	41	82	12	1	1				351
第一乡总计	14	3241	237	614	545	72	14	4	2			4743
韩家坊		300	25	34	47	10						416

续表

村庄名＼教育程度	教育状况不明者	未受教育者	受私塾教育能读家信者	受私塾教育能写家信者	受初小及同等学校教育者	受高小及同等学校教育者	受初中及同等学校教育者	受高中及同等学校教育者	受大学及同等学校教育者	受研究院教育者	受国外教育者	合计
大李家		447	37	46	43							573
张家山		250	10	14	12	2						288
十里铺		186	5	50	35	6						282
接官亭		15		3	5	1						24
张家庄		142	16	30	20		2					210
高家庄		54	3	8	4	2						71
王家庄	1	73	11	26	14	1						126
聚和庄		80	5	18	27	4						134
小李家		46		7	4							57
马家庄		56		4	12	2			1			75
韦家庄		178	13	64	102	15	6	3	1			382

续表

教育程度 村庄名	教育状况不明者	未受教育者	受私塾教育能读家信者	受私塾教育能写家信者	受初小及同等学校教育者	受高小及同等学校教育者	受初中及同等学校教育者	受高中及同等学校教育者	受大学及同等学校教育者	受研究院教育者	受国外教育者	合计
富盛庄		7		3								10
成庄		26	4	3	9	1						43
刘家庄	4	91	3	11	20							129
郭庄		153	8	83	27	5	3					279
黄家营		83		4	9							96
樊家庄	9	94	5	31	16	2						157
鲁家泉		130	9	34	24	1	1					199
石家庄		335	28		33	9	1					406
贺家庄		221	32	75	41	3	1	1				374
姜家洞		63	1	4	6	1						75
碑楼会仙		211	22	62	35	7						337

续表

教育程度／村庄名	教育状况不明者	未受教育者	受私塾教育能读家信者	受私塾教育能写家信者	受初小及同等学校教育者	受高小及同等学校教育者	受初中及同等学校教育者	受高中及同等学校教育者	受大学及同等学校教育者	受研究院教育者	受国外教育者	合计
第二乡总计		5909	210	363	412	88	10	2				6994
青阳店		833	72	51	34	29	2					1021
董家庄		393	30	15	26							464
韩家庄		132	9	19	40	7	2					209
新立庄		85	6	5	9							105
贾庄		68	11	8	18	3	2					110
浒山铺		356	1	15	8	1						381
刘家庄		711	1	25	26	1	1	1				766
马步店		210	19	16	8	5	2					260
钟家庄		310		20	40	5						375
耿家庄		431	3	16	25	6						481

续表

教育程度 / 村庄名	教育状况不明者	未受教育者	受私塾教育能读家信者	受私塾教育能写家信者	受初小及同等学校教育者	受高小及同等学校教育者	受初中及同等学校教育者	受高中及同等学校教育者	受大学及同等学校教育者	受研究院教育者	受国外教育者	合计
东窝驼		411	19	53	13	1						497
西窝驼		790	4	55	41	7						897
代庄		63	1	7	18	7						96
徐家庄		180		5	16	2	1					204
郭庄		198	4		22	3						227
化庄		276	20	21	35	2						354
陈家庄		462	10	32	33	9		1				547
第三乡总计	1	2761	237	442	361	37	10	2	2			3853
西赵家庄		97	9	32	12							150
黄家河滩		90	7	8	6	3	1					115
吉祥庄		57	4	17	8	1						87

续表

教育程度／村庄名	教育状况不明者	未受教育者	受私塾教育能读家信者	受私塾教育能写家信者	受初小及同等学校教育者	受高小及同等学校教育者	受初中及同等学校教育者	受高中及同等学校教育者	受大学及同等学校教育者	受研究院教育者	受国外教育者	合计
上娄		128	3	6	11							148
下娄		108	13	14	18	1		1	1			156
杏林庄		129	5	8	5							147
郭庄		83	11		2	1						97
秦家沟		178	18	32	15	1	2					246
聚仙庄		113	5	4	2							124
贺家庄		73	9	22	5							109
太和庄		90	2	19	10	3						124
樊家洞		23		2	3							28
孙家峪		80	1	13	4	2		1				101
象伏庄		156	17	26	13	3						215

续表

教育程度 村庄名	教育状况不明者	未受教育者	受私塾教育能读家信者	受私塾教育能写家信者	受初小及同等学校教育者	受高小及同等学校教育者	受初中及同等学校教育者	受高中及同等学校教育者	受大学及同等学校教育者	受研究院教育者	受国外教育者	合计
象山前	1	125	9	17	39	2						193
芦泉		113	3	10	5							131
王家庄		16	2	6	2							26
石家庄		126	9	34	50	3	1					223
冯家庄		56	1	6	12	3						78
丁家庄		115	3	14	29	3	1		1			166
东赵家庄		134	7	21	17	3	1					183
崔家营		177	29	20	23	1	1					251
崔家庄		107	8	11	18							144
抱印庄		61	17	22	11	7	1					119
李家庄		87	11	32	11		2					143

续表

教育程度 村庄名	教育状况不明者	未受教育者	受私塾教育能读家信者	受私塾教育能写家信者	受初小及同等学校教育者	受高小及同等学校教育者	受初中及同等学校教育者	受高中及同等学校教育者	受大学及同等学校教育者	受研究院教育者	受国外教育者	合计
郎君庄		239	34	46	30							349
第四乡总计		4151	342	824	792	90	15	3				6217
南逯庄		546	37	101	55	27		1				767
中逯庄		117	13	18	15	6						169
北逯庄		116	11	31	28	4	5					195
太和庄		115	1	13	38							167
陈河涯		43	3	11	7							64
平原庄		208	10	10	37	5						270
蒙家庄		246	27	31	42		1					347
大杨堤		101	9	23	24	3	1					161
小杨堤		145	26	27	15	1						214

续表

教育程度\村庄名	教育状况不明者	未受教育者	受私塾教育能读家信者	受私塾教育能写家信者	受初小及同等学校教育者	受高小及同等学校教育者	受初中及同等学校教育者	受高中及同等学校教育者	受大学及同等学校教育者	受研究院教育者	受国外教育者	合计
东杨堤		280	37	71	49	2						439
西杨堤		211	20	40	44								315
见埠庄		378	36	109	116	17	3	2				661
杨家庄		71	3	14	14								102
代家庄		85	7	40	16	4	1						153
杨家寨		123	5	42	48	5	1						224
刘家庄		122		9	14								145
高家庄		81		2	14								97
韩家庄		287		22	30	1	1						341
北唐		77		2									79
南唐		49	4	7	1								61

续表

教育程度 村庄名	教育状况不明者	未受教育者	受私塾教育能读家信者	受私塾教育能写家信者	受初小及同等学校教育者	受高小及同等学校教育者	受初中及同等学校教育者	受高中及同等学校教育者	受大学及同等学校教育者	受研究院教育者	受国外教育者	合计
樊家庄		165	21	83	59	2						330
东禾		67	23	11	15	1						117
西禾		44	7	9	13							73
北禾		153	13	40	36							242
段家庄		97	2	13	20	1						133
柳泉庄		208	24	42	40	11	2					327
于齐庄		16	3	3	2							24
第五乡总计		2540	359	585	546	64	21	9				4124
黄山前		317	7	25	45	10	5					409
侯家庄		29	4	7	11		1					52
代庄		43		21	6	1						71

续表

教育程度 村庄名	教育状况不明者	未受教育者	受私塾教育能读家信者	受私塾教育能写家信者	受初小及同等学校教育者	受高小及同等学校教育者	受初中及同等学校教育者	受高中及同等学校教育者	受大学及同等学校教育者	受研究院教育者	受国外教育者	合计
孙家庄		63	1	6	10	3						83
景家庄		174	6	48	53	1						282
周家庄		195	3	43	27	3						271
乔木庄		85		47	18	3	1					154
月河庄		22		5	2	3						32
小吕家庄		39		3		1						43
石家庄		138	3	24	25	8	5	1				204
鲍家庄		118	3	58	14	1		1				195
盖家庄		69	8	31	16							124
鄢家庄		196	23	32	56	7	1	1				316
东范庄		544	136	108	127	6	3	1				925

续表

教育程度 村庄名	教育状况不明者	未受教育者	受私塾教育能读家信者	受私塾教育能写家信者	受初小及同等学校教育者	受高小及同等学校教育者	受初中及同等学校教育者	受高中及同等学校教育者	受大学及同等学校教育者	受研究院教育者	受国外教育者	合计
南范庄		195	84	66	70	6	1	5				427
西范庄		28	17	9	12							66
北范庄		190	26	30	26							272
七里铺		95	38	22	28	11	4					198
第六乡总计	3	3270	276	702	543	49	7	3	1			4854
小店		197	17	69	39	11	1		1			335
杨村		170	17	31	58	1	1					278
穆王庄		164	14	3	23	4	1					209
魏家庄		288	27	84	99	7						505
刁家庄		176	3		27	1						207
宋家庄		69	13	15	35	5	1	2				140

续表

教育程度/村庄名	教育状况不明者	未受教育者	受私塾教育能读家信者	受私塾教育能写家信者	受初小及同等学校教育者	受高小及同等学校教育者	受初中及同等学校教育者	受高中及同等学校教育者	受大学及同等学校教育者	受研究院教育者	受国外教育者	合计
郭家庄		154	11	61	37	3	1					267
毛张庄	2	238	16	30	48	4	2					340
刘家道口		126	7	9	12							154
纪家庄		157	5	29	19	4						214
韩家庄		476	36	93	14							619
曹家小庄		98	20	15	12							145
夏家屋子		10	2									12
崔家庄		187	19	67	33	3		1				310
东言礼		223	27	56	28	2						330
西言礼		253	15	82	30	2						382
伏生祠		7		6								13

续表

教育程度／村庄名	教育状况不明者	未受教育者	受私塾教育能读家信者	受私塾教育能写家信者	受初小及同等学校教育者	受高小及同等学校教育者	受初中及同等学校教育者	受高中及同等学校教育者	受大学及同等学校教育者	受研究院教育者	受国外教育者	合计
黄鹂庄		135	6	31	10							182
张家套	1	142	21	21	19	2						206
第七乡总计	1	4915	284	895	875	125	39	4	2			7140
韩家店		143	7	22	33	9	3					217
孙家庄		57	2	12	2							73
青眉庄		40	2		6	4			1			53
赵家庄		71	2		10							83
辛庄		35		12	3	5	1					56
白家桥		68	8	2	2							80
西王家庄		81	7	4	7	3						102
大王驼		320	41	54	37	8						460

续表

教育程度 / 村庄名	教育状况不明者	未受教育者	受私塾教育能读家信者	受私塾教育能写家信者	受初小及同等学校教育者	受高小及同等学校教育者	受初中及同等学校教育者	受高中及同等学校教育者	受大学及同等学校教育者	受研究院教育者	受国外教育者	合计
小王驼		219	11	57	18	12	2					319
李家庄		81	2	3								86
波踏店		101	15	13	31	3						163
东韦家		42	5	8	10		1					66
东白家		84	9	19	18	3	1					134
木王庄		42		9	8	1						60
张家庄		20	3		2							25
甲子庄		53	6	6	8	1	1					75
西韦家		129	4	24	32	6	2					197
大白		100	15	9	20	1						145
小白		43	2	7	4							56

续表

教育程度\村庄名	教育状况不明者	未受教育者	受私塾教育能读家信者	受私塾教育能写家信者	受初小及同等学校教育者	受高小及同等学校教育者	受初中及同等学校教育者	受高中及同等学校教育者	受大学及同等学校教育者	受研究院教育者	受国外教育者	合计
宋家庄		199	9	17	34	5	1					265
上口		299		45	45	2	1					392
前城子		266	29	45	60	10	2					412
后城子		125	11	15	23	5						179
马庄		303	37	117	87	6			1			551
滕家庄		297	3	39	44	2	4	1				390
萧家庄		501	13	156	88	8	4	2				772
开河		204	6	47	28	1						286
小言庄		55	1	11	19	1						87
东王家庄		197	10	43	23	1	2					276
颜家桥		259			26	4	1					290

续表

教育程度／村庄名	教育状况不明者	未受教育者	受私塾教育能读家信者	受私塾教育能写家信者	受初小及同等学校教育者	受高小及同等学校教育者	受初中及同等学校教育者	受高中及同等学校教育者	受大学及同等学校教育者	受研究院教育者	受国外教育者	合计
冯家庄		88	6	17	13	2	1					127
邱家		96	3	17	35	4	1					156
官家庄		50	3	8	22	8	3	1				95
耿家庄		37	1	8	3							49
姚家庄		45	4	16	16	3	1					85
释家套		115	7	23	40	4	5					194
旧口	1	32		6	13	3	2					57
袁家屋子		18		4	5							27
第八乡总计		5586	319	700	843	180	34	5	5			7672
明家集		164	22	24	34	22	1					267
耿家庄		214	7	36	24	8	1					290

续表

村庄名＼教育程度	教育状况不明者	未受教育者	受私塾教育能读家信者	受私塾教育能写家信者	受初小及同等学校教育者	受高小及同等学校教育者	受初中及同等学校教育者	受高中及同等学校教育者	受大学及同等学校教育者	受研究院教育者	受国外教育者	合计
牛家官庄		176	2	6	25	1	1					211
田家庄		151	18	27	20	1						217
大张官庄		247	9	19	7	1						283
小张官庄		97		9	21	1						128
兰芝里		160	8	15	39	12	1					235
解家庄		305	9	22	18	10	1					365
柴家庄		115	6	15	18	11	4		1			170
东闸子		157	5	10	16	4						192
西闸子		393	9	46	31	22	2	1	2			506
苏家桥		69	5	6	20	2	1					103
邢家庄		102	16	13	15	2						148

续表

教育程度 村庄名	教育状况不明者	未受教育者	受私塾教育能读家信者	受私塾教育能写家信者	受初小及同等学校教育者	受高小及同等学校教育者	受初中及同等学校教育者	受高中及同等学校教育者	受大学及同等学校教育者	受研究院教育者	受国外教育者	合计
窝村		206	11	10	58	5	2	1				293
颜家集		275	36	33	41	6	1					392
牛家庄		149	20	32	35	3						239
二辛庄		106	16	21	11	3	2					159
东佐家		89	6	18	26	14	2					155
十户		159	25	36	49	12	1					282
刘楷家		87	4	16	33	10	1					151
仓廪庄		100	21	31	23	6	2	2	2			187
高家庄		84	3	9	18	1						115
宋家庄		335	3	29	34	1						402
成家庄		301	3	38	29	2	7					380

续表

教育程度 村庄名	教育状况不明者	未受教育者	受私塾教育能读家信者	受私塾教育能写家信者	受初小及同等学校教育者	受高小及同等学校教育者	受初中及同等学校教育者	受高中及同等学校教育者	受大学及同等学校教育者	受研究院教育者	受国外教育者	合计
许家道口		247	4	16	37	8	2	1				315
高洼庄		126	19	5	13	2						165
曹家庄		203	12	38	20	2						275
宋家集		145		22	12	1						180
惠家辛庄		244	2	41	13	7	2					315
段家桥		380	18	57	97							552
第九乡总计		3015	302	455	535	73	11	4				4395
吴家		88	14	15	19	3						139
西左家		315	36	52	48	11	1					463
大碾		167	41	38	25	6	1					278
于家		158	14	17	15	9	1	1				215

续表

教育程度 / 村庄名	教育状况不明者	未受教育者	受私塾教育能读家信者	受私塾教育能写家信者	受初小及同等学校教育者	受高小及同等学校教育者	受初中及同等学校教育者	受高中及同等学校教育者	受大学及同等学校教育者	受研究院教育者	受国外教育者	合计
王家		89	4	7	15	5	1					121
宋家		241	3	13	18	4	1					280
营家		100	10	14	30	4						158
萝圈		175	8	18	11	2						214
辛桥		335	20	6	35	4	1	1				402
王少唐		100	18	33	37	5						193
杨家庄		80	6	19	32	3						140
田家		270	33	53	36	1	1	1				395
王家寨		64	2	8	11	2						87
河沟涯		66			16	1						83
辛梁镇		346	53	57	71	6	2	1				536

续表

教育程度 / 村庄名	教育状况不明者	未受教育者	受私塾教育能读家信者	受私塾教育能写家信者	受初小及同等学校教育者	受高小及同等学校教育者	受初中及同等学校教育者	受高中及同等学校教育者	受大学及同等学校教育者	受研究院教育者	受国外教育者	合计
程和铺		93	17	22	10							142
郝庄		187	11	53	43							294
丁庄		141	12	30	63	7	2					255
第十乡总计		2609	119	256	280	53	4	1				3322
崖镇		211	6	19	21	6	1					264
杨家庄		133	3	18	10	1						165
张家庄		221	9	27	28	17		1				303
郭家庄		83	2	8	4	3						100
吕家		41		2	1							44
孔家		111		6	5							122
长槐家		62	1	7	6	1						77

续表

教育程度　村庄名	教育状况不明者	未受教育者	受私塾教育能读家信者	受私塾教育能写家信者	受初小及同等学校教育者	受高小及同等学校教育者	受初中及同等学校教育者	受高中及同等学校教育者	受大学及同等学校教育者	受研究院教育者	受国外教育者	合计
成家		250	13	55	32	6						356
张德佐家		95	8	34	18		1					156
崇兴官庄		35	3	2	2							42
孙家庄		115	4	16	13	4						152
韩家庄		137	18	14	18	4	1					192
刘聚桥		145	9	20	17	1						192
刘家井		171	15	2	21							209
郑家		110		3	9	3						125
马庄		264		5	26	1						296
粉张庄		253	15	13	20	4						305
张家寨		172	13	5	29	2	1					222

续表

教育程度 \ 村庄名	教育状况不明者	未受教育者	受私塾教育能读家信者	受私塾教育能写家信者	受初小及同等学校教育者	受高小及同等学校教育者	受初中及同等学校教育者	受高中及同等学校教育者	受大学及同等学校教育者	受研究院教育者	受国外教育者	合计
第十一乡总计		3631	342	486	682	148	18	9	2			5318
王伍庄		242	25	29	52	20	5	2				375
周家庄		196	24	8	41	20						289
时家庄		200	17	15	40	6						278
孟家坊		56	5	21	10	2						94
岳家官庄		37	6	9								52
潘家		99	11		4	1	1					116
安祥庄		91	10	17	7	4						129
刘家		65	3	11	11	5			1			96
大陈家庄		286	11	29	50	10						386
信家		157	15	14	33	9	2					230

续表

教育程度／村庄名	教育状况不明者	未受教育者	受私塾教育能读家信者	受私塾教育能写家信者	受初小及同等学校教育者	受高小及同等学校教育者	受初中及同等学校教育者	受高中及同等学校教育者	受大学及同等学校教育者	受研究院教育者	受国外教育者	合计
罗家		83		5	16	5						109
霍家坡		239	25	27	71	27	2	3	1			395
张家庄		153	2	7	19	8						189
孙家镇		601	81	144	93	6	2	1				928
范家庄		100	6	14	23	6						149
道民庄		146	16	57								219
陈玉平		94	13	4	19	1						131
都路平		148	11	13	23	5						200
冯家		201	19	27	69	4	5					325
小陈家庄		147	4	4	5	1						161
王庄		66	14	6	4							90

续表

教育程度／村庄名	教育状况不明者	未受教育者	受私塾教育能读家信者	受私塾教育能写家信者	受初小及同等学校教育者	受高小及同等学校教育者	受初中及同等学校教育者	受高中及同等学校教育者	受大学及同等学校教育者	受研究院教育者	受国外教育者	合计
刘庄		72	9	6	21	1	1					110
蔡庄		100	11	8	60	7		3				189
李庄		52	4	11	11							78
第十二乡总计		2833	127	315	536	125	24	8	1			3969
辉李庄		442	12	50	68	33	6	1	1			613
李南庄		45	2	4								51
于何庄		142	5	9	24	3	1	1				185
党李庄		183	5	10	33	6	2					239
五户		159			31	2						192
高家庄		122	10	18	26	10	4	2				192
大三户		269	2	3	40	7	2	2				325

续表

教育程度 / 村庄名	教育状况不明者	未受教育者	受私塾教育能读家信者	受私塾教育能写家信者	受初小及同等学校教育者	受高小及同等学校教育者	受初中及同等学校教育者	受高中及同等学校教育者	受大学及同等学校教育者	受研究院教育者	受国外教育者	合计
小三户		230	1	20	46	2	1					300
刘家		41	1	2		1						45
潘家		101	4	6	20	2	2					135
车郭庄		169	13	29	38	22	2					273
曹家庄		112	9	22	17							160
郑家寨		82	5	8	10	3	1					109
打鱼里		167	22	37	49	3	1	2				281
赵家庄		126	11	15	51	13	1					217
腰庄		246	17	56	49	9	1					378
安家庄		197	8	26	34	9						274
第十三乡总计	3	7946	605	1006	1038	222	38	12	2			10872

续表

村庄名 \ 教育程度	教育状况不明者	未受教育者	受私塾教育能读家信者	受私塾教育能写家信者	受初小及同等学校教育者	受高小及同等学校教育者	受初中及同等学校教育者	受高中及同等学校教育者	受大学及同等学校教育者	受研究院教育者	受国外教育者	合计
花沟		655	38	33	76	26	6					834
张家庄		150	25	26	13	5	1	1				221
岳家庄		197	38	34	8	3			1			281
李家庄		9		4	5	1						19
魏家庄		130	61	24	1	3	1					220
毛旺庄		88	8	4	5	1						106
天师庄		103	25	34	13							175
沟旺庄		122		7	4	2	1		1			137
任马寨		290		34	20	10	1					355
吉祥庄		116	20	24	19	4						183
贾庄		152	13	10	30	2	2					209

续表

教育程度＼村庄名	教育状况不明者	未受教育者	受私塾教育能读家信者	受私塾教育能写家信者	受初小及同等学校教育者	受高小及同等学校教育者	受初中及同等学校教育者	受高中及同等学校教育者	受大学及同等学校教育者	受研究院教育者	受国外教育者	合计
辛庄		30	5	5	5	4	1					50
龙桑树		53	5	8	6	1	1					74
前陈家		74	16	8	32	1	1					132
后陈家		105	10	29	15							159
吕家庄		87	3	21	24	9						144
前石门	2	92	8	10	50	7	1					170
后石门		98	3	17	21	4	1					144
郭家坊		48	1		28	5	1					83
杏行		111	1	4	27	6	1					150
西南四庄		148	13	16	29	11						217
中南四庄		75	10	4	13							102

续表

教育程度 / 村庄名	教育状况不明者	未受教育者	受私塾教育能读家信者	受私塾教育能写家信者	受初小及同等学校教育者	受高小及同等学校教育者	受初中及同等学校教育者	受高中及同等学校教育者	受大学及同等学校教育者	受研究院教育者	受国外教育者	合计
东南四庄		143	8	38	11	4	1					205
老鸦赵		51	1	8	5							65
杨家庄		131	18	10	30	9	1	3				202
曹家庄		138	7	2	23	8	1					179
云集官庄		45	2	9	9	1						66
田家官庄		70	4	2	10							86
陈家庄		64	3	23	6	2	1	3				102
宋家套		281	3	41	28	4						357
大官庄		90	2	39	21	2		1				155
张家官庄		32		12	7	2						53
胡家官庄		135	8	13	10	4	2					172

续表

教育程度／村庄名	教育状况不明者	未受教育者	受私塾教育能读家信者	受私塾教育能写家信者	受初小及同等学校教育者	受高小及同等学校教育者	受初中及同等学校教育者	受高中及同等学校教育者	受大学及同等学校教育者	受研究院教育者	受国外教育者	合计
双柳树		111	26	36	18	15	6	1				213
王旺庄		121		11	14							146
胡家店		310	10	54	3	1	1					379
小胡庄		171	4	13								188
宫旺庄		161	15	18	21	2		1				218
高旺庄		224	32	28	33	10	1	2				330
于林庄		148	29	10	15	4						206
孙纺庄		190	10	32	29	10						271
贾旺庄		148	21	24	29	3						225
王家庄		84	35	20	14	2						155
段家	1	73	3	13	11							101
贾寨		253	3	22	8	1						287

续表

教育程度 / 村庄名	教育状况不明者	未受教育者	受私塾教育能读家信者	受私塾教育能写家信者	受初小及同等学校教育者	受高小及同等学校教育者	受初中及同等学校教育者	受高中及同等学校教育者	受大学及同等学校教育者	受研究院教育者	受国外教育者	合计
龙虎庄		220	7	22	12	7	4					272
冯旺庄		157		12	40	1	1					211
宋旺庄		50	6	11	9	1						77
李星耀		293		16	48	6						363
李家官庄		108	6	39	3	1						157
田镇		268	25	42	38	11						384
大庄		56		1								57
沙高家		276	4	4	30	4						318
侯家		50	1	1	2							54
马家		96	2	17	23	1						139
徐家		71	2		8	1						82
石槽		194	5	7	26							232
全县	22	53975	4010	8032	8536	1489	268	72	18		1	76423

第六十五表

各乡本籍人现住女子教育程度统计表

教育程度 / 村庄名	教育状况不明者	未受教育者	受私塾教育能读家信者	受私塾教育能写家信者	受初小及同等学校教育者	受高小及同等学校教育者	受初中及同等学校教育者	受高中及同等学校教育者	受大学及同等学校教育者	合计
首善乡		3264	10	3	132	24	12			3445
第一乡	8	5199	5	2	64	7				5285
第二乡		6754	2	1	8	2				6767
第三乡		3902	11	2	44	1	1			3961
第四乡		6523	15	9	37	2				6586
第五乡		4699	11	4	75	6	4		1	4800
第六乡		5134	5	3	18					5160
第七乡		7551	6	8	60	3	1			7629
第八乡		8571	5	6	24	3	1			8610
第九乡		4962	8	1	26					4997
第十乡		3751	2	1	41	1				3796
第十一乡		5510	10	1	74	7	1			5603

续表

教育程度 村庄名	教育状况不明者	未受教育者	受私塾教育能读家信者	受私塾教育能写家信者	受初小及同等学校教育者	受高小及同等学校教育者	受初中及同等学校教育者	受高中及同等学校教育者	受大学及同等学校教育者	合计
第十二乡		4124	6	1	112	2	1			4246
第十三乡		11194	30	8	63	2	2	1		11300
全县	8	81138	126	50	778	60	23	1	1	82185
百分数（%）	0.01	98.73	0.15	0.06	0.95	0.07	0.03	0.00	0.00	100

第六十六表　全县各村庄本籍人现住女子教育程度统计表

教育程度 村庄名	教育状况不明者	未受教育者	受私塾教育能读家信者	受私塾教育能写家信者	受初小及同等学校教育者	受高小及同等学校教育者	受初中及同等学校教育者	受高中及同等学校教育者	受大学及同等学校教育者	合计
首善乡总计		3264	10	3	132	24	12			3445
城里村		471			57	12	7			547
言坊村		174			2					176

续表

教育程度 村庄名	教育状况不明者	未受教育者	受私塾教育能读家信者	受私塾教育能写家信者	受初小及同等学校教育者	受高小及同等学校教育者	受初中及同等学校教育者	受高中及同等学校教育者	受大学及同等学校教育者	合计
东关村		475	4		11					490
南关村		255			15		1			271
爱山村		146			5	2				153
美井村		290		1	9	2				302
中兴村		297	5	1	12	4	2			321
黛溪村		516			11	1	2			530
三义村		250	1	1	7	2				261
北关村		390			3	1				394
第一乡总计	8	5199	5	2	64	7				5285
韩家坊		400			4					404
大李家		596			8					604
张家山		296								296

续表

村庄名＼教育程度	教育状况不明者	未受教育者	受私塾教育能读家信者	受私塾教育能写家信者	受初小及同等学校教育者	受高小及同等学校教育者	受初中及同等学校教育者	受高中及同等学校教育者	受大学及同等学校教育者	合计
十里铺		303								303
接官亭		15								15
张家庄		222								222
高家庄		74								74
王家庄	1	163								164
聚和庄		169			3					172
小李家		46								46
马家庄		72			1					73
韦家庄		460	1		19	1				481
富盛庄		21								21
成庄		56								56
刘家庄		143			1					144

续表

教育程度 村庄名	教育状况不明者	未受教育者	受私塾教育能读家信者	受私塾教育能写家信者	受初小及同等学校教育者	受高小及同等学校教育者	受初中及同等学校教育者	受高中及同等学校教育者	受大学及同等学校教育者	合计
郭庄		400		1	14	2				417
黄家营		122								122
樊家庄	7	147								154
鲁家泉		205		1	4	3				210
石家庄		446			5	3				454
贺家庄		371	2		4	1				378
姜家洞		66			1					67
碑楼会仙		406	2							408
第二乡总计		6754	2	1	8	2				6767
青阳店		1009	1							1010
董家庄		461								461
韩家庄		214			6	2				222

续表

教育程度 村庄名	教育状况不明者	未受教育者	受私塾教育能读家信者	受私塾教育能写家信者	受初小及同等学校教育者	受高小及同等学校教育者	受初中及同等学校教育者	受高中及同等学校教育者	受大学及同等学校教育者	合计
新立庄		94								94
贾庄		114			1					115
浒山铺		386								386
刘家庄		719								719
马步店		261								261
钟家庄		426								426
耿家庄		417								417
东窝驼		505	1	1						507
西窝驼		775								775
代庄		106								106
徐家庄		210			1					211
郭庄		207								207

续表

村庄名 \ 教育程度	教育状况不明者	未受教育者	受私塾教育能读家信者	受私塾教育能写家信者	受初小及同等学校教育者	受高小及同等学校教育者	受初中及同等学校教育者	受高中及同等学校教育者	受大学及同等学校教育者	合计
化庄		354								354
陈家庄		496								496
第三乡总计		3902	11	2	44	1	1			3961
西赵家庄		170			2					172
黄家河滩		103								103
吉祥庄		104	1							105
上娄		108								108
下娄		171			7		1			179
杏林庄		161			2					163
郭庄		93			1					94
秦家沟		221	1	1	14					237
聚仙庄		84								84

续表

教育程度/村庄名	教育状况不明者	未受教育者	受私塾教育能读家信者	受私塾教育能写家信者	受初小及同等学校教育者	受高小及同等学校教育者	受初中及同等学校教育者	受高中及同等学校教育者	受大学及同等学校教育者	合计
贺家庄		123								123
太和庄		133								133
樊家洞		23								23
孙家峪		85								85
象伏庄		201								201
象山前		227	2		1					230
芦泉		128								128
王家庄		33			1					34
石家庄		238		1	9					248
冯家庄		87								87
丁家庄		193								193
东赵家庄		187	3		1	1				192

续表

村庄名＼教育程度	教育状况不明者	未受教育者	受私塾教育能读家信者	受私塾教育能写家信者	受初小及同等学校教育者	受高小及同等学校教育者	受初中及同等学校教育者	受高中及同等学校教育者	受大学及同等学校教育者	合计
崔家营		274			1					275
崔家庄		163								163
抱印庄		116								116
李家庄		164	1							165
郎君庄		312	3		5					320
第四乡总计		6523	15	9	37	2				6586
南逯庄		826	2		4					832
中逯庄		184		1						185
北逯庄		226								226
太和庄		204								204
陈河涯		65								65
平原庄		231								231

续表

教育程度 村庄名	教育状况不明者	未受教育者	受私塾教育能读家信者	受私塾教育能写家信者	受初小及同等学校教育者	受高小及同等学校教育者	受初中及同等学校教育者	受高中及同等学校教育者	受大学及同等学校教育者	合计
蒙家庄		345								345
大杨堤		161								161
小杨堤		225								225
东杨堤		422		2	2					426
西杨堤		345								345
见埠庄		698		2	4					704
杨家庄		92								92
代家庄		168								168
杨家寨		238			5					243
刘家庄		166								166
高家庄		79								79
韩家庄		352			4	1				357

续表

教育程度/村庄名	教育状况不明者	未受教育者	受私塾教育能读家信者	受私塾教育能写家信者	受初小及同等学校教育者	受高小及同等学校教育者	受初中及同等学校教育者	受高中及同等学校教育者	受大学及同等学校教育者	合计
北唐		82								82
南唐		66								66
樊家庄		387			2	1				390
东禾		109	12	1						122
西禾		83		1	2					86
北禾		252	1	2	9					264
段家庄		153								153
柳泉庄		345			5					350
于齐庄		19								19
第五乡总计		4699	11	4	75	6	4		1	4800
黄山前		485			8					493
侯家庄		65								65

续表

教育程度 村庄名	教育状况不明者	未受教育者	受私塾教育能读家信者	受私塾教育能写家信者	受初小及同等学校教育者	受高小及同等学校教育者	受初中及同等学校教育者	受高中及同等学校教育者	受大学及同等学校教育者	合计
代庄		82								82
孙家庄		99			2					101
景家庄		318	5	4	17					344
周家庄		303			3					306
乔木庄		186			4					190
月河庄		33								33
小吕家庄		30					2			32
石家庄		191			11	1	2		1	206
鲍家庄		209								209
盖家庄		151	1		1					153
鄢家庄		374								374
东范庄		1015	1		6	1				1023

续表

村庄名 \ 教育程度	教育状况不明者	未受教育者	受私塾教育能读家信者	受私塾教育能写家信者	受初小及同等学校教育者	受高小及同等学校教育者	受初中及同等学校教育者	受高中及同等学校教育者	受大学及同等学校教育者	合计
南范庄		509	4		19	1				533
西范庄		81			2	1				84
北范庄		305								305
七里铺		263			2	2				267
第六乡总计		5134	5	3	18					5160
小店		455		2	9					466
杨村		270			6					276
穆王庄		256								256
魏家庄		533								533
刁家庄		212								212
宋家庄		146			1					147
郭家庄		291								291

续表

教育程度／村庄名	教育状况不明者	未受教育者	受私塾教育能读家信者	受私塾教育能写家信者	受初小及同等学校教育者	受高小及同等学校教育者	受初中及同等学校教育者	受高中及同等学校教育者	受大学及同等学校教育者	合计
毛张庄		337			1					338
刘家道口		133								133
纪家庄		206								206
韩家庄		642								642
曹家小庄		155								155
夏家屋子		10								10
崔家庄		357	1	1	1					360
东言礼		312	4							316
西言礼		387								387
伏生祠		19								19
黄鹂庄		196								196
张家套		217								217

续表

教育程度 / 村庄名	教育状况不明者	未受教育者	受私塾教育能读家信者	受私塾教育能写家信者	受初小及同等学校教育者	受高小及同等学校教育者	受初中及同等学校教育者	受高中及同等学校教育者	受大学及同等学校教育者	合计
第七乡总计		7551	6	8	60	3	1			7629
韩家店		231	1							232
孙家庄		84								84
青眉庄		57								57
赵家庄		73								73
辛庄		61								61
白家桥		77			1					78
西王家庄		116								116
大王驼		473		1						474
小王驼		320			1					321
李家庄		71								71
波踏店		176			1					177

续表

教育程度 / 村庄名	教育状况不明者	未受教育者	受私塾教育能读家信者	受私塾教育能写家信者	受初小及同等学校教育者	受高小及同等学校教育者	受初中及同等学校教育者	受高中及同等学校教育者	受大学及同等学校教育者	合计
东韦家		74								74
东白家		151								151
木王庄		61								61
张家庄		33								33
甲子庄		80								80
西韦家		220			1					221
大白		142								142
小白		63		2						65
宋家庄		266								266
上口		450			2					452
前城子		470		1	7	1				479
后城子		188				1				189

续表

教育程度／村庄名	教育状况不明者	未受教育者	受私塾教育能读家信者	受私塾教育能写家信者	受初小及同等学校教育者	受高小及同等学校教育者	受初中及同等学校教育者	受高中及同等学校教育者	受大学及同等学校教育者	合计
马庄		598	3	2	10		1			614
滕家庄		414			1					415
萧家庄		901			12	1				914
开河		295								295
小言庄		94								94
东王家庄		261			3					264
颜家桥		280			1					281
冯家庄		120			3					123
邱家		146	2	1						149
官家庄		88			4					92
耿家庄		48								48
姚家庄		82		1	9					92

续表

教育程度 村庄名	教育状况不明者	未受教育者	受私塾教育能读家信者	受私塾教育能写家信者	受初小及同等学校教育者	受高小及同等学校教育者	受初中及同等学校教育者	受高中及同等学校教育者	受大学及同等学校教育者	合计
释家套		218			2					220
旧口		53			2					55
袁家屋子		16								16
第八乡总计		8571	5	6	24	3	1			8610
明家集		272								272
耿家庄		312								312
牛家官庄		261								261
田家庄		291								291
大张官庄		304								304
小张官庄		155								155
兰芝里		308			3					311
解家庄		401	2	2						405

续表

教育程度 / 村庄名	教育状况不明者	未受教育者	受私塾教育能读家信者	受私塾教育能写家信者	受初小及同等学校教育者	受高小及同等学校教育者	受初中及同等学校教育者	受高中及同等学校教育者	受大学及同等学校教育者	合计
柴家庄		198			7	1				206
东闸子		209								209
西闸子		532	1	1		1	1			536
苏家桥		110								110
邢家庄		180								180
窝村		331								331
颜家集		401								401
牛家庄		237								237
二辛庄		199								199
东佐家		164			1					165
十户		330	1	1						332
刘楷家		167								167

续表

教育程度 村庄名	教育状况不明者	未受教育者	受私塾教育能读家信者	受私塾教育能写家信者	受初小及同等学校教育者	受高小及同等学校教育者	受初中及同等学校教育者	受高中及同等学校教育者	受大学及同等学校教育者	合计
仓廪庄		204			1	1				206
高家庄		143								143
宋家庄		479								479
成家庄		404		2						406
许家道口		355		10						365
高洼庄		188								188
曹家庄		278								278
宋家集		210								210
惠家辛庄		339	1	2						342
段家桥		609								609
第九乡总计		4962	8	1	26					4997
吴家		136								136

续表

教育程度 村庄名	教育状况不明者	未受教育者	受私塾教育能读家信者	受私塾教育能写家信者	受初小及同等学校教育者	受高小及同等学校教育者	受初中及同等学校教育者	受高中及同等学校教育者	受大学及同等学校教育者	合计
西左家		492								492
大碾		366			2					368
于家		248								248
王家		133								133
宋家		318								318
营家		186		1	1					188
萝圈		235								235
辛桥		435								435
王少唐		217								217
杨家庄		184								184
田家		448	4							452
王家寨		90								90

续表

教育程度 村庄名	教育状况不明者	未受教育者	受私塾教育能读家信者	受私塾教育能写家信者	受初小及同等学校教育者	受高小及同等学校教育者	受初中及同等学校教育者	受高中及同等学校教育者	受大学及同等学校教育者	合计
河沟涯		93								93
辛梁镇		539	4		18					561
程和铺		175								175
郝庄		366								366
丁庄		301			5					306
第十乡总计		3751	2	1	41	1				3796
崖镇		299			8					307
杨家庄		164								164
张家庄		340			1					341
郭家庄		135								135
吕家		50								50
孔家		127								127

续表

教育程度／村庄名	教育状况不明者	未受教育者	受私塾教育能读家信者	受私塾教育能写家信者	受初小及同等学校教育者	受高小及同等学校教育者	受初中及同等学校教育者	受高中及同等学校教育者	受大学及同等学校教育者	合计
长槐家		83								83
成家		403			11					414
张德佐家		177								177
崇兴官庄		51								51
孙家庄		163		1	19	1				184
韩家庄		236	1							237
刘聚桥		203	1		1					205
刘家井		229								229
郑家		159								159
马庄		336								336
粉张庄		340			1					341
张家寨		256								256

续表

教育程度 村庄名	教育状况不明者	未受教育者	受私塾教育能读家信者	受私塾教育能写家信者	受初小及同等学校教育者	受高小及同等学校教育者	受初中及同等学校教育者	受高中及同等学校教育者	受大学及同等学校教育者	合计
第十一乡总计		5510	10	1	74	7	1			5603
王伍庄		385	2	1	15	2				405
周家庄		295			11					306
时家庄		299								299
孟家坊		79								79
岳家官庄		56								56
潘家		113								113
安祥庄		155								155
刘家		100								100
大陈家庄		368	2		1	1				372
信家		240			9	2				251
罗家		118	1							119

续表

教育程度／村庄名	教育状况不明者	未受教育者	受私塾教育能读家信者	受私塾教育能写家信者	受初小及同等学校教育者	受高小及同等学校教育者	受初中及同等学校教育者	受高中及同等学校教育者	受大学及同等学校教育者	合计
霍家坡		394			7					401
张家庄		201								201
孙家镇		954	4		13					971
范家庄		183			3					186
道民庄		226								226
陈玉平		135								135
都路平		203					1			204
冯家		353								353
小陈家庄		186								186
王庄		93	1		2					96
刘庄		100			4					104
蔡庄		174			8	2				184

续表

教育程度 / 村庄名	教育状况不明者	未受教育者	受私塾教育能读家信者	受私塾教育能写家信者	受初小及同等学校教育者	受高小及同等学校教育者	受初中及同等学校教育者	受高中及同等学校教育者	受大学及同等学校教育者	合计
李庄		100			1					101
第十二乡总计		4124	6	1	112	2	1			4246
辉李庄		617		1	18					636
李南庄		66	1							67
于何庄		203			1					204
党李庄		240			1		1			242
五户		202			6					208
高家庄		226			1	1				228
大三户		325			16	1				342
小三户		296								296
刘家		46								46
潘家		148			1					149

续表

教育程度／村庄名	教育状况不明者	未受教育者	受私塾教育能读家信者	受私塾教育能写家信者	受初小及同等学校教育者	受高小及同等学校教育者	受初中及同等学校教育者	受高中及同等学校教育者	受大学及同等学校教育者	合计
车郭庄		265	1		28					294
曹家庄		177								177
郑家寨		74								74
打鱼里		302			17					319
赵家庄		242			6					248
腰庄		396	2		17					415
安家庄		299	2							301
第十三乡总计		11194	30	8	63	2	2	1		11300
花沟		930			4			1		935
张家庄		233	1	1	2					237
岳家庄		270	2	1						273
李家庄		20								20

续表

教育程度\村庄名	教育状况不明者	未受教育者	受私塾教育能读家信者	受私塾教育能写家信者	受初小及同等学校教育者	受高小及同等学校教育者	受初中及同等学校教育者	受高中及同等学校教育者	受大学及同等学校教育者	合计
魏家庄		240	1							241
毛旺驻		97								97
天师庄		193								193
沟旺庄		142	1	1						144
任马寨		338		3	3	1				345
吉祥庄		181								181
贾庄		237								237
辛庄		48								48
龙桑树		74								74
前陈家		147								147
后陈家		166								166
吕家庄		159	10							169

续表

教育程度 村庄名	教育状况不明者	未受教育者	受私塾教育能读家信者	受私塾教育能写家信者	受初小及同等学校教育者	受高小及同等学校教育者	受初中及同等学校教育者	受高中及同等学校教育者	受大学及同等学校教育者	合计
前石门		178			2					180
后石门		161								161
郭家坊		81			1					82
杏行		157			2					159
西南四庄		252								252
中南四庄		117								117
东南四庄		216								216
老鸦赵		57								57
杨家庄		205			2					207
曹家庄		186								186
云集官庄		66			1					67
田家官庄		65								65

续表

教育程度 / 村庄名	教育状况不明者	未受教育者	受私塾教育能读家信者	受私塾教育能写家信者	受初小及同等学校教育者	受高小及同等学校教育者	受初中及同等学校教育者	受高中及同等学校教育者	受大学及同等学校教育者	合计
陈家庄		117					1			118
宋家套		359			1					360
大官庄		158			1					159
张家官庄		54								54
胡家官庄		175								175
双柳树		217			2					219
王旺庄		148								148
胡家店		385								385
小胡庄		173								173
宫旺庄		245	12			1				258
高旺庄		311	3		20					334
子林庄		197								197
孙纺庄		271			3					274

续表

教育程度／村庄名	教育状况不明者	未受教育者	受私塾教育能读家信者	受私塾教育能写家信者	受初小及同等学校教育者	受高小及同等学校教育者	受初中及同等学校教育者	受高中及同等学校教育者	受大学及同等学校教育者	合计
贾旺庄		240								240
王家庄		155								155
段家		93								93
贾寨		264								264
龙虎庄		318		2	2		1			323
冯旺庄		209								209
宋旺庄		75								75
李星耀		358			14					372
李家官庄		166								166
田镇		405								405
大庄		45								45
沙高家		338								338
侯家		56								56

续表

教育程度/村庄名	教育状况不明者	未受教育者	受私塾教育能读家信者	受私塾教育能写家信者	受初小及同等学校教育者	受高小及同等学校教育者	受初中及同等学校教育者	受高中及同等学校教育者	受大学及同等学校教育者	合计
马家		148								148
徐家		77								77
石槽		221			1					222
全县	8	81138	126	50	778	60	23	1	1	82185

第六十七表　　各乡本籍人他往男子教育程度统计表

教育程度/乡名	未受教育者	受私塾教育能读家信者	受私塾教育能写家信者	受初小及同等学校教育者	受高小及同等学校教育者	受初中及同等学校教育者	受高中及同等学校教育者	受大学及同等学校教育者	合计
首善乡	147	28	105	84	62	8	4	3	441
第一乡	361	37	182	53	10	3	4		650
第二乡	388	22	43	21	5	4	1		484

续表

教育程度 / 乡名	未受教育者	受私塾教育能读家信者	受私塾教育能写家信者	受初小及同等学校教育者	受高小及同等学校教育者	受初中及同等学校教育者	受高中及同等学校教育者	受大学及同等学校教育者	合计
第三乡	323	45	130	43	10	2			553
第四乡	358	50	198	55	28	5	3	2	699
第五乡	290	82	207	73	20	3		2	677
第六乡	205	21	114	32	5	1			378
第七乡	209	24	151	39	24	8	3	2	460
第八乡	311	15	82	14	10	5	2	1	440
第九乡	167	18	90	26	8	6	1		316
第十乡	71	10	14	8	2	4		1	110
第十一乡	64	9	17	10	9	4	1	3	117
第十二乡	71	1	16	7	7	4	2	1	109
第十三乡	115	7	36	8	7	9	3	7	192
全县	3080	369	1385	473	207	66	24	22	5626
百分数（%）	54.75	6.56	24.63	8.42	3.68	1.18	0.43	0.35	100

第六十八表 **全县各村庄本籍人他往男子教育程度统计表**

教育程度／村庄名	未受教育者	受私塾教育能读家信者	受私塾教育能写家信者	受初小及同等学校教育者	受高小及同等学校教育者	受初中及同等学校教育者	受高中及同等学校教育者	受大学及同等学校教育者	合计
首善乡总计	147	28	105	84	62	8	4	3	441
城里村	32	4	16	15	28	2	1	2	100
言坊村	7	4	3	2	1				17
东关村	15	1	21	11	8	2	1		59
南关村	7		5	12	5	3			32
爱村	5	1	9	11	1				27
美井村	16	4	14	2	3				39
中兴村	13	7	16	13	10		2		61
黛溪村	17	6	7		1				31
三义村	18	1	3	12	3	1			38
北关村	17		11	6	2			1	37
第一乡总计	361	37	182	53	10	3	4		650

当代齐鲁文库·20世纪“乡村建设运动”文库
The Library of Contemporary Shandong
Selected Works of Rural Construction Campaign of the 20th Century
山东社会科学院 编纂

/20

邹平实验县户口调查报告（下）

吴顾毓 编

中国社会科学出版社

邹平实验县
户口调查报告

（下册）

吴顾毓　编

续表

教育程度 村庄名	未受教育者	受私塾教育能读家信者	受私塾教育能写家信者	受初小及同等学校教育者	受高小及同等学校教育者	受初中及同等学校教育者	受高中及同等学校教育者	受大学及同等学校教育者	合计
韩家坊	21		3		1				25
大李家	43	6	21						70
张家山	28		3						31
十里铺	12		11	5					28
张家庄	14		2	1		1			18
高家庄	3	1	2						6
王家庄	12	5	5		2				24
聚和庄	6		5						11
马家庄	7								7
韦家庄	12	5	19	8	3		2		49
富盛庄			3						3
成庄	4								4

续表

村庄名＼教育程度	未受教育者	受私塾教育能读家信者	受私塾教育能写家信者	受初小及同等学校教育者	受高小及同等学校教育者	受初中及同等学校教育者	受高中及同等学校教育者	受大学及同等学校教育者	合计
刘家庄	13	2	4	1					20
郭庄	27	5	38		2	2			74
黄家营	21		4	2					27
樊家庄	8	1	21	2					32
鲁家泉	9	1	9	1					20
石家庄	61	10		13	1				85
贺家庄	16	1	17	3					37
姜家洞	4								4
碑楼会仙	40		15	17	1		2		75
第二乡总计	388	22	43	21	5	4	1		484
青阳店	67		10		1				78
董家庄	52	6	4	1	2				65

续表

村庄名＼教育程度	未受教育者	受私塾教育能读家信者	受私塾教育能写家信者	受初小及同等学校教育者	受高小及同等学校教育者	受初中及同等学校教育者	受高中及同等学校教育者	受大学及同等学校教育者	合计
韩家庄	6	1	8	7					22
新立庄	7	1							8
贾庄	8			3					11
许山铺	31					1			32
刘家庄	46	1	3	3					53
马步庄	5	2	4						11
钟家庄	37	7							44
耿家庄	16		2						18
东窝驼	43	1	7						51
西窝驼	1								1
代庄	10			2	2	1			15
徐家庄	3		3	1		1	1		9

续表

教育程度／村庄名	未受教育者	受私塾教育能读家信者	受私塾教育能写家信者	受初小及同等学校教育者	受高小及同等学校教育者	受初中及同等学校教育者	受高中及同等学校教育者	受大学及同等学校教育者	合计
郭庄	14			1					15
化庄	11	2	1			1			15
陈家庄	31	1	1	3					36
第三乡总计	323	45	130	43	10	2			553
西赵家庄	8	1	8		1				18
黄家河滩	14	2	5		1				22
吉祥庄	3	1	2	1	1				8
上娄	21	2							23
下娄	18		8	2	1				29
杏林庄	17								17
郭庄	15	4							19
秦家沟	12	1	6	1					20

续表

村庄名＼教育程度	未受教育者	受私塾教育能读家信者	受私塾教育能写家信者	受初小及同等学校教育者	受高小及同等学校教育者	受初中及同等学校教育者	受高中及同等学校教育者	受大学及同等学校教育者	合计
聚仙庄	9	1							10
贺家庄	4	2	8						14
太和庄	6		7						13
孙家峪	9		4			1			14
象伏庄	24	1	3						28
象山前	28	2	6	5	3				44
芦泉	6	2	1						9
王家庄	1								1
石家庄	17	3	14	18					52
冯家庄	6		5	1	1				13
丁家庄	16		4	7	1				28
东赵家庄	16		2	1		1			20

续表

教育程度 村庄名	未受教育者	受私塾教育能读家信者	受私塾教育能写家信者	受初小及同等学校教育者	受高小及同等学校教育者	受初中及同等学校教育者	受高中及同等学校教育者	受大学及同等学校教育者	合计
崔家营	21	10	7	3					41
崔家庄	12	8	13						33
抱印庄	5		6		1				12
李家庄	7	1	8	4					20
郎君庄	28	4	13						45
第四乡总计	358	50	198	55	28	5	3	2	699
南逯庄	37	5	36	7	10	3		2	100
中逯庄	11	1	8		1				21
北逯庄	31								31
太和庄	9		8	5					22
陈河涯	2	1	3						6
平原庄	11	12		5	3		1		32

续表

教育程度村庄名	未受教育者	受私塾教育能读家信者	受私塾教育能写家信者	受初小及同等学校教育者	受高小及同等学校教育者	受初中及同等学校教育者	受高中及同等学校教育者	受大学及同等学校教育者	合计
蒙家庄	10	4	6						20
大杨庄	1	2	1						4
小杨堤	12	7	12	1					32
东杨堤	14	2	8	3		1			28
西杨堤	23	3		1					27
见埠庄	34	3	19	11	4	1	2		74
杨家庄	2	2		2					6
代家庄	1	1	3	1	2				8
杨家寨	3								3
刘家庄	17		6						23
高家庄	7		6		1				14
韩家庄	28		12						40

续表

教育程度／村庄名	未受教育者	受私塾教育能读家信者	受私塾教育能写家信者	受初小及同等学校教育者	受高小及同等学校教育者	受初中及同等学校教育者	受高中及同等学校教育者	受大学及同等学校教育者	合计
北唐	13	1	1						15
南唐	3	1	3	2					9
樊家庄	20	1	35	11	1				68
东禾	7	2	1		1				11
西禾	3	1	2	3					9
北禾	18	1	13	3	1				36
段家庄	17		4						21
柳泉庄	23		11		4				38
于齐庄	1								1
第五乡总计	290	82	207	73	20	3		2	677
黄山前	51		21	12	2				86
侯家庄	11		1						12

续表

教育程度／村庄名	未受教育者	受私塾教育能读家信者	受私塾教育能写家信者	受初小及同等学校教育者	受高小及同等学校教育者	受初中及同等学校教育者	受高中及同等学校教育者	受大学及同等学校教育者	合计
代庄	1		8						9
孙家庄	7		7	6	1			1	22
景家庄	11		26	8	1				46
周家庄	10		5	2	3	1			21
乔木庄	9		14						23
月河庄			1						1
小吕家庄	1								1
石家庄	12		6	2	2	1		1	24
鲍家庄	10	1	13						24
盖家庄	12		24	1	1				38
鄢家庄	26	9	10	14	4				63
东范庄	58	18	45	14	2				137

续表

教育程度／村庄名	未受教育者	受私塾教育能读家信者	受私塾教育能写家信者	受初小及同等学校教育者	受高小及同等学校教育者	受初中及同等学校教育者	受高中及同等学校教育者	受大学及同等学校教育者	合计
南范庄	31	39	5	5	1				81
西范庄	4		3	1					8
北范庄	23	10	15						48
七里铺	13	5	3	8	3	1			33
第六乡总计	205	21	114	32	5	1			378
小店	26	3	28	2					59
杨村	7	4	3	4					18
穆王庄	15	2		5	1				23
魏家庄	24								24
刁家庄	2	2							4
宋家庄	1		2	7					10
郭家庄	17	2	8	9		1			37

续表

教育程度／村庄名	未受教育者	受私塾教育能读家信者	受私塾教育能写家信者	受初小及同等学校教育者	受高小及同等学校教育者	受初中及同等学校教育者	受高中及同等学校教育者	受大学及同等学校教育者	合计
毛张庄	6	1	5	1					13
刘家道口	6		1		1				8
纪家庄	4		3	1					8
韩家庄	10	4	25	1					40
曹家小庄	21		5						26
崔家庄	10		6		1				17
东言礼	9	3	5	1					18
西言礼	20		16		2				38
黄鹂庄	18		5	1					24
张家套	9		2						11
第七乡总计	209	24	151	39	24	8	3	2	460
韩家店	9	2	1						12

续表

教育程度 / 村庄名	未受教育者	受私塾教育能读家信者	受私塾教育能写家信者	受初小及同等学校教育者	受高小及同等学校教育者	受初中及同等学校教育者	受高中及同等学校教育者	受大学及同等学校教育者	合计
青眉庄	1	1			1				3
西王家庄	2		1						3
小王驼	3		2						5
东韦家	2								2
东白家	1								1
木王庄			1						1
甲子庄	3		1	1					5
西韦家	2		1		1				4
大白	1	1	1						3
小白	1					1			2
宋家庄	6		3						9
上口	11			1					12

续表

教育程度／村庄名	未受教育者	受私塾教育能读家信者	受私塾教育能写家信者	受初小及同等学校教育者	受高小及同等学校教育者	受初中及同等学校教育者	受高中及同等学校教育者	受大学及同等学校教育者	合计
前城子	18	1	41	4	9	1			74
后城子	11	1	8		3				23
马庄	22	6	22	8					58
滕家庄	28		6	11	4	4	3		56
萧家庄	45	8	47	3	3				106
开河	9	1	2						12
小言庄	2								2
东王家庄	10	2	4	2					18
颜家桥	5			1					6
冯家庄	3	1	5	3					12
邱家				2	1				3
官家庄	2					1		2	5

续表

教育程度 / 村庄名	未受教育者	受私塾教育能读家信者	受私塾教育能写家信者	受初小及同等学校教育者	受高小及同等学校教育者	受初中及同等学校教育者	受高中及同等学校教育者	受大学及同等学校教育者	合计
耿家庄	2				1				3
姚家庄	3		2	2					7
释家套	2		1	1		1			5
旧口			1		1				2
袁家屋子	5		1						6
第八乡总计	311	15	82	14	10	5	2	1	440
明家集	4	1			2				7
耿家庄	7		3	1	1		1		13
牛家官庄	7		1						8
田家庄	11		6						17
小张官庄	3		1			1			5
兰芝里	10		5		5				20

续表

村庄名＼教育程度	未受教育者	受私塾教育能读家信者	受私塾教育能写家信者	受初小及同等学校教育者	受高小及同等学校教育者	受初中及同等学校教育者	受高中及同等学校教育者	受大学及同等学校教育者	合计
解家庄	19		3		1				23
柴家庄	3	1	4						8
东闸子	8								8
西闸子	17								17
苏家桥	1		1						2
邢家庄	8	2	2						12
窝村	16			3					19
颜家集	14	3							17
牛家庄	1								1
二辛庄	2	1	3						6
东佐家			2	1					3
十户	10	2	3	3		1			19

续表

教育程度 / 村庄名	未受教育者	受私塾教育能读家信者	受私塾教育能写家信者	受初小及同等学校教育者	受高小及同等学校教育者	受初中及同等学校教育者	受高中及同等学校教育者	受大学及同等学校教育者	合计
刘楷家			1	1					2
仓廪庄	1		1						2
高家庄	7		1						8
宋家庄	12		1	1					14
成家庄	6		2						8
许家道口	34		7	2		3			46
高洼庄	13	3							16
曹家庄	10	1	11						22
宋家集	27		1						28
惠家辛庄	9	1	4		1		1	1	17
段家桥	51		19	2					72
第九乡总计	167	18	90	26	8	6	1		316

续表

教育程度／村庄名	未受教育者	受私塾教育能读家信者	受私塾教育能写家信者	受初小及同等学校教育者	受高小及同等学校教育者	受初中及同等学校教育者	受高中及同等学校教育者	受大学及同等学校教育者	合计
吴家	3		7						10
西左家	11	4	9						24
大碾	31	1	6	1	1	1			41
于家	1		8			1			10
王家	3		6	1					10
宋家	6	1	1	2		3			13
营家	8		2	2	1				13
萝圈	20	2	6	2	1				31
辛桥	28								28
王少唐	4	1	4	2		1			12
杨家庄	2	1	2	2					7
田家	6	2	8						16

续表

村庄名＼教育程度	未受教育者	受私塾教育能读家信者	受私塾教育能写家信者	受初小及同等学校教育者	受高小及同等学校教育者	受初中及同等学校教育者	受高中及同等学校教育者	受大学及同等学校教育者	合计
王家寨	7		6						13
河沟涯				2	1		1		4
辛梁镇	5	2	1		2				10
程和铺	7		4						11
郝庄	17		12	1					30
丁庄	8	4	8	11	2				33
第十乡总计	71	10	14	8	2	4		1	110
崖镇	12			1		1			14
杨家庄	6								6
张家庄	6		2	2		1			11
郭家庄	2								2
孔家	1								1

续表

教育程度／村庄名	未受教育者	受私塾教育能读家信者	受私塾教育能写家信者	受初小及同等学校教育者	受高小及同等学校教育者	受初中及同等学校教育者	受高中及同等学校教育者	受大学及同等学校教育者	合计
长槐家	1				1				2
成家	4					2			6
张德佐家	1		5						6
崇兴官庄	1								1
孙家庄	1								1
韩家庄	6	1							7
刘聚桥	5		1						6
刘家井	3	3							6
郑家	5		3						8
马庄	5	6		2					13
粉张庄	6		3	3	1			1	14
张家寨	6								6

续表

教育程度 / 村庄名	未受教育者	受私塾教育能读家信者	受私塾教育能写家信者	受初小及同等学校教育者	受高小及同等学校教育者	受初中及同等学校教育者	受高中及同等学校教育者	受大学及同等学校教育者	合计
第十一乡总计	64	9	17	10	9	4	1	3	117
王伍庄	4		6		1	2	1	1	15
周家庄	1			1	1				3
时家庄	10	1	1	1	1	1		1	16
孟家坊				2					2
岳家官庄	1	2							3
潘家	4			1					5
安祥庄	6				1				7
刘家	1	1			1	1		1	5
大陈家庄			2						2
信家	3	1		1					5
罗家	2		1						3

续表

教育程度 / 村庄名	未受教育者	受私塾教育能读家信者	受私塾教育能写家信者	受初小及同等学校教育者	受高小及同等学校教育者	受初中及同等学校教育者	受高中及同等学校教育者	受大学及同等学校教育者	合计
霍家坡	2	1		1	4				8
张家庄	2								2
孙家镇	8	2	4						14
范家庄	2								2
道民庄	1		1						2
陈玉平	1								1
都路平	4			1					5
冯家	4								4
小陈家庄	5								5
王庄	1								1
刘庄	2			1					3
蔡庄		1		1					2

续表

教育程度／村庄名	未受教育者	受私塾教育能读家信者	受私塾教育能写家信者	受初小及同等学校教育者	受高小及同等学校教育者	受初中及同等学校教育者	受高中及同等学校教育者	受大学及同等学校教育者	合计
李庄			2						2
第十二乡总计	71	1	16	7	7	4	2	1	109
辉李庄	17		4	1		2			24
李南庄	3		1						4
于何庄	6		3		1				10
党李庄	1				1			1	3
五户	1								1
高家庄	7		1	1		1			10
大三户	5								5
小三户	2								2
东郭庄	1		1				1		3
郑家寨	1				1				2

续表

教育程度 村庄名	未受教育者	受私塾教育能读家信者	受私塾教育能写家信者	受初小及同等学校教育者	受高小及同等学校教育者	受初中及同等学校教育者	受高中及同等学校教育者	受大学及同等学校教育者	合计
打鱼里	9		2	1	3		1		16
赵家庄	2		1	2					5
腰庄	6	1	3						10
安家庄	10			2	1	1			14
第十三乡总计	115	7	36	8	7	9	3	7	192
花沟	10				1				11
张家庄	2	1							3
魏家庄	1		3						4
天师庄	3	2							5
沟旺庄	3							4	7
任马寨	4		4						8
吉祥庄	1								1

续表

教育程度 村庄名	未受教育者	受私塾教育能读家信者	受私塾教育能写家信者	受初小及同等学校教育者	受高小及同等学校教育者	受初中及同等学校教育者	受高中及同等学校教育者	受大学及同等学校教育者	合计
贾庄	4		1	1					6
龙桑树				2	1	1	1		5
前陈家				1					1
后陈家	1			1					2
吕家庄	3								3
后石门	1		1			1			3
郭家坊	2	1		1		2			6
杏行	3					1			4
西南四庄	2		2						4
中南四庄	2			1					3
东南四庄	2		1						3
老鸦赵	3								3

续表

教育程度／村庄名	未受教育者	受私塾教育能读家信者	受私塾教育能写家信者	受初小及同等学校教育者	受高小及同等学校教育者	受初中及同等学校教育者	受高中及同等学校教育者	受大学及同等学校教育者	合计
曹家庄					1	1			2
云集官庄	1								1
田家官庄	1								1
宋家套	8		5		1		1	1	16
大官庄					1				1
张家官庄	1		1						2
胡家官庄	1								1
双柳树	3					1			4
胡家店	5		1						6
小胡庄	2								2
宫旺庄	2						1		3
高旺庄	3	1	5						9

续表

村庄名 \ 教育程度	未受教育者	受私塾教育能读家信者	受私塾教育能写家信者	受初小及同等学校教育者	受高小及同等学校教育者	受初中及同等学校教育者	受高中及同等学校教育者	受大学及同等学校教育者	合计
于林庄	1		1						2
孙纺庄	4								4
贾旺庄	2		3						5
段家	1	1	1						3
贾寨	1		1						2
龙虎庄	1		1			1		2	5
冯旺庄	4								4
李星耀	1	1							2
李家官庄	2		1						3
田镇	4		2	1	2	1			10
沙高家	9								9
马家	7								7

续表

教育程度 / 村庄名	未受教育者	受私塾教育能读家信者	受私塾教育能写家信者	受初小及同等学校教育者	受高小及同等学校教育者	受初中及同等学校教育者	受高中及同等学校教育者	受大学及同等学校教育者	合计
徐家	3		1						4
石槽	1		1						2
全县	3080	369	1385	473	207	66	24	22	5626

第六十九表　各乡本籍人他往女子教育程度统计表

教育程度 / 乡名	未受教育者	受私塾教育能读家信者	受私塾教育能写家信者	受初小及同等学校教育者	受高小及同等学校教育者	受初中及同等学校教育者	受高中及同等学校教育者	合计
首善乡	28	3	2			2		35
第一乡	26		1	1			1	29
第二乡	18							18
第三乡	42		1	1	1			45

续表

教育程度 乡名	未受教育者	受私塾教育能读家信者	受私塾教育能写家信者	受初小及同等学校教育者	受高小及同等学校教育者	受初中及同等学校教育者	受高中及同等学校教育者	合计
第四乡	56		1		2	1		60
第五乡	55			1				56
第六乡	1							1
第七乡	12				2			14
第八乡	16							16
第九乡	14	1						15
第十乡	2		1					3
第十一乡	4						2	6
第十二乡	8							8
第十三乡	18			1	1	2	1	23
全县	300	4	6	4	6	5	4	329
百分数（%）	91.18	1.22	1.82	1.22	1.82	1.52	1.22	100

第七十表

全县各村庄本籍人他往女子教育程度统计表

教育程度 / 村庄名	未受教育者	受私塾教育能读家信者	受私塾教育能写家信者	受初小及同等学校教育者	受高小及同等学校教育者	受初中及同等学校教育者	受高中及同等学校教育者	合计
首善乡总计	28	3	2			2		35
城里村	6	1				2		9
言坊村	1							1
东关村	5							5
爱山村	1							1
美井村	1							1
中兴村	4							4
黛溪村	3	1						4
三义村	1							1
北关村	6	1	2					9
第一乡总计	26		1	1			1	29
韩家坊	1							1

续表

教育程度 / 村庄名	未受教育者	受私塾教育能读家信者	受私塾教育能写家信者	受初小及同等学校教育者	受高小及同等学校教育者	受初中及同等学校教育者	受高中及同等学校教育者	合计
大李家				1				1
张家山	1							1
十里铺	2							2
王家庄	1							1
韦家庄	2							2
富盛庄	1		1					2
樊家庄	3							3
鲁家泉	2							2
石家庄	8							8
贺家庄	2							2
碑楼会仙	3						1	4
第二乡总计	18							18

续表

教育程度 / 村庄名	未受教育者	受私塾教育能读家信者	受私塾教育能写家信者	受初小及同等学校教育者	受高小及同等学校教育者	受初中及同等学校教育者	受高中及同等学校教育者	合计
青阳店	4							4
董家庄	5							5
韩家庄	1							1
新立庄	1							1
贾庄	1							1
浒山铺	1							1
东窝驼	1							1
徐家庄	2							2
郭庄	1							1
陈家庄	1							1
第三乡总计	42		1	1	1			45
黄家河滩	8							8

续表

教育程度 村庄名	未受教育者	受私塾教育能读家信者	受私塾教育能写家信者	受初小及同等学校教育者	受高小及同等学校教育者	受初中及同等学校教育者	受高中及同等学校教育者	合计
吉祥庄	2							2
下娄	2							2
杏林庄	4							4
郭庄					1			1
秦家沟	1							1
孙家峪	1							1
象山前	4							4
石家庄	9		1	1				11
冯家庄	2							2
东赵家庄	3							3
崔家营	2							2
崔家庄	1							1

续表

教育程度／村庄名	未受教育者	受私塾教育能读家信者	受私塾教育能写家信者	受初小及同等学校教育者	受高小及同等学校教育者	受初中及同等学校教育者	受高中及同等学校教育者	合计
郎君庄	3							3
第四乡总计	56		1		2	1		60
南逯庄	12		1		2	1		16
中逯庄	2							2
平原庄	3							3
蒙家庄	1							1
大杨堤	1							1
小杨堤	1							1
东杨堤	5							5
西杨堤	1							1
见埠庄	5							5
杨家庄	1							1

续表

教育程度 村庄名	未受教育者	受私塾教育能读家信者	受私塾教育能写家信者	受初小及同等学校教育者	受高小及同等学校教育者	受初中及同等学校教育者	受高中及同等学校教育者	合计
代家庄	2							2
杨家寨	1							1
南唐	5							5
樊家庄	9							9
东禾	1							1
西禾	3							3
北禾	2							2
柳泉庄	1							1
第五乡总计	55			1				56
黄山前	4							4
孙家庄	1							1
景家庄	4							4

续表

教育程度／村庄名	未受教育者	受私塾教育能读家信者	受私塾教育能写家信者	受初小及同等学校教育者	受高小及同等学校教育者	受初中及同等学校教育者	受高中及同等学校教育者	合计
周家庄	1							1
乔木庄	3							3
石家庄	6							6
盖家庄	8							8
鄢家庄	3							3
东范庄	11							11
南范庄	2			1				3
西范庄	2							2
北范庄	9							9
七里铺	1							1
第六乡总计	1							1
穆王庄	1							1

续表

教育程度＼村庄名	未受教育者	受私塾教育能读家信者	受私塾教育能写家信者	受初小及同等学校教育者	受高小及同等学校教育者	受初中及同等学校教育者	受高中及同等学校教育者	合计
第七乡总计	12				2			14
赵家庄	1							1
小王驼	1							1
东韦家	1							1
甲子庄	1							1
前城子	1							1
滕家庄	1				1			2
萧家庄	3							3
开河	1							1
官家庄					1			1
释家套	1							1
袁家屋子	1							1

续表

教育程度 村庄名	未受教育者	受私塾教育能读家信者	受私塾教育能写家信者	受初小及同等学校教育者	受高小及同等学校教育者	受初中及同等学校教育者	受高中及同等学校教育者	合计
第八乡总计	16							16
小张官庄	3							3
西闸子	2							2
窝村	2							2
颜家集	1							1
许家道口	2							2
高洼庄	1							1
曹家庄	1							1
宋家集	1							1
惠家辛庄	1							1
段家桥	2							2
第九乡总计	14	1						15

续表

村庄名 \ 教育程度	未受教育者	受私塾教育能读家信者	受私塾教育能写家信者	受初小及同等学校教育者	受高小及同等学校教育者	受初中及同等学校教育者	受高中及同等学校教育者	合计
吴家	1							1
大碾	2							2
宋家	4							4
菅家	2	1						3
辛梁镇	3							3
郝庄	2							2
第十乡总计	2		1					3
张家庄	1							1
崇兴官庄	1							1
粉张庄			1					1
第十一乡总计	4						2	6
时家庄	1							1
潘家	1							1

续表

教育程度 / 村庄名	未受教育者	受私塾教育能读家信者	受私塾教育能写家信者	受初小及同等学校教育者	受高小及同等学校教育者	受初中及同等学校教育者	受高中及同等学校教育者	合计
小陈家庄	1							1
蔡庄	1						2	3
第十二乡总计	8							8
于何庄	1							1
高家庄	2							2
打鱼里	5							5
第十三乡总计	18			1	1	2	1	23
花沟	10							10
沟旺庄						1		1
郭家坊	1			1	1			3
西南四庄	2							2
中南四庄	4							4
杨家庄	1							1

续表

教育程度 村庄名	未受教育者	受私塾教育能读家信者	受私塾教育能写家信者	受初小及同等学校教育者	受高小及同等学校教育者	受初中及同等学校教育者	受高中及同等学校教育者	合计
宋家套							1	1
龙虎庄						1		1
全县	300	4	6	4	6	5	4	329

第七十一表　各乡寄籍人现住男子教育程度统计表

教育程度 村庄名	未受教育者	受私塾教育能读家信者	受私塾教育能写家信者	受初小及同等学校教育者	受高小及同等学校教育者	受初中及同等学校教育者	受高中及同等学校教育者	受大学及同等学校教育者	受研究院教育者	受国外教育者	合计
首善乡	68	6	9	13	4	7	3	9		3	2	124
第一乡	15	1										16
第二乡	11											11

续表

教育程度 村庄名	未受教育者	受私塾教育能读家信者	受私塾教育能写家信者	受初小及同等学校教育者	受高小及同等学校教育者	受初中及同等学校教育者	受高中及同等学校教育者	受大学及同等学校教育者	受研究院教育者	受国外教育者	合计
第三乡	24		1	1							26
第四乡	27		1								28
第五乡	22										22
第六乡	11		1	1							13
第七乡	30			2							32
第八乡	19										19
第九乡	51	2	2								55
第十乡	10										10
第十一乡	42	2									44
第十二乡	24	1									25
第十三乡	22										22
全县	376	12	14	17	4	7	3	9	3	2	447
百分数（%）	84.12	2.68	3.13	3.80	0.89	1.57	0.67	2.02	0.67	0.45	100

第七十二表 **全县各村庄寄籍人现住男子教育程度统计表**

教育程度／村庄名	未受教育者	受私塾教育能读家信者	受私塾教育能写家信者	受初小及同等学校教育者	受高小及同等学校教育者	受初中及同等学校教育者	受高中及同等学校教育者	受大学及同等学校教育者	受研究院教育者	受国外教育者	合计
首善乡总计	68	6	9	13	4	7	3	9	3	2	124
城里村	26	6	5	12	4	6	3	9	3	2	76
东关村	11		2			1					14
南关村	12										12
中兴村	13		1	1							15
黛溪村	6										6
三义村			1								1
第一乡总计	15	1									16
韩家坊	5										5
张家山	3										3
十里铺	2										2

续表

教育程度 村庄名	未受教育者	受私塾教育能读家信者	受私塾教育能写家信者	受初小及同等学校教育者	受高小及同等学校教育者	受初中及同等学校教育者	受高中及同等学校教育者	受大学及同等学校教育者	受研究院教育者	受国外教育者	合计
接官亭	1										1
韦家庄		1									1
富盛庄	2										2
碑楼会仙	2										2
第二乡总计	11										11
青阳店	3										3
韩家庄	4										4
代庄	3										3
陈家庄	1										1
第三乡总计	24	1		1							26
西赵家庄	4										4
象山前	3										3

续表

教育程度 / 村庄名	未受教育者	受私塾教育能读家信者	受私塾教育能写家信者	受初小及同等学校教育者	受高小及同等学校教育者	受初中及同等学校教育者	受高中及同等学校教育者	受大学及同等学校教育者	受研究院教育者	受国外教育者	合计
石家庄	6										6
冯家庄	1		1								2
丁家庄	7			1							8
东赵家庄	2										2
崔家营	1										1
第四乡总计	27		1								28
南逯庄	2										2
北逯庄	4										4
平原庄	1										1
蒙家庄	2										2
东杨堤	4										4
韩家庄	9		1								10

续表

教育程度 / 村庄名	未受教育者	受私塾教育能读家信者	受私塾教育能写家信者	受初小及同等学校教育者	受高小及同等学校教育者	受初中及同等学校教育者	受高中及同等学校教育者	受大学及同等学校教育者	受研究院教育者	受国外教育者	合计
北唐	5										5
第五乡总计	22										22
黄山前	1										1
乔木庄	4										4
石家庄	2										2
盖家庄	6										6
东范庄	4										4
西范庄	3										3
北范庄	2										2
第六乡总计	11		1	1							13
毛张庄	2										2
东言礼	2		1	1							4

续表

教育程度／村庄名	未受教育者	受私塾教育能读家信者	受私塾教育能写家信者	受初小及同等学校教育者	受高小及同等学校教育者	受初中及同等学校教育者	受高中及同等学校教育者	受大学及同等学校教育者	受研究院教育者	受国外教育者	合计
西言礼	2										2
黄鹂庄	3										3
张家套	2										2
第七乡总计	30			2							32
韩家店	4										4
西王家庄	1										1
小王驼	5										5
木王庄	5										5
大白	2										2
后城子	2										2
开河	1										1
小言庄	1										1

续表

教育程度 / 村庄名	未受教育者	受私塾教育能读家信者	受私塾教育能写家信者	受初小及同等学校教育者	受高小及同等学校教育者	受初中及同等学校教育者	受高中及同等学校教育者	受大学及同等学校教育者	受研究院教育者	受国外教育者	合计
冯家庄	3			1							4
邱家	1										1
姚家庄	4			1							5
释家套	1										1
第八乡总计	19										19
耿家庄	10										10
牛家官庄	1										1
柴家庄	2										2
邢家庄	4										4
二辛庄	1										1
仓廪庄	1										1
第九乡总计	51	2	2								55

续表

村庄名 \ 教育程度	未受教育者	受私塾教育能读家信者	受私塾教育能写家信者	受初小及同等学校教育者	受高小及同等学校教育者	受初中及同等学校教育者	受高中及同等学校教育者	受大学及同等学校教育者	受研究院教育者	受国外教育者	合计
西左家	5										5
大碾	6		1								7
于家	3	1									4
萝圈	2										2
王少唐	3	1									4
杨家庄	4										4
王家寨	6										6
辛梁镇	18		1								19
丁庄	4										4
第十乡总计	10										10
孔家	2										2

续表

教育程度／村庄名	未受教育者	受私塾教育能读家信者	受私塾教育能写家信者	受初小及同等学校教育者	受高小及同等学校教育者	受初中及同等学校教育者	受高中及同等学校教育者	受大学及同等学校教育者	受研究院教育者	受国外教育者	合计
张德佐家	4										4
刘聚桥	1										1
张家寨	3										3
第十一乡总计	42	2									44
王伍庄	3										3
时家庄	7										7
孟家坊	8										8
大陈家庄	2										2
张家庄	3										3
孙家镇	14	1									15
都路平	2										2

续表

教育程度 / 村庄名	未受教育者	受私塾教育能读家信者	受私塾教育能写家信者	受初小及同等学校教育者	受高小及同等学校教育者	受初中及同等学校教育者	受高中及同等学校教育者	受大学及同等学校教育者	受研究院教育者	受国外教育者	合计
王庄	1	1									2
刘庄	2										2
第十二乡总计	24	1									25
辉李庄	2										2
高家庄	2										2
大三户	4										4
小三户	5										5
刘家	2										2
车郭庄	6										6
打鱼里	3										3
赵家庄		1									1

续表

教育程度 / 村庄名	未受教育者	受私塾教育能读家信者	受私塾教育能写家信者	受初小及同等学校教育者	受高小及同等学校教育者	受初中及同等学校教育者	受高中及同等学校教育者	受大学及同等学校教育者	受研究院教育者	受国外教育者	合计
第十三乡总计	22										22
花沟	1										1
贾庄	3										3
前陈家	5										5
前石门	5										5
后石门	3										3
郭家坊	1										1
西南四庄	1										1
曹家庄	2										2
大官庄	1										1
全县	376	12	14	17	4	7	3	9	3	2	447

第七十三表 各乡寄籍人现住女子教育程度统计表

教育程度 村庄名	未受教育者	受私塾教育能读家信者	受私塾教育能写家信者	受初小及同等学校教育者	受高小及同等学校教育者	受初中及同等学校教育者	受高中及同等学校教育者	受大学及同等学校教育者	受国外教育者	合计
首善乡	85	3	3	11	6	4	2	4	1	119
第一乡	11									11
第二乡	10									10
第三乡	20		1							21
第四乡	26									26
第五乡	19			1						20
第六乡	26									26
第七乡	26			1						27
第八乡	9									9
第九乡	57									57
第十乡	8									8
第十一乡	36									36

续表

教育程度 村庄名	未受教育者	受私塾教育能读家信者	受私塾教育能写家信者	受初小及同等学校教育者	受高小及同等学校教育者	受初中及同等学校教育者	受高中及同等学校教育者	受大学及同等学校教育者	受国外教育者	合计
第十二乡	19									19
第十三乡	24									24
全县	376	3	4	13	6	4	2	4	1	413
百分数（%）	91.05	0.72	0.97	3.15	1.45	0.97	0.48	0.97	0.24	100

第七十四表　全县各村庄寄籍人现住女子教育程度统计表

教育程度 村庄名	未受教育者	受私塾教育能读家信者	受私塾教育能写家信者	受初小及同等学校教育者	受高小及同等学校教育者	受初中及同等学校教育者	受高中及同等学校教育者	受大学及同等学校教育者	受国外教育者	合计
首善乡总计	85	3	3	11	6	4	2	4	1	119
城里村	50	3	1	9	6	3	2	4	1	79
东关村	12		1	2		1				16

续表

教育程度 村庄名	未受教育者	受私塾教育能读家信者	受私塾教育能写家信者	受初小及同等学校教育者	受高小及同等学校教育者	受初中及同等学校教育者	受高中及同等学校教育者	受大学及同等学校教育者	受国外教育者	合计
南关村	8									8
中兴村	8									8
黛溪村	7									7
三义村			1							1
第一乡总计	11									11
韩家坊	3									3
张家山	3									3
接官亭	1									1
韦家庄	1									1
富盛庄	1									1
樊家庄	1									1
碑楼会仙	1									1

续表

教育程度 村庄名	未受教育者	受私塾教育能读家信者	受私塾教育能写家信者	受初小及同等学校教育者	受高小及同等学校教育者	受初中及同等学校教育者	受高中及同等学校教育者	受大学及同等学校教育者	受国外教育者	合计
第二乡总计	10									10
青阳店	2									2
韩家庄	3									3
代庄	3									3
陈家庄	2									2
第三乡总计	20		1							21
西赵家庄	2									2
秦家沟	1									1
象山前	2									2
石家庄	3									3
冯家庄	1		1							2
丁家庄	8									8

续表

教育程度 村庄名	未受教育者	受私塾教育能读家信者	受私塾教育能写家信者	受初小及同等学校教育者	受高小及同等学校教育者	受初中及同等学校教育者	受高中及同等学校教育者	受大学及同等学校教育者	受国外教育者	合计
东赵家庄	2									2
崔家庄	1									1
第四乡总计	26									26
南逯庄	3									3
北逯庄	4									4
平原庄	2									2
蒙家庄	4									4
东杨堤	3									3
韩家庄	9									9
北唐	1									1
第五乡总计	19			1						20
黄山前	1									1

续表

教育程度 / 村庄名	未受教育者	受私塾教育能读家信者	受私塾教育能写家信者	受初小及同等学校教育者	受高小及同等学校教育者	受初中及同等学校教育者	受高中及同等学校教育者	受大学及同等学校教育者	受国外教育者	合计
乔木庄	3									3
石家庄	2			1						3
盖家庄	4									4
东范庄	4									4
西范庄	2									2
北范庄	3									3
第六乡总计	26									26
毛张庄	1									1
东言礼	12									12
张家套	13									13
第七乡总计	26			1						27
韩家店	1									1
西王家庄	1									1

续表

教育程度 村庄名	未受教育者	受私塾教育能读家信者	受私塾教育能写家信者	受初小及同等学校教育者	受高小及同等学校教育者	受初中及同等学校教育者	受高中及同等学校教育者	受大学及同等学校教育者	受国外教育者	合计
小王驼	4									4
木王庄	2									2
大白	4									4
后城子	2									2
开河	2									2
小言庄	1									1
冯家庄	2			1						3
邱家	3									3
姚家庄	3									3
释家套	1									1
第八乡总计	9									9
耿家庄	3									3
牛家官庄	1									1

续表

教育程度／村庄名	未受教育者	受私塾教育能读家信者	受私塾教育能写家信者	受初小及同等学校教育者	受高小及同等学校教育者	受初中及同等学校教育者	受高中及同等学校教育者	受大学及同等学校教育者	受国外教育者	合计
邢家庄	3									3
二辛庄	1									1
仓廪庄	1									1
第九乡总计	57									57
西左家	5									5
大碾	3									3
于家	2									2
萝圈	3									3
王少唐	5									5
杨家庄	5									5
王家寨	9									9
辛梁镇	21									21
丁庄	4									4

续表

教育程度村庄名	未受教育者	受私塾教育能读家信者	受私塾教育能写家信者	受初小及同等学校教育者	受高小及同等学校教育者	受初中及同等学校教育者	受高中及同等学校教育者	受大学及同等学校教育者	受国外教育者	合计
第十乡总计	8									8
孔家	1									1
成家	2									2
张德佐家	3									3
刘聚桥	1									1
张家寨	1									1
第十一乡总计	36									36
王伍庄	2									2
时家庄	9									9
孟家坊	2									2
大陈家庄	6									6
张家庄	1									1
孙家镇	13									13

续表

教育程度／村庄名	未受教育者	受私塾教育能读家信者	受私塾教育能写家信者	受初小及同等学校教育者	受高小及同等学校教育者	受初中及同等学校教育者	受高中及同等学校教育者	受大学及同等学校教育者	受国外教育者	合计
都路平	1									1
王庄	1									1
刘庄	1									1
第十二乡总计	19									19
辉李庄	1									1
高家庄	4									4
大三户	2									2
小三户	4									4
刘家	1									1
车郭庄	2									2
打鱼里	5									5
第十三乡总计	24									24

续表

教育程度 村庄名	未受教育者	受私塾教育能读家信者	受私塾教育能写家信者	受初小及同等学校教育者	受高小及同等学校教育者	受初中及同等学校教育者	受高中及同等学校教育者	受大学及同等学校教育者	受国外教育者	合计
花沟	1									1
贾庄	4									4
前陈家	1									1
前石门	3									3
后石门	1									1
西南四庄	2									2
曹家庄	1									1
大官庄	1									1
段家	1									1
田镇	9									9
全县	376	3	4	13	6	4	2	4	1	413

第七十五表

全县各村庄寄籍人他往男女教育程度统计表

男女别 / 教育程度 / 村庄名	男子							女子		
	未受教育者	受私塾教育能读家信者	受私塾教育能写家信者	受初小及同等学校教育者	受高小及同等学校教育者	受国外教育者	合计	未受教育者	受大学及同等学校教育者	合计
首善乡总计	4	1		2	1	1	9	1	1	2
城里村	1				1	1	3		1	1
东关村	1	1		1			3	1		1
中兴村	2						2			
黛溪村				1			1			
第一乡总计	1						1			
富盛庄	1						1			
第二乡总计	1						1			
陈家庄	1						1			
第三乡总计	4						4			
石家庄	1						1			

续表

男女别 教育程度 村庄名	男子						女子		
	未受教育者	受私塾教育能读家信者	受私塾教育能写家信者	受初小及同等学校教育者	受高小及同等学校教育者	受国外教育者	合计	未受教育者	受大学及同等学校教育者	合计
丁家庄	2						2			
东赵家庄	1						1			
第六乡总计	1						1			
东言礼	1						1			
第七乡总计	2						2			
西王家庄	1						1			
姚家庄	1						1			
第九乡总计	4	1					5			
大碾	1						1			
王少唐		1					1			
杨家庄	3						3			

续表

男女别/教育程度/村庄名	男子							女子		
	未受教育者	受私塾教育能读家信者	受私塾教育能写家信者	受初小及同等学校教育者	受高小及同等学校教育者	受国外教育者	合计	未受教育者	受大学及同等学校教育者	合计
第十一乡总计	2		1	1			4			
时家庄			1	1			2			
大陈家庄	1						1			
孙家庄	1						1			
第十三乡总计	1						1			
云集官庄	1						1			
全县	20	2	1	3	1	1	28	1	1	2
百分数（%）	71.44	7.14	3.57	10.71	3.57	3.57	100	50	50	100

第七十六表

全县法定人口中之识字人年龄分配统计表

男女别	人口别＼年龄别	3—12	13—19	20—25	26—39	40—59	60—	不明	合计	百分数（%）
男子	本籍人现住	5464	4078	2692	4449	4432	1287	24	22426	89.53
	本籍人他往	30	625	652	779	425	30	5	2546	10.16
	寄籍人现住	15	4	6	36	7	3		71	0.28
	寄籍人他往	1	4		3				8	0.03
	总计	5510	4711	3350	5267	4864	1320	29	25051	100
	百分数（%）	21.99	18.80	13.37	21.03	19.42	5.27	0.12	100	
女子	本籍人现住	717	179	45	47	39	11	1	1039	93.94
	本籍人他往	7	4	7	8	3			29	2.62
	寄籍人现住	13	4	5	13	2			37	3.35
	寄籍人他往			1					1	0.09
	总计	737	187	58	68	44	11	1	1106	100
	百分数（%）	66.64	16.90	5.25	6.15	3.98	0.99	0.09	100	

续表

男女别 \ 年龄别 \ 人口别		3—12	13—19	20—25	26—39	40—59	60—	不明	合计	百分数（%）
男女合计	全县	6247	4898	3408	5335	4908	1331	30	26157	
	百分数（%）	23.89	18.73	13.03	20.39	18.76	5.09	0.11	100	

第七十七表　　**各乡本籍人现住识字人年龄分配统计表**

乡名 \ 年龄别 \ 男女别	男子								女子							
	3—12	13—19	20—25	26—39	45—59	60—	不明	合计	3—12	13—19	20—25	26—29	40—59	60—	不明	合计
首善乡	320	210	157	281	317	93	4	1382	103	52	11	8	6	1		181
第一乡	333	264	178	270	337	104	2	1488	55	15	3	3	1	1		78
第二乡	320	181	112	193	213	66		1085	9	1	2	1				13
第三乡	271	151	114	240	252	63		1091	45	5	1	2	5	1		59

续表

男女别 / 年龄别 / 乡名	男子								女子							
	3—12	13—19	20—25	26—39	45—59	60—	不明	合计	3—12	13—19	20—25	26—29	40—59	60—	不明	合计
第四乡	495	334	253	398	461	121	4	2066	43	13	2	2	2	1		63
第五乡	380	223	172	338	372	98	1	1584	61	22	10	6	2			101
第六乡	330	263	198	317	369	98	6	1581	20	2	1	1	1	1		26
第七乡	561	490	283	409	351	128	2	2224	60	9	4	1	3	1		78
第八乡	505	423	256	437	346	119		2086	28	4	1	2	3		1	39
第九乡	315	267	198	246	265	89		1380	25	6	2	1	1			35
第十乡	206	139	80	130	122	33	3	713	32	9	2	2				45
第十一乡	412	353	215	330	298	78	1	1687	71	14	3	4	1			93
第十二乡	342	249	120	208	179	38		1136	99	14	3	2	3	1		122
第十三乡	674	531	356	652	550	159	1	2923	66	13		12	11	4		106
全县	5464	4078	2692	4449	4432	1287	24	22426	717	179	45	47	39	11	1	1039
百分数（%）	24.36	18.18	12.00	19.84	19.76	5.76	0.10	100	69.01	17.23	4.33	4.52	3.75	1.06	0.10	100

第七十八表

全县各村庄本籍人现住识字人年龄分配统计表

男女别 年龄别 村庄名	男子								女子							
	3—12	13—19	20—25	26—39	45—59	60—	不明	合计	3—12	13—19	20—25	26—29	40—59	60—	不明	合计
首善乡总计	320	210	157	281	317	93	4	1382	103	52	11	8	6	1		181
城里村	41	46	24	46	51	13	1	222	43	28	4	1				76
言坊村	14	13	12	12	10	1		62	1	1						2
东关村	47	17	20	49	41	10		184	9		2	1	3			15
南关村	26	14	11	24	30	8		113	11	4	1					16
爱山村	23	8	8	11	13	5		68	4	3						7
美井村	36	20	22	28	39	10	1	156	9	1	1	1				12
中兴村	35	23	12	15	30	9		124	11	6		3	3	1		24
黛溪村	41	30	23	34	40	15		183	5	7	1	1				14
三义村	22	15	11	22	18	8	2	98	8	1	1	1				11
北关村	35	24	14	40	45	14		172	2	1	1					4

续表

村庄名 \ 年龄别 \ 男女别	男子								女子							
	3—12	13—19	20—25	26—39	45—59	60—	不明	合计	3—12	13—19	20—25	26—29	40—59	60—	不明	合计
第一乡总计	333	264	178	270	337	104	2	1488	55	15	3	3	1	1		78
韩家坊	35	27	9	24	16	5		116	3	1						4
大李家	30	20	20	16	31	9		126	6	2						8
张家山	10	3	2	8	10	5		38								
十里铺	17	20	14	14	22	7	2	96								
接官亭		3	3	2	1			9								
张家庄	17	13	6	10	20	2		68								
高家庄	3	3	2	5	3	1		17								
王家庄	7	8	9	15	10	3		52								
聚和庄	12	12	8	9	9	4		54	3							3
小李家	2	2	1		5	1		11								

续表

村庄名 \ 年龄别 \ 男女别	男子								女子							
	3—12	13—19	20—25	26—39	45—59	60—	不明	合计	3—12	13—19	20—25	26—29	40—59	60—	不明	合计
马家庄	9	3	2	3	2			19	1							1
韦家庄	52	34	26	33	42	17		204	17	2	1	1				21
富盛庄		1	1	1				3								
成庄	6	4	2	2	2	1		17								
刘家庄	10	6	5	5	4	4		34	1							1
郭庄	25	11	12	26	42	10		126	11	6						17
黄家营	7	2		2	1	1		13								
樊家庄	10	9	2	14	15	4		54								
鲁家泉	15	13	11	10	16	4		69	3		1		1			5
石家庄	20	16	9	6	16	4		71	5	3						8
贺家庄	18	43	21	28	32	11		153	4	1	1	1				7

续表

男女别 / 年龄别 / 村庄名	男子								女子							
	3—12	13—19	20—25	26—39	45—59	60—	不明	合计	3—12	13—19	20—25	26—29	40—59	60—	不明	合计
姜家洞	4	3	2	1	1	1		12	1							1
碑楼会仙	24	8	11	36	37	10		126				1		1		2
第二乡总计	320	181	112	193	213	66		1085	9	1	2	1				13
青阳店	46	25	22	41	40	14		188			1					1
董家庄	22	6	6	11	22	4		71								
韩家庄	20	17	11	11	13	5		77	8							8
新立庄	5	3	2	2	6	2		20								
贾庄	13	5	2	7	7	8		42			1					1
浒山铺	9	5	1	6	3	1		25								
刘家庄	10	17	6	7	12	3		55								
马步店	9	8	3	15	9	6		50								

续表

男女别 / 年龄别 / 村庄名	男子								女子							
	3—12	13—19	20—25	26—39	45—59	60—	不明	合计	3—12	13—19	20—25	26—29	40—59	60—	不明	合计
钟家庄	26	12	6	4	14	3		65								
耿家庄	25	6		8	6	5		50								
东窝驼	27	16	7	23	13			86	1	1						2
西窝驼	32	16	16	19	19	5		107								
代庄	10	5	3	7	7	1		33								
徐家庄	14	4		3	2	1		24				1				1
郭庄	11	7	5	2	4			29								
化庄	18	19	8	12	17	4		78								
陈家庄	23	10	14	15	19	4		85								
第三乡总计	271	151	114	240	252	63		1091	45	5	1	2	5	1		59
西赵家庄	11	7	4	14	13	4		53	1	1						2

续表

村庄名＼年龄别＼男女别	男子								女子							
	3—12	13—19	20—25	26—39	45—59	60—	不明	合计	3—12	13—19	20—25	26—29	40—59	60—	不明	合计
黄家河滩	5	5	3	4	8			25								
吉祥庄	1	6	5	7	9	2		30					1			1
上娄	8	4	2	1	4	1		20								
下娄	18	4	4	11	9	2		48	5	1		1	1			8
杏林庄	2		2	8	5	1		18	2							2
郭庄	1	2	2	5	3	1		14	1							1
秦家沟	16	8	11	13	11	9		68	16							16
聚仙庄	1	2	3	1	4			11								
贺家庄	5		9	5	13	4		36								
太和庄	9	4	3	8	10			34								
樊家洞	2	1	1		1			5								

续表

男女别 / 年龄别 / 村庄名	男子								女子							
	3—12	13—19	20—25	26—39	45—59	60—	不明	合计	3—12	13—19	20—25	26—29	40—59	60—	不明	合计
孙家峪	4	3	2	7	4	1		21								
象伏庄	13	4	4	16	16	6		59								
象山前	16	9	6	18	13	5		67		2		1				3
芦泉	4	3	1	4	6			18								
王家庄	1	3	2	1	3			10	1							1
石家庄	28	17	10	20	19	3		97	9		1					10
冯家庄	10	3	1	5	3			22								
丁家庄	17	8	6	12	7	1		51								
东赵家庄	12	8	6	9	9	5		49	1	1			2	1		5
崔家营	20	7	3	21	19	4		74	1							1
崔家庄	15	6	3	4	6	3		37								

续表

村庄名 \ 年龄别 \ 男女别	男子								女子							
	3—12	13—19	20—25	26—39	45—59	60—	不明	合计	3—12	13—19	20—25	26—29	40—59	60—	不明	合计
抱印庄	10	11	5	16	13	3		58								
李家庄	10	13	4	15	10	4		56	1							1
郎君庄	32	13	12	15	34	4		110	7				1			8
第四乡总计	495	334	253	398	461	121	4	2066	43	13	2	2	2	1		63
南逯庄	53	34	18	44	54	18		221	2	2	1			1		6
中逯庄	11	6	14	8	10	3		52	1							1
北逯庄	16	18	12	17	13	3		79								
太和庄	6	11	10	7	14	4		52								
陈河涯	5		2	8	4	2		21								
平原庄	26	8	8	12	3	4	1	62								
蒙家庄	19	12	15	21	29	5		101								

续表

男女别 / 年龄别 / 村庄名	男子								女子							
	3—12	13—19	20—25	26—39	45—59	60—	不明	合计	3—12	13—19	20—25	26—29	40—59	60—	不明	合计
大杨堤	11	21	5	8	12	3		60								
小杨堤	10	7	14	13	22	3		69								
东杨堤	35	31	22	29	30	12		159	4							4
西杨堤	22	15	14	21	22	10		104								
见埠庄	71	40	29	52	72	19		283	4	1		1				6
杨家庄	9	4	4	7	5	1	1	31								
代家庄	16	9	11	16	15	1		68								
杨家寨	17	18	19	23	20	4		101	5							5
刘家庄	12	2	2	2	4	1		23								
高家庄	10	3	2		1			16								
韩家庄	22	13	2	3	11	3		54	3	2						5

续表

男女别 / 年龄别 / 村庄名	男子								女子							
	3—12	13—19	20—25	26—39	45—59	60—	不明	合计	3—12	13—19	20—25	26—29	40—59	60—	不明	合计
北唐					2			2								
南唐		3	1	2	6			12								
樊家庄	32	29	13	40	41	10		165		1		1	1			3
东禾	17	5	7	9	10	2		50	6	7						13
西禾	3	4	3	7	10	2		29	2				1			3
北禾	22	18	10	17	17	5		89	11		1					12
段家庄	17	4	1	6	7	1		36								
柳泉庄	31	19	14	24	26	3	2	119	5							5
于齐庄	2		1	2	1	2		8								
第五乡总计	380	223	172	338	372	98	1	1584	61	22	10	6	2			101
黄山前	35	19	4	18	13	3		92	2	5		1				8

续表

男女别 / 年龄别 / 村庄名	男子								女子							
	3—12	13—19	20—25	26—39	45—59	60—	不明	合计	3—12	13—19	20—25	26—29	40—59	60—	不明	合计
侯家庄	5	4	2	8	3	1		23								
代庄	4	3	4	6	10	1		28								
孙家庄	7	2	1	4	5	1		20	1	1						2
景家庄	27	18	8	31	23	1		108	17	8	1					26
周家庄	15	12	10	13	19	7		76	3							3
乔木庄	16	16	8	15	13	1		69	4							4
月河庄	4	1	1		4			10								
小吕家庄	1			2	1			4	2							2
石家庄	22	12	6	11	13	2		66	11	1	2	1				15
鲍家庄	16	11	15	18	11	6		77								
盖家庄	10	12	3	10	17	3		55	1			1				2

续表

男女别 / 年龄别 / 村庄名	男子								女子							
	3—12	13—19	20—25	26—39	45—59	60—	不明	合计	3—12	13—19	20—25	26—29	40—59	60—	不明	合计
鄢家庄	39	9	8	19	30	15		120								
东范庄	85	53	38	86	94	24	1	381	4	2	1		1			8
南范庄	48	24	34	52	62	12		232	14	4	5		1			24
西范庄	7	7	4	5	11	4		38	1			2				3
北范庄	17	7	12	14	23	9		82								
七里铺	22	13	14	26	20	8		103	1	1	1	1				4
第六乡总计	330	263	198	317	369	98	6	1581	20	2	1	1	1	1		26
小店	22	22	20	25	41	6	2	138	10		1					11
杨村	26	15	5	30	23	8		107	4	1		1				6
穆王庄	11	9	8	8	9			45								
魏家庄	37	41	36	38	47	18		217								

续表

男女别 / 年龄别 / 村庄名	男子								女子							
	3—12	13—19	20—25	26—39	45—59	60—	不明	合计	3—12	13—19	20—25	26—29	40—59	60—	不明	合计
刁家庄	14	10	5	2				31								
宋家庄	17	6	8	17	19	4		71	1							1
郭家庄	18	20	8	20	37	7	3	113								
毛张庄	33	14	11	20	16	6		100	1							1
刘家道口	8	3	2	8	7			28								
纪家庄	11	16	9	8	8	4	1	57								
韩家庄	22	26	23	18	42	12		143								
曹家小庄	17	5	4	8	11	2		47								
夏家屋子	2							2								
崔家庄	27	26	12	31	24	3		123	2	1						3
东言礼	25	22	13	22	28	3		113	2				1	1		4

续表

男女别/年龄别/村庄名	男子								女子							
	3—12	13—19	20—25	26—39	45—59	60—	不明	合计	3—12	13—19	20—25	26—29	40—59	60—	不明	合计
西言礼	24	13	18	31	26	17		129								
伏生祠	1		1	1	3			6								
黄鹂庄	9	7	6	10	10	5		47								
张家套	6	8	9	20	18	3		64								
第七乡总计	561	490	283	409	351	128	2	2224	60	9	4	1	3	1		78
韩家店	24	15	8	13	11	3		74						1		1
孙家庄	2	2	1	8	2	1		16								
青眉庄	3	5		4		1		13								
赵家庄	6	4		1	1			12								
辛庄	2	4	3	5	5	2		21								
白家桥	2	2	1		6	1		12	1							1

续表

男女别 / 年龄别 / 村庄名	男子								女子							
	3—12	13—19	20—25	26—39	45—59	60—	不明	合计	3—12	13—19	20—25	26—29	40—59	60—	不明	合计
西王家庄	6	2	1	7	5			21								
大王驼	26	48	32	16	14	4		140	1							1
小王驼	20	28	16	19	13	4		100	1							1
李家庄	2				1	1	1	5								
波踏店	23	8	7	15	7	2		62		1						1
东韦家	7	3	3	6	5			24								
东白家	14	11	4	14	5	2		50								
木王庄	5	4	3	3	1	2		18								
张家庄	2	1			2			5								
甲子庄	1	6	4	4	5	2		22								
西韦家	21	14	10	15	5	3		68	1							1

续表

村庄名 \ 年龄别 \ 男女别	男子								女子							
	3—12	13—19	20—25	26—39	45—59	60—	不明	合计	3—12	13—19	20—25	26—29	40—59	60—	不明	合计
大白	11	10	10	6	7	1		45								
小白	1	5	2	2	3			13			1	1				2
宋家庄	22	16	7	13	6	2		66								
上口	30	15	10	15	18	5		93	2							2
前城子	42	31	13	24	28	8		146	8		1					9
后城子	19	11	6	6	9	3		54			1					1
马庄	39	80	36	39	27	27		248	11	1	1		3			16
滕家庄	26	12	7	24	16	8		93	1							1
萧家庄	73	32	24	56	65	20	1	271	10	3						13
开河	17	13	11	16	18	7		82								
小言庄	9	9	6	5	3			32								

续表

男女别 / 年龄别 / 村庄名	男子								女子							
	3—12	13—19	20—25	26—39	45—59	60—	不明	合计	3—12	13—19	20—25	26—29	40—59	60—	不明	合计
东王家庄	20	21	17	8	9	4		79	2	1						3
颜家桥	17	9		4				31	1							1
冯家庄	7	8	4	8	10	2		39	3							3
邱家	12	14	13	12	8	1		60	3							3
官家庄	12	6	6	9	9	3		45	3	1						4
耿家庄	3	3	4	1	1			12								
姚家庄	8	9	2	10	8	3		40	8	2						10
释家套	23	19	8	14	11	4		79	2							2
旧口	3	7	3	5	4	2		24	2							2
袁家屋子		3	1	2	3			9								
第八乡总计	505	423	256	437	346	119		2086	28	4	1	2	3		1	39

续表

村庄名 \ 年龄别 \ 男女别	男子								女子							
	3—12	13—19	20—25	26—39	45—59	60—	不明	合计	3—12	13—19	20—25	26—29	40—59	60—	不明	合计
明家集	29	23	12	20	17	2		103								
耿家庄	15	16	9	16	17	3		76								
牛家官庄	10	8	4	8	4	1		35								
田家庄	18	15	8	11	12	2		66								
大张官庄	4	7	4	6	10	5		36								
小张官庄	11	8	2	4	4	2		31								
兰芝里	25	16	5	15	10	4		75	3							3
解家庄	16	7	11	13	8	5		60	2	2						4
柴家庄	18	11	10	10	5	1		55	8							8
东闸子	10	8	3	4	7	3		35								
西闸子	27	20	9	27	22	8		113	1	1			2			4

续表

男女别／年龄别／村庄名	男子								女子							
	3—12	13—19	20—25	26—39	45—59	60—	不明	合计	3—12	13—19	20—25	26—29	40—59	60—	不明	合计
苏家桥	13	4	6	8	1	2		34								
邢家庄	6	10	4	13	8	5		46								
窝村	21	17	16	16	12	5		87								
颜家集	18	32	9	30	22	6		117								
牛家庄	26	12	13	18	17	4		90								
二辛庄	10	6	4	15	16	5		53								
东佐家	11	15	12	13	12	3		66	1							1
十户	20	24	18	29	23	9		123			1	1				2
刘楷家	21	12	8	14	7	2		64								
仓廪庄	9	20	16	22	13	7		87	1	1						2
高家庄	11	5	2	6	4	3		31								

续表

男女别／年龄别／村庄名	男子								女子							
	3—12	13—19	20—25	26—39	45—59	60—	不明	合计	3—12	13—19	20—25	26—29	40—59	60—	不明	合计
宋家庄	16	19	9	13	9	1		67								
成家庄	21	17	7	16	11	7		79	2							2
许家道口	25	13	7	9	11	3		68	10							10
高洼庄	11	5	7	9	4	3		39								
曹家庄	16	15	6	17	11	7		72								
宋家集	6	10	3	4	10	2		35								
惠家辛庄	10	14	7	24	12	4		71				1	1		1	3
段家桥	51	34	25	30	27	5		172								
第九乡总计	315	267	198	246	265	89		1380	25	6	2	1	1			35
吴家	12	13	2	13	8	3		51								
西左家	37	23	30	26	26	6		148								

续表

男女别 / 年龄别 / 村庄名	男子								女子							
	3—12	13—19	20—25	26—39	45—59	60—	不明	合计	3—12	13—19	20—25	26—29	40—59	60—	不明	合计
大碾	20	25	11	23	27	5		111	1	1						2
于家	14	14	5	10	10	4		57								
王家	12	8	2	5	5			32								
宋家	10	12	3	5	6	3		39								
营家	19	10	5	12	8	4		58		1	1					2
萝圈	5	8	2	8	11	5		39								
辛桥	22	18	13	2	10	2		67								
王少唐	19	13	14	16	22	9		93								
杨家庄	18	14	5	7	13	3		60								
田家	20	22	15	21	35	12		125	1	1		1	1			4
王家寨	6	9	3	3		2		23								

续表

村庄名 \ 年龄别 \ 男女别	男子								女子							
	3—12	13—19	20—25	26—39	45—59	60—	不明	合计	3—12	13—19	20—25	26—29	40—59	60—	不明	合计
河沟涯	4	8	4	1				17								
辛梁镇	51	26	40	36	25	12		190	20	2						22
程和铺	6	6	3	19	9	6		49								
郝庄	16	19	22	21	23	6		107								
丁庄	24	19	19	18	27	7		114	3	1	1					5
第十乡总计	206	139	80	130	122	33	3	713	32	9	2	2				45
崖镇	17	13	8	5	8	2		53	8							8
杨家庄	6	3	7	3	8	5		32								
张家庄	30	8	8	20	13	3		82	1							
郭家庄	4	5	1	5	2			17								1
吕家	1	1			1			3								

续表

男女别 / 年龄别 / 村庄名	男子								女子							
	3—12	13—19	20—25	26—39	45—59	60—	不明	合计	3—12	13—19	20—25	26—29	40—59	60—	不明	合计
孔家	5	1	2		2	1		11								
长槐家		3	3	3	3	1	2	15								
成家	23	20	11	25	19	7	1	106	10	1						11
张德佐家	16	10	6	13	12	4		61								
崇兴官庄	3	1	1	2				7								
孙家庄	11	6	9	5	6			37	12	6	1	2				21
韩家庄	12	10	10	11	10	2		55			1					1
刘聚桥	10	10	4	6	15	2		47	1	1						2
刘家井	16	6	3	8	4	1		38								
郑家	5	7	1	1		1		15								
马庄	20	5	1	3	2	1		32								

续表

村庄名 \ 年龄别 \ 男女别	男子								女子							
	3—12	13—19	20—25	26—39	45—59	60—	不明	合计	3—12	13—19	20—25	26—29	40—59	60—	不明	合计
粉张庄	12	13	3	13	10	1		52		1						1
张家寨	15	17	2	7	7	2		50								
第十一乡总计	412	353	215	330	298	78	1	1687	71	14	3	4	1			93
王伍庄	33	26	18	28	21	7		133	13	5	2					20
周家庄	24	25	12	15	13	4		93	10	1						11
时家庄	14	16	9	23	10	6		78								
孟家坊	10	14	3	1	10			38								
岳家官庄	1	3	3	5	3			15								
潘家	2	2	3	6	3	1		17								
安祥庄	8	6	7	8	7	1	1	38								
刘家	10	3	2	5	10	1		31								

续表

村庄名 \ 年龄别 \ 男女别	男子								女子							
	3—12	13—19	20—25	26—39	45—59	60—	不明	合计	3—12	13—19	20—25	26—29	40—59	60—	不明	合计
大陈家庄	25	24	17	17	12	5		100	3				1			4
信家	16	16	3	21	13	4		73	9	2						11
罗家	9	6	3	3	5			26				1				1
霍家坡	26	39	21	35	27	8		156	6	1						7
张家庄	12	9	6	4	4	1		36								
孙家镇	75	55	45	62	72	18		327	15	1	1					17
范家庄	17	10	3	10	6	3		49	1			2				3
道民庄	16	15	9	17	13	3		73								
陈玉平	8	8	7	7	7			37								
都路平	13	10	7	10	10	2		52	1							1
冯家	41	29	15	16	17	6		124								

续表

村庄名＼年龄别＼男女别	男子								女子							
	3—12	13—19	20—25	26—39	45—59	60—	不明	合计	3—12	13—19	20—25	26—29	40—59	60—	不明	合计
小陈家庄	4	5	1	1	3			14								
王庄	5	2	5	4	6	2		24	2	1						3
刘庄	5	8	4	6	12	3		38	4							4
蔡庄	29	18	7	22	11	2		89	6	3		1				10
李庄	9	4	5	4	3	1		26	1							1
第十二乡总计	342	249	120	208	179	38		1136	99	14	3	2	3	1		122
辉李庄	63	43	11	25	22	7		171	13	5	1					19
李南庄		1	1	3	1			6					1			1
于何庄	18	9	5	5	3	3		43	1							1
党李庄	20	16	7	6	7			56		1	1					2
五户	12	16	2	3				33	4	2						6

续表

村庄名	男子 3—12	男子 13—19	男子 20—25	男子 26—39	男子 45—59	男子 60—	男子 不明	男子 合计	女子 3—12	女子 13—19	女子 20—25	女子 26—29	女子 40—59	女子 60—	女子 不明	女子 合计
高家庄	14	16	8	13	18	1		70		2						2
大三户	26	14	13	2	1			56	16		1					17
小三户	21	21	2	14	7	5		70								
刘家	1	1	1	1				4								
潘家	10	9	6	5	4			34					1			1
车郭庄	29	21	11	20	18	5		104	26	2				1		29
曹家庄	16	8	7	9	7	1		48								
郑家寨	5	6	5	3	5	3		27								
打鱼里	24	19	10	30	26	5		114	16	1						17
赵家庄	27	20	6	21	16	1		91	4			2				6
腰庄	33	20	14	29	31	5		132	19							19

续表

村庄名 \ 年龄别 \ 男女别	男子								女子							
	3—12	13—19	20—25	26—39	45—59	60—	不明	合计	3—12	13—19	20—25	26—29	40—59	60—	不明	合计
安家庄	23	9	11	19	13	2		77		1			1			2
第十三乡总计	674	531	356	652	550	159	1	2923	66	13		12	11	4		106
花沟	49	40	19	32	31	8		179	2	2		1				5
张家庄	11	8	10	17	20	5		71	3	1						4
岳家庄	25	9	11	15	18	6		84	1	2						3
李家庄		3	2	2	3			10								
魏家庄	11	18	18	13	22	8		90				1				1
毛旺庄	5	3	4	5	1			18								
天师庄	17	13	9	21	9	3		72								
沟旺庄	3	1	3	3	4	1		15				2				2
任马寨	15	14	8	14	9	5		65	2	2		1	2			7

续表

村庄名\男女年龄别	男子 3—12	男子 13—19	男子 20—25	男子 26—39	男子 45—59	男子 60—	男子 不明	男子 合计	女子 3—12	女子 13—19	女子 20—25	女子 26—29	女子 40—59	女子 60—	女子 不明	女子 合计
吉祥庄	11	6	8	21	17	4		67								
贾庄	14	17	1	12	12	1		57								
辛庄	4	5	2	5	3	1		20								
龙桑树	5	4		5	4	3		21								
前陈家	11	11	10	12	10	4		58								
后陈家	8	13	7	14	12			54								
吕家庄	14	12	6	14	10	1		57	2			1	5	2		10
前石门	17	12	9	18	17	3		76	2							2
后石门	16	8	5	8	7	2		46								
郭家坊	6	6	3	11	6	3		35	1							1
杏行	11	5	2	13	5	3		39	2							2
西南四庄	11	22	5	17	9	5		69	2							2

续表

男女别 / 年龄别 / 村庄名	男子								女子							
	3—12	13—19	20—25	26—39	45—59	60—	不明	合计	3—12	13—19	20—25	26—29	40—59	60—	不明	合计
中南四庄	8	6	5	6	2			27								
东南四庄	9	18	14	14	6	1		62								
老鸦赵	5	2	2	1	3	1		14								
杨家庄	22	12	5	16	14	2		71	1	1						2
曹家庄	15	8	2	8	7	1		41								
云集官庄	7	2	1	8	2	1		21	1							1
田家官庄	5	4		4	1	2		16								
陈家庄	3	9	6	11	8	1		38				1				1
宋家套	19	14	11	14	14	4		76	1							1
大官庄	10	12	5	17	17	4		65	1							1
张家官庄	4	3	2	7	5			21								
胡家官庄	6	10	2	12	6	1		37								

续表

男女别 / 年龄别 / 村庄名	男子								女子							
	3—12	13—19	20—25	26—39	45—59	60—	不明	合计	3—12	13—19	20—25	26—29	40—59	60—	不明	合计
双柳树	8	22	12	34	17	9		102	2							2
王旺庄	12	3		4	6			25								
胡家店	4	6	10	22	21	6		69								
小胡庄		1	3	4	5	4		17								
宫旺庄	14	8	4	15	9	7		57	7	1		1	3	1		13
高旺庄	23	16	13	23	24	6	1	106	18	3		1	1			23
于林庄	13	8	10	13	10	4		58								
孙纺庄	18	15	7	13	24	4		81	3							3
贾旺庄	24	12	6	18	11	6		77								
王家庄	14	11	7	17	17	5		71								
段家	10	4	5	5	3			27								
贾寨	5	3	6	12	7	1		34								

续表

村庄名 \ 男女别 / 年龄别	男子								女子							
	3—12	13—19	20—25	26—39	45—59	60—	不明	合计	3—12	13—19	20—25	26—29	40—59	60—	不明	合计
龙虎庄	10	14	5	15	7	1		52	1			3		1		5
冯旺庄	12	11	6	10	10	5		54								
宋旺庄	5	9	2	6	4	1		27								
李星耀	36	1	15	8	5	5		70	14							14
李家官庄	12	11	6	9	7	4		49								
田镇	30	21	18	21	21	5		116								
大庄				1				1								
沙高家	18	7	10	2	5			42								
侯家	2	1			1			4								
马家	7	8	8	5	14	1		43								
徐家	5	2	1	2		1		11								
石槽	15	7	5	3	8			38		1						1

续表

男女别 / 年龄别 / 村庄名	男子								女子							
	3—12	13—19	20—25	26—39	45—59	60—	不明	合计	3—12	13—19	20—25	26—29	40—59	60—	不明	合计
全县	5464	4078	2692	4449	4432	1287	24	22426	717	179	45	47	39	11	1	1039

第七十九表　各乡本籍人他往识字人年龄分配统计表

男女别 / 年龄别 / 乡名	男子								女子							
	3—12	13—19	20—25	26—39	45—59	60—	不明	合计	3—12	13—19	20—25	26—29	40—59	60—	不明	合计
首善乡	4	82	71	96	36	3	2	294	2	1	1	2	1			7
第一乡	3	54	86	86	53	6	1	289	1		1	1				3
第二乡	1	24	17	31	21	2		96								
第三乡	3	48	67	70	38	3	1	230		1		2				3

续表

男女别 / 年龄别 / 乡名	男子								女子							
	3—12	13—19	20—25	26—39	45—59	60—	不明	合计	3—12	13—19	20—25	26—29	40—59	60—	不明	合计
第四乡	3	75	86	98	73	5	1	341	2	1	1					4
第五乡	3	111	98	111	63	1		387			1					1
第六乡	2	46	43	50	30	2		173								
第七乡		73	79	67	30	2		251		1		1				2
第八乡	2	31	24	47	24	1		129								
第九乡	2	40	31	45	29	2		149			1					1
第十乡		11	8	15	5			39					1			1
第十一乡	2	10	17	18	4	2		53			1		1			2
第十二乡	1	10	8	16	3			38								
第十三乡	4	10	17	29	16	1		77	2		1	2				5
全县	30	625	652	779	425	30	5	2546	7	4	7	8	3			29
百分数（%）	1.18	24.56	25.61	30.59	16.69	1.18	0.19	100	24.14	13.79	24.14	27.58	10.35			100

第八十表

全县各村庄本籍人他往识字人年龄分配统计表

村庄名 \ 年龄别 \ 男女别	男子								女子							
	3—12	13—19	20—25	26—39	45—59	60—	不明	合计	3—12	13—19	20—25	26—29	40—59	60—	不明	合计
首善乡总计	4	82	71	96	36	3	2	294	2	1	1	2	1			7
城里村		21	14	23	10			68	1	1	1					3
言坊村	1	2	4	1	2			10								
东关村		8	12	18	4	1	1	44								
南关村		11	2	10	2			25								
爱山村	1	7	6	5	3			22								
美井村		5	9	4	4		1	23								
中兴村		12	13	18	5			48								
黛溪村		2	3	7	2			14	1							1
三义村		10	4	5	1			20								
北关村	2	4	4	5	3	2		20				2	1			3

续表

男女别/年龄别/村庄名	男子								女子							
	3—12	13—19	20—25	26—39	45—59	60—	不明	合计	3—12	13—19	20—25	26—29	40—59	60—	不明	合计
第一乡总计	3	54	86	86	53	6	1	289	1		1	1				3
韩家坊			2	2				4								
大李家			8	10	9			27	1							1
张家山				1	1		1	3								
十里铺		2	4	8	2			16								
张家庄			2	2				4								
高家庄			2	1				3								
王家庄		5	1	4	2			12								
聚和庄		1	1	3				5								
韦家庄	2	12	12	7	4			37								
富盛庄		1		2				3			1					1

续表

男女别 / 年龄别 / 村庄名	男子								女子							
	3—12	13—19	20—25	26—39	45—59	60—	不明	合计	3—12	13—19	20—25	26—29	40—59	60—	不明	合计
刘家庄			2	2	2	1		7								
郭庄		9	16	11	10	1		47								
黄家营		2	2		2			6								
樊家庄		2	6	7	7	2		24								
鲁家泉		1	3	5	1	1		11								
石家庄		8	7	4	5			24								
贺家庄	1	3	5	9	3			21								
碑楼会仙		8	13	8	5	1		35				1				1
第二乡总计	1	24	17	31	21	2		96								
青阳店		4	2		5			11								
董家庄		4	3	4	2			13								

续表

男女别 / 年龄别 / 村庄名	男子								女子							
	3—12	13—19	20—25	26—39	45—59	60—	不明	合计	3—12	13—19	20—25	26—29	40—59	60—	不明	合计
韩家庄		2	3	7	2	2		16								
新立庄					1			1								
贾庄			1	2				3								
浒山铺		1						1								
刘家庄	1	3		3				7								
马步店		1	2	2	1			6								
钟家庄				5	2			7								
耿家庄		1			1			2								
东窝驼		1	1	3	3			8								
代庄		3	1	1				5								
徐家庄		1	2		3			6								

续表

男女别 / 年龄别 / 村庄名	男子								女子							
	3—12	13—19	20—25	26—39	45—59	60—	不明	合计	3—12	13—19	20—25	26—29	40—59	60—	不明	合计
郭庄		1						1								
化庄		2		2				4								
陈家庄			2	2	1			5								
第三乡总计	3	48	67	70	38	3	1	230		1		2				3
西赵家庄			5	4	1			10								
黄家河滩		1	3	3	1			8								
吉祥庄		1	3		1			5								
上娄				2				2								
下娄		1	3	2	5			11								
郭庄		1	2	1				4		1						1
秦家沟		1	1	3	3			8								

续表

男女别 / 年龄别 / 村庄名	男子								女子							
	3—12	13—19	20—25	26—39	45—59	60—	不明	合计	3—12	13—19	20—25	26—29	40—59	60—	不明	合计
聚仙庄			1					1								
贺家庄			8	2				10								
太和庄		2	2	1	1	1		7								
孙家峪		3	1	1				5								
象伏庄		2	1	1				4								
象山前	1	3	4	6	2			16								
芦泉		1	2					3								
石家庄	1	9	8	12	5			35				2				2
冯家庄		1	3	2	1			7								
丁家庄		4	2	3	3			12								
东赵家庄		1	1	2				4								

续表

村庄名	男女别 年龄别	男子 3—12	男子 13—19	男子 20—25	男子 26—39	男子 45—59	男子 60—	男子 不明	男子 合计	女子 3—12	女子 13—19	女子 20—25	女子 26—29	女子 40—59	女子 60—	女子 不明	女子 合计
崔家营		1	5	1	8	4	1		20								
崔家庄			3	7	6	4		1	21								
抱印庄				3	2	2			7								
李家庄			6	3	3	1			13								
郎君庄			3	3	6	4	1		17								
第四乡总计		3	75	86	98	73	5	1	341	2	1	1					4
南逯庄		1	18	10	19	15			63	2	1	1					4
中逯庄			3	5	1	1			10								
太和庄			3	3	5	2			13								
陈河涯			1		3				4								
平原庄			6	4	6	5			21								

续表

村庄名 \ 年龄别 \ 男女别	男子 3—12	男子 13—19	男子 20—25	男子 26—39	男子 45—59	男子 60—	男子 不明	男子 合计	女子 3—12	女子 13—19	女子 20—25	女子 26—29	女子 40—59	女子 60—	女子 不明	女子 合计
蒙家庄		2	1	2	5			10								
大杨堤		1	2					3								
小杨堤		4	10	1	4	1		20								
东杨堤		2	3	6	3			14								
西杨堤	1	1	1	1				4								
见埠庄		9	7	13	9	2		40								
杨家庄			1	2	1			4								
代家庄		3	1	2	1			7								
刘家庄		1	3	2				6								
高家庄		1	1	2	3			7								
韩家庄		2	2	3	5			12								

续表

村庄名	男子 3—12	男子 13—19	男子 20—25	男子 26—39	男子 45—59	男子 60—	男子 不明	男子 合计	女子 3—12	女子 13—19	女子 20—25	女子 26—29	女子 40—59	女子 60—	女子 不明	女子 合计
北唐				1	1			2								
南唐		1		4	1			6								
樊家庄		7	21	12	8			48								
东禾		3	1					4								
西禾		1	1	2	2			6								
北禾		5	2	4	5	2		18								
段家庄			3	1				4								
柳泉庄	1	1	4	6	2		1	15								
第五乡总计	3	111	98	111	63	1		387			1					1
黄山前	1	10	10	9	5			35								
侯家庄		1						1								

续表

村庄名 \ 男女别年龄别	男子 3—12	男子 13—19	男子 20—25	男子 26—39	男子 45—59	男子 60—	男子 不明	男子 合计	女子 3—12	女子 13—19	女子 20—25	女子 26—29	女子 40—59	女子 60—	女子 不明	合计
代庄		1	3	2	2			8								
孙家庄		5	2	4	4			15								
景家庄		10	5	13	7			35								
周家庄		4	1	5	1			11								
乔木庄		3	4	6	1			14								
月河庄					1			1								
石家庄	1	2	2	3	4			12								
鲍家庄		7	3	4				14								
盖家庄		5	5	9	6	1		26								
鄢家庄		11	11	9	6			37								
东范庄		19	19	28	13			79								

续表

男女别 / 年龄别 / 村庄名	男子								女子							
	3—12	13—19	20—25	26—39	45—59	60—	不明	合计	3—12	13—19	20—25	26—29	40—59	60—	不明	合计
南范庄		16	16	9	9			50			1					1
西范庄		1		2	1			4								
北范庄		9	8	6	2			25								
七里铺	1	7	9	2	1			20								
第六乡总计	2	46	43	50	30	2		173								
小店		13	10	9	1			33								
杨村	1	1	4	3	2			11								
穆王庄		3	3	2				8								
刁家庄			1	1				2								
宋家庄		1	4	3	1			9								
郭家庄		3	5	8	4			20								

续表

村庄名	男子 3—12	男子 13—19	男子 20—25	男子 26—39	男子 45—59	男子 60—	男子 不明	男子 合计	女子 3—12	女子 13—19	女子 20—25	女子 26—29	女子 40—59	女子 60—	女子 不明	女子 合计
毛张庄		2		3	2			7								
刘家道口			1	1				2								
纪家庄		1	1		2			4								
韩家庄		8	5	7	8	2		30								
曹家小庄		2	1	2				5								
崔家庄		4		1	2			7								
东言礼	1	1	3	2	2			9								
西言礼		4	2	7	5			18								
黄鹂庄		3	1	1	1			6								
张家套			2					2								
第七乡总计		73	79	67	30	2		251		1		1				2

续表

村庄名\年龄别\男女别	男子 3—12	男子 13—19	男子 20—25	男子 26—39	男子 45—59	男子 60—	男子 不明	男子 合计	女子 3—12	女子 13—19	女子 20—25	女子 26—29	女子 40—59	女子 60—	女子 不明	女子 合计
韩家店			2	1				3								
青眉庄		2						2								
西王家庄			1					1								
小王驼			2					2								
木王庄				1				1								
甲子庄		2						2								
西韦家		1	1					2								
大白				1	1			2								
小白			1					1								
宋家庄		2		1				3								
上口		1						1								

续表

男女别 / 年龄别 / 村庄名	男子								女子							
	3—12	13—19	20—25	26—39	45—59	60—	不明	合计	3—12	13—19	20—25	26—29	40—59	60—	不明	合计
前城子		15	11	19	11			56								
后城子		3	4	4	1			12								
马庄		10	22	3	1			36								
滕家庄		12	8	5	3			28				1				1
萧家庄		15	12	25	8	1		61								
开河		2	1					3								
东王家庄		1	3	3	1			8								
颜家桥		1						1								
冯家庄		3	3	1	2			9								
邱家			2	1				3								
官家庄		1		1	1			3		1						1

续表

村庄名 \ 年龄别 男女别	男子 3—12	13—19	20—25	26—39	45—59	60—	不明	合计	女子 3—12	13—19	20—25	26—29	40—59	60—	不明	合计
耿家庄			1					1								
姚家庄		1	1		1	1		4								
释家套		1	2					3								
旧口			2					2								
袁家屋子				1				1								
第八乡总计	2	31	24	47	24	1		129								
明家集		1		1	1			3								
耿家庄			2	3	1			6								
牛家官庄				1				1								
田家庄		1		2	3			6								
小张官庄	1			1				2								

续表

男女别/年龄别/村庄名	男子								女子							
	3—12	13—19	20—25	26—39	45—59	60—	不明	合计	3—12	13—19	20—25	26—29	40—59	60—	不明	合计
兰芝里				8	2			10								
解家庄			1	2	1			4								
柴家庄			4	1				5								
苏家桥				1				1								
邢家庄		2			2			4								
窝村		1		2				3								
颜家集		1		2				3								
二辛庄		1	1	1	1			4								
东佐家		1		2				3								
十户		3	4	2				9								
刘楷家			1	1				2								

续表

男女别 / 年龄别 / 村庄名	男子								女子							
	3—12	13—19	20—25	26—39	45—59	60—	不明	合计	3—12	13—19	20—25	26—29	40—59	60—	不明	合计
仓廪庄					1			1								
高家庄				1				1								
宋家庄		2						2								
成家庄				2				2								
许家道口		5	3	2	1	1		12								
高洼庄				1	2			3								
曹家庄		5	2	2	3			12								
宋家集				1				1								
惠家辛庄	1	1	3	2	1			8								
段家桥		7	3	6	5			21								
第九乡总计	2	40	31	45	29	2		149			1					1

续表

男女别 / 年龄别 / 村庄名	男子								女子							
	3—12	13—19	20—25	26—39	45—59	60—	不明	合计	3—12	13—19	20—25	26—29	40—59	60—	不明	合计
吴家			1	2	3	1		7								
西左家		8	1	4				13								
大碾		1	2	2	5			10								
于家		4	1	4				9								
王家		3	1	3				7								
宋家	1	2	3			1		7								
营家		1	1	3				5			1					1
萝圈		1	1	4	5			11								
王少唐		3	1	1	3			8								
杨家庄		1	3	1				5								
田家		2	2	3	3			10								

续表

男女别 / 年龄别 / 村庄名	男子								女子							
	3—12	13—19	20—25	26—39	45—59	60—	不明	合计	3—12	13—19	20—25	26—29	40—59	60—	不明	合计
王家寨	1	2		1	2			6								
河沟涯			2	2				4								
辛梁镇		5						5								
程和铺		1	1	1	1			4								
郝庄			7	3	3			13								
丁庄		6	4	11	4			25								
第十乡总计		11	8	15	5			39					1			1
崖镇				2				2								
张家庄		3		2				5								
长槐家		1						1								
成家			1	1				2								

续表

村庄名 \ 年龄别 \ 男女别	男子								女子							
	3—12	13—19	20—25	26—39	45—59	60—	不明	合计	3—12	13—19	20—25	26—29	40—59	60—	不明	合计
张德佐家		1	1	3				5								
韩家庄				1				1								
刘聚桥				1				1								
刘家井		1		2				3								
郑家			1		2			3								
马庄		2	3	1	2			8								
粉张庄		3	2	2	1			8					1			1
第十一乡总计	2	10	17	18	4	2		53			1		1			2
王伍庄	1	1	2	4	3			11								
周家庄		1	1					2								
时家庄	1	1	1	3				6								

续表

村庄名 \ 男女别 年龄别	男子 3—12	男子 13—19	男子 20—25	男子 26—39	男子 45—59	男子 60—	不明	合计	女子 3—12	女子 13—19	女子 20—25	女子 26—29	女子 40—59	女子 60—	不明	合计
孟家坊			1		1			2								
岳家官庄			1	1				2								
潘家			1					1								
安祥庄			1					1								
刘家			1	2		1		4								
大陈家庄			2					2								
信家		1		1				2								
罗家		1						1								
霍家坡		2	1	3				6								
孙家镇		1	3	1		1		6								
道民庄				1				1								

续表

村庄名 \ 年龄别 \ 男女别	男子								女子							
	3—12	13—19	20—25	26—39	45—59	60—	不明	合计	3—12	13—19	20—25	26—29	40—59	60—	不明	合计
都路平		1						1								
刘庄		1						1								
蔡庄			2					2			1		1			2
李庄				2				2								
第十二乡总计	1	10	8	16	3			38								
辉李庄		2	1	3	1			7								
李南庄		1						1								
于何庄		2			2			4								
党李庄			1	1				2								
高家家		1		2				3								
车郭庄		1		1				2								

续表

村庄名 \ 年龄别 \ 男女别	男子								女子							
	3—12	13—19	20—25	26—39	45—59	60—	不明	合计	3—12	13—19	20—25	26—29	40—59	60—	不明	合计
郑家寨				1				1								
打鱼里	1	3	1	2				7								
赵家庄			1	2				3								
腰庄				4				4								
安家庄			4					4								
第十三乡总计	4	10	17	29	16	1		77	2		1	2				5
花沟	1							1								
张家庄				1				1								
魏家庄			2			1		3								
天师庄		1			1			2								
沟旺庄				2	2			4			1					1

续表

村庄名 \ 年龄别 \ 男女别	男子 3—12	男子 13—19	男子 20—25	男子 26—39	男子 45—59	男子 60—	男子 不明	男子 合计	女子 3—12	女子 13—19	女子 20—25	女子 26—29	女子 40—59	女子 60—	女子 不明	女子 合计
任马寨				3	1			4								
贾庄		1		1				2								
龙桑树	1	1	1	2				5								
前陈家				1				1								
后陈家			1					1								
后石门				2				2								
郭家坊				4				4	1			1				2
杏行				1				1								
西南四庄				2				2								
中南四庄	1							1								
东南四庄		1						1								

续表

男女别／年龄别／村庄名	男子								女子							
	3—12	13—19	20—25	26—39	45—59	60—	不明	合计	3—12	13—19	20—25	26—29	40—59	60—	不明	合计
曹家庄		2						2								
宋家套		1	2	2	3			8				1				1
大官庄				1				1								
张家官庄			1					1								
双柳树		1						1								
胡家店				1				1								
宫旺庄			1					1								
高旺庄				3	3			6								
于林庄			1					1								
贾旺庄			2	1				3								
段家		1			1			2								

续表

村庄名 \ 年龄别 \ 男女别	男子								女子							
	3—12	13—19	20—25	26—39	45—59	60—	不明	合计	3—12	13—19	20—25	26—29	40—59	60—	不明	合计
贾寨			1					1								
龙虎庄			2		2			4	1							1
李星耀			1					1								
李家官庄					1			1								
田镇	1	1	2	1	1			6								
徐家				1				1								
石槽					1			1								
全县	30	625	652	779	425	30	5	2546	7	4	7	8	3			29

第八十一表

全县各村庄寄籍人现住识字人年龄分配统计表

村庄名 \ 年龄别 \ 男女别	男子								女子							
	3—12	13—19	20—25	26—39	45—59	60—	不明	合计	3—12	13—19	20—25	26—29	40—59	60—	不明	合计
首善乡总计	12	3	5	29	4	3		56	11	3	5	13	2			34
城里村	12	3	4	25	3	3		50	9	3	4	11	2			29
东关村				3				3	2		1	1				4
中兴村			1		1			2								
三义村				1				1				1				1
第一乡总计					1			1								
韦家庄					1			1								
第三乡总计		1		1				2	1							1
冯家庄				1				1	1							1
丁家庄		1						1								
第四乡总计				1				1								

续表

男女别 / 年龄别 / 村庄名	男子								女子							
	3—12	13—19	20—25	26—39	45—59	60—	不明	合计	3—12	13—19	20—25	26—29	40—59	60—	不明	合计
韩家庄				1				1								
第五乡总计									1							1
石家庄									1							1
第六乡总计	1			1				2								
东言礼	1			1				2								
第七乡总计	2							2		1						1
冯家庄	1							1		1						1
姚家庄	1							1								
第九乡总计			1	2	1			4								
大碾				1				1								
于家			1					1								

续表

男女别/年龄别/村庄名	男子								女子							
	3—12	13—19	20—25	26—39	45—59	60—	不明	合计	3—12	13—19	20—25	26—29	40—59	60—	不明	合计
王少唐					1			1								
辛梁镇				1				1								
第十一乡总计				1	1			2								
孙家镇				1				1								
王庄					1			1								
第十二乡总计				1				1								
赵家庄				1				1								
全县	15	4	6	36	7	3		71	13	4	5	13	2			37
百分数（%）	21.14	5.64	8.45	50.71	9.83	4.23		100	35.13	10.81	13.52	35.13	5.41			100

第八十二表

全县各村庄寄籍人他往识字人年龄分配统计表

村庄名＼年龄别＼男女别	男子								女子							
	3—12	13—19	20—25	26—39	45—59	60—	不明	合计	3—12	13—19	20—25	26—29	40—59	60—	不明	合计
首善乡总计	1	2		2				5			1					1
城里村		1		1				2			1					1
东关村	1	1						2								
黛溪村				1				1								
第九乡总计		1						1								
王少唐		1						1								
第十一乡总计		1		1				2								
时家庄		1		1				2								
全县	1	4		3				8			1					1
百分数（%）	12.5	50.0		37.5				100			100					100

错误说明：识字者之年龄分配，共“三岁至五岁”与“六岁至十二岁”两页，须与学龄儿童教育状况统计表之“曾求学者”与“现求学者”之数目各相等。但本表与学龄儿童表对照，竟发见错误；兹因时间关系，故无法再行精细校对，考其错误原因：不外（一）划记时唱年龄者将年龄唱错，或划记者听错；（二）唱年龄者误将调查表上年龄项看错；（三）调查表上原有错误。

上表之错误既无法改正，编者谨于此略赘数语俾日后为统计者有所注意。

第八十三表

全县法定人口中之男女学龄儿童教育状况统计表

男女制	年龄别 / 教育状况 / 住居制	三岁至五岁			六岁至十二岁			合计	
		未求学者	曾求学者	现求学者	未求学者	曾求学者	现求学者	总计	百分数（%）
男子	本籍人现住	5282	5	99	5295	328	4996	16005	98.85
	本籍人他往	16			63	10	14	103	0.63
	寄籍人现住	30		2	36	1	13	82	0.51
	寄籍人他往				1		1	2	0.01
	总计	5328	5	101	5395	339	5024	16192	100
	百分数（%）	32.92	0.04	0.57	33.33	4.10	31.04	100	
女子	本籍人现住	5176	4	39	9475	54	656	15404	99.15
	本籍人他往	14			26		6	46	0.29
	寄籍人现住	25		4	49		9	87	0.56
	寄籍人他往								
	总计	5215	4	43	9550	54	671	15537	100
	百分数（%）	33.51	0.04	0.28	61.48	0.36	4.33	100	

续表

男女制 \ 住居制 \ 教育状况 \ 年龄别		三岁至五岁			六岁至十二岁			合计	
		未求学者	曾求学者	现求学者	未求学者	曾求学者	现求学者	总计	百分数（%）
男女合计	全县	10543	9	144	14945	393	5695	31729	
	百分数	33.23	0.03	0.45	47.09	1.25	17.95	100	

第八十四表

各乡本籍人现住男女学龄儿童教育状况统计表

乡名 \ 教育状况 \ 年龄别 \ 男女别	男子							女子						
	三岁至五岁			六岁至十二岁			合计	三岁至五岁			六岁至十二岁			合计
	未求学者	曾求学者	现求学者	未求学者	曾求学者	现求学者		未求学者	曾求学者	现求学者	未求学者	曾求学者	现求学者	
首善乡总计	198		10	108	4	306	626	228		4	285	7	92	616
第一乡总计	359		3	304	19	319	1004	345		5	594	8	50	1002
第二乡总计	564	1	4	665	8	310	1552	498			790		9	1297
第三乡总计	303	1	14	247	29	224	818	255	2	2	448	13	29	749

续表

男女别 / 年龄别 / 教育状况 / 乡名	男子							女子						
	三岁至五岁			六岁至十二岁			合计	三岁至五岁			六岁至十二岁			合计
	未求学者	曾求学者	现求学者	未求学者	曾求学者	现求学者		未求学者	曾求学者	现求学者	未求学者	曾求学者	现求学者	
第四乡总计	494		4	417	17	477	1409	439		3	735	9	34	1220
第五乡总计	297	2	9	230	51	316	905	326		2	552	3	57	940
第六乡总计	274		4	326	45	276	925	302		2	636		23	963
第七乡总计	439	1	6	404	18	528	1396	418	1	6	865	1	52	1343
第八乡总计	527		6	553	59	448	1593	546			1020	2	26	1594
第九乡总计	332		3	329	19	298	981	340		2	658	1	20	1021
第十乡总计	233		5	213	4	198	653	227		2	466		28	723
第十一乡总计	349		13	343	28	370	1103	335		4	673	7	62	1081
第十二乡总记	244		8	244	4	323	823	234		7	482	1	102	826
第十三乡总计	669		10	912	23	603	2217	683	1		1271	2	72	2029
全县	5282	5	99	5295	328	4996	16005	5176	4	39	9475	54	656	15404
百分数（%）	33.00	0.03	0.62	33.08	2.05	31.22	100	33.60	0.03	0.25	61.51	0.35	4.26	100

第八十五表

全县各村庄本籍人现住男女学龄儿童教育状况统计表

男女别 / 年龄别 / 教育状况 / 村庄名	男子							女子						
	三岁至五岁			六岁至十二岁			合计	三岁至五岁			六岁至十二岁			合计
	未求学者	曾求学者	现求学者	未求学者	曾求学者	现求学者		未求学者	曾求学者	现求学者	未求学者	曾求学者	现求学者	
首善乡总计	198		10	108	4	306	626	228		4	285	7	92	616
城里村	33		1	22		40	96	28		2	22		41	93
言坊村	8			14		14	36	16			22		1	39
东关村	24			14		47	85	33			43	5	4	85
南关村	17		1	4		25	47	15			28		11	54
爱山村	9		3	3	1	19	35	6			14	1	3	24
美井村	24		2	10		34	70	24			19		9	52
中兴村	13		3	6	2	30	54	16		1	24		10	51
黛溪村	27			19	1	40	87	27			49	1	4	81
三义村	18			4		22	44	26		1	25		7	59

续表

男女别／年龄别／教育状况／村庄名	男子							女子						
	三岁至五岁			六岁至十二岁			合计	三岁至五岁			六岁至十二岁			合计
	未求学者	曾求学者	现求学者	未求学者	曾求学者	现求学者		未求学者	曾求学者	现求学者	未求学者	曾求学者	现求学者	
北关村	25			12		35	72	37			39		2	78
第一乡总计	359		3	304	19	319	1004	345		5	594	8	50	1002
韩家坊	20			21	1	34	76	31			53		3	87
大李家	40			53		30	123	36			66	1	5	108
张家山	26			24		10	60	19			35			54
十里铺	16			19		17	52	19			38			57
接官亭	2			3			5				1			1
张家庄	24			8		17	49	15			35			50
高家庄	9			4		3	16	9			10			19
王家庄	10			8		7	25	12			25			37

续表

男女别 / 年龄别 / 教育状况 / 村庄名	男子							女子						
	三岁至五岁			六岁至十二岁			合计	三岁至五岁			六岁至十二岁			合计
	未求学者	曾求学者	现求学者	未求学者	曾求学者	现求学者		未求学者	曾求学者	现求学者	未求学者	曾求学者	现求学者	
聚和庄	9		2	7		10	28	10			26		3	39
小李家	4			4		2	10				7			7
马家庄	5			4	1	9	19	8		1	8			17
韦家庄	32			6		52	90	34		2	34		15	85
富盛庄				1			1	1			2			3
成庄	3			2		6	11	2			8			10
刘家庄	9			9		10	28	10			12	1		23
郭庄	27			13		24	64	23		2	39		11	75
黄家营	8			6		7	21	9			17		1	27
樊家庄	12			16		10	38	10			19		2	31

续表

男女别 / 年龄别 / 教育状况 / 村庄名	男子							女子						
	三岁至五岁			六岁至十二岁			合计	三岁至五岁			六岁至十二岁			合计
	未求学者	曾求学者	现求学者	未求学者	曾求学者	现求学者		未求学者	曾求学者	现求学者	未求学者	曾求学者	现求学者	
鲁家泉	16			18		14	48	14			21	1	2	38
石家庄	31			30		20	81	27			49		5	81
贺家庄	32		1	21	17	10	81	28			31	5	2	66
姜家洞	3			9		4	16	2			11		1	14
碑楼会仙	21			18		23	62	26			47			73
第二乡总计	564	1	4	665	8	310	1552	498			790		9	1297
青阳店	88		2	102	2	39	233	75			120			195
董家庄	44			58		11	113	27			62			89
韩家庄	14			12		20	46	20			18		8	46
新立庄	9			5		5	19	3			11			14

续表

男女别/年龄别/教育状况/村庄名	男子							女子						
	三岁至五岁			六岁至十二岁			合计	三岁至五岁			六岁至十二岁			合计
	未求学者	曾求学者	现求学者	未求学者	曾求学者	现求学者		未求学者	曾求学者	现求学者	未求学者	曾求学者	现求学者	
贾庄	5			6		13	24	12			14			26
浒山铺	28			42	3	8	81	26			37			63
刘家庄	67	1		79		18	165	52			88			140
马步店	22			25		8	55	17			39			56
钟家庄	25			28		30	83	39			49			88
耿家庄	42			47		26	115	31			53			84
东窝驼	39			47		27	113	32			65		1	98
西窝驼	73		2	100	1	29	205	60			74			134
代庄	6			8		10	24	9			13			22
徐家庄	16			17		14	47	17			28			45

续表

男女别 / 年龄别 / 教育状况 / 村庄名	男子							女子						
	三岁至五岁			六岁至十二岁			合计	三岁至五岁			六岁至十二岁			合计
	未求学者	曾求学者	现求学者	未求学者	曾求学者	现求学者		未求学者	曾求学者	现求学者	未求学者	曾求学者	现求学者	
郭庄	10			18		12	40	14			26			40
化庄	24			25	1	18	68	23			41			64
陈家庄	52			46	1	22	121	41			52			93
第三乡总计	303	1	14	247	29	224	818	255	2	2	448	13	29	749
西赵家庄	10			8		11	29	14			23	2		39
黄家河滩	5			11		5	21	6			10			16
吉祥庄	6			8		1	15	5			14			19
上娄	17		1	7		8	33	8			11			19
下娄	12		1	8		15	36	10		1	13		4	28
杏林庄	14			12	1	1	28	10			23		2	35

续表

男女别/年龄别/教育状况/村庄名	男子							女子						
	三岁至五岁			六岁至十二岁			合计	三岁至五岁			六岁至十二岁			合计
	未求学者	曾求学者	现求学者	未求学者	曾求学者	现求学者		未求学者	曾求学者	现求学者	未求学者	曾求学者	现求学者	
郭庄	11			11		1	23	9			9		1	19
秦家沟	23	1	2	9	12	3	50	18	2		16	8	6	50
聚仙庄	14			14	1		29	9			4			13
贺家庄	6			7		5	18	12			15			27
太和庄	12		1	5		8	26	5			16			21
樊家洞	3			2		2	7	2			3			5
孙家峪	4			10		4	18	7			15			22
象伏庄	13		2	22		11	48	15			20			35
象山前	13		1	12		15	41	9			40			49
芦泉	7			16	1	3	27	10			13			23

续表

男女别 / 年龄别 / 教育状况 / 村庄名	男子							女子						
	三岁至五岁			六岁至十二岁			合计	三岁至五岁			六岁至十二岁			合计
	未求学者	曾求学者	现求学者	未求学者	曾求学者	现求学者		未求学者	曾求学者	现求学者	未求学者	曾求学者	现求学者	
王家庄	3			2		1	6	1			5		1	7
石家庄	22		3	4	3	22	54	11		1	26		8	46
冯家庄	2		1	2		9	14	8			7			15
丁家庄	19			6		17	42	11			25			36
东赵家庄	12		1	10	1	10	34	18			15		1	34
崔家营	23			15		16	54	13			33		1	47
崔家庄	12			13		15	40	11			24			35
抱印庄	5			8		10	23	6			15			21
李家庄	9			10	2	8	29	11			21	1		33
郎君庄	26		1	15	8	23	73	16			32	2	5	55

续表

男女别/年龄别/教育状况/村庄名	男子							女子						
	三岁至五岁			六岁至十二岁			合计	三岁至五岁			六岁至十二岁			合计
	未求学者	曾求学者	现求学者	未求学者	曾求学者	现求学者		未求学者	曾求学者	现求学者	未求学者	曾求学者	现求学者	
第四乡总计	494		4	417	17	477	1409	439		3	735	9	34	1220
南逯庄	67			51	2	51	171	54			90		2	146
中逯庄	14			10	3	8	35	6			18	1		25
北逯庄	14			11		16	41	9			24			33
太和庄	11			14		6	31	15			30			45
陈河涯	5			6	1	4	16	4			7			11
平原庄	26		1	15		28	70	15			24			39
蒙家庄	32			33	1	18	84	27			45			72
大杨堤	10			12		11	33	14			16			30
小杨堤	24			19		10	53	15			26			41

续表

男女别 / 年龄别 / 教育状况 / 村庄名	男子							女子						
	三岁至五岁			六岁至十二岁			合计	三岁至五岁			六岁至十二岁			合计
	未求学者	曾求学者	现求学者	未求学者	曾求学者	现求学者		未求学者	曾求学者	现求学者	未求学者	曾求学者	现求学者	
东杨堤	34			28		35	97	28		1	51	1	2	83
西杨堤	18			22	3	20	63	21			46		1	68
见埠庄	46		1	33		70	150	34			70		4	108
杨家庄	4			12		9	25	4			6			10
代家庄	12			7		16	35	16			23			39
杨家寨	12			12		17	41	19			34		5	58
刘家庄	22			9		12	43	18			14			32
高家庄	8		1	11	1	6	27	3			7			10
韩家庄	24			23		22	69	31			44		3	78
北唐	7			10			17	6			12			18

续表

男女别 / 年龄别 / 教育状况 / 村庄名	男子							女子						
	三岁至五岁			六岁至十二岁			合计	三岁至五岁			六岁至十二岁			合计
	未求学者	曾求学者	现求学者	未求学者	曾求学者	现求学者		未求学者	曾求学者	现求学者	未求学者	曾求学者	现求学者	
南唐	1			4			5	8			7			15
樊家庄	30			17		32	79	25			43			68
东禾	6			5	4	13	28	3			11	6		20
西禾	10			5	1	3	19	4		1	18	1	2	26
北禾	18		1	14		21	54	17			22		11	50
段家庄	14			8		17	39	12			20			32
柳泉庄	22			26	1	30	79	29		1	26		4	60
于齐庄	3					2	5	2			1			3
第五乡总计	297	2	9	230	51	316	905	326		2	552	3	57	940
黄山前	29			27		36	92	36			62		2	100

续表

男女别 / 年龄别 / 教育状况 / 村庄名	男子							女子						
	三岁至五岁			六岁至十二岁			合计	三岁至五岁			六岁至十二岁			合计
	未求学者	曾求学者	现求学者	未求学者	曾求学者	现求学者		未求学者	曾求学者	现求学者	未求学者	曾求学者	现求学者	
侯家庄	3			3		5	11	4			8			12
代庄	4			6		3	13	7			9			16
孙家庄	8			5		7	20	4			12		1	17
景家庄	23		2	22		25	72	28		2	30		15	75
周家庄	13		1	23		14	51	16			35		3	54
乔木庄	14			8	3	13	38	19			23		4	46
月河庄	2			4		4	10	1			6			7
小吕家庄	3			2		1	6				7		2	9
石家庄	18		1	10		21	50	14			19		11	44
鲍家庄	14			19	3	13	49	16			20			36

续表

村庄名 \ 男女别 / 年龄别 / 教育状况	男子							女子						
	三岁至五岁			六岁至十二岁			合计	三岁至五岁			六岁至十二岁			合计
	未求学者	曾求学者	现求学者	未求学者	曾求学者	现求学者		未求学者	曾求学者	现求学者	未求学者	曾求学者	现求学者	
盖家庄	4			8		10	22	10			8		2	20
鄢家庄	20		3	14		36	73	26			65			91
东范庄	66	2		39	29	54	190	67			114	2	2	185
南范庄	36			13		44	93	37			50		14	101
西范庄	6			4		7	17	4			9		1	14
北范庄	21			18		19	58	18			40			58
七里铺	13		2	5	16	4	40	19			35	1		55
第六乡总计	274		4	326	45	276	925	302		2	636		23	963
小店	15			14		22	51	29		2	63		8	102
杨村	12		1	20		25	58	17			26		8	51

续表

村庄名	男子 三岁至五岁 未求学者	男子 三岁至五岁 曾求学者	男子 三岁至五岁 现求学者	男子 六岁至十二岁 未求学者	男子 六岁至十二岁 曾求学者	男子 六岁至十二岁 现求学者	男子 合计	女子 三岁至五岁 未求学者	女子 三岁至五岁 曾求学者	女子 三岁至五岁 现求学者	女子 六岁至十二岁 未求学者	女子 六岁至十二岁 曾求学者	女子 六岁至十二岁 现求学者	合计
穆王庄	11			17	2	9	39	19			32			51
魏家庄	26			38	15	22	101	42			57			99
刁家庄	16			12		15	43	12			20			32
宋家庄	10			7	2	13	32	8			19		4	31
郭家庄	16			18		18	52	16			38			54
毛张庄	18		1	18		32	69	18			50		1	69
刘家道口	7			16		7	30	7			14			21
纪家庄	16			10	4	8	38	10			28			38
韩家庄	33			46	16	6	101	38			72			110
曹家小庄	12			8	5	12	37	11			22			33

续表

男女别/年龄别/教育状况/村庄名	男子							女子						
	三岁至五岁			六岁至十二岁			合计	三岁至五岁			六岁至十二岁			合计
	未求学者	曾求学者	现求学者	未求学者	曾求学者	现求学者		未求学者	曾求学者	现求学者	未求学者	曾求学者	现求学者	
夏家屋子	1					2	3				2			2
崔家庄	19		1	8		26	54	19			45		2	66
东言礼	24		1	23		21	69	15			53			68
西言礼	18			36		24	78	16			42			58
伏生祠				2			2	2			2			4
黄鹂庄	10			15		9	34	12			18			30
张家套	10			18	1	5	34	11			33			44
第七乡总计	439	1	6	404	18	528	1396	418	1	6	865	1	52	1343
韩家店	14			8		24	40	11			28			39
孙家庄	6			6		2	14	1			9			10

续表

男女别 / 年龄别 / 教育状况 / 村庄名	男子							女子						
	三岁至五岁			六岁至十二岁			合计	三岁至五岁			六岁至十二岁			合计
	未求学者	曾求学者	现求学者	未求学者	曾求学者	现求学者		未求学者	曾求学者	现求学者	未求学者	曾求学者	现求学者	
青眉庄	2			4		3	9	1			8			9
赵家庄	8			5		5	18	1			11			12
辛庄	1			4		2	7	3			8			11
白家桥	5			7	1	1	14	5			16		1	22
西王家庄	9			3	1	5	18	7			14			21
大王驼	29			33		26	88	27			57		1	85
小王驼	21			26		20	67	16			41		1	58
李家庄	5			8			13	5			7			12
波踏店	10		2	3		21	36	12			25			37
东韦家	3			3		7	13	5			9			14

续表

男女别 / 年龄别 / 教育状况 / 村庄名	男子							女子						
	三岁至五岁			六岁至十二岁			合计	三岁至五岁			六岁至十二岁			合计
	未求学者	曾求学者	现求学者	未求学者	曾求学者	现求学者		未求学者	曾求学者	现求学者	未求学者	曾求学者	现求学者	
东白家	6			5		14	25	7			20			27
木王庄	4			1		5	10	2			11			13
张家庄				2	1	1	4	2			6			8
甲子庄	3			6		1	10	6			8			14
西韦家	18		1	6		20	45	13			22		1	36
大白	14			5		11	30	8			17			25
小白	2			3		1	6	4			7			11
宋家庄	14			15		21	50	23			33			56
上口	18			21	15	15	69	27	1		45		1	74
前城子	32			21		42	95	35		3	54		5	97

续表

村庄名 \ 男女别・年龄别・教育状况	男子 三岁至五岁 未求学者	男子 三岁至五岁 曾求学者	男子 三岁至五岁 现求学者	男子 六岁至十二岁 未求学者	男子 六岁至十二岁 曾求学者	男子 六岁至十二岁 现求学者	男子 合计	女子 三岁至五岁 未求学者	女子 三岁至五岁 曾求学者	女子 三岁至五岁 现求学者	女子 六岁至十二岁 未求学者	女子 六岁至十二岁 曾求学者	女子 六岁至十二岁 现求学者	合计
后城子	13			10		19	42	12			26			38
马庄	34			32		39	105	31			64		11	106
滕家庄	19			24		26	69	23			49		1	73
萧家庄	48			40		73	161	54		1	79		9	143
开河	16			20		17	53	14			42			56
小营庄	9			3		9	21	6			11			17
东王家庄	21			19		15	55	13			25		1	39
颜家桥	19			22		18	59	9			34		1	44
冯家庄	4			7		7	18	5			11		1	17
邱家	8		1	8		11	28	8			17	1	2	28

续表

男女别		男子							女子						
年龄别		三岁至五岁			六岁至十二岁			合计	三岁至五岁			六岁至十二岁			合计
教育状况 村庄名		未求学者	曾求学者	现求学者	未求学者	曾求学者	现求学者		未求学者	曾求学者	现求学者	未求学者	曾求学者	现求学者	
官家庄		4			3		12	19	5			5		3	13
耿家庄		3			1		3	7				10			10
姚家庄		6			3		7	16	4			4		8	16
释家套		5	1	2	12		22	42	6		2	26		2	36
旧口		4			5		3	12	6			2		3	11
袁家屋子		2						2	1				4		5
第八乡总计		527		6	553	59	448	1593	546			1020	2	26	1594
明家集		15		2	14		27	58	13			27			40
耿家庄		28			17		15	60	21			43			64
牛家官庄		7			17		10	34	17			31			48

续表

村庄名 \ 男女别 / 年龄别 / 教育状况	男子							女子						
	三岁至五岁			六岁至十二岁			合计	三岁至五岁			六岁至十二岁			合计
	未求学者	曾求学者	现求学者	未求学者	曾求学者	现求学者		未求学者	曾求学者	现求学者	未求学者	曾求学者	现求学者	
田家庄	19			6		17	42	22			34			56
大张官庄	21			32		4	57	18			48			66
小张官庄	6		1	5		11	23	13			23			36
兰芝里	20			9		25	54	25			45		3	73
解家庄	26		1	26	3	12	68	20			39		2	61
柴家庄	15			8		18	41	7			18		8	33
东闸子	12			13		10	35	16			24			40
西闸子	40			38	15	22	115	35			60			95
苏家桥	2			5		13	20	8			8			16
邢家庄	7			16		6	29	18			33			51

续表

男女别 / 年龄别 / 教育状况 / 村庄名	男子							女子						
	三岁至五岁			六岁至十二岁			合计	三岁至五岁			六岁至十二岁			合计
	未求学者	曾求学者	现求学者	未求学者	曾求学者	现求学者		未求学者	曾求学者	现求学者	未求学者	曾求学者	现求学者	
窝村	16		1	30		20	67	18			41			59
颜家集	25			39	5	13	82	18			43			61
牛家庄	8		1	17	2	23	51	14			31			45
二辛庄	4			9	2	6	21	16			33		1	50
东佐家	10			7		11	28	13			18	1		32
十户	23			10		20	53	21			44			65
刘楷家	9			6		20	35	16			17			33
仓廪庄	21			12	5	5	43	13			19	1		33
高家庄	6			9		11	26	5			19			24
宋家庄	19			38	5	11	73	37			59			96

续表

男女别/年龄别/教育状况/村庄名	男子							女子						
	三岁至五岁			六岁至十二岁			合计	三岁至五岁			六岁至十二岁			合计
	未求学者	曾求学者	现求学者	未求学者	曾求学者	现求学者		未求学者	曾求学者	现求学者	未求学者	曾求学者	现求学者	
成家庄	30			28		21	79	19			45		2	66
许家道口	23			17		25	65	20			37		10	67
高洼庄	13			11		11	35	16			25			41
曹家庄	22			24	2	14	62	12			32			44
宋家集	16			10		6	32	9			13			22
惠家辛庄	19			43		10	72	23			43			66
段家桥	45			37	20	31	133	43			68			111
第九乡总计	332		3	329	19	298	981	340		2	658	1	20	1021
吴家	10		1	10	1	11	33	13			17			30
西左家	34			28	9	28	99	31			59			90

续表

男女别 / 年龄别 / 教育状况 / 村庄名	男子							女子						
	三岁至五岁			六岁至十二岁			合计	三岁至五岁			六岁至十二岁			合计
	未求学者	曾求学者	现求学者	未求学者	曾求学者	现求学者		未求学者	曾求学者	现求学者	未求学者	曾求学者	现求学者	
大碾	28			10		25	63	20		1	55			76
于家	19			12		14	45	20			44			64
王家	9			8	3	9	29	9			20			29
宋家	20			26		10	56	23			38			61
营家	6		1	9		17	33	15			26			41
萝圈	18		1	21		4	44	12			28			40
辛桥	36			46		23	105	36			69			105
王少唐	10			10	1	17	38	10			30			40
杨家庄	5			10		18	33	16			25			41
田家	29			27		20	76	32			52	1		85

续表

男女别 / 年龄别 / 教育状况 / 村庄名	男子							女子						
	三岁至五岁			六岁至十二岁			合计	三岁至五岁			六岁至十二岁			合计
	未求学者	曾求学者	现求学者	未求学者	曾求学者	现求学者		未求学者	曾求学者	现求学者	未求学者	曾求学者	现求学者	
王家寨	7			5		6	18	6			9			15
河沟涯	6			8		4	18	6			12			18
辛梁镇	44			28		51	123	33		1	45		19	98
程和铺	8			10		6	24	10			28			38
郝庄	20			41	5	11	77	26			63			89
丁庄	23			20		24	67	22			38		1	61
第十乡总计	233		5	213	4	198	653	227		2	466		28	723
崖镇	23		1	18		16	58	27			34		7	68
杨家庄	12			13		8	33	12			13			25
张家庄	18		2	19		28	67	18		1	39			58

续表

男女别/年龄别/教育状况/村庄名	男子							女子						
	三岁至五岁			六岁至十二岁			合计	三岁至五岁			六岁至十二岁			合计
	未求学者	曾求学者	现求学者	未求学者	曾求学者	现求学者		未求学者	曾求学者	现求学者	未求学者	曾求学者	现求学者	
郭家庄	5			4		4	13	8			26			34
吕家	4			2		1	7	4			7			11
孔家	12			5		5	22	9			18			27
长槐家	6			5			11	3			12			15
成家	20			22	2	21	65	21		1	49		8	79
张德佐家	6		1	10		15	32	7			21			28
崇兴官庄	4			7	1	1	13	5			6			11
孙家庄	15			8		11	34	14			15		12	41
韩家庄	13			9		12	34	20			31			51
刘聚桥	10			13		10	33	10			23		1	34

续表

男女别/年龄别/教育状况/村庄名	男子							女子						
	三岁至五岁			六岁至十二岁			合计	三岁至五岁			六岁至十二岁			合计
	未求学者	曾求学者	现求学者	未求学者	曾求学者	现求学者		未求学者	曾求学者	现求学者	未求学者	曾求学者	现求学者	
刘家井	17			7		16	40	13			29			42
郑家	10			10		6	26	7			22			29
马庄	23			20		20	63	15			50			65
粉张庄	23			26		12	61	14			40			54
张家寨	12		1	15	1	12	41	20			31			51
第十一乡总计	349		13	343	28	370	1103	335		4	673	7	62	1081
王伍庄	27		4	28		28	87	17		1	45		11	74
周家庄	20		1	13		23	57	20		1	35		9	65
时家庄	22			25		13	60	18			42			60
孟家坊	6			4		9	19	3			8			11

续表

男女别／年龄别／教育状况／村庄名	男子							女子						
	三岁至五岁			六岁至十二岁			合计	三岁至五岁			六岁至十二岁			合计
	未求学者	曾求学者	现求学者	未求学者	曾求学者	现求学者		未求学者	曾求学者	现求学者	未求学者	曾求学者	现求学者	
岳家官庄	4			9		1	14	5			9			14
潘家	9			12		2	23	13			18			31
安祥庄	10			3	1	7	21	9			22			31
刘家	4			8	2	8	22	6			7			13
大陈家庄	17		1	43	8	19	88	32		1	39		2	74
信家	14			15	1	15	45	19			31		9	59
罗家	7		2	7		5	21	7			15	2		24
霍家坡	23			20		26	69	29		1	51		5	86
张家庄	12			19		11	42	8			30			38
孙家镇	76			51	8	67	202	51			118	1	14	184

续表

男女别 / 年龄别 / 教育状况 / 村庄名	男子							女子						
	三岁至五岁			六岁至十二岁			合计	三岁至五岁			六岁至十二岁			合计
	未求学者	曾求学者	现求学者	未求学者	曾求学者	现求学者		未求学者	曾求学者	现求学者	未求学者	曾求学者	现求学者	
范家庄	7			7	1	16	31	11			20		1	32
道民庄	14			7		17	38	14			30			44
陈玉平	8			5	1	8	22	4			24			28
都路平	14			18	1	12	45	8			25	1		34
冯家	19			13	1	35	68	28			43			71
小陈家庄	14			12		4	30	11			20			31
王庄	5			8	2	3	18	6			6	1	1	14
刘庄	4			9	1	6	20	6			68	2	2	18
蔡庄	10		4	5	1	25	45	5			17		7	29
李庄	3		1	2		10	16	5			10		1	16
第十二乡总计	244		8	244	4	323	823	234		7	482	1	102	826

续表

男女别 / 年龄别 / 教育状况 / 村庄名	男子							女子						
	三岁至五岁			六岁至十二岁			合计	三岁至五岁			六岁至十二岁			合计
	未求学者	曾求学者	现求学者	未求学者	曾求学者	现求学者		未求学者	曾求学者	现求学者	未求学者	曾求学者	现求学者	
辉李庄	35			16	1	60	112	32		1	58	1	14	106
李南庄	5			3			8	5			11			16
于何庄	12			20		18	50	15			19		1	35
党李庄	16			20		20	56	17			36			53
五户	5			18		9	32	8			26		7	41
高家庄	13			14	1	11	39	11			32		1	44
大三户	17			24		25	66	23		1	32		16	72
小三户	18			16	2	23	59	18			28			46
刘家	3			3		1	7	1			9			10
潘家	6		1	8		10	25	12			30			42
车郭庄	16		1	5		27	49	11		1	13		26	51

续表

村庄名	男子 三岁至五岁 未求学者	男子 三岁至五岁 曾求学者	男子 三岁至五岁 现求学者	男子 六岁至十二岁 未求学者	男子 六岁至十二岁 曾求学者	男子 六岁至十二岁 现求学者	男子 合计	女子 三岁至五岁 未求学者	女子 三岁至五岁 曾求学者	女子 三岁至五岁 现求学者	女子 六岁至十二岁 未求学者	女子 六岁至十二岁 曾求学者	女子 六岁至十二岁 现求学者	女子 合计
曹家庄	8			11		15	34	11			22			33
郑家寨	8		1	13		4	26	1			13			14
打鱼里	16		1	13		23	53	17			24		16	57
赵家庄	22			19		25	66	14		1	36		1	52
腰庄	24		3	24		31	82	26		3	50		20	99
安家庄	20		1	17		21	59	12			43			55
第十三乡总计	669		10	912	23	603	2217	683	1		1271	2	72	2029
花沟	55			58	1	39	153	57			97		10	164
张家庄	10			13		11	34	13			29		2	44
岳家庄	9			24		23	56	14			29		1	44
李家庄	1						1	3			3			6

续表

男女别 / 年龄别 / 教育状况 / 村庄名	男子							女子						
	三岁至五岁			六岁至十二岁			合计	三岁至五岁			六岁至十二岁			合计
	未求学者	曾求学者	现求学者	未求学者	曾求学者	现求学者		未求学者	曾求学者	现求学者	未求学者	曾求学者	现求学者	
魏家庄	11			13		11	35	15			25			40
毛旺庄	9			12		5	26	5			14			19
天师庄	18			15		18	51	14			24			38
沟旺庄	10			13		3	26	11			16			27
任马寨	28			39		15	82	25			29		2	56
吉祥庄	16			22		11	49	10			19			29
贾庄	11			17		14	42	13			35			48
辛庄	5			6		2	13	3			4			7
龙桑树	7			7		3	17	6			11			17
前陈家	8			12		11	31	10			15			25
后陈家	12			10		7	29	6			20			26

续表

男女别 / 年龄别 / 教育状况 / 村庄名	男子							女子						
	三岁至五岁			六岁至十二岁			合计	三岁至五岁			六岁至十二岁			合计
	未求学者	曾求学者	现求学者	未求学者	曾求学者	现求学者		未求学者	曾求学者	现求学者	未求学者	曾求学者	现求学者	
吕家庄	6		1	12		13	32	6			20	2		28
前石门	11			10		17	38	11			21		2	34
后石门	12			9		16	37	8			22			30
郭家坊	8		2	8	3	4	25	7			9		3	19
杏行	10			14		11	35	8			19		2	29
西南四庄	18			19		10	47	18			26		2	46
中南四庄	13			6		8	27	10			13			23
东南四庄	9			4	2	7	22	13			27			40
老鸦赵	3			6		4	13	2			7			9
杨家庄	14			12		18	44	11			26		2	39
曹家庄	8			14		14	36	14			23			37

续表

男女别/年龄别/教育状况/村庄名	男子							女子						
	三岁至五岁			六岁至十二岁			合计	三岁至五岁			六岁至十二岁			合计
	未求学者	曾求学者	现求学者	未求学者	曾求学者	现求学者		未求学者	曾求学者	现求学者	未求学者	曾求学者	现求学者	
云集官庄	5			2		5	12	7			8			15
田家官庄	4			7		5	16	2			3			5
陈家庄	9			9	3		21	11			13			24
宋家套	26		3	30		19	78	22			46		1	69
大官庄	11			18	1	9	39	7			19		1	27
张家官庄	2			7		4	13	2			5			7
胡家官庄	9			22	1	6	38	12			21			33
双柳树	17			14		8	39	14			24		2	40
王旺庄	10			14	4	8	36	12			17			29
胡家店	19			33		4	76	21			46			67
小胡庄	7			23			30	10			16			26

续表

男女别 / 年龄别 / 教育状况 / 村庄名	男子							女子						
	三岁至五岁			六岁至十二岁			合计	三岁至五岁			六岁至十二岁			合计
	未求学者	曾求学者	现求学者	未求学者	曾求学者	现求学者		未求学者	曾求学者	现求学者	未求学者	曾求学者	现求学者	
宫旺庄	9		2	15		12	38	18			24		7	49
高旺庄	20			27	5	18	70	21			24		18	63
于林庄	13			26		10	49	7			35			42
孙纺庄	13			23		18	54	16			25		3	44
贾旺庄	12			16		24	52	7			30			37
王家庄	10			9		12	31	8			18			26
段家	9			4		11	24	5			10			15
贾寨	21			34		5	60	19			24			43
龙虎庄	15			33	1	9	58	18	1		37			56
冯旺庄	6			12		12	30	11			27			38
宋旺庄	4			5	2	3	14	4			8			12

续表

男女别	男子							女子						
年龄别	三岁至五岁			六岁至十二岁			合计	三岁至五岁			六岁至十二岁			合计
教育状况 村庄名	未求学者	曾求学者	现求学者	未求学者	曾求学者	现求学者		未求学者	曾求学者	现求学者	未求学者	曾求学者	现求学者	
李星耀	14		1	22		20	57	18			33		14	65
李家官庄	7			19		11	37	13			24			37
田镇	24			20		31	75	26			49			75
大庄	3			11			14	5			4			9
沙高家	17			27		16	60	20			40			60
侯家	3			7		2	12	5			7			12
马家	7			8		7	22	10			17			27
徐家	11			4		5	20	5			9			14
石槽	10		1	16		14	41	14			25			39
全县	5282	5	99	5295	328	4996	16005	5176	4	39	9475	54	656	15404

第八十六表

各乡本籍人他往男女学龄儿童教育状况统计表

男女别 / 年龄别 / 教育状况 / 乡名	男子						女子			
	三岁至五岁		六岁至十二岁			合计	三岁至五岁	六岁至十二岁		合计
	未求学者	现求学者	未求学者	曾求学者	现求学者		未求学者	未求学者	现求学者	
首善乡	3		4	2	2	11	2	4	1	7
第一乡	2		4	2		8		3		3
第二乡			10			10				
第三乡			5	2	1	8	5	7		12
第四乡	1		9		3	13		2	2	4
第五乡	6		9	1		16	4	7	1	12
第六乡			9		2	11				
第七乡			4			4				
第八乡	1		3	1		5	1	1	1	3

续表

男女别 / 年龄别 / 教育状况 / 乡名	男子						女子			
	三岁至五岁		六岁至十二岁			合计	三岁至五岁	六岁至十二岁		合计
	未求学者	现求学者	未求学者	曾求学者	现求学者		未求学者	未求学者	现求学者	
第九乡			2	1	1	4	1	1		2
第十乡	1					1				
第十一乡					2	2				
第十二乡	2		4			6	1			1
第十三乡				1	3	4		1	1	2
全县	16		63	10	14	103	14	26	6	46
百分数（%）	15.53		61.17	9.71	13.59	100	30.44	56.52	13.04	100

第八十七表

全县各村庄本籍人他往男女学龄儿童教育状况统计表

男女别/年龄别/教育状况/村庄名	男子						女子			
	三岁至五岁		六岁至十二岁			合计	三岁至五岁	六岁至十二岁		合计
	未求学者	现求学者	未求学者	曾求学者	现求学者		未求学者	未求学者	现求学者	
首善乡总计	3		4	2	2	11	2	4	1	7
城里村	1		1	1		3			1	1
东关村	1					1	1			1
爱山村				1		1				
美井村			1			1				
中兴村							1			1
黛溪村								1		1
三义村			2			2				
北关村	1				2	3		3		3
第一乡总计	2		4	2		8		3		3

续表

男女别 / 年龄别 / 教育状况 / 村庄名	男子						女子			
	三岁至五岁		六岁至十二岁			合计	三岁至五岁	六岁至十二岁		合计
	未求学者	现求学者	未求学者	曾求学者	现求学者		未求学者	未求学者	现求学者	
大李家								1		1
张家山	1					1				
韦家庄				1		1				
黄家营			1			1				
鲁家泉								1		1
石家庄	1		2			3				
贺家庄			1	1		2		1		1
第二乡总计			10			10				
青阳店			3			3				
董家庄			2			2				

续表

男女别 / 年龄别 / 教育状况 / 村庄名	男子						女子			
	三岁至五岁		六岁至十二岁			合计	三岁至五岁	六岁至十二岁		合计
	未求学者	现求学者	未求学者	曾求学者	现求学者		未求学者	未求学者	现求学者	
浒山铺			1			1				
刘家庄			2			2				
钟家庄			2			2				
第三乡总计			5	2	1	8	5	7		12
黄家河滩							2	1		3
吉祥庄								1		1
杏林庄							1	1		2
秦家沟			1			1				
聚仙庄			1			1				
孙家峪			1			1				

续表

男女别 / 年龄别 / 教育状况 / 村庄名	男子						女子			
	三岁至五岁		六岁至十二岁			合计	三岁至五岁	六岁至十二岁		合计
	未求学者	现求学者	未求学者	曾求学者	现求学者		未求学者	未求学者	现求学者	
象山前				1		1				
石家庄			1		1	2	2	2		4
东赵家庄								2		2
崔家营			1	1		2				
第四乡总计	1		9		3	13		2	2	4
南逯庄			1		1	2			2	2
中逯庄								1		1
北逯庄					1	1				
平原庄			1			1				
东杨堤								1		1

续表

男女别	男子							女子			
年龄别	三岁至五岁		六岁至十二岁			合计	三岁至五岁	六岁至十二岁		合计
教育状况 村庄名	未求学者	现求学者	未求学者	曾求学者	现求学者		未求学者	未求学者	现求学者	
西杨堤			1			1				
刘家庄			1			1				
樊家庄	1		2			3				
西禾			1			1				
北禾			2			2				
柳泉庄					1	1				
第五乡总计	6		9	1		16	4	7	1	12
黄山前	2		1	1		4		1		1
景家庄	1		1			2	2			2
乔木庄								1		1

续表

男女别/年龄别/教育状况/村庄名	男子						女子			
	三岁至五岁		六岁至十二岁			合计	三岁至五岁	六岁至十二岁		合计
	未求学者	现求学者	未求学者	曾求学者	现求学者		未求学者	未求学者	现求学者	
石家庄	1		2			3				
盖家庄			1			1		1		1
东范庄	1		1			2		2		2
南范庄								1		1
西范庄									1	1
北范庄			1			1	2	1		3
七里铺	1		2			3				
第六乡总计			9		2	11				
杨村					1	1				
穆王庄			1			1				
魏家庄			1			1				

续表

男女别 / 年龄别 / 教育状况 / 村庄名	男子						女子			
	三岁至五岁		六岁至十二岁			合计	三岁至五岁	六岁至十二岁		合计
	未求学者	现求学者	未求学者	曾求学者	现求学者		未求学者	未求学者	现求学者	
韩家庄			2			2				
曹家小庄			1			1				
东言礼					1	1				
西言礼			1			1				
黄鹤庄			3			3				
第七乡总计			4			4				
甲子庄			1			1				
上口			1			1				
萧家庄			2			2				
第八乡总计	1		3	1		5	1	1	1	3
小张官庄				1		1				

续表

男女别 / 年龄别 / 教育状况 / 村庄名	男子						女子			
	三岁至五岁		六岁至十二岁			合计	三岁至五岁	六岁至十二岁		合计
	未求学者	现求学者	未求学者	曾求学者	现求学者		未求学者	未求学者	现求学者	
西闸子	1					1				
窝村								1		1
十户			1			1				
曹家庄			1			1				
宋家集			1			1				
惠家辛庄									1	1
段家桥							1			1
第九乡总计			2	1	1	4	1	1		2
大碾								1		1
宋家					1	1				
营家							1			1

续表

男女别 / 年龄别 / 教育状况 / 村庄名	男子						女子			
	三岁至五岁		六岁至十二岁			合计	三岁至五岁	六岁至十二岁		合计
	未求学者	现求学者	未求学者	曾求学者	现求学者		未求学者	未求学者	现求学者	
辛桥			1			1				
王家寨				1		1				
郝庄			1			1				
第十乡总计	1					1				
郭家庄	1					1				
第十一乡总计					2	2				
王伍庄					1	1				
时家庄					1	1				
第十二乡总计	2		4			6	1			1
高家庄	2					2				
打鱼里			2			2	1			1

续表

男女别/年龄别/教育状况/村庄名	男子						女子			
	三岁至五岁		六岁至十二岁			合计	三岁至五岁	六岁至十二岁		合计
	未求学者	现求学者	未求学者	曾求学者	现求学者		未求学者	未求学者	现求学者	
腰庄			1			1				
安家庄			1			1				
第十三乡总计				1	3	4		1	1	2
花沟				1		1				
龙桑树					1	1				
郭家坊								1		1
中南四庄					1	1				
龙虎庄									1	1
田镇					1	1				
全县	16		63	10	14	103	14	26	6	46

第八十八表

各乡寄籍人现住男女学龄儿童教育状况统计表

男女别/年龄别/教育状况/乡名	男子						女子				
	三岁至五岁		六岁至十二岁			合计	三岁至五岁		六岁至十二岁		合计
	未求学者	现求学者	未求学者	曾求学者	现求学者		未求学者	现求学者	未求学者	现求学者	
首善乡	12	2	4		10	28	10	4	5	7	26
第一乡	1		1			2			2		2
第二乡	1		1			2			1		1
第三乡	3			1		4			2	1	3
第四乡			5			5	4		4		8
第五乡	1					1	3		2	1	6
第六乡	1				1	2	1		5		6
第七乡			7		2	9	2		4		6
第八乡	1					1			1		1

续表

男女别 / 年龄别 / 教育状况 / 乡名	男子						女子				
	三岁至五岁		六岁至十二岁			合计	三岁至五岁		六岁至十二岁		合计
	未求学者	现求学者	未求学者	曾求学者	现求学者		未求学者	现求学者	未求学者	现求学者	
第九乡	3		9			12	3		12		15
第十乡	1					1			1		1
第十一乡	2		4			6	1		4		5
第十二乡	2		4			6	1		3		4
第十三乡	2		1			3			3		3
全县	30	2	36	1	13	82	25	4	49	9	87
百分数（%）	36.59	2.44	43.90	1.22	15.85	100	28.74	4.59	56.32	10.35	100

第八十九表　全县各村庄寄籍人现住男女学龄儿童教育状况统计表

村庄名	男子 三岁至五岁 未求学者	男子 三岁至五岁 现求学者	男子 六岁至十二岁 未求学者	男子 六岁至十二岁 曾求学者	男子 六岁至十二岁 现求学者	男子 合计	女子 三岁至五岁 未求学者	女子 三岁至五岁 现求学者	女子 六岁至十二岁 未求学者	女子 六岁至十二岁 现求学者	女子 合计
首善乡总计	12	2	4		10	28	10	4	5	7	26
城里村	8	2	1		10	21	8	4	1	5	18
东关村							1			2	3
南关村	2		1			3	1				1
中兴村	2		2			4			2		2
黛溪村									2		2
第一乡总计	1		1			2			2		2
韩家坊	1		1			2			1		1
张家山									1		1
第二乡总计	1		1			2			1		1

续表

男女别 / 年龄别 / 教育状况 / 村庄名	男子						女子				
	三岁至五岁		六岁至十二岁			合计	三岁至五岁		六岁至十二岁		合计
	未求学者	现求学者	未求学者	曾求学者	现求学者		未求学者	现求学者	未求学者	现求学者	
韩家庄	1					1					
代庄			1			1			1		1
第三乡总计	3			1		4			2	1	3
石家庄	2					2			2	1	3
冯家庄										1	1
丁家庄				1		1			1		1
崔家营	1					1					
第四乡总计			5			5	4		4		8
南逯庄			1			1	1		1		2
北逯庄			1			1	1				1

续表

男女别 / 年龄别 / 教育状况 / 村庄名	男子						女子				
	三岁至五岁		六岁至十二岁			合计	三岁至五岁		六岁至十二岁		合计
	未求学者	现求学者	未求学者	曾求学者	现求学者		未求学者	现求学者	未求学者	现求学者	
平原庄							1				1
蒙家庄							1		1		2
东杨堤			2			2					
北唐			1			1					
韩家庄									2		2
第五乡总计	1					1	3		2	1	6
乔木庄									1		1
石家庄										1	1
盖家庄	1					1			1		1
东范庄							1				1

续表

男女别/年龄别/教育状况/村庄名	男子						女子				
	三岁至五岁		六岁至十二岁			合计	三岁至五岁		六岁至十二岁		合计
	未求学者	现求学者	未求学者	曾求学者	现求学者		未求学者	现求学者	未求学者	现求学者	
西范庄							1				1
北范庄							1				1
第六乡总计	1				1	2	1		5		6
东言礼					1	1			4		4
张家套	1					1	1		1		2
第七乡总计			7		2	9	2		4		6
韩家店			2			2					
小王驼			2			2					
木王庄			1			1			1		1
大白									2		2

续表

男女别/年龄别/教育状况/村庄名	男子						女子				
	三岁至五岁		六岁至十二岁			合计	三岁至五岁		六岁至十二岁		合计
	未求学者	现求学者	未求学者	曾求学者	现求学者		未求学者	现求学者	未求学者	现求学者	
后城子							1				1
开河			1			1					
冯家庄					1	1					
邱家									1		1
姚家庄			1		1	2	1				1
第八乡总计	1					1			1		1
耿家庄	1					1			1		1
第九乡总计	3		9			12	3		12		15
西左家			1			1	1		2		3
大碾	1		2			3					

续表

男女别/年龄别/教育状况/村庄名	男子						女子				
	三岁至五岁		六岁至十二岁			合计	三岁至五岁		六岁至十二岁		合计
	未求学者	现求学者	未求学者	曾求学者	现求学者		未求学者	现求学者	未求学者	现求学者	
于家	1		1			2					
萝圈									2		2
王少唐									1		1
杨家庄			2			2					
王家寨			1			1	1				1
辛梁镇	1		2			3	1		6		7
丁庄									1		1
第十乡总计	1					1			1		1
张德佐家									1		1
张家寨	1					1					

续表

男女别 / 年龄别 / 教育状况 / 村庄名	男子						女子				
	三岁至五岁		六岁至十二岁			合计	三岁至五岁		六岁至十二岁		合计
	未求学者	现求学者	未求学者	曾求学者	现求学者		未求学者	现求学者	未求学者	现求学者	
第十一乡总计	2		4			6	1		4		5
王伍庄			1			1			1		1
时家庄							1		1		2
孟家坊			1			1					
张家庄	1					1					
孙家镇	1		1			2			2		2
王庄			1			1					
第十二乡总计	2		4			6	1		3		4
高家庄			1			1	1		1		2
刘家	1					1					

续表

男女别／年龄别／教育状况／村庄名	男子						女子				
	三岁至五岁		六岁至十二岁			合计	三岁至五岁		六岁至十二岁		合计
	未求学者	现求学者	未求学者	曾求学者	现求学者		未求学者	现求学者	未求学者	现求学者	
车郭庄	1		2			3			1		1
打鱼里			1			1			1		1
第十三乡总计	2		1			3			3		3
贾庄	1					1			1		1
前陈家			1			1					
后石门	1					1					
西南四庄									1		1
田镇									1		1
全县	30	2	36	1	13	82	25	4	49	9	87

第九十表

全县各村庄寄籍人他往男学龄儿童教育状况统计表

年龄别／教育状况／村庄名	六岁至十二岁		合计
	未求学者	现求学者	
首善乡总计		1	1
东关村		1	1
第七乡总计	1		1
姚家庄	1		1
全县	1	1	2
百分数（%）	50	50	100

八 全县法定人口宗教分配表

第九十一表　全县法定人口中之信教人数表

宗教别＼男女别	男子 人数	男子 百分数（%）	女子 人数	女子 百分数（%）	男女合计 人数	男女合计 百分数（%）
佛教	39	5.59	36	6.48	75	5.99
道教	28	4.02	26	4.68	54	4.31
耶稣教	412	59.11	350	62.93	762	60.81
天主教	147	21.09	108	19.43	255	20.35
其他	71	10.19	36	6.48	107	8.54
总计	697	100	556	100	1253	100

第九十二表　　全县各村庄本籍人现住男女之宗教分配表

村庄名 \ 宗教别·男女别	男子 佛教	男子 道教	男子 耶稣教	男子 天主教	男子 其他	男子 计	女子 佛教	女子 道教	女子 耶稣教	女子 天主教	女子 其他	女子 计	男女合计
首善乡总计	3	11	12		2	28	6	12	17		3	38	66
城里村		11				11		11	1			12	23
东关村			3		1	4	5		3			8	12
南关村			1			1		1	4			5	6
美井村			3			3							3
中兴村	3				1	4	1		1		3	5	9
黛溪村			3			3			7			7	10
北关村			2			2			1			1	3
第一乡总计			8	1	1	10			2		1	3	13
张家山			3	1		4							4
十里铺			1			1							1
张家庄					1	1							1

续表

男女别 / 宗教别 / 村庄名	男子						女子						男女合计
	佛教	道教	耶稣教	天主教	其他	计	佛教	道教	耶稣教	天主教	其他	计	
小李家庄			4			4			2			2	6
贺家庄											1	1	1
第二乡总计	3		5	2	3	13	1	4	4	3	2	14	27
青阳店	1				3	4					2	2	6
新立庄	1					1	1					1	2
贾庄			1			1							1
浒山铺			3			3			2			2	5
马步店								4				4	4
西窝驼			1	2		3			2	3		5	8
化庄	1					1							1
第三乡总计	2		67	41	1	111			66	43		109	220
下娄			2			2			2			2	4

续表

村庄名 \ 宗教别 \ 男女别	男子						女子						男女合计
	佛教	道教	耶稣教	天主教	其他	计	佛教	道教	耶稣教	天主教	其他	计	
郭庄			6	39		45			2	41		43	88
秦家沟			3			3							3
贺家庄									1			1	1
象伏庄	1					1							1
象山前			26			26			20			20	46
芦泉			1			1			1			1	2
石家庄			1			1			1			1	2
丁家庄			27		1	28			36			36	64
崔家营									2			2	2
崔家庄	1		1	2		4				2		2	6
郎君庄									1			1	1
第四乡总计	11	1	2			14	3	2	2			7	21

续表

男女别 / 宗教别 / 村庄名	男子						女子						男女合计
	佛教	道教	耶稣教	天主教	其他	计	佛教	道教	耶稣教	天主教	其他	计	
南逯庄	1					1							1
西杨堤	7					7							7
见埠庄	3					3	3					3	6
樊家庄		1				1		2	2			4	5
北禾庄			2			2							2
第五乡总计			16			16			18			18	34
石家庄			6			6			9			9	15
西范家			10			10			9			9	19
第六乡总计		2	5	60	4	71			7	44		51	122
杨村			4	8	4	16			4	12		16	32
毛张庄		1				1							1
纪家庄		1				1							1

续表

男女别 / 宗教别 / 村庄名	男子						女子						男女合计
	佛教	道教	耶稣教	天主教	其他	计	佛教	道教	耶稣教	天主教	其他	计	
曹家小庄			1			1			3			3	4
东言礼				12		12				12		12	24
张家套				40		40				20		20	60
第七乡总计		2	85	5	4	96		3	84	3		90	186
韩家店			1			1							1
波踏店		1				1		2				2	3
东白家		1	1			2							2
西韦家					1	1							1
大白			56			56			60			60	116
宋家庄					3	3							3
马庄			14			14			10			10	24
滕家庄			5			5			5			5	10
萧家庄			4			4			9			9	13

续表

男女别 / 宗教别 / 村庄名	男子						女子						男女合计
	佛教	道教	耶稣教	天主教	其他	计	佛教	道教	耶稣教	天主教	其他	计	
耿家庄			4	5		9				3		3	12
释家套								1				1	1
第八乡总计		4	8	2	14	28		2	5	1	13	21	49
苏家桥					13	13					12	12	25
十户庄		4	4	2		10		1	2	1	1	5	15
成家庄					1	1							1
许家道口								1				1	1
段家庄			4			4			3			3	7
第九乡总计	11	4	3		5	23	13		4		2	19	42
吴家	4					4	6					6	10
大碾	1					1							1
王家			1			1			1			1	2
营家	1	1			5	7					2	2	9

续表

男女别 宗教别 村庄名	男子						女子						男女合计
	佛教	道教	耶稣教	天主教	其他	计	佛教	道教	耶稣教	天主教	其他	计	
王少唐	5					5	7					7	12
辛梁镇		1	2			3			3			3	6
丁庄		2				2							2
第十乡总计		1			8	9					3	3	12
张家庄					8	8					3	3	11
韩家庄		1				1							1
第十一乡总计	7	1	39	16	2	65	12	1	26	4	2	45	110
王伍庄	4	1	18			23	10	1	4			15	38
周家庄			2			2			2			2	4
孟家坊			3	13		16			2	3		5	21
岳家官庄			1			1							1
潘家			2			2							2
安祥庄				2		2							2

续表

村庄名 \ 宗教别 \ 男女别	男子						女子						男女合计
	佛教	道教	耶稣教	天主教	其他	计	佛教	道教	耶稣教	天主教	其他	计	
大陈家庄			1			1							1
孙家镇	3		2	1		6	2		3	1		6	12
范家庄			1			1			1			1	2
冯家庄					2	2					2	2	4
李庄			9			9			14			14	23
第十二乡总计			28	15		43			26	9		35	78
辉李庄			5			5			1			1	6
李南庄			14			14			12			12	26
党李庄			4	2		6			4	3		7	13
高家庄			2			2			3			3	5
曹家庄				12		12				6		6	18
郑家寨			2			2			4			4	6
腰庄			1	1		2			2			2	4

续表

男女别 / 宗教别 / 村庄名	男子						女子						男女合计
	佛教	道教	耶稣教	天主教	其他	计	佛教	道教	耶稣教	天主教	其他	计	
第十三乡总计	1	1	95		22	119	1	2	72		8	83	202
沟旺庄			3			3			1			1	4
任马寨		1	37			38		2	35			37	75
前石门					9	9					8	8	17
后石门					4	4							4
杏行					1	1							1
杨家庄					3	3							3
胡家官庄							1					1	1
小胡庄			27			27			1			1	28
宫旺庄			7			7			16			16	23
贾旺庄					5	5							5
龙虎庄			13			13			12			12	25
宋旺庄			7			7			6			6	13

续表

村庄名 \ 宗教别 \ 男女别	男子						女子						男女合计
	佛教	道教	耶稣教	天主教	其他	计	佛教	道教	耶稣教	天主教	其他	计	
田镇	1		1			2			1			1	3
全县	38	27	373	142	66	646	36	26	333	107	34	536	1182
百分数（%）	5.88	4.18	57.74	21.98	10.22	100	6.72	4.85	62.13	19.96	6.34	100	

第九十三表　全县各村庄本籍人他往男女之宗教分配表

村庄名 \ 宗教别 \ 男女别	男子						女子			男女合计
	佛教	道教	耶稣教	天主教	其他	计	耶稣教	天主教	计	
首善乡总计		1	3			4	1		1	5
城里村		1	1			2				2
黛溪村			2			2	1		1	3
第一乡总计					1	1				1

续表

村庄名 \ 宗教别 男女别	男子 佛教	男子 道教	男子 耶稣教	男子 天主教	男子 其他	男子 计	女子 耶稣教	女子 天主教	女子 计	男女合计
大李家庄					1	1				1
第二乡总计			1			1				1
浒山铺			1			1				1
第三乡总计			8	3		11	2	1	3	14
郭庄			1	3		4		1	1	5
秦家沟							1		1	1
象山前			3			3				3
石家庄							1		1	1
丁家庄			4			4				4
第五乡总计			2			2	2		2	4
西范庄			2			2	2		2	4
第六乡总计			1	1		2				2

续表

村庄名 \ 男女别 \ 宗教别	男子 佛教	男子 道教	男子 耶稣教	男子 天主教	男子 其他	男子 计	女子 耶稣教	女子 天主教	女子 计	男女合计
曹家小庄			1			1				1
东言礼				1		1				1
第七乡总计			2	1		3				3
大白			1			1				1
萧家庄			1			1				1
耿家庄				1		1				1
第十一乡总计	1		2			3				3
王伍庄	1		1			2				2
李庄			1			1				1
第十二乡总计			1			1				1
党李庄			1			1				1
第十三乡总计			12			12	2		2	14

续表

男女别 / 宗教别 / 村庄名	男子						女子			男女合计
	佛教	道教	耶稣教	天主教	其他	计	耶稣教	天主教	计	
沟旺庄			4			4	1		1	5
任马寨			5			5				5
龙虎庄			3			3	1		1	4
全县	1	1	32	5	1	40	7	1	8	48
百分数（%）	2.50	2.50	80.00	12.50	2.50	100	87.50	12.50	100	

第九十四表　**全县各村庄寄籍人之宗教分配表**

住居别 / 男女别 / 宗教别 / 村庄名	现住						他往		寄籍人合计
	男子			女子			女子		
	耶稣教	其他	计	耶稣教	其他	计	耶稣教	计	
首善乡总计	7		7	9		9	1	1	17

续表

村庄名	现住						他往		寄籍人合计
	男子			女子			女子		
	耶稣教	其他	计	耶稣教	其他	计	耶稣教	计	
城里村	6		6	8		8	1	1	15
三义村	1		1	1		1			2
第七乡总计		1	1						1
冯家庄		1	1						1
第十三乡总计		3	3		2	2			5
前石门		3	3		2	2			5
全县	7	4	11	9	2	11	1	1	23
百分数（%）	63.64	36.36	100	81.82	18.18	100	100	100	

九　全县法定人口废疾分类表

第九十五表　　**全县法定人口中之废疾分类统计表**

男女别	人口别＼废疾种类	盲	聋	哑	四肢残缺	跛	驼背	鸡胸	半身不遂	痈	白痴	疯癫	其他	不明	合计	百分数（%）
男子	本籍人现住	474	150	71	72	109	10	1	42	22	24	67	261	34	1337	99.18
	本籍人他往					3						1	5		9	0.67
	寄籍人现住			1	1										2	0.15
	寄籍人他往															
	总计	474	150	72	73	112	10	1	42	22	24	68	266	34	1348	100
	百分数（%）	35.19	11.13	5.34	5.41	8.31	0.73	0.07	3.12	1.63	1.78	5.04	19.73	2.52	100	

续表

男女别	人口别＼废疾种类	盲	聋	哑	四肢残缺	跛	驼背	鸡胸	半身不遂	瘫	白痴	疯癫	其他	不明	合计	百分数（%）
女子	本籍人现住	290	68	56	20	17	1		15	18	20	43	113	22	683	98.69
	本籍人他往															
	寄籍人现住	3	2							1	1			2	9	1.31
	寄籍人他往															
	总计	293	70	56	20	17	1		15	19	21	43	113	24	692	100
	百分数（%）	42.34	10.12	8.09	2.89	2.46	0.14		2.17	2.74	3.04	6.21	16.33	3.47	100	
男女合计	全县	767	220	128	93	129	11	1	57	41	45	111	379	58	2040	
	百分数（%）	37.60	10.78	6.27	4.56	6.32	0.54	0.05	2.80	2.01	2.21	5.44	18.58	2.84	100	

第九十六表

各乡本籍人现住废疾分类统计表

男女别 / 废疾种类 / 村庄名	男子														女子													男女合计
	盲	聋	哑	四肢残缺	跛	驼背	鸡胸	半身不遂	瘫	白痴	疯癫	其他	不明	合计	盲	聋	哑	四肢残缺	跛	驼背	半身不遂	瘫	白痴	疯癫	其他	不明	合计	
首善乡	16	16		6	6			5		3	6	33	3	94	11	6	2	2					1	5	32	1	60	154
第一乡	22	4	5	7	7	2		2	1	3	3	13	10	79	18		8	1	3			1	4	4	6	5	50	129
第二乡	45	5	9	11	11	1		1	2		3	9	3	100	25	1	3	2	1				1	2	2	1	38	138
第三乡	34	17	4	4	4	2		5	2	1	5	11	10	99	26	4		2	1			3		3	4	6	49	148
第四乡	33	9	7	2	8			8	2		2	24		95	21	3	6				3				6		39	134
第五乡	23	7	7	4	9			3	3	2	1	11		70	30	2	4	2			3	1	5	3	4		54	124
第六乡	29	15	1	3	6	1		2	4	1	8	7	4	81	20	13	2	2	1			1		6	2	3	50	131
第七乡	54	6	8	2	6			2		2	2	21		103	21	8	5	1	3		2	1		5	8		54	157
第八乡	66	10	5	7	12	2		3	1	2	10	23		141	35	8	6	2	2		3	5	2	6	10		79	220
第九乡	25	11	3	9	13		1	1	2	2	5	15		87	14	10	3	2	1	1		2	4	2	6		45	132
第十乡	10	4		2	3				1		3	3		26	2	3	2							1	1		9	35
第十一乡	34	10	6	3	4	1		6	3	7	7	30	3	114	19	2	7				1	1	1	2	12	6	51	165
第十二乡	19	8	5	1	6			1			3	10		53	6	2	4		3		1		1				17	70

续表

男女别／废疾种类／村庄名	男子														女子													男女合计
	盲	聋	哑	四肢残缺	跛	驼背	鸡胸	半身不遂	瘫	白痴	疯癫	其他	不明	合计	盲	聋	哑	四肢残缺	跛	驼背	半身不遂	瘫	白痴	疯癫	其他	不明	合计	
第十三乡	64	28	11	11	14	1		3	1	1	9	51	1	195	42	6	4	4	2		2	3	1	4	20		88	283
全县	474	150	71	72	109	10	1	42	22	24	67	261	34	1337	290	68	56	20	17	1	15	18	20	43	113	22	683	2020
百分数（%）	35.45	11.22	5.31	5.39	8.15	0.75	0.07	3.14	1.64	1.80	5.01	19.52	2.55	100	42.46	9.96	8.20	2.93	2.49	0.15	2.19	2.64	2.93	6.29	16.54	3.22	100	

第九十七表　**全县各村庄本籍人现住废疾分类统计表**

男女别／废疾种类／村庄名	男子														女子													男女合计
	盲	聋	哑	四肢残缺	跛	驼背	鸡胸	半身不遂	瘫	白痴	疯癫	其他	不明	合计	盲	聋	哑	四肢残缺	跛	驼背	半身不遂	瘫	白痴	疯癫	其他	不明	合计	
首善乡总计	16	16		6	6			5		3	6	33	3	94	11	6	2	2					1	5	32	1	60	154
城里村					1			1				1		3											2		2	5
言坊村	1									1	2	1		5			1							1	4		6	11
东关村	3	2			2						1	7	3	18	2	2								2	5	1	12	30

续表

男女别 / 废疾种类 / 村庄名	男子														女子													男女合计
	盲	聋	哑	四肢残缺	跛	驼背	鸡胸	半身不遂	瘫	白痴	疯癫	其他	不明	合计	盲	聋	哑	四肢残缺	跛	驼背	半身不遂	瘫	白痴	疯癫	其他	不明	合计	
南关村	1			2							1	3		7	1										5		6	13
爱山村		3		1										4	1	1											2	6
美井村	4	1		2	1									8	2			2									4	12
中兴村	1	3						1				1		6	1	2									1		4	10
黛溪村		5						1		2		15		23	1		1						1		7		10	33
三义村	1	2		1	1						1	1		7	1									1			2	9
北关村	5				1			2			1	4		13	2	1								1	8		12	25
第一乡总计	22	4	5	7	7	2		2	1	3	3	13	10	79	18		8	1	3			1	4	4	6	5	50	129
韩家坊									1			1		2	2								1	2			5	7
大李家	2	1			3						2	7		15	7		1		1						2		11	26
张家山	1	1	1		1	1					1			6	1				1					1			3	9
十里铺	2									3		1		6					1				1				2	8
接官亭																							2				2	2
张家庄		1												1								1			1		2	3

续表

男女别 / 废疾种类 / 村庄名	男子														女子													男女合计
	盲	聋	哑	四肢残缺	跛	驼背	鸡胸	半身不遂	瘫	白痴	疯癫	其他	不明	合计	盲	聋	哑	四肢残缺	跛	驼背	半身不遂	瘫	白痴	疯癫	其他	不明	合计	
王家庄	3												2	5			1										1	6
聚和庄	2		1											3	2												2	5
韦家庄	2		1	1				1						5	2		1	1									4	9
富盛庄				1										1	1		1										2	3
成庄	2	1			2									5	1												1	6
刘家庄												1		1														1
郭庄	3							1				1		5	1										1		2	7
黄家营			1			1								2														2
樊家庄					1								8	9												5	5	14
鲁家泉			1									1		2			1										1	3
石家庄	1			1										2			1										1	3
贺家庄	3			2								1		6			1							1			2	8
姜家洞																	1										1	1
碑楼会仙	1			2										3	1										2		3	6

续表

村庄名＼废疾种类＼男女别	男子														女子													男女合计
	盲	聋	哑	四肢残缺	跛	驼背	鸡胸	半身不遂	瘫	白痴	疯癫	其他	不明	合计	盲	聋	哑	四肢残缺	跛	驼背	半身不遂	瘫	白痴	疯癫	其他	不明	合计	
第二乡总计	45	5	9	11	11	1		1	2		3	9	3	100	25	1	3	2	1				1	2	2	1	38	128
青阳店	10	4		2	4							3		23	9			1					1				11	34
董家庄	7	1	1		1									10	1		1							1			3	13
韩家庄	2		2											4												1	1	5
贾庄	1				2									3	1												1	4
浒山铺	2											1		3	2									1			3	6
刘家庄	2		3	3										8														8
马步店					1						2	1		4	1				1								2	6
钟家庄	1		1										3	5	1		1										2	7
耿家庄															2												2	2
东窝驼	6		1		1	1			2		1	1		13														13
西窝驼	6			2										8	3	1	1										5	13
代庄	1							1						2	2												2	4
徐家庄				1										1														1

续表

男女别/废疾种类/村庄名	男子														女子													男女合计
	盲	聋	哑	四肢残缺	跛	驼背	鸡胸	半身不遂	瘫	白痴	疯癫	其他	不明	合计	盲	聋	哑	四肢残缺	跛	驼背	半身不遂	瘫	白痴	疯癫	其他	不明	合计	
郭庄	1													1	2												2	3
化庄	2		1	1	2									6	1			1									2	8
陈家庄	4			2								3		9											2		2	11
第三乡总计	34	17	4	4	4	2		5	2	1	5	11	10	99	26	4		2	1			3		3	4	6	49	148
西赵家庄	1				1									2					1								1	3
黄家河滩	2	1									1			4	1												1	5
吉祥庄	1												2	3	2											1	3	6
上娄		2												2	1							2					3	5
下娄															1									1	1		3	3
杏林庄	3	1										1		5	1												1	6
郭庄		1												1	1												1	2
秦家沟	5	3		1				1	1			2		13	3	1						1			1		6	19
聚仙庄	1	2							1					4		1								1			2	6
贺家庄	3	2				1		2		1				9														9

续表

男女别 / 废疾种类 / 村庄名	男子														女子													男女合计
	盲	聋	哑	四肢残缺	跛	驼背	鸡胸	半身不遂	瘫	白痴	疯癫	其他	不明	合计	盲	聋	哑	四肢残缺	跛	驼背	半身不遂	瘫	白痴	疯癫	其他	不明	合计	
太和庄															3												3	3
孙家峪					1									1	1												1	2
象伏庄	5				1						1			7	2												2	9
象山前	3	2	1			1						1	5	13	4	1		1								3	9	22
芦泉	2		1											3	1	1											2	5
王家庄															1												1	1
石家庄		1		2	1							1		5				1									1	6
东赵家庄	1	1										4		6											1		1	7
崔家营	2	1	1								1		3	8	3										1	2	6	14
崔家庄	1			1								1		3														3
抱印庄	1							1						2										1			1	3
李家庄			1											1	1												1	2
郎君庄	3							1			2	1		7														7
第四乡总计	33	9	7	2	8			8	2		2	24		95	21	3	6				3				6		39	134

续表

村庄名＼废疾种类＼男女别	男子														女子													男女合计
	盲	聋	哑	四肢残缺	跛	驼背	鸡胸	半身不遂	瘫	白痴	疯癫	其他	不明	合计	盲	聋	哑	四肢残缺	跛	驼背	半身不遂	瘫	白痴	疯癫	其他	不明	合计	
南逯庄	1		2									2		5														5
中逯庄	1													1	2						1						3	4
北逯庄	1								1					2	1												1	3
太和庄	1													1														1
陈河涯												2		2														2
平原庄	1													1														1
蒙家庄	2							2						4	1	2											3	7
小杨堤	1				1			1						3														3
东杨堤	2								1			3		6			1								1		2	8
西杨堤	2	1	1	1	1							3		9														9
见埠庄	1	2	2					2			1	7		15	3		1				1				1		6	21
杨家庄	1	1												2	1												1	3
杨家寨	3													3	1		1				1						3	6
刘家庄	1		2									2		5														5

续表

男女别／废疾种类／村庄名	男子														女子													男女合计
	盲	聋	哑	四肢残缺	跛	驼背	鸡胸	半身不遂	瘫	白痴	疯癫	其他	不明	合计	盲	聋	哑	四肢残缺	跛	驼背	半身不遂	瘫	白痴	疯癫	其他	不明	合计	
韩家庄	2													2	1												1	3
北唐					1							1		2														2
南唐															1												1	1
樊家庄	4											2		6	5	1	1								3		10	16
东禾	2				2							2		6	2		1										3	9
西禾	1	4			2			1						8											1		1	9
北禾	2	1		1	1			1			1			7														7
段家庄	1													1														1
柳泉庄	3							1						4	3		1										4	8
第五乡总计	23	7	7	4	9			3	3	2	1	11		70	30	2	4	2			3	1	5	3	4		54	124
黄山前	1			1	2				1			1		6	3		1						1				5	11
侯家庄					1									1														1
代庄	1											1		2											1		1	3
孙家庄	1		1											2	5		1	1						1	1		9	11

续表

男女别 / 废疾种类 / 村庄名	男子														女子													男女合计
	盲	聋	哑	四肢残缺	跛	驼背	鸡胸	半身不遂	瘫	白痴	疯癫	其他	不明	合计	盲	聋	哑	四肢残缺	跛	驼背	半身不遂	瘫	白痴	疯癫	其他	不明	合计	
景家庄	5	1						2				4		12	3												3	15
周家庄		1												1	3												3	4
乔木庄												2		2	1												1	3
月河庄																								1			1	1
小吕家庄	1								1	1				3	1												1	4
石家庄		1	2		1				1			1		6	1								1				2	8
鲍家庄	2									1				3	2								2	1			5	8
盖家庄	1	1												2									1				1	3
邹家庄	2	1	1		4							1		9														9
东范庄	5	2	1	2				1			1			12	6		1				3				2		12	24
南范庄	3				1									4	2												2	6
西范庄	1		1									1		3	2			1									3	6
北范庄			1	1										2		2	1					1					4	6
七里铺															1												1	1

续表

男女别 废疾 种类 村庄名	男子														女子													男女合计
	盲	聋	哑	四肢残缺	跛	驼背	鸡胸	半身不遂	瘫	白痴	疯癫	其他	不明	合计	盲	聋	哑	四肢残缺	跛	驼背	半身不遂	瘫	白痴	疯癫	其他	不明	合计	
第六乡总计	29	15	1	3	6	1		2	4	1	8	7	4	81	20	13	2	2	1			1		6	2	3	50	131
小店	3	2			1			1	1			1		9	2	2											4	13
杨村		1								1	1	2		5					1							1	2	7
穆王庄				1	1							1		3	2												2	5
魏家庄	5	1				1						1		8	2							1			1		4	12
刁家庄			1											1	1												1	2
宋家庄															3									1			4	4
郭家庄	1								1				1	3														3
毛张庄											1		3	4			1							1		2	4	8
刘家道口											1			1														1
纪家庄					1						1			2														2
韩家庄	5	2		1					2		2	1		13	1	1								1			3	16
曹家小庄	2	1												3										1			1	4
崔家庄	2										1			3	1												1	4

续表

男女别 / 废疾种类 / 村庄名	男子														女子													男女合计
	盲	聋	哑	四肢残缺	跛	驼背	鸡胸	半身不遂	瘫	白痴	疯癫	其他	不明	合计	盲	聋	哑	四肢残缺	跛	驼背	半身不遂	瘫	白痴	疯癫	其他	不明	合计	
东言礼	5	2		1				1						9	2	2	1										5	14
西言礼	2	1			1									4	1	5								2			8	12
黄鹂庄	1	1									1	1		4	1	3		2							1		7	11
张家套	3	4			2									9	4												4	13
第七乡总计	54	6	8	2	6			2		2	2	21		103	21	8	5	1	3		2	1		5	8		54	157
韩家店	1				1									2														2
孙家庄	3													3	1												1	4
青眉庄																									1		1	1
赵家庄	1			1										2	1												1	3
白家桥	1													1														1
西王家庄																					1						1	1
大王驼	4	1						1						6		3			1						1		5	11
小王驼			1	1										2			1								1		2	4
波踏店	1											1		2	2												2	4

续表

男女别 废疾种类 村庄名	男子														女子													男女合计
	盲	聋	哑	四肢残缺	跛	驼背	鸡胸	半身不遂	瘫	白痴	疯癫	其他	不明	合计	盲	聋	哑	四肢残缺	跛	驼背	半身不遂	瘫	白痴	疯癫	其他	不明	合计	
东韦家		1										1		2	1												1	3
东白家	2		1									3		6	2	1	1							2			6	12
木王庄	1		1											2	1												1	3
甲子庄	1													1			1										1	2
西韦家	2											1		3	1			1									2	5
大白			1											1		1								1			2	3
小白																1								2			3	3
宋家庄	6	1								1	1	1		10	1						1						2	12
上口	6													6	1	1									1		3	9
前城子	1											1		2	1												1	3
后城子	2		1		2			1						6														6
马庄	5	1	1								1	1		9	1				1			1			1		4	13
滕家庄	2		1							1				4			1										1	5
萧家庄	2		1									2		5	1										1		2	7

续表

男女别／废疾种类／村庄名	男子														女子													男女合计
	盲	聋	哑	四肢残缺	跛	驼背	鸡胸	半身不遂	瘫	白痴	疯癫	其他	不明	合计	盲	聋	哑	四肢残缺	跛	驼背	半身不遂	瘫	白痴	疯癫	其他	不明	合计	
开河	1											1		2	2												2	4
小言庄	1											2		3	2										1		3	6
东王家庄	2											4		6	3										1		4	10
颜家桥	2											1		3														3
冯家庄	1													1														1
邱家					2									2														2
官家庄																	1		1								2	2
耿家庄	1				1							2		4														4
释家套	4	2												6		1											1	7
旧口	1													1														1
第八乡总计	66	10	5	7	12	2		3	1	2	10	23		141	35	8	6	2	2		3	5	2	6	10		79	220
明家集	2		1											3	3	1						1		1			6	9
耿家庄	4	2		2	1					1	1	1		12	2	3					1			1	1		8	20
牛家官庄	2										1			3	4	1											5	8

续表

男女别／废疾种类／村庄名	男子														女子													男女合计
	盲	聋	哑	四肢残缺	跛	驼背	鸡胸	半身不遂	瘫	白痴	疯癫	其他	不明	合计	盲	聋	哑	四肢残缺	跛	驼背	半身不遂	瘫	白痴	疯癫	其他	不明	合计	
田家庄	4	1	1		4						1	1		12		1			1						1		3	15
大张官庄	5	1	1		1	1						3		12	2							1					3	15
小张官庄	2													2	1												1	3
兰芝里	2										2			4	1		1							1	1		4	8
解家庄	5				1						1			7	1								1				2	9
柴家庄															1										1		2	2
东闸子	1											1		2	5												5	7
西闸子	4			1	1							2		8	1									1			2	10
苏家桥	1	1	1	1								2		6									1		1		2	8
邢家庄	6	1									1			8	3												3	11
窝村	2	1							1					4			1										1	5
颜家集	4	2										2		8														8
牛家庄	2				1						1			4	1												1	5
二辛庄			1		1						1			3			1										1	4

续表

男女别 废疾种类 村庄名	男子														女子													男女合计
	盲	聋	哑	四肢残缺	跛	驼背	鸡胸	半身不遂	瘫	白痴	疯癫	其他	不明	合计	盲	聋	哑	四肢残缺	跛	驼背	半身不遂	瘫	白痴	疯癫	其他	不明	合计	
十户	3											1		4			1								1		2	6
刘楷家	1											4		5	2			1							1		4	9
仓廪庄					1									1	1												1	2
高家庄	1									1				2	1									1			2	4
宋家庄	3	1				1					1			6								2			2		4	10
成家庄	1													1			1										1	2
许家道口				1										1							1						1	2
曹家庄	2			2										4	2												2	6
宋家集	1													1		1					1						2	3
惠家辛庄	1							1				2		4	4	1	1							1			7	11
段家桥	7				1			2				4		14				1	1			1			1		4	18
第九乡总计	25	11	3	9	13		1	1	2	2	5	15		87	14	10	3	2	1	1		2	4	2	6		45	132
吴家	1													1			1										1	2
西左家	2	1	1	1					1					6		2				1			1	1	3		8	14

续表

男女别 / 废疾种类 / 村庄名	男子														女子													男女合计
	盲	聋	哑	四肢残缺	跛	驼背	鸡胸	半身不遂	瘫	白痴	疯癫	其他	不明	合计	盲	聋	哑	四肢残缺	跛	驼背	半身不遂	瘫	白痴	疯癫	其他	不明	合计	
大碾				1							1			2		2						1					3	5
于家											1			1														1
王家	1											3		4	1	1		1				1			1		5	9
宋家	1	1		1			1			2				6			1						1				2	8
菅家												1		1	1								1				2	3
萝圈	2			1	2						1	4		10														10
王少唐	4	1			1				1			1		8														8
杨家庄	1							1				1		3	2												2	5
田家	2	1		2	5									10	4	2			1								7	17
王家寨	1				2							1		4	1												1	5
河沟涯		1												1														1
辛梁镇	3	4	2	1	2									12	3	2	1	1									7	19
程和铺		2			1							1		4	1									1	1		3	7
郝庄	5			1								3		9	1												1	10

续表

男女别 / 废疾种类 / 村庄名	男子														女子													男女合计
	盲	聋	哑	四肢残缺	跛	驼背	鸡胸	半身不遂	瘫	白痴	疯癫	其他	不明	合计	盲	聋	哑	四肢残缺	跛	驼背	半身不遂	瘫	白痴	疯癫	其他	不明	合计	
丁庄	2			1							2			5		1							1		1		3	8
第十乡总计	10	4		2	3				1		3	3		26	2	3	2							1	1		9	35
崖镇	1				1						2	1		5			1										1	6
杨家庄	1													1														1
张家庄	1	2		1	1									5		1											1	6
吕家	1													1														1
长槐家		1												1														1
成家	3											1		4	1												1	5
张德佐家															1												1	1
崇兴官庄									1					1														1
孙家庄	1			1										2			1										1	3
刘家井	1													1														1
郑家											1			1		2									1		3	4
粉张庄																								1			1	1

续表

男女别 / 废疾种类 / 村庄名	男子														女子													男女合计
	盲	聋	哑	四肢残缺	跛	驼背	鸡胸	半身不遂	瘫	白痴	疯癫	其他	不明	合计	盲	聋	哑	四肢残缺	跛	驼背	半身不遂	瘫	白痴	疯癫	其他	不明	合计	
张家寨	1	1			1							1		4														4
第十一乡总计	34	10	6	3	4	1		6	3	7	7	30	3	114	19	2	7				1	1	1	2	12	6	51	165
王伍庄	2											1		3	2									1			3	6
周家庄	1									1				2	1		1										2	4
时家庄		2			1			3		2	2	4		14	2										5		7	21
孟家坊	1													1	1												1	2
岳家官庄	1													1														1
潘家												1		1														1
安祥庄	2					1						1		4	3												3	7
刘家	1	2										2		5														5
大陈家庄	1	1	1					1	1	2		4		11	1		1					1					3	14
信家	3										1	1		5	71								1				2	7
罗家	1	1										1		3											1		1	4
霍家坡	4	1								1	2			8											2		2	10

续表

男女别／废疾种类／村庄名	男子														女子													男女合计
	盲	聋	哑	四肢残缺	跛	驼背	鸡胸	半身不遂	瘫	白痴	疯癫	其他	不明	合计	盲	聋	哑	四肢残缺	跛	驼背	半身不遂	瘫	白痴	疯癫	其他	不明	合计	
张家庄	1										1			2	2												2	4
孙家镇	5	1	2	2	1			1				8		20	1						1				1		3	23
范家庄			1										3	4												6	6	10
道民庄	1													1											1		1	2
陈玉平	1		1		1									3														3
都路平	1	1			1				2			2		7			1										1	8
冯家	4		1											5	1		1										2	7
小陈家庄				1							1	2		4			2							1	1		4	8
王庄		1						1		1				3	1	1											2	5
刘庄	1											3		4														4
蔡庄															1		1										2	2
李庄	3													3	2	1									1		4	7
第十二乡总计	19	8	5	1	6			1			3	10		53	6	2	4		3		1		1				17	70
辉李庄	3		1		1							1		6														6

续表

男女别／废疾种类／村庄名	男子														女子													男女合计
	盲	聋	哑	四肢残缺	跛	驼背	鸡胸	半身不遂	瘫	白痴	疯癫	其他	不明	合计	盲	聋	哑	四肢残缺	跛	驼背	半身不遂	瘫	白痴	疯癫	其他	不明	合计	
李南庄			1											1														1
于何庄	2	1			1									4	2				1								3	7
党里庄	2	1									1			4		1											1	5
高家庄	1											1		2	1												1	3
大三户	2	1	1											4			1										1	5
小三户	3	1										1		5	1	1			1								3	8
潘家	1				1						1	1		4	1						1						2	6
车郭庄	1			1										2			1										1	3
曹家庄												1		1														1
郑家寨		1												1														1
打鱼里	1	1			1			1				2		6			1		1								2	8
赵家庄	1	1			1							2		5														5
腰庄												1		1														1

续表

男女别／废疾种类／村庄名	男子														女子													男女合计
	盲	聋	哑	四肢残缺	跛	驼背	鸡胸	半身不遂	瘫	白痴	疯癫	其他	不明	合计	盲	聋	哑	四肢残缺	跛	驼背	半身不遂	瘫	白痴	疯癫	其他	不明	合计	
安家庄	2	1	2		1						1			7	1		1						1				3	10
第十三乡总计	64	28	11	11	14	1		3	1	1	9	51	1	195	42	6	4	4	2		2	3	1	4	20		88	283
花沟	4				2			1			1	2		10	3												3	13
张家庄		1												1	1												1	2
岳家庄	2											1		3	1												1	4
魏家庄	2	1			1							2		6														6
毛旺庄																									1		1	1
天师庄	3	1										2		6	2							1			2		5	11
任马寨	3	1	1		1							1		7	2	1			1						1		5	12
贾庄				1										1														1
辛庄								1						1														1
前陈家					1									1														1
后陈家	3			1										4											1		1	5

续表

男女别 / 废疾种类 / 村庄名	男子														女子													男女合计
	盲	聋	哑	四肢残缺	跛	驼背	鸡胸	半身不遂	瘫	白痴	疯癫	其他	不明	合计	盲	聋	哑	四肢残缺	跛	驼背	半身不遂	瘫	白痴	疯癫	其他	不明	合计	
吕家庄			2									1		3										1			1	4
前石门	3	4		2							1			10														10
后石门	1													1	1										1		2	3
杏行	2													2	1									1			2	4
西南四庄	1	1												2	1												1	3
中南四庄		1												1														1
东南四庄	1	1	1									2		5	1	1											2	7
老鸦赵		1												1	1												1	2
杨家庄	3	2	1						1			1		8	2	1						1			2		6	14
曹家庄	1													1	2												2	3
云集官庄	1													1														1
宋家套	2					1								3	1												1	4
大官庄	1													1														1

续表

男女别 / 废疾种类 / 村庄名	男子														女子													男女合计
	盲	聋	哑	四肢残缺	跛	驼背	鸡胸	半身不遂	瘫	白痴	疯癫	其他	不明	合计	盲	聋	哑	四肢残缺	跛	驼背	半身不遂	瘫	白痴	疯癫	其他	不明	合计	
张家官庄																								1			1	1
胡家官庄			1	3										4	1												1	5
双柳树																			1								1	1
王旺庄	1										2	1		4														4
胡家店	2											11		13	1		1										2	15
小胡庄		1								1		4		6	1										1		2	8
宫旺庄	2	3	1									1		7		1						1			2		4	11
高旺庄			1								2	1		4														4
于林庄		1			1						1	1		4	2	1	1								2		6	10
孙纺庄	1	1		1								2		5	1								1				2	7
贾旺庄	5	4		1	5							4		19				1							2		3	22
王家庄	2				1							5		8	1												1	9
段家	3		1					1				3	1	9	1										2		3	12

续表

男女别 / 废疾种类 / 村庄名	男子														女子													男女合计
	盲	聋	哑	四肢残缺	跛	驼背	鸡胸	半身不遂	瘫	白痴	疯癫	其他	不明	合计	盲	聋	哑	四肢残缺	跛	驼背	半身不遂	瘫	白痴	疯癫	其他	不明	合计	
龙虎庄	2				1									3														3
冯旺庄	3			1								3		7	2			1							1		4	11
宋旺庄															2									1			3	3
李星耀	1	3										1		5				1							1		2	7
李家官庄			1											1	1												1	2
田镇	7		1	1							1	2		12	6	1		1		2					1		11	23
侯家	1				1									2	2		1										3	5
马家	1													1	1												1	2
徐家		1												1	1												1	2
石槽											1			1			1										1	2
全县	474	150	71	72	109	10	1	42	22	24	67	261	34	1337	200	68	56	20	17	1	15	18	20	43	113	22	683	2020

第九十八表

全县各村庄本籍人他往男子废疾分类统计表

废疾种类 / 村庄名	跛	疯癫	其他	合计
首善乡总计		1	1	2
城里村			1	1
黛溪村		1		1
第一乡总计	1			1
樊家庄	1			1
第二乡总计	1			1
韩家庄	1			1
第三乡总计			1	1
郎君庄			1	1
第五乡总计	1			1
七里铺	1			1
第六乡总计			2	2
杨村			2	2
第十一乡总计			1	1

续表

废疾种类 / 村庄名	跛	疯癫	其他	合计
时家庄			1	1
全县	3	1	5	9
百分数	33.33%	11.11%	55.56%	100%

第九十九表　　**全县各村庄寄籍人现住废疾分类统计表**

男女别 / 废疾种类 / 村庄名	男子			女子						男女合计
	哑	四肢残缺	合计	盲	聋	瘫	白痴	不明	合计	
首善乡总计		1	1				1		1	2
中兴村		1	1				1		1	2
第一乡总计				1	1			1	3	3
韦家庄				1					1	1
樊家庄								1	1	1
碑楼会仙					1				1	1

续表

村庄名＼男女别＼废疾种类	男子			女子						男女合计
	哑	四肢残缺	合计	盲	聋	瘫	白痴	不明	合计	
第四乡总计	1		1			1			1	2
北逯庄	1		1							1
蒙家庄						1			1	1
第六乡总计					1				1	1
张家套					1				1	1
第十三乡总计				2				1	3	3
田镇				2				1	3	3
全县	1	1	2	3	2	1	1	2	9	11
百分数（%）	50	50	100	33.34	22.22	11.11	11.11	22.22	100	

第一百表

全县法定人口中之废疾人年龄分配统计表

男女别	人口别＼年龄别	0—9	10—19	20—29	30—39	40—49	50—59	60—	不明	合计	百分数（%）
男子	本籍人现住	74	181	194	169	205	230	241	9	1303	99.16
	本籍人他往	1	2		2	3	1			9	0.69
	寄籍人现住					1	1			2	0.15
	寄籍人他往										
	总计	75	183	194	171	209	232	241	9	1314	100
	百分数（%）	5.70	13.93	14.77	13.01	15.90	17.66	18.34	0.69	100	
女子	本籍人现住	41	57	71	67	111	120	176	18	661	98.95
	本籍人他往										
	寄籍人现住	1	1		1		2	2		7	1.05
	寄籍人他往										
	总计	42	58	71	68	111	122	178	18	668	100
	百分数（%）	6.29	8.68	10.63	10.18	16.62	18.26	26.65	2.69	100	

续表

男女别 \ 人口别 \ 年龄别		0—9	10—19	20—29	30—39	40—49	50—59	60—	不明	合计	百分数（%）
男女合计	全县	117	241	265	239	320	354	419	27	1982	
	百分数（%）	5.90	12.16	13.37	12.06	16.15	17.86	21.14	1.36	100	

第一百零一表

各乡本籍人现住废疾人年龄分配统计表

乡名 \ 年龄别 \ 男女别	男子									女子									男女合计
	0—9	10—19	20—29	30—39	40—49	50—59	60—	不明	合计	0—9	10—19	20—29	30—39	40—49	50—59	60—	不明	合计	
首善乡	1	7	10	8	20	19	26		91	4	6	7	9	8	7	17	1	59	150
第一乡	3	10	10	9	12	8	15	2	69	1	6	7	1	12	10	8		45	114
第二乡	8	17	17	15	14	15	10	1	97	7	5	3	4	4	8	4	2	37	134
第三乡	3	15	11	11	17	16	15	1	89	1	1	6	5	10	9	10	1	43	132

续表

乡名 \ 年龄别 \ 男女别	男子									女子									男女合计
	0—9	10—19	20—29	30—39	40—49	50—59	60—	不明	合计	0—9	10—19	20—29	30—39	40—49	50—59	60—	不明	合计	
第四乡	8	18	13	10	14	16	15	1	95	1	2	3	5	6	8	14		39	134
第五乡	2	9	12	8	13	16	9	1	70	6	4	3	6	12	10	11	2	54	124
第六乡	7	9	7	7	6	27	13	1	77	2	5	1	3	7	8	20	1	47	124
第七乡	10	19	20	12	13	11	18		103	5	4	3	3	4	11	22	2	54	157
第八乡	11	22	18	18	16	26	28	2	141	2	7	13	4	15	14	21	3	79	220
第九乡	2	11	14	10	17	9	24		87	3	4	7	4	5	10	10	2	45	132
第十乡	1	2	5	5	2	3	8		26	1		1	1		4	1	1	9	35
第十一乡	6	14	14	14	14	26	23		111	2	3	8	4	10	9	8	1	45	156
第十二乡	2	9	10	10	9	5	8		53	2	4		1	1	1	7	1	17	70
第十三乡	10	19	33	32	38	33	29		194	4	6	9	17	17	11	23	1	88	282
全县	74	181	194	169	205	230	241	9	1303	41	57	71	67	111	120	176	18	661	1964
百分数（%）	5. 68	13. 89	14. 89	12. 98	15. 73	17. 65	18. 49	0. 69	100	6. 22	8. 63	10. 74	10. 11	16. 80	18. 16	26. 63	2. 71	100	

第一百零二表

全县各村庄本籍人现住废疾人年龄分配统计表

村庄名 \ 年龄别 \ 男女别	男子									女子									男女合计
	0—9	10—19	20—29	30—39	40—49	50—59	60—	不明	合计	0—9	10—19	20—29	30—39	40—49	50—59	60—	不明	合计	
首善乡总计	1	7	10	8	20	19	26		91	4	6	7	9	8	7	17	1	59	150
城里村				1		1	1		3				1			1		2	5
言坊村			1	2		2			5		2				1	2	1	6	11
东关村			2	1	7	1	4		15	1		1	2	2	2	3		11	26
南关村		1		2	2	2			7			2	1	1		2		6	13
爱山村		1			1	1	1		4				1		1			2	6
美井村	1	2		1	1	1	2		8						1	1		4	12
中兴村			1			2	3		6					1		3		4	10
黛溪村		1	5		7	3	7		23		1	2	2	3		2		10	33
三义村						2	5		7		1				1			2	9
北关村		2	1	1	2	4	3		13	2	1	2	2	1	1	3		12	25

续表

村庄名 \ 年龄别 \ 男女别	男子									女子									男女合计
	0—9	10—19	20—29	30—39	40—49	50—59	60—	不明	合计	0—9	10—19	20—29	30—39	40—49	50—59	60—	不明	合计	
第一乡总计	3	10	10	9	12	8	15	2	69	1	6	7	1	12	10	8		45	114
韩家坊				1		1			2		2			1	2			5	7
大李家		4	3	2	2	1	3		15	1	2	2		3	1	2		11	26
张家山		2	1		1	1	1		6					2		1		3	9
十里铺		2				1	2	1	6						1	1		2	8
接官亭														2				2	2
张家庄	1								1			1	1					2	3
王家庄				2			1		3		1							1	4
聚和庄	1		1		1				3		1			1				2	5
韦家庄	1	2		2					5			2			1	1		4	9
富盛庄					1				1					1	1			2	3

续表

男女别 / 年龄别 / 村庄名	男子									女子									男女合计
	0—9	10—19	20—29	30—39	40—49	50—59	60—	不明	合计	0—9	10—19	20—29	30—39	40—49	50—59	60—	不明	合计	
成庄			1		3		1		5							1		1	6
刘家庄						1			1										1
郭庄				1	1		3		5					1	1			2	7
黄家营							2		2										2
樊家庄			1						1										1
鲁家泉					1			1	2			1						1	3
石家庄						1	1		2						1			1	3
贺家庄			2	1		2	1		6			1				1		2	8
姜家洞														1				1	1
碑楼会仙			1		2				3						2	1		3	6
第二乡总计	8	17	17	15	14	15	10	1	97	7	5	3	4	4	8	4	2	37	134

续表

男女别 年龄别 村庄名	男子									女子									男女合计
	0—9	10—19	20—29	30—39	40—49	50—59	60—	不明	合计	0—9	10—19	20—29	30—39	40—49	50—59	60—	不明	合计	
青阳店	4	1	7	3	1	3	4		23	4	3	1			3			11	34
董家庄		3	1		4	1	1		10		1			1		1		3	13
韩家庄		2		1		1			4										4
贾庄		2	1						3						1			1	4
浒山铺			2	1					3			1	1				1	3	6
刘家庄	2	2	1	2				1	8										8
马步店			2			1	1		4				1			1		2	6
钟家庄			1		1				2	1			1					2	4
耿家庄										1					1			2	2
东窝驼		2		3	4	2	2		13										13
西窝驼		2	1		2	3			8	1				1	2		1	5	13

续表

男女别 / 年龄别 / 村庄名	男子									女子									男女合计
	0—9	10—19	20—29	30—39	40—49	50—59	60—	不明	合计	0—9	10—19	20—29	30—39	40—49	50—59	60—	不明	合计	
代庄						1	1		2		1			1				2	4
徐家庄						1			1										1
郭庄							1		1							2		2	3
化庄		1	1	1	2	1			6				1		1			2	8
陈家庄	2	2		4		1			9			1		1				2	11
第三乡总计	3	15	11	11	17	16	15	1	89	1	1	6	5	10	9	10	1	43	132
西赵家庄			1	1					2							1		1	3
黄家河滩		1			2	1			4							1		1	5
吉祥庄					1				1					1	1			2	3
上娄		1			1				2	1					1	1		3	5
下娄														3				3	3

续表

男女别 / 年龄别 / 村庄名	男子									女子									男女合计
	0—9	10—19	20—29	30—39	40—49	50—59	60—	不明	合计	0—9	10—19	20—29	30—39	40—49	50—59	60—	不明	合计	
杏林庄	1			1	2	1			5					1				1	6
郭庄						1			1							1		1	2
秦家沟		2		2	2	2	5		13			1	1	1	2	1		6	19
聚仙庄							4		4					1		1		2	6
贺家庄		2		1	2	1	3		9										9
太和庄													1		1	1		3	3
孙家峪					1				1					1				1	2
象伏庄			3	1	1	1	1		7						1	1		2	9
象山前	1	2	1	1	2			1	8			4		1	1			6	14
芦泉		1		1		1			3		1					1		2	5
王家庄																1		1	1

续表

村庄名 \ 年龄别 \ 男女别	男子									女子									男女合计
	0—9	10—19	20—29	30—39	40—49	50—59	60—	不明	合计	0—9	10—19	20—29	30—39	40—49	50—59	60—	不明	合计	
石家庄	1		2			1	1		5			1						1	6
东赵家庄		1	1	2		1	1		6					1				1	7
崔家营		2	2			1			5				1		2		1	4	9
崔家庄					1	2			3										3
抱印庄				1		1			2				1					1	3
李家庄			1						1				1					1	2
郎君庄		3			2	2			7										7
第四乡总计	8	18	13	10	14	16	15	1	95	1	2	3	5	6	8	14		39	134
南逯庄	1	1	1				2		5										5
中逯庄						1			1				1	1	1			3	4
北逯庄			1				1		2				1					1	3

续表

男女别 / 年龄别 / 村庄名	男子 0—9	男子 10—19	男子 20—29	男子 30—39	男子 40—49	男子 50—59	男子 60—	男子 不明	男子 合计	女子 0—9	女子 10—19	女子 20—29	女子 30—39	女子 40—49	女子 50—59	女子 60—	女子 不明	女子 合计	男女合计
太和庄							1		1										1
陈河涯		1		1					2										2
平原庄						1			1										1
蒙家庄	2	1		1					4							3		3	7
小杨堤		1		1			1		3										3
东杨堤	1	3			1		1		6		1			1				2	8
西杨堤			2	1	2	2	2		9										9
见埠庄	1	4	3		4	2	1		15				1		1	4		6	21
杨家庄			1			1			2			1						1	3
杨家寨	1					1	1		3			1	1			1		3	6
刘家庄	1	1			1	2			5										5

续表

村庄名 \ 年龄别 \ 男女别	男子									女子									男女合计
	0—9	10—19	20—29	30—39	40—49	50—59	60—	不明	合计	0—9	10—19	20—29	30—39	40—49	50—59	60—	不明	合计	
韩家庄		1			1				2					1				1	3
北唐		1				1			2										2
南唐														1				1	1
樊家庄			1	2		1	2		6	1			1		3	5		10	16
东禾		1				3	2		6		1				1	1		3	9
西禾	1		2	1	1	1	1	1	8					1				1	9
北禾		1	1	2	3				7										7
段家庄				1					1										1
柳泉庄		2	1		1				4			1		1	2			4	8
第五乡总计	2	9	12	8	13	16	9	1	70	6	4	3	6	12	10	11	2	54	124
黄山前		1	2		3				6	1	1		1	1			1	5	11

续表

男女别 / 年龄别 / 村庄名	男子									女子									男女合计
	0—9	10—19	20—29	30—39	40—49	50—59	60—	不明	合计	0—9	10—19	20—29	30—39	40—49	50—59	60—	不明	合计	
侯家庄						1			1										1
代庄		2							2		1							1	3
孙家庄		1				1			2	2	1	1	1	2	2			9	11
景家庄		1	1	4	2	3	1		12					1	1	1		3	15
周家庄		1							1			1	1	1				3	4
乔木庄						1	1		2	1								1	3
月河庄															1			1	1
小吕家庄				1		1	1		3					1				1	4
石家庄		1	2	1	1			1	6					1			1	2	8
鲍家庄						2	1		3	1				2	2			5	8
盖家庄					2				2						1			1	3

续表

男女别 / 年龄别 / 村庄名	男子									女子									男女合计
	0—9	10—19	20—29	30—39	40—49	50—59	60—	不明	合计	0—9	10—19	20—29	30—39	40—49	50—59	60—	不明	合计	
鄢家庄				1	2	3	3		9										9
东范庄		1	4		3	2	2		12				1	3	2	6		12	24
南范庄	1		2	1					4		1					1		2	6
西范庄	1					2			3			1	2					3	6
北范庄		1	1						2	1						3		4	6
七里铺															1			1	1
第六乡总计	7	9	7	7	6	27	13	1	77	2	5	1	3	7	8	20	1	47	124
小店			2			5	2		9		1				2	1		4	13
杨村			1	2		2			5					1				1	6
穆王庄		2				1			3					1		1		2	5
魏家庄		1	1		1	5			8		1			1	1	1		4	12

续表

男女别 / 年龄别 / 村庄名	男子									女子									男女合计
	0—9	10—19	20—29	30—39	40—49	50—59	60—	不明	合计	0—9	10—19	20—29	30—39	40—49	50—59	60—	不明	合计	
刁家庄						1			1	1								1	2
宋家庄											1				1	2		4	4
郭家庄	1					1			2										2
毛张庄						1			1			1					1	2	3
刘家道口								1	1										1
纪家庄				2					2										2
韩家庄	1	2	1	1	2	5	1		13					1	2			3	16
曹家小庄	1				1		1		3	1								1	4
崔家庄			1			1	1		3							1		1	4
东言礼	1	2			2	3	1		9		2		1			2		5	14
西言礼	1	1					2		4				1	1	1	5		8	12

续表

村庄名＼年龄别＼男女别	男子									女子									男女合计
	0—9	10—19	20—29	30—39	40—49	50—59	60—	不明	合计	0—9	10—19	20—29	30—39	40—49	50—59	60—	不明	合计	
黄鹂庄	1			1		1	1		4				1	1	1	4		7	11
张家套	1	1	1	1		1	4		9					1		3		4	13
第七乡总计	10	19	20	12	13	11	18		103	5	4	3	3	4	11	22	2	54	157
韩家店				1	1				2										2
孙家庄					3				3				1					1	4
青眉庄												1						1	1
赵家庄			1			1			2						1			1	3
白家桥							1		1										1
西王家庄												1						1	1
大王驼	2	1	1			1	1		6		1	1		1		2		5	11
小王驼		1	1						2	1					1			2	4

续表

男女别 / 年龄别 / 村庄名	男子									女子									男女合计
	0—9	10—19	20—29	30—39	40—49	50—59	60—	不明	合计	0—9	10—19	20—29	30—39	40—49	50—59	60—	不明	合计	
波踏店				1		1			2							2		2	4
东韦家		1					1		2							1		1	3
东白家		1	1	3	1				6					2	1	3		6	12
木王庄	1				1				2						1			1	3
甲子庄							1		1	1								1	2
西韦家		1	2						3							2		2	5
大白		1							1							1	1	2	3
小白															1	2		3	3
宋家庄	2	3	1	2	1	1			10				1			1		2	12
上口	1	1	2		1		1		6	1					1	1		3	9
前城子		1	1						2							1		1	3

续表

村庄名 \ 年龄别 \ 男女别	男子									女子									男女合计
	0—9	10—19	20—29	30—39	40—49	50—59	60—	不明	合计	0—9	10—19	20—29	30—39	40—49	50—59	60—	不明	合计	
后城子		2	1		1	2			6										6
马庄	1	1	3	1		1	2		9		1				1	1	1	4	13
滕家庄	1		1				2		4						1			1	5
萧家庄	1		2	1	1				5	1						1		2	7
开河				1			1		2						2			2	4
小言庄				1			2		3						1	2		3	6
东王家庄		1	1		1	2	1		6		1		1	1		1		4	10
颜家桥		1			1		1		3										3
冯家庄							1		1										1
邱家				1	1				2										2
官家庄										1						1		2	2

续表

男女别 / 年龄别 / 村庄名	男子									女子									男女合计
	0—9	10—19	20—29	30—39	40—49	50—59	60—	不明	合计	0—9	10—19	20—29	30—39	40—49	50—59	60—	不明	合计	
耿家庄		2	1			1			4										4
释家套	1	1	1			1	2		6		1							1	7
旧口							1		1										1
第八乡总计	11	22	18	18	16	26	28	2	141	2	7	13	4	15	14	21	3	79	220
明家集			1		1		1		3						1	5		6	9
耿家庄	1	1	1	3	3	1	2		12			2	2	1	2	1		8	20
牛家官庄				2		1			3			1		1	1	2		5	8
田家庄	2	5	1	1	1	1	1		12				1	1		1		3	15
大张官庄		2	1	2	3	2	2		12			1		1		1		3	15
小张官庄						1	1		2							1		1	3
兰芝里						1	2	1	4		1				1	2		4	8

续表

男女别 / 年龄别 / 村庄名	男子									女子									男女合计
	0—9	10—19	20—29	30—39	40—49	50—59	60—	不明	合计	0—9	10—19	20—29	30—39	40—49	50—59	60—	不明	合计	
解家庄		1	1	1		1	3		7							1	1	2	9
柴家庄												1				1		2	2
东闸子	1	1							2				1	1	1	2		5	7
西闸子		2	1	1		2	2		8			1				1		2	10
苏家桥	1	2	1		1		1		6			1					1	2	8
邢家庄		2		2	2		2		8		1	1			1			3	11
窝村		1		1		1	1		4			1						1	5
颜家集			1		1	4	2		8										8
牛家庄		2	2						4						1			1	5
二辛庄		1				1	1		3		1							1	4
十户		1			1	2			4		1	1						2	6

续表

村庄名 \ 年龄别 \ 男女别	男子									女子									男女合计
	0—9	10—19	20—29	30—39	40—49	50—59	60—	不明	合计	0—9	10—19	20—29	30—39	40—49	50—59	60—	不明	合计	
刘楷家	1			1	1	1	1		5	1	1			1	1			4	9
仓廪庄			1						1					1				1	2
高家庄			1				1		2			1		1				2	4
宋家庄			2			2	2		6					3	1			4	10
成家庄							1		1			1						1	2
许家道口					1				1						1			1	2
曹家庄	1		2				1		4							2		2	6
宋家集						1			1						1	1		2	3
惠家辛庄		1	1			1	1		4		2	1		1	2		1	7	11
段家桥	4		1	4	1	3		1	14	1				3				4	18
第九乡总计	2	11	14	10	17	9	42		87	3	4	7	4	5	10	10	2	45	132

续表

村庄名 \ 年龄别 \ 男女别	男子									女子									男女合计
	0—9	10—19	20—29	30—39	40—49	50—59	60—	不明	合计	0—9	10—19	20—29	30—39	40—49	50—59	60—	不明	合计	
吴家		1							1						1			1	2
西左家	1		1		3		1		6	1		1		2	2	2		8	14
大碾			1		1				2			1	1			1		3	5
于家				1					1										1
王家		2	1		1				4		1	1	1		2			5	9
宋家	1	1		1	1	2			6	1					1			2	8
营家							1		1			1		1				2	3
萝圈			1	1	1	1	6		10										10
王少唐			1		1	1	5		8										8
杨家庄		1		1		1			3	1						1		2	5
田家		1	4	1	2	1	1		10		2	2			2	1		7	17

续表

村庄名＼年龄别＼男女别	男子									女子									男女合计
	0—9	10—19	20—29	30—39	40—49	50—59	60—	不明	合计	0—9	10—19	20—29	30—39	40—49	50—59	60—	不明	合计	
王家寨		1			1		2		4				1					1	5
河沟涯						1			1										1
辛梁镇		1	2	3	2	1	3		12		1	1		1	1	3		7	19
程和铺		1			1		2		4					1	1		1	3	7
郝庄			3	1	3	1	1		9				1					1	10
丁庄		2		1			2		5							2	1	3	8
第十乡总计	1	2	5	5	2	3	8		26	1		1	1		4	1	1	9	35
崖镇			3		1		1		5						1			1	6
杨家庄							1		1										1
张家庄			1	2			2		5							1		1	6
吕家					1				1										1

续表

村庄名 \ 男女别 / 年龄别	男子									女子									男女合计
	0—9	10—19	20—29	30—39	40—49	50—59	60—	不明	合计	0—9	10—19	20—29	30—39	40—49	50—59	60—	不明	合计	
长槐家							1		1										1
成家			1				3		4	1								1	5
张德佐家															1			1	1
崇兴官庄		1							1										1
孙家庄		1		1					2				1					1	3
刘家井	1								1										1
郑家						1			1			1			1		1	3	4
粉张庄															1			1	1
张家寨				2		2			4										4
第十一乡总计	6	14	14	14	14	26	23		111	2	3	8	4	10	9	8	1	45	156
王伍庄				1			2		3			1			2			3	6

续表

男女别 / 年龄别 / 村庄名	男子									女子									男女合计
	0—9	10—19	20—29	30—39	40—49	50—59	60—	不明	合计	0—9	10—19	20—29	30—39	40—49	50—59	60—	不明	合计	
周家庄						2			2					1	1			2	4
时家庄	1	1	1	2	2	4	3		14		1	2	1	2	1			7	21
孟家坊						1			1						1			1	2
岳家官庄				1					1										1
潘家		1							1										1
安祥庄			1		2	1			4	1			1			1		3	7
刘家		1		1	1	1	1		5										5
大陈家庄	1		2	4	1	2	1		11		1			1		1		3	14
信家			1	1		1	2		5					1	1			2	7
罗家			1			2			3					1				1	4
霍家坡		1	3			2	2		8					1	1			2	10

续表

村庄名 \ 年龄别 \ 男女别	男子									女子									男女合计
	0—9	10—19	20—29	30—39	40—49	50—59	60—	不明	合计	0—9	10—19	20—29	30—39	40—49	50—59	60—	不明	合计	
张家庄		1				1			2					2				2	4
孙家镇	1	2	3	1	4	3	6		20			2				1		3	23
范家庄		1							1										1
道民庄						1			1							1		1	2
陈王平		1			1	1			3										3
都路平	1	1			3	1	1		7				1					1	8
冯家	2			1			2		5		1					1		2	7
小陈家庄		2				2			4			3					1	4	8
王庄				2			1		3				1		1			2	5
刘庄		2				1	1		4										4
蔡庄										1						1		2	2

续表

男女别 / 年龄别 / 村庄名	男子									女子									男女合计
	0—9	10—19	20—29	30—39	40—49	50—59	60—	不明	合计	0—9	10—19	20—29	30—39	40—49	50—59	60—	不明	合计	
李庄			2				1		3					1	1	2		4	7
第十二乡总计	2	9	10	10	9	5	8		53	2	4		1	1	1	7	1	17	70
辉李庄	1	2	2			1			6										6
李南庄			1						1										1
于何庄		2		2					4	1						2		3	7
党李庄		1		1			2		4					1				1	5
高家庄			1				1		2							1		1	3
大三户	1	1			1	1			4		1							1	5
小三户					2	1	2		5				1		1	1		3	8
潘家			1	1	1		1		4							2		2	6
车郭庄		1				1			2	1								1	3

续表

村庄名＼年龄别＼男女别	男子									女子									男女合计
	0—9	10—19	20—29	30—39	40—49	50—59	60—	不明	合计	0—9	10—19	20—29	30—39	40—49	50—59	60—	不明	合计	
曹家庄		1							1										1
郑家寨					1				1										1
打鱼里				2	2	1	1		6		1					1		2	8
赵家庄				3	2				5										5
腰庄							1		1										1
安家庄		1	5	1					7		2						1	3	10
第十三乡总计	10	19	33	32	38	33	29		194	4	6	9	17	17	11	23	1	88	282
花沟	2	1	1	3	1	2			10			1		1			1	3	13
张家庄					1				1				1					1	2
岳家庄						1	2		3							1		1	4
魏家庄	1		1	2	1	1			6										6

续表

男女别／年龄别／村庄名	男子									女子									男女合计
	0—9	10—19	20—29	30—39	40—49	50—59	60—	不明	合计	0—9	10—19	20—29	30—39	40—49	50—59	60—	不明	合计	
毛旺庄													1					1	1
天师庄	1	2		2	1				6		1	1		1	1	1		5	11
任马寨			4	2		1			7	1			1	1		2		5	12
贾庄					1				1										1
辛庄			1						1										1
前陈家					1				1										1
后陈家		2		1	1				4		1							1	5
吕家庄				1	2				3			1						1	4
前石门	1	1	3	1	1	1	2		10										10
后石门	1								1						1	1		2	3
杏行			1		1				2						2			2	4

续表

男女别 / 年龄别 / 村庄名	男子									女子									男女合计
	0—9	10—19	20—29	30—39	40—49	50—59	60—	不明	合计	0—9	10—19	20—29	30—39	40—49	50—59	60—	不明	合计	
西南四庄					1	1			2					1				1	3
中南四庄		1							1										1
东南四庄	1	1		1		2			5							2		2	7
老鸦赵							1		1							1		1	2
杨家庄	2			3	1	1	1		8		1	1		2		2		6	14
曹家庄		1							1		1					1		2	3
云集官庄			1						1										1
宋家套					2		1		3							1		1	4
大官庄					1				1										1
张家官庄											1							1	1
胡家官庄				1	2		1		4				1					1	5

续表

村庄名 \ 年龄别 \ 男女别	男子									女子									男女合计
	0—9	10—19	20—29	30—39	40—49	50—59	60—	不明	合计	0—9	10—19	20—29	30—39	40—49	50—59	60—	不明	合计	
双柳树															1			1	1
王旺庄				1	3				4										4
胡家店		1	2	1	3	4	2		13				2					2	15
小胡庄			3	1		1	1		6				2					2	8
宫旺庄				2		2	3		7			1		1	1	1		4	11
高旺庄		1	1	1	1				4										4
于林庄		2		1		1			4		1	1	2		1	1		6	10
孙纺庄					4	1			5				1	1				2	7
贾旺庄	1	2	6	2	3	3	2		19					1	2			3	22
王家庄		1		1		2	4		8						1			1	9
段家		1	3		1	2	1		8	1			1	1				3	11

续表

男女别 / 年龄别 / 村庄名	男子									女子									男女合计
	0—9	10—19	20—29	30—39	40—49	50—59	60—	不明	合计	0—9	10—19	20—29	30—39	40—49	50—59	60—	不明	合计	
龙虎庄			1			2			3										3
冯旺庄		1	2	1	2	1			7					3	1			4	11
宋旺庄												1	1	1				3	3
李星耀				1			4		5	1				1				2	7
李家官庄		1							1							1		1	2
田镇			3	3	2	3	1		12			1	3	1		6		11	23
侯家					1	1			2	1		1		1				3	5
马家							1		1							1		1	2
徐家							1		1							1		1	2
石槽							1		1				1					1	2
全县	74	181	194	169	205	230	241	9	1303	41	57	71	67	111	120	176	18	661	1964

第一百零三表

全县各村庄本籍人他往男子废疾人年龄分配统计表

村庄名＼年龄别	0—9	10—19	20—29	30—39	40—49	50—59	60—	不明	合计
首善乡总计		1			1				2
城里村		1							1
黛溪村					1				1
第一乡总计					1				1
樊家庄					1				1
第二乡总计						1			1
韩家庄						1			1
第三乡总计				1					1
郎君庄				1					1
第五乡总计		1							1
七里铺		1							1
第六乡总计				1	1				2
杨村				1	1				2

续表

村庄名＼年龄别	0—9	10—19	20—29	30—39	40—49	50—59	60—	不明	合计
第十一乡总计	1								1
时家庄	1								1
全县	1	2		2	3	1			9
百分数（%）	11.11	22.22		22.22	33.34	11.11			100

第一百零四表　　全县各村庄寄籍人现住废疾人年龄分配统计表

村庄名＼男女别＼年龄别	男子									女子									男女合计
	0—9	10—19	20—29	30—39	40—49	50—59	60—	不明	合计	0—9	10—19	20—29	30—39	40—49	50—59	60—	不明	合计	
首善乡总计						1			1				1					1	2
中兴村						1			1				1					1	2
第一乡总计															2			2	2

续表

村庄名 \ 年龄别 \ 男女别	男子									女子									男女合计
	0—9	10—19	20—29	30—39	40—49	50—59	60—	不明	合计	0—9	10—19	20—29	30—39	40—49	50—59	60—	不明	合计	
韦家庄															1			1	1
碑楼会仙															1			1	1
第四乡总计					1				1		1							1	2
北逯庄					1						1							1	1
蒙家庄									1									1	1
第六乡总计																1		1	1
张家套																1		1	1
第十三乡总计										1						1		2	2
田镇										1						1		2	2
全县					1	1			2	1	1		1		2	2		7	9
百分数（%）					50	50			100	14.28	14.28		14.28		28.58	28.58		100	

十　厂铺户口统计表

关于厂铺户口统计表，编者请为说明如下：按本县此次所用四种调查表格，其丙种表即为调查工厂及店铺之用；然在乡下之所谓工厂店铺者，大都为家庭化，往往村中有一小铺，非但未有店号账簿，即其资本金额，亦均极少，通常不过在家略备少许火油，少许花生米、糖果，油、酱、烟卷，以求善沽。铺中并无正式之职员，亦只由开铺者之夫妇子女，共同照料，故此种店铺实亦只可为一户之副业，即调查员在调查时亦仅于填完甲种表后，另附以丙种调查表一张，而在此丙种调查表上又不能另填人口。在本统计亦未守此项家庭化之店铺工厂计算在内。

以下第一百十五表全县各种厂铺户管理人分配统计表，其取材标准，纯限于专以厂铺为生之人而言；换言之，此所谓管理人者，即专以管理厂铺为职业之人，而非以其店铺为其之副业者。管理人包含邹平有家与寄居在邹平者一并在内（在厂铺里职员或雇工的），统计时亦系斟酌调查表上之情形（看职业的填写以定是否是管理人）而统计者。

再第一百十五表内之厂铺户数之所以多于第一百零七表者，系因少数之厂铺完全雇人管理，其东家只站以监督地位（东家自有甲种调查表），而所雇之人又仅系寄居于邹平者。

厂铺户口统计表内其第一百零五至第一百十四表，系专为统计厂铺户之法定户口而设，其性质同于普通户口。惟关于婚姻状况、教育程度、宗教、废疾等，则因时间不及，均从略。自第一百十五表以下，则为分析邹平厂铺之性质者，与前表无关。亦希注意及之为幸！

第一百零五表

全县各村庄本籍厂铺户每户口数分配统计表

每户口数 村庄名	1	2	3	4	5	6	7	8	9	10	合计
首善乡总计		4	4	3		5		2		1	19
城里村		1	4	2		1		1			9
东关村		1				1		1			3
三义村		2		1		3				1	7
第一乡总计	1										1
接官亭	1										1
第二乡总计			1								1
徐家庄			1								1
第三乡总计			1								1
石家庄			1								1
第五乡总计			2								2
月河庄			2								2
第七乡总计			1						1		2

续表

每户口数 村庄名	1	2	3	4	5	6	7	8	9	10	合计
上口			1								1
滕家庄									1		1
第八乡总计	1			1							2
明家集				1							1
段家桥	1										1
第十一乡总计		1									1
孙家镇		1									1
第十三乡总计	1										1
花沟	1										1
全县	3	5	9	4		5		2	1	1	30
百分数（%）	10.0	16.7	30.0	13.3		16.7		6.7	3.3	3.3	100

第一百零六表

全县各村庄寄籍厂铺户每户口数分配统计表

村庄名＼每户口数	1	2	3	4	5	6	7	8	9	10	合计
首善乡总计			1		1	1					3
城里村			1								1
三义村					1	1					2
第二乡总计	1										1
青阳店	1										1
第七乡总计		2	1								3
上口			1								1
萧家庄		2									2
第八乡总计			1		1						2
明家集			1		1						2
全县	1	2	3		2	1					9
百分数（%）	11.1	22.2	33.4		22.2	11.1					100

第一百零七表

全县各村庄法定厂铺户口统计表

村庄名	户数			人口数										
	本籍户	寄籍户	合计	本籍人					寄籍人					合计
				现住		他往		计	现住		他往		计	
				男	女	男	女		男	女	男	女		
首善乡总计	19	3	22	42	44		2	88	8	5	1		14	102
城里村	9	1	10	18	18			36	2	1			3	39
东关村	3		3	6	9		1	16						16
三义村	7	2	9	18	17		1	36	6	4	1		11	47
第一乡总计	1		1	1				1						1
接官亭	1		1	1				1						1
第二乡总计	1	1	2	3				3	1				1	4
青阳店		1	1						1				1	1
徐家庄	1		1	3				3						3
第三乡总计	1		1	2	1			3						3
石家庄	1		1	2	1			3						3
第五乡总计	2		2	6				6						6
月河庄	2		2	6				6						6

续表

村庄名	户数			人口数											
	本籍户	寄籍户	合计	本籍人					寄籍人					合计
				现住		他往		计	现住		他往		计	
				男	女	男	女		男	女	男	女		
第七乡总计	2	3	5	3	9			12	4	3			7	19
上口	1	1	2	1	2			3	1	2			3	6
滕家庄	1		1	2	7			9						9
萧家庄		2	2						3	1			4	4
第八乡总计	2	2	4	3	2			5	5	3			8	13
明家集	1	2	3	2	2			4	5	3			8	12
段家桥	1		1	1				1						1
第十一乡总计	1		1	1	1			2						2
孙家镇	1		1	1	1			2						2
第十三乡总计	1		1	1				1						1
花沟	1		1	1				1						1
全县	30	9	39	62	57		2	121	18	11	1		30	151
百分数（%）	76.92	23.08	100	41.06	37.75		1.32	80.13	11.92	7.29	0.66		19.87	100

第一百零八表

全县厂铺户法定人口年龄分配统计表

男女别	人口别＼年龄别	不明者	0—2	3—12	13—19	20—29	30—39	40—49	50—59	60—69	70—79	80—89	90—	合计	百分数（%）
男子	本籍人现住		5	10	5	8	6	14	8	4	1	1		62	76.55
	本籍人他往														
	寄籍人现住		3	3	2		4	2	3	1				18	22.22
	寄籍人他往					1								1	1.23
	总计		8	13	7	9	10	16	11	5	1	1		81	100
	百分数（%）		9.88	16.05	8.64	11.11	12.35	19.75	13.58	6.18	1.23	1.23		100	
女子	本籍人现住		8	12	5	7	7	9	2	4	1	2		57	81.43
	本籍人他往				1	1								2	2.86
	寄籍人现住		1	2		2	2	1	2		1			11	15.71
	寄籍人他往														
	总计		9	14	6	10	9	10	4	4	2	2		70	100
	百分数（%）		12.85	20.00	8.57	14.29	12.86	14.29	5.71	5.71	2.86	2.86		100	

续表

男女别	人口别＼年龄别	不明者	0—2	3—12	13—19	20—29	30—39	40—49	50—59	60—69	70—79	80—89	90—	合计	百分数（%）
男女	全县		17	27	13	19	19	26	15	9	3	3		151	
合计	百分数（%）		11.25	17.94	8.61	12.58	12.58	17.21	9.92	5.95	1.98	1.98		100	

第一百零九表 **全县各村庄厂铺户本籍人现住男子年龄分配统计表**

村庄名＼年龄别	不明者	0	1—2	3—4	5—9	10—12	13—14	15—19	20—24	25—29	30—34	35—39	40—44	45—49	50—54	55—59	60—69	70—79	80—89	合计
首善乡总计		2	3	3	4	2		2	1	6	1	4	4	3	2	2	2	1		42
城里村		1	2	2	1	1		1	1	2		2	4	1						18
东关村		1			1					1				2			1			6
三义村			1	1	2	1		1		3	1	2			2	2	1	1		18
第一乡总计																	1			1
接官亭																	1			1
第二乡总计									1		1					1				3

续表

年龄别/村庄名	不明者	0	1—2	3—4	5—9	10—12	13—14	15—19	20—24	25—29	30—34	35—39	40—44	45—49	50—54	55—59	60—69	70—79	80—89	合计
徐家庄									1		1					1				3
第三乡总计					1											1				2
石家庄					1											1				2
第五乡总计								1					2	1	1				1	6
月河庄								1					2	1	1				1	6
第七乡总计							1							2						3
上口														1						1
滕家庄							1							1						2
第八乡总计								1					1				1			3
明家集								1									1			2
段家桥													1							1
第十一乡总计															1					1
孙家镇															1					1

续表

村庄名＼年龄别	不明者	0	1—2	3—4	5—9	10—12	13—14	15—19	20—24	25—29	30—34	35—39	40—44	45—49	50—54	55—59	60—69	70—79	80—89	合计
第十三乡总计														1						1
花沟														1						1
全县		2	3	3	5	2	1	4	2	6	2	4	7	7	4	4	4	1	1	62
百分数（%）		3. 23	4. 84	4. 84	8. 06	3. 23	1. 61	6. 45	3. 23	9. 68	3. 23	6. 45	11. 29	11. 29	6. 45	6. 45	6. 45	1. 61	1. 61	100

第一百十表　　**全县各村庄厂铺户本籍人现住女子年龄分配统计表**

村庄名＼年龄别	不明者	0	1—2	3—4	5—9	10—12	13—14	15—19	20—24	25—29	30—34	35—39	40—44	45—49	50—54	55—59	60—69	70—79	80—89	合计
首善乡总计		1	6	5	2	2	1	2	3	4	6	1	5			1	3		2	44
城里村		1	2	2	1	1		1	2	1	3	1	2				1			18
东关村			2	1	1					1	2						1		1	9
三义村			2	2		1	1	1	1	2	1		3			1	1		1	17
第三乡总计													1							1

续表

年龄别 / 村庄名	不明者	0	1—2	3—4	5—9	10—12	13—14	15—19	20—24	25—29	30—34	35—39	40—44	45—49	50—54	55—59	60—69	70—79	80—89	合计
石家庄													1							1
第七乡总计			1	2		1		1					2				1	1		9
上口				1									1							2
滕家庄			1	1		1		1					1				1	1		7
第八乡总计							1								1					2
明家集							1								1					2
第十一乡总计													1							1
孙家镇													1							1
全县		1	7	7	2	3	2	3	3	4	6	1	9		1	1	4	1	2	57
百分数（%）		1. 75	12. 28	12. 28	3. 51	5. 27	3. 51	5. 27	5. 27	7. 02	10. 53	1. 75	15. 78		1. 75	1. 75	7. 02	1. 75	3. 51	100

第一百十一表　　**全县各村庄厂铺户本籍人他往女子年龄分配统计表**

村庄名＼年龄别	15—19	20—24	合计
首善乡总计	1	1	2
东关村		1	1
三义村	1		1
全县	1	1	2

第一百十二表　　**全县各村庄厂铺户寄籍人现住男子年龄分配统计表**

村庄名＼年龄别	不明者	0	1—2	3—4	5—9	10—12	13—14	15—19	20—24	25—29	30—34	35—39	40—44	45—49	50—54	55—59	60—69	70—79	80—89	合计
首善乡总计			1		1		1	1			2			1		1				8
东关村					1											1				2
三义村			1				1	1			2			1						6
第二乡总计																1				1
青阳店																1				1

续表

年龄别/村庄名	不明者	0	1—2	3—4	5—9	10—12	13—14	15—19	20—24	25—29	30—34	35—39	40—44	45—49	50—54	55—59	60—69	70—79	80—89	合计
第七乡总计						1							1		1		1			4
上口													1							1
萧家庄						1									1		1			3
第八乡总计		1	1		1						1	1								5
明家集		1	1		1						1	1								5
全县		1	2		2	1	1	1			3	2	1	1	1	2	1			18
百分数（%）		5. 55	11. 12		11. 12	5. 55	5. 55	5. 55			16. 69	5. 55	5. 55	5. 55	5. 55	11. 12	5. 55			100

第一百十三表　　全县各村庄厂铺户寄籍人现住女子年龄分配统计表

年龄别/村庄名	不明者	0	1—2	3—4	5—9	10—12	13—14	15—19	20—24	25—29	30—34	35—39	40—44	45—49	50—54	55—59	60—69	70—79	80—89	合计
首善乡总计					1	1					1				1	1				5
东关村																1				1
三义村					1	1					1				1					4

续表

年龄别 村庄名	不明者	0	1—2	3—4	5—9	10—12	13—14	15—19	20—24	25—29	30—34	35—39	40—44	45—49	50—54	55—59	60—69	70—79	80—89	合计
第七乡总计										1			1					1		3
上口										1								1		2
萧家庄													1							1
第八乡总计		1								1		1								3
明家集		1								1		1								3
全县		1			1	1				2	1	1	1		1	1		1		11
百分数（%）		9.09			9.09	9.09				18.19	9.09	9.09	9.09		9.09	9.09		9.09		100

第一百十四表　　全县各村庄厂铺户寄籍人他往男子年龄分配统计表

年龄别 村庄名	20—24	合计
首善乡总计	1	1
三义村	1	1
全县	1	1

第一百十五表

全县各种厂铺户管理人分配统计表

乡名及厂铺类别 ＼ 厂铺数 ＼ 管理人数	1	2	3	4	5	6	7	8	9	10	合计
首善乡	19	16	14	6	2			1		1	59
饭庄				1							1
馍馍房	1		1								2
包子铺			2	1							3
煎饼铺					1						1
酱菜铺		1	1	1							3
肉庄	1										1
山菓铺	2	1									3
盐店			1							1	2
油坊			2								2
茶馆				1							1

续表

管理人数 / 厂铺数 / 乡名及厂铺类别	1	2	3	4	5	6	7	8	9	10	合计
炭店		1									1
茶叶庄		1									1
染坊	1		1								2
药铺	1	1	2	1							5
西药房	1										1
木作		1		1							2
风箱铺	1										1
鞋店			1								1
成衣铺		3	1								4
广货铺	4	1									5
杂货铺	3	4	1		1						9

续表

管理人数 / 厂铺数 / 乡名及厂铺类别	1	2	3	4	5	6	7	8	9	10	合计
文具店	1	1									2
照相馆		1									1
理发店	3		1								4
澡塘								1			1
第一乡	1			1							2
饭店	1										1
染坊				1							1
第二乡	5	1	1	1				1			9
饭店	1							1			2
盐店	2										2
染坊			1	1							2

续表

乡名及厂铺类别 \ 管理人数 \ 厂铺数	1	2	3	4	5	6	7	8	9	10	合计
药铺		1									1
窑货店	1										1
理发店	1										1
第三乡	2										2
酒店	1										1
杂货店	1										1
第四乡		1		2							3
酒坊				1							1
酒店				1							1
西药房		1									1
第五乡	1	1	3								5

续表

管理人数 / 厂铺数 / 乡名及厂铺类别	1	2	3	4	5	6	7	8	9	10	合计
饭店	1	1	1								3
油坊			2								2
第六乡		1		1	1		1				4
盐店				1							1
杂货铺					1		1				2
自行车铺					1		1				1
第七乡	4	5			1	1					2
饭店	1	3									4
馍馍房	1										1
酒店					1						1
染坊				1							1

续表

乡名及厂铺类别 \ 管理人数 厂铺数	1	2	3	4	5	6	7	8	9	10	合计
药铺	1	1									2
杂货铺	1	1									2
第八乡	13	12	3	1		1	1				31
饭店		4	1								5
烧饼铺		1									1
包子铺		1									1
酒店	2	1									3
面店		1									1
酱菜店		1									1
盐店		1									1
茶食店						1					1

续表

管理人数 / 厂铺数 / 乡名及厂铺类别	1	2	3	4	5	6	7	8	9	10	合计
油坊	1	1		1							1
染坊	1	1		1							3
药铺	2	2	2								6
西药房		1									1
木作	1										1
布店	1										1
轧棉花	1						1				1
杂货铺	1										1
理发店	1										1
第九乡	2		1		1						4
饭店	1										1

续表

管理人数 / 厂铺数 / 乡名及厂铺类别	1	2	3	4	5	6	7	8	9	10	合计
盐店			1								1
油坊				1							1
药铺	1										1
第十乡	1										1
盐店	1										1
第十一乡	7	7	4	4	2	3					27
饭店	2										2
酱菜铺	1										1
熟食店			1								1
盐店				1							1
制面房				1							1

续表

管理人数 / 厂铺数 / 乡名及厂铺类别	1	2	3	4	5	6	7	8	9	10	合计
酒坊						1					1
油坊	1										1
茶馆		1									1
染坊			1	2	1	1					5
药铺	1	1									2
木作		1									1
杂货铺		2			1						3
估衣店		1									1
棉花行	2		1			1					4
银货铺		1									1
自行车铺			1								1

续表

乡名及厂铺类别 \ 管理人数 / 厂铺数	1	2	3	4	5	6	7	8	9	10	合计
第十二乡	1	1				2					4
饭店	1										1
酒店						1					1
染坊						1					1
药铺		1									1
第十三乡	2	4	1	1							8
饭店	1										1
盐店		1									1
柴铺			1								1
染坊				1							1
杂货铺		3									3

续表

管理人数 / 厂铺数 / 乡名及厂铺类别	1	2	3	4	5	6	7	8	9	10	合计
理发店	1										1
全县	58	49	27	17	7	7	2	2		1	170
百分数（%）	34.12	28.82	15.88	10.00	4.12	4.12	1.18	1.18		0.58	100

第一百十六表　　各类厂铺管理人分配及其分类表

厂铺及其管理人类别	每一厂铺管理人分配数									厂铺总数		管理人总数	
	1	2	3	4	5	6	7	8	10	计	百分数（%）	计	百分数（%）
供临时饮食者	22	23	6	4	3	3	1	1		63	37.06	150	35.55
供家常饮食者	9	5	9	5	2	1			1	32	18.81	92	21.80
医药卫生	7	9	4	1						21	12.35	41	9.71

续表

厂铺及其管理人类别	每一厂铺管理人分配数									厂铺总数		管理人总数	
	1	2	3	4	5	6	7	8	10	计	百分数（%）	计	百分数（%）
器具用品	3	2		1						6	3.53	11	2.61
衣服及其辅助用品	6	2	5	6	2	3	1			25	14.71	84	19.91
奢侈用品	4	2								6	3.53	8	1.89
文具用品	1	1								2	1.18	3	0.71
交通用品		1	1							2	1.18	5	1.19
公共服务	6	4	2					1		13	7.65	28	6.63
总计	58	49	27	17	7	7	2	2	1	170	100	422	100
百分数（%）	34.12	28.82	15.88	10.00	4.12	4.12	1.18	1.18	0.58	100			

说明：上表之“供临时饮食者”包括饭庄，包子铺，肉庄，山果铺，茶馆，饭店，酒店，杂货店，烧饼铺，面店，茶食店等。“供家常饮食者”包括馍馍房，煎饼铺，酱菜铺，盐店，油坊，炭店，茶叶庄，酒坊，制面房，柴铺等。“医药卫生”包括药铺，西药房等。“器具用品”包括木作，风箱铺，窑货铺等。“衣服及其辅助用品”包括染坊，鞋店，布店，轧棉花，估衣店，棉花行等。“奢侈用品”包括广货铺，银货铺等。“文具用品”即文具店。“交通用品”即自行车行。“公共服务”包括成衣铺，照相铺，理发店，澡塘等。

十一　寺庙户口统计表

关于寺庙统计表须请注意以下三点：（一）邹平无甚大之寺庙，有时庙中住人，亦都不易辨出其为僧为俗，故统计表中有所谓："非徒众户"者，实即普通之住户，居住于庙内者。（二）尼庙中所见之男性，非是男尼，特男子之住于尼庙耳。（三）道庙中所见之女性，乃火居道之眷属。均请注意为幸。

第一百十七表　　各乡每一寺庙户所有田亩数之分配统计表

田亩数 / 乡名	无田者	—4	5—9	10—14	15—19	20—24	25—29	30—34	合计
首善乡	1	1	1		1		1		5
第一乡			2	2					4
第二乡		1	4	4	1				10
第三乡		1	1	1					3
第四乡			1						1
第五乡			1					1	2
第六乡			1						1

续表

田亩数 / 乡名	无田者	—4	5—9	10—14	15—19	20—24	25—29	30—34	合计
第七乡	2	5	2						9
第八乡	2	3			1	1			7
第九乡	1	1		1	1				4
第十一乡	3				1				4
全县	9	12	13	8	5	1	1	1	50
百分数（%）	18	24	26	16	10	2	2	2	100

第一百十八表　　各乡寺庙户每户口数分配统计表

每户口数 / 乡名	徒众户								非徒众户				合计
	1	2	3	4	5	6	7	计	无人	2	5	计	
首善乡	1		3				1	5					5
第一乡		1		1	2			4					4
第二乡	2	3		1		1		7		2	1	3	10

续表

乡名＼每户口数	徒众户								非徒众户				合计
	1	2	3	4	5	6	7	计	无人	2	5	计	
第三乡			1	1	1			3					3
第四乡	1							1					1
第五乡		2						2					2
第六乡					1			1					1
第七乡	6	2	1					9					9
第八乡	4	2		1				7					7
第九乡	2	1	1					4					4
第十一乡					1		1	2	2			2	4
全县	16	11	6	4	5	1	2	45	2	2	1	5	50
百分数（%）	32	22	12	8	10	2	4	90	4	4	2	10	100

第一百十九表

各乡法定寺庙户口总表

乡名	户数			人口数						
	徒众户	非徒众户	合计	徒众			非徒众			合计
				男	女	计	男	女	计	
首善乡	5		5	1	16	17				17
第一乡	4		4	9	7	16				16
第二乡	7	3	10	16	2	18	6	4	10	28
第三乡	3		3	2	10	12				12
第四乡	1		1	1		1				1
第五乡	2		2	4		4				4
第六乡	1		1	2	3	5				5
第七乡	9		9	7	6	13	1		1	14
第八乡	7		7	9	3	12	1	2	3	15
第九乡	4		4	7		7				7
第十一乡	2	2	4	4	8	12				12
全县	45	5	50	62	55	117	8	6	14	131
百分数（%）	90	10	100	47.33	41.98	89.31	6.11	4.58	10.69	100

第一百二十表　各乡徒众寺庙户分类统计表

乡名 \ 类别	耶稣堂	天主堂	僧寺	道庙	尼庵	合计
首善乡	1				4	5
第一乡			2		2	4
第二乡			4	3		7
第三乡					3	3
第四乡				1		1
第五乡				2		2
第六乡				1		1
第七乡			3	3	3	9
第八乡		1	3	2	1	7
第九乡			1	3		4
第十一乡	1				1	2
全县	2	1	13	15	14	45
百分数（%）	4.45	2.22	28.89	33.33	31.11	100

第一百二十一表　　　各乡徒众分类统计表

男女别	乡名 \ 类别	耶稣教	天主教	僧	道	尼	合计
男子	首善乡	1					1
	第一乡			9			9
	第二乡			11	5		16
	第三乡					2	2
	第四乡				1		1
	第五乡				4		4
	第六乡					2	2
	第七乡			4	3		7
	第八乡		1	4	3	1	9
	第九乡			3	4		7
	第十一乡	4					4
	总计	5	1	31	20	5	62
	百分数（%）	8.07	1.61	50.00	32.25	8.07	100

续表

男女别	乡名＼类别	耶稣教	天主教	僧	道	尼	合计
女子	首善乡					16	16
	第一乡					7	7
	第二乡				2		2
	第三乡					10	10
	第四乡						
	第五乡						
	第六乡					3	3
	第七乡					6	6
	第八乡				2	1	3
	第九乡						
	第十一乡	1				7	8
	总计	1			4	50	55
	百分数（%）	1.82			7.27	90.91	100
男女合计	全县	6	1	31	24	55	117
	百分数（%）	5.13	0.86	26.49	20.51	47.01	100

第一百二十二表　　**各乡徒众年龄分配统计总表**

男女别	年龄别 / 乡名	不明者	0	1—2	3—4	5—9	10—12	13—14	15—19	20—24	25—29	30—34	35—39	40—44	45—49	50—54	55—59	60—69	70—79	80—89	合计
男子	首善乡													1							1
	第一乡	1					1	1	2	1						2			1		9
	第二乡						4	2				1	2	4			2		1		16
	第三乡					1											1				2
	第四乡											1									1
	第五乡	1									2				1						4
	第六乡						1									1					2
	第七乡							1			1				1		2	1	1		7
	第八乡							1	1	1		1	1				2	2			9
	第九乡						1				2		1					2	1		7
	第十一乡						2	1						1							4
	总计	2				1	9	6	3	2	5	3	4	6	2	3	7	5	4		62
	百分数（%）	3.23				1.61	14.53	9.67	4.84	3.23	8.06	4.84	6.45	9.67	3.23	4.84	11.29	8.06	6.45		100

续表

男女别	年龄别 乡名	不明者	0	1—2	3—4	5—9	10—12	13—14	15—19	20—24	25—29	30—34	35—39	40—44	45—49	50—54	55—59	60—69	70—79	80—89	合计
女子	首善乡			3		1			2	3	1	1	1	1	1	1		1			16
	第一乡					2			3								2				7
	第二乡													1					1		2
	第三乡		1	1		1			1	2	1				2	1					10
	第四乡																				
	第五乡																				
	第六乡			1						1					1						3
	第七乡					1			1						1			2		1	6
	第八乡						1									1	1				3
	第九乡																				
	第十一乡					1			1						1	2		2			8
	总计		1	5		6	1		8	6	3	1	1	2	6	5	3	5	1	1	55
	百分数（%）		1. 82	9. 09		10. 91	1. 82		14. 54	10. 91	5. 45	1. 82	1. 82	3. 64	10. 91	9. 69	5. 45	9. 09	1. 82	1. 82	100
男女	全县	2	1	5		7	10	6	11	8	8	4	5	8	8	8	10	10	5	1	117
合计	百分数（%）	1. 71	0. 86	4. 27		5. 93	8. 56	5. 13	9. 40	6. 84	6. 84	3. 42	4. 27	6. 84	6. 84	6. 84	8. 56	8. 56	4. 27	0. 86	100

第一百二十三表

各乡非徒众住庙中者之年龄分配统计总表

男女别	乡名 \ 年龄别	0	5—9	10—12	20—24	25—29	35—39	40—44	45—49	50—54	55—59	合计
男子	第二乡	1			1	1		1	1	1		6
	第七乡						1					1
	第八乡										1	1
	总计	1			1	1	1	1	1	1	1	8
	百分数（%）	12.5			12.5	12.5	12.5	12.5	12.5	12.5	12.5	100
女子	第二乡		1		1	1					1	4
	第八乡			1						1		2
	总计		1	1	1	1				1	1	6
	百分数（%）		16.66	16.66	16.67	16.67				16.67	16.67	100
男女合计	全县	1	1	1	2	2	1	1	1	2	2	14
	百分数（%）	7.14	7.14	7.14	14.29	14.29	7.14	7.14	7.14	14.29	14.29	100

十二 寄居人年龄分配表

第一百二十四表　全县寄居人年龄分配统计表

男女别	寄居处所 \ 年龄别	不明者	0—2	3—12	13—19	20—29	30—39	40—49	50—59	60—69	70—79	80—89	合计	百分数（%）
男子	普通户	85	9	29	98	199	157	103	61	17	4		762	57.69
	厂铺户	12		6	58	100	71	57	38	8	2		352	26.65
	寺庙户		1	2		2	1	1					7	0.53
	公共机关	4		5	19	73	47	18	25	6	3		200	15.13
	总计	101	10	42	175	374	276	179	124	31	9		1321	100
	百分数（%）	7.64	0.76	3.18	13.25	28.31	20.89	13.55	9.39	2.35	0.68		100	

续表

男女别	寄居处所 \ 年龄别	不明者	0—2	3—12	13—19	20—29	30—39	40—49	50—59	60—69	70—79	80—89	合计	百分数（%）
女子	普通户	25	10	30	44	45	30	33	19	6	5	1	248	92.89
	厂铺户	1						1	1				3	1.12
	寺庙户			1		1	1		1				4	1.49
	公共机关				2	6	1	1	2				12	4.50
	总计	26	10	31	46	52	32	35	23	6	5	1	267	100
	百分数	9.73	3.75	11.61	17.23	19.48	11.98	13.11	8.62	2.25	1.87	0.37	100	
男女合计	全县	127	20	73	221	426	308	214	147	37	14	1	1588	
	百分数（%）	7.99	1.25	4.59	13.92	26.85	19.39	13.48	9.26	2.33	0.88	0.06	100	

第一百二十五表

各乡普通户男寄居人年龄分配统计表

年龄别 / 乡名	不明者	0—2	3—4	5—9	10—12	13—14	15—19	20—24	25—29	30—34	35—39	40—44	45—49	50—54	55—59	60—69	70—79	80—84	合计
首善乡	13		1		1		2	3	6	6	1	8	3	6	3	3			56
第一乡	8				1	2	1	1	4	2	1				1	3			24
第二乡		1					4		2	2	1			3	3	1	1		18
第三乡	5						2	3	2	3	3	2	2		1				23
第四乡	12	2	1	1	1		2	4	7	4	7	5	2	6	2				56
第五乡	1				1		2	3	3	1	3	3	1	5		1			24
第六乡	8		1		2		5	4	7	5	2	2	2	2					40
第七乡	2				2	3	7	10	6	2	5		2	1	3		1		44
第八乡	10				1	3	8	8	13	7	6	1	5		2	2			66
第九乡	2	1				1	8	6	3	5	10	6	5	2		1			50
第十乡	5	1			1		4	2	3	2	4	2	4	2	1				31
第十一乡	10		2	1	2	2	12	25	17	16	9	9	7	4	1	1	1		119
第十二乡	2	1				2	9	5	14	8	5	4	2	1	1	1			55

续表

乡名＼年龄别	不明者	0—2	3—4	5—9	10—12	13—14	15—19	20—24	25—29	30—34	35—39	40—44	45—49	50—54	55—59	60—69	70—79	80—84	合计
第十三乡	7	3	4	3	3	2	17	16	22	22	15	16	10	9	2	4	1		156
全县	85	9	9	5	15	15	83	90	109	85	72	58	45	41	20	17	4		762
百分数（%）	11.15	1.18	1.18	0.66	1.96	1.96	10.88	11.81	14.30	11.15	9.46	7.61	5.95	5.38	2.62	2.23	0.52		100

第一百二十六表　　各乡普通户女寄居人年龄分配统计表

乡名＼年龄别	不明者	0—2	3—4	5—9	10—12	13—14	15—19	20—24	25—29	30—34	35—39	40—44	45—49	50—54	55—59	60—69	70—79	80—84	合计
首善乡		2		1	1		2	2	3		1	2	1	2					17
第一乡		1		3	1	2					1		1						9
第二乡				1		1			1		1		2	3					9
第三乡						1					1								2
第四乡	5	2				1	7	4	2	2		1	2	1			1		28
第五乡				1	1	1	2				1	1			1				8
第六乡	2	2		1	1			1	3		1		1						12

续表

年龄别 / 乡名	不明者	0—2	3—4	5—9	10—12	13—14	15—19	20—24	25—29	30—34	35—39	40—44	45—49	50—54	55—59	60—69	70—79	80—84	合计
第七乡			1	2	1	1	1		1	1	4	1	3	1	1	1	1		20
第八乡	2	1		2	2		1	1	1	2		1	1			2	1		17
第九乡				2						1	1	1	1	1		1			8
第十乡	8			1		1			1		1	1	1		1				15
第十一乡	4	1		2		4	13	5	4	6	1	4	1	1	1	1	2	1	51
第十二乡	2		1					1	1	1	1	1		1					8
第十三乡	2	1	1	2	2	1	5	6	8		3	3	3	5	1	1			44
全县	25	10	3	18	9	13	31	20	25	13	17	15	18	14	5	6	5	1	248
百分数（%）	10.08	4.03	1.21	7.26	3.63	5.25	12.50	8.06	10.08	5.25	6.85	6.04	7.26	5.64	2.02	2.42	2.02	0.40	100

第一百二十七表　　各乡厂铺户男寄居人年龄分配统计表

年龄别 / 乡名	不明者	5—9	10—12	13—14	15—19	20—24	25—29	30—34	35—39	40—44	45—49	50—54	55—59	60—69	70—79	合计
首善乡	1	1	4	4	13	18	14	9	10	7	6	8	4	2		101

续表

年龄别 / 乡名	不明者	5—9	10—12	13—14	15—19	20—24	25—29	30—34	35—39	40—44	45—49	50—54	55—59	60—69	70—79	合计
第一乡					1	1				1		1				4
第二乡				1	1		4		2	2	5	2		1	1	19
第三乡								1								1
第四乡				1		2	1		1	1	2	2				10
第五乡					2	1	1					1	1			6
第六乡				3	3		2	1	4	1	1	1	2			18
第七乡	1			1	4	2	2	3	3			1				17
第八乡	2			2	4	7	11	8	4	10	2	4	2	2		58
第九乡					1	3	1	2	1		1			1		10
第十乡												1				1
第十一乡	8		1	2	10	9	13	8	3	6	8	3	2	2	1	76
第十二乡					3	3	2	1	3	2		1				15
第十三乡					2	1	2	5	2	2		2				16
全县	12	1	5	14	44	47	53	38	33	32	25	27	11	8	2	352
百分数（%）	3.41	0.28	1.42	3.98	12.50	13.35	15.06	10.80	9.38	9.10	7.11	7.67	3.13	2.24	0.57	100

第一百二十八表　　**各乡厂铺户女寄居人年龄分配统计表**

乡名＼年龄别	不明者	40—44	55—59	合计
第二乡		1		1
第八乡	1		1	2
全县	1	1	1	3

第一百二十九表　　**各乡寺庙户男寄居人年龄分配统计表**

乡名＼年龄别	0—2	5—9	25—29	35—39	40—44	合计
第二乡			1			1
第五乡			1			1
第十一乡	1	2		1	1	5
全县	1	2	2	1	1	7
百分数（%）	14.29	28.57	28.57	14.29	14.28	100

第一百三十表

各乡寺庙户女寄居人年龄分配统计表

年龄别 / 乡名	3—4	25—29	30—34	55—59	合计
第二乡	1	1			2
第五乡				1	1
第十一乡			1		1
全县	1	1	1	1	4
百分数（%）	25	25	25	25	100

第一百三十一表

各乡公共机关男寄居人年龄分配统计表

年龄别 / 乡名	不明者	5—9	10—12	13—14	15—19	20—24	25—29	30—34	35—39	40—44	45—49	50—54	55—59	60—69	70—79	合计
首善乡	1	1	1		8	5	7	5	1	1	2	1		1		34
第一乡					1	1	2								1	5
第二乡							5	3								8
第三乡					2	3	1				1	1				8

续表

乡名 \ 年龄别	不明者	5—9	10—12	13—14	15—19	20—24	25—29	30—34	35—39	40—44	45—49	50—54	55—59	60—69	70—79	合计
第四乡								1							1	2
第五乡						1	1	1						1		4
第六乡							1	3								4
第七乡				1		1	3		1							6
第八乡			1		1	7	5	9	4	1	1		1			30
第九乡								1	1							2
第十乡					1	5	13	1	6	4	5	12	8	2	1	58
第十一乡	3		2	1	1	3	6	7	3	1	1			1		29
第十二乡				1	2					1		1		1		6
第十三乡							3						1			4
全县	4	1	4	3	16	26	47	31	16	8	10	15	10	6	3	200
百分数（%）	2.00	0.50	2.00	1.50	8.00	13.00	23.50	15.50	8.00	4.00	5.00	7.50	5.00	3.00	1.50	100

第一百三十二表

各乡公共机关女寄居人年龄分配统计表

乡名＼年龄别	15—19	20—24	25—29	35—39	45—49	50—54	55—59	合计
首善乡		2	2	1		1	1	7
第五乡		1	1					2
第七乡	1							1
第八乡	1							1
第十二乡					1			1
全县	2	3	3	1	1	1	1	12
百分数（%）	16.66	25.00	25.00	8.33	8.33	8.33	8.33	100

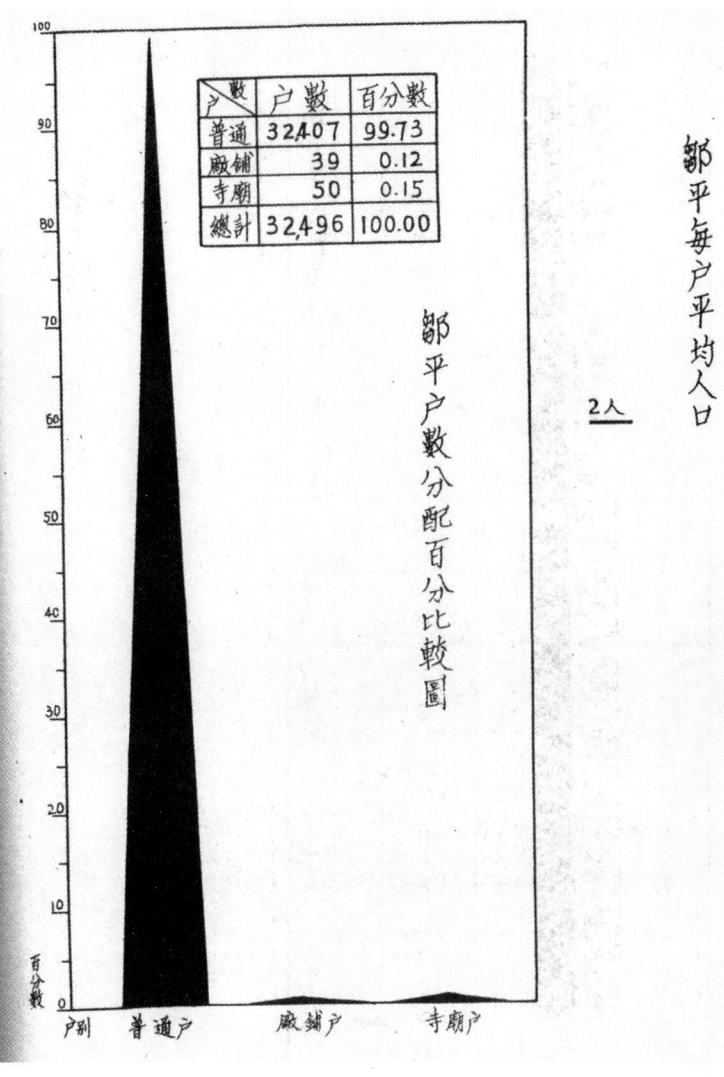

户\數	户數	百分數
普通	32,407	99.73
廠鋪	39	0.12
寺廟	50	0.15
總計	32,496	100.00

鄒平户數分配百分比較圖

鄒平每户平均人口

2人

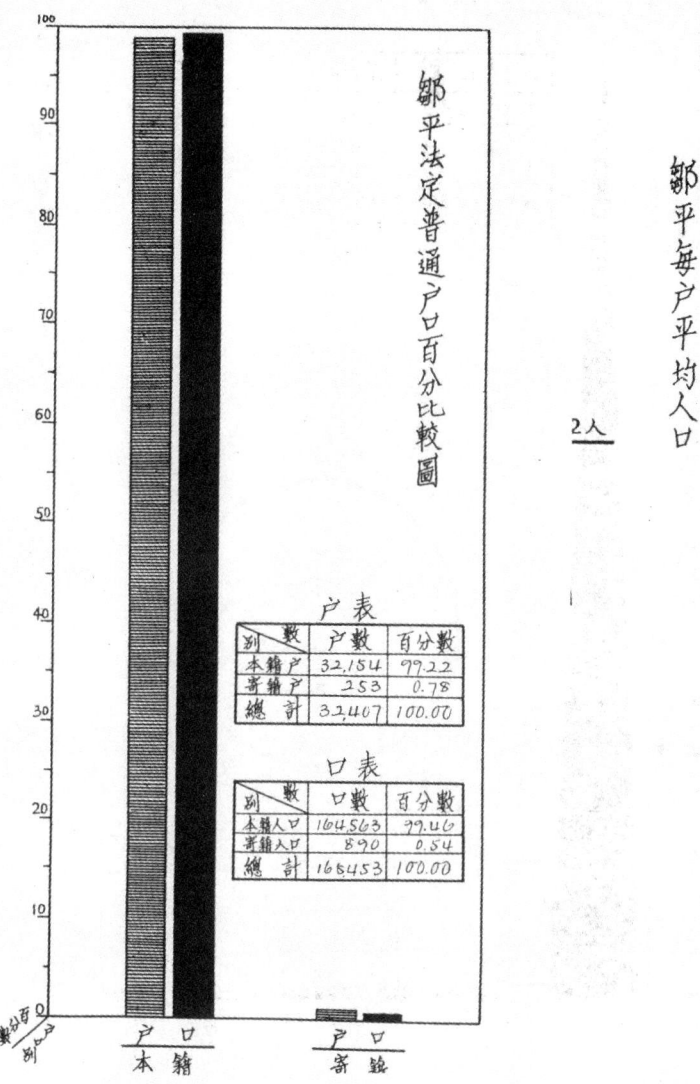

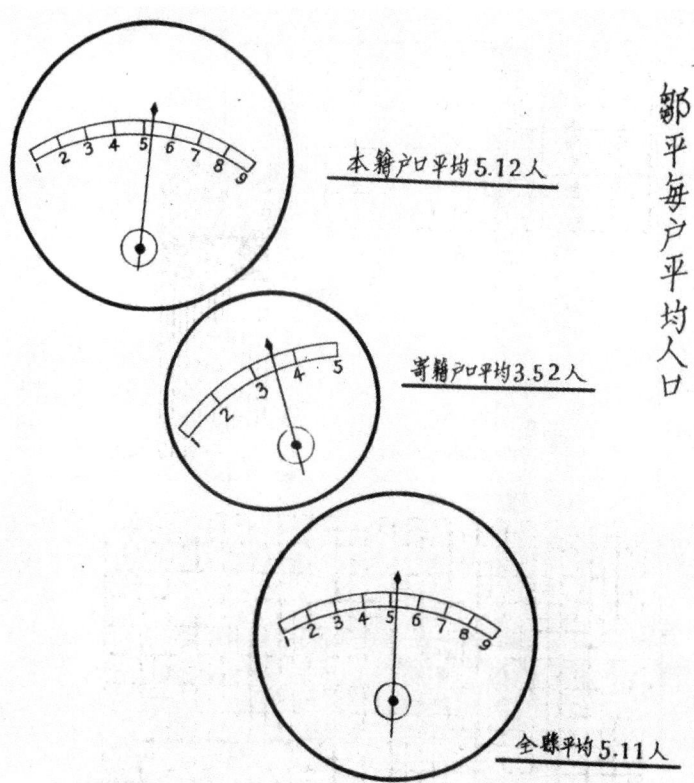

邹平每户平均人口

邹平每户平均人口表

户口／籍别	户	口	平均
本	32,154	164,563	5.12
寄	253	890	3.52
全县	32,407	165,453	5.11

實際人口

别＼數	總數	百分數
普通	160,478	99.47
廠鋪	503	0.31
寺廟	142	0.09
機關	212	0.13
總計	161,335	100.00

放大

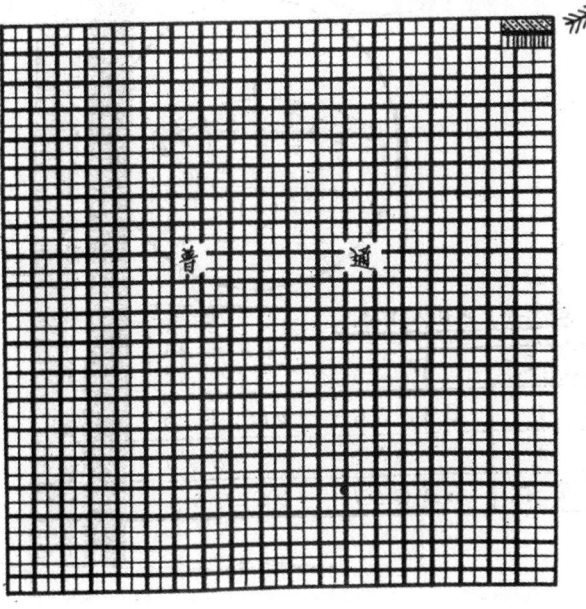

清查日鄒平各户别實際人口百分比較圖

1112　民国二十四年邹平实验县户口调查报告

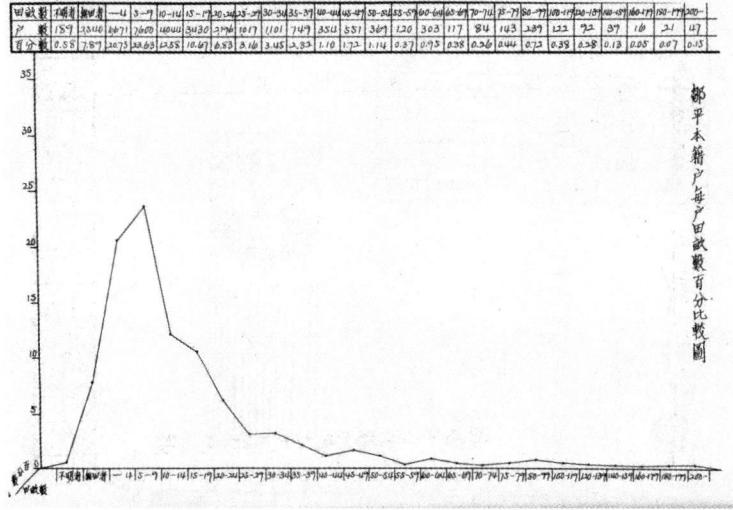

田畝數	不明者	無田者	一—4	5—9	10-14	20-24	25-29	30-34	35-39	100-104
戶 數	4	196	23	17	5	1	3	2	1	1
百分數	1.58	77.48	9.09	6.72	1.98	0.39	1.19	0.79	0.39	0.39

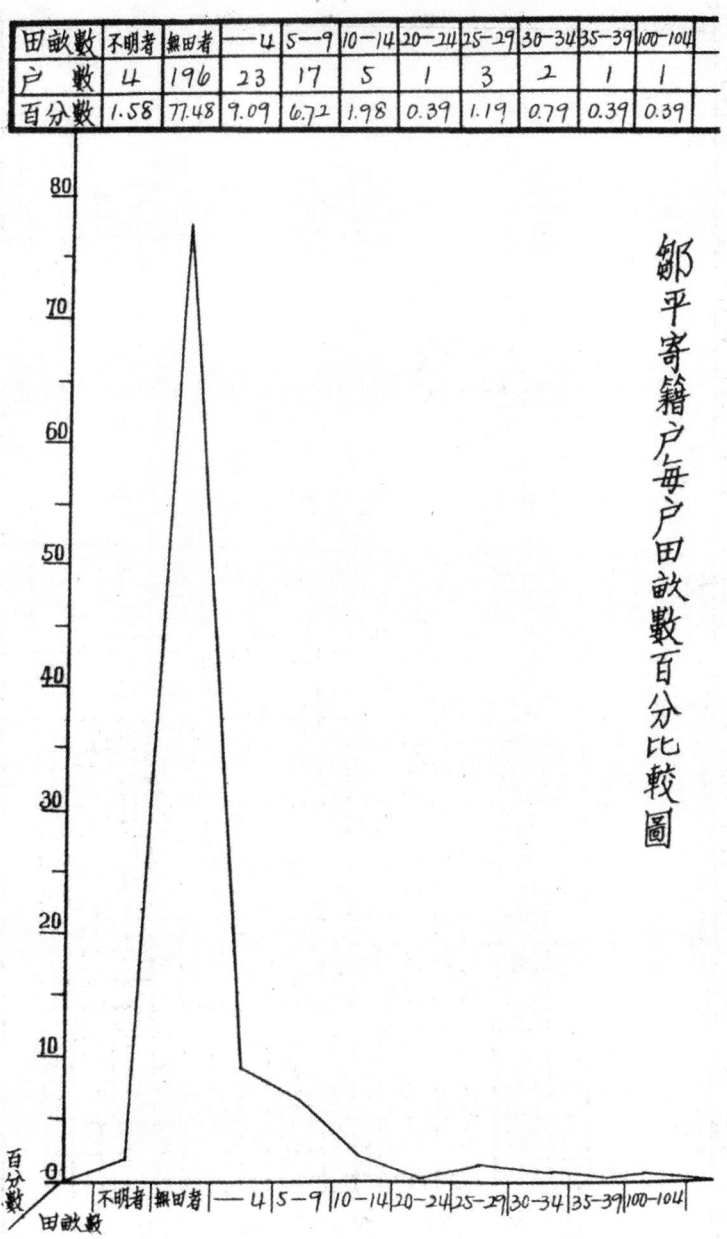

鄒平寄籍戶每戶田畝數百分比較圖

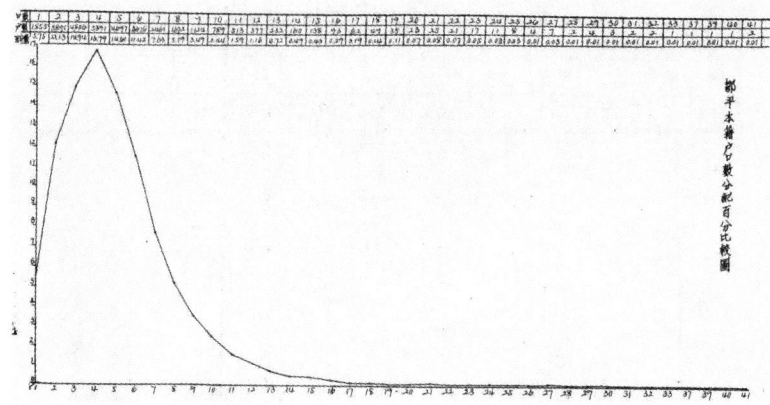

口數	1	2	3	4	5	6	7	8	9	10	11	12	13	14	15	16	17	18	19	20	21	22	23	24	25	26	27	28	29	30	31	32	33	37	39	40	41
戶數	1553	3891	4506	5391	4897	3616	2461	1832	1114	789	513	377	233	180	138	93	62	49	35	25	23	21	17	11	8	4	7	2	4	3	2	2	1	1	1	1	2
百分數	5.75	12.13	14.94	16.79	14.84	11.43	7.83	5.19	3.49	2.46	1.59	1.18	0.72	0.49	0.43	0.37	0.19	0.16	0.11	0.07	0.08	0.07	0.05	0.03	0.03	0.01	0.03	0.01	0.01	0.01	0.01	0.01	0.01	0.01	0.01	0.01	0.01

鄒平本籍戶口數分配百分比較圖

鄒平寄籍戶口數分配百分比較圖

口數	1	2	3	4	5	6	7	8	10
戶數	23	57	59	48	37	15	7	5	2
百分數	9.09	22.53	23.32	18.96	14.62	5.93	2.78	1.98	0.79

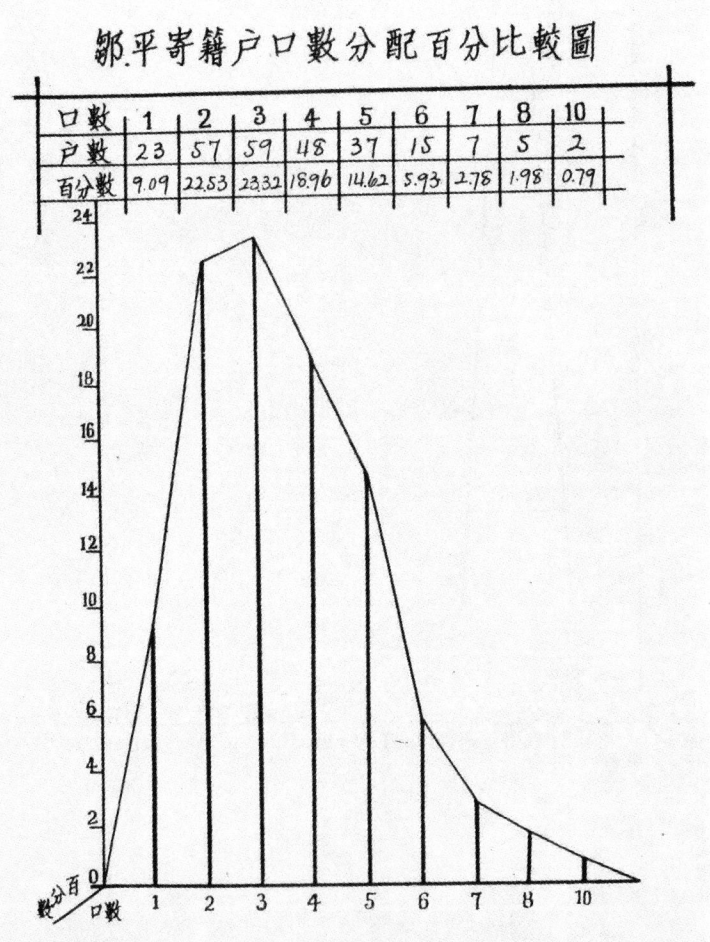

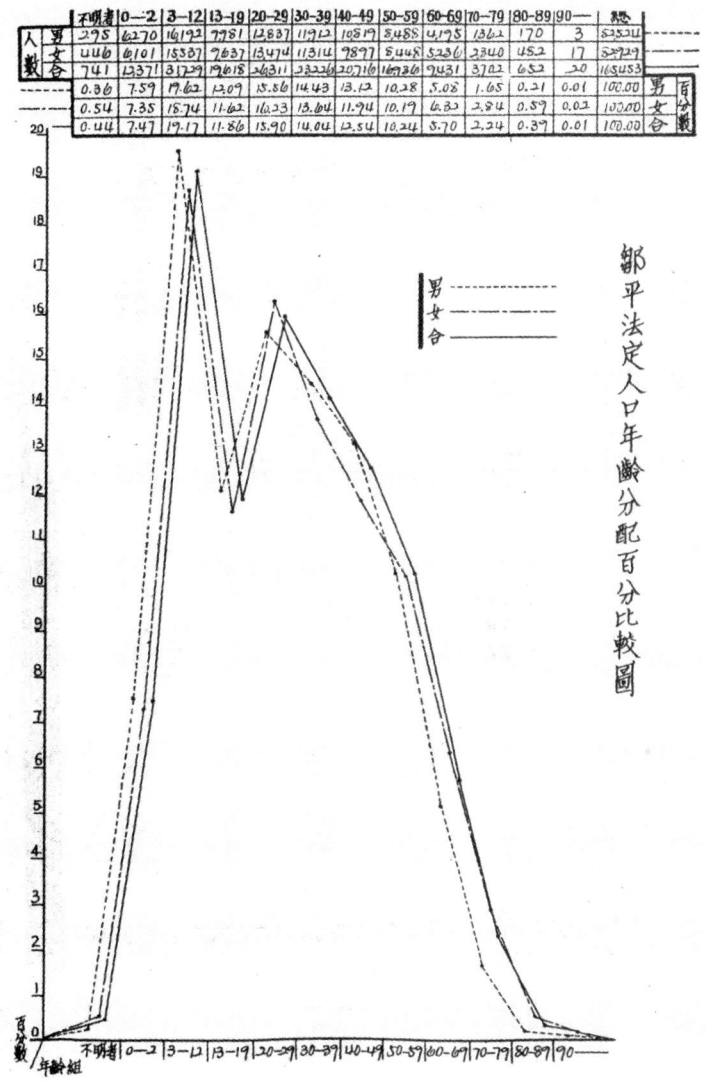

		不明者	0—2	3—12	13—19	20—29	30—39	40—49	50—59	60—69	70—79	80—89	90—	總		
人數	男	295	6270	16192	7981	12837	11912	10819	8488	4195	1362	170	3	52524		
	女	446	6101	15537	9637	13474	11314	9897	8448	5236	2340	482	17	52929		
	合	741	12371	31729	19618	26311	23226	20716	16936	9431	3702	652	20	165453		
		0.36	7.59	19.62	12.09	15.56	14.43	13.12	10.28	5.08	1.65	0.21	0.01	100.00	男	百分數
		0.54	7.35	18.74	11.62	16.23	13.64	11.94	10.19	6.32	2.84	0.59	0.02	100.00	女	
		0.44	7.47	19.17	11.86	15.90	14.04	12.54	10.24	5.70	2.24	0.39	0.01	100.00	合	

鄒平法定人口各年齡組性比率圖

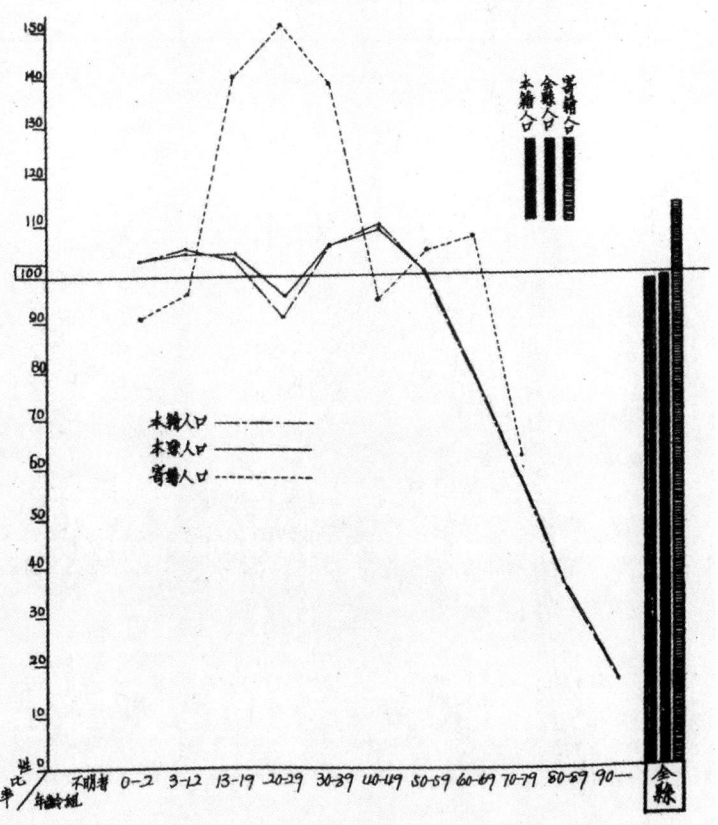

（附）邹平法定人口各年龄组性比率表

本籍人性比率表

性别	居住别＼年龄组	不明	0—2	3—12	13—19	20—29	30—39	40—49	50—59	60—69	70—79	80—89	90—	合
男	现住	235	6217	16005	8692	10818	10637	10046	8148	4112	1340	170	3	76423
	他往	54	22	103	1240	1936	1185	718	296	55	17	—	—	5626
	总	289	6239	16108	9931	12754	11822	10764	8444	4167	1357	170	3	82049
女	现住	412	6047	15404	9569	13338	11195	9800	8392	5200	2329	428	17	82185
	他往	29	20	46	33	81	54	39	14	10	3	—	—	329
	总	441	6067	15450	9602	13419	11249	9839	8406	5210	2332	482	17	82514
性比率			102.8	104.3	103.3	90.5	105.1	109.4	100.5	80.0	58.2	35.3	17.7	99.4

寄籍人性比率表

性别	居住别＼年龄组	不明	0—2	3—12	13—19	20—29	30—39	40—49	50—59	60—69	70—79	80—89	90—	合
男	现住	6	31	82	43	72	82	54	44	28	5	—	—	447
	他往	—	—	2	6	11	8	1	—	—	—	—	—	28
	总	6	31	84	49	83	90	55	44	28	5	—	—	475
女	现住	4	34	87	35	54	65	58	42	26	8	—	—	413
	他往	1	—	—	—	1	—	—	—	—	—	—	—	2
	总	5	34	87	35	55	65	58	42	26	8	—	—	415
性比率			91. 2	96. 6	140. 0	150. 9	138. 5	94. 8	104. 8	107. 7	62. 5	—	—	114. 5

法定人口性比率表

性别＼年龄组	不明	0—2	3—12	13—19	20—29	30—39	40—49	50—59	60—69	70—79	80—89	90—	合
男	295	6270	16192	9981	12837	11912	13819	8488	4195	1362	170	3	82524
女	446	6101	15537	9637	13474	11314	9897	8448	5236	2340	482	17	82929
性比率		102. 8	104. 2	103. 6	95. 3	105. 3	109. 3	100. 5	80. 1	58. 2	35. 3	17. 7	99. 5

邹平法定人口婚姻状况百分比較圖

	已	未	不明
男	49,050	33,340	134
女	55,254	27,652	23
合	104,304	60,992	157

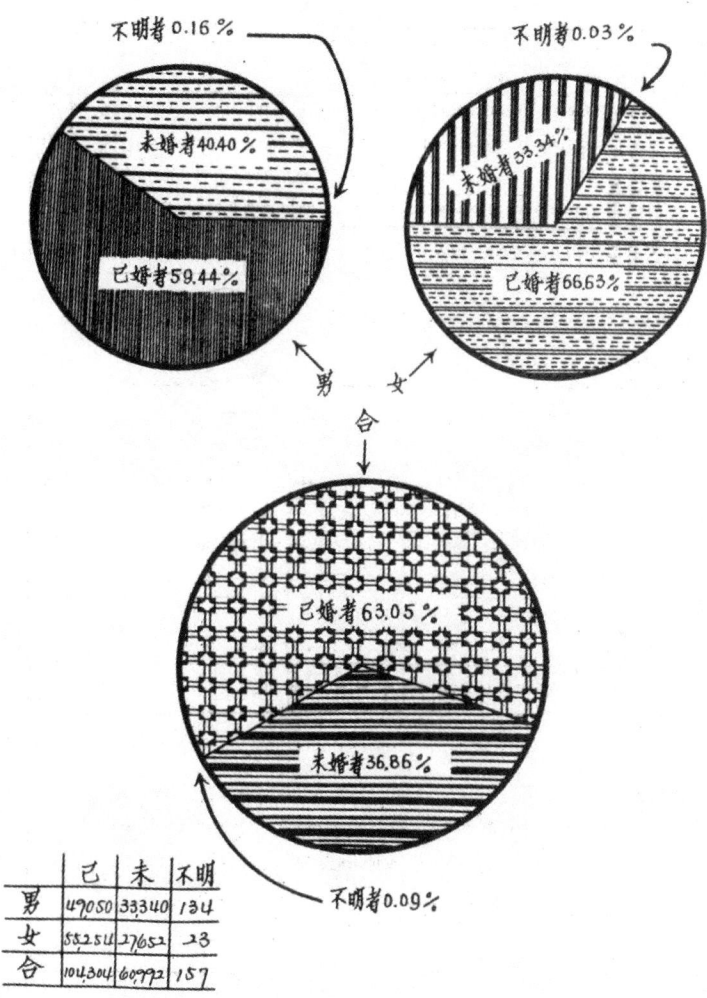

鄒平法定人口鰥寡狀況百分比較圖

男	已婚數	鰥夫數	鰥夫百分數
	49,050	5,234	10.67

女	已婚數	寡婦數	寡婦百分數
	55,254	10,157	18.38

合	已婚數	鰥寡數	鰥寡百分數
	104,304	15,391	14.76

鰥寡性比率——51.5

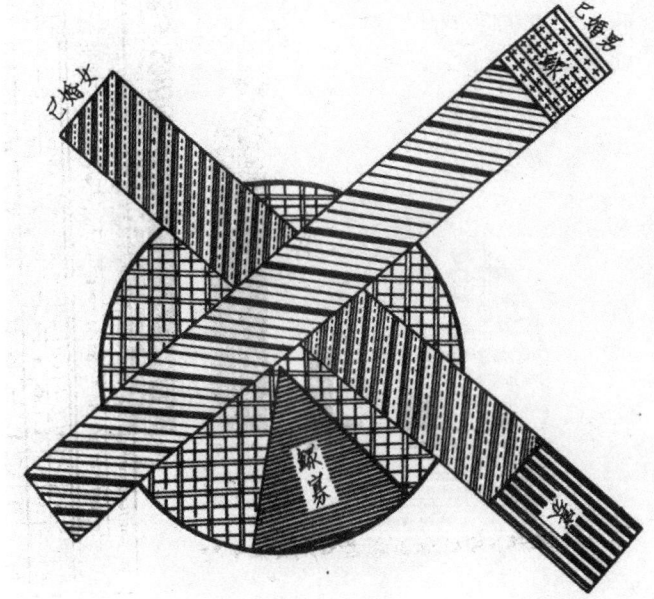

年齡	不明者	6	7	8	9	10	11	12	13	14	15	16	17	18	19	20	21	22	23	24	25	26	27	28	29	30	31—	共
男數	4772	1	1	6	23	133	551	1649	3290	4221	5710	4787	4179	3508	2629	2139	1842	1478	1071	1145	954	761	634	570	446	435	1720	49050
女數	6040				3	3	6	37	53	170	1219	3600	18225	10301	5974	3920	3154	761	417	254	200	130	95	96	67	55	274	55254
男百分數	9.476	0.002	0.002	0.020	0.057	0.282	1.134	3.760	6.718	8.596	11.683	9.790	5.530	7.162	5.370	4.371	3.766	3.014	2.196	2.346	1.953	1.562	1.303	1.173	0.920	0.897	3.525	100.00
女百分數	10.935				0.006	0.006	0.011	0.068	0.070	0.309	2.207	6.516	32.985	19.005	10.812	7.075	5.707	1.378	0.755	0.460	0.362	0.236	0.172	0.173	0.122	0.091	0.497	100.00

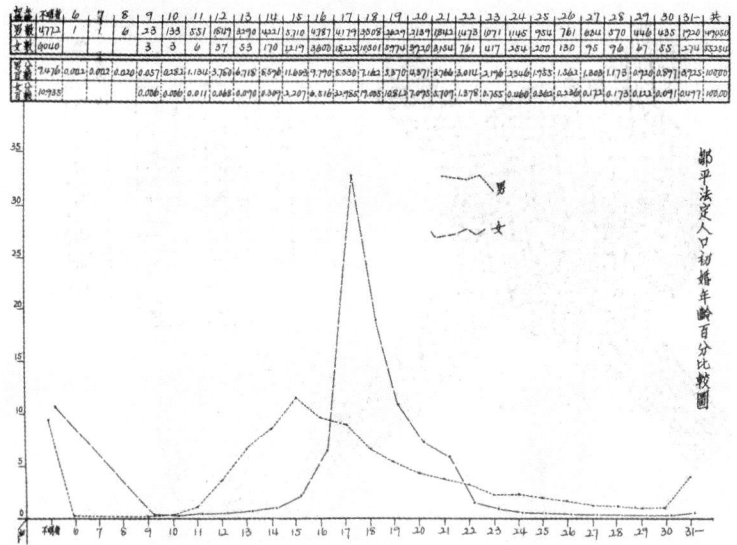

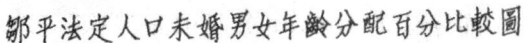

鄒平法定人口未婚男女年齡分配百分比較圖

	男	女	男	女	男	女	男	女	男	女	男	女	男	女	男	女
人數	115	87	17691	17284	10659	10060	2581	200	1062	12	623	3	385	4	224	
百分數	0.35	0.32	53.04	62.51	31.94	36.38	7.75	0.72	3.20	0.04	1.88	0.01	1.16	0.01	0.68	0.01

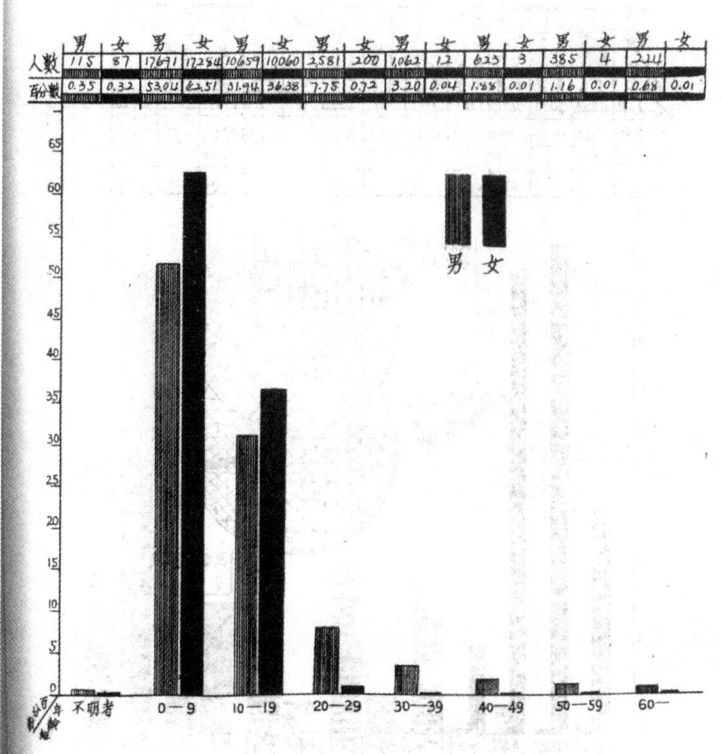

鄒平法定人口教育程度百分比較圖

教育程度		能讀家信者受私塾教育	能寫家信者受私塾教育	學校教育者受初小及同等	學校教育者受高小及同等	學校教育者受初中及同等	學校教育者受高中及同等	學校教育者受大學及同等	受研究院教育者	受國外教育者	未受教育者	教育狀況不明者	總計
男	人數	4,393	9,432	9,029	1,701	341	99	49	3	4	57,451	22	82,524
	百分數	5.32	11.43	10.94	2.06	0.41	0.12	0.05	0.01	0.01	69.62	0.03	100.00
女	人數	133	60	795	72	32	7	6	——	1	81,815	8	82,929
	百分數	0.16	0.07	0.96	0.08	0.04	0.01	0.01	——	0.00	98.66	0.01	100.00

12
11
2
1

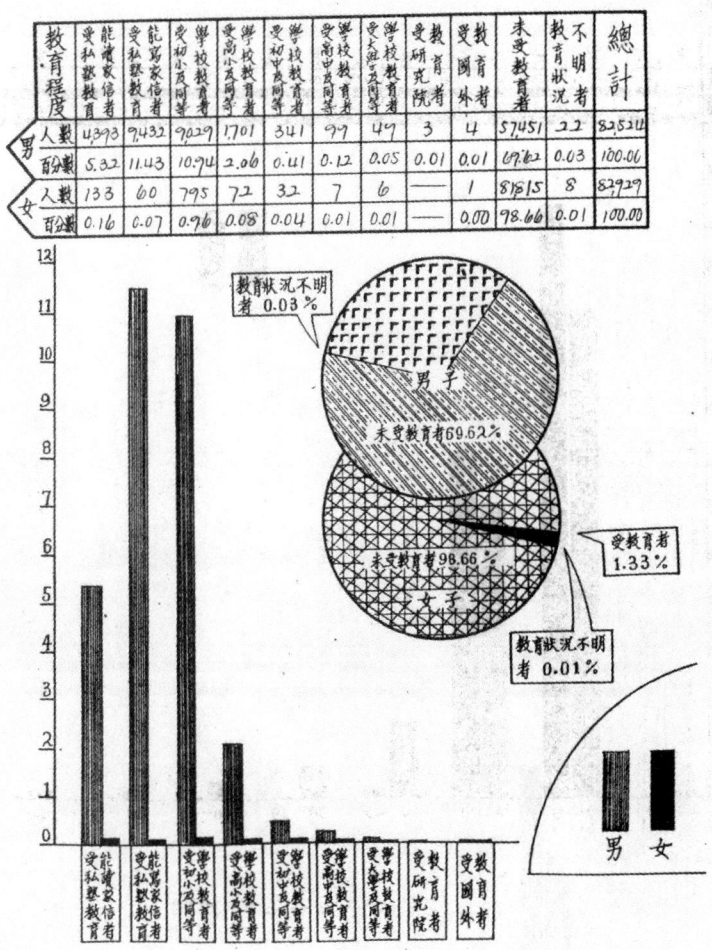

鄒平法定人口識字人年齡分配百分比較圖

識字人	男	女	合
人數	25051	1106	26157
百分數	95.77	4.23	100.00

年齡	3—12		13—19		20—25		26—39		40—59		60—		不明	
性別	男	女	男	女	男	女	男	女	男	女	男	女	男	女
人數	5510	737	4711	187	3350	58	5267	68	4864	44	1320	11	29	1
百分數	21.99	66.64	18.80	16.90	13.37	5.25	21.03	6.15	19.42	3.98	5.27	0.99	0.12	0.09

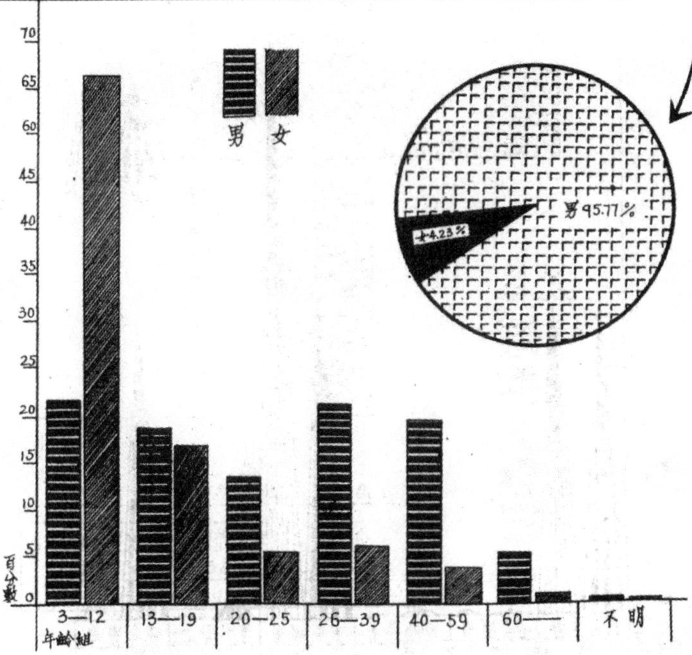

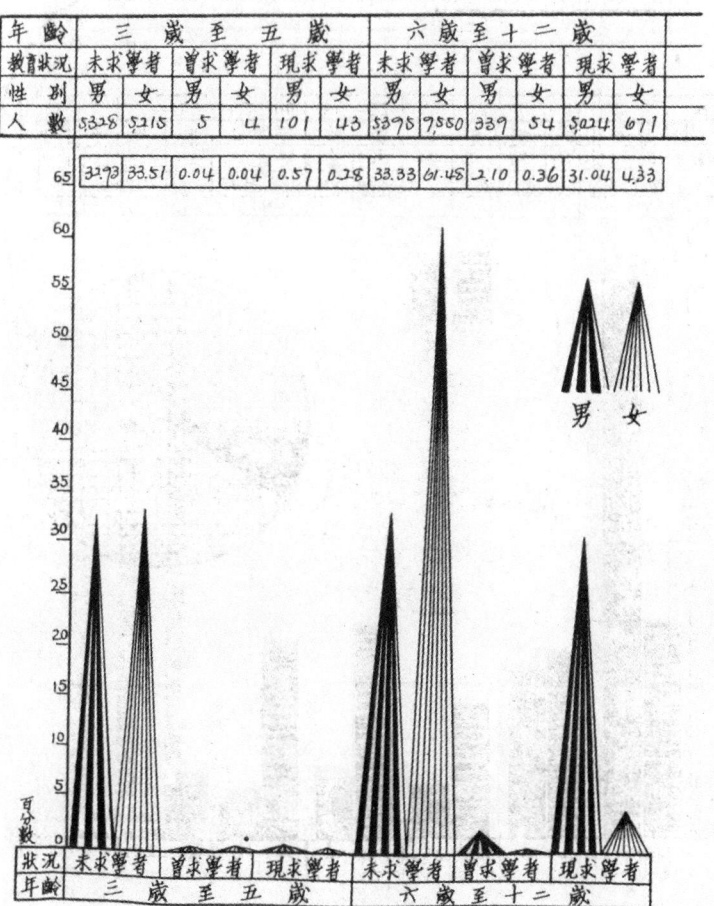

鄒平法定人口學齡兒童教育狀況百分比較圖

年齡	三歲至五歲						六歲至十二歲					
教育狀況	未求學者		曾求學者		現求學者		未求學者		曾求學者		現求學者	
性別	男	女	男	女	男	女	男	女	男	女	男	女
人數	5,328	5,215	5	4	101	43	5,398	7,550	339	54	5,024	671
	32.93	33.51	0.04	0.04	0.57	0.28	33.33	61.48	2.10	0.36	31.04	4.33

鄒平法定人口宗教徒分類百分比較圖

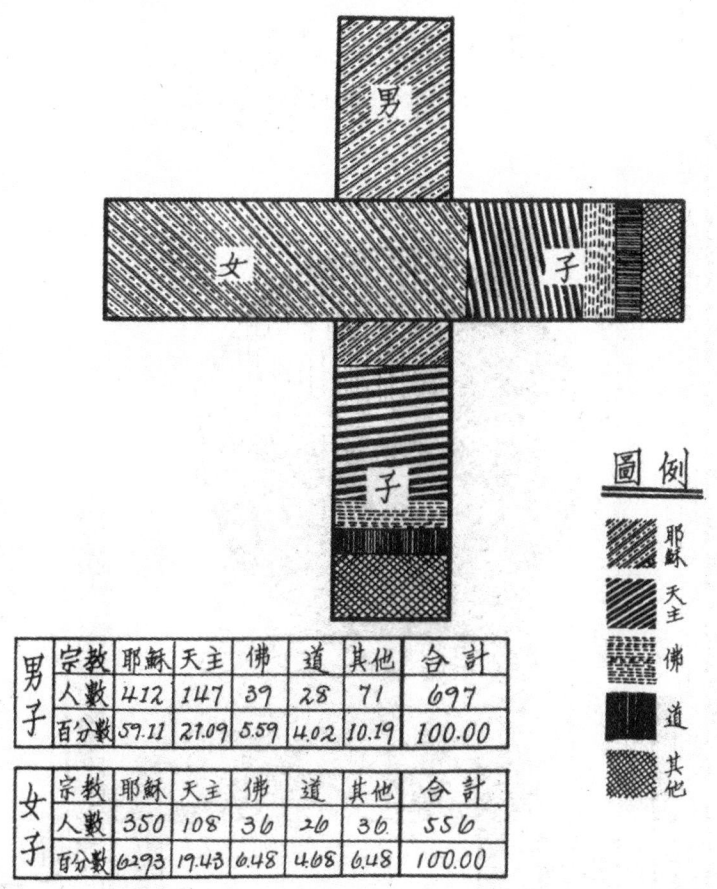

男子	宗教	耶穌	天主	佛	道	其他	合計
	人數	412	147	39	28	71	697
	百分數	59.11	21.09	5.59	4.02	10.19	100.00

女子	宗教	耶穌	天主	佛	道	其他	合計
	人數	350	108	36	26	36	556
	百分數	62.93	19.43	6.48	4.68	6.48	100.00

圖例: 耶穌 天主 佛 道 其他

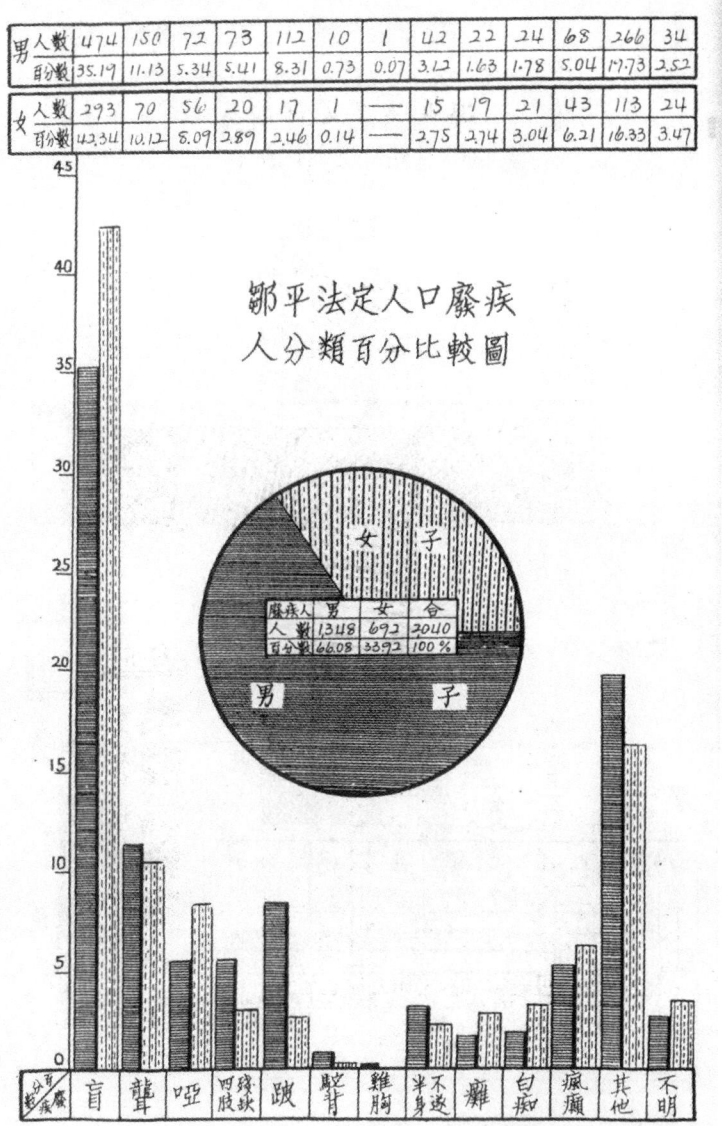

廢疾		盲	聾	啞	四肢殘缺	跛	駝背	雞胸	半身不遂	癱	白痴	瘋癲	其他	不明
男	人數	474	150	72	73	112	10	1	42	22	24	68	266	34
	百分數	35.19	11.13	5.34	5.41	8.31	0.73	0.07	3.12	1.63	1.78	5.04	19.73	2.52
女	人數	293	70	56	20	17	1	—	15	19	21	43	113	24
	百分數	42.34	10.12	8.09	2.89	2.46	0.14	—	2.75	2.74	3.04	6.21	16.33	3.47

年齡組	不明者	0—9	10—19	20—29	30—39	40—49	50—59	60—	合
男 人數	9	75	183	194	171	209	232	241	1,314
男 百分數	0.69	5.70	13.93	14.77	13.01	15.90	17.66	18.34	100.00
女 人數	18	42	58	71	68	111	122	178	668
女 百分數	2.69	6.29	8.68	10.63	10.18	16.62	18.26	26.65	100.00

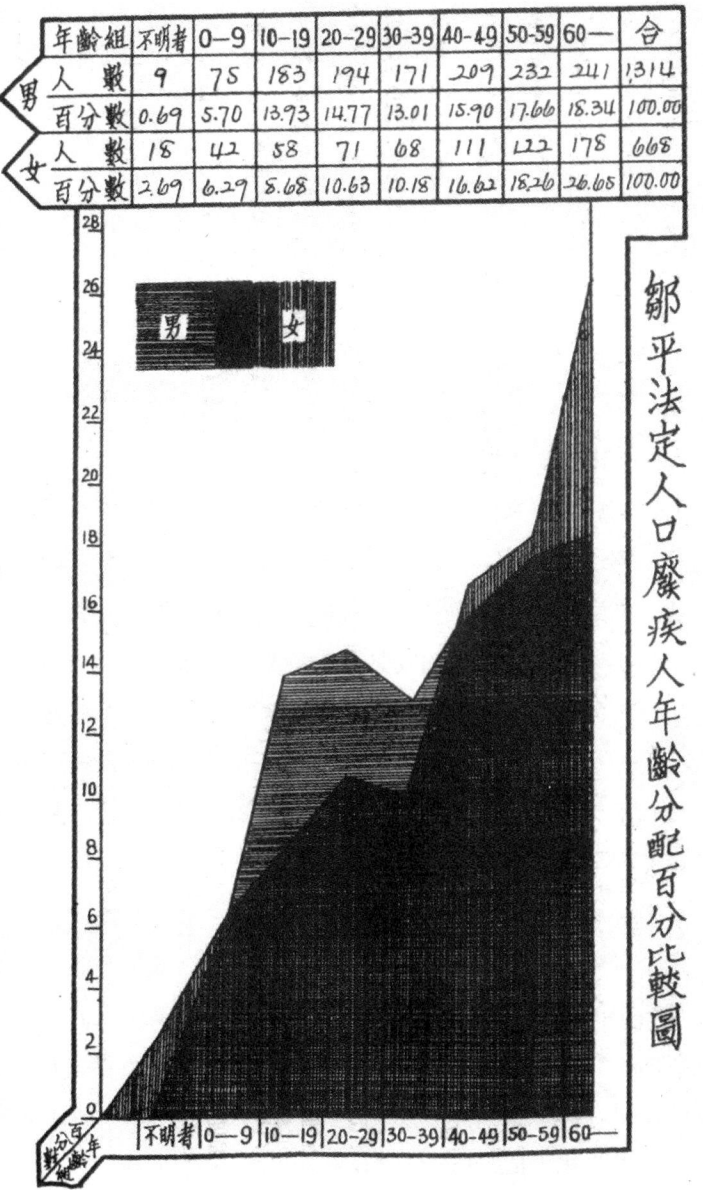

鄒平法定人口廢疾人年齡分配百分比較圖

附 邹平人口问题之分析

(本文载《乡村建设》半月刊第五卷第六七两期——编者)

(一) 引言

人口问题这个名词，包括的范围是广泛得很，几乎是全部的社会问题；再说得大些，社会上一切问题，都是人口问题：因为所谓社会者，已经是专指人类社会而言的。不过研究人口问题的人，他们眼中的所谓人口问题，比较是非常狭义的，是专在活的人身躯壳上为研究对象，以生命的幸福与否为其出发点。再说得确切些：研究人口问题是研究人类自己对付自己的一种学问；是人类征服人类自己使合适于自然，使人类的自然的情感要理智化，使人类不受盲目的天然的淘汰而采用有意识的控制。今日的注意人口问题者，差不多都在设法控制人类在自然的环境中避免恐怖的现象。

这个研究人口问题的大前提里——人类自己采用有意识的控制避免意料中的恐怖——包含了很大的两面：其一是消极的一面，是在现实的人类社会里观察它的现象形态，分析它有无明显的病态或暗伏的危机。由这消极的一面里进而至于建造人类幸福社会的提出，可以说是积极的一面。

然而在这个大前提里，许多研究人口问题的学者，却见解纷歧，甚至有相反的理论；竟使人无所适从。譬如在我国，有的以为过剩的土地还多着，很可以为增加人口之用；有的以为中国的人口已到饱和的程度，非节制生育不可，过剩的土地只能供给提高现有人口的生活程度。这种相反的见解里，或者也是立论者有些草率；但考其最大的原因，实在是关于人口问题的材料太枯乏的缘故。

人口学者对于研究的途径，大概有三大范围：其一是统计学的范围，注重人口调查和人事登记；其二是经济学的范围，注重职业分配，生产技术与生活程度的研究；其三是社会学的范围，注重心理与社会的原素，就是对于遗传环境与文化的分析。社会学的范围较广，能容纳前二者的观点。总之：人口问题有它很大的范围，我们下观察工夫时，要多方面顾到，切不可瞎子摸象腿，以为象的形状只是同树干一样。

本文的材料，是根据邹平实验县在本年（二十四年）一月八日的户口调查统计材料。材料的来源是比较有较大的确实性。作者特把统计的总成抽出来，在这上面作一个比较完备的分析。至于这篇文章的动机，是因为感觉到中国人口的材料太少，想贡献给有志于此道者，聊为一鳞半爪的参考罢了！

户口调查的统计，亦不能包括研究人口问题统计学的范围。户口调查只是一个静态的调查；对于出生，死亡等等动态的材料，是要在人事变动的统计中去分析考察。而且本文的包括，也不是这次统计的全部；如职业的分类，和家庭的结构，就未有统计。其原因是：职业统计是整理统计材料工作中最难的一种，很容易落于错误和不确；甚至分不出职业的类别来。家庭结构的统计，也没有作。其他的材料还是很多，都因为没有人和时间而割爱的，只好等待以后去补足了。

总之，这篇文章只是一个一鳞半爪的残缺不全的材料。我希望此类的学者们，在此人口问题材料贫乏的中国，多做这种小工作，同时还希望大家用心去作些试验式的标准调查，预备开统计全中国人口的先河。这是作者蕴藏着的热心，附带的向同志恳求。

本文里，作者有时也不免冒失地下些未决的断语。可是没有把全部的人口问题洞察清晰时，我亦深深的觉悟到这种断语是不能成为定理的。

（二）数量

在分析某一个范围内的人口时，最先决的条件，要有真确的数量。我们知道它的数量之后，进而至于去分析考察它的内容的品质和状况。更可以狭义的说：人口的数量是研究人口问题的范围的确定，就在某一个数量范围之内去找寻这里面的问题。

本文里关于人口数量的根据，作者确信是比较很确实的。在调查时，其认真程度可说已经至顶。不过因为误解表格的错误，或许不免有些微微的小错；可是也影响不到人口的数目上。年龄或生日当然有些错误的。

要考察人口的数量，最近的目的，是要知道人口的密度。人口密度关乎人口生活程度的高低。再从这一点出发去考察其他的现象；所以数量亦是研究人口问题的必须先明确者。

据民国二十年的清乡统计，邹平全县人口共一五七、四五五人；而今年一月八日的调查，其户口数当如表一和表二：

（表一）　　邹平户口分类总表

户别	户		口		每户平均人数
	户数	百分数	口数	百分数	
普通户	32407	99.73%	165453	99.83%	5.11
厂铺户	39	0.12%	151	0.09%	3.87
寺庙户	50	0.15%	131	0.08%	2.62
总计	32496	100%	165735	100%	

（表二）　　清查日邹平实际人口表

类别	人口数	百分数
普通户人口	160478	99.47%
厂铺户人口	503	0.31%
寺庙户人口	142	0.09%
公共机关人口	212	0.13%
总计	161335	100%

表一和表二是两个口数不同的数目字。先请说明这两个不同数字的分别，再去考察。

泰西各国举行户口调查，通常用的有二个方法：第一法谓之实际人口（Defacto Population）调查法。英国采用此法，又名英国法。第二法谓之法定人口（Dejure Population）调查法。美国采用此法，又名美国法。所谓实际人口调查法，是调查某时某地之人口实数。调查时以实际在每家者为限。若此家有人口出外，则不计算在内；故又名"实际制"。法定人口调查法，是按法律或习惯规定之人口调查而言。调查时以在本地住家者为限；若在此地住家而调查时适外出者，亦包括在内而调查之。不在此地住家而在调查时在此地者，则不包括在内，亦并不调查；故又名"住所制"。

实际人口调查法适用于极短时间内之调查；须大量调查员在一二小时内调查完竣，方可得人口实数。法定人口调查法，则容易脱漏人口；如旅行家，或路客、来宾等。至于美国采用此法之原因，是在编造选举，失业恤老等名册。两法当各有短长，恕不赘述。至于我国实为两法兼采制；但内政部无有调查何种人口之明文规定。惟据民国二十二年内政部警字第二二五号咨各省政府之解释，则谓："户口调查采属地主义"，"户籍编订系采属籍主义"。所谓属地主义相当于英国式之实际人口调查法，但下文又谓："户口调查表规定之庸工或店东、店伙，均为雇主或店铺户内之口；其本人若未设户籍或另有本籍者，则调查表仍应两地并列，一面于其原籍户内所填之表注明他往地点"。依上解释，实为两法兼采。邹平此次所采用者，亦根据上项解释之原则。

表一是法定人口数；此等人在邹平均为有家而有资格设定户籍者。表二为实际人口，它里面是除去了法定人口的他往人口，再加上在邹平无家而暂住的人口（我们称之曰寄居人）。下面数字的分析，是只限定法定人口中的普通人口为主，其余的是很少数，不过略为附说而已。这表一的基本人口数字，是要看清楚的；如此读本文时就不会把数目字扰混了。

从表一里，知道邹平住家的人口是一六五、七三五人。一月八日调查时的实际人口是一六一、三三五人。（这个数字不会可靠；因调查时间太长，且大多数调查员不明白方法的真义，在实情上不能分析此实际人口之数字，且也不是必要）。依表一的人口数，先看邹平人口密度究竟如何？

在不精确的数字上，邹平的面积说是二千六百方里，每方里之人口密度为六三·七五人。

邹平的气候、土质、地势俱为华北平原之一部；只在西南部稍有山脉。其主要物产与华北平原普通所产约略相同，例如：高粮、麦子、谷子、豆子等。说起来是一块福地，似乎是很平静似的。

不过现在我们要看一看它里面的人口数量上是不是因受人口压迫而发现过剩的现象？

通常的人口压迫而发生过剩现象的，大概可分为两大类。一为因土地与资本太少，生产不足，因而分配不敷，致发生的人口过剩；这是马尔萨斯所指示的人口压迫。二为因土地资本过于集中，生产虽多，但分配不均，而发生的人口过剩；这是马克斯一派学者所承认的人口压迫。

那末邹平究竟是“患寡”或“患不均”或“患寡而又患不均”呢？

根据下面表四、表五和表二七，三表，作成表三而约略估计一下；看邹平的耕地究有多少，再看患寡与否？

（表三）　　邹平耕地亩数估计表

（根据表四、表五、表二七）

田亩数	假设中数	户数	耕地亩数
—4	3	6671	20013
5—9	7	7600	53200
10—14	12	4044	48528
15—19	17	3430	58310

续表

田亩数	假设中数	户数	耕地亩数
20—24	22	2196	48312
25—29	27	1017	27459
30—34	32	1101	35232
35—39	37	749	27713
40—44	42	354	14868
45—49	47	551	25897
50—54	52	369	19188
55—54	57	120	6840
60—64	62	303	18786
65—69	67	117	7839
70—74	72	84	6048
75—79	77	143	11011
80—99	90	239	21510
100—119	110	122	13420
120—139	130	92	11960
140—159	150	39	5850
160—179	170	16	2720
180—199	190	21	3990
200—	200	47	9400
—4	3	23	69
5—9	7	17	119
10—14	12	5	60
20—24	22	1	22
25—29	37	3	81
30—34	32	2	64
33—39	37	1	37
100—104	102	1	102

续表

田亩数	假设中数	户数	耕地亩数
—4	3	12	36
5—9	7	13	91
10—14	12	8	96
15—19	17	5	85
20—24	22	1	22
25—29	27	1	27
30—34	32	1	32
总计	——	——	499037

在户口调查的统计里，估计邹平耕地的亩数，是四九九、〇三七亩，平均每人只有三·〇一亩（官亩）。我现在暂不把自己的私见来说，先把已有专家的话引一节在下面，看看如何？

“（上略）于至前三种土地之中，据翁（文灏）先生从宽估计：‘大致每种约有三十余万方哩可耕地，合计为一百万方哩；改成亩数约为四、〇〇〇、〇〇〇、〇〇〇亩，以四万万人来分配，每人可分十亩，或每人不足二英亩。这和外国比起来（如美国每人分八英亩）是很少的’。这样看来，全国可耕之地约仅占领土总面积四分之一。这还是从宽估计，因为盆地虽有四块，其中只有四川一块是好的；又丘陵地之可耕者，最多恐怕亦只有三分之二。所以全国可耕之地若改按八十万方哩计算，共折合三、二〇〇、〇〇〇、〇〇〇亩，或尤为切近。以四万万人来分配，每人只分八亩或一英亩二有奇。美国哈佛大学教授伊士特说：‘每人约需耕地二英亩半（约合十六华亩有寄）始能维持适当的生活程度’。而美国华盛顿经济学研究社理事库辛斯基，则根据德国战前的生活标准，以为每人只需一英亩半（约合十华亩），便可维持适当的生活程度。今以二氏之估计为比例，则中国全国所有可耕之地纵能尽耕，按照伊士特所定生活标准，只能供给二万万乃至二万五千万人；按照库辛斯基所定生活标准，亦只能供给三万二千万乃至四万万人。所以兄弟（陈长蘅先生自称）完全赞成董时进先生的主张：'中国之荒地无论其为多少，宜悉作为提高人民生活程度之用，不宜以供人口繁殖之资'。因为中国现在的人口，大致已达到全国领土所能维持的最大密度，甚或有其过之无不及也（下略）"。

上面这一段是陈长蘅先生的话（参看世界书局出版：'中国人口问题'，陈长蘅先生的一篇'研究中国人口问题应行注意的几点'一文）。陈先生是极力证明中国人口已到饱和程度再不能增加的了。

我见过好几位南省来的人，到研究院（山东乡村建设研究院）来参观，说研究院学生吃的饭食是营养不足的。但研究院学生所吃的还是白面馒头，一个星期或许还吃几个克兰姆的猪肉。可是普遍的邹平乡下人吃的不过是窝窝头和盐菜，赶集的时候买几个菜包子吃，喝一碗面汤，或买一些锅饼，真是当做上味了。白面馒头都是请客用的。在这样生活程度里的人，面色是惨黄的，肌肉是不圆润的，面孔是不丰满的；还有什么艺术的乐趣去追求美丽的人生呢？

平常人在夸耀中国是大国的时候，必定先说我国人口有多少多少，地大物博，有加无减，好像要变成强国是一件可能的事。可是细心一考察，大部分的中国人都是不合健康的标准。这一窝大量的人口里头，质地是非常的坏，一向是听其自生自灭，没有一些人口政策去控制纠正。到了现在，差不多已入于麻木性的不平衡状态，只是在死活不定的半生的继续中。

邹平人口的数量在标准生活的水平线上，是指示着有人口过剩的压迫，生活资料的患寡是证明的了。

再更进一步，在这已经患寡的区域里，看田亩的分配如何？

（表四）　　　　　邹平本籍户每户田亩分配表

田亩数	户数	百分数
不明者	189	0.58%
无田者	2540	7.89%

续表

田亩数	户数	百分数
—4	6671	20. 75%
5—9	7600	23. 63%
10—14	4044	12. 58%
15—19	3430	10. 67%
20—24	2196	6. 83%
25—29	1017	3. 16%
30—34	1101	3. 45%
35—39	749	2. 32%
40—44	354	1. 10%
45—49	551	1. 72%
50—54	369	1. 14%
55—39	120	0. 37%
60—64	303	0. 95%
65—69	117	0. 38%
70—74	84	0. 26%
75—79	143	0. 44%
80—99	239	0. 72%
100—119	122	0. 38%
120—139	92	0. 28%
140—159	39	0. 13%
160—179	16	0. 05%
180—199	21	0. 07%
200—	47	0. 15%
总计	32154	100%

（表五）　　　　邹平寄籍户每户田亩分配表

田亩数	户数	百分数
不明者	4	1.58%
无田者	196	77.48%
—4	23	9.09%
5—9	17	6.72%
10—14	5	1.98%
20—24	1	6.39%
25—29	3	1.19%
30—34	2	0.79%
35—39	1	0.39%
100—104	1	0.39%
总计	253	100%

表四和表五是每户有田亩数的分配情形。只看本籍户：无田者和有无田亩不明者所占的百分数是很少，——只有百分之八的左右。这些无田之家大概都是一、二口之家，在实际情形上，没有什么发生无田的恐慌。我们可以看了表六和表七每户口数分配表里的一口之家和两口之家所占的百分数，就知道没有严重性。而且田亩较多的人家，人口数也是成正比例的加多；虽然没有名义上的分家，事实上已快要裂成小家庭——不动产的田地也要分裂成小自耕农的。所以在土地的分配上，是没有什么因为不均而发生马克斯一派学者的所谓土地与资本过于集中而有的人口过剩。这个在反面说：邹平是没有新式机械农具的生产手段，事实上确也不会有土地集中的可能。

许多人都以为“耕者有其田”，好像土地问题就会解决似的。这种单方面的见地，未免浅薄近视。耕者有其田固为我们农业国家最爱听的表面理想的口号；可是进一层当使耕者要有适当生产生活资料的田，才算最合理。在此人口过剩的状态中，若以合理的手段，精密的计划去引发工业，使成为农工业的并进平衡社会，或许是我们的新理想吧！

（三）每户人数

每户人口数目的分析，大概可以得到两面结果：第一得知其每户的平均人数，作为估计比较相同的社会情形范围内的人口数。第二从知道每户口数的数目上，推知家庭制度的大小，亦约略可以推想家庭人口的亲属关系的结构，以察同居人口关系之复杂与否等等。

（表六） 邹平本籍户每户口数分配表

每户口数	户数	百分数
1	1853	5.75%
2	3891	12.13%
3	4800	14.94%
4	5391	16.79%
5	4697	14.71%
6	3676	11.42%
7	2461	7.65%
8	1672	5.19%
9	1124	3.49%
10	789	2.44%
11	513	1.59%
12	377	1.16%
13	232	0.72%
14	160	0.49%
15	138	0.43%
16	93	0.29%
17	62	0.19%
18	49	0.14%

续表

每户口数	户数	百分数
19	35	0.11%
20	23	0.07%
21	25	0.08%
22	21	0.07%
23	17	0.05%
24	11	0.03%
25	8	0.03%
26	4	0.01%
27	7	0.03%
28	2	0.01%
29	4	0.01%
30	3	0.01%
31	2	0.01%
32	2	001%
33	1	0.01%
37	1	0.01%
39	1	0.01%
40	1	0.01%
41	2	0.01%
总计	32154	100%

（表七） 邹平寄籍户每户口数分配表

每户口数	户数	百分数
1	23	9.09%
2	57	22.53%
3	59	23.32%
4	48	18.9%

续表

每户口数	户数	百分数
5	37	14.62%
6	15	5.93%
7	7	2.78%
8	5	1.98%
10	2	0.79%
总计	253	100%

按表六，邹平共有三二、一五四本籍户中，每家之人口数以四口为最多，共有五、三九一户，占百分之一六・七九；三口者次之，共有四、八〇六户，占百分之一四・九四；五口者占第三位，共四、六九七户，占百分之一四・六一；二口之家的也很多，共有三、八九一户，占百分之一二・一三，竟占第四位；六口之家的为第五位，共有三、六七六户，占百分之一一・四二；十二口以上之家就不足百分之一；二十五口以上的就都不到十户。这里又看见一口之家占的数目竟达一、八五三户，达百分之五・七五，占第七位。单身的人也是太多了。在这里面可以找出许多贫穷的证据。又二口之家占的也很大数；这大概可看出，这些二口之家，大都只夫妻两人；有的都是结婚后即分居的。这和经济上也大有关系，且可看出大家庭是没有保存的积极性了。三十口以上的共只十三户；最大的家庭亦不过四十一口，还只有两家；五十口以上之家是已经没有。至于二五三户寄籍户中，以三口为最多，共五九户，占百分之二三・三二；其次就是二口之家，共五七户，占百分之二二・五三；四口之家在第三位，共四八户，占百分之一八・九六；五口之家的在第四位，共三七户，占百分之一四・六二；一口之家也有二十三户；七口之家有十五户；最多的口数亦不过十口。这可看出中国的大家庭是没有全家外迁的事情；虽有的家属住在外面，但总脱不开老宅基。安土重迁的习惯是大家制度中的必然现象。中国人只

有因为在故乡受生活压迫而无组织的向外谋生,没有有组织的殖民运动;所谓殖边政策在乡人的观念中,是没有这回事的。在外死了的骨头,还要运回家乡安葬老坟;死骨肉还要团聚,这是中国人的观念。

大家崩溃也并不是无意识的模仿西洋的小家庭制度,这也是因为近百年来社会经济的迁变而必然要有的现象。

表六和表七里虽看不出随时而生的动态的大家庭崩溃的线型;但在每户口数的分配上,在静态的考察中,也可以看出些动态的趋势。

关于邹平每户人数的分配及其家庭情形,已略如上述。现在再看它的每户平均人口数:

(表八)　　　　　　　　邹平普通户口表

户口别	户	口	平均每户口数
本籍户口	32154	164563	5.12
寄籍户口	253	890	3.52
全县户口	32407	165453	5.11

按表八,邹平三二、四〇七户普通户,共有人口一六五、四五三人;平均每户有五·一一人。若分开来看:本籍户平均五·一二人、寄籍户平均三·五二人。大体上说:平常所说的五口之家的平均数目,不大相迳庭。寄籍户的平均口数,只有三·五二人的理由,大概有两种理由:外县搬来的家一定是在故乡的经济情形不大满意;或者是带了妻子到邹平来作非永久的谋生居住——非永久的谋生居住,绝不会带有大量的人口。如因为经济情形不大好而出外的;有的是因为天灾人祸的关系,来后就不能回去了。这种人的女孩子,又大多嫁给邹平人为妻,所以在平均的数字上,是占得很少数。

关于平均每户口数的调查,各地的数字不大划一;这微微的差数中,当然亦有其地域的关系。而邹平每户平均的数字,是只指法定人口而言，——有几户亦包括非家属无家可归的人。关于雇工有家可归的非家属是不计在内的。所以此地的平均人数，是指英文的family 而言，并不是指 Househood 而言的。这看作者前面对于法定人口的说明已经会明白的；这里附带的再补充一下，免得读者参考时发生错误。

（四）年龄分配

人口的年龄分配，在研究人口问题中，颇占重要性。从这上面很可以看出许多社会的经济的关系。举凡学龄儿童、壮年，和老年的数目，可以推测人类的劳力，人类寿命的长短，以及死亡率的高低。差不多年龄分配研究，是测量人类幸福的标尺。

人口的年龄分配，在相等的年龄组的分配上，必定是形成尖锥形的“金字塔”式的数字；统计学者称之谓“人口塔”（Population Pyramid）。这是人口年龄分配的常态。我们看表九的百分数，就可以发见：年龄越大所占的百分数越少。

（表九）　　邹平普通人口年龄分配表

性别 / 人数 / 年龄组	男		女		合	
	人数	百分数	人数	百分数	人数	百分数
不明者	295	0.36%	446	0.54%	741	0.44%
0—2	6270	7.59%	6101	7.35%	12371	7.47%
3—12	16192	19.62%	15537	18.74%	31729	19.17%
13—19	9981	12.09%	9637	11.62%	19618	11.86%
20—29	12837	15.56%	13474	16.23%	26311	15.90%
30—39	11912	14.43%	11314	13.64%	23226	14.04%
40—49	10819	13.12%	9897	11.94%	20716	12.54%
50—59	8488	10.28%	8448	10.09%	16936	10.24%

续表

年龄组＼人数＼性别	男		女		合	
	人数	百分数	人数	百分数	人数	百分数
60—69	4195	5.08%	5236	6.32%	9431	5.70%
70—79	1362	1.65%	2340	2.82%	3702	2.24%
80—89	170	0.21%	482	0.59%	652	0.39%
90—	3	0.01%	17	0.02%	20	0.01%
总计	82524	100%	82929	100%	165453	100%

现在我先把瑞典的标准年龄分配（The Standard age distribution of Sweden）与邹平人口的年龄分配比较一下，再考察邹平人口年龄上所表现的病态。按表九，邹平人口的年龄分配之比较，发现邹平的“人口塔”下面过肥，上面过尖。这就表明邹平人的寿命短促，年老人不多；其人口不健全的现象，是明显得很。

（表一〇）邹平人口年龄与瑞典标准人口年龄分配之比较表

年龄组	瑞典	邹平
0—1	2.55%	38.66%
1—19	39.80%	
20—39	26.96%	30.07%
40—59	19.23%	22.88%
60—	11.46%	8.39%
总计	100%	100%

表一〇的邹平人口年龄分配的百分数，是根据表九相加而得的；并把年龄不明者的一组百分之〇·四四用比例加入其他每一组内。这个百分数大概也不致有大错误。在表一〇里〇岁至十九岁的一组，邹平人口是少于瑞典百分之三·六九；二十岁至三十九岁一

组，邹平人口是多于瑞典百分之三·一一；四十岁至五十九岁一组，邹平人口多于瑞典百分之三·六五；而六十岁以上的邹平人口又少于瑞典百分之三·〇七。统观上述，邹平人口年岁分配上的表现是有病态的。

前一节里作者以为邹平人口的生活程度是普遍的在水平线下，土地是患寡，而生产的生活资料是不敷分配；好像作者已主张不能再增加人口，免得有人口过乘的压迫。但我们要避免人口的增加是一件不大容易的事。我还没有听到过乡下人结了婚而不愿生孩子的；只有看见有孩子而发生生活上的痛苦，而却没有见过乡下人有正当的节育方法。所以现在尚在无法施行人口政策的中国社会，只有去研究它的自然趋势，看看邹平的人口是否有增加的可能。

人口统计学孙得博（Sundberg）氏，曾按人口年龄分配表形，将人口年龄分成三组：〇岁至十四岁为一组，十五岁至四十九岁为一组，五十岁以上为一组；并将人口分为“增加式”（Progressive type），“静止式”（Stationary type），及“递减式”（Regressive type）三种，以测量一地人口的增减状况。今将孙氏之测量标准与邹平人口之年龄分配比较一下，看增减的趋势如何？

（表一一）　　孙得博氏人口增减的测量表

年龄组	孙得博氏的测量标准			邹平
	增加式	静止式	递减式	
0—14	40	33	20	27.08
15—49	50	50	50	54.34
50—	10	17	30	18.58

表一一里的邹平人口年龄的百分比，也是依据表九的百分数，但表九的年龄组里十四岁与十五岁是并为一组的；我就将年龄不明的一组加入在〇岁至十四岁的一组里，十三岁和十四岁也作为十五岁至四十九岁的一组论，这样的安排，当然不大可靠了；可是为数甚微，还不致有大出入。

按表一一的比较，〇岁至十四岁一组，邹平的百分数处于静止与递减之间；十五岁至四十九岁一组，邹平是超过些的；五十岁以上的一组与静止相近。这表的比较里，约略可以看出邹平的人口是在静止的状态中；这好像对于我前面主张增加人口的理论有些满意；可是仍旧是病态。这个病态的反映是要归咎于后面详说的早婚情形而生的人口萎缩的危机。

邹平是早婚盛行的地方；在人口年龄分配的里面，其男女百分数的比较上，也明显的表现着一种可怕情形。按表九里男女人口年龄分配百分数的比较，在五十岁至五十九岁一组之前，其百分数是男子大于女子的；但在六十岁以后，女子是大于男子。就是说邹平的男子大都未成年即结婚，所以平均寿命比女子为短。这在下一节的性比率的考察上，更可以看出它的可怕情形。

（五）性比率

性比率系指每一百个女子与男子数目之比。此与社会安定、人民幸福，亦大极有关系。人口统计学专家汤姆生教授说："凡有生命统计的国家，通常女孩与男孩的生产数约为一〇〇与一〇五之比，而男孩死亡率通常都较女孩为高，结果所以常态的性比率男女数目大都约略相等"。可是在某种特殊情形之下，性比率亦常欲失其平衡。譬如因战争而男子死亡过多，女子即呈过剩的现象。又如向外殖民或经商，大都属诸男子。欧战后因为战死了一千多万男子，所以女子多于男子的比率亦特别显著。我们中国人口的性比率，却有些特殊；据其他各地的调查，都是男多于女——差不多都在一一九·〇〇与一〇三·七〇之间。总之，都是呈现着男多于女的现象。（参看商务印书馆出版，言心哲著"中国乡村人口问题之分析"三二页）

中国性比率的比较高，好像有些特别。据许仕廉先生所引证的英国格雷大夫与北京协和医院蓝大夫的调查，"……前者问过了一千个平均已经结婚二十年的妇女，关于所生婴儿的总数，所得生产时性比例为117±1.2；后者问过了四千个平均已结婚十二三年的男子所产婴儿的总数，所得生产时性比例为119.1±1.2。生产时性比例如此之高，实在有点希奇。或者一部分由于死亡的女孩父母以为不大重要，已被忘记而遗漏，亦未可知”。（参看世界书局出版“中国人口问题”三二一页，张履鸾先生的一篇“江宁县四百八十一家人口调查的研究”）但作者又听说多吃肉食的人，生女孩较多；吃素的人，生男孩子较多。或许中国乡人因为没有福气吃肉，所以倒把男孩生得多了；或者也有些道理。

上段的叙述，勉强算是中国性比率高的一个记实——研究人口问题的学者是认为有些希奇的。不过还有一个原因：就是重男轻女的习惯，杀女婴的事是我国普遍的人类摧残。

中国的性比率是高的。现在请看邹平的性比率：

按表一二里看，邹平普通人口的平均性比率为九九·五。这个数字或许有人以为变态了，竟发见女子多于男子了；岂不是一件正当奇怪中的奇怪么？

这个性比率的数字，也是只限于法定人口中的普通人口。发现这个有些变态的原因，在我看来也并不以为希奇。

（表一二）　　邹平普通人口性比率表

年龄组	本籍人			寄籍人			合计		
	男	女	性比率	男	女	性比率	男	女	性比率
不明	289	441	—	6	5	—	295	446	—
0—2	6239	6067	102.8	31	34	91.2	6270	6101	102.8
3—12	16108	15450	104.3	84	87	96.6	16192	15537	104.2
13—19	9932	9602	103.3	49	35	140.0	9981	9637	103.6
20—29	12754	13719	90.5	83	55	150.9	12837	13474	95.3
30—39	11822	11249	105.1	90	65	138.5	11912	11314	105.3
40—49	10764	9839	109.4	55	58	94.8	10819	9897	109.3

续表

年龄组	本籍人 男	本籍人 女	本籍人 性比率	寄籍人 男	寄籍人 女	寄籍人 性比率	合计 男	合计 女	合计 性比率
50—59	8444	8406	100.5	44	42	104.8	8488	8448	100.5
60—69	4167	5210	80.0	28	26	107.7	4195	5236	80.1
70—79	1357	2332	58.2	5	8	62.5	1362	2340	58.2
80—89	170	482	35.3	—	—	—	170	482	35.3
90—	3	17	17.7	—	—	—	3	17	17.7
总计	8249	82514	99.4	475	415	114.5	82524	82929	99.5

邹平的性比率，天生来是男子多于女子的；可是早婚太厉害，所以女子竟多于男子。看表一二里，在五十岁以前是高的；只有二十岁至二十九岁的一组里是降低到百分之九五·三。这大概是壮年的人抛弃故乡而出外去了；或男子有很多结婚太早的而非壮年就夭亡了。在六十岁以后，就尖锐形的降低，这与前面年龄分配一节里所叙述的一无特殊。男子的寿命是较女子短促得多，请一看后面早婚的情形就明白了。

表一二里寄籍人的性比率很高，竟为一一四·五；这是因为外县籍来的人，他们的女子有很多嫁给邹平人的缘故。

性比率关乎人类道德的维持颇为重要。社会罪恶的发生，关系于男女数的相称与否，几乎占得很高的数目。虽然现在没有可靠的道德统计可以去测量，然而犯奸拐逃的事，在邹平县的承审处是没有一天间断的案子。这个原因是因为前面几乎平衡的性比率中有其旁因存在着，事实上的情形并不是依据九九·五的性比率数字，而当再追求其他的原因。

根据次节表一七，未婚男女的年龄分配表乃制成表一三未婚男女的性比率表。这张未婚男女的性比率表里，自二十岁以后，女子是很少不结婚，而男子"失婚"的是太多了。

(表一三)　　　邹平普通人口未婚男女性比率表

年龄组	男人数	女人数	性比率
不明者	115	87	132.2
0—9	17691	17284	102.4
10—19	10659	10060	105.9
20—26	2581	200	1290.5
30—39	1062	12	8850.0
40—49	623	3	20766.7
50—59	385	4	9825.0
60—	224	2	11200.0
总计	33340	27652	120.6

所谓"失婚"，是指在生理上有结婚能力的人，还要有结婚的意思，然而仍得不到配偶的才算失婚。如因年龄未足，性的机能缺陷、有废疾，或被法律禁止，及自己有过失者，都当作为"不能婚"并不是失婚。更如因信仰宗教，避忌生育痛苦，或家室繁累，或者因为职业及事业的关系而不结婚者，谓之"不婚"，也并不是失婚，在表一三里的二十岁以上的未婚男女中，当然也有些"不能婚"和"不婚"的。大体上总是失婚的多；在此二十岁以后的未婚男女中，男子的数目远超过女子，这表里的性比率我以为要关系到性道德上面去。也是证明贫穷的中国社会中，"天赋有依赖性的女子"是要随男方经济情形的裕足与否而嫁的。因此只能养己不能养人的男子，就没有得到配偶的安慰；而更在此女子长于男子的早婚社会里，一定会发生许多失婚男子与有"孩子丈夫"的通奸情形。说到这里，最好有机会把邹平诱拐女子的案子去分析一下，倒必定是很可证明我的话是对的。我曾见过好几个"孩子丈夫"告妻子被人拐逃，而他的口供竟使承审员没有法子命书记记录，真是可笑而又可怜呐！

(六) 婚姻状况

我常说："邹平的婚姻是灭种的婚姻"！

在邹平，结婚男子都没有胡子的，都是稚气小孩，在作户口调查时，我们常把男人的妻子当作他的母亲而出口问："这位令堂高寿多少"？的；这并不是笑话，正是苦也！

只要是一个完美健全的人，不论男女，自一生下来，无论如何，吃的食物是需要的，性欲的满足也是需要的；所谓"食色性也"是人类生存中的必要条件。

研究人口问题除了人对于食物的关系外（包括全部的经济问题），结婚问题当然是一件同样重要的研究对象。

婚姻状况影响于社会问题殊大，它是直据影响于遗传与人口的品质，人种的强弱等；又因为失婚的原因而影响到犯罪的增加及道德的无保障。所以研究婚姻问题是人口问题学者的一件重要工作，从来没有忽略过去。

考察每一区域内的婚姻状况，不外分析已婚姻者、未婚者之数目，及鳏寡、离婚之状况四类，由已婚者之多寡可推算生育率的高低；由鳏寡之比例可知男女寿命之长短及其不平衡状态之原因；由未婚者年龄之分配，亦大约可推测初婚年龄与该社会对于婚姻的观念；由离婚者数目之多少，可推知该社会之安定与否等。因婚姻问题关乎个人之幸福殊大，个人之生活状况又响影于社会经济状况；社会与个人不能脱离，个人与婚姻状况又不能没有。是以如将某一社会之婚姻状况精密分析，即可反映该社会之大略状态。

（表一四）　　　　邹平普通人口婚姻状况表

性别		已婚者	未婚者	不明者	合计
男	人数	49050	33340	134	82524
	百分数	59.44%	40.40%	0.16%	100%

续表

	性别	已婚者	未婚者	不明者	合计
女	人数	55.542	27652	23	82929
	百分数	66.63%	33.34%	0.03%	100%
合	人数	104304	60992	157	165453
	百分数	63.05%	36.86%	0.09%	100%

兹先考察邹平婚姻状况之统计上的实在情形，再略为分述之。

前节关于性比率之叙述中，作者已指明邹平普通人口性比率为99.5；与各地相比堪称变态。但又特别提出另一未婚男女之性比率。本来未婚男女之分派数，当在婚姻状况一节内详述；然而作者因为要证明邹平的99.5的性比率所表现的现象却并不平衡，事实上是高的性比率。

由表十四上表现已婚及未婚男女之分派呈现不平衡状态。男女之已婚者都是超过未婚者，此固为婚姻状况之常情；因为我们假设男女都在二十岁结婚，则长于二十岁之全体男女必多于小于二十岁之全体男女，是以已婚者之数超过未婚者之数，实不足表现何种变态事实。不过应当注意者，如已婚者超过未婚者太大，亦稍能证明结婚年龄之早。然而反过来说，因结婚年龄太早而随之死亡年龄亦早，那就不能在已婚者与未婚者之百分比上看变态了。

表一四上的不平衡状态之最著者：就是已婚者男女分配的不平均，与未婚者男女分配的不平均状况，这就是平衡性比率里的不平衡性比率。邹平婚姻上的病态，就应当在此追寻了。

已婚者之不平衡分配，其来由是因为男女结婚之极度不调和状态而来的。我们看已婚者的男子百分数为五九·四四，而已婚女子的百分数是六六·六三；两者相差百分之七·一九。这男子少于女子的差数，也是一个男子早死的证明，寡妇是一定多于鳏夫了。

(表一五)　　　邹平普通人口已结婚者鳏寡状况表

性别	人数	鳏寡数	鳏寡占百分数
已婚男子	49050	5234	10.67%
已婚女子	55254	10157	18.38%
已婚男女	104304	15391	14.76%

在表一五上看，寡妇是多于鳏夫，鳏夫占已婚男子中百分之一〇·六七；寡妇占已婚女子中百分之一八·三八。两者相差数竟达百分之七·七一。我们若把鳏夫与寡妇算成性比率数，那末一百个寡妇有五一·五个鳏夫。如说一句悖逆旧道德的话：如寡妇与鳏夫实行再结婚，还是形成一半的寡妇过剩现象呐！

寡妇数超过鳏夫数是男性被摧残的可怕现象。现在再进而看看初婚年龄的状况，究竟是否呈现出如何样子的不平衡。

由表一六上制成"邹平普通人口初婚年龄百分比较图"。在这图里，清晰的表现着男女婚姻的极度不调和。

(表一六)　　　邹平普通人口初婚年龄表

性别\初婚年龄	男 人数	男 百分数	女 人数	女 百分数
6	1	0.002%		
7	1	0.002%		
8	6	0.020%		
9	23	0.057%	3	0.006%
10	133	0.282%	3	0.006%
11	551	1.134%	6	0.011%
12	1849	3.780%	37	0.068%
13	3290	6.718%	53	0.090%
14	4221	8.596%	170	0.309%
15	5710	11.653%	1219	2.207%
16	4787	9.790%	3600	6.516%

续表

性别 初婚年龄	男 人数	男 百分数	女 人数	女 百分数
17	4179	8.530%	18225	32.935%
18	3508	7.162%	10501	19.005%
19	2629	5.370%	5974	10.812%
20	2139	4.371%	3920	7.095%
21	1842	3.766%	3154	5.709%
22	1473	3.014%	761	1.378%
23	1071	2.196%	417	0.755%
24	1145	2.346%	254	0.460%
25	954	1.955%	210	0.362%
26	761	1.562%	130	0.236%
27	634	1.303%	95	0.172%
28	570	1.173%	96	0.173%
29	446	0.920%	67	0.122%
30	435	0.897%	55	0.091%
31—	1920	3.925%	274	0.497%
不明者	4772	9.476%	6040	10.935%
总计	49050	100%%	55254	100%

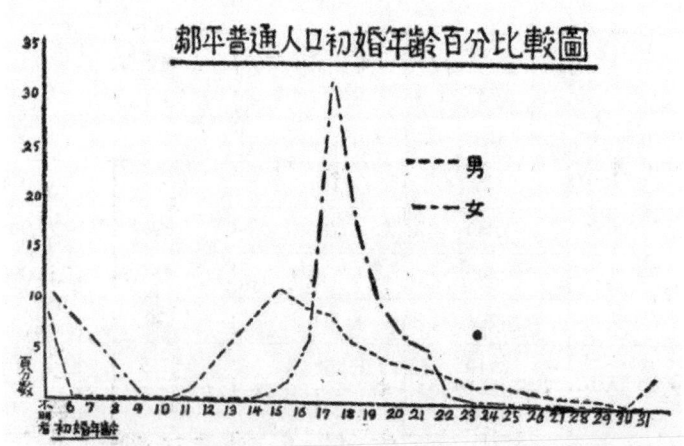

邹平普通人口初婚年龄百分比较图

从初婚年龄百分比较图上看，男女结婚年龄的分配是有些不顾男女相互间之爱情的。大体上说：邹平女子的结婚年龄不算是有出入的，就是说女子一方面不算呈现有早婚现象。最早的是九岁，有三人；十岁的也有三人；十一岁的六人；十二岁的就比较多些，有三十七人；十三岁的更多了，有五十三人；十四岁有一百七十人；一至十五岁就增加得大些，占全数百分之二・二〇七；十六岁的占百分之六・五一六；十七岁的最多，占百分之三二・九八五；十八岁的占百分之一九・〇〇五；十九岁的占百分之一〇・八一二；二十岁的占百分之七・〇九五；二十一岁的占百分之五・七〇九；二十二岁的占百分之一・三七八；以后就不到百分之一了。这里请读者应当注意的：邹平的婚姻习惯上，女子到了二十岁左右，差不多都出嫁了。在表一六上的二十二岁以后的女子结婚者，恐怕大都是调查员的错误，或许大都是再婚的年龄；婚姻不自主的乡村里，女子在二十岁前后一二三年，一定要出嫁的。在邹平女子结婚的年龄，是折中在十七岁，还算不上早婚。可是一看男子，那就发现太反常了。先在比较图上看：男子结婚年龄的高峯在女子之前，这就证明男子是小于女子的。我所形容的“孩子丈夫”，就是因为男子童年时就结婚的缘故。男子结婚以六岁为最早，有一人；七岁也有一人；八岁有六人；九岁有二十三人；十岁有一百三十三人；十一岁的已经算得上百分数，占百分之一・一三四；十二岁的占百分之三・七八〇；十三岁的占百分之六・七一八；十四岁的占百分之八・五九六；十五岁的最多，占百分之一一・六五三；十六岁的占百分之九・七九〇，十七岁的占百分之八・五三〇；十八岁的占百分之七・一六二；十九岁的占百分之五・三七〇；二十岁的占百分之四・三七一；二十一岁的占百分之三・七六六；二十二岁占百分之三・〇一四；二十三岁的占百分之二・一九六；二十四岁的占百分之二・三四六；二十五岁的占百分之一・九五五；二十六岁、二十七岁、二十八岁都是只占百分之一多些；三十岁以后结婚的也较女子为多。

在生理上，女子之性的成熟期比男子为早，所以法律的明文规定最早的结婚年龄，普通都是男子较女子长两岁；而且在实情上，男子大概都爱年龄较小的女子的（当然也有例外的）。所以我们理想上的结婚年龄比较图，要成功两条平行的曲线，男子的高峯要在女子的后面些。可是邹平的比较图上两条曲线是极度的不平行，男子的高峰又在女子的前面。在情理上也就说不过去，在结婚的事实上也有许多暗伏悲痛的笑话；譬如妻子误当母亲，不懂事的孩子结了婚而被人说笑话等等。

女长于男，男子结婚时又大都还在童年——差不多果子没有成熟就采来吃了；未成熟的种子那哪生得出雄伟的树干？男子的寿命也由此而短促，子孙也由此而更弱；弱的子孙再早婚，寿命更短促；一代复一代，长此以往，灭种可期，岂不危哉！

说到这早婚的原因方面，也很难说出一个具体的因素。大体来说，中国对于嗣续的观念太强，要早有子孙就得要早娶个媳妇。家境较好的人家，更是需要早娶；因为老年人是要早些抱孙的。又因为要个媳妇儿来分任些家务，所以就不顾儿子还在童年与否，就给他娶上一房大年纪的妻。我每次到乡下小学里去，问问还在读牛羊猫狗一类书的小孩，十九都是已经有一个小脚妻子，有时候还要替丈夫穿衣服呐！

生活有不动产的保障的人家，男子必定早娶一个年龄大于自己的妻子，已经是成了一个深固的习惯。至于没有不动产保障的人家就娶不到妻子。还有些一子双祧的，就要娶两个妻。在女子地位素低的社会里，法律的条文打不进吃人的习惯。还有些是一娶而不生育的，因此纳妾也是普遍的现象。乡下又有许多早死的寡妇带了孩子再嫁的。如能统计完备，在婚姻状况下真可算是五光十色了。

经济衰落的社会里无产而依劳力为生又自顾不暇的男人，失婚的也是很多。前面已说过男子因早婚而寿短，寡妇数超出鳏夫数，现在再看一看未婚者的年龄分配。

(表一七)　　　邹平普通人口未婚男女年龄分配表

年龄组＼性别	男 人数	男 百分数	女 人数	女 百分数
不明者	115	0.35%	87	0.32%
1—9	17691	53.04%	17284	62.51%
10—19	10659	31.94%	10060	36.38%
20—29	2581	7.75%	200	0.72%
30—39	1062	3.20%	12	0.04%
40—49	623	1.88%	3	0.01%
50—59	385	1.16%	4	0.01%
60—	224	0.68%	2	0.01%
总计	33340	100%	27652	100%

按表一七就是前节性比率一节内表一三的基本表。在这张表里所见，就是男子有许多是娶不到妻而失婚者；女子在三十岁以后一共只有十二人未婚，而男子在四十岁以后就有六百二十三人未婚。在此女子不出嫁要取攻击态度的社会里，大概二十二三岁以后的女子是很难嫁人的。男子早婚的社会里二十岁以后也很难（指经济状况而言）娶得到妻的。失婚的男子大超过未婚女子，未婚男女的性比率就产生许多明宣或暗中的性犯罪。

(七) 教育状况

教育状况一项的统计，几乎与职业统计一样有困难；很难确定一个适当的标准。乡村中之小学远逊于普通小学的标准，若以读书的年代来定教育程度的高低，实在是非常不妥当；有的在冬烘老先生主持的私塾里读上一二年而只认得些百家姓，连一张便条都看不懂，实在等于没有受过教育；有时虽亦能写写似通非通的白话信，可是又说得星月不明的。真是难极！

邹平在这次调查里，以受过私塾教育的只分为"能读家信"

与"能写家信"来代表；受过学校教育的却分得比较清楚些。请看表一九的分法就明了的。

普遍的中国社会里，充满着文盲；教育真是大问题，谁也承认。通国上下，今日对于教育的注意，总算无微不至，用心快尽了。

邹平是一个乡村社会，教育是低落得很；自有乡村建设研究院创设以来，实际上确有些统计上的成绩可稽，不过也是微得很罢了。

现在先看已受、未受教育的状况；我们是把凡是捧过书本拜过老师的都当做受教育者，只在量的方面先分一个界线。

（表一八）　　　　邹平普通人口教育状况表

教育状况	男 人数	男 百分数	女 人数	女 百分数
受教育者	25051	30.35%	1106	1.33%
未受教育者	57451	69.62%	81815	98.66%
不明者	22	0.03%	8	0.01%
总计	82524	100%	82929	100%

在表一八里受教育者的百分数上，男子是多于女子，这也是常态；中国的女子一向是"无才便是德"的。男子受教育者占百分之三〇·三五，共只二五·〇五一人；未受教育者及教育状况不明者倒共有五七，四七三人，占去百分之六九·六五。而女子受教育者仅占百分之一·三三，而这百分之一多些的女子，还是小姑娘的多。后面的年龄分配上就看得出来的。

至于教育程度方面，在勉强过活的乡村里是不会高的，求学的目的只是要想识几个字而已；所以是找不出什么学士、硕士、博士等头衔来的。统观表一九，男子方面之受私塾教育能读家信者占总男人数百分之五·三二；受私塾教育能写家信者占百分之一一·四三；受初小及同等学校教育者占百分之一〇·九四；受高小及同等学校教育者就大减，只占百分之二·〇六；受初中以上的统共亦不到百分之一，这些人都是邹平的无上威智者的了。女子方面更是惨少得很，最多的也就是受初小教育者，这是近几年来的新风气；受大学教育的也有六人，真是女中最贵，可惜大都不在故乡。她们并不眷念女同胞的教育饥饿而只在外面找自己的幸福去了。

（表一九）　　　　邹平普通人口教育程度表

教育程度	男 人数	男 百分数	女 人数	女 百分数
受私塾教育能读家信者	4393	5.32%	133	0.16%
受私塾教育能写家信者	9462	11.43%	60	0.07%
受初小及同等学校教育者	6029	10.94%	795	0.96%
受高小及同等学校教育者	1701	2.06%	72	0.08%
初初中及同等学校教育者	341	0.41%	32	0.04%
受高中及同等学校教育者	99	1.12%	7	0.01%
受大学及同等学校教育者	49	0.05%	6	0.01%
受研究院教育者	3	0.01%	—	—
受国外教育者	4	0.01%	1	0.00%
未受教育者	57451	69.62%	81815	8.66%
教育状况不明者	22	0.03%	8	0.01%
总计	82524	100%	82929	100%

（表二〇）　　　　邹平普通人口受教育者年龄分配表

年龄组	男 人数	男 百分数	女 人数	女 百分数
3—12	5510	21.99%	737	66.64%
13—19	4711	18.80%	187	16.90%
20—25	3350	13.37%	58	5.25%
26—39	5267	21.03%	68	6.15%

续表

年龄组	男		女	
	人数	百分数	人数	百分数
40—59	4864	19.42%	44	3.98%
60—	1320	5.27%	11	1.99%
不明者	29	0.12%	1	0.09%
总计	25051	100%	1106	100%

表二〇是普通人口中受教育者的年龄分配，从这上面可以看出教育在邹平的量的发展。在男子方面三岁至十二岁的占百分之二一·九九，十三岁至十九岁的占百分之一八·八〇，二十岁至二十五岁的占百分之一三·三七，二十六岁至三十九岁的占百分之二一·〇三，四十岁至五十九岁的占百分之一九·四二，六十岁以上的占百分之五·二七；在这样的百分数上看，邹平男子的教育其人数并没有显著的增加，若拉成相等的年龄组，一定成一条平线，并没有进步可言。而在女子方面，在很少的受教育占百分数里，以三岁至十二岁的已占去百分之六六·六四，十三岁至十九岁的占百分之一六·九〇，二十岁至二十五岁的占百分之五·二五，二十六岁至三十九岁的占百分之六·一五，四十岁至五十九岁的占百分之三·九八，六十岁以上的占百分之〇·九九；所以我们如将女子的年龄组拉成相等，则它的线条是成一向上进步的线。女子教育确在显著的发展中。不过话又要说回来，小村庄里的姑娘们仍很少有读书的机会，而较大的镇店则确有大量增加。作者很希望都市里的女老师们抛弃些繁华到乡下来散布些教育的种子；我担保能有美丽的鲜花可以收获的。

其次要说到学龄儿童了。儿童是我们将来的主人翁，未来的世界是儿童的。对于教育的设施上如对于儿童有办法，才算是最进步教育设施。对于儿童教育的科学方法的管理和设施是另一问题；这里只看失学儿童的严重性。

(表二一)　　　　邹平普通人口学儿童教育状况表

年龄	教育状况	男 人数	男 百分数	女 人数	女 百分数
3—5	未求学者	5328	32.92%	5512	33.51%
	曾求学者	5	0.04%	4	0.04%
	现求学者	101	0.57%	43	0.28%
6—12	未求学者	5395	33.33%	9550	61.48%
	曾求学者	339	2.10%	54	0.36%
	现求学者	5024	31.04%	671	4.33%
总　计		16192	100%	15537	100%

在表二一里，男子学龄儿童共有一六，一九二人。三岁至五岁的一组里有一百零六人求学，占百分之〇·六一；六岁至十二岁一组里只有五，三六三人求学的，占百分之三三·一四。普通乡下的小孩，最早总要到七、八岁才上学，故我们如把六岁至十二岁的当做正式学龄儿童，在男子方面求学的勉强还只一半。女子方面的是想得到的惨淡的，共一五，五三七人。女童里三岁至五岁也有些，只占百分之〇·三二；六岁至十二岁的也占百分之四·六九。唉！将来做母亲的人就天生没有平等的机会么？

(八) 宗教

在邹平并没有强大的宗教集团和势力。据作者所耳闻的：邹平的宗教势力，只是一些愚民的蠢动。

佛教的传布在中国是比较普遍；可是并不是真正教义的布道，只是蒙满着自私心的迷信依赖。其他的宗教只不过换一个缥缈的信仰对象；其盲目的相信有一个相同的目的。

关于宗教，这次户口调查里算是没有成功；所以它的统计数字是不大可靠的。现在姑且把这不大可靠的数字也占据一节。

在表二二里没有以户为单位的统计，只有以人为单位来比较。

(表二二)　　　　邹平普通劳动人口信教徒分类表

宗教别	男 人数	男 百分数	女 人数	女 百分数
耶稣教	412	59.11%	350	62.93%
天主教	147	21.09%	108	19.43%
佛　教	39	5.59%	36	6.48%
道　教	28	4.02%	26	4.68%
其　他	71	10.19%	36	6.48%
总　计	697	100%	556	100%

信神佛、敬天地，是乡妇的朔望便饭，这些人在调查时我们不算他信教；一定要真在某种的教门里才算信教。从表里看，不论男女都以耶稣教为最多，其次是天主教；佛教和道教是我看不见有宗教活动的，只有在寺庙里烧香的神佛生日期汛可见到些。耶稣和天主教是有专门负责的人在本地宣传教义，唱歌祷告求幸福的，所以数字是大些。其他一项，教名都不大清楚；听说有什么"中央万喜道"等名字。这个我想以后再细密访查，倒是要紧的。

（九）废疾

废疾的种类和数目是有其地域性的，与自然气候，社会环境甚有关系。在此乡村运动云布全国之时，我们对还领略不到光线和空气的乡人卫生，是以为深切的大问题，是故对于废疾之调查，实影响于人类健康至为切要，且对于卫生之设施上，亦颇有其参考价值。

然而所谓废疾亦甚难明白分清；有的因废疾而仍能工作者，有的则全废而不能生产。本次调查所定之废疾标准，似只认为有身体上之缺点而不能医补者即作废疾论。

邹平的有废疾人是男子多于女子。男子占百分之六六·〇八，女子占百分之三三·九二。这大概男子受害的机会要比较多些的关系。在废疾的种类方面，以盲为最多，占男女全废疾人百分之三七・六〇；聋次之，占百分之一〇・七八；跛子占百分之六・三二；哑子占百分之六・二七；疯癫占百分之五・四四；四肢残缺占百分之四・五六；半身不遂占百分之二・八〇；白痴占百分之二・二一；瘫占百分之二・〇一；驼背占百分之〇・五四；鸡胸是只有男子一人；至于其他一项占百分之一八・五八，有些是瞎一眼的，有些是肺痨沉沉的等病。这些废疾的原因，除先天的外，欠缺卫生常识也是一个极大的原因。这我们看废疾人的年龄分配上就，知道泰半是后天的。

表二四是废疾人口年龄分配表。六十岁以上的占男女全数百分之二一・一四，五十岁至五十九岁占百分之一七・八六，四十岁至四十九岁的占百分之一六・一五，三十岁至三十九岁的占百分之一二・〇六，二十岁至二十九岁的占百分之一三・三七，十岁至十九岁的占百分之一二・一六，〇岁至九岁占百分之五・九〇；如此看来，疾废是后天的原因多。

（表二三）　　邹平普通人口废疾人分类表

废疾种类	男		女		合	
	人数	百分数	人数	百分数	人数	百分数
盲	474	35.19%	293	42.34%	767	37.60%
聋	150	11.13%	70	10.12%	220	10.78%
哑	72	5.34%	56	8.09%	128	6.72%
四肢残缺	73	5.41%	20	2.98%	93	4.56%
跛	112	8.31%	17	2.46%	129	6.32%
驼背	10	0.73%	1	0.14%	11	0.54%
鸡胸	1	0.07%	—	—	1	0.05%
半身不遂	42	3.12%	15	2.17%	57	2.80%
瘫	22	1.63%	19	2.74%	41	2.01%
白痴	24	1.78%	21	3.04%	45	2.21%

续表

废疾种类	男 人数	男 百分数	女 人数	女 百分数	合 人数	合 百分数
疯癫	68	5.04%	43	6.21%	111	5.44%
其他	266	19.73%	113	16.33%	379	18.58%
不明	34	2.52%	24	3.47%	58	2.84%
总计	1348	100%	692	100%	2040	100%
百分数	66.08%	33.92%	100%			

（表二四）　　邹平普通人口废疾人年龄分配表

年龄组	男 人数	男 百分数	女 人数	女 百分数	合 人数	合 百分数
不明	9	0.69%	18	2.69%	27	1.36%
0—9	75	5.79%	42	6.29%	117	5.90%
10—19	183	13.93%	58	8.68%	241	12.16%
20—29	194	14.77%	71	10.63%	265	13.37%
30—39	171	13.01%	68	10.18%	239	12.06%
40—49	209	15.90%	111	16.62%	320	16.15%
50—59	232	17.66%	122	18.26%	354	17.86%
60—	241	18.34%	178	26.65%	319	21.14%
总计	1314	100%	668	100%	1982	100%

关于普通户口已有统计，其大体分析叙述已告完竣。惟户口调查包括一切住居处所及人民，故对于工厂、店铺、寺庙以及寄居人口，均亦调查大概。作者在本文之引言中，力言人口问题包括之范围颇广；今虽已将普通人口之已有材料略叙如上，然其他之材料不无有关系之处。兹将不顾切题与否，亦附并于后。

（十）厂铺户口

还勉强维持着自给自足的邹平社会里，生活上所必需的货物是自己生产而自己消费的。在农村里，交换组织是靠五天一次的赶集。在城镇里因为有较高而超出生活必需品的要求，一方面因为人口比较集中，小规模的店铺是交换的必要组织。农人所需的小量手工业品因为也要有些比较大些的资本来经营，所以小小的手工业工厂又是农村中唯一的工业品制造处了。虽然现在已呈现出蜕化的现象。

在以农为主的乡村里，店铺是没有店号与招牌而看不出的。所谓工厂也不过是雇三、二工人而已。所以这次的调查里，因为注重户口方面，厂铺在不详细查问之列。叙述本节时所当说明者，还是在要请读者把人口数弄清楚，免得混淆。

前面数量一节里，作者曾再三说明实施调查中对于何项人口该详细调查及何项人口只简略调查，并举出法定人口与实际人口两种调查法，指明我们系两法兼采。本节之所谓厂铺户，则其注意点当分两种。其一，即法定厂铺户；此等厂铺亦即普通户口，不过是以开厂铺为专业，总共只有三十九户。按表二五、表二六、表二七，三表指普通户之开厂铺者。本来此三十九户，当归之于普通户口中；但因统计时已分开，故无法归并，姑另作分析。其二，即关于邹平全部较大厂铺之分析。后面表二八、表二九两表，共有一百七十户厂铺；此一百七十户中包括前述之三十九户，其中或系本地人开设而大都皆雇寄居人管理者，故其户数与人数当超出前三表之三十九户。

（表二五）　　　　　　邹平厂铺户口表

户别	户		口		每户平均口数
	户数	百分数	口数	百分数	
本籍户	30	76.92%	121	80.13%	4.03%
寄籍户	9	23.08%	30	19.87%	3.33%
合计	39	100%	151	100%	3.87%

表二五示三十九户开厂铺之普通住户，三十户为本籍，九户为寄籍。本籍户之每户平均人口为四·〇三，寄籍户之每户平均人口

为三·三三，亦本籍户高于寄籍户。合计平均人口为三·八七人，此表明邹平之开设厂铺人家，其人口数并不高。如再看表二六即有更明白之证据。

表二六示此三十九户专以经营厂铺生活之普通户，本籍户之最多人口不过十人，寄籍户不过六人；可见经营厂铺者无大家庭之户。

诚然，农村中之富豪亦有开设厂铺者；可是邹平因商业不盛，故无较大资本之工厂设施与商店组织。此亦中国农村社会必有现象。

表二七示此三十九厂铺户中法定人口之年龄分配。虽各年龄分组之间呈现不相等数字，然此类人家亦即普遍户；惟其生活乃以经营厂铺，或且为地主，亦说不定，故年龄分配上无显著之差异。

此三十九户应当归并在普通户口内，则全部之计算方称完全；今分开统计，实为憾事。

（表二六） 邹平厂铺户口数分配表

口数	本籍户		寄籍户		合计	
	户数	百分数	户数	百分数	户数	百分数
1	3	10.0%	1	11.1%	4	10.3%
2	0	16.7%	2	22.2%	7	17.9%
3	9	30.0%	3	33.4%	12	30.8%
4	4	13.3%	—	—	4	10.3%
5	—	—	2	22.2%	2	5.1%
6	5	16.7%	1	11.1%	6	15.3%
8	2	6.7%	—	—	2	5.1%
9	1	3.3%	—	—	1	2.6%
10	1	3.3%	—	—	1	2.6%
总计	30	100%	9	100%	39	100%

(表二七) 邹平厂铺人口年龄分配表

年龄 \ 性别 人数组	男 人数	百分数	女 人数	百分数	合 人数	百分数
0—2	8	9.88%	9	12.85%	17	11.25%
3—12	13	16.05%	14	20.00%	27	17.94%
13—19	7	8.04%	6	8.57%	13	8.61%
20—29	9	11.11%	10	14.29%	19	12.58%
30—39	10	12.35%	9	12.86%	19	12.58%
40—49	16	19.75%	10	14.29%	26	17.21%
50—59	11	13.58%	4	5.71%	15	9.92%
60—69	5	6.18%	4	5.71%	9	5.95%
70—79	1	1.23%	2	2.86%	3	1.98%
80—89	1	1.23%	2	2.86%	3	1.98%
总计	81	100%	70	100%	151	100%

以上为经营厂铺之普通户的大略数字；此三十九户之婚姻状况，教育程度等均从略。兹再将较大之厂铺列成两表，包括全县一百七十家厂铺；大都均系本籍人开设而寄居人管理者，故只分析厂铺之种类及管理人。至于管理人包括前三十九户内之成年人或有能力管理厂铺之人及寄居人；此亦须读者注意者。

表二八里分为九大类厂铺，先说明之："供临时或消遣饮食者"，包括饭庄、包子铺、肉庄、山菓铺、茶馆、饭店、酒店、杂货店、烧饼铺、面店、茶食店等；"供家常饮食者"，包括馍馍房、煎饼铺、酱菜铺、盐店、油坊、炭店、茶叶庄、酒坊、制面房、柴铺等；"医药卫生"，包括药铺、西药房等；"器具用品"；包括木作、风箱铺、窑货铺等；"衣服及其辅助用品"，包括染坊、鞋店、布店、轧棉花、估衣店、棉花行等；"奢侈用品"，包括广货铺、银货铺等；"文具用品"，即文具店；"交通用品"，即自行车行；

"公共服务"，包括成衣铺、照相馆、理发店、澡塘等。

(表二八)　　　　邹平厂铺及其管理人分类表

类　　别	厂铺 铺数	百分数	管理人 人数	百分数
供临时或消遣饮食者	63	37.06%	150	35.55%
供家常饮食者	32	18.81%	92	21.80%
医药卫生	21	12.35%	41	9.71%
器具用品	6	3.53%	11	2.61%
衣服及其辅助用品	25	14.71%	84	19.91%
奢侈用品	6	3.53%	8	1.89%
文具用品	2	1.18%	3	0.71%
交通用品	2	1.18%	5	1.19%
公共服务	13	7.65%	28	6.63%
总　　计	170	100%	422	100%

由表二八上"供临时或消遣饮者"为最多，铺数占百分之三七·〇六，管理人数占百分之三五·五五，平均每户管理人为二·四人。在城镇或较大之村庄中，饮食铺亦为必需，除供应路客等买食外，本地人之临时需要亦为常情。其次为"供家常饮食者"铺数占百分之一八·八一，管理人数占百分之二一·八〇，平均每户管理人为二·九人；此类厂铺包括制造食物者，经营较宏，故其管理人之百分数超过厂铺之百分数。其三为"衣服及其辅助用品"铺数占百分之一四·七一，管理人数占百分之一九·九一，平均每户管理人为三·四人；此类厂铺为供给农村中衣著之主要店铺，故其人数当更多些。其四为"医药卫生"铺数占百分之一二·三五，管理人数占百分之九·七一，平均管理人数为二·〇人；由此可见乡村中之对于卫生一层，并无私人之较大设备，只是一个本地医生备一个伙计就替人医病，随医卖药。其五为"公共服务"铺数占百分之七·六五，管理人数占百分之六·六三，平均管理人为二·

二人；——大概照相馆亦只是分馆，只一、二人经营；理发店大都独人开设，随时赶集只有剃光头者多，澡塘之规模则较为大些。其六为"器具用品"铺数占百分之三·五三，人数占百分二·六一，平均每户管理人数不及二人；乡人用具之简单由此可见。其七为"奢侈用品"铺数占百分之三·五三，管理人数占百分之一·八九，平均每户管理人数为一·三人；此可见乡村中亦无百货大商店，只是"日货大贩摊"而已。其八"文具用品"，只有二家，两共三人，管理人平均每户一·五人，只是贩卖文具小铺而已。"交通用品"为自行车行，全县实超过两家，故此数不确实，惟均归并于普遍户中；然亦不过修理洋车为业而已，贩卖洋车则极少。

如上所述，隐然可见小城市及乡村中之工商业，只是随带农业之小小交易而已。真正之乡人，每日只消费几个 C.C. 的洋油，除食物以外，说不到什么较高的享受；若无外界之刺激，就永久在水平线回转着。兹再为证实无大经营起见，请参看表二九之厂铺管理人配分表，最大之经营亦不过十人；其中以一人为最多。每户之管理人数与铺数呈相反之比例。

（表二九） 邹平厂铺管理人员分配表

人数	铺数	百分数
1	58	34.12%
2	49	28.82%
3	27	15.88%
4	17	10.00%
5	7	4.12%
6	7	4.12%
7	2	1.18%
8	2	1.18%
10	1	0.58%
总计	170	100%

（十一）寺庙户

寺庙所在，大都名山胜地，为有钱人求财纳福之处。邹平虽亦有些小小胜迹，但在此衣食勉强支持的环境里，寺庙的式微也是意想得到的事。"中国的神比恒河的沙一样多"。所以大庙没有，小庙是每处很多的。邹平有的庙宇是专供泥塑神像而不能住人的，有的已为办学校或其他公所之用；所以所余的只有五十户寺庙户。

表三〇里，五十户寺庙户尚有五户是非徒众居住的；这五户本当也是普通户口，但因被调查员填在寺庙的调查表里，所以有非徒众的记载。事实上只有四十五户真的寺庙户。

（表三〇）　　　　邹平寺庙户户别表

户别	徒众	非徒众	总计
寺庙数	45	5	50

寺庙大都有庙产，为出家人生活所依；庙产之多少亦与名山胜迹的出名与否成正比例。邹平当然没有很多庙产的寺庙。表三一内，五十户寺庙户中，除去五户非徒众所住者为当然无庙产外（住宅尚无之人家当然无地），其余四十五户有四户是无庙产；这大概只住一个孤苦的道人，如讨饭式的化些来过活而已。不及四亩者有十二户；五亩至九亩者有十三户，占最多数；十亩至十四亩者有八户；十五亩至十九亩者有五户；二十亩至二十四亩，二十五亩至二十九亩，及三十亩至三十四亩的各只一户，最多亦不过三十四亩。

田亩很少的寺庙，当然徒众数也是很少的。表三二示此四十五户徒众所住之寺庙，一口者有十六户，二口者有十一户，三口者有六户，四口者有四户，五口者有五户，六口者有一户，七口者有二户；最多不过七口，孤独出家倒占的最多。

我们再看此四十五户徒众所住之寺庙户的分类。从表三三里看天主堂只一所，耶稣堂只二户，僧庙有十三户，道庙有十五户，尼庵有十四户。然而这样分法是很不清楚的。再参看表三四就知道天主堂只有一个男人管屋子，传教士是另外有家的；耶稣堂里只不过住些教徒的家。以上两种外来宗教机关是不能与僧寺庙院等相提并论的，但我们姑且就算这样分。僧有三十一人，在统计表里看来很纯粹。道士有男的二十人，大都伙居苦道，帮人做活；有女道四人，这大概道士有妻的关系。尼的一项，女的五十，还有男的五人；如此看来，尼庵内有男人，大概不外两种来历——一种是尼姑姘男人而同居着，一种是尼姑生私生子，所以竟有男尼了。或许还有女僧的，这不大容易查清楚。

（表三一）　　　　邹平寺庙户每户田亩分配表

田亩数	户数	百分数
无田者	9	18%
01—4	12	24%
5—9	13	26%
10—14	8	16%
15—19	5	10%
20—24	1	2%
25—29	1	2%
30—34	1	2%
总计	50	100%

（表三二）　　　　邹平寺庙户每户徒众分配表

每户口数	户数
1	16
2	11
3	6
4	4

续表

每户口数	户数
5	5
6	1
7	2
总计	45

（表三三） 邹平徒众所住寺庙分类表

寺庙类	寺庙数
灭主堂	1
耶稣堂	2
僧寺	13
道庙	15
庵	14
总计	45

（表三四） 邹平寺庙户徒众分类表

性别 / 徒众别	男	女	合
灭主教	1	—	1
耶稣教	5	1	6
僧	21	—	31
道	20	4	24
尼	5	50	55
总计	62	55	117

四十五户徒众寺庙户，五户非徒众寺庙户，共有一一七人是徒众（包括男尼），十四人是普通人口。今再将这一百三十一人的年龄分配列为表三五。从这表里当然看不出什么奇特的现象。徒众方

面，男的女的都是从小到老都有。这在我看来，徒众不过是依庙产为生活，以庙宇为住宅；名义上是和尚道士，其实一样吃肉。今日高兴做和尚当尼姑，明日一留头发，一样可以成家出嫁的。慢慢的也就消灭了。

（表三五）　　邹平寺庙人口年龄分配表

年龄组	徒众			非徒众		
	男	女	合	男	女	合
不明者	2	—	2	—	—	—
0—2	—	6	6	1	—	1
3—12	10	7	17	—	2	2
13—19	9	8	17	—	—	—
20—29	7	9	16	2	2	4
30—39	7	2	9	1	—	1
40—49	8	8	16	2	—	2
50—59	10	8	18	2	2	4
60—69	5	5	10	—	—	—
70—79	4	1	5	—	—	—
80—89	—	1	1	—	—	—
总计	62	55	117	8	6	14

（十二）寄居人

寄居人就是在邹平无家而暂居在邹平的人；大多都是在邹平谋生活的。邹平不是工商业区，不是重要政治区，所以寄居人不见很多。关于寄居人的统计，只摘录寄居的地处分配和年龄分配考察一下。其他如教育程度，职业等，固然是很重要；但很不容易调查清楚，所以都从略。

表三六示寄居在普通户内为最多，占百分之六三・六〇；厂铺户次之，占百分之二二・三六；公共机关又次之，占百分之一三・三五；寺庙户只占百分之〇・六九。这样分配也是小县城的常情，

都市里当然不是呈现如此现象，商业区是更会不同的。从寄居人的多寡也可以看出该地的经济状况和社会情形，这里我想不说了。只把寄居人的年龄再略为考察。

(表三六)　　　　邹平寄居人寄居地分配表

寄居地	男 人数	男 百分数	女 人数	女 百分数	合 人数	合 百分数
普通户	762	47.63%	243	15.62%	1000	63.60%
厂铺户	352	22.17%	3	0.19%	355	22.36%
寺庙户	7	0.44%	4	0.25%	11	0.69%
公共机关	200	12.60%	12	0.76%	212	13.35%
总计	1321	83.19%	267	16.81%	1588	100%

表三七为寄居人之年龄分配。自然以二十岁至二十九岁为最多，占百分之二六·八五；其余的都向前后成倾斜形；可见壮年是出外的时期。

(表三七)　　　　邹平寄居人年龄分配表

年龄组	男 人数	男 百分数	女 人数	女 百分数	合 人数	合 百分数
不明者	101	7.64%	26	9.73%	127	7.99%
0—2	10	0.79%	10	3.75%	20	1.25%
3—12	42	3.18%	31	11.61%	73	4.59%
13—19	175	13.25%	46	17.23%	221	13.92%
20—29	374	28.31%	52	19.43%	426	26.85%
30—39	276	20.89%	32	11.98%	308	19.39%
40—49	179	13.55%	35	13.11%	214	13.48%
50—59	124	0.39%	23	8.62%	147	9.26%
60—69	31	2.35%	6	2.25%	37	2.33%
70—79	9	0.68%	5	1.87%	14	0.88%

续表

年龄组	男 人数	男 百分数	女 人数	女 百分数	合 人数	合 百分数
80—89	—	—	1	0.37%	1	0.06%
总计	1321	100%	257	100%	1588	100%

（十三）结语

全文的本身算是完了，照例要有一个归结。

本文的材料并不完全，这是一个大缺憾，如出生率、死亡率、结婚率等等都付阙如，故算不得一篇完善的邹平人口问题分析。关于这些问题，作者想在以后人事登记的统计里去抽出来补述；本文只是一个静态调查报告的摘要而已！

作者对于人口问题素乏研究；不过是可惜着现成的材料，所以不自量地写这篇文章。在作者并不敢在这个中国人口问题尚毫无头绪中去下着主观或失理的断语。希望读本文的学者，只在统计的内容上再作深的观察和指正！（完）

二四，一〇，六·于邹平实验县政府户籍室